U0573932

The Symphonic Evolution
of Modern , Postmodern
and Globalization (Since 1900)

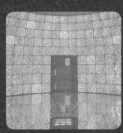

张 法 著

西方当代美学史

现代、后现代、全球化的
交响演进（1900至今）

The History of
Contemporary Western
Aesthetics

北京师范大学出版集团
BEIJING NORMAL UNIVERSITY PUBLISHING GROUP
北京师范大学出版社

绪　论　西方当代美学的总体图景

一　时空框架的两段三型

西方当代美学，所谓当代，指 1900 年以来至今，所谓西方，指由古希腊传统和希伯来传统融合而成的西方。[①] 这一时期英、法、德、美(有时加上意大利、加拿大以及其他国家)等国的学人的美学论著，构成当代西方美学。当代西方美学的具体分期又是怎样的呢？这就与西方历史的分期和世界历史的分期关联相纠缠，这得从世界史讲起。

世界史可以分为四大阶段。

从 200 多万年前的旧石器时代到公元前 3000 年前苏美尔文化和古埃及第一王国建立，为第一阶段，这是人类漫长的原始文化时期。从公元前 3000 年到公元前 1000 年，以四大文化(埃及、美索不达米亚、印度、中国)和美洲奥尔梅克型的前玛雅文化为标志，是第二阶段，此时人类社会进入神庙文化时期。在

---

①　法国学者菲利普·尼摩的著作《什么是西方：西方文明的五大来源》(桂林，广西师范大学出版社，2009)说，西方文化形态的生成建立在五大因素上：一是古希腊民主制、科学、学校；二是古罗马法律、私有财产概念，"人格"和人文主义；三是《圣经》的伦理学和末世学革命；四是中世纪"教皇革命"的人性理性将"雅典""罗马"和"耶路撒冷"融合；五是启蒙运动的自由民主改革。

公元前 700 年到公元前 200 年，印度文化、中国文化、以希腊和希伯来为代表的地中海文化（包括埃及和美索不达米亚、波斯在内的文化）几乎同时实现了"哲学突破"，即产生了哲学思想和理性思维。印度的哲学和宗教思想以《奥义书》和佛陀为代表，中国以孔子和老子等先秦诸子为代表，地中海文化以希腊哲学家、希伯来先知和波斯的琐罗亚斯德教为代表。三大文化形成了各不相同、独具特色的文化轴心。此时期被称为轴心时代。三大文化又衍生或影响了一批子文化，如中国文化影响了朝鲜、日本、越南等；印度文化影响了东南亚；地中海文化又化生出三大子文化：西方天主教文化、东方东正教文化和伊斯兰教文化。总的来说，此段的世界史，关联很次要，分散是主流，各大文化基本按照自己的历史规律独自运行，有自己独特的信仰体系、哲学观念、思维方式、宇宙模式、历史规律、社会范型、心理结构。这一分散的世界史持续到 17 世纪，这是人类历史的第三阶段。17 世纪，现代社会在西方兴起，并向全球扩张，同时把分散的世界史带进了统一的世界史。以前各文化都在分散的世界史中按照自身的规律运转，现在一切文化都必须在统一的世界史中运转。各非西方文化都被西方文化强行拖入统一的世界史，并在西方文化的强大挑战中被动或主动地进入世界史。进入统一的世界史以后的时期，是人类历史的第四阶段。

如果把统一的世界史的特征（像西方人主张的）称为现代性（the modern）的话，由于现代性是由西方文化启动并以西方文化为主，因此，现代性首先凸显的是西方文化的特性。全球化的演进，经历了三个阶段，这三个阶段同样也是西方现代文化发展的三个阶段：近代、现代、后现代。① 从 17 世纪到 19 世纪中叶，是现代性的近代阶段，从时间上说，如果不以整个世界史为对象，而以现代性本身为论题，那么，现代性的近代阶段还可以向上追溯，从 15 世纪的文艺复兴到 17 世纪，是现代性的准备时期，从 17 世纪起，是现代性的发展时期，即现代社会和现代文

---

① 在西文中没有近代和现代的词汇之分，只有 modern，中译文里既可为"近代"，又可为"现代"，但西方思想家们却很分明地将之分作如上三段，对于前两个阶段，福柯用"启蒙"和"现代"来区分，詹明信（又名弗雷德里克·詹姆逊，Fredric R. Jameson，詹明信是他自定的中文名）用"现实主义"和"现代主义"来标志，更多的人用古典与现代来区别，这些区分词汇都不如中文用"近代"和"现代"来得言简意赅。

化的全球扩张时期，到 19 世纪末，是近代阶段的完成期，其标志是全世界基本上都成了西方国家的殖民地或半殖民地，世界被西方列强瓜分完毕。近代阶段，从性质上说，由经济上的英国工业革命，政治上的法国大革命和美国独立战争，思想上的宗教改革和启蒙运动，科学上的牛顿、笛卡尔（René Descartes，1596—1650）、达尔文思想所共铸。现代性的现代阶段起于 19 世纪中叶，主要从 19 世纪末开始到 20 世纪 60 年代，由经济上的垄断资本，政治军事上的帝国主义霸权争夺，思想上的现代派哲学和现代派文艺，科学上的现代物理学所构成。现代阶段是现代性的阵痛时期，它既表现为两次世界大战中作为世界主流的西方文化内部在瓜分世界中的利益冲突，也表现在对西方扩张有激烈反应的社会主义阵营的产生、形成和与西方的对峙，还表现为各殖民地的纷纷独立，形成一种第三世界的力量。只有考虑到这三种背景，现代阶段的现代性文化为什么是以这种形式而不是以其他形式出现，才能得到一个更深刻的说明。20 世纪 60 年代以后是后现代时期，从时间上细分，可以说，20 世纪 60 年代（还可以追溯到 50 年代）是后现代的转折期，以德里达的代表著作出现为理论标志，以电视的普及为技术支持；80 年代是后现代思想的扩散普泛期，以詹明信大讲后现代为话语标志；90 年代为后现代的确立期，以苏联解体为政治标志，以亨廷顿的文明冲突论为理论症候，以互联网的普及为技术支持。从性质上说，后现代阶段是以卫星电视和计算机为代表的信息革命和以跨国公司为代表的经济形式作为新时代的大潮，开始了新一轮经济的全球一体和文化的全球新构，文化的全球新构由以德里达（Jacques Derrida，1930—2004）、福柯（Michel Foucault，1926—1984）、萨义德（Edward W. Said，1935—2003）等为代表的后现代哲学，以影视形式、多媒体、摇滚乐、建筑等为代表的后现代文艺，以"冷战"末期和后"冷战"的政治多极化等共同构成。

由西方主导的现代性进程，把分散的世界史组织成统一的世界史，近代伊始就面对着西方与非西方的关联，与西方不同的非西方在被西方引领和影响的同时，也对西方产生着影响，并随着从近代到现代再到后现代的演进而逐渐增强。如果只从近代到现代再到后现代并以后现代来看全球化，呈现的是西方文化自身演进的道路，而一旦从全球化来看后现代，进而回溯到西方近代的起点，整个西方的现代性进程，就呈现为一张虚实相生的图景。西方为实，非西方为虚。近代时期，西方对非西方进行扩张、占领、压迫、教化的同时，也受非西方之虚的无形影响，这一影响逐渐加大，从无形到有形，在现代达到一个质点，20世纪以后，西方的科学（相对论和量子论）、哲学（法国的柏格森思想、英国的怀特海思想、德国的海德格尔思想）、艺术（各种现代派艺术）都明显有一种与非西方相会通的特质。这一特质进一步扩大和深入，在后现代达到前所未有的高度，使后现代哲学（德里达、福柯、德勒兹等的思想）奋起解构西方中心思想，造就了西方思想（科学、哲学、艺术）无论在现象界还是在本体论上都与非西方思想有了基本点上的会通。非西方的虚的一面与西方的实的一面的互动更加明显。与此同时，互联网、卫星电视、资本、艺术、移民、旅游的全球流动，21世纪初随着20国集团呈现出世界政治共治的雏形，新兴市场国家（中国、印度、俄罗斯、巴西、南非）表现为世界上的经济力量，以及伊斯兰世界显出巨大的宗教力量，一个真正的多样性的全球化开始凸显出来。从这一角度看，西方自身的演进是在与全球互动中进行的，不考虑非西方的因素，西方自身的特质就得不到充分的说明。西方从近代到现代再到后现代，正是一个从具有独特性的单一性的文化，走向与各种其他文化会通面越来越大、会通点越来越多的进程。西方思想里内蕴着非西方文化的精华。作为西方文化一部分的西方美学，同样呈现为两个方面：一是从西方视角去看，从近代美学到现代美学再到后现代美学的演进；二是从全球化视角去看，西方美学与非西方美学在相会，非西方美学暗渗进西方美学之中，加速着西方美学的演化，并成为西方美学的因子。后现代与全球化可谓一体两面，后现代是西方重新认识全球化的新的世界观，全球化在后现代思想的观照里，具有了新的性质。这一新性质改变了西方近代和西方现代对整个世界的观念。用这种新的观念回望过去，整个西方美学的演进就有了不同的意义。在这一种新观念里，西方美学自1900年以来的演进，包括了两段和三型，从现代到后现代，是两段。后现代又有两面，即后现代和全球化。这两面又可以说是两种类型，从类型的角度看，现代美学也算一型，从而1900年以来的美学演进，具有三种类型：现代美学、后现代美学（即在后现代/全球化时代偏重突出后现代思想的类型）、全球化阶段的美学（在后现代全球化时代偏重于彰显全球化的类型）。因此，当代西方美学是一种具有两段三型的美学。请注意，这两段三型并非如几何学之明晰，而充满着交错、牵扯、褶皱。

西方现代以来的历史分为三段（近代、现代、后现代），近代与现代的分界在19世纪末，对美学来说，近代与现代的分界可以很精确地划在20世纪的最初几年。这时，西方思想史上的四大事件昭示了美学上的划界意义。一是奥地利精神分析学家弗洛伊德（Sigmund Freud，1856—1939）的《梦的解析》（1900）出版，意味着古典美学的基础——理性要遭到覆灭。二是德国哲学家胡塞尔（Husserl，1859—1938）的《逻辑研究》（第一卷，1900）面世，以抛开超越现实的抽象定义、直接面对事物本身的新方法宣告了现象学的到来，预示了后来存在主义和解释学的思想风暴。三是英国哲学家摩尔（G. E. Moore，1873—1958）《伦理学原理》（1903）的发表，该书对善的本质的批判，无异于一颗信号弹：美的本质也是无稽之谈！① 西方美学自古希腊以来最根本的基础——美的本质——在山雨欲来之风劲吹了十几年之后，即将被正式押上历史的审判台。四是法国哲学家柏格森（Bergson，1859—1941）当选法兰西学院希腊和拉丁哲学的学科掌门人，这意味着他关于有机生命和时间绵延的新观念已经为法国思想界所接受。更重要的是，此后不久，他的《创造进化论》（1907）与意大利美学家克罗齐（Benedetto Croce，1866—1952）的《美学原理》（1902）一道推出直觉理论，两大思想家把已经酝酿了好些年的审美心理学潮流推向高潮，这一巨大的学术浪潮以"美即美感"这一主题悬搁、转换、否定了古典美学以美的本质为基础的思考方式，开启了现代美学的新局面。在此之后，各种美学流派如群花逢春，相争竞开，斗艳争妍。

与西方历史一样，20世纪全新美学的源头，可以追溯到19世纪50年代左右，这时正是西方文化从近代转入现代的征兆期，19世纪40年代，爱伦·坡（Allan Poe，1809—1849）出现于文学领域，克尔凯郭尔（Soren Aabye Kierkegaard，1813—1855）闪耀在哲学领域，1857年波德莱尔（Baudelaire，1821—1867）出版《恶之花》，1863年莫奈（Claude Monet，1840—1926）展出《草地上的午餐》，随着文学

---

① ［英］摩尔：《伦理学原理》，206页，长河译，北京，商务印书馆，1983。"关于美，正像关于善一样，人们极其通常地犯了自然主义谬误；而利用自然主义在美学上引起的错误跟在伦理学上引起的错误是一样多的。"

上的象征派和绘画上的印象派不断发展，各种现代思潮日益壮大。不过，西方文化以自然科学为示范学科，只要牛顿不倒，现代思潮无论在个别领域取得多么辉煌的胜利，在总体上也只能处于支流地位。"青山遮不往，毕竟东流去"，爱因斯坦1905年发表狭义相对论，1916年发表广义相对论，古典世界彻底崩溃。因此，只有到了20世纪最初几年，现代思潮才成为时代的主流。美学上，思想进程和历史时间更为合拍，因此可以把19世纪90年代算成西方现代美学正式登台的时间，虽然有时候要回溯一下。

从1900年开始的当代西方美学是怎样展开的？又具有什么样的特征呢？

二　总体格局的三面三类

1900年以来的西方美学由西方古典美学发展而来，西方古典美学指的是从古希腊到近代的美学，其开端的代表是柏拉图（Plato，前427—前347），其成"学"的代表是鲍姆加登（A. G. Baumgarten，1714—1762），其顶峰的代表是黑格尔（Hegel，1770—1831）。这种比较涉及一个与前面不同的历史划分方式，即把古希腊、中世纪、近代美学合称为"古典"，把1900年以后的现代和后现代合称为"现代"。它建立在这样一个基础上，即在前三个阶段，西方文化显现出了一以贯之的纯粹性，从古希腊到文艺复兴，西方在分散的世界史中保持了自己的西方性，在近代，西方文化在初入统一的世界史中，因其作为一种主要力量，所向披靡，无所不能，保持着西方的独特性。而在现代以后，通过与各非西方文化的对话加深，对各非西方文化的认识加深，西方文化在统一世界史的整体张力中不断地调整自己，它不但深深地影响了世界，同时也深受世界的影响，开始真正在文化上融入全球一体之中，从而使近代与现代呈现出了一种截然的对比。从文艺复兴开始的以焦点透视为特征的近代绘画，是与古希腊以来的西方美术特性相一致的，而自塞尚以来的现代绘画，则站到了与各非西方绘画相会通的基点上。因此，世界史的划分是理解西方美学的一个基本背景，西方文化自身内古典和现代的划分是理解西方美学的又一种重要背景。言归正传，古典美学的大厦是由三个面构成的：

第一，美的本质。它源于古希腊人从现象后面追求本体的精神，古希腊人认为只要掌握了美的本质，就能理解一切美的现象。柏拉图在《大希庇阿斯篇》中问道：我们称一朵花为美，称一位小姐为美，一个坛罐为美，一幢神庙为美……是什么使这些不同的事物成为美的呢？我们把这些不同的事物都称为美，必然有一个共同的东西使它们能够被称为美。正是这个共同的东西，是理论的思考对象。寻得这个东西，并以它为基础来理解一切具体的美，这就是美学的任务。就是在这样的提问中，美学产生了。这种提问方式，看起来很简单，其实不容易，它建立在也只建立在古希腊的思维方式中。古希腊人认为，在千差万别的具体事物后面有一个共相，一个本质。把握住了这个本质，就能够说明一切具体的东西。用柏拉图的例子来说，现实中的床有大有小，有木做的，有石头做的，有铁做的，有单人床，有双人床，但我们一旦理解了床的本质，就理解了所有的床，不管它是大的、小的、木头的、石头的、单人的，还是双人的。与古希腊人追求事物本质同样重要的是，他们认为事物的本质是可以用明晰的语言表达出来的，这就是"定义"。柏拉图和亚里士多德都认为，定义就是关于事物的本质性认识。区分现象与本质，语言可以明晰地表述本质，这两点构成了西方追求本质的模式。这一模式是与欧几里得（Euclid）几何学的出现密切相关的，几何学是抽象的（它的三角形不是任何现实中的三角形），又是普遍有效的（任何现实中的三角形都服从三角形定理）。欧氏几何由九条公理推出整个精美体系是一切科学的范本。因此，柏拉图学园门口有一个牌子：非懂几何，切莫入内。正是在追求本质这一思维模式的背景中，柏拉图才会在《大希庇阿斯篇》里提出美的本质问题。有了柏拉图之问，西方才有了美学，理论家们通过对美的本质的追求，来理解各种具体的美。正是在这一意义上，美国 1992 年出版以后数次再版的《美学词典》说柏拉图是"哲学美学的创立者"①。这一思路形成了西方以美的本质为核心来研究审美对象的美学。

第二，审美心理。它源于西方人对人类心理几何学式的知、情、意的划分。知，研究真，与之相应的是逻辑学；意志与善相关，与之相对应的是伦理学；情

---

① David Cooper ed.，*A Companion to Aesthetics*，Malden，Blackwell Publishers Ltd，1992，p. 329.

感也应该有一门学科，这就是美学。美学是研究情感或感性认识的完善的。当德国的鲍姆加登 1750 年出版《美学》时，他用 Aesthetica（美学）这一名称作为自己著作的标题①，是为了实现，也确实实现了自己的志愿，即为美学这一学科命名。鲍姆加登不是因为写了一本好书，而是因为给书取了一个好名，而成为"美学之父"的。柏拉图以一种天才的提问方式使西方有了美学，鲍姆加登以一个恰当的名称为西方美学举行了"成人仪式"。鲍姆加登认为美学的基础之一就是主体的知情意结构，他对美学的定义之一是：美学是研究感性认识的完善的科学。西方的知情意结构引出的是以审美心理为主体和核心的美学。近代以来好些美学家都是从主体立论来论述美学的，从英国的夏夫兹博里（Anthony Ashley Cooper，Third Earl of Shaftesbury，1671—1713）到德国的康德（Kant，1724—1804）是这一方向上的典型代表。

第三，艺术。它源于艺术概念在西方的演变史。希腊文中艺术一词是 τεχνη（技艺），体现出艺术和技术是不分的，绘画、建筑是艺术，裁缝和剃头的技术也是艺术。它们都遵循一定的规律、法则和技巧。在中古时期，艺术既包括几何、天文这类高雅的自由艺术，又包括各行各业工匠的粗俗艺术。托塔凯维奇（Wladyslaw Tatarkiewicz，1886—1980）的《西方六大美学观念史》讲了艺术一词在古代和中古的复杂演化，文艺复兴时代，建筑、雕刻、绘画等开始脱离技术和科学而运行，到 18 世纪，查里斯·巴托（Charles Batteux，1713—1780）《论美的艺术的界限与共性原理》（巴黎，1747）把绘画、雕刻、音乐、舞蹈、诗歌（包括戏剧），以及建筑（与房屋技术相连但突出艺术）和雄辩术（与语言技术相连但突出艺术）与技术和科学相区别，称为 beaux art（美的艺术），这一理论很快被普遍接受。七门艺术既同为艺术，就应该有可以统一的性质，就是追求美。由此形成了以艺术为主要研究对象的美学，又称为艺术哲学。这一逻辑理路经法国百科全书派，德国谢林（Schelling，1775—1854）的《艺术哲学》和黑格尔的《美学》得到定型。

古典美学的三面是以三套逻辑来运作的。第一面主要依靠现象—本质模式，

---

① 鲍姆加登是用拉丁文写作的，对美学这一学科，他用的是拉丁文 Aesthetica，其词来源于希腊文 aisttesis，德文为 Asthetik，法文为 esthétique，英文为 aesthetics。

即从美的本质到各类具体的审美现象。第二面主要运用主体—客体模式，即把美的客观类型与美的主体感受不可分割地结合起来。第三面主要构架于艺术分类体系，即把艺术门类与审美类型及其历史发展结合起来。美学三面本有不同的缘起根据，在逻辑上又相互交叠，难以整合。美学家们总是根据自己的知识背景和学术气质，或主论美的本质，或专究审美心理，或重在艺术哲学。但这三类之为美学又在于它们都以美的本质来统率自己的体系。古典美学的三面充满矛盾，但都在寻求完美之路。当整个文化结构从古典转入现代时，美学必然会发生大的变化。从古典美学的三面这一视点来看 1900 年以后的美学，可以发现，之后的美学没有美的本质这一面。在这一转变的过程中，较为明显的，我们可以看到心理学美学对美的本质的拒斥和转换，自然主义美学在现实和艺术中对美和美感的泛化，分析美学以及其他美学对美的本质的致命打击……分析美学在摧毁美的本质的同时，又破旧立新地推出了一套美学方式，即对美学中的所有关键概念进行分析。因此可以说，1900 年以后的美学，形成了概念分析、审美经验、艺术哲学的新三面。后两面从概念来说没变，从内容来讲已变，都不是先得出美的本质，然后再运用到审美经验和艺术之中，而是从审美经验和艺术自身立论，因此名称未变而内容和面貌已变，可称为"新"。

西方当代美学新三面的特点就是：无中心。古典美学无论多么庞杂，内蕴着多少矛盾，都可以用美的本质将之统一起来，而一旦美的本质被否定之后，美学中原有的或新出的部分或类型各自独立或自愿组合。于是我们可以看到，审美心理学从自身出发，建立起了一个个的美学原理体系：实验心理学的、思辨心理学的、精神分析的、格式塔心理学的……艺术哲学从自身出发建立起了一个个美学原理体系：形式主义的、结构主义的、原型批评的、表现主义的……也可以看到把审美心理与艺术哲学结合在一起建立起来的美学原理体系：现象学美学、分析美学……还能看到把分析美学、心理美学、艺术哲学结合在一起的美学原理体系，如奥尔德里奇（Virgil C. Aldrich）《艺术哲学》、迪基（George Dickie）《美学导论》等，这样一来，当把 20 世纪美学与古典美学的原理体系加以对照的时候，可以说，古典美学的美学原理体系是一种具有中心性的三面美学（即都有美的本质），而 20 世纪的美学原理体系则是一种没有中心性的三面美学（概念分析美学、审美心理学和艺术哲学），无中心造成了美学的多样性。在一定的意义上讲，当代西方美学已经逸出西方的区分型美学而汇入非西方的关联型美学。

西方美学在古希腊由柏拉图奠基之时，面对的是天、地、人各个领域的美，如形体的美、形式的美、制度的美、理式的美等，且把这种任一领域的美都可以被纳入的美学称为关联型美学。而到了近代，美学成为一门学科，是由整个西方近代文化中学术体系的区分性而来的，把美从真、善中区分出来而有了美学。美学，从主体上来讲，来自与功利的外在感官不同的超功利的内在感官，从这一点看，英国的夏夫兹博里对美学学科的建立具有奠基的意义；从客体上来讲，美学来自与功利的现实不同的超功利的艺术，从这一点看，法国的巴托对艺术哲学的建立具有奠基的意义。由美的本质到主体的审美情感和到客体的艺术体系，构成了美学的西方特性。也可以说，具有统率的美的本质，由美的本质而来的审美心理（如康德美学），或由美的本质而来的艺术体系（如黑格尔美学），构成了西方美学的基本面貌，且把这种由区分性而来的美学称为区分型美学。全部非西方美学都是关联型美学，非西方的关联型美学与西方古希腊的关联型美学的差别在于，古希腊的关联型美学是由美的本质所统率的，而非西方的关联型美学是没有美的本质存在的。

而1900年以后的西方美学，在形成新三面的同时，一种对区分型美学的突破显现了出来。这首先体现在美国的自然主义美学，一方面（在桑塔耶纳[George Santayana，1863—1952]那里很突出）把功利性的快感加在审美心理之中，另一方面（在杜威[John Dewey，1859—1952]那里很明显）把功利性的生活之美加在审美客体之中，然后，体现为中欧和北欧的工业美学/技术美学/设计美学，以及波及整个西方非艺术领域的美学。正是在这一方面，西方美学突破了近代美学模式，而与非西方关联型美学有了一些会通。然而，这一向非西方的靠拢，在几乎整个20世纪都没有得到美学主流的承认，西方美学主流，仍是在区分型美学的道路上按西方的方式深入和扩大，直到20世纪末以及21世纪，关联型美学有了面上的扩大和质上的提高，特别体现在生态美学、身体美学、休闲美学、生活美学这些新兴的美学流派上，这些流派的合力从本质上改变了西方美学的基本结构。从这一新的结构来看，1900年以来的美学不但呈现出上面所说的新的美学三面，而且还呈现为新的美学三类。

美学本有区分性的一面，体现为在西方有一个以美学原理为主的美学话语；又有关联性的一面，体现为非西方的美学话语不以美学原理的面貌呈现，而只是各个领域的美，如居室之美、服饰之美、科学之美、道德之美、性爱之美……这些溢出超功利的美感和溢出超功利的艺术的形形色色的美，在西方近代美学之中，一是仍为美的本质所统领，因为美的本质决定一切美的具体现象；二是在统领的同时要强调，这些美是不纯粹、混杂的美，因此应当被排斥在美学原理之外。而在20世纪没有了美的本质，不但区分型美学的三面无所谓高低，而且本处于边缘地位的关联型美学由于没有了美的本质的统管、安排、定位，也无所忌惮地纷纷崛起和任意招摇：技术美学、环境美学、都市美学、广告美学、大众美学等这些形形色色的关联型美学虽然在几乎整个20世纪都遭到区分型美学的严格排斥，然而在20世纪末和21世纪以后，通过与当代文化紧密关联的生态、身体、景观、设计、生活，突然显出自己的巨大声势。而这一声势的后面，正是新一轮的全球化浪潮引出的西方和非西方的交汇。关联型美学在西方崛起，使得西方美学除了三面之外，又呈现为三类。

类型之一是作为美学正宗的学院美学。美学是学术体系中的一个学科，与教育机构相关，正像19世纪黑格尔要在海德堡大学和柏林大学开设自己的美学课一样，大学之为大学，必须开设自己的美学课程。课堂教学和学术研究相结合而产生的美学课本，既满足于实际的教学需要，又推动着体制上的学科建设。因此，美学既是一个学科，也是一门课程，一种标准型的美学原理在这双重的需要下，被一本一本地写了出来。大学处在社会和文化的环境之中，学院式的美学原理当然会受到当代的哲学思潮和美学思潮的影响，但是作为教学和学术之一部分，学术体系和机构本性都会更多地从学科的角度，而不是从思想的角度来思考和处理美学原理。因此，学院美学是以美学原理课本为特征的。无论在大学的课堂上讲什么类型的美学（语言分析的、审美心理的、艺术哲学的，或其他的），都要从美学原理的角度对美学予以组织和讲述。因此，所谓学院美学就是以教材的形式呈现出来的美学。

类型之二是流派美学。1900年以来西方哲学的每一次巨流，都激起了美学的浪花，出现与之相应的美学流派。从这一角度看，当代西方美学呈现为流派美学。在古典美学中，如果要看出流派，只能用两种大的框架，一是时代，二是国别。就时代来说，有古希腊罗马、中世纪、文艺复兴三个时代。文艺复兴以后的发展，才有了以国别为标志的民族性的差异，于是有英国美学、法国美学、德国美学等。1900 年以后，在各种思想的激荡中，在美学与文化的互动中，美学流派开始增多。如果说，学院的课堂教学相对需要稳妥，那么，流派则更讲创新，更需先锋。这样，当代西方美学的演进主要体现为流派美学。因此，不是把美学归为几面，而是怎样划分流派，如何理顺各流派之间的复杂关系，成为梳理当代西方美学的枢纽和关键。从流派的角度梳理当代美学，可以从两种角度或以两种方式进行，一是从流派性质本身归类，二是从美学思想的演进归纳。这两个方面是相互交叠绞缠的。前者是为了从流派本身来说明流派，后者是为了从美学理论来说明流派。本节主要是为了说明美学流派的流派性质，因此要按照前一个方式对流派进行归类。下一节讲述当代美学的进行演变，就需要以后一种方式进行了。当代众多的美学流派，可以归纳为如下的主流：

一是心理学美学。包括实验心理学美学、思辨心理学美学（距离说、内摹仿说、移情说、直觉说等）、精神分析美学、格式塔美学……这些学派的一个共同特点，就是把美学问题看成一个心理学的问题，并且通过心理学研究来予以理解和把握。

二是分析美学。包括以逻辑实证主义为代表的分析美学和以后期维特根斯坦（Wittgenstein，1889—1951）为代表的分析美学。前者从概念与世界的对应性来清洗美学理论中混入的无意义的非理论语言，后者以用法即意义的语境原则来研究如何使美学话语与审美现实进行真正的对话。

三是自然主义美学。它包括自然主义美学、实用主义美学、新自然主义美学、后实用主义美学。它们的共同特点是不作任何先验的预设和绝对的划分，而从所有相关的自然现象和经验现象中来总结概括人类的审美规律。

四是形式—结构美学。它包括德国形式主义、俄国形式主义、英法形式主义、英美新批评主义、捷克结构主义、法国结构主义、符号学、法国和美国的解构主义。这些流派的共同特点是从客观世界和文化世界的形式结构来研究美学问题（恰与心理学美学站在对立的立场），它们或从外在找出形式，或从深层探寻结构，有的认为寻找深层结构是第一重要的，有的又认为深层结构根本不存在。

五是现象学美学。它包括现象学美学、存在主义美学、解释学美学、接受美学和读者反应批评。这些流派都是从直接面对事物本身这一现象学"本质直观"出发来看待审美问题的，只是按照各个流派自身的特性，对这一基点有不同的理解，又从中引出不同的理论体系罢了。

六是西方马克思主义美学。它包括以卢卡奇（György Lukács，1885—1971）为代表的前期西方马克思主义美学，以法兰克福学派为代表的中期西方马克思主义美学和以詹明信和伊格尔顿（Terry Eagleton）为代表的后期西方马克思主义美学。前者是以一种整体性哲学对资本主义审美文化进行批判，中者是以一种反总体性哲学对后工业社会的审美文化进行批判，后者是从一种全球语境对以西方为主的审美话语进行批判。

七是后结构—后现代美学。后结构美学由对结构主义的反叛而产生，从而与结构主义有根本性的联系，体现为多种类型，如德里达式、福柯式、德勒兹（Deleuze，1925—1995）式、拉康（Jacques Lacan，1901—1981）式等，后现代与后结构具有相同的思想性质，但离结构主义远一些，从非结构主义的方向深化这一思想的，也有多种类型，有利奥塔（Lyotard，1924—1998）型、波德里亚（Jean Baudrillard，1929—2007）型、詹明信型等。

八是后殖民主义美学。它包括一切以帝国主义与殖民地的关系为基础进而深入西方与非西方的关系来考察美学现象的论著，萨义德、斯皮瓦克（Gayatri Chakravorty Spivak）、霍米·巴巴（Hormi K. Bhabha）、范农（Franz Fanon）等是其主要代表。后殖民美学第一次从东西方的关系来思考美学问题，使后现代美学世界化了。

九是新神学美学。它包括一切从现代神学和后现代神学的原则出发来研究审美现象的论著。马利坦（Maritain，1882—1973）是一种神学美学，巴尔塔萨（Balthasar，1905—1988）对神学美学的体系化做出了贡献，从思维模式上说，海德格尔（Martin Heidegger，1889—1976）也具有很强的神学美学内蕴。新神学美学总是要把审美现象与隐匿的上帝联系起来，使审美走向一种终极关怀的显启。

十是新世纪美学。它指 21 世纪渐成潮流的一些美学流派，包括生态型美学、生活型美学、身体美学、形式美学、新实用主义美学等，在生态型美学中又包括环境美学、生态批评、景观学科。这些美学流派之间，关系或密或疏，但有一个共同的特点，就是反对从艺术美学的美学原则来看待美学问题，力图突破艺术美学的原则，高扬美学与社会自然文化的本然关联，因此，这些新流派都是对区分型美学进行突破或进行批判的具有关联型特点的美学。

在与哲学、心理学、社会学、文化、科学思潮相关的美学流派中，有的写出了自己的美学原理体系，有的没有，写不写美学原理，是服从哲学流派的思想的需要的，而不是服从美学学科的需要的。各流派美学进行的是思想冲锋，不管其写出还是没有写出过美学原理，它们对西方美学的发展，都起着重要的推动作用。

类型之三是文化美学。美学，作为学科，里面有很多部分和边缘；作为领域，关联到宇宙中的方方面面。当美学学科主要以语言分析、审美心理、艺术三面和各种思想流派的多面来展开自己，而美学又是无中心的时候，三面之中和流派之中以及三面之外和流派之外的很多因素，就按自己的内容、力量、方式来展开自己了。在内外的激荡之中，不但关联型美学显现出自己的特点，区分型美学也呈现出自己的新质。在区分型美学所注重的艺术范围里，有建筑、美术、文学、戏剧、电影、电视等，而这些艺术门类，不仅仅与美相关，还有其他的关联，比如，建筑与一整套的技术程序相关，美术也与一整套的技术法则相连，文学与语言相关，电影与高技术的规则有关，而这些艺术门类除了有美学角度之外，更主要的是有自己的一套体系，这套体系还与整个文化中的其他领域有千丝万缕的关系，如与社会、政治、经济、思想等领域的关系。各门艺术与诸多领域的多种关系，更主要的是它们在社会需求中的地位，决定了其在教育机构中的规模大小和层级高低。教育机构在对诸多方面进行综合考虑之后，得出了一所大学的院系结构。在一般的大学机构中，文学因与语言相关，而形成一个独立的院或系，建筑以其大量的技术内涵而形成一个独立的学院，美术以绘画为中心组成一个独立的学院，电影以其特殊的技术程序组成独立的学院，还有戏剧、电视等，都按照这一规律形成自己的机构实体，但不会成立一个在这些之上的美学学院；相反，美学只是在哲学系下面的一门课程，同样只是在文学、美术、建筑、戏剧、电影、电视院系下面的一门课程。由此，我们可以看到美学与各门艺术之间的关系，不同于学术体系的层级分明的逻辑结构。这样，一方面是美学在艺术的维度上把自己展开为各门艺术；另一方面是各门艺术按自己的主体逻辑展开，美学成为其展开中的一个方向。这里呈现了学术体系层级之间的相互绞缠。在这一矛盾的关系中，美学如何从美学自己的角度去叙述各门艺术，以及各门艺术如何从门类立场去讲这一艺术门类的美学，成了一种考验学术智慧的绞缠。这不但表现为美学与各门艺术之间的关系的困难，也呈现为美学自身的困难。美学，除了与艺术相关外，还上与哲学，下与生活，广与宇宙相关。正因为后两个相关，形成了关联型美学。在20世纪以前，区分型美学比如黑格尔的《美学》，一方面从美学的广度出发，把人之前的宇宙演化、自然世界、生物进化都纳入了美学论述之中；但另一方面又从美学的学科出发，认为这些是美的低级阶段，而将它们排斥在美学体系之外。艺术之外的生活与宇宙，虽然在学术体系中有其相关的学科进行研究，但对这些对象的研究基本上是与美学无关的。然而，20世纪以来文化的演化，特别是这两个方面：一是都市化进程、商业化进程、消费化进程在世界上的普遍化；二是媒介的不断革新，从以印刷媒介为主到以电子媒介为主，二三十年代以来广播的普及并入主文化的中心，五六十年代电视的普及并入主文化的中心，90年代以来电脑的普及并入主文化的中心，使得艺术以外的诸多领域，与美的关联突出了起来。在美学上，文化的演化首先体现为19世纪末、20世纪初开始的美国的自然主义对美的泛化，然后体现为20世纪中后期从法国起源而后漫向整个欧美的后现代思潮对各领域的相互打通。这样，艺术之外的宇宙人生诸方面的领域，不但与美有力地关联起来，而且与大学的学科建设有力地关联起来。一方面在美学以外的学科，不断冒出"美学"来：技术美学、环境美学、大众美学、广告美学、信息美学、电脑美学、数码美学、赛博美学等；另一方面美学内部也力图重构美学，以把艺术与艺术之外的美关联起来。在北美，美国学人舒斯特曼（Richard Shusterman）的《实用主义美学》（1992）要把意识形态、通俗艺术、拉普音乐、身体美学，都放到美学里面来；在西欧，德国学人韦尔施（Wolfgang Welsch）的《重构美学》（1997）认为整个社会都进入了一个审美化之中，因此，要重构一门"超越传统美学的美学"，将"诸如日常生活、科学、政治、艺术、伦理学等"，"方方面面都囊括进来"。①这种方方面面都组织进来的美学，实际上成了一种泛化的文化美学。这是一个非常复杂的领域，这里姑且把它与学院美学和流派美学区别开来，称为文化美学。这是一种要突破艺术的边界而走向社会、自然、文化的美学。文化美学是关联型的，这里的关联不但是艺术之外的各领域的关联，而且是不分艺术内外的各领域的大关联。这样，西方美学呈现为三大相互独立又相互关联，甚至相互绞缠的类型：学院美学(固守着西方的区分型美学)，流派美学(既有区分型美学，又有关联型美学)，文化美学(完全是关联型美学)。

当代西方美学的三面和三类，是两个不同的角度：三面是从西方古典美学与当代美学的承与转来看的，是从历史看今天；三类是从今天自身来看的，呈现的是当代西方美学独特的面貌和演进方向。

三　美与美学的用法变幻

当代西方美学的三类中，学院美学虽然是为教学而存在的，但也受到各流派的巨大影响，不少著名教材，就是以流派的理论为基础编写出来的。文化美学，在一定意义上，可以看成是流派美学的进一步发展。因此，当代西方美学最主要和最重要的是流派美学。如果说，古典美学的三面都是由美的本质来统率的，从而显出了一元论的特点，那么当代西方美学的十大主流，在失去了美的本质的领导后，各有自己的出发点和运思方式，从而显现出了多元化的风格。这种多元，是没有统一逻辑的多元，是无法通约的多元。

把十大流派称为美学流派，是因为我们在讨论美学史，但它们自己并不一定会这么自称。比如，凭什么把结构主义说成是美学？凭什么把格式塔心理学的视知觉研究说成是美学？要理解各流派与美学的关系，必须先理解20世纪西方由美的本质的消失而来的另一重要现象。

---

① ［德］沃尔夫冈·韦尔施：《重构美学》，1页，上海，上海译文出版社，2002。

这一重要现象包含两个方面。一是大量可以被美学史家归入美学的著作，究其本意并非为美学而作。这一现象本是各非西方文化的普遍现象（比如在中国，《文心雕龙》《书谱》《林泉高致》被称为美学），也是西方古典文化中存在的现象（如《诗学》《建筑十书》《拉奥孔》被称为美学著作），但这一现象在20世纪特别明显，这一倾向的进一步发展，就造就了第二方面，这就是20世纪60年代进入后现代以来，美学体系性著作的实质性消失。就是一些看起来像是具有体系性的著作，如伽达默尔（Gadamer，1900—2002）《真理与方法》（1960）、阿多诺（Adorno，1903—1969）《美学理论》（1970）、巴尔塔萨《荣耀：神学美学》（1961—1969），细察之，这些不但不是体系性著作，而且可以说是一种反体系的著作。自柏拉图以来，从美学角度写的体系性的美学著作，本就是西方美学的显著标志。20世纪头50年现代美学在努力重建美学时，也在力图而且确实在50年代推出了自己具有代表性的体系性著作，如现象学美学家杜夫海纳（M. Dufrenne，1910—1995）的《审美经验现象学》（1953），符号学美学家苏珊·朗格（SuSanne K. Langer，1895—1982）的《情感与形式》（1953），自然主义美学家托马斯·门罗（Thomas Munro，1897—1974）的《走向科学的美学》（1956），格式塔美学家阿恩海姆（Rudolf Arnheim，1904—1994）的《艺术与视知觉》（1954）……而一旦体系性的著作消失之后，西方美学就貌似显现出了零落之景象（这一景象要待21世纪美学崛起之后才开始出现新的转机），但是，体系性著作的消失和美学不以美学的形式出现只是当代西方美学的一个方面，即历史的延续性方面，如果从另一个方面，从美学一词的使用率来看，西方美学不但没有消失，反而充满勃勃生机。在20世纪60年代以来的西方人文科学文献中，无论哪一方面的著作，哲学的、历史的、宗教的、文学的、美术的、建筑的、生活的，无论是这一学派的，还是那一学派的，随时都有"美学"一词蹦将出来。比如，西方马克思主义代表詹明信说，他要建立一种关于第三世界文学的认知性美学；后殖民理论代表萨义德在其著作中，一再将"美学"与政治、军事、经济等概念并列，并时常说，他是从美学的角度来看的；在90年代出版的《宗教概论》中，作者这样写道：希腊人对人类的贡献是哲学与美学；在新近出版的《视觉文化读本》的三篇导言里，第三篇就是以"美学"为标题的；英国美学学会的刊物《美学杂志》和美国美学学会的刊物《美学与艺术批评》仍在一期一期地出版，以西方国家为主体的国际美学学会依然定期召开学术会议……

因此，1900年以来的西方美学，消失或隐匿的只是"美的本质"，而不是"美"这一词汇，20世纪60年代以来，零落的只是美学的体系性著作的出现率，而不是美学一词的出现率，一旦我们从美与美的本质，美学一词与美学著作这二者的关系来看待问题，就能理出20世纪美学与古典美学的根本差异。

这个差异意味着什么呢？

意味着在全球化的文化交往中，西方美学向非西方美学的靠拢。

在世界各文化中，每一文化都有美，都有"美"字，都有关于美的言论和论及美的文字，但只有西方形成了美学，因此可以说，西方文化是（因其区分性原则而来的）有美有"学"的美学，即有一个美学学科；各非西方文化是（因关联性原则而来的）有美无"学"的美学，即其美学话语并未形成一个美学学科。这正如只有西方文化形成了焦点透视的绘画，而各非西方文化都只是散点透视的绘画一样。现代社会在西方兴起并向全球扩张，随即把世界各种文化都带进了统一的世界史，西方文化要面对的是各个文化在新世界中的统一性和互通性问题。1900年以来的西方美学，特别是1960年以来的西方美学，没有体系性的著作，只见美学一词四处游走，到处泛化，这正是各非西方文化美学自古以来的存在方式。从这一角度来看，西方美学正好把自己摆到了一个与各非西方文化的美学更能相互理解，更易相互会通的位置上。在这一意义上看20世纪以来西方美学的演进，难道不可以将之视为世界本体结构的变化、西方中心的消解、全球化新观念重构在美学上的反映吗？

1900年以来西方美学的演进走向与各非西方文化美学的相似道路，是与西方古典美学相比较而言的。把1900年以来西方美学与各非西方文化的美学相比较，二者又有不同之处。这主要表现在两个方面。第一，各非西方文化，由于从未有过西方式的美学，也就是说，是有美无学的美学，因此，是"美"字到处出现；西方由于是有美有学的美学，从而是"美学"一词到处出现。第二，正因为非西方文化是有美无学，因此"美"的到处出现是与不可言说的文化的大美相关联的，很难看出其具体的运行结构。以中国为例，笠原仲二《古代中国人的美意识》收集了中国文化中"美"字的各种用法，及可以训为"美"的字。我们仅看看"美"的用法：

一、饮食类：美食、美味、美酒、香美……所有吃的都可以为美。

二、器物类：美物、美金、美剑、美珠、美玉、美珥、美衣、美锦、美裘、车之美、车服之美、车席之美、纤美、黼黻之美……

三、建筑物类：丹漆雕几之美、宫室之美、台之美……

四、动植物类：角之美、羽之美、翼之美、枝叶之美、柯之美、（马）艺之美、美木、草木之美、瓜之美、美禾、美麦、谷之美、种之美、稼之美……

五、天地山川类：美景、天地之美、山林川谷之美、山川之美，土地人物之美、丘壑之美、林壑之美、泉石之美、壤地之美、肥美、美田、美池、清夜之美……

六、政治类：美政、美治、美化、风俗之美、美俗、美日、美官、百官之美、匹夫之美……

七、人物自然性：美女、美人、美妾、美男、美少年……

八、人物社会性：清雅之美、奇逸之美、美士、美贤、才之美、美才、美材、性质之美、美质、聪明之美、人智之美、才艺之美、学之美、御马之美、书之美……

九、心理类：人情之美、身心之美、心之美、宽容之美……

十、业绩类：祖先之美、功之美、名誉之美、声美、美名、美号、美称、美名、虚妄之美、行义之美、行之美、美行、继好息民之美、刊刻之美、美谈、美事、美选、志节之美、九德之美、内美、义之美、和之美……

十一、伦理类：先君之法之美、至美之道、先王之道之美……

十二、语言类：美言、言之美、语之美、美说、说之美、美话、诗之美、赋之美、雅颂之美、文之美、文翰之美、辞之美丽、词之美……

十三、音乐舞蹈类：响美、哗嚣之美、美音、美声、击筑之美、曲之美、歌之美、讴之美、舞之美……

由上可见，"美"字的出现，并不是美学逻辑路径的表征。对非西方文化的美学总结也不能以"美"的出现与集合来进行。而西方由于有过美学，从而每当"美学"一词出现的时候，总是美学的一种逻辑显现。根据西方的美学传统，可以知道，"美学"一词的使用，是与以下的逻辑惯例相关联的：

第一，按照美学的定义之一，美学是与感性事物相关的，因此，凡是谈到感性事物，都可以使用美学一词，在本雅明（Benjamin，1892—1940）的著述中，可以看到诸如"政治的美学化""日常生活的美学显现"等。在本雅明所论述的文化现象中，我们再也找不到比用"美学"一词更恰当、更传神的词汇了。

第二，按照西方美学传统，艺术的目的就是追求美，因此，所有关于艺术的理论都可以说成是美学。虽然现代以来，没有一个美的本质去统率各门艺术，但各门艺术的理论话语还是可以自称或被称为美学的。例如，接受美学，本来是一个纯文学的理论，但是却自称为接受美学，无人异议。巴尔特（Barthes，1915—1980）、托多罗夫（Tzvetan Todorov，1939—2017）、热奈特（Gerard Genette，1930—2018）、格雷马斯（Greimas，1917—1992）等人将结构主义理论运用于文学，他们自己不称自己的研究为美学，但有的研究著作将他们的研究命名为"结构主义美学"，被研究者无异议，读者也无异议。由于有西方的传统惯例，任何读者一看到这些词，都能够由言入意，心领神会，无须解释。

第三，按照西方传统，真善美是把握世界的大类，与真相关的是逻辑学（知识、理性），与善对应的是伦理学（道德、意志），与美关涉的是美学（情感、感性），鲍姆加登就是以这一思路建立了美学，而康德的《纯粹理性批判》《实践理性批判》《判断力批判》对此做了进一步的强化，构成了西方理论话语的三大划分惯例，我们看到，理论家们在并列大类的时候，会用"理论的、实践的、美学的"这样的词汇。在哈贝马斯（J. Habermas）的话语中，我们常会看到这样的使用方式。

第四，在西方的学术话语中，美学是一个大概念，虽然要把美学界定清晰较为困难，但因它有很大概括性，在很多时候却比用其他词汇更有效。萨义德的著作，常将"美学"一词与政治、经济、法律等词并列，去描述西方对东方的侵略和影响。他的"美学"一词既指艺术作品，还包括游记、报道、日记、杂感等与感性相关的东西。这里"美学"一词具有其他任何词汇都难以替代的好处。

而今西方，"美学"一词虽然到处游走，但又有理可依。虽然有理可依，但又难以成学。因此，1900 年以来的西方，美学呈现出一种奇怪的现象：美学，作为词汇到处存在，呈现出繁荣昌盛之势；作为学科，却呈现出凋零之势。我们基本看不到美学，而又处处都看到美学。到 20 世纪末和 21 世纪初，当生态美学、生活美学、身体美学、设计美学全面高扬，大踏步地走向关联型美学之时，西方美学开始喊出了美学复兴的口号。

以上对当代西方美学特征的梳理，构成了对之理解和把握的基本方式：①从"美"和"美学"一词的用法中去体会西方对美学的深层理解；②新三面和新三类呈现出美学的图景；③更主要的是在整个图景中突出流派的演进；④从西方与世界的互动和西方美学自身的演进逻辑，看到关联型美学在西方的日益高扬。这四个方面的综合，可以进一步从史的角度去梳理当代西方美学。

四 行进演变的多样绞缠

摩尔的《伦理学原理》在 1903 年出版是很有意思的，它既有整个分析哲学的背景，又预兆了维特根斯坦的出现，显现出了 20 世纪美学从一开始就决心直面美的本质问题，并彻底解决它。虽然分析美学自认为解决了美的本质问题，其实它仅是从西方知识论的角度解决了这个问题，我们看到各大流派都从方法论上或明或隐地质疑美的本质，这构成了 20 世纪西方美学不谈美的本质的大局，但这类质疑至今还没有取得超越知识论的成就。因此，这一问题虽然从 20 世纪初就显出声势，但基本并未在 20 世纪初构成一种时空集中的宏伟景观。从总的势头看，1900—1915 年是审美心理的时代。这时期的美学在美的客观本质失落后，想在审美心理中重建基础，纷纷探索人是如何通过一种心理手段，使主体成为审美主体，并使对象成为审美对象的。距离论、孤立论、直觉论、内摹仿论、移情论、抽象论等多种理论是审美心理时代的硕果。当这块土地被精耕细作，再难提高产量之后，到了 1915—1950 年，美学的大潮就转为艺术形式。艺术的本质是追求美，世界之美纯粹地、典型地体现在艺术上。美的本质消散之后，人们便在艺术形式上建立艺术的本体。以德国形式主义、俄国形式主义、英法形式主义、英美新批评为主流的形式派一心要说明的是：第一，形式如何从自身生成为审美对象；第二，艺术史怎样纯是审美形式的演变史。审美心理的时代和艺术形式的时代是，古典美学三面中美的本质一面消失之后，其余两面在新时代不断发展，它们各自从自己的领域去填补美的本质的空缺。对审美心理时代的各派来说，其主题是"美即美感"；对艺术形式的各派来说，其主题是"形式即本体"；还有摧毁美的本质的分析哲学所倡导的语言分析进入美学的术语体系而进行的分析活动；不从其"破"而从其"立"来说，三者都在做重建中心的工作，而这种重建是建立在美学原有的基本结构和丰厚土壤上的。从美学的角度，我们很容易认出其时代的标志意义，但把眼光放宽一点，1900—1950 年是旧的美学完全破灭，人们纷纷寻找新的支点的时代，学说迭起，流派繁多，他们根据自己的背景、气质、方式进行多途径的探索，而这些探索又明显地受到美学基本结构的制约和暗引。从四个主要流派产生了四个对美学具有重要影响的范畴，即形式主义的"形式"，表现主义的"表现"，精神分析的"隐喻"和存在主义的"荒诞"。从这四个范畴，我们可以看到当代西方美学的四个基本方面和四个基本层次。从这四个范畴所包含的丰富内容的矛盾中，我们还可以体会到西方当代美学何以从现代美学向后现代美学转化，因此，这四个范畴可以说是形成了当代西方美学中的现代美学的基本结构。它使现代美学从这四个流派向其他流派扩散，也使其他流派向这四个流派汇聚。在这一基础之上，1950—1960 年是西方美学重建体系的时代，各家各派，如自然主义美学、格式塔美学、象征符号美学、原型论美学、现象学美学等，都想在自己所寻得的基点上，建立完整的美学体系，也基本上做到了这一点。其中最典型的代表是苏珊·朗格《情感与形式》在艺术哲学上的成就，杜夫海纳《审美经验现象学》把审美心理和艺术体系结合起来的业绩，以及弗莱（Northrop Frye，1912—1991）《批评的解剖》综合东方和西方而来的视野。如果不受时间的局限，而从理论逻辑上讲，我们还可以把迪基从 20 世纪 70 年代一直到 90 年代所写的《美学导论》算进来，显现出综合美学史与美学理论的建构体系的功力。如果把这一时期的成果与古典美学的典范做一比较，那么，《审美经验现象学》相当于康德的《判断力批判》，《情感与形式》加上《批评的解剖》相当于黑格尔的《美学》。而《美学导论》是既有分析哲学的新路，又有把区分型与关联型结合的新途。从 20 世纪始，西方的思维模式表现为一种与古典不同的深度模式，其典型代表，先有弗洛伊德的无意识与意识，后有海德格尔的存在与存在者。无意识和存在是根本，决定着意识和存在者，但又是不能用语言来说清楚的，因此有弗洛伊德对隐喻的重新解释，有海德格尔对古典定义方式的批判。20 世纪 60 年代结构主义兴起，用语言和言语复现了与精神分析和存在主义相同的深度模式，但却用明晰的语言讲清楚了与无意识和存在同质的语言是什么，从而也讲清楚了作为深层结构的语言与作为表层现象的言语是怎样一种关系。这样，现代思想取得了一种明晰的而且是科学的理论表述，可以说，结构主义是现代思想基本结构的最后完成。因此，结构主义成为现代思想的顶峰。

由此，可以说，从 1900 年到 1960 年是西方美学的现代时期，这个时期纷繁复杂的各种流派所展现和言说的美学现象，可由五个方面（或者说层次，或者说场极）予以一种整体把握。一是美的本质被否定，并在这否定中生出了分析美学。二是美学原来两面（审美心理和艺术）的新变，由一和二产生了三个既相互独立又相互交叠的美学面相：概念分析型美学、审美心理型美学和艺术哲学型美学。三是四大范畴（形式、表现、隐喻、荒诞）结构最终形成。四是由四本著作代表的美学体系实绩。五是现代思想结构（无意识/意识，存在/存在者，语言/言语）完成了。

然而，20 世纪 60 年代既是现代思想和现代美学的顶峰，又是现代向后现代的转折。伽达默尔《真理与方法》（1960）代表了现象学的后现代转向，阿多诺《否定的辩证法》（1966）象征了西方马克思主义的后现代转向，拉康在 1966 年主持讲习班时所做的一系列讲演以及后来德勒兹和瓜塔里合著的《反俄狄浦斯情结》（1972）显示了精神分析的后现代转向，德里达 1967 年发表的《语言文字学》《写作与差异》《声音与现象》标志了结构主义的后现代转向。这四大西方思潮的转向共汇成后现代突如其来的洪涛。60 年代以后，尽管结构主义转成声势浩大的符号学而继续向各领域推进，但是从现代向后现代的转折已成定局。

要对现代美学做一总的概括，可以将其分为如下四期：一是滥觞期（1850—1900），这是现代美学的开创期和支流时期；二是发展期（1900—1950），这是现代美学成为主流的时期，也是现代美学范畴结构的形成期；三是顶峰期（1950—1960），这时现代美学完成了自己的体系构造；四是完成期或转折期（1960—1970），这时既是结构主义大盛，完成了现代思想的结构模式时期，又是从现代向后现代的转折时期。前面说过，20 世纪 60 年代以后，也就是进入后现代以后，当代西方美学表现为体系性著作的消失和美学一词的兴盛，因此，对后现代美学的把握，也同样要以流派作为基本框架。首先有后结构主义，后结构主义标志了西方思想从现代向后现代的转折。被学术史家公认为后现代的主要代表，德里达、福柯、波德里亚、德勒兹、拉康，都是从后结构主义思潮中涌现出来的。他们的思想构成了 20 世纪 60 年代以来美学思想的重要一翼。

然后有后现代流派的出现，虽然后结构主义已经运用后现代的方法并彰显了后现代的思想，但并没有运用后现代这一词汇。这里的后现代流派是指专用后现代词汇来讲述后现代思想的那些代表人物，主要是利奥塔、后期的波德里亚、詹明信。后现代派也可以称为小后现代，与作为一个时代称谓的大后现代派形成对照。如果说，后结构主义代表了西方思想从现代向后现代的转折，那么，后现代流派则使后现代思想普遍化了。法兰克福美学也在后现代中得到彰显。法兰克福学派对卢卡奇的总体性的否定，已经意味着西方马克思主义要走向后现代思维。在 20 世纪 40 年代去世的本雅明，被认为是后现代的先驱之一。马尔库塞（Herbert Marcuse，1898—1979）对后工业社会的批判，阿多诺对总体性的否定，都闪耀着后现代精神。解释学包含了多方面的内容，既是现象学的后现代转向，也是旧解释学的后现代转向，还是美学主流自 19 世纪以来从作者中心到 20 世纪上半期的作品中心再到 20 世纪 60 年代以后的读者中心的转向。以后期维特根斯坦为代表的分析美学，以用法即意义和家族相似来重释美学基本问题，是一种典型的后现代方法。

在后现代大潮中，后殖民主义具有更为重要的意义。以萨义德《东方学（主义）》①（1978）开始成为潮流的后殖民理论，因斯皮瓦克和霍米·巴巴等人的加盟而声威大震，把本在西方内部热闹的后现代理论运用于西方与非西方的关系，从而使后现代理论有了一个全球化的视域。西方文化为什么要走向后现代，后现代的意义究竟何在？我们只有从全球化的角度才能更好地理解。而后殖民理论则把

---

① 作者认为，萨义德的《东方学》实质上讲的是带有主观色彩的"主义"，不是客观性的"学"，故本书中的该书书名译为《东方学（主义）》。——编者注

我们引向了这样一个全球化的视域。从全球视域来看，新神学美学与后殖民主义一样具有重要意味。后殖民主义从消解西方和重思东方的路径来通向一种全球性的真谛，而神学美学则从一个隐匿而统一的上帝来思考具有全球意义的美的本质问题。这样后殖民美学和神学美学都把后现代美学真正地引向深入。正是在全球化的浪潮中，特别是 21 世纪以来，生态型美学、生活型美学、身体美学、形式美研究……正从方方面面攻击着西方美学的核心——艺术美学原则，这显现出了当代西方美学的另一种转折。回望世界，非西方的中国文化、印度文化、伊斯兰文化等，都没有西方文化中从柏拉图到鲍姆加登再到康德和黑格尔所建立起来的这种美学。而这些新世纪美学对西方美学核心的批判和从批判中推出的美学思想，正好与三大非西方文化的美学有形式上的相似。

　　以上西方美学流派，提供了不同的思想观念和方法论，将之运用于各类审美现象的研究，会以三部曲的结构和和声的形式呈现 1900 年以来西方美学的总体风貌，这三部曲就是从 1900 年开始的西方现代型美学，从 1960 年开始的西方后现代美学，从 20 世纪后期显露而在 21 世纪成潮的全球化美学，由这三部曲构成的丰富而宏伟的和声，展现了西方美学历史的波澜壮阔和复杂诡谲之壮景。

五　内在结构的互动显隐

　　为什么当代西方美学的演进是这样的，其演进原因除了有美学内部的逻辑外，还有与美学有密切关系的文化逻辑。西方心灵的重大特点之一，就是对确定性和明晰性的追求。这种确定性和明晰性，是在亚里士多德（Aristotle，前 384—前 322）的形式逻辑和文艺复兴实验科学的基础上发展起来的。从西方文化自身的逻辑发展而言，这种对确定性和明晰性的追求，在 1900 年以后衍化为四个方面。

　　一是语言—符号。古希腊哲学的重心在本体论，人们想要确切地知道，纷繁复杂、变动不安的现象后面不变的本体是什么，只要抓住了这个永恒的本体，就能理解由这个本体所决定的现象。近代哲学的重心是认识论。世界的本体虽重要，但更重要的是，人是怎样认识世界的？人的认识能力是如何可能的？我们只有解决了这个问题，才谈得上世界是怎样的。如果人的能力根本就不能认识世界，对世界谈得再多也是白费。1900 年以来哲学的重心是语言论。语言论认为，重要的不是世界是怎样的，人是如何认识世界的，而是人是怎样谈论世界和谈论人对世界的认识的。人在用语言谈论、表达世界和认识世界时有没有错误？人类只有语言运用正确了，才谈得上正确地认识世界，才能正确地讲出世界的本质。语言论进一步发展为符号学，在卡西尔（Ernst Cassirer，1874—1945）那里，人的生存及其周围世界，都只有作为符号才能得到确定，世界只有表现为符号世界，才能为人所认识，人只有通过符号才能认识客观世界。在结构主义者那里，语言在本质上与客观世界无关，它自身构成一个词与词相互关联和相互作用的世界。语言学的法则就是人类文化的一般法则。

二是特殊—此在。古典哲学从巴门尼德（Parmenides of Elea，约前 515—前 5 世纪中叶以后）的存在，柏拉图的理念，到黑格尔的绝对理念，都是从一般推出特殊，由规律决定个体。但是由文艺复兴开始的个人主义，到当代哲学，特别是在存在主义那里，发展到一种极致，认为特殊具有超出一般的独特性、生命鲜活的感性、个人境遇的唯一性，这不是由一般、规律、必然所能说明的。当哲学不把世界及其运动作为思考的本体，而把个人及其命运作为思考的本体时，世界上最确定的，就是不为上帝所规划，不为规律所命定的此在——活生生的单个人，就是单个人的选择和介入、焦虑和畏惧。

三是现象—形态。古典哲学一直重本质研究，现象纷繁复杂，使人目眩心乱，而本质单一明了，抓住了本质就能理解现象，执一以驭万。本质追求欧氏几何公理的普遍有效性支持。当非欧几何出现从而否定了欧氏几何公理的绝对性时，现象后面唯一的本质就是有疑问的了。现象没有不变的本质，也就失去了自己后面的本质，它得自己确定自己的本质。近代在达尔文进化论影响下，本质研究又与起源研究连在一起，在黑格尔绝对理念的运动中，这种本质、起源、进化的统一色彩非常鲜明。但现代科学将事物的发展解释为由因果决定变为概率决定，而不是由该事物的起源决定。因此，20 世纪重视的是现象和形态，这不是从抽象的本质出发的，而是从具体的直觉现象出发的，不是由起源所决定的进化显现的，而是面对业已进化的现在当下所进行的形态研究。

四是结构—深层。古典哲学研究事物最重内容和形式及其辩证统一。20世纪哲学则否定简单的形式或内容二分法，注重对事物的层次结构分析。在层次结构中，又最重表层与深层之分。表层与深层的关系，不是一个决定另一个，另一个又反作用于这一个的辩证关系，而是转换、置换和隐喻的关系。

以上四面，正好构成一幅当代哲学的相互联系图：

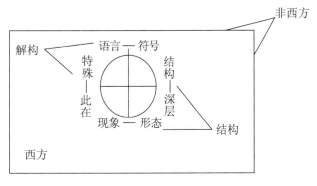

图 0-1

矩形中纵轴代表了对客体世界的研究：活生生的现象—形态世界和符号世界。横轴代表了对主体的研究：轴的一边是人的在世或世界上的人，即不为规律和上帝所规定，时刻面对和体验着选择和介入的痛苦的单个人；轴的另一边是人的心灵，或人本心理学中的人的多级需要层次，或精神分析学里由意识、前意识、无意识构成的多层结构。

语言—符号和特殊—此在是相通的。海德格尔说"语言是人的寓所"，卡西尔说"人是制造符号的动物"。语言—符号是联结人与外部世界的中介，亦是人对自身文化生存的确证。特殊—此在与现象—形态是相通的。此在就是最直接的现象存在，它构成了人的最确定的现实性（存在主义），形成对历史、传统、文化以及一切理解对象进行理解的基础（解释学），它隐喻着渴望审美新感性的单向度的人（马尔库塞）。现象—形态与结构—深层相通。层次结构是对现象形态的现代特色的深入探寻和确切定位。言语现象要由语法结构来说明，神话现象要由神话原型来解释，人的行为现象为心理需要层次所支配，梦隐喻着无意识的欲望。结构—深层与语言—符号相通，正是在语言学和符号学的研究中，结构—深层获得了最明晰、最有代表性的表现。

在这图形四面所组成的圆形里，现象—结构和结构—深层组成了当代文化的结构力量，它力图对一切现象都进行一种稳固的、确定的分析，尽力寻找一个公理式的深层结构来说明表层现象。语言—符号和特殊—此在组成了当代文化中的解构力量。语言本身就具有解构性，词意不断变化，人制造的符号也随着人的实践活动不断变化。此在对现实的选择和介入、对世界的解读和阐释本就是一种对现存之物进行解构的活动。解构就是否定结构的不变性，指出结构的建构性。结构既然是建构起来的，也就是可以解构的。人在实践活动中不断地建设、结构、肯定自己；又不断地修正、革新、解构自己，对自己的生命除旧布新，弃旧图新，使自己的人生从一座高峰奔向另一座高峰。正是结构与解构形成的张力，使当代西方文化不断地向前发展。领会了上图的多种联系，就领悟了当代众多美学流派的交叉性、互通性、互融性，就能从令人目眩的、貌似繁乱的当代美学流派中看出其由内在的线条和色彩所构成的美的图案。当然，更重要的是领悟出一个具有一致性的当代西方心灵，而各美学流派，只是这颗活的心灵的一次次熠熠闪耀。

当代西方美学在时间行程中表现为，1900—1960 年结构主义的力量占主导地位，1960 年以后解构主义的力量占主导地位。何以如此，我们就不能只从西方自身的逻辑，而要从统一世界史的逻辑上才能理解它。上图中的矩形是西方思想结构，矩形外的箭头显示了矩形内西方当代美学的演进是与矩形外非西方思想紧密相连并复杂互动的。前面说过，西方文化进入统一的世界史以来，经历了三个阶段，近代、现代、后现代。在以牛顿、黑格尔、上帝为代表的近代阶段，宇宙的本质是明晰确定的，这是一个西方中心论的时代，也是一个西方侵略或占领、殖民非西方的时代，西方把自己与非西方的关系描述为先进和落后，科学和愚昧，文明和野蛮，理性和非理性的二元对立。在现代阶段，西方基本上瓜分完了世界，统治了非西方。西方在战胜并统治非西方的同时也加深了对非西方文化的认识，这时产生了对西方中心论的怀疑，上帝死了或者说隐匿起来了，牛顿被否定了，黑格尔的绝对理念是相对的了。作为人的本性的无意识和作为宇宙本体的存在都无法用语言或科学或逻辑来表述了。这样一种思维意味着什么呢？意味着需要对宇宙的本体，对决定世界为如此世界的本质进行重新认识！但是只要还承认存在后面有存在，意识下面有无意识，表层现象后面有深层结构，这种对宇宙本体、世界本质的认识就只能是以西方的方式进行的，是按照存在/存在者，无意识/意识，深层/表层这种西方的思维方式进行的。正像海德格尔对古典的批判所说的，只要按照古希腊的"是什么"的方式提问，就永远走不出存在者在而存在不在的怪圈，在美学上也是如此，海德格尔说："美学这个名称及其内涵出于欧洲思想，源出于哲学，所以美学研究对东方思想来说是格格不入的。"①这种说法当然是可以讨论的，但从中提出的一种思想却值得思考，这就是：在全球一体化的基础上，人们只要还按照西方式的方式提问，能够真正得出宇宙的本体、世界的本质吗？因此后现代阶段的西方思维彻底否定现代思维，否定存在者后面有存在，拒绝意识下面有无意识，不信表层现象下面有深层结构，对西方思维进行了根本否定，对西方中心主义进行了完全批判，这种否定和批判，对西方，乃至对以西方为主受西方影响的整个世界都提出了质疑，但重要的是，这种否定和批判，提供了一个全球文化对话的真正基础，也就是海德格尔说的让西方的"道说"与非西方的"道说"真正对话的基础。因此，人们只有从全球化自身的逻辑思考，才能显启西方文化在1900年以来的发展逻辑。如果说，公元前的轴心时代开启了一个丰富多彩的分散的世界史，那么，也许只有统一世界史中的轴心时代真正到来之后，全球化的意义才会真正显示出来，统一的世界史才真正开始。

只有做了全球化的思考之后，上面所述西方哲学的整体结构才显现出了新的意义，同时与西方哲学结构紧密相关的西方当代美学的丰富景象与发展逻辑也才有了新的意义内涵。

---

① 孙周兴选编：《海德格尔选集》(下)，1006页，上海，上海三联书店，1996。

目　录

第二编　西方当代美学的后现代面相（1960—　　）

第一编

西方当代美学的现代面相(1900—1960)

引　言　西方现代美学概要

西方当代美学首先以现代面相呈现。现代面相，即西方现代美学。

各种各样流派的兴起是西方现代美学的现象特征，绪论从西方当代美学整体的大格局出发，把全部西方美学分为十大流派。这里从西方现代美学这一局部，重新呈现为（如本编目录第一至第五章所呈现的）十三大流派，这十三个大的流派后面，有什么样的结构特点呢？首先，在传统美学三面的构架上演化出来新三面，这新三面主要由分析美学、审美心理美学、形式主义美学这三个大流派体现出来；其次，由传统美学的基本范畴结构发展出新的基本范畴结构，这新的美学范畴结构主要由四大流派体现出来，即形式主义美学的形式、表现主义美学的表现、精神分析美学的隐喻、存在主义美学的荒诞。这里需注意的是新的三大基面和范畴结构有绞缠。这里的绞缠，特别体现在形式主义美学的形式，不但与新三面结合，又与范畴结构结合，相当于一个流派扮演了双重作用。这一结构方式与传统美学的结构方式有明显的不同。正因这一结构的绞缠，本编把这本来可以分开的两个方面以"西方现代美学的三大基面与四大范畴"作为第一章和第二章的题目，放到一起来讲，同时用"上"和"下"显现出其在关联中有区别。"绞缠"一词还包括在 20 世纪初产生的其他流派与美学新三面和范畴结构的关联和呼应。因此，西方现代美学一开始，就一方面显示出美学流派多样显现的现象无序，另一方面显示为三基面和范畴关联体现的内在有序。这样，美学流派、三基面、范畴相关联，显现出了西方现代美学开幕式上的看似零乱实则有序的和声。这一充满乱音和滑音的和声，构成了西方现代美学从 1900 年至 1950 年的演进。最后，在半个世纪的演进之后，在 20 世纪 50 年代，西方现代美学在新三面和范畴结构的双重演进基础上，开始了全面性的理论体系建构。50 年代的理论建构是多方面和多方向的。多方面是指八大美学流派（如第三章至第五章所呈现的）各自按自己流派的方式建造自己的理论体系，多方向是指进行了成功的体系建构的这八大不同的流派的理论建构又可总结为三大方向：一是沿着当代美学新三面的路径进行建构，这里显现出了西方现代美学的结构规范；二是朝向一种综合西方与非西方的全球化路径进行建构，这里既显现出了西方现代美学结构理论的一面，又显示了超出西方视野并与之相绞缠的一面；三是直抵西方现代思想的核心进行建构，这里暗含在不同流派中的现代思维方式的统一性得到了凸显，而同时这种思维方式又追求着把握复杂现象的宏大叙事的能力。由于三个方向都有一个共同的主题——建构体系，因此本编用了同一主题，西方现代美学的体系建构，并将三个方向放在一起，突出其共性，而以"上""中""下"三章，彰显其不同。

整个西方现代美学，众多流派有别，显示其外在的杂乱之相，而三个主题，即三大基面、四大范畴，体系建构，显示了它们内在的结构之序。这杂乱与有序的绞缠，使得此编在结构上具有了如下特征。

西方现代美学新三面，即分析美学、审美心理、艺术理论。从时间上看，审美心理主潮在前，流行于约 1900—1915 年，艺术理论主潮在后，显扬于约 1915—1950 年，概念分析贯穿其间。但西方现代美学之为现代，是以否定美的本质为标志的，因此，本篇从逻辑着眼，把本来时间上在后的分析美学放在第一的位置上，然后才依时间顺序，把审美心理和艺术理论放在第二和第三的位置上。因此本编的第一章的三节，呈现出西方现代美学三面的基本构架，采用了逻辑和时间的双重考量，表现出一种杂乱与有序的统一。

西方现代美学的特色除了从新三面的基本构架体现出来之外，还以范畴结构的方式体现出来，这就是由四大流派推出的四大范畴：形式主义美学的形式，表现主义美学的表现，精神分析美学的隐喻，存在主义美学的荒诞。形式、表现、隐喻、荒诞，呈现出了西方现代美学的范畴结构。须注意之处是，形式是形式主义美学的核心范畴，形式主义一方面作为艺术理论是美学新三面的一面，与其他两面构成美学的基本结构，另一方面其核心范畴形式，又与其他三范畴构成一个范畴整体，因此，形式主义是一身两用的，这一点对体会西方现代美学乃至整个西方当代美学都特别重要。一个流派、一个范畴不能仅做切割式的处理，只能放在一个地方，而要做圆转的多样性处理。形式主义美学既是新三面的一部分，又是四范畴的一部分。为了体现其圆转性，我们把三大基面和四大范畴作为一个整体，而让"形式"会通两方，凸显一种现代特色。

　　正如美、崇高、如画这三大范畴构成了西方近代美学的范畴整体，形式、表现、隐喻、荒诞这四大范畴构成了西方现代美学的范畴整体。现代范畴整体的特色是什么呢？我们先以图表的直观形式予以解说。

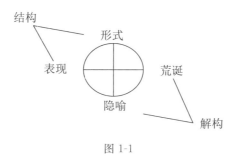

图 1-1

　　表中的纵线可以作为审美客体的代表，审美客体应从最外在的形象到最深层的隐喻予以把握。横线可以作为审美心理的代表，现代文艺从表现主义到黑色幽默，从印象派到行动画派，既是现代心灵的真诚表现，又充分体现了现代心灵的荒诞感。四个概念作为一个圆，是圆转互渗的：要理解现代美学的形式概念，必须把它与表现、隐喻、荒诞联系起来。有了表现，可知形式最确定的根基在主体的表现（表现即直觉）上，而非客观本体上；有了隐喻，可知形式不是指向一种确定的内容的，形式所含和形式本身都应当作隐喻去理解；有了荒诞，可知形式不是理念的显现、规律的反映，而是在一个荒诞世界上主体的自由创造。形式如此，表现、隐喻、荒诞亦是如此，四概念的圆形结构表明，四者中任何一个范畴，都是以其他三范畴为背景，为上下文的。在四范畴中，形式和表现是相对稳定的，属于结构；隐喻和荒诞是不稳定的，属于解构，现代美学四范畴已经显现出了20世纪美学结构与解构的张力。结构表明现代美学一直在力图建立自己的稳定结构，解构表明现代美学又在不断地破坏已建的结构，这里已经预伏了20世纪下半叶西方美学由现代向后现代的转向。

西方现代美学在20世纪头50年众多流派的兴衰起伏中形成三大基面和四大范畴双重演进，其内在的动机和历史的主题，是要为新美学建立新结构。在经历了分析美学对美的本质的不可证实/证伪的否定和家族相似重建，审美心理学在审美心理上的构筑，形式美学在艺术哲学上的营造，以及表现美学、精神分析美学、存在主义美学对非理性方面的深入分析之后，进入20世纪50年代，各美学流派都显现出更为生气勃勃，一派百花盛开的景象。1949年阿多诺出版《新音乐的哲学》，1950年马尔库塞出版《爱欲与文明》，预示了法兰克福美学即将来临的高峰。1950年海德格尔发表《林中路》，其中收入《艺术作品的起源》《诗人何为》等，1954年发表《诗人诗意的栖居》，显示了存在主义从新的维度重思美学的活力。1953年苏珊·朗格写出了《情感与形式》，使卡西尔在20世纪20年代建立的象征符号理论在美学上具体化了。同年，杜夫海纳《审美经验现象学》继30年代英加登（Roman Ingarden）在文学上的努力之后，高扬了现象学的美学旗帜。也是同年，马利坦出版《艺术与诗中的创造性直觉》，神学美学得到了体系性的论述。1954年阿恩海姆《艺术与视知觉》出版，格式塔心理学在美学上结出了硕果。1955年列维-斯特劳斯（Claude Levi-Strauss）推出《神话的结构主义研究》和《热带闲愁》，吹响了结构主义的进军号。1956年托马斯·门罗发表了《走向科学的美学》，显示了自然主义美学的实绩。继1948年韦勒克与沃伦合写《文学理论》之后，1957年维姆萨特（William Wimsatt）和布鲁克斯（C. Brooks）合写了《文论简史》，纵横相应，使新批评进入鼎盛期。也是在1957年，弗莱《批评的解剖》问世，原型批评美学得到体系性展现。50年代后期，韦茨（Marris Weitz）、肯尼克（William E. Kennick）掀起分析美学高潮，1960年，伽达默尔发表《真理与方法》，解释学美学开始体系性地登上舞台……

20世纪50年代美学的体系建造与19世纪的体系建造不一样。19世纪的体系有两个局限，一是西方中心论，西方文化不是不管其他文化体系的美和艺术，就是将其他文化体系纳入低级阶段；二是西方文化仅以古典的美和艺术为基础，因为现代艺术尚未出现。20 世纪 50 年代的体系建造都有一个横贯古今的气概，它们要寻找的是这样一些文化基本原理，即不但对古典艺术适用，也对现代艺术适用；不但对西方文化适用，也对其他文化适用；不但对文明艺术适用，也对原始艺术适用。因此，20 世纪 50 年代的体系建造，呈现出三种基本路向。

第一种路向，是在现代美学新三面基础上进行理论的体系化，其实绩，首先表现为审美心理上杜夫海纳的《审美经验现象学》，这一著作同时把主体的审美心理与作为审美对象的艺术体系包括进来，呈现的是审美心理的新路。其次体现为艺术哲学上苏珊·朗格的《情感与形式》，这一著作讲的是艺术体系，但把艺术体系作为情感符号，同样是艺术哲学的新路。美学新三面中的概念分析一面，要到 20 世纪后期才出现迪基的《美学导论》，而这一迟到的体系却是自 20 世纪初美学上的概念分析以来的必然结果，虽然把它放在这段来讲，在时间上是不严整的，但在逻辑上却是严整的。这种时间和逻辑的不重合，正是当代美学值得玩味之处。当突破时间的规定而引进逻辑后，20 世纪 50 年代理论体系的内在动力和全面扩展才更清楚地凸显了出来。

第二种路向，是一种全球化的胸怀，这里的美学体系建构力图把西方美学与非西方的美学综合起来。这种全球性的综合体现在两个方面：一是建立一个完整的美学体系，表现在托马斯·门罗《走向科学的美学》之中；二是从一个艺术门类出发，在这一门类的美学中把西方与非西方综合起来，形成一种门类美学体系，在视觉艺术上，有阿恩海姆的《艺术与视知觉》，在文学上，有弗莱的《批评的解剖》。这一种路向，虽然有全球化的胸怀，但又是在一种现代精神中进行建构的。阿恩海姆和弗莱完成了作为美学门类的建构，但要走向全面的美学建构，却有很多困难；门罗进行了包罗万象的建构，但却并没有取得成功。而其之所以未能成功，又是由现代逻辑所决定的。从而三人都以建构体系的"建构"象征了一个时代。

第三种路向，是由现代精神的核心演进，即结构主义带来的。结构主义语言学在 20 世纪初开始出现，在 50 年代强势崛起，占据了现代思想的中心。作为结构主义重要部分的符号学和叙事学（包括神话、文学，以及其他艺术符号和艺术叙事），与美学关联起来，从而产生了以叙事为核心的结构主义—符号学美学。这一美学不是在美学整体上而是在美学的某一方面（叙事方面）进行的体系建构，但这一方面又不仅是一方面，还包含着比美学更为广大的哲学意蕴，在西方学者看来它是从文化和哲学中最根本的语言学的角度来分析叙事作品的，因此，其得出的理论具有文化和哲学的普遍性，正是这一方面的理论建构，让西方现代美学攀上了理论的顶峰。而这一理论的顶峰，在 20 世纪 50 年代开始崛起，延伸至 60 年代之后。而正因为结构主义登上了西方现代思想的顶峰，随即引出了对之进行猛烈批判的后结构主义和后现代主义，这样在美学上与在哲学上一样，现代的顶峰与后现代的出现绞缠在一起，突出了当代美学划段上的复杂性。因此，本编把美学的建造体系分为上、中、下三章，把结构主义美学和符号学美学作为下章，突出现代美学和后现代美学在交界处的绞缠。

整个西方现代美学，可分为两段。1900—1950 年为一段，主题是各种流派的出现，三大基面的形成，四大范畴的形成，形成一种杂乱与秩序的和声。1950—1970 年为另一段，主题是建构体系，三大方向与各大流派，形成另一种杂乱与秩序的和声。而其中在 1960—1970 年，后现代美学兴起，结构主义和符号学的体系建构是在与后现代的纷扰中进行的，整个西方美学的和声产生了性质上的变调，因此，虽然从时间上说，结构主义和符号学是在 1900—1960 年这一时段的现代美学之外，但从逻辑上说，它们却可以而且应该被放进 1900—1960 年的现代美学之中，这里，显现出一种新的杂乱与秩序的和声。

西方现代美学这一外在上由众多流派、众多方向，内在上由共同主题（三大基面、范畴结构、体系建构）形成的杂乱与秩序，究竟意味着什么呢？对这种五彩缤纷的景色应当做怎样的理解呢？有一种玩具叫作万花筒，有一个用两片玻璃做底的细长圆筒，两片玻璃之间放一些带各种颜色的小纸片，从筒口望去，五颜六色的纸片在玻璃中显现出一种有秩序的图案，摇一下，再看，图案就变化为另一样，再摇，又变另一样，屡摇屡变——西方美学各流派就像各种颜色不同的纸片，从不同的观点看，它就显现出不同的图案。这一显现本身有没有一些规律可循呢？

中国有一种诗歌体裁，叫回文诗，这种诗可以顺读，又可逆读，不但可以由上而下，由下而上地读，还可以斜读，圆转地读。回文诗最著名的是前秦苏惠的织锦回文《璇玑图》，八百余字组成近万首诗。虽然其作为回文诗的形式最为完整，然诗意欠佳，因而我们另举两首。其一是明代吴绛雪的诗：

> 莺啼岸柳弄春晴夜月明
>
> 香莲碧水动风凉夏日长
>
> 秋江楚雁宿沙洲浅水流
>
> 红炉透炭炙寒风御隆冬

该诗初看为一首，每句前七，后三。但每句的往还可自成七言诗一首，如第一句为：

> 莺啼岸柳弄春晴，
>
> 柳弄春晴夜月明。
>
> 明月夜晴春弄柳，
>
> 晴春弄柳岸啼莺。

二、三、四句可照此办理。每句的往还还可自成五言诗一首，如第一句为：

> 莺啼岸柳弄，
>
> 岸柳弄春晴。
>
> 晴春弄柳岸，
>
> 弄柳岸啼莺。

二、三、四句可照此办理。这样，这首诗已共含十首诗，每句中都包含十种断句方式和四种意义组织，相同的元素可以组成不同的图案。

其二录自《醒世恒言》"苏小妹三难新郎"：

归去马如

花　　　　　飞

赏　　　　　　　酒

暮　　　　　力

已时醒微

　　这首 14 字的圆构成的也是一首诗："赏花归去马如飞，去马如飞酒力微。酒力微醒时已暮，醒时已暮赏花归。"此圆中每一个字都承担两个句子的任务，既成这一句的前部分，又成另一句的后部分，作为两部分的元素，意义是完全不同的。如"酒力微"之"微"字，与"去马如飞"相连，是微醉，与"醒时已暮"相连，则为大醉。

　　对于 1900—1960 年斗艳争妍的各个流派以及在其后面的内在结构，我们可以将之比作万花筒、回文诗。一个流派犹如回文诗中的一个字，对其意义的理解可以是多样的，随组合方式而改变，但如果对照 20 世纪 60 年代之后出现的后现代美学，以及一开始就存在，只是到 20 世纪末和 21 世纪初方显出高潮的全球化美学，我们又可以体会出西方当代美学的现代面相有其自身的特色。

第一章　西方现代美学的三大基面与四大范畴(上)

第一节　美的哲学的哲学批判
——分析美学之精神

　　20 世纪以来，各个美学流派都纷纷避开美的本质问题。何以如此？分析美学就是一份说明书。分析美学来自分析哲学。20 世纪初以来的分析哲学家，如罗素（B. Russell，1872—1970）、摩尔、卡尔纳普（R. Carnap，1891—1970）、艾耶尔（A. J. Ayer，1910—1989）等，特别是维特根斯坦（Ludwig Wittgenstein，1889—1951），都对传统哲学展开了猛烈而致命的攻击，作为哲学一部分的美学，附带地而又绝非偶然地遭到了重创。分析哲学家在痛快淋漓地论说了哲学问题之后，往往附上一句：这也适合于美学。比如：

　　　　关于美，正像关于善一样，人们极其通常地犯了自然主义谬误；而利用自然主义在美学上所引起的错误跟在伦理学上引起的错误是一样多的。①

---

① ［英］摩尔：《伦理学原理》，206 页，北京，商务印书馆，1983。

我们对伦理学陈述所说的一切，以后将被发现只要加以必要的变动，也可以适用于美学陈述。①

［形而上学的陈述是假陈述］这样的论断还必须扩展到整个规范哲学或价值哲学，扩展到任何作为规范科学的伦理学或美学。②

从善性中就产生了一个重要的问题：人们能够知道行为的细枝末节而却不知道它是否为善吗？关于美也会提出相似的问题。③

在这些哲学大家攻击传统哲学的绝大部分地方并未提到美学，但美学家读起来会由此联想到美学。维特根斯坦不但在其主要思想的论述中一再提及美学，而且其主要思想，如图像与世界、语言游戏、家族相似等，直接启示了研究美学的新方法，维特根斯坦还专门作了《关于美学的讲演》（1938）。分析哲学的打击方式是对传统哲学（从而也对传统美学）进行"语言清洗"。传统哲学——用分析哲学的称呼，叫形而上学——的错误全在语言上，传统美学也是如此。在这一意义上，分析美学是由分析哲学所引出的。因此，正如沃尔特斯多夫（Nicholas Wolterstorff）所言：广义的分析美学包括20世纪所有分析哲学家关于美的言说。④ 这些分析哲学家关于美的言说之所以重要，在于正是在20世纪美学的大转变之中，分析哲学家严整的哲学新方式和由此新方式不断发出的美学飞弹，彻底击毙了原本就在风雨飘摇中的美的本质问题，从而使古典美学的三面只留下两面，即审美心理和艺术哲学，在新世纪里继续存在演变。在分析哲学思想的影响下，美学家们接过语言分析的武器，在审美心理和艺术哲学的领域大举开拓，形成了由美学家组成的狭义的分析美学。广义的分析美学是以美学为副业的欧洲分析哲学家的美学言

---

① ［英］A. J. 艾耶尔：《语言、真理与逻辑》，116页，上海，上海译文出版社，1981。

② 洪谦主编：《逻辑经验主义》，32页，北京，商务印书馆，1989。方括号内容为作者所加，非原文内容。

③ 涂纪亮主编：《维特根斯坦全集》第5卷，168页，石家庄，河北教育出版社，2003。

④ Richard Schsterman，"Analytic Aesthetics：Retrospect and Prospect"，*Aesthetics and Art Criticism*，Vol. 46 Special Issue，1987.

说，狭义的分析美学则是以美学为专业的美学家的学术论著。前者对于美学进行了划时代的开拓，即否定了美的本质，后者只是在前者伟大胜利的基础上，组成新军，乘胜追击，成为美学一派。狭义的分析美学起于 20 世纪中期，埃尔顿（William R. Elton）编的《美学和语言》(1954)和韦茨编的《美学问题》(1959)具有开创性的作用。两本论集组成了强大阵容，其中的代表性文章，如前书中赖尔（Gilbert Ryle）的《感受》("Feeling")一文抓住了从审美上讲美学的核心问题，从鲍姆加登开始的美学，就是从西方文化的知情意划分，从情感（feeling）立论而创立美学的，赖尔讲感受（feeling）的七种不同用法，显示了美学的根本问题在于语言的混乱、困境、迷误；后书中韦茨本人的长文《理论在美学中的作用》发表于 1956 年，攻击了从艺术上讲美学的核心问题，对"艺术定义"进行了根本性的摧毁。在此基础之上，在艺术方面，有从韦茨到列文森（Jerrold Levinson）关于艺术定义的解构与建构的多种运作；有从迪弗（Thierry de Duve）到卡罗尔（Noel Carroll）关于审美经验的消解和复兴的多方建树；还有从西布勒（Frank Sibley，1923—1996）到马戈利斯（Joseph Margolis）由审美概念开始的细析以及由此而曲折扩展的演进；① 有从比尔兹利（Monroe Beardsley，1915—1985）到迪基在美学原理体系上的写作等，然而，这些都是在语言分析的基础上并以语言分析为方式进行的。因此，从宏观上看，分析美学可以分为两个部分：一是面对 19 世纪末 20 世纪初美学的大转型，分析哲学家对美的本质的摧毁，二是面对 20 世纪头 50 年在新形势下的美学发展，分析美学家在 20 世纪后期开始了美学的特色营造。对于整个当代美学来说，对美的本质的否定是一大关节，因此，本章将之作为重点先讲，然后再讲分析美学的学派营造。

一 否定美的本质的三种方式

分析哲学和分析美学对美的本质的批判，主要有三种方式。

---

① 参见刘悦笛：《分析美学史》，291—379 页，北京，北京大学出版社，2009。

（一）图像论与美的本质的无意义

古典美学总是一开始就问：美是什么？从而得出一个美的本质定义，再由这个定义推出整个美学体系。对美的本质的定义不同，推出的体系也就不同，这就形成了美学史上各种各样的美学流派或类型。对此，分析哲学劈头就问："美是什么"属于哪一类命题？

命题是对事物或世界的陈述，是事物或世界的图像。维特根斯坦在第一次世界大战中在战壕里翻看到一张交通事故图，引发了哲学灵感：哲学用语言/概念/命题去描述世界，也应像交通事故图一样，图像与现实有严格的对应关系，让人一看就明白。语言有这样的明晰性，哲学问题就可以排除含混而走向明晰。正是在战争的过程中，维特根斯坦完成了划时代的著作《逻辑哲学论》。当奥军战败、维特根斯坦被俘时，他的背包里正放着这本大作的手稿。在《逻辑哲学论》中，图像是重要的主题之一：

> 2.063 全部的实在就是世界
>
> ……
>
> 2.12 图像是实在的一个模型。
>
> 2.13 在图像中图像的成分与对象相对应。
>
> 2.131 在图像中图像的成分代表对象。
>
> 2.14 图像之成为图像在于其诸成分以一定的方式互相联系。
>
> 2.141 图像是一事实。
>
> 2.15 图像以一定的方式互相联系，这表明事物也是这样互相联系的。
>
> ……
>
> 2.21 图像与实在一致或不一致；它是正确的或不正确的，是真的或假的。
>
> ……
>
> 2.221 图像所表现的东西就是图像的意义。
>
> 2.222 图像之为真为假，就在于它的意义与实在之一致或不一致。

2.223 要认出图像是真是假，我们必须把它与实在相比较。①

维特根斯坦的图像论有复杂的内容。用上面的话，结合卡尔纳普、艾耶尔等人的思想，运用到美学上，可以表述为：图像与世界是对应的，这种对应性决定了命题的可证实性。一切命题都可以分为可证实的和不可证实的。可证实的命题，与事物或世界是对应的，是有意义的；不可证实的命题，就没有对应物，是无意义的。就美学而言，"由心理距离产生审美态度"，这一命题是可证实的。"黄金分割是希腊造型艺术的法则之一"，这一命题也是可证实的。而"美是理式"或"美是人的本质力量的对象化"之类的命题，则是不可证实的。所有关于美是什么的命题，都是属于不可证实的形而上学命题，都是无意义的。

第一，它没有对应的事物，把美的本质定义运用于具体事物，往往会显得很滑稽，比如，说一只婉转鸣唱的黄鹂是由理念而美的，或者是由人的本质力量对象化而美的。

第二，说美的本质对应的不是具体之物，而是具体之物后面的共相，是一切审美对象的抽象，这从科学的归纳法讲是有困难的，这个困难早在柏拉图的《大希庇阿斯》中就显出来了，波普尔（K. R. Popper，1920—1994）的证伪理论又对之进行了强化。与之对照，数学定义是抽象的，但完全可以用于具体事物的运算。

第三，由发生起源如此便推出现象形态也如此，这是已经为当代科学所否定的。例如，作为审美对象的艺术品，它的主要特征是超功利、超实用。而回溯到其起源时期的原始社会，无论是起源于巫术、起源于劳动，还是其他什么，它的主要特征恰恰是实用、功利。

第四，把它作为不必证明的公理抬出来，正恰恰说明它是不可证实的。这种不可证实的形而上学命题，让人陷入不必要的争论中，于科学、知识毫无用处。

分析哲学并不是从人类学和文化学的角度反对形而上学，而是从知识论的立场对形而上学的非理论性质给予澄清。分析哲学家很清楚，"形而上学的非理论性质本身并不是一种缺陷；所有艺术都有这种非理论性质而并不因此就失去它们对

---

① 涂纪亮主编：《维特根斯坦全集》第 1 卷，192—194 页，石家庄，河北教育出版社，2003。

个人和社会生活的高度价值。危险是在于形而上学的欺惑人的性质，它给予知识的幻相而实际上并不给予任何知识。这就是我们为什么要拒斥它的理由"①。用分析哲学的语言显微镜来照认，就明白，美的本质完全是一种应当拒斥的形而上学的问题。维特根斯坦在《逻辑哲学论》中庄严地说："凡是可说的东西，都可以明白地说；凡是不可说的东西，则必须对之沉默。"②所谓"可说的"，就是可以证实或可以证伪的，所谓"不可说的"，就是既不能证实又不能证伪的。这句话似乎从理论上解释了何以1900年以来的西方美学纷纷避开了美的本质问题。

（二）美的词性与美的本质的迷误

从图像论来看，美的本质问题是一个假问题。这个假问题为什么2000年来会被作为一个真问题来讨论呢？在于对语言的误解。维特根斯坦在《关于美学的讲演》中，一开始就说，美学"完全被误解了。像'美的'这种词，如果你看一下它所出现的那些句子的语言形式，它的用法比其他的词更容易引起误解"③。卡尔纳普说，假陈述的错误一般都来自西方语言的 to be（是）。④ 维特根斯坦和艾耶尔都说，正是这一"是"的语言方式，造成了表述美学问题时人们的混淆。⑤ 当人们说某一事物是"美的"之时，实际上"美"是作为形容词来使用的。亚里士多德在《范畴

① ［美］鲁道夫·卡尔纳普：《逻辑实物主义》，见［美］M. 怀特编著：《分析的时代——二十世纪的哲学家》，223页，北京，商务印书馆，1981。

② 涂纪亮主编：《逻辑哲学论以及其他》，见《维特根斯坦全集》（第1卷），187页，石家庄，河北教育出版社，2003。

③ 涂纪亮主编：《关于伦理学的讲演以及其他》，见《维特根斯坦全集》（第12卷），323页，石家庄，河北教育出版社，2003。

④ 参见［美］鲁道夫·卡尔纳普：《通过语言的逻辑分析清除形而上学》，见洪谦主编：《逻辑经验主义》，28页，北京，商务印书馆，1989。该书提到："也许，形成假陈述时所犯的逻辑错误，大多数是基于英语'to be'一词的用法有逻辑上的毛病（在其他语言中，至少在大多数欧洲语言中，与此相应的词也是一样）。第一个毛病是 to be 这词意义含糊。"

⑤ 参见涂纪亮主编：《维特根斯坦全集》第12卷，324页，石家庄，河北教育出版社，2003。该书说："美的，善的"这样的词让"我们陷入了一组新的混淆"。［英］A. J. 艾耶尔：《语言、真理与逻辑》，129页，上海，上海译文出版社，1981。"美学的词的确是与伦理学的词以同样的方式使用的，如像'美的'和'讨厌的'这样的美学的词的运用，是和伦理学的词的运用一样，不是用来构成事实命题，而只是表达某些情感和唤起某种反应。"

篇 解释篇》里面讲："形容词一般地是由相应性质的名称引申转成的。"①这使得西方人将"是"句型中的形容词看成名词，从而把对事物的形容当作事物的属性，认为事物有某种性质，即美的性质。进而使人们将假问题转为真问题，一本正经地追求起美的本质来。而分析哲学看出了这里的迷局，指出了在这里，形容词不是名词转换成的，因而不是由客体对象的性质而来的，而是形容词固有的性质，来自面对客体时主体的主观感受。这样转变了基点之后，我们就可以发现，"是美的"语词中的形容词其实是来自感叹词。完全可以在句型上把"美的"这个形容词换成感叹词，"晚霞是美的"完全等同于"晚霞，真美呀！"。然而，当"美"作为感叹词使用时，它的客观性大大消退，主观的感受性业已十分明显。人们还可以说，感叹词来自形容词，形容词来自名词，因此，感叹词也是来自名词。"真美呀"中的"美"就是指晚霞的性质。是这样吗？换一种思路就知其对还是不对：如果我们不说"晚霞，真美！"，而说"晚霞，啊！"，二者所表达的东西完全一样。如果我们把"美的"全换成"啊"会怎样呢？语汇和对象的对应关系完全没有变。这样就可以认真地想一想：当对很多不同的东西说"美"时，我们总想要找出这些东西的"美"的本质。当对这些东西说"啊"的时候，我们是否也要找出一种"啊"的本质呢？因此，维特根斯坦幽默地说："把美学看作是告诉我们什么是美的科学——就语词来说这简直太可笑了。我认为它还应当包括什么样的咖啡味道更好些。"②人们确实常在喝了一口咖啡之后说："真美！"

美的本质追求就是建立在"这是美的"这句话的反复使用上的。而"美的"这类词是脆弱的、无力的、多余的。"在实际生活中。当做出了审美判断，那么诸如'美的''好的'等这些审美形容词几乎不起什么作用。"③在听音乐的时候，有人说"真美！"或说"啊！"也有人什么也不说，但已完全沉浸在音乐之中。这里，不说美的人也许比说美的人更具有审美情味。在诗歌的阅读中，如王维的《渭城曲》：

渭城朝雨浥轻尘，客舍青青柳色新。

① ［古希腊］亚里士多德：《范畴篇 解释篇》，5 页，北京，商务印书馆，1959。

② 涂纪亮主编：《维特根斯坦全集》第 12 卷，335 页，石家庄，河北教育出版社，2003。

③ 同上书，325 页。

劝君更进一杯酒，西出阳关无故人。

有人会说：真美！但其实他并不一定懂得该诗的妙处所在。有的人并不提及美字，但能具体地讲述诗中柳的形象与柔情的关联，知道从《诗经》"昔我往矣，杨柳依依"开始，中国文化里，柳树就与离愁别绪结下了不解之缘；懂得清澈的景色与心灵的明澈之间的暗喻关系；体会到"雨"所表现出来的湿润感和酒在充塞天地间的湿润感中重重一点的效果。这里，虽然未提到美字，但能具体地讲述读诗感受的人是真懂诗的人，而那些喊出"美"的人却往往并不在行。

通过对"美"这一词性的清理，美的本质的虚幻性质就昭然若揭了。

（三）美的句型与美的本质的迷误①

"美是什么"这个假问题被当作真问题来讨论，还是由它的句型造成的。"美是什么"这句话，从一般的语句形式看，就是"X 是什么"。"X"可以换成任何实词。在生活和学习中，人们随时都在问这类问题和答这类问题。如果有人问"氦是什么?"回答是容易的：氦是一种化学元素，在常温常压下为气态，具有惰性，原子量约为4.003。这个回答就是氦的定义。柏拉图和亚里士多德早就说过：定义是对本质的公式表达。我们只要把握氦的定义，就完全知道了氦是什么。人们经常问类似于"氦是什么"这样的问题，也经常满意地获得这类问题的答案。可是现在有人问"美是什么?"问题就来了。从句型上看，"美是什么"与"氦是什么"完全相同，以至于人们认为二者是一回事。追求"氦是什么"的成功使人们相信追求"美是什么"也同样可以成功。传统美学家从柏拉图开始就苦苦追求美的本质的定义，结果有了一大堆公式：美是理式，美在形式，美是……然而，人们每当找到了定义，或者从别人那接受了定义之后，不久就感到大失所望。虽然千年努力都是徒劳，还是有人认为，只要功夫深，铁杵磨成针。殊不知，美的本质就像赤道线或光谱上红色和橙色的界线一样，实际上并不存在。"美是什么"与"氦是什么"的句型相似掩盖了它们的根本差异。美

---

① 这一小节的基本思想来自 William. E. Kennick，*Does Traditional Aesthetics Rest on a Mistake*，Mind，Vol. 67，1958。中译本参见［美］M. 李普曼编：《当代美学》，北京，光明日报出版社，1986。

这个词与氦这个词不同，它常被使用却没有对应的事物，因此显得艰深微妙、错综复杂，任何一本辞书都会指出它丰富含义的某些部分，指出其广泛用法的一些例子，可是古往今来大家们和辞书上的答案总是不能令人满意。

"氦是什么"和"美是什么"的根本差别在于：前者是一个科学的问题，后者是一个哲学的问题。正因为有这一差别，所以只有美的哲学而没有氦的哲学。"美是什么"作为一个哲学之问、一个形而上的问题，就像"时间是什么""空间是什么""物质是什么"一样，根本就没法像"氦是什么"那样得到具有对应物的回答和定义，它不是一个实体，本来就是子虚乌有，犹如海市蜃楼。

分析美学从命题与事物的对应关系、美的词性和美的句型三方面证明了：美的本质的问题是一个假问题。

二 美的本质的问题转换

维特根斯坦用"凡是可说的东西，都可以明白地说；凡是不可说的东西，则必须对之沉默"，给思维，或者毋宁说，给思想的表达划了一条界线。美的本质属于不能说的事情，因而被拒斥了。然而，带着德意志思辨性和哲学气质的维特根斯坦与具有英国经验主义和科学素质的罗素、摩尔、艾耶尔，乃至在德国出生后成为美国人的卡尔纳普有所不同。卡尔纳普等人走到证明不可证实的，不能谈的是无意义的这一步，就认为大功告成，无须再想了。而维特根斯坦却还往深处思考，仍是带着严格的分析精神思考。也许是这种不同的气质促进了前期维特根斯坦向后期维特根斯坦转向。

形而上学是不可说的，古往今来的大思想家们为何偏偏要大说一通呢？卡尔纳普承认，他们说的时候心中也有很多表象、情感等。西方第一位哲学家泰勒斯（Thales，约前624—前547或前546）在提出"世界的本原是水"这个形而上学命题时，也经过了一系列的观察和思考，有许多与此命题相关的表象。这里细想一下，我们会发现，这些表象大都包括两方面：一是虚幻的，无实际意义；二是实在的，与事物或世界有或多或少的对应关系。如果哲学家们提出的形而上学命题还有意义的话，那么意义在于其实在部分。不从他们自以为的意义，而从它们的实际意义来看，这些形而上学命题还是有其"可说"的成分的。这里，可以进行多方向的展开，比如，对"世界的本原是水"这个命题，就可以从深层意义上进行分析，它表达了"世界是具有统一性的"这样一种合理的思想。而维特根斯坦走的是语言分析之路，从可说的与应说的之间的差异，进而问词的意义从何而来。把此问题带进语言运动的实际情况中去考察，就可得出：从根本上说，词的意义，不在于字典上的意义（定义），而在于词的用法。后期维特根斯坦的思想，如果要用一句话来概括，那就是用法即意义。

以前，首先要追问"美是什么"属于哪一类命题，现在则主要分析"美"字是怎样被使用的。卡尔纳普、艾耶尔等分析哲学家也讨论"美"字在实际语言中的运用，但他们这么讨论是为了论证美属于无意义的形而上学问题，而后期维特根斯坦却走上了"用法即意义"的新路。

用法即意义的一个主要特点，是从语言与世界的对应关系转变为语言与世界的语境关系。对应关系要求以世界的确定性来定义和限定语言的确切意义，用语言与世界的精确关系使语言科学化，从而使思维和思想科学化。语境论则让语言的意义取决于使用语言的不同环境。同一个词，同一句话，在不同的使用环境中具有不同的意义。因此，语言的意义是变易的，是依赖于语境、依赖于用法的。不言而喻，"美"这个词的意义也是依赖于语境的，是由它在怎样一个环境中使用所决定的。从语境论可以推出"美"这个词逢场作戏的多变性，从而也可以推出寻找美的本质的虚幻性。在前期维特根斯坦那儿死过一次的美的本质，在后期维特根斯坦这里还要再死一次。但是，前次只是要证明美的本质属于形而上学命题，毫无意义，从而彻底取消美的本质问题。这一次却不但要取消美的本质，还要取消美感的本质和艺术的本质，要取消一切本质问题。对应论虽然有着现代科学的精确性和严格性，但从根基上说，它显示的是西方文化中一直占统治地位的实体论，是实体论在现代的深入。语境论的背后是西方新崛起的思维方式，代表的是后现代思潮。以后期维特根斯坦为代表的分析美学是后现代思想的一个组成部分。这时，对美学的冲击就不仅是美的哲学问题，而是整个审美和艺术领域的思考方式的变革问题。当分析美学以美学流派的方式崛起于 20 世纪 40 年代末，在五六十年代形成巨大声势的时候，美的本质早已为分析哲学家拒斥，分析美学家们主要发出的是取消艺术本质的呼喊。仅仅他们论著的名称就有些令人惊心动魄：《反美学》（齐夫），《传统美学是否基于一个错误？》（肯尼克〔Williom E. Kennick〕），《然而，这是艺术？》（泰格曼），具有一定理论分量的还有《理论在美学中的作用》（韦茨）、《什么是诗》（史蒂文森）等。他们都是用维特根斯坦的观点和方法来建功立业的。为探其本，我们还是继续论述维特根斯坦的理论。维特根斯坦在《哲学研究》中提出了"家族相似"的理论，并在该书第 77 节中说：它适合于解决美学中的定义问题。①

　　让我们回到"美是什么"这个原点上来。我们称一朵花为美，一条鱼为美，一位小姐为美，一首乐曲为美……这些不同的事物都可以称为美，这其中一定有一个共同的规定性，这就是美的本质。但当柏拉图在《大希庇阿斯》中想要从众多美的事物中归纳出美的本质却并未成功。根据维特根斯坦的观点，其失败的原因在于他有根本的方法上的错误。众多的美的事物之所以被称为美，如果它们确实可被这么称呼的话，不是因为它们有共同的本质，而是因为它们具有相似之处。这种相似不是由一个本质统率的相似，而是"家族相似"。一个家族所有成员都相似，但不是集中在某一点上，他与他，眼睛相似；他与她，鼻子相似；另一个她与她，身材相似……以数字来代表家族成员的生理特点，可列表如下：

表 1-1

某家族	生理特征								
成员 A	1				5			9	10
成员 B		2	3			6		8	
成员 C		2		4		7		9	
成员 D	1		3		5		8		
成员 E			3	4		6			10
成员 F……		2			5		7	8	

　　在对全部家族成员的巡礼中，共同点不断地出现和消失，我们在把某一点总

---

　　①　参见涂纪亮主编：《维特根斯坦全集》第 8 卷，52 页，石家庄，河北教育出版社，2003。

结为该家族的特征时，会发现其他好些成员完全没有这些特征。因此我们不可能用一个共同本质来定义它。这里从宏观上看，是维特根斯坦对自近代英国经验主义以来通过归纳法得出本质的一种转变。维特根斯坦通过家族相似指出了：归纳法在归纳的时候，只从对象上抽出某一或几点共同性，但对象的性质为什么就是由这一或几点特征所决定的呢？归纳法在进行归纳的时候就已经出现了偏差。因为归纳一定要选取归纳的角度，选定了一个（或一些）角度，必然要忽视另一些角度，因此在选的时候，偏差就出现了。家族相似正要纠正这一偏差，在对众多相似对象进行归纳的时候，我们把对象的哪几点抽出来呢？我们又靠什么知道你抽出的这几点是与本质相关的呢？这里无法给出充足理由。因此，在归纳的时候，我们只能得到相似点的不断出现和消失，无法找到固定的本质，只看到流动的相似点。血缘保证这些人是一个家族，但却无法得出什么是这一家族的本质性生理特征，我们所能看到的只是生理相似点的不断出现和消失。引申到普遍性上来，对于一类事物，我们可以找到相似点，但却不能说这个相似点就是本质，而只能说在一定的（主观客观）条件上，某些相似点显得重要，值得关注。再回到美学上来，美的世界就是这样一个相似的家族。我们在一些审美对象（文学、绘画）上看到具体形象，但在另一些审美对象（书法、音乐）上它又消失了。我们在艺术作品中体会到象外之象，韵外之致，但在花朵、骏马、橱窗里，它又消失了。在古典艺术中，我们感受到一种令人赏心悦目的美，在现代艺术中，却常遇到令人作呕的丑。再从审美对象与审美主体的关系来看，审美对象对审美主体，或作用于眼耳，或激励于想象；或跳动于情感，或浸润于心灵。总之，我们慢慢地、逐个地看美的事物，从各个方面、不同角度去看事物的丰富性，这样逐个看去，绝看不出一切有什么共同性，而只看到它们的相似、关联，不断地有一些共同点出现和消失。我们看的这些现象并没有一个共同点使我们可以用一个词来表示所有这些现象，但这些现象却可以用许多不同的方式相互联系起来。正因为有这些联系，我们才把这一切现象都叫作"美"。因此，美，没有一个固定的本质，也不能下一个适应一切的定义，毋宁说，它是一个开放性的家族。

没有固定的本质是家族相似的第一个特征，由此必得出第二个特征：没有固定的外延。固定的定义总是对一定时代、一定数量、一定种类事物的概括。一旦出现新情况，它就不适应了。从 17 世纪古典主义总结出的美学和艺术法则，在浪漫主义出现并取得胜利之后就得到修订；而在形形色色的现代艺术出现之后，以前的定义又须进行反思。家族相似没有固定的本质，也没有固定的外延，它只能够向未来开放。当我们用"美""艺术"去称呼新事物时，我们的实际语言运用也就扩大和改变着这些词的内涵和外延，此时，我们正在接纳新的家族成员。一方面，它们没有固定的本质和外貌；另一方面，它又是一个家族，按一定的相似性和联系聚居在一起，这就是家族相似的精髓。它不是简单地拒斥美的本质，而是用一种家族相似的新方式来取而代之。

三 分析美学精神的普遍性

对美的本质的批判，在分析美学中最为鲜明突出，但也出现在与分析美学不同的甚至严重对立的哲学、美学流派中。下面我们就选几个典型的流派来考察。

自然主义美学家杜威在《艺术即经验》第六章"实质与形式"中说，美是传统美学中的主题，而他在自己的书中却几乎没有提到美。这是为什么呢？因为，美，正确来说，是一个情感词汇。我们见到一片风景，一首诗，一幅画，会感动地说：多美啊！但传统美学却把它硬变成特殊的客体。这是错的。美，作为情感词汇，是最不可分析的，从而也是理论中最不能用来说明或分类的概念。美，用于理论，反而成为一种障碍。如果这个词在理论上用来表明某一经验的全部美学素质，那么我们最好还是去研究经验本身，并表明这些素质是从哪里来的，怎样来的。这是一种与分析美学接近的从语言上进行的批判。

再看解构主义。按德里达的思路来说，美的本质追求，是获得美是什么的精确语言表达。从语言本身的性质看，这是不可能的。一个词的意义并不在该词之内，而在该词与其他词的区别中。美之所以是美，因为它不是秀、雅、媚、丑、恶、怪……美的意义只是在与相关词的区别中才显现出来，美实际上是诸符号之间复杂的相互作用的产物。我们要寻找一个词的意义，查字典，看到的是用其他词来解释这一个词，这里的其他词又须用另外的词来解释，结果是由一个词而发现更多的词。从理论上说，这一词的传递过程是无限的，又是循环的，如"美"，《说文解字》里说："美与善同意。"再查"善"，善"与美同意"①。因此，不从现象而从本体上说，意义分布在整条词链上，它无法轻易确定，是悬浮的，被拖延着，一个词把我们传给另一个，再传给下一个，它的词义不断地因后来词的渗入而微微地改变。语言不是一个规定明确、界限清晰的结构，而是一个复杂的网状结构。任何一个关于美的本质的定义，在进一步阐明自身的时候，往往会被自己的阐述所颠覆。更主要的是，美的本质追求是建立在西方传统的语音或逻各斯中心主义的思想之上的。语音或逻各斯中心主义相信：某个终极的词，可以作为一切思想、语言和经验的基础。这个终极的词超越于整个思想和语言体系之上，不会受到该系统中语言区分性的影响。德里达认为，这是一种幻想。没有任何概念不被卷入无始无终的意义游戏之中，任何第一原理都逃不了被解构的命运。这也是一种从语言着手进行的批判，但将此批判与对第一原理的批判结合在一起。

再看法兰克福学派的哲学批判。阿多诺在《否定的辩证法》中，公开声明要反对体系。体系的特征就是追求绝对真理，体系的建立者总是自认为体系是绝对真理，必然要否定体系以外的真理。因此，体系同时就意味着僵化。追求体系首先表现在对第一原理的追求上。建立体系的人总是先找出第一原理，然后从第一原理推出自己的体系。美的本质追求就是对第一原理的追求，这种追求者必然只把自己对美的定义看成是真理，反对与自己不同的他人对美的定义。追求美的本质的人，也就是认为自己能够获得绝对真理的人，也就是必然要走向僵化的人。美的世界是运动的而非固定的，是发展的而非不变的，是多样的而非单一的，美不可能在某个时间被固定在一个僵化的公式里。因此，美学理论要获得真正的真理就必须放弃对体系的追求，放弃对美的本质的追求。

以上三种批判，都是用否定本质的方式对美的本质的批判。还有两种批判是用肯定本质的方式对美的本质的批判。这就是海德格尔和巴尔塔萨的批判。关于二人的理论，我们放在专章中去讲，这里只讲其基本要点。

海德格尔认为美的本质是存在的，只有如此，一切审美现象才能得以说明，

---

① 《说文解字》原文："与义美同意。"义与本文无关，故省去。

但美的本质又是不能去定义的。因此，传统美学要对美的本质下定义，是错的，下定义并不能得到美的本质，反而遮蔽了美的本质。因此，海德格尔用一种肯定美的本质的方式批判了传统美学的美的本质。对于海德格尔来说，美不是用传统学问中的逻辑、技术、工具去获得的，而是用超越于逻辑、技术、工具的思、言、诗去体悟的。

巴尔塔萨是神学家，他认为正如上帝是存在的一样，美的本质是存在的。但是美的本质是不能定义的，正如上帝是不能定义的一样。因此，美的要义不在于客体，也就不能用关于审美客体的学问去获得，美的要义也不在于主体，因而不能用一种审美心理学去获得。美是上帝的光的闪耀，是我们瞥见了上帝的光的闪耀，因此，美是一种"相遇"，我们与上帝之光相遇。美既是相遇，就不是逻辑、学术、技术所能把握的，因此，传统美学关于美的本质的研究方式是错的。

由此可见，当代西方美学对美的本质的批判有两种方式，一是否定美的本质，二是肯定美的本质，但这个本质不是以前所认为的美的本质。从"学"的意义上来说，它与否定美的本质在效果上是一样的。虽然，各个流派看问题的思路都不利于美的本质，但分析美学最正式地批判了美的本质，而且维特根斯坦的前期和后期正好分别代表了现代思想和后现代思想，从而他的批判分别代表了现代美学和后现代美学对美的本质的批判，从而代表了 1900 年以来的西方美学对传统美学的批判。

四　分析美学：基本面貌，工作方式，学派意义

图像论和语境论分别代表了分析美学的两种模式。但无论是"拒斥"，还是"家族"，都贯穿着一个共同的精神：怎样更正确地使用语言，怎样更正确地谈论世界。就这两点来说，以逻辑实证主义为核心的分析哲学代表了西方文化自古希腊以来几何学的逻辑精神和自文艺复兴以来实验科学的科学精神在 20 世纪的深入，以后期维特根斯坦为代表的分析哲学则体现为这一西方式的思想深入之后具有与非西方思想相会通的基点，但是西方思想在与非西方思想相会通的同时却更显示

出了西方思想的独特性。以一种西方精神来面对非西方思想（特别是中国和印度思想）所面对的问题，正是在这一点上，分析哲学的全球意义显示了出来。分析哲学家（特别是后期维特根斯坦）的哲学和美学言说在 20 世纪 50 年代以后全面地进入美学，形成分析美学流派。约克大学兰马奎（Peter Lamarque）教授把分析美学自 20 世纪 50 年代以来的发展在理论上归结为如下八个方面：①艺术定义；②艺术本体论；③美学性质和审美经验；④意义与解释；⑤艺术与知识；⑥艺术价值；⑦分析美学运用于具体艺术门类，包括音乐，视觉艺术，文学，其他艺术形式；⑧自然美学与环境美学。以上主题顺序又基本上反映了分析美学在时间进程中的逻辑展开：从哲学转入美学，由美学的基本概念到重要问题，再扩大到具体的艺术门类，以及对美学新进展（自然和环境）的回应。第七个和第八个主题特别显示了分析美学在 20 世纪末和 21 世纪初对自身和整个西方美学进展的深入、扩大、互动、回应。兰马奎文中还排列出了对分析美学的进展具有里程碑性质的论著 12 种①。将这 12 种论著按逻辑重新编排，可以看到，首先是三个奠定分析美学的方向和类型的文本：埃尔顿《美学与语言》在把分析方法运用于美学上起了示范作用；韦茨《理论在美学中的作用》用维特根斯坦的"家族相似"理论解构艺术定义，显示了分析美学的主攻方向；比尔兹利《美学：批评哲学中的问题》推出了分析美学的第一个美学原理体系，显示了分析美学的基本方向：第一，美学的重心是艺术；第二，审美价值是艺术的一个组成部分；第三，艺术存在于人类生活之中；第四，对艺术的各大要点，要用分析的方法去清洗，并给予正确而明晰的定位。接下来是分析美学的展开，第一个方面有三个文本，丹托（Arthur Danto）的《艺术之境》（1964）、《普通的变形》（1981）和迪基的《艺术与美学：制度分析》（1974），在艺术的定义方面进行了创造性的推进，丹托在著作中提出了"境界论"，迪基在著作中提出了"制度论"。第二个方面有一个文本，西布勒《美学概念》（1959）把具有审美性质的概念与不具有审美性质的概念进行清晰的区分，并对主要的审美概念，如统一（unified）、平衡（balanced）、巧妙（delicate）等进行了细致的分析。第三个方

---

① 两处资料皆见 Peter Lamarque，*Analytic Approaches to Aesthetics*，http：//oxfordbibliogra-phiesonline.com /view/document/ obo，2016-05-24。

面是埃尔顿的两个文本，《艺术范畴》(1970)和《使之相信的模仿：再现艺术的基础》(1990)，前一个文本与西布勒的论域相关联，但集中论述了用游戏理论分析艺术作品的知觉问题，后一个文本用语言游戏理论讲了艺术的再现是一种"使之相信—游戏"，丰富了艺术本体论的内容而与丹托和迪基的研究有关。然后是古德曼(Nelson Goodman，1906—1998)《艺术语言》(1968)提出艺术（与科学一道）在认识中具有中心作用，是分析美学在此论域中的一种扩展。再然后是赫伯恩(Ronald Hepburn，1929—2008)《当代美学和对自然美的忽视》(1966)把分析工具扩展到自然美领域。最后是沃尔海姆(Richard Wollheim，1923—2003)《艺术及其对象：美学导论》(1968)用维特根斯坦《哲学研究》的行文风格，对艺术进行了全面的分析论述。

在兰马奎讲的这些要点之外，还应当特别提出的，是布洛克(H. G. Blocker)的《艺术哲学》(1979)一书在充分体现了语言清洗精神的基础上，从分析精神出发给美学划定了范围，美学所关心的就是艺术批评家、艺术教育家、艺术史家、艺术教师和普通艺术爱好者思考和谈论艺术的方式，美学所要解决的就是这样一些谈论中产生的概念问题。因为我们所认识的世界是通过我们所使用的概念来把握和感知的，我们对这些概念的分析，就等于间接地分析了世界。分析美学家的工作范围，可以用三层阶梯表显示出来：

表 1-2

对解释和概念的分析	美学家的工作
对经验的解释形成概念	艺术批评家等的工作
经验	艺术等审美对象

布洛克把美学家与艺术批评家①区别开来，以突出分析美学的特点，美学家不是面对审美对象，而是面对那些谈论审美对象的人所使用的语言。不是去欣赏美，而是去审查那些在欣赏中表达自己的欣赏时所使用的语言对还是不对。这三级台阶只是一个基本框架，进一步，要对所有谈论美的语言（包括美学家自身谈论美的语言）进行清洗，从而对整个以前的美学言说体系进行清洗。这就意味着分析

---

① 英语世界的艺术批评家(critic)相当于德语世界的艺术理论家(theorian)。

美学要在对美学理论的一个个问题的清洗中建立起自己的体系。这里，分析美学与其他美学流派的区别凸显出来。第一，在美学家的定位上，于其他流派里，美学家的工作和艺术批评家的工作是同一的，而分析美学则将一分为二。前者是专为后者（在语言上或哲学上）把关的。虽然在实际操作的时候，美学家可以身兼二任，既把关又建构，但二者一定要有所区分。第二，美学上的语言把握更为重要，由此形成了分析型美学著作的特点，即主要集中在语言的关键词上。由关键词组成美学体系，从比尔兹利《美学：批评哲学中的问题》开始，到奥尔德里奇的《艺术哲学》和布洛克的《艺术哲学》，以及迪基的《美学导论》（1997），显现出分析美学在体系建构上的基本方式。奥尔德里奇的著作，最能显示分析型体系的基本结构：

> 第一章，审美经验；第二章，艺术作品；第三章，各种艺术；第四章，艺术谈论的逻辑。而布洛克的著作集中在艺术哲学的基本概念上：第一章，导论；第二章，再现；第三章，表现；第四章，形式主义；第五章，近期的发展（包括）一、艺术品的概论，二、意义，三、真实，四、意图（或意向），五、批评。

迪基的《美学导论》显示了分析美学的大成，将在后面专讲。

分析美学，如本章开始时讲的，在美学的具体问题上有一系列贡献，就其对1900年以来西方美学的整体意义而言，除了本章集中讲的，使美的本质问题消失之外，还有两点。一是用法即意义是理解1900年以来西方美学出现的各种概念的基本方法。1900年以来的西方美学出现了一大批概念，很多流派都在使用，因而这些概念在不同的流派中意义有所差别；同时有不少传统美学概念仍被沿用，但在旧词新用时，意义有所改变。当面对各种概念的时候，我们要记住：用法即意义。二是家族相似是理解1900年以来的西方美学流派的基本方法。在流派的错综复杂中，杜威美学应算实用主义美学，还是算自然主义美学呢？伽达默尔的学说是解释学，还是现象学呢？伊泽尔的学说是接受美学，还是读者反应批评呢？巴尔特的学说是结构主义，符号学，还是后结构主义，解构主义呢？这些问题都是经常会遇到的，对此，我们不妨以家族相似解之。

第二节　美即美感——审美心理诸流派

　　20 世纪的前 15 年可以称为审美心理的时代。当时美学及与美学有关的五位大人物都是围绕着心理学这一主题展开研究的。首先是胡塞尔和弗洛伊德，前者是横跨古今的哲学家，把哲学的重心放在意向性上，其主体心理占了相当的比重，其理论暗示了以 20 世纪 20 年代德国的莫里茨·盖格尔（Moritz Geiger，1880—1937）（后到美国）、30 年代波兰的英加登、50 年代法国的杜夫海纳为代表的现象学美学的形成。后者《梦的解析》用精神分析来解释文艺现象，形成了以瑞士的荣格（Carl Gustav Jung，1875—1961）和法国的拉康以及美学和艺术领域的不少学人为代表的精神分析美学之路。其次是美国的桑塔耶纳，这位自然主义哲学家，1896 年发表《美感》，以"美是客观化的快感"立论，把这个定义提炼一下，就是"美是……快感"。美完全成了一个主体心理的问题。桑塔耶纳首先影响了杜威（20 世纪 30 年代），又影响到门罗（20 世纪 50 年代），形成自然主义美学流派。从宏观上看，桑塔耶纳与胡塞尔、弗洛伊德一样，不是本时期的中心，但他们一致地从心理上抓问题，透出了时代风尚。再次是法国的柏格森，他把直觉放在哲学的中心地位。直觉也是一个心理问题。最后是作为本时期中心人物的意大利美学家克罗齐，他和柏格森一样是直觉的倡导者，不过后者虽然与美学相关但主要成就在哲学上，前者虽然也与哲学有关联，但主要集中在美学上。这五位大家与心理有这样或那样的关联，显示了 20 世纪初从欧洲各大国到北美都对审美心理学特别关注，形成了 20 世纪初期的审美心理学的时代。

　　西方古典美学，包括三大部分，美的本质、审美心理、艺术。当美的本质受到拒斥的时候，美学的能量流向了审美心理。美学的建立，就是在包含着内在感官和外在经验的"趣味"（taste）概念的出现，和以"美的艺术"（fine art）概念为代表的艺术体系的形成这两个基础上建立起来，在趣味方面，从鲍姆加登的"美是感性认识的完善"到康德的"美是一种非功利的愉快"，一直在美的本质的大旗下演进，当美的本质的大旗在 19 世纪末 20 世纪初倒下之后，美感和艺术就各自凸显了出来，而首先得到彰显的，是美感方面的审美心理潮流。从宏观上看，它对美学整体，既是一种转换，也是一种深入。在以上五人中，与审美心理潮流最为接近的是克罗齐，他可以说是黑格尔主义者。黑格尔美学，众所周知，认为美是理念的感性显现。概念性的理念占据了美学的皇位。克罗齐却把它拉下来，从美学中驱逐出去，并在直觉和概念之间划了一条不准逾越的边界，在直觉中建立起美的新王朝。把克罗齐的直觉形式，与鲍姆加登的美是感性认识的完善相比较，克罗齐的逻辑进路甚为明显。然而，直觉纯粹是一个心理问题，因此，克罗齐的美学，应和了当时正声势浩大的审美心理学美学，并成为这一潮流的领跑者之一。可以说，美的哲学和审美心理学在 20 世纪初的霸主更替成了西方现代美学开场戏中最为壮观的一幕。在 20 世纪初期对黑格尔哲学美学的反叛已算不上惊人之举。如前所述，1850 年左右现代思潮就已崛起，日益壮大，很快反映在美学上，形成了思潮性的对古典美学的拒斥，这就是费希纳开创的实验美学。

一　实验心理学美学

　　1876 年，费希纳（Gustav Theodor Fechner，1801—1887）发表《美学导论》，首次给黑格尔美学和以黑格尔美学为代表的古典美学一个下马威。他明确宣布，美的本质这类形而上的问题，争来争去也扯不清，还不如踏踏实实地做形而下研究。费希纳的勇气也是有背景的。马赫（Ernst Mach，1838—1916）1872 年写了《能量守恒定律的历史和根源》，1883 年发表了《历史发展中的力学原理和机械论者的物理学》讲演，牛顿的绝对权威正处在"山雨欲来风满楼"的猛烈吹打之中。尼采（Nietzsche，1844—1900）也在此时发出了"上帝已死"的呼叫。倚靠牛顿和上帝的黑格尔的绝对理念也随之岌岌可危。

　　费希纳悬置了美的本质，是为了以实验科学的方式切切实实地发现美。美不能从形而上学里推导出来，却可以从实验室里总结出来。费希纳采用了三种实验方法。第一种方法是选择法。让人们从一大堆几何图形中，先选出自己最喜爱的图形，再选出第二喜爱的，然后，再选出第三、第四……从这里就可以知道，对人们来说，哪些图形是最美的，哪些是不美的。但这是制造了一种人为环境让人选，选的范围已经给出了限定，让人选的"让"也难于避免暗示和影响。于是有了第二种方法，即制作法。让接受实验的人（被试）去画他们自己喜爱的图形。这里没有给出条件，完全是发自内心的。美与不美，更容易自由地自然地涌现出来。其不足是接受实验者有多大年岁的普遍性问题。这种普遍性不仅包含抽样的科学性，还包含被试的地域性和时代性。于是有了第三种方法，常物测量法，即测量日常用品，如名片、信纸，书本的大小、尺寸、比例。日常物品是人们世世代代审美经验的结晶，具有很大的普遍性，由此而得出来的结论可靠性较高。费希纳通过这些实验进行归类统计也确实得出了不少有益的结论，如在物体中，方形里最令人不愉快的图形是太长的长方形和整整齐齐的正方形，而最令人喜欢的图形则是比例接近于或正好是黄金分割的长方形。费希纳在心理上也得出了 13 条规律，如多样统一、审美联想、审美对比、审美顺序、审美调和等。

费希纳的方法在 20 世纪以来又由屈尔佩（Oswald Külpe，1862—1915）、齐亨（Theoder Ziehen，1862—1950），后来的瓦伦丁（Charles Wilfred Valentine，1879—1964）等人继续发展。屈尔佩把实验心理的种种方法归纳为印象法（研究被试对审美客体的精神反映）、制作法（被试以物质形式表现自己的艺术情感，同时体验作品对自身的效果）、表现法（检查人们对特定审美经验的物理和生理反应）。瓦伦丁则通过对印象法的巧妙运用，总结出四种不同类型的鉴赏类型：性格型（把审美情感与客观对象相统一，如欢乐与红色，忧郁与蓝色），联想型（把客观对象与自己的人生经验相联系，如由红色想到红叶，想到自己的初恋），客观型（只关注客观对象本身，如红色就是红色，不会置换为欢乐或热情），主观型（对客观对象的反应是纯主观的，如红色使他出汗）。齐亨从实验科学角度给美学下了一个定义：美学就是对广义的审美经验做科学研究。

所谓科学，一种是经验型，即收集经验现实和历史中的材料，进行统计，以数量来决定美不美或美的程度；另一种是实验室型，很多实验是在实验室中进行的，实验室既对被试有心理暗示，又具有时空范围，而且实验的设计本身就是有时空限制的。因此，时空的局限很难进入美的超时代超文化的普遍性和多样性中，由多数票决定什么东西是美的、不美的、讨厌的，又遮蔽了个人的审美独特性。

因此，虽然实验心理美学自有其在美学中的位置和地位，费希纳的传统自开创之后，一直都有其学术传承，但实验心理学美学远不是审美心理时代的主角。

二　审美心理时代的主潮及其思想

克罗齐的《美学》(1902)标志着一种新美学的崛起。在这前后，形成了一个声势浩大的心理学美学潮流。谷鲁斯(Karl Groos，1861—1946)出版了《动物的游戏》(1898)、《人类的游戏》(1901)、《审美欣赏》(1902)，里普斯(Theodor Lipps，1851—1914)著有《空间美学和几何学·视觉的错误》(1897)、《论移情作用，内摹仿和器官感觉》(1903)、《再论移情作用》(1905)、《美学》(1909)，闵斯特堡(Hugo Munsterberg，1863—1916)出版了《审美教育原理》(1905)，普芙(Ethel Puffer，1872—1950)推出了《美的心理学》(1905)，浮龙·李(Vernon Lee，1856—1935)推出了《美与丑》(1897)、《论美》(1913)，沃林格(Wilhelm Worringer，1881—1965)写了《抽象与移情》(1908)，布洛(Edward Bullough，1880—1934)写出了《作为一种艺术要素和美学原理的"心理距离"》(1912)。

心理学美学流派，有一个最大的共同点：美即美感。费希纳悬置了美的本质问题，心理学美学各派则暗中转移了美的本质问题。上帝、牛顿、黑格尔都灵光丧尽，要以形而上的方式推出美的本质已经行不通了。但人们还是相信美有一个共性，相信众多的审美现象应有规律。虽然这种规律与牛顿、黑格尔讲的规律是两回事，但有规律是另一回事。这是现代西方的普遍信仰，所以，爱因斯坦要寻找统一场，胡塞尔和弗洛伊德在各自的领域也要寻找一个决定现象，作为此现象的隐蔽的基点，心理学美学各派也都怀着这样的信仰。当从客观对象中已无法找出统一的美的本质的时候，学者们就从人心中去找这个本质。而且这似乎是一条好路。你看，在壮美的罗浮宫前，在秀丽的莱茵河畔，有的人已经陶醉了，有的人却无动于衷，有的人甚至讨厌这些景致。谁都有与此类似的经验。因此，任何客体，只有当你感到它美，它才美。它美，并非因为它本身美，而是你感受到它美，美实质上就是美感。美感不仅意味着一个主体，而且也意味着一个客体，感就是对某物之感，不过，对于审美心理学诸流派来说，重要的不是在于对物之感，而在于感物时，是什么因素使这种感觉成为美感。这个因素当然不可能在客体上面去找，如果这个因素在客体上面，那么就应永远使人感到它美，不会一会儿感到它美，一会儿感到它不美，这人感到美，那人感到不美。这个因素只能在主体心理找，这个存在于主体的因素不能是个体性的，而必须是普遍的，是对一切人都有效的。这种心理因素，谁有了它，谁就可以感到美，而且谁愿意，谁就能够获得它，这个因素，就是美感的本质，也就是美的本质。美感等于美。审美心理学诸流派的共同特征就是：从心理学上来重建美的哲学。在审美心理中寻找美（＝美感）的本质。审美心理各派都认为自己找到了这个重要因素，这个美感（＝美）的本质。不过，各个流派找到的东西又是各不相同的，且看他们究竟都找到了什么。

（一）距离

这是布洛（Edward Bullough，1880—1934）的实绩。人生在世，总有对外物的需要，外物也存在能为人所利用的一面。人与物常处于实用关系之中，也常以实用态度待物。人们看见商店，就思量有无自己需要的货物；遇上好风景，马上想到这里可辟为旅游区赚大钱，甚至买珍宝书画也因其能显示身份，这样人们是无法得到美感的。要获得美感必须从对世界的实用态度中超脱出来，与之保持一段距离。用布洛的例子来说，船在雾中行驶，船上的人知道极有可能出事，担心自己的生命安全，身边眼前的景色很少能让他们产生美感。而岸上的人望着海中的船在雾中时隐时现，显出一种平常少见的景观，觉得特别有诗情画意，美感油然而生。船在雾中就其客观情况来说，对船上人岸边人都一样，但船上人与现实利害太近，不能产生美感，岸上人与现实隔了一段恰当距离，从而产生美感。清人李渔在《闲情偶寄》中说："若能实具一段闲情，一双慧眼，则过目之物，尽在图画，入耳之声，无非诗料。"这"闲情"就是与平时人生忙碌拉开距离的闲适心情，这"慧眼"，就是把功利打算距离化的审美之眼。倘若人对物不采取心理距离，人虽看物，也看见了物，但就是看不见美。如清人袁枚诗云："鸟啼花落，皆与神通。人不能悟，付之飘风。"沿着河边散步，岸上的人、树、屋也许不会唤起美感，但这些人、树、屋在水中的倒影往往引发美感，倒影使物象与现实的功利拉开了距离。现实中房舍檐头上的瓦当，引发美感的情况不多，秦汉瓦当，已经与当年的房舍完全脱离了关联，时间距离使人容易对之产生美感。现实中的人物、事件、活动，人参与其间时，难以对其产生美感，而时过境迁，它们作为与现实利害无关的形象浮现在头脑中时，往往使人产生美感。因此，是距离使主体产生美感，同时在美感产生之时，客体成为美的。美感就是美，反之亦然。

（二）抽离和孤立

这是闵斯特堡（Hugo Munsterberg，1863—1916）的贡献：抽离和孤立产生美感（＝美）。人们在日常生活中总是处于功利的态度和认识的态度之中，因此很少感到美。若想产生美感，人们需要从日常型感受中"抽离"出来，也从认识型感受中抽离出来，也就是说，面对一棵柏树，人们不要想到它是做家具的好材料，也不要去认识这是柏树，属于植物学上的什么科，什么目，而是把自己从这两种经常用来对待周围对象的态度中抽离出来之后，以一种直接的和直觉的方式去面对对象，去感受对象的形、色、声、味；从客体方面来说，审美意味着斩断客体与日常的利益关联，也斩断客体同知识体系的认识关联，而将之孤立起来，一棵柏树，人们不要想到它是带来氧气的物体，不要想到它是与动物不同的植物，它只是它，只以自己的形、色、声、味向你呈现。审美态度就是人面对客体时，一方面使自己成为一种抽离的主体，另一方面使物成为一种孤立的客体的那种态度。我们在排除了这两种态度后就可以让自己进入抽离之状并使客体进入孤立之态，美感与美由之而生。对闵斯特堡来说，审美态度不但使人得到美，而且使人得到事物对于人来说最真的一面。功利态度让人体会到利益，而认识态度却是使人奔向真理的。但在闵斯特堡看来，在科学昌明的时代，人们总是以科学的方式去追求真理，以为只有这种方式才能获得事物的本质。面对大海，人们就去分析它的元素成分，氯化钠、氢、氧等，而分析元素又是为了揭示其普遍联系，关于对象O，应该知道它如何由L、M以及N等原因所产生，又如何由它产生P、Q以及R等效果，人们全部把它们表现和凝聚在对对象O元素的解释中。但是人们这样去对待大海，并以为获得了事物的真理，其实人们获得的只是事物的碎片。波光粼邻、一碧万顷的大海早已没有了。我们要获得真正的大海，获得充满个性的大海本身，必须用审美态度使它陷于孤立，断绝它和一切事物的联系，只让它单独占满我们的心灵。只有把事物从联系中孤立出来，事物本有的生动气韵才会鲜活地显露出来。因此，谁的心中有了抽离的运作，使面对的客体成为孤立的境界，客体就成为美的，而他也就获得美感。由此可说，抽离和孤立产生美感（＝美）。

（三）直觉

这是克罗齐（Benedetto Croce，1866—1952）的主要成果。直觉等于美感，等于美。人在面对事物的时候，可以采取两种态度。一种是认识态度，它的方式是把对象进行归类。人看见垂柳，知其是树，属植物；路过房屋，知道它是罗马式或巴洛克式。总之，人要获得一种关于对象的概念。另一种就是直觉态度，人看见垂柳，不管知不知道它的学名，兴趣只在它的枝条细柔、蒙蒙如烟的仪态；看见房屋，不管它属于何种样式、哪一风格，只感到它或轻巧欲腾，或凝重如烟，或如穷人衣上带着补丁，或似富豪全身光亮花哨。同样，一切客体都有两个方面：一是外在形象，二是内在性质。外在形象是供人直觉感受的，内在性质是供人理智认识的。当主体之心以直觉方式观看事物和世界的时候，事物和世界就以纯粹的形貌、色彩、姿态向主体呈现出，而与它的实用性、概念性割断了关系，表现为纯粹的直觉形象。这时，形象是直觉的对象，属物；直觉是心灵对待事物的形式，属我。心灵只用直觉去对待事物，事物只以形象呈向心灵。当主体与客体，心与物在直觉中相互结合时，主体产生的就是美感，客体也就表现为美；当人不以直觉的方式，而以认识的方式去对待事物时，主体既不会产生美感，客体也不会呈现为美。就是有心注意到事物的外观，但又忘不了认识方式，在直觉时仍然想保留概念，也势必会扰乱直觉，仍不能获得美感。因此，直觉是美感（＝美）的关键因素。谁运用直觉，谁就能获得美（＝美感）。

（四）内摹仿

这主要是谷鲁斯（Karl Groos，1861—1946）和浮龙·李（Vernon Lee，1859—1935）的成果。人在对事物进行审美观照的时候，往往也在进行着一种内摹仿活动。内摹仿可以是一种知觉的模仿，看见圆形物体，眼睛就依循物体做圆周运动。听到寺庙的钟声，筋肉就随之一松一紧。这是谷鲁斯常论述的。也可以有内脏器官的反应，这主要为浮龙·李所论述。人观看一个花瓶，眼睛注视瓶底时，脚就紧踩地上；视线从瓶底向上移动时，身体也仿佛随之向上升起；看到瓶腰逐渐扩大时，人就微觉头部有一种压力向下。瓶是左右对称的，两肺的活动也因而左右平衡，瓶腰的曲线左右同时向外突出，眼光移到瓶腰最粗部分时，人就做吸气运动，看到曲线凹入时，随即做呼气运动，于是两肺松懈下来；人一直看到瓶颈由细转粗时，又微做吸气运动。瓶的形状还使观者左右摆动以保持平衡。人在观察左边的曲线时，把身体的重心移到左边，在观察右边的曲线时又把它移到右边。人观看瓶的形象，同时周身发生一种极匀称的适应运动。人在观看对象时身体产生的这种知觉、生理和器物合一的内摹仿运动是美感产生的基础，甚至可以说就是美感本身。你能够产生内摹仿，同时就会感到审美愉快；你没有产生内摹仿，就一定没有美感，对象也就不是美的对象。因此，内摹仿是美感（＝美）的关键因素。

（五）移情

这主要是里普斯（Theodor Lipps，1851—1914）探索的结晶。人在对外事物进行审美欣赏时，心理上会产生一种移情现象，即把自己心中的情感投射到事物中去，使事物具有了人的情感。细细分来，移情可分为四种类型。一是统觉移情。即人对普通对象的形式和外貌灌注以生命。当观看线条的时候，我们赋予它的不仅是平衡、方向，还有投掷、抗拒、紧张、意图和性格。如在书法中，一横，如千里阵云；一点，如高峰坠石；竖，牢如深林中的乔木；曲折之线如弯钩，转侧之势如飞鸟空坠，棱侧之形如流水激来。二是经验移情或自然移情。在对动物、植物或非生物的观照中，人通过移情把它们拟人化。在移情的心态中，我们觉得高山无言而长寿，流水外表奔腾而内性温和，风在细语，树在低吟，青松挺立真威武，无力蔷薇卧晓枝。拟人化的进一步深入，就是第三种类型，心情外射，即人把自己的情感投射到外物上面，使无情的事物具有了人的情感。一曲音乐的流动，我们感到它是悲哀的，或欢乐的；一片绿色，我们说它是宁静的；几团蓝色，我们感到它是忧郁的。有情芍药含春泪，寒山一带伤心碧。四是把人的外貌当作内心的表征。"太尉神姿高彻，如瑶林琼树，自然是风尘外物。"（《世说新语·赏誉》）别人的内心也许并不如此，但我们在观人外貌之时，同时移情于人，好像他就是如此。其实，移情不必分类，总之是把自己的情感移入对象之中，使无生命的对象成为有生命的情感对象，使有生命的对象成为与自己心灵同振共鸣的对象。移情之时，主体仿佛在对象里，对象也仿佛在主体中，甚至移情那一瞬间，不知何者为我，何者为物。通过移情，主体获得了美感，客体也在美感中成为美。移情是美感（＝美）的关键因素。

（六）恬静

这是普芙（Ethel Puffer，1872—1950）对审美心理学的推进。普芙是闵斯特堡的学生，从德国的弗莱堡大学到美国的哈佛大学，她都跟随着闵斯特堡。她的恬静理论，从传承来讲是对闵斯特堡的抽离和孤立理论的推进；从理论本身来讲，恬静理论可以与内摹仿和移情理论并列，都是讲美感之为美感的一种心理特征。从这三个概念所突出的不同特点来讲，内摹仿和移情突出的是动态，恬静强调的是静态。普芙认为，人在通过闵氏型的抽离和孤立的心理运作面对客体而获得美感（＝美）的时候，呈现为一种个人作为个人的具体性的失去，感到超越了个人性而达到世界整体普遍性。正是在这失去/获得的心境中，人感受到了美，这一弥漫着美感（＝美）的心境被普芙命名为"审美的恬静"。恬静（repose）是一种无物唯此的宁静，感受到一种无思而专一的满足。这种心灵状态，从心理学来说，是一种知觉关注时的前景与背景的关系，知觉对象进入前景，成为在知觉中存在的唯一，与对象相关的各种客体、各种关系、各种观念，都成为背景而被排除在知觉之外，仿佛它们悄然消失。这种前景和背景的关系，也可以用中心与边缘的关系来解释。如果说前景与背景强调的是对象与其关联的诸物以一种有无显隐结构呈现出来，那么，中心与边缘突出的则是对象与关联诸物的一种似无还有的联系。知觉对象在意识的中心，成了唯一的关注对象，对象的关联诸物在意识的边缘，是非关注的区域，被忽略不计，呈现为无物，但既然是边缘，边缘总连着中心，又伸向看不见的盲区。知觉对象的唯一和突出，表现为边缘模糊，背景消失，同时，也是主体个人感性的消失，自己曾有的日常型情感和认知型情感这时都被隔绝，心灵向整个世界关闭，而只沉浸在那对象的唯一的"一"之中。如果说，闵斯特堡在抽离与孤立中强调的是事物的鲜活性，那么，普芙突出的是事物在鲜活呈现中内蕴的深度和意义。如果说，谷鲁斯和里普斯强调主体与客体互动，而且是主体将自己之情注入客体之中，那么，普芙则让主体放弃自己（的日常之感和市井之心）而进入一种更高的境界中去。因此，普芙说，审美的恬静，恬静在对象里，好像一种医学上的催眠，类似于一种宗教上的入迷。一如基督徒在宗教仪式里感到的与上帝同一，更像佛教徒达到了最高的涅槃境界。与上帝同一强调的是一种在获得性上与对象同在的实境，最高的涅槃突出的则是一种在获得性上自我消失的空境。作为一个美国学者，普芙指出了审美的恬静与日常心理中的意识和无意识的混乱具有本质上的不同，并从心理学的角度分析了审美的恬静包含着生理上和心理上各种冲动的平衡，在冲突的诸力量之间形成一种张力，让诸种成分不同倾向各异的能量，在审美的统一性中，达到一种类似于舞蹈中的调和。对于普芙来说，人能否进入这一恬息的状态，是主体能否获得美感和客体能否成为美的关键，也可以说，恬静＝美感＝美。

三　审美心理流派的幻与真

心理学美学各流派都抓住一个重要的问题，深入下去，并获得了开创性的成就。虽然他们都以为自己抓住了最大的问题，但实际上只抓住了一个很小的问题，即美学中的部门之一审美心理学中的一个问题。从各家对所抓重点而生出的不同的核心概念来看，从这些不同的核心概念的实质都是在讲同一个问题来说，这个问题在审美心理学中非常重要，但也只是诸多非常重要的问题之一（比如，在其之前，实验心理学美学提出的问题，在其之后，精神分析提出的问题，都至少与之同样重要）。不过，平心而论，他们抓住的问题，配得上刘熙载《艺概》中评宋词的一句话："虽小却好，虽好却小。"相对于他们每一个人的初衷来说，这当然是比较遗憾的，但把他们的学说综合起来，却可以构成一个结构完整的审美欣赏的过程理论。距离，孤立，直觉，内摹仿，移情，恬静——各派理论恰好构成这个动态过程整体的一个个必要的环节。人是多种属性的统一，并不一定，也没有必要时时都是审美主体；物是多种属性的统一，并不一定，也没有必要时时都成为审美对象。人在面对事物时，只有先与自己平常待物的实用态度拉开距离，也与自己的认识态度拉开距离，才能由实用主体或认识主体变为审美主体。在主体成为审美主体的时候，对象既不是他的利用对象，也不是他的认识对象，从而断绝了与世界的种种关系，以一个孤立的对象呈现出来。孤立意味着事物摆脱了自己的多种属性，只以其形态、色彩、风貌呈现给主体，成为审美对象。审美对象也就是与功利、概念无关的直觉形象。直觉形象本身就意味着主体的凝神专注。主体面对审美对象，同时就循着对象的形、色、态、韵进行着内摹仿活动："目既往还，心亦吐纳。"主体进行生理的内摹仿，同时也会产生一种心理上的对应物，一种内心情感。这种由客体之因而产生出来的审美情感本就与审美客体有一致之处，因而它在产生之时，同时也移入客体。客体（如青山、流水、花、草、禽、鱼）本是无感情的，由于主体的情感移入，仿佛也带上了人的情感，客体与主体进入一种情感交流、应答、共鸣的状态中，主体与客体相互渗入，"情往似赠，兴来如答"，一道进入一种审美的境界之中。这种审美境界升到最高处，是一种与对象、与世界合一的恬静心境。审美心理诸流派在历史上是各自分开的，在理论上却可以综合为一个整体，在西方由朗菲德（Herbert Sidney Langfeld，1879—1958）《审美态度》(1920)所总结，在中国由朱光潜《谈美》(1932)和《文艺心理学》(1936)所总结，现代美学原理的著作少不了与此相关的内容。

　　审美心理诸流派把对美感本质的追求当作美的本质，从客观上说，代表了一种对历史挑战的应战。随着黑格尔绝对理念的陨落，学者们要从客观上寻找美的本质已不可能，于是在可能继续前进的方向——审美心理——上继续寻找美的本质。正如沃林格所说，审美心理学代表着"当代美学迈出了从审美客观论到审美主观论的决定性的一步"①。从西方美学的宏观演进来看，似可说，它们在精神上代表了美的本质追求在变化了的形势下以一种新的方式继续深入。然而由基点转到

---

　　① ［民主德国］W. 沃林格：《抽象与移情——对艺术风格的心理学研究》，4页，沈阳，辽宁人民出版社，1987。

审美心理上，它们在寻找到这个本质的东西的时候，已不似古典型的本质，不管某一主体同意与否，它们都是普遍有效的。审美心理诸派获得的本质，是由个体决定的，在于个体是否采取一种距离、孤立、直觉的审美态度，能否进入内摹仿、移情、恬静的主体状态。美的世界的出现和建立，全靠个人的主动性。而这，又正是一种现代精神。在理念陨落、上帝已死、规律模糊的现代世界中，一切行为和责任都得由个人来承担。正是从这一突出个人主体性的现代精神出发，里普斯成为整个审美心理学最光辉的代表（里普斯在主持慕尼黑大学心理系的二十年中风光无限，吸引了世界各地的学人，弗洛伊德和胡塞尔都是在后来才盖过了里普斯的风头的，而盖格尔等人则改换门庭，追随胡塞尔去了），主体移情于对象，移情于世界，与世界合一，这正是西方引领世界的时代。

但是在主要方面，审美心理诸流派又是与现代精神有差别的。它们中的大多数本着古典精神，追求美，而其对美感的追求，是以美为核心的美感（愉快）追求。由于牛顿、黑格尔、上帝惨遭打击，作为本体的美已因缺乏有力支持而备受厄难，当时绘画已经过塞尚（Paul Cézanne，1839—1906）、梵·高（van Gogh，1853—1890，又译为凡·高），进入马蒂斯（Matisse，1869—1954）的时代，文学也自波德莱尔《恶之花》后进入艾略特（T. S. Eliot，1888—1965）的《荒原》，丑的艺术波涛越滚越大。审美心理流派要保持住自己的美感，不得不缩小范围。美学变狭为审美心理学。

然而美学毕竟不仅是审美心理学。美学应当对世界和艺术的挑战提出应战。在审美心理学的潮流中，沃林格可以算作这方面的代表。

四 抽象：审美心理学的多面转向

沃林格（Wilhelm Worringer，1881—1956）在其代表作《抽象与移情》（1907）中的理论，对于声势浩大的审美心理学来说，既是一种理论扩展，又是一次理论转向。这一转向甚为复杂。

首先，这是一种理论视点的转向：从西方到世界。20世纪初的西方美学，从实验心理学对形而上学的拒斥开始，到审美心理学诸派达到理论的高峰，从更宽广的角度看，这是西方美学的一种合逻辑的发展。西方美学从英国的趣味（taste）观念开始，到德国的感受（aesthetics）而成"学"，核心是主体的感受问题，当然这感受不是一般的感受（sense）而是审美感受（aesthetics），因而这"学"是美学（aesthetics）。我们知道了美学作为学科名词是感受学，或者准确地说，是美感学，审美心理学正是为什么是美感、怎样获得美感（从而怎样成为美学），给出了一整套体系性的理论。在由各审美心理学流派给出的各种观念里，三大观念最为基本：距离、直觉、移情（从而布洛、克罗齐、里普斯成为当时最大的美学家）。这三大观念都突出了美学既不同于日常功利也不同于知识概念的这一自古典美学以来的特征；也突出了美感的获得需要个人的主动性这一现代美学的特征。然而，无论古典特征还是现代特征，都是从西方文化的角度来看待美学特征的。虽然这是西方美学的特征，由于西方已经在世界之中，这一西方特征又显现出了与世界的关联，从世界的角度看，距离，不仅是人与西方的世界拉开距离，而且是与西方型的主体、与包括非西方在内的整个世界拉开距离（布洛举的经典例子是海上在雾中航行的船，这正是与海外相关联的象征）；直觉形象，是一个西方主体的直觉形象，是排斥了包括非西方在内的概念世界而获得的；移情，正是一个西方的主体把西方之情，移注到包含非西方在内的整个世界中去。西方之美就是在这样的距离、直觉、移情中获得的。因此，审美心理学在西方取得巨大的理论成功之时，倘把焦点从西方移向全球，其理论的普适性就遇上了问题。

其次，沃林格的美学转向是通过引入非西方艺术进行的，从而把西方美学中审美心理学与艺术哲学的分头演进交汇起来。沃林格就其学术渊源来说，是与20世纪初艺术学中独立出的艺术史研究结合在一起的，只是他把沃尔夫林（H. Wölfflin，1864—1945）的西方艺术史研究延伸到了非西方的艺术史研究中，而用西方既有理论解读非西方艺术时产生了困难，这使得沃林格不能仅从艺术形式上找原因，而要从创造艺术的主体心理上找答案。因此，沃林格从艺术学转到审美心理学上。这一转，产生了两个方面的突破。

再次，沃林格的美学理论代表了审美类型上的双重转向。在西方美学史上，他的抽象与移情，是在审美类型学上对柏克（E. Burke，1729—1797）和康德的美与崇高的一种发展，在柏克和康德那里，美与崇高是两种基本类型，美在西方从古代到近代一以贯之，但崇高却是近代以来的特点，与西方的扩张与斗争相关联，在沃林格这里，抽象与移情是两种基本类型，移情与西方人审美的基本类型，与文艺复兴以来的艺术相关，抽象则是非西方审美的基本类型，主要与原始艺术和伊斯兰艺术相关。因此，沃林格认为，西方美学要成为真正的"包罗万象的美学体系"必须把移情和抽象结合起来。① 这样，沃林格在审美类型学上，既是西方美学从近代（美与崇高）到现代（抽象与移情）的转向，又是从西方型美学向世界型美学的转向。抽象与移情，不仅是人的两种基本的审美态度，还是非西方人与西方人的两种基本审美态度。虽然，沃林格对非西方艺术的了解与当时的西方人一样是肤浅的，但这对世界美学来说只能算是肤浅的总结，却让西方人感到仅有自己的理论对于整个世界来说还有局限。不从西方和非西方艺术的不同，而从纯理论上看，抽象与移情，不仅在审美类型学上连接着柏克和康德，而且在审美心理学上联系着布洛、克罗齐、里普斯。而正是从沃林格进入以里普斯为代表的审美心理学大潮中这一角度，可以说回到了本章的正题。

最后，沃林格的美学转向代表了审美心理学的转向。当抽象类型提出来的时候，移情理论，以及与移情理论在逻辑上一致的其他理论（距离、直觉、内摹仿、恬静等）都要被重新思考。

以里普斯的移情说为代表的审美心理学派说明了人类的一种基本审美方式。这也是自古希腊到19世纪末西方人的审美模式。在该审美模式中，对象是与人内在一致的对象，审美活动与人的自我实现倾向是同向的，从而人能够移情于物，并能够在对物的欣赏中欣赏自我。然而，沃林格认为，这种移情模式却与原始艺术、东方艺术不相适应，而且，也与西方的现代艺术不相适应。西方现代艺术的崛起显得与原始艺术和东方艺术有一种内在同构，这是非常令人深思的文化现象，沃林格在多方因缘中，特别是在与里普斯的对接中，从纯理论的角度来思考这一现象。他认为，还有一种与移情模式相对立的心理反应模式：抽象。在西方的艺术史上，17世纪的古典主义以古罗马为楷模，尔后的浪漫主义从中世纪吸取灵

---

① 参见［民主德国］W. 沃林格：《抽象与移情——对艺术风格的心理学研究》，4 页，沈阳，辽宁人民出版社，1987。

感，现代艺术则充满原始艺术的精魂。沃林格通过对原始艺术的分析，说明了一个既适用于原始艺术，而又与现代艺术一致的审美模式。原始雕塑大都以无机的结晶形式出现，原始绘画，则全为二维平面，几乎都是简单的线条和纯粹的几何图形，总之，原始艺术是一个抽象的世界。抽象世界基于人对世界的抽象态度。如果说，移情基于人的空间信赖，那么，抽象就基于人的空间恐惧。我们把这样的归纳从人的两种基本态度转换到西方人与原始人的两种基本态度上，进而转换到西方人与非西方人的两种基本态度上，就可以体会到从 17 世纪到 20 世纪初以来，西方引领的世界现代进程造就的西方与非西方的划分，对西方人自己的理论建构带来了无意识性的影响。但是沃林格确实不是从历史和文化差异的角度，而是从理论普适的角度去比较抽象与移情的类型的。这与当时的学术氛围有关，艺术史研究是德国兴起的一大潮流，沃尔夫林的多本著作都呈现了西方艺术史的风貌，里格尔（Alois Riegl，1858—1905）《风格问题》(1893)呈现了拜占庭和萨拉逊的艺术，格雷塞（Ernst Grosse，1862—1927)的《艺术的起源》(*The Beginnings of Art*)呈现了原始艺术，都是为了获得理论的普适性。沃林格《抽象与移情》也是如此，原始人是作为人类审美心理类型的例证出现的：原始人面对的是一个变幻无常、令人恐惧的世界。在这个世界上，事物是常变的、偶然的、令人不安的。与之相应，这个世界中的人内心充满了迷惘。迷惘的主体欲获得安宁，就对世界采取一种抽象态度。混沌而变化的世界通过抽象，转为无机世界而达到确定，变动不居的单个事物也通过抽象而达到永恒。

沃林格认为，抽象的主要方式有四点。第一，把三维空间转为二维平面。在三维的深度中，物体显现出一种自由的向度，显得变幻莫测；在二维平面里，向度简单了、规范了，物体也就固定了。抽象态度通过空间转换而把握住了事物。第二，在活的事物中突出其材料个性，把动的事物转变为静的材料。面对一个活动的事物，人不知道它下一步的动作，而面对一个静止的事物，人就可以确定它在空间中的位置，也能知晓其材料的性质。这样人就把握住了事物。第三，把复杂的事物转换成简单的线条和图案。这样内容复杂的有机体就变成简单固定的无机物，变幻莫测的对象转化成了不变而确定的永恒。第四，主体也通过抽象活动而摆脱了个体意识的变动性，以一未受损的纯粹有机存在与对象一道趋向永恒。因此，抽象的图形给在空间中产生恐惧的人以最大的安宁和幸福。移情模式通过移情于世界而与世界合一，抽象模式则通过转变世界而与世界达到合一。

更进一步讲，虽然抽象从原始艺术和东方艺术中呈现出来，移情从西方古典艺术中呈现出来，但由于抽象和移情是人类的两种基本方式，因此，作为人，作为心理态度，原始人和西方人都有这两种态度，只是一种态度在一些人、一些时代、一些文化那里出现得多一些，在另一些人、一些时代、一些文化那里出现得少一些而已。沃林格的抽象心态理论，从学理的角度来看，还有许多路要走。首先它需要人类学研究、原始社会研究、原始艺术的类型研究等多方面的支持。但它作为原始艺术的一种解释，是可以参考的。然而，重要的不是抽象理论所讲述的那个时代，而是讲述抽象理论的那个时代。沃林格的理论在古典与现代的转变时期，通过原始艺术心态研究，指出现代艺术与原始艺术有趋同意识，定位了现代人的空间恐惧，呈现出了现代人对一个相对世界的迷惘。从这一观点看，沃林格的抽象理论表明了现代美学要以一种现代态度走向艺术的动向。然而，在现代美学中，审美心理学和艺术这两部分始终未能完美结合。因此，在审美心理的高潮过去之后，现代美学的艺术理论就在艺术自身的基础上很快发展起来。

第三节　形式即本体——形式主义美学诸流派

1915—1950 年是艺术形式的时代。这个时代不是以几位统帅人物为标志的，而是由互不通气的群雄并起形成的局面，占有核心地位的，是美术上的英法德形式主义和文学上的俄国形式主义、英美新批评理论。这些从东方到西方，从文学到绘画的各自独立的运动，不约而同、鬼使神差地喊着相同的口号，走向了相同的目标。对旧的美学权威来说，它是一个艺术的独立运动，就旧美学的权威已经丧失来说，它又是新美学艺术本体的现代重建。艺术形式的时代把美学的重心从审美转到艺术上来了。从一些一直贯穿于 20 世纪前 50 年的美学流派的演化中，我们也可以感到这一时代主潮的转变。自然主义美学，在审美心理时代，是桑塔耶纳的《美感》，在艺术形式时代，是杜威的《艺术即经验》；表现主义美学，在审美心理时代，是克罗齐的《美学原理》，在艺术形式时代，是科林伍德

（R. G. Collingwood，1889—1943）的《艺术原理》。前面说从 19 世纪末到 20 世纪初的 15 年间的西方美学是审美心理时代，只是因为审美心理诸流派显得格外的光彩夺目而已，实际上，与此同时，在美学的另一大领域即艺术上，人们也一直进行着对美学本质的拒斥。时代给出的课题是：如果美的本质对包括艺术在内的整个美学领域根本就不起作用，那么，什么是艺术的本体呢？这里两股潮流开始涌动起来，一是要把艺术之学从美学中独立出来的运动（艺术不属于美学而要自己成学），二是把形式看作是艺术的本体（不是美的本质而是艺术的本质）。在前一个方面，德国产生了艺术科学；在后一个方面，艺术中产生了形式美学。

先看艺术科学的产生与失败。艺术科学竖起的理论大旗主要有两点：第一，艺术学与美学有不同的方法，美学是哲学玄思（当时正在被分析哲学痛打），艺术学应当成为讲得清楚的科学；第二，艺术学与美学有不同的目标，艺术不是或不仅是追求美。这一运动与很多学者相关联，如海特纳（H. Hettner，1821—1882）、费德勒（Konad Fiedler，1841—1895）、德苏瓦尔（Max Dessoir，1867—1947）、乌提兹（Emil Utitz，1883—1956）、哈曼（Richard Hamann，1879—1961）等人。在这一群星之中，有三人意义重大：一是海特纳，他在《反对思辨美学》（1845）一文中，提供了艺术科学（Kunstwissenschaft）这一学科词汇；[①] 二是费德勒，他因对美学和艺术学做了区分（美学的对象和范围是情感和精神的美，艺术学则是由物化的形象构成）而被乌提兹称为"艺术学之父"（李心峰说"这一看法得到了国际艺术学界的公认"[②]）；三是德苏瓦尔，他不但写了《美学与一般艺术学》（*Ästhetik und allgemeine Kunstwissenschaft*，1906）[③]，把美学与艺术科学区别开来，而且创建并持续出版《美学与一般艺术学》杂志（1906—1943），并组织了以"美学与一般艺术

---

① 参见李心峰：《国外艺术学：前史、诞生与发展》，载《浙江社会科学》，1999 年第 4 期。该文的注释中说：日本学人阁吉冈健二郎《近代艺术学的成立与课题》（日本创文社 1975 年版，第一章）指出，Kunstwissenschaft（艺术学）一词的出现，是一个时代的共识。一大批学者，如泰奥多尔·蒙特（Theodor Mundt，1808—1861）温伯格（L. Wienbarg，1802—1877，罗森克兰兹（W. Rosenkrantz，1821—1874），等，都用了此词。

② 参见李心峰：《艺术学的构想》，载《文艺研究》，1988 年第 1 期。

③ 德苏瓦尔（又译为玛克斯·德索）其人其书，中文版参见［德］玛克斯·德索：《美学与艺术理论》，北京，中国社会科学出版社，1987。本文遵从凌继尧文的译法。

科学"为主题的第一届国际美学大会(1913)，把艺术科学的理念从德国推向整个西方学界。① 然而，这一艺术科学从美学独立出来的运动，并没有取得完全的成功。就德苏瓦尔《美学与一般艺术科学》而言，他本想要通过艺术科学的独立建立两个理论体系：一个是美学体系，另一个是艺术体系。首先，他要把艺术科学从美学里独立出去，认为这样做有利于两个学科界限的明晰；然后，在把艺术独立出去之后，他又看到，美学与艺术学在很多方面相互关联，二者经常在"联合行动"。因此，他最后把这两个体系放到一起来讲。这样一来，从实际的效果看，这两个体系又变成了一个美学体系。特别是从整个美学在 20 世纪的发展看，这本杂志成为美学的转折时期的一个样本，而且从美学与艺术学的发展来看，两者的联系同样剪不断，理还乱。德苏瓦尔在进行创立艺术学的运作时一直拉扯着美学，为了得到普遍的同情，他组织的是国际美学大会，而非美学与艺术科学大会。艺术科学从德国扩展到整个西方，但最后失败了，失败的标志是法国学人在"二战"前成立的"艺术和艺术科学研究会"改名为"美学学会"。美国美学家门罗在 20 世纪中期总结美学和艺术科学走向时说，法国和美国的走向是抛弃德苏瓦尔的两重名称，把二者合为美学。② 韦尔施在 20 世纪末说，德语世界仍把美学限定在艺术范围里，自己提出的让美学超出艺术的理念遭到了学院派既有美学的拒斥。③ 从宏观来看，当美学渡过了否定美的本质的危机，而各大学派以一种新的方式研究美学之时，对于一种对艺术的整体研究的理论，人们仍然多用艺术哲学一词命名它。艺术科学的独立运动虽然后来失败了，但在 20 世纪初却给重新思考艺术本体论的各种潮流以巨大的支持，这是理解形式美学在 1915 年以后成为美学主潮的一个背景。

一 艺术形式的时代与有意味的形式

从 19 世纪后期到 20 世纪初期，一直涌动着形式美学的观念，在音乐上，汉

---

① 关于艺术学的起源，可参见李心峰和凌继尧的相关文章，如凌继尧：《艺术学：诞生与形成》，载《江苏社会科学》，1998 年第 4 期。

② 参见[美]托马斯·门罗：《走向科学的美学》，218 页，北京，中国文艺联合出版公司，1984。

③ 参见[德]沃尔夫冈·韦尔施：《重构美学》，105 页，上海，上海译文出版社，2002。

斯立克(Edrard Hanslick，1825—1904)就以《论音乐的美》(1854)开始向古典美学冲击了，但其理论影响只局限在音乐界。艺术学独立的潮流包含两股主要思想：一是德苏瓦尔的一般艺术学即关于艺术体系的理论研究，二是艺术史研究。由于艺术史从意大利文艺复兴时代的瓦萨里(Giorgio Vasari，1511—1574)在1550年出版《意大利著名建筑师、画家和雕刻家传》(简称《名人传》)到温克尔曼(Johann Winckelmann，1717—1768)在1764年推出《古代艺术史》，再到1834年柏林大学任命库格勒(Franz Kugler，1800—1858)为第一位艺术史教授，已经有悠长的传统，因此就内容来说，我们可以说艺术史就是美术史，因此，当艺术学科大闹独立之时，艺术史加入进来，形成了巨大的声势。在以后的发展中，一般艺术科学(即艺术理论)失败了，而艺术史却一直稳步前进。对于美学来说，在里格尔、沃尔夫林等学者把艺术史变成艺术科学的过程中，他们得出了形式主义的理论，里格尔在《风格问题》(1893)等著作中呈现出来的纹饰学，沃尔夫林在《艺术风格学：美术史的基本概念》(1915)等著作中强调的风格学，都突出了形式在艺术作品中的核心地位和在艺术史演进中的核心地位。不过作为形式美学核心的不是艺术史，而是艺术批评和艺术理论，主角是英国的贝尔(Clive Bell，1881—1964)和福莱(Roger Fry，1886—1934)，法国的福西永(Henri Focillon，1881—1943)以及俄国(但在德国方崭露头角)的康定斯基(Wassily Kandinsky，1866—1944)。贝尔出版《艺术》(1913)，福莱献出《视觉与设计》(1924)，福西永写了《形式与生命》(1934)，康定斯基著有《关于形式问题》(1912)和《点·线·面》(1924)，这些著作，既展现了形式美学在理论上的丰富性，又突出了形式问题是艺术的根本问题。与黑格尔美学从美的本质到艺术门类和各时代艺术的逻辑推导不同，形式美学的艺术本体是从经验而来的，这在贝尔的《艺术》关于艺术的定义中有鲜明的体现。贝尔不仅从现代艺术，而且从整个世界艺术的范围来思考艺术的本质。他说："什么性质是圣索菲亚教堂、卡尔特修道院的窗子、墨西哥的雕塑、波斯的古碗、中国的地毯、帕多瓦的乔托的壁画，以及普桑、皮埃罗-德拉、弗朗切斯卡和塞尚作品中所共有的性质呢?"[①]这里明显的是，非西方艺术和现代艺术成为思考艺术本体的背景。

---

① ［英］贝尔：《艺术》，4页，北京，中国文艺联合出版公司，1984。

英、法、德、俄的形式美学与德国艺术史有形式上的重大区别，这就是非西方传统和现代的新变在其理论思考中起到了重大的作用。福莱在《艺术与设计》里，有《南非布须曼人艺术》《黑人雕刻》《美洲古代艺术》《慕尼黑的伊斯兰艺术展》这些关于非西方艺术之论，也有《保罗·塞尚》《雷诺阿》《法国后印象派画家》这些关于西方现代艺术之言；福西永对于非西方艺术的关注使之出版了《葛饰北斋》(1914)和《佛教艺术》(1921)；康定斯基自己就是西方现代艺术的实践者，而他1913年到欧洲各地特别是到北非的旅行，让他对现代艺术有了更为深刻的理解。20世纪初的欧洲有两个团体的活动与形式美学紧密相关：一是英国的布姆茨伯里派(Bloomsbury Group)，这是一个由作家、哲学家、艺术家组成的准正式的沙龙。瓦内萨的妹妹，贝尔、福莱、现代小说家伍尔芙(Virginia Woolf)、弗兰西斯·派特里奇(Frances. Partridge)，都是其中的重要成员；二是在德国由勒·柯布西耶(Le Corbusier，1887—1965)与画家奥尚芳(Amedee Ozenfant)一起主持《新精神》杂志(1920—1925)，形成了一个把建筑师、画家、诗人汇集在一起的精神圈子。在这一新精神的氛围里，勒·柯布西耶发表了《走向新建筑》(1923)，现代建筑的精神和原则在此书中得到了集中体现，这本书讲的是西方现代艺术，具有世界胸怀，而且强调了形式的重要意义。该书第一部分的扉页上这样写道："建筑师通过使一些形式有序化，实现了一种秩序，这秩序是他的精神的纯创造；他用这些形式强烈地影响我们的意识，诱发造型的激情；他以他创造的协调，在我们心里唤起深刻的共鸣，他给了我们衡量一个被认为跟世界的秩序相一致的秩序的标准，他决定了我们思想和心灵的各种运动；这时我们感觉到了美。"[1]这段话提醒理论家，要不仅从西方古典艺术的特质，而且也从西方现代艺术和非西方艺术的特质来思考艺术的本体这一问题。那么，什么是艺术的本体呢？贝尔在《艺术》中的结语最为响亮："可作解释的回答只有一个，那就是'有意味的形式'。"[2]

这个定义强调了形式的第一重要性。福莱在《视觉与图像》(1924)中多次论述，绘画的色彩和线条构成的形式，高于它的叙事性内容。比如，圣经题材《最后的晚

---

① ［法］勒·柯布西耶：《走向新建筑》，11页，西安，陕西师范大学出版社，2004。

② ［英］贝尔：《艺术》，4页，北京，中国文艺联合出版公司，1984。

餐》画的人很多，但人们只有找到恰当的形式，才能最好地表达出这个题材的意蕴，而这就是达·芬奇以此题材所画的作品之所以超越其他人的真正原因。这是从该画的形式分析中可以得出来的。画中采用将耶稣放在正中，十二门徒放在两旁的对称构图，将十二门徒分成四组，用各种表情同时呈现了当时的情境，他们身体的各种动作姿势，其最后的指向都集中于耶稣，十二门徒的身体和表情的各种动态与耶稣的宁静形成了对比。人物背景中房间的窗和顶形成的线条像聚焦一样集中于耶稣。使此画成为名画的不是画的题材，而是画的形式。反之，艺术只要具备了这种形式，不是这种题材，也同样有和这个题材一样的效果。也就是说，形式不但高于故事，也高于具体形象，康定斯基这样谈到形式的作用，他讲到文学的时候说："一个恰当的词（诗的意义上）可以根据诗的需要，两次、三次或更多次地重复使用，这不仅会加强它的内部结构，而且从该诗中发掘人们未曾想到的一些精神特质。"①他在讲到绘画的时候说："塞尚……以近乎数学的抽象来谐调安排颜色的形式。一个人、一棵树、一只苹果不是被塞尚'再现'出来，而是被他用来构造一个称为'图画'的东西。"②从这一角度来看，"一个三角形的尖角与一个圆圈接触产生的效果，不亚于米开朗琪罗画上的上帝的手指接触亚当的手指"③。艺术首先是形式，其次才是其他东西，这也是象征派诗人的普遍看法。叶芝（W. B. Yeats，1865—1939）说过，一种情感在找到它的表现形式——颜色、声音、形状，或某种兼而有之之物——之前，是并不存在的。福西永著作的书名显示了形式本身就是有生命的。书的每一章的标题，都突出了形式的核心地位：第一章，形式的世界；第二章，空间王国中的形式；第三章，物质王国中的形式；第四章，心灵王国中的形式；第五章，时间王国中的形式……这些高扬形式的理论，又可汇聚到前段所讲的贝尔关于艺术共同性质的经典定义：有意味的形式。只是这里再强调一下：这一定义，不仅是从包括西方古典、西方现代、非西方在内的广大艺术世界上来提问，而且是从艺术理论的理论性上来提问，并从中得出来的。

---

① ［俄］瓦·康定斯基：《论艺术的精神》，26 页，北京，中国社会科学出版社，1987。

② 同上书，29 页。

③ ［德］瓦尔特·赫斯：《欧洲现代画派画论》，186 页，桂林，广西师范大学出版社，2001。引文有改动，后同。

在贝尔的定义中，艺术不仅是形式，而是有意味的形式。意味究竟是什么？贝尔自己始终也没有说清楚。从历史的发展来看，意味是绝对理念的替身，绝对理念在现代已经被证明不存在了，然而人们觉得应该有个东西在起决定作用。但这个东西是什么，谁也讲不清楚，正如海德格尔的存在，不能用逻辑推出来，但又确实存在。从中西美学的比较看，贝尔的意味就是中国美学上讲的可意得而不可言宣的景外之景、象外之象、韵外之致。但对于西方的理论来说，重要的是要讲清楚。因此，贝尔的意味就会受到爱好理论明晰者的质疑。意味是讲不清楚的，但形式是讲得清楚的，因此，塞尚、康定斯基、蒙德里安（P. C. Mondrian，1872—1944）都认为自己所画的形式就是世界的内在形式。用海德格尔的存在与存在者的关系可以帮助理解意味，当存在者具体存在的时候，存在就被带出来了。当形式确立的时候，意味就带出来了。果真如此，这又意味着，形式本身就包含了意味，进而言之，从形式可以体会出意味，形式是可以讲得清楚的，因此，从易于把握来说，我们不妨表述为，形式即意味。

意味，从更广的角度上看，是要从西方古典、西方现代、非西方的千差万别的艺术中总结一个共同的东西，在 20 世纪初，西方艺术能意识到非西方艺术的丰富和深邃确实还有很多困难。只有当不从全球互动，只从西方历史来看这形式美学在西方美学史上的演进之时，形式美学的内容才可清楚地表达出来：形式即本体。

二　形式美学的形式即本体

形式美学是在美的本质被否定之后，为艺术寻找新的本质。从西方美学自身的术语来讲，这叫作艺术本体论。

本体论（ontology）是一种西方话语，来自亚里士多德的理论。人们在面对事物时，要认识事物，陈述事物，用"是"（to be）的句型来进行，由于事物具有多种多样的属性，因此，人在面对某一属性时运用的"是"句型是不同的。亚里士多德的十范畴就是用十个不同的"是"句型对事物进行十种属性的陈述的。"范畴"（Kategoria，category）一词在希腊文中兼有指谓、表述和分类之义。

十范畴依次列举如下。一是 Ousia（substance，本体、实体），是一物之本或之体，如人、马、苏格拉底。本体是不变的，人始终是人，马始终为马，苏格拉底在一生中无论身体、心理、性格、地位怎么变，都是苏格拉底这个人。二是数量（Quantity），如四厘米、五厘米，这是可变的，苏格拉底小时候只不到 1 米高，长大了有 170 厘米。三是性质（Quality），如白的、懂语法的，这是相对固定的，但也有变化，苏格拉底是白人，但在海滩上日光晒多了，会变成红皮肤。语法是经过学习获得的，一经获得就基本稳定，但也会失去，如患失忆病。四是关系（Relation），如二倍、一半、大于。这一属性因比较物的存在而获得，苏格拉底对其父而成为子，对其子而成为父。这是变化的，也因相对物的消失而失去，苏格拉底父母去世后，就再无人叫他儿子。五是位置（Place），如在家里，在市场。这也是随苏格拉底的走动而变的。六是时间（Date），如昨天、去年，更是一直都在变化着。七是状况（Posture），如躺着、坐着，也是一直都变化着。八是属有（Possession），如穿鞋的、武装的。这也是变化着的，苏格拉底可以穿鞋，也可以赤脚。九是动作（Action），指的是人在主动进行的活动，如那医生在手术，在给别人做针灸。这是变化着的，动作完了，就不存在了。十是承受（Passivity），指人成为别人进行活动的对象，如病人被手术，被针灸，同样是活动完了这种属性就不存在了。

面对一个对象，仔细分来，我们可以说这十种分别是对象可能有的十种存在形态。在这十种中，从二到十的九种，都是变化的，只有第一种是在这一事物消失之前永远不变的，这就是事物的存在（是），是事物根本性的存在（是），就其实在而言，可称为实体，就其根本性而言，它可称为本体。Ousia（是）是 eimi（是）的阴性分词，其中性分词是（on），在其他西方语言中，词性的区分没有这么复杂，如在英语里希腊语的阴性分词和中性分词都为 being。因此，在希腊语变成拉丁语时，关于 on 之学就变成 ontology（本体论），这就是关于一个事物的根本性质之论。Ousia 与 on 同源，因此，十范畴中的 ousia 就是本体论。这是西方传统。

把这一点运用到艺术上，艺术有很多属性，如由作者产生，是对社会的反映，乃感情的体现，由材料构成等。但哪一种是艺术的本质属性（ousia）呢？或者换句话说，哪一个"是"说到了艺术的本体呢？这个问题，就是 19 世纪末 20 世纪初以来艺术领域需要思考和回答的问题：决定艺术之为艺术的本体是什么？这也是一个艺术本体论的问题。形式美学之为形式美学，就在于，它们的回答都是一致的，形式是艺术本体。其实，形式即本体是亚里士多德早就从哲学上讲过的。十范畴穷尽了"是"的可能的方面，但对于一个事物，归结到最后，亚里士多德认为，只有四个方面。一是质料，任何一个物要成为物，必须有使之成为物的材料（房屋需要石头和泥土，文章需要词汇，人需要肌肉、血液、细胞等，绘画需要画笔、画布、颜料等）；二是形式，任何一个物要成为物，一定要有其形式（有房屋的形式，各种质料才能按其形式组合在一起，成为房屋；有人的形式，各种机体才成形为一个人；绘画有一定的形式，画笔才能用颜料在画布上形成一幅画）；三是动力，任何一个物的出现，都有使之出现的一个动力（人要居住，建成了房子；人需后代，生产出了子孙；人要赏画，画被创造）；四是目的，一个事物之所以产生出来，有一个目的。动力一般是直接的，如家庭需要后代。目的则更深层，家庭为何需要后代，是与人类在世界的进化规律关联在一起的。房屋被建造，不仅因为这一个人或一家人需要居住，而且因为人类的生存需要居住。在这四因之中，如果按其重要性排一个座次，此中的形式是最重要的，有了形式，其他三因才可以进行和完成。因此，亚里士多德说，形式即本体。19 世纪末 20 世纪初，当美的本质变得可疑之时，艺术是什么这一问题也被提了出来。在贝尔的《艺术》出版之后，这一问题变得明确起来，艺术的本体就是形式。各个艺术门类的美学因为在这一问题上取得了共识，因此可以被统称为形式美学。

绘画上，形式即本体容易建立，但不容易讲透。由于文学以语言为媒介，语言又与思想有天然的联系，文学要独崇形式很难。因此，文学形式主义的斗争很艰苦，历时很长，但它一旦胜利，就战果辉煌。因而，文学形式主义对美学的贡献更丰厚。文学形式主义由俄国形式主义和英美新批评构成。前者包括以什克洛夫斯基（Иосиф Самилович Шкловский，1893—1984）为代表的彼得堡诗歌语言研究会和以雅各布森（Roman Jakobson，1896—1982）为代表的莫斯科语言小组。两者分别成立于 1916 年和 1915 年，20 世纪 30 年代由于政治原因解体消亡（什克洛夫斯基放弃了自己的主张。雅各布森出走布拉格，变成捷克结构主义者，再移居巴黎，汇入法国结构主义）。新批评历时长久，先有以瑞恰兹（Ivor Richards，1893—1980）和艾略特为代表的在英国的发端期（约 1915—1930），继有以兰色姆（Jhon Ransom，1888—1974）、布鲁克斯、退特（Alle Tate，1888—1979）等为代表的在美国学院中的形成期（约 1930—1945），后有韦勒克（Rene Wellek，1903—1995）等人加入进来的极盛期（约 1945—1957）。文学形式派与美术形式派一样，其理论可以归结为两个方面，一是对古典艺术本体论的批判，二是对现代艺术本体论的创立。下文就从这两个方面来组织文学形式派的各种理论。

三　古典艺术本体论批判

古典艺术美学对艺术讲了各种"是"，而且都认为自己说的这些"是"，就是艺术的本体论。现代形式派首先就要批判古典艺术美学的本体论，指出他们讲的"是"，都不是真正的艺术本体。

（一）理念迷误

黑格尔美学以凌驾于一切之上的逻辑理念作为艺术内容的核心。20 世纪，黑格尔理念已如肥皂泡一样破灭了，但黑格尔理念的基础，又被带入文学中，而耀武扬威的逻辑仍然统治着以语言为媒介的文学。新批评的代表人物首先就是从这里开始除旧布新的。兰色姆在《诗歌：本体论札记》(1934)、《征求本体论批评家》《纯属思考推理的文学批评》(1941)等一系列文章中指出，文学作品由两个部分组成：一是结构（structure），二是肌质（texture）。结构是作品的中心逻辑，可以转述出来，肌质是作品的具体描写，无法转述。结构犹如房屋的构架，肌质则如房屋的具体装饰。照此二分法，中心逻辑应该是第一重要的，可是兰色姆这样二分恰是要说明，只有肌质才属于文学，而结构却是非文学的。对于一部文学作品，为什么我们知道了内容简介之后还要去读呢？因为由结构而来的内容简介不是文学，我们知道了结构（内容简介）还完全没有知道文学，只有进入作为肌质的具体描写，我们才正式地进入文学，知道这部作品从文学上来讲究竟是什么。结构犹如一条横线一直向前，肌质则是一些与横线形成直角的竖线，它对逻辑直线上的各点进行文学意义上的扩充，但其方向与逻辑直线无关。如意象派女诗人希尔达·杜利特尔（H. D.）的《水池》：

> 你活着吗？
> 我碰着你。
> 你像一条海鱼一样颤动。
> 你用我的网把你盖上
> 你是什么——一个有条纹的东西？

诗中的逻辑结构就是诗人在水池下网的过程及其感受。由下网前，下网中，下网后构成向前的横线。而下网前的问号，把水池看成一个有生命的存在；下网时的感受，与一个生命体的接触；下网后的现象，水池以某种方式——条纹——呈现自身，这三点呈现为竖线而形成文学性的发展方向。由竖线所构成的具体心理感受是无法转述的，正是它们构成了文学的文学性。由此，兰色姆说，文学的本体，即使文学成为文学的东西，就在于其肌质，即作品的细节描写。兰色姆把逻辑排斥在文学性之外，但依他的肌质结构论，逻辑又确实存在于文学作品之中，成了夹在文学中的非文学性的尾巴。布鲁克斯为推进新批评，宰了这条尾巴。

(二)释义迷误

把文学作品的结构转述出来，就是释义，中心逻辑也被兰色姆称为释义核心。布鲁克斯认为这样一个核心实际上是不存在的，他专写了《释义迷误》（*Heresy of Paraphrase*，1947）论辩此事。他认为，文学并不是先有一个意义结构，然后用细节把这个结构装扮、丰富、完美起来。作者的写作，有的从一个意象开始，有的从一句话开始，有的从一个场景开始，然后让其自身发展、完善。当然也有相当多的作品是主题先行的，即先有一个意义结构。但是，布鲁克斯特别指出，当作家用细节来丰富意义之时，细节，即文学的意象和韵律，在出现的同时，会建立起自己的张力，形成自己的意义，会改变与扭曲原来的意义。因此有很多诗人认为自己是靠灵感才完成的作品，不少小说的人物违反作者的初衷而变成了另一种形象。因此，释义或内容简介根本不是文学作品的内在结构，而仅仅是一种指示和参考。对于文学作品的意义，我们要想用命题形式表述出来，除非求助于隐喻方式。像中国古典文学批评那样，谢诗如出水芙蓉，颜诗如错彩镂金，王实甫如花间美人，关汉卿如琼筵醉客。但释义一旦用隐喻表达出来，就已经不是命题了。如果我们偏要用命题的形式来表现作品的内容，如某作品写出了一个爱情悲剧，或反映了某一种社会现实。这样的命题，这类的逻辑，并不是作品真正的内在逻辑内容，而是对真正的文学性逻辑和内容的粗暴干涉。任何作品主题思想的公式性表达离作品的真正内容都很远很远。那么，文学是否就没有内在结构了呢？有的。布鲁克斯说，这种结构如绘画，如音乐，如建筑，如舞蹈，如戏剧，不是一种逻辑性结构，而是一种艺术性结构。文学由语言构成，但文学语言不同于科学语言和日常语言，文学语言在使用的同时就突破了科学语言而建立起自己的意义。也可以说，文学使语言脱臼而进入"意义"。这正如中国美学所说的，文学性就在于进入一种区别于名言的"至理"或与逻辑之理不同的"别趣"中。至此，文学与逻辑的关系就清楚了。

(三)再现迷误

文学是自然的模仿，是现实的再现，这也是古典美学的一贯命题，它意味着文学的本体在文学之外，其基础又在于古典理论的基本预设。世界是客观的、理性的、有规律的，文学和科学一样，最高的任务都是去反映世界及其规律性，不同的只是科学采用逻辑的方式，文学采用形象的方式。而现代思想认为，世界呈现为什么样的世界，与人们用什么样的方式去把握它有关。世界不是固定不变的，而是随着人的把握方式而变化的。我们以前依赖科学和理性给世界描绘的图像，并不就是世界本身，而是世界在这一种描绘方式中的呈现。这样一来，文学的特性，文学的本体究竟是什么，就得重新思考了。俄国形式主义的理论在这一方面特别突出。

文学不是别的东西，而是一种程序。什克洛夫斯基最有代表性的文章就是《作为程序的艺术》(1916)。按照艺术的程序来写作，就能够成为文学，不依赖此程序，就不是文学。从艺术程序的观点来看待文学与现实的关系，文学程序对现实来说就是一种反常化程序。在日常生活中，我们都是以日常意识来对待事物和世界的。假如我们看见一个立体结构的物体，就知道那是房子；看见一块硬物，就知道那是石头，到了"知道"这一步，我们就算已经认识了此物，就不再将它放在心上。而通过艺术的程序，事物以它自己的特性，即以文学方式的特性呈现出来，而不是以日常认识方式呈现出来，从而就显得反常，显得陌生，仿佛人们从未见过，仿佛今天是第一次看见。就以人们天天都见的太阳为例，"树树皆秋色，山山尽落晖"（王绩，《野望》），这是一种太阳；"我是母亲，我的女儿就要被处决，枪口向我走来，一只黑色的太阳，在干裂的土地向我走来——"（江河，《没有写完的诗》），这是一种太阳；"那河畔的金柳，是夕阳中的新娘，波光里的艳影，在我的心头荡漾"（徐志摩，《再别康桥》），这是又一种太阳；"傍晚的白色躯体，已经给撕得鲜血淋漓了，划破了，凿坏了，烧伤了，成了一片深红，又充满嘲讽地，挂上雾霭的花环悬留着……"（阿尔丁顿，《落日》），这又是一种太阳。艺术的反常化一方面使现实变得陌生了，另一方面因其反常而突破了日常意识对事物的歪曲，把事物鲜活的感性显示了出来，让人们重新去体验生活，去感觉事物，使太阳成为太阳，使石头成为石头。艺术不是再现生活，不是像在日常生活中那样，去认识事物，去获得概念，而是去创造一种特殊的感觉，去创造一种幻象。这里最关键的就是以反常化的程序使人们在日常生活中对事物业已麻木迟钝的感觉苏醒过来。文学的特征在于它的程序，程序的核心就是反常化。文学的内容是对现实的反常化。文学以语言来组织自己的程序，为了使自身的程序特征得以突出，文学语言就是要对普通语言进行有意识的反常化。在诗歌中，语音要形成一种与普通语言不同的韵律，句法也可以独出心裁、打破常规，语义也因其特殊语境而变幻莫测。在叙事文学中，事件本有一种历史的编年顺序，但在文学中却必须以被文学程序重新编排过的顺序叙述出来。文学总是以一种反常化的形式惊起人们已经迟钝的感觉。但这种形式一旦形成、扩展、流传、延续，人们的感觉又会因习以为常而变得迟钝，又需要有一种新的形式来对旧的形式予以反常化。一部文学史就是新形式不断代替旧形式的形式更变史。因此，从历史来看，文学不是再现，不是随时代的变化而变化，而是根据自身的形式法则而变化。

（四）意图谬见

文学是文学家创造的，作品的意义应该到作者那儿去寻找，也就是说，作者是作品的本体。这似乎是一目了然的事情，这种观念在 19 世纪引出了声势不小的传记批评潮流。针对这种作家意图本体论，新批评理论家维姆萨特（William Wimsatt，1907—1975）和比尔兹利（Monroe Beardsley，1915—1985）合写了《意图谬见》（1946）进行批判。他们认为让作者的意图来决定作品，结果把对作品的研究变为对作者的研究，把注意力从作品本身转为作品的生产过程，这是舍本逐末。如果作者成功地实现了自己的意图，这意图一定会从作品中体现出来，对作品本身的研究自然会把作者意图包含在其中。但是；这包含在作品中的意图，并不是外在于作品的作者的意图，而是作品的有机组成部分，这不应作为作者的意图来研究，而应作为作品的内容来研究。人们只有这样做，才称得上是美学意义上的文学研究，而不会蜕变为历史意义上的人物研究。如果作者未能成功地实现他的意图，我们知道了他的意图也毫无用处。因此，决定作品是否成功的标准在于作品本身，而不在于作者的声望或愿望。同样，一部作品的意义也在于作品本身，而与作者无关。作品一旦产生出来，就是一个独立的有机体，脱离了作者。关于作品的审美特性，研究时也无须作者插入。正如俄国形式主义者雅各布森所说，在本质上文学处理的不是思想，而是语言事实。

（五）感受谬见

既然逻辑、现实、作者都不能作为作品的最后根据，于是，有的人就从读者对作品的感受出发去建立最后的根据，认为作品的意义是由读者决定的。维姆萨特与比尔兹利又合写了《感受谬见》（1948）予以驳斥。正如作品与作品的生产是两回事一样，作品与作品的效果也完全不同。而且作者只有一人，读者多不胜数，一千个人有一千种感受。以读者的感受决定作品的意义，最终会陷入印象主义和相对主义，失却客观标准，从而也等于取消了文学研究的必要性。因此，读者的感受各种各样，仁者见仁，智者见智，文者见文，淫者见淫，只有建立在作品之上，与作品相符合的感受才是正确的感受。因此，不是感受决定作品，而是作品决定感受。作品的本体就在作品本身。

俄国形式主义和英美新批评把逻辑理念从文学中抛了出去，也拒斥了社会、政治、历史、经验等外在因素对文学的干涉，还反对由作者和读者决定作品。他们要寻找的是决定文学之为文学的最后的东西，也就是文学的本体。其研究结论是：文学的本体就在文学自身，而文学自身最确定的就是文学的语言形式。什克洛夫斯基开创俄国形式主义的第一部重要的著作，其名称是颇有象征意味的《语词的复活》(1914)。俄国形式主义和英美新批评的艺术本体论，一言以蔽之：形式即本体。

四　艺术本体论走向

俄国形式主义和英美新批评都把艺术本体论建立在形式之上，都强调语言分析，但二者的旨趣又很不相同，这从什克洛夫斯基的"程序"和兰色姆的"肌质"这两个概念的差别就显出来了。俄国形式主义在思想上受过索绪尔(F. de Saussure, 1857—1913)的影响（关于索绪尔这位结构主义语言学大师的理论，本书将在结构主义一章中详论），在美学实践上多以叙事作品作为分析对象，趋向结构功能的分析。这一点从虽不属于该派但与该派共有一种精神气质的普洛普(V. Propp, 1895—1970)的《故事形态学》(1928)一书中就鲜明表现出来了，雅各布森这个传奇人物身上也表现了这一点。这位俄国形式主义的头面人物后来来到捷克，创立了捷克结构主义，之后移居美国，其后期著作还对法国结构主义有相当的影响。新批评的思想主要是学院的，他们的主要研究对象是诗歌，主要实践是对作品的细读与体会。俄国形式主义的精神更丰富地体现在法国结构主义之中，参见结构主义与符号学的相关内容。本章主要讲新批评的理论。当文学最确定的东西只是语言的时候，关键的问题就成了，语言是如何在文学中成为文学语言的，文学语言又是如何成为审美对象的。从美学的高度来说就是：形式是如何生成为审美对象的。

（一）语境：从一般语言到文学语言

一般语言是如何成为文学语言的呢？瑞恰兹用语境理论来予以说明。一个词的意义有好多种，但它具体呈现为什么意义，是由它被使用的具体环境来决定的，这种语用环境就叫语境（context）。语境有两种职能。一是警察行动职能，词本来有多种意义，这是任何人一翻字典就会知道的。但当它进入运用时，语境就像一个执行公务的警察，只允许一个词义进来，而禁止其他词义入内。因此，用此词者和听此词者在这一语境中都清楚，这词是这个意思，而不是其他意思。二是人体行动职能。人在用手工作或做事的时候，看上去只是手在动，而其实全身的内脏、骨骼、肌肉都在活动，它们支持着配合着手的运动。词只要进入一个语境，就与语境中的其他词形成一个有机整体。它影响着其他词，其他词也作用于它，在一个特定的语境中，词与词的相互作用就会使词产生新的意义，甚至于改变原来的意义。因此，当语言运用于文学中，文学语境把一般语言带进了一个新方向，甚至使词汇偏离、违反字典的和日常的原意，而发生一种创新的变化，一句话，文学语境使一般语言变成文学语言。

（二）含混：文学语言的特性

如果说，科学语言和理论语言的特点是明晰性，那么，文学语言的特点则是含混（ambiguity）性。英国新批评学者燕卜荪（William Empson，1906—1984）写了《含混七型》（1930），详论了含混的各种特点。总结起来，大致有四类。一是比喻含混。莎士比亚的十四行诗第 73 首中有"荒废的唱诗坛，再不闻百鸟歌唱"。这里以鸟儿鸣唱的树林比喻教堂中的唱诗坛，包含了多种相似：（1）教堂中有歌声，树林中也有歌声；（2）教堂的唱诗班与林中的鸟都是排着队歌唱；（3）教堂的唱诗坛是木制的，犹如树林；（4）唱诗坛被教堂建筑的墙遮蔽着，亦如树林，教堂中彩色玻璃的窗户和壁画也像树林中的花与叶；（5）现在教堂荒废了，灰墙也像冬天的树林，可以漏进天上的光线。相似之处越多，比喻就越含混，比喻越含混，诗意就越丰富越有味。正是比喻的含混显现出了文学意味的鲜明。二是位置关系含混。

马致远的《天净沙·秋思》：

> 枯藤，老树，昏鸦。
> 小桥，流水，人家。
> 古道，西风，瘦马。
> 夕阳西下，
> 断肠人在天涯。

曲中"枯藤、老树、昏鸦"究竟是怎样一种位置关系，是不清楚的。第二句、第三句与第一句一样是含混的。第一句到第四句作为一个整体的画面，或一组连续的电影镜头，其位置关系也是不清楚的。第五句与前四句的关系，是游子在想象家中的佳人，还是家中佳人在想象途中的游子，也是含混的，但正因为位置关系的含混而造就了文学意境的鲜明。三是意义含混。韩愈诗：

> 一封朝奏九重天，夕贬潮阳路八千。
> 欲为圣明除弊事，肯将衰朽惜残年！
> 云横秦岭家何在，雪拥蓝关马不前。
> 知汝远来应有意，好收吾骨瘴江边。

这是韩愈因谏唐宪宗迎佛骨而被贬外放，匆匆出京，心绪苍茫时的诗作。诗中写至第三句"欲为圣明除弊事"之时，他对君王的不察和自己的无辜，感到既伤心又愤怒，也带出牢骚的雏形，而且对照"朝奏"与"夕贬"，这种不满已有上升的趋势。谁知第四句"肯将衰朽惜残年"，豁出去了的情绪提高了，而牢骚却全然消失了，只显现出一片忠心。然而上句的余波犹在，整个文意显得很含混。正因为文意含混，反而更好地表达了他内心的矛盾和丰富。四是逻辑含混。这类含混在中国古诗中最为明显。如王维诗"泉声咽危石，日色冷青松"。上一句中，究竟是泉声咽噎着流过危石，还是危石的形态使泉声发出咽噎呢？这是含混的。下一句里，是冬日的太阳无力使青松显得冷，还是青松众多充满凉意，使照进松叶中的阳光显得冷了呢？也是含混的。然而，审美的直觉形象本是无须做逻辑分析的，"泉声咽危石"本是一幅天然图画，知不知道谁为使咽、谁为被咽无关紧要，其实从美学的角度来说，知道了反而失去了艺术之味。正是诗中的逻辑关系含混，才使诗中的审美之象得到了生动的显现。总而言之，含混是文学语言的特性。含混使文学语言生成为审美对象。

（三）反讽：语言的审美生成

含混重在从文学语言本身来谈审美特性，反讽则强调文学中文学语言如何否定自己的一般语言特性而成为审美对象。中文把 irony 译为反讽很得原文之神韵。反讽，顾名思义，反向自身的讽刺。任何词句一旦进入文学作品，就受到文学语境的压力，使之不断地产生自我矛盾，反讽自身。科学语言和理论语言主要是陈述语，而在诗中，任何陈述语都得承担语境的压力，并在语境的压力下否定自身，改变性质，甚至一些科学定义也是如此。例如，霍斯曼（A. E. Housman，1859—1936）的诗：

> 一想到二加二等于四，
> 既非三，亦非五，
> 人心曾经长受苦，
> 还要长受苦。

对数学的自明性和真理的信任在这里消失了，人们被带进了一种很高的哲学界境，犹如维特根斯坦的名言：神秘的不是世界是怎样的，而是它竟是这样的。定理格言如此，一般的词汇也不例外，"寻常之词'不'重复五遍，成了《李尔王》中情感最强烈的句子之一"[①]。语境给词汇以压力，受到压力的词汇又给予语境以冲击。它表现为作品各部分之间的相互影响。反讽又是互讽。反讽是词汇自身从普通语言变为文学语言，互讽是对已成文学语言的诸成分进入审美而生成。对此，布鲁

---

① Hazard Adams ed.，*Critical theory since Plato*，Harcourt Brace Jovanovich Inc，1977，p. 1042.

克斯在《反讽———一种结构原则》(1949)一文中以现代诗人贾雷尔(R. Jarrell，1914—1965)的诗作《第八航空队》为例进行了精彩的说明，惜乎太长，这里权以杜甫《春望》代为解说。

> 国破山河在，城春草木深。
>
> 感时花溅泪，恨别鸟惊心。
>
> 烽火连三月，家书抵万金。
>
> 白头搔更短，浑欲不胜簪。

"国破"给人以破碎感，立即以"山河在"的完整感来抵抗这"破碎"，二者形成互讽。紧接"城春草木深"，由完整进到完美，抵抗增强。"感时"包含两层意思，一为春，自然之时，一为国，社会之时，春与国构成对立，使得花这本来使人喜爱之物成为自己的反面，使人落泪，同时也使欢春的鸟成双成对这本来使人欢愉之景走向反面，使人恨别惊心。这时完美破灭，完美的作用也消失："烽火连三月，家书抵万金。"国破之景无遮拦地呈示出来。由三到万，数字的激增，既是危机的激增，也是心情的急切。"破碎"经由完整的阻挠，在冲破完整之后显得更加激烈。"白头搔更短"，似乎是对忧心的应和，但"浑欲不胜簪"，却换了个话题，表现出对忧心的搁放。但从前面来看，内心是放不下的，这就使得最后一句话的意味特别深长。这首诗就由各种对立因素的互讽结合成了审美对象的有机整体。

(四)张力：文学的审美特性

语言在文学的语境中转为文学语言，又成为审美对象，其特点是什么呢？新批评家说法甚多，其中退特的张力论较有意思。我们不妨像退特那样从逻辑讲起。外延(extension)是向外扩展的，指向个别事物，内涵(intension)是内聚的，指向共性、相似性和本质。由文学语言生成而来的审美对象既不是纯外延的，指向无共性的个体，成为与它物毫无相似共通之处的唯一者；也不是纯内涵的，走向无个性的共性，变成某种概念性的东西；而是在外延与内涵之间，确切地说，在于二者之间的张力(tension)。外延(extension)与内涵(intension)去掉前缀，就是张力（tension）。外延与内涵是文学上的两极，文学可以从任何一端开始，但必须走向另一端，并添满两者之间的所有点，才能使文学成为文学。因此，张力是文学的审美特性。张力浸透于文学作品的词、句、意象、情感、思想之中，含混、反讽也可以用张力来予以解释。为了简便，这里以柳宗元的《江雪》为例：

> 千山鸟飞绝，
> 万径人踪灭。
> 孤舟蓑笠翁，
> 独钓寒江雪。

千山鸟飞，万径人踪，无比的热闹，一"绝"一"灭"，就都消失了，只剩下现在的茫茫一片，这无与有、闹与静形成一种张力。热闹意味着世俗，既有使人向往的一面，又有使人厌烦的一面。茫茫一片意味着隐居，既有高洁的一面，又有孤独的一面。一片茫茫的广大无限与孤舟独钓的小小一点形成张力，这就是"千""万"与"孤""独"的张力。在茫茫一片雪境之中，白雪的高洁晶莹与白雪的寒冷凄清形成张力。寒江独钓，既是一种最高的境界，也是一种最大的孤独。这二者之间形成一种张力。正是这些张力使诗的意境韵味无穷。

历时 40 余年的新批评通过对形式如何生成审美对象的这一问题的探索，较好地说清了"形式即本体"这一命题。英国形式主义和俄国形式主义初看起来，似乎与新批评一致，在实际效果上，也大大提高了形式的地位，不过它们的艺术本体论在深层意义上是与新批评有所不同的。但这只是在后来，在现代思想的整体结构清晰之后，才逐渐显示出来。

第二章　西方现代美学的三大基面与四大范畴(下)

第一节　表现——表现主义美学

分析美学、审美心理流派、形式美学流派正好逻辑地和历史地对应着古典美学的三面(美的本质、审美心理、艺术)在20世纪的动荡形势中演变。这三面虽然都有剧烈的思想转折,但仍鲜明地体现了西方美学理论上的深入程度。围绕着究竟应当怎样从整体上去认识,审美心理究竟是怎样的,什么是艺术的本体等问题,西方的求真精神得出了自己的结论:语言分析、美感模式、艺术本体,在理论的前进中体现了西方美学的理性信念和乐观精神。然而,美的本质被否定本身就是一场思想转变的结果,从而西方美学的新变,还涌现出三个重要概念:由表现主义提出来的表现、精神分析呈现出的隐喻、存在主义凸现出的荒诞。这三个概念,以及围绕着这三个概念,由三个美学流派提出的一系列思想掀起了一阵非理性狂涛和现代的悲剧感浪潮。从宏观上看,分析美学、审美上的心理美学、艺术上的形式美学与表现美学、精神分析美学、存在主义美学,分别构成了现代西方审美心灵的两面,并互推互渗,共同构成了西方现代美学的范畴结构。从第三章起,本书将分三章依次介绍这三个流派。

　　表现主义美学的主要代表人物是克罗齐和科林伍德。前者的主要著作是《美学原理》（1902），后者的主要著作是《艺术原理》（1938）。人物和著作的年代，已表明表现主义贯穿于审美心理和艺术形式的先后两个时代。由于时代主潮的影响，二人在一些次要问题和表述方式上也有所差异。克罗齐也承认美学是艺术的科学，[①]但他从直觉，即从主体心理开始立论，《美学原理》的第一章"直觉与表现"开宗明义，首先要把直觉与概念区别开来。而《艺术原理》的第一句话则为"什么是艺术？这是本书试图回答的问题"[②]。然而，不管是从心理开始，还是从艺术切入，二者都阐明了一个在现代美学和文艺中极为重要的概念——表现。

一　克罗齐的表现理论结构

　　由于克罗齐（Benedetto Croce，1866—1952）生活时间在先，他最能体会正在死去的传统的压力。因此他的理论以坚决与传统决裂的气势显现出了崭新的结构。如图 2-1 所示：

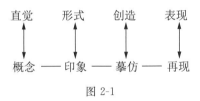

图 2-1

　　审美是一种直觉。人类的知识有两种形式：直觉和逻辑。两者是二级关系，直觉是基础，逻辑是上层建筑。对直觉的抽象思考形成概念，进入逻辑上层。逻辑知识需要以直觉为基础，但直觉却并不需要依赖逻辑。二者是上下级关系，绝不是主仆关系。直觉不依靠概念，不由概念而来，它针对的是黑格尔的"美是理念的感性显现"，同时也暗含了时代的审美之心要摆脱旧的概念世界的直觉冲动。

---

①　参见［意］克罗齐：《美学原理　美学纲要》，21 页，北京，外国文学出版社，1983。

②　［英］罗宾·乔治·科林伍德：《艺术原理》，1 页，北京，中国社会科学出版社，1985。

　　直觉在克罗齐那里并不像这个词的一般意义所表现的那样，是对事物和世界的直觉感知。对事物和世界的直觉感知被克罗齐称为感受或印象。克罗齐用亚里士多德的形式与质料关系的概念来说明直觉与感受的区别："在直觉界线以下是感受，或无形式的质料。这质料就其为单纯的物质而言，心灵永远不能认识。心灵要认识它，只有赋予它以形式，把它纳入形式才行。"①直觉是一种心灵的活动，是形式。审美直觉是心灵的主动活动，是一种形式把握，而不是心里的感受和印象。理解这一点对理解直觉何以成为表现主义的概念非常重要。与感受和印象相连的是自然主义和印象派，与直觉这种主动的形式把握相连的则是现代派。直觉即形式这一点，特别与康定斯基抽象表现主义绘画的精神相通。直觉是不同于感受和印象的形式，这暗示了现代美学破旧立新的变动。

　　直觉即创造，这种创造是心灵中的直觉创造，与概念无关，不为逻辑、规律、程序、技巧所左右，又不同于感受和印象，与外物没有对等关系，它完全与古典美学的模仿对立。模仿说自古希腊始就有强大的影响，克罗齐首先指出模仿这个概念的不恰当，随后又特别反对认为艺术是自然的机械翻版，是原物的复本的模仿理论。科林伍德对模仿和再现做了区分，"说一件艺术品是模仿，是根据它对另一件艺术品的关系，后者给前者提供了艺术精妙的典范；说一件艺术品是再现，是根据它对'自然'中某种事物的关系，也就是对某种非艺术品的关系"②。从概念的精确性来说，创造主要相对的是这种模仿，但在现代美学与传统美学交锋的背景中，不依靠概念，摆脱感受的直觉创造相对的是自古希腊以来的模仿说。不过"创造"概念是古希腊以来就为人们所谈论的，它包含在古代的模仿理论中，也强烈地显示在近代的想象理论里。因此，虽然就直觉理论自身的体系性来看，创造是直觉的一个必须专门强调的方面，但在对传统美学的冲击中，它不是一名得力的干将。不过，在直觉理论里，创造一词明显地有了新意，即创造来源于直觉，是心灵的创造。因此，要把握表现主义的创造概念，须记住：创造即直觉，即形式，更主要的是，创造即表现。

　　直觉与概念无关，从而直觉的表现不是理念的感性显现；直觉超越于印象和

---

　　①　[意]克罗齐：《美学原理　美学纲要》，11—12页，北京，外国文学出版社，1983。"matter"按亚里士多德的原意，应译为"质料"。

　　②　[英]罗宾·乔治·科林伍德：《艺术原理》，43页，北京，中国社会科学出版社，1985。

感受，从而直觉的表现不是对现实的模仿，而是心灵自主的活动，是心灵的创造性表现。直觉理论结构中的表现概念最集中地体现了美学的现代意识，它从理论上打击了传统美学的再现理论。从宏观上看，再现是一个很能体现整个古典哲学思想的古典美学概念，它一直恪守艺术反映现实这一最高原则。在古希腊，世界是静止的，再现表现为模仿论；在近代，世界以哥白尼的无限形式展现开来，再现表现为想象论，通过想象去追求客观的绝对，或者通过典型化的方法，像现实主义那样，去表现现实的本质和规律；当世界的最后规律随牛顿、黑格尔、上帝一道消逝之后，再现又表现为印象派，即要精确地表现出外在物象的精确印象；总之，要以一种外在的东西作为自己的最后依据，自己只是去再现它。表现主义从历史的关联上是反对印象主义的，表现主义画家刻意强调表现主义（expressionism）与印象主义（impressionism）的对立。但从理论上，表现主义要反对的是包括印象主义在内的整个传统美学的再现基础，把最后的根据从外在之物转到内在之心，从肯定心灵的自由性来建立审美领域的自治性、自主性和自律性。[①]

克罗齐的理论结构是以直觉、形式、创造来界定表现的，但其进行的程序给人以直觉第一的错觉，在某种程度上，直觉压过了表现。直觉会导出审美心理学，而且他的理论也确与审美心理诸流派获得了共鸣甚至共舞。但这样一来，"表现"的力量无形中被减弱了，而直觉的含义也受到了歪曲。然而，克罗齐的理论之所以有此外形，在于它与古典美学的对立。到了科林伍德时期，理念的压力早已消失，于是他就开始对表现理论进行重新建构了。

二 科林伍德的表现理论结构

在科林伍德（Robin George Collingwood，1889—1943）的表现理论结构中，术语几乎完全变了。如图 2-2：

---

① 这三个词皆是 automony 一词的不同译法，但只有三词合在一起方能表现出这一词在表现主义中的确切含义。

意识活动

客观世界 ——→ 感觉（印象、情感、心理水平）——→ 想象（表现）（观念）

图 2-2

在克罗齐那里，直觉即表现，但在科林伍德这里，想象即表现。表现既非概念，又非感觉，而是创造，用想象来界定比用直觉更好。直觉容易混同于感觉，想象则突出了与感觉的对立。上图也正是以二者的对立为指导的，强调了从感觉到想象的变化过程，表现不同于感觉，其中就有一个变化或者说变形的过程。正是这个过程的突出使表现理论得到了深化。科林伍德以意识活动作为变化过程的中介。感觉是被变形者，意识是使变形者，想象是变形的结果。科林伍德的意识不是我们平常所说的意识，在他这里，意识不与客观世界相对，不涉及事物及事物之间的关系，也不根据种种概念进行概括性思考，它只面对感觉，只有这种感觉，至于这种感觉是否与外在事物相符则与它无关。因此，意识无对错之分，也不能以客观事物来判定其对错。意识的任务就是把感觉经验变形成为想象，使感觉印象转变成为表现。在这个转变的过程中，意识把感觉经验分为受注意的和不被注意的两种。不被注意的，就被放逐出去，得到注意的就容纳进来，转变为主体的所有物，即成为想象观念。意识的变形过程似乎是直觉般的挑选。在变形中，有些感觉或情感或经验在成为注意之物被意识容纳进来之后，才发现是一种吓人的东西，犹如带了一只野生动物回来。这时意识面临两种可能。一是发现自己不能支配这吓人的观念，于是就退缩、躲开，其结果是意识的腐化。意识的腐化是一种自欺，一种罪恶，其结果是灾难性的，它使心灵产生病态。按照这一思想，中国古代的忠臣面对君王的罪恶，不敢认为这是罪恶，而认定是奸臣的罪恶，用奸臣的罪恶来置换君王的罪恶，君王只是受了蒙蔽。用西方的理论来看，这就属于意识的退缩、腐化、病态。另一种可能是意识发现吓人的观念之后，承认它，正视它，努力支配它。意识的责任是要保持从感觉到想象的真诚，无论遇到什么情况，都要真诚正视和面对，犹如古希腊俄狄浦斯面对命运时的真诚。

表现即想象。与表现相联系的想象不是近代浪漫主义在哥白尼无限展开的宇宙中去追求绝对的想象，想象的本质不在于外在世界，而在于心灵主体。因为主体坚持不为外部世界所累，因此，主体不看重与外部世界相接的感觉经验，而是强调如何摆脱受外部世界影响的感觉经验，从而使心灵成为纯粹的心灵。因此，表现主义的想象是一种追求内部心灵真诚的创造性直觉。以此为原则，艺术家创作要得到真正的美，需要用这类表现性想象，如塞尚作画，就不是用眼睛去画，而是像瞎子一样用心灵去画。观赏者要欣赏到真正的美，同样也是要用这类表现性想象。观画，不主要运用视觉经验，而是靠想象中的运动感，得其象中之韵。听曲，不仅是听觉与音响组合的交接，还是包括视觉、运动经验在内的总体想象，人们不仅听之以耳，更要听之以心。表现的精髓，就是这种既不同于物理事实感觉经验的沉乎其中而又超乎其外的东西，是一种心灵性的东西。

三 表现的时代意蕴

　　表现所蕴含的究竟是一种什么样的主观心灵呢？这种超乎物理事实和感觉经验之外的主观心灵，如果处在一个和谐而有规律的宇宙里，一定轻举飞升，与那永恒的宇宙精神——绝对理念相契合。然而，在这个相对的时代，世界破碎了，绝对理念消失了，上帝死了，真诚之心又不应自我欺骗。而今能确证的是心灵还是完整的，我直觉故我在。以完整的心灵面对不完整的世界，真诚的心灵会直觉到、创造着、表现出什么来就不难理解了。这一点在现代主义表现派文艺中鲜活地呈现出来。克罗齐说："只要丑恶和混浊有一天还在自然中存在，不招自来地来到艺术家头上，我们就无法制止这些东西的表现，表现已成就了，要取消已成的事实也是无用的。"[①]科林伍德要人们以一颗坦诚之心去面对吓人的东西。德国表现派画家迈德纳尔（Ludwig Meidner，1884—1966)画了两幅《末日的景象》，他说："日日夜夜，我画我的忧虑，世界的末日，骷髅——因为世界早已在我的笔下投下了咆哮不安的阴影——我运用了大量的黑色和黄褐色的颜料。到处都是废墟、破烂和灰烬——我脑海中不断出现魔鬼的景象，我看到成千的骷髅在乱舞，坟墓以及烧毁了的城

---

① ［意］克罗齐：《美学原理 美学纲要》，61页，北京，外国文学出版社，1983。

市。"①另一位表现派画家蒙克（Edvard Munch，1863—1944）创作的最能代表现代人内心极度孤独痛苦的名画《喊叫》也是表现的产物。作者说："我和两个朋友一起散步。太阳下去了，突然间，天空变得血一样红，一阵忧伤涌上心头，我呆呆地停在栏杆旁。深蓝色的海湾和城市上方是血与火的空际，朋友继续前行，我独自站在那里，由于恐怖而战栗，我觉得大自然中仿佛传来一声震撼宇宙的呐喊。"②表现主义小说家卡夫卡（Franz Kafka，1883—1924）所描写的人物，无一不带着被某种力量鞭打过的痕迹，都有着被虐待而造成的孤独感、陌生感、苦闷感、恐惧感、负罪感之类的心态。这些人物的心理，又无不是作家自身的体验。卡夫卡本人就生活在差一点被逼疯，简直要冻僵的世界里，他的写作是完全按照直觉与表现进行的。他公开宣称，他尽可能抛开理性而生活，他的写作就是把头脑里模糊不清的东西，不稳定、未定型的东西，把由于机缘凑巧而形成的古怪画面直接搬到纸上。表现主义作曲家勋伯格（Arnold Schoenberg，1874—1951）说："如果一位作曲家不是出自内心地写曲，他简直不能够创作好的音乐。"③他当然是发自内心地写出好音乐来的。从他的著名作品，即为比利时诗人吉罗（Albert Giraud，1860—1929）的 21 首短诗谱的曲子《月亮附体的丑角》，我们可以看出其直觉表现是什么。该曲由一个朗诵者和一个器乐家组成的小乐队来演出。朗诵不是用自然的声音，而是以极丰富的音高变化和严格控制节奏的高度风格化了的声调进行，效果凄厉而撼动人心。器乐部分也甚为古怪，没有一般意义上的旋律，没有主题，但乐句的每一个核心都以精通而熟练的对位手法加以发展；所有和声都是刺耳的，各个音调被强迫结成怨恨的"婚姻"。音乐与诗意完全互得神韵。让我们举其中一首诗为例来看其所表现的是什么：

第七首《苍白和月亮》

夜间惨白的月亮

悬在黑暗的长空

---

① 赵乐甡、车成安、王林主编：《西方现代派文学与艺术》，538 页，长春，时代文艺出版社，1986。

② 同上书，539 页。

③ ［美］彼得·斯·汉森：《二十世纪音乐概论》上，62 页，北京，人民音乐出版社，1981。

你那十足疯狂的颜面

像一首陌生乐曲使我心醉

无处诉说的哀怨

和心底的渴望，夺去你的生命

你，夜间惨白的月亮

悬在黑暗的长空

陶醉了的情人，奔向他的所爱

欣赏着你那闪烁的光束

你那无力的，痛苦的生命

你，夜间惨白的月亮①

（一）表现：变形与正形

表现，摆脱了概念，抛弃了现实，既自由，又忠于自己，它确实反映了一种带普遍性的现代之心。正因没有概念和现实的束缚，它给予这心、这情、这形象以相应的地位，而且也给这心、这情、这形象以相应的传达。从现实来看它是变形，从表现本身来看它是正形。在现代世界中，非变形无以表现正形，心灵中的正形本就是变形的。康定斯基走上抽象表现主义的思想历程正隐喻了西方心灵在现代氛围中的转变过程。康定斯基本来一直是相信写实主义的："但是，我突然头一次看到了一幅绘画，展览会的目录告诉我，画的是'干草堆'。然而我无法认出那是干草堆。这种不可辨认的情况，使我非常苦恼。我认为画家没有权利这样模模糊糊地画。我感到这幅画所描绘的客观物象是不存在的。但是，我怀着惊讶和混乱的心情注意到，这幅画不但紧紧地抓住了你，而且给你一种抹不掉的记忆。最令人感到意外的是，甚至画上的每一个细节都在你眼前浮动。所有这一切，都

---

① ［美］彼得·斯·汉森：《二十世纪音乐概论》上，76—77页，北京，人民音乐出版社，1981。

使我困惑不解，我也无法从这种经历中得出一个简单的结论。但是最使我清醒的是调色板的那种意想不到的力量。不知不觉地，我开始怀疑客观对象是否应该成为绘画所必不可少的因素。"①由此康定斯基逐渐走上了现代绘画之路。作为一个现代画家，即使在对景写生时，他的感受也是变形的。面对莫斯科的夕照景色，他感到"太阳将整个莫斯科熔为一团，宛如一支疯狂的号角，震撼心灵——整个灵魂；不，这一片红色，并非最绚烂的景色！那仅是交响乐最极致的一个音符，它赋予每种色彩以旺盛的生命力，让整个莫斯科像巨型的管弦乐队一样鸣奏着最强音（FFF），而且强有力地与心灵相结合着，粉红、淡紫、黄色、白色、蓝色、淡黄绿色的草坪、殷红的房屋、教堂——都自成一曲——芳草的呼唤，树林隐隐的婆娑声，以及雪花以千种声调在唱歌，或者落了叶的枝扭奏着小快板，这红色的围墙。傲慢而默默地环抱着克里姆林宫，在那上面，耸立着伊凡·维利基钟楼的妩媚而虔诚的线条，宛如一曲洁白而挺秀的、全无俗念的圣歌《哈利路亚》。它的高顶，伸长脖子，拼命不停地向上刺破天空。这金色的屋顶，在莫斯科所有圆屋顶的金色和五彩缤纷的星星之中闪闪发光"②。卡夫卡的小说世界更明显的是一个变了形的世界：要表现人的孤独，人变成一只甲虫，或一个木桩；要表现人的无出路，他写出一个荆棘丛生使人迷路的公园。然而卡夫卡一整套的变形手法又最为真实地表现了自己的主观世界。勋伯格也一样，为了真实地表现心曲，他放弃了传统调性，进行自由的无调性创作，后来又创立了规范化的音乐技法——12 音体系。12 音体系那种尖锐刺激不安的单调正是与表现现代心灵相契合的音响。

（二）表现：主观与客观

表现主义以赤诚和勇气去表现心灵的正形，哪怕这种正形只能通过变形才能表现出来，只要勇敢地表达出了心灵的真，它就一定具有一种普遍性。表现主义的一个明显的倾向是要通过最主观的表现，达到一种最客观的真理。康定斯基要在形和色中去发现世界的内在结构，蒙克的《喊叫》是震动宇宙的喊叫，勋伯格的 12 音体系

---

① 赵乐甡、车成安、王林主编：《西方现代派文学与艺术》，542—543 页，长春，时代文艺出版社，1986。

② 同上书，541 页。

是为现代音乐立法，表现主义文学更强调全人类的普遍性。在他们的作品中，人是一般，是类。卡夫卡作品的主人公最常见的名字是 K，无论人、背景、情节、故事有多么不同，主人公 K 是共同的，K 的处境和命运，就是人类的处境和命运。哈森克列弗（Walter Hasenclever，1890—1940）的剧本《人类》更以直白的形式，显现出了表现主义的主观即客观的旨趣。剧本的登场人物是：凶手、头人、醉汉、青年、少女、父母、客人等。呈现出的是共名，要表现的是共性。凯撒的《瓦斯》第一部也如出一辙，其人物为：白衣绅士、第一黑衣绅士、第二黑衣绅士、小姐、士官、第一劳动者、第二劳动者；时间和地点也无确指，只标明时间为现代，地点为世界。

当指导美和艺术的旧世界崩溃的时候，在现代的乱流中，正如形式主义在形式中找到了确定点一样，表现主义在与形式主义相对的另一极找到了确定点，以主观的真诚表现来建立审美的新世界。由于不受制于现实，不受限于概念，表现是真诚之心，是自主之本，是创造之源。但是由于表现首先指的是心灵的表现，这是只有自己知道，别人无从验证的，因此表现是非理性的。也正因表现只可意会，难以理称，又正好符合不可言说心灵之深和不可言说的艺术之味。因此，表现一词，在现代西方又成为美和艺术中最深层的东西。

第二节　隐喻——精神分析美学

精神分析漫延向美学是必然的。在弗洛伊德（Sigmund Freud，1856—1939）的著作里，我们随时都可见到有关美学的精彩谈论。他把文艺作为整个人格理论的有机组成部分，以精神分析的方法，示范性地分析了从古到今的一些一流文艺作品——索福克勒斯的《俄狄浦斯王》、达·芬奇的《蒙娜丽莎》、米开朗琪罗的《摩西》、莎士比亚的《哈姆雷特》、易卜生（Henrik Ibsen，1828—1906）的《莫斯罗庄园》、陀思妥耶夫斯基（Фёдор Михайлович Достоевский，1821—1881）的《卡拉马佐夫兄弟》等。而且他还写了不少有关美学的专论，如《诗人与白日梦》等。他的精神分析吸引了许多杰出的追随者，如阿德勒（Alfred Adler，1870—1937）、荣格、拉康、霍妮（K. Horney，1885—1952）、弗洛姆（E. Fromm，1900—1980）等，从而使精神分析发扬光大，并使之成为 20 世纪最重要的思想流派之一。他的文艺分析方法也凝聚了一批批学人，有研究文艺学的精神分析家，如荣格、拉康等；有文艺理论领域的专家，如玛丽·波拿巴（Marie Bonaparte）、诺曼·霍兰德（Norman N. Holland）等，而且造成了几种同中有异的文艺批评流派。然而，对于西方现代美学来说，第一，精神分析作为一种文化思想，促进西方文化图式从古到今的变化，正是精神分析对西方文化图式的一些重要观念的改变，使 20 世纪西方美学和艺术观念发生了根本性的变化。第二，精神分析在美学上的运用，形成了一种美学模式；这一模式包含两个方面：一是对审美范畴体系的推进，二是对艺术理论的推进。审美范畴体系，对美的范畴，有了新的解释；对喜的问题，有了新的范畴，并提出了喜的三大亚型，即滑稽、诙谐、幽默，特别是把诙谐放到喜的重要位置上；对悲的范畴，提出了恐怖主题，并对之做了理论分析，使之在 20 世纪的后期成为一个重要范畴。在艺术理论上，审美范畴体系一方面把美、悲、喜的理论运用到艺术上，特别是讲了艺术与人性的关联，与梦（包括睡眠中的床上梦与清醒时的白日梦）的关联，对艺术内容的理论和现代艺术形式的理解提供了一种模式；另一方面与这两种关联形成艺术批评的模式。第三，精神分析从弗洛伊德到荣格的演进，把西方美学推进到了世界美学，为世界美学提供了一种普遍性的模式。

一　弗洛伊德理论的基本图式

认识世界和认识自己一直是西方哲学的主要任务。认识最需要的是理性，成为具有理性的人是古希腊人的最高理想，确立理性的权威是近代人的最大热忱，是理性使人能够正确地认识自己和认识世界。然而，克罗齐在运用理性来思考美学问题的时候，却把理性逐出了美学王国，缩小了理性的权威。弗洛伊德在运用理性来思考人本身的时候，却理性地证明了理性的虚假，使理性的权威彻底地丧失了。克罗齐和弗洛伊德分别代表了现代思想在两重层次上的推进。克罗齐是一个哲学家，他从各门主要知识的分类中辨析出美的非概念性；弗洛伊德是个精神病医生，为了治疗病人，他必须探寻人类普遍的心理机制。他不但在临床中根据各类病人的实例来寻找共同规律，而且一生都在对自己进行心理分析，同时他也对日常生活现象（遗忘、语误、笔误、玩笑等），对梦，对神话传说和文艺作品进行精神分析，从而总结出对西方现代文化观念具有重大影响的关于人的心理动力结构图式。

弗洛伊德用意识（consciousness）、前意识（preconsciousness）、无意识（unconsciousness）这三个概念来描述这一心理图式。意识，在其现象描述上，仍与以前所说的意识一样，是明确地存在于人的头脑中的意识。前意识是隐藏在人的心理深处，但随时都可以召回或浮现到意识中来的意识。无意识是虽然存在于心理中，但不能在意识里出现的意识。前意识之所以能在意识里来去自由，因为其内容是能被意识所接受的，无意识之所以不能在意识里出现，是因为其内容为意识所不能容忍，坚决反对。因此，每次无意识要出现，就遭到意识的抵制，并被意识压抑下去了。压抑（supression）是精神分析的一个重要概念。无意识的内容是被意识排斥的，但对人来说又是最为重要的。人作为生命，作为生物，他的本能是追求快乐，他的生理能量需要发泄，无意识就是与人的本能相关的意识。用弗洛伊德的话来说，无意识遵循的是快乐原则（pleasure principle），而意识遵循的是现实原则（reality principle）。无意识本能只顾自己的快乐而不管现实是否允许其实现；意识则理性地考虑到现实的条件，它只能让本能按现实所允许的方式出现。因此在人的心里，无意识时刻想冲破意识的防线显露出来，意识则时刻防范、抵制着无意识的显现。人的内心一直存在着意识与无意识的无形而激烈的斗争。

后来，弗洛伊德又用另一组概念进一步丰富和深化心理动力结构图式。这就是：本我（Id）、自我（Ego）、超我（Superego）。本我是人的原始本能，主要包括两类：一是性本能，即爱本能；另一类是死本能，即攻击本能。本我是生命的活力所在，是人的各种行为的最后根源和决定因素。本我不顾忌社会的道德或律令，只顾追求自己的满足，构成无意识的内容。自我是经家庭训练、社会交往和与现实接触而形成的个人人格，代表人的常识和理性。它一方面使本能的欲望适应现实的需要，以现实允许的方式去满足自己；另一方面它对本我不合现实的冲动则施予压抑。超我是由父母、老师及社会教育而内化为个人的道德理想。它是具有父母一样的权威和社会权威一样的制裁力量的监督者。它不断以内疚和罪恶感来对付人不合、违反、偏离理想的行为。超我既与自我一道协力压抑本我的原欲要求，也在自我偏离理想时对之予以批评，施以控制。

弗洛伊德的心理动力结构对西方文化的重大意义有三个。（1）证明了无意识的存在。弗洛伊德着重强调的是个体无意识，他的弟子荣格将无意识发展为具有普遍人类文化性质的集体无意识，弗洛姆通过对不同社会中人自我压抑内容的差异，进一步把无意识定义为社会无意识，即人的本能中哪些内容成为无意识，哪些内容成为意识或成为意识随时可以召回的前意识，是由社会形态的性质决定的。无论无意识的内容究竟怎样定义才更科学，无意识的存在已是不可怀疑的了。（2）无意识不仅存在，而且是一种根本性的存在，是人的真正存在，然而意识又看不见，找不着它。由于不愿看见自己身上还有这些不符合理想、不符合道德的意识存在，意识压抑和抗拒它，因此，意识本身对它茫然无知。一旦我们要用意识来想问题的时候，无意识就被驱赶得无影无踪。传统哲学最有力的格言"我思故我在"，一到精神分析这里，就成了我思故我不在（一旦运用意识思考，人的最真实的本我反而不在）。（3）无意识的根本性存在衬托出意识的虚假。意识本身并不能反映心理的真实，反而压抑掩盖了真实的无意识。理性再也不是分析评判一切的最后尺度，它本身还需要加以分析评判，要由非理性的无意识来予以说明。

由于无意识的根本性存在，人只有把握了无意识及其表现规律，才能真正掌握人心，掌握由人心所决定的人的文化行为，才能揭示出人与文化的真理。由于无意识与意识对立，具有被意识压抑抵制的性质，因此人用一般的方法是难以进入无意识的实质并掌握其规律的。人在睡梦中，正是意识相对松懈而无意识最为活跃的时候，从而对梦的分析也成了人认识无意识的最佳方式。

二　梦的工作方式与现代艺术法则

与醒时相比，梦更能显出无意识，但也非直接显现，因为在梦中，理性的检查（censor）作用还存在。为理性所不容的无意识内容要想混过检查，必须经过一番化装。这样梦就有两层含意：显梦（manifest dream content）和隐意（latent dream content）。显梦就是梦的表面情景，它可以是合理的，也可以是荒谬的；可以是明了的，也可以是含混的。隐意即梦境所包含的无意识内容。显梦是化了装的隐意。要寻出隐意——人的真实心理，首先人要探明化装的规律。化装（distortion）是梦的工作方式，也是典型的无意识活动方式。对于弗洛伊德来说，艺术在本质上是一种无意识活动，因此梦的法则也是艺术的基本法则之一。梦的工作方式主要有四种。

第一，凝缩作用（condensation）。所谓凝缩，即显梦的内容比隐意简单，好像是隐意的一种缩写体。凝缩的方法大致有：（1）某种隐意元素完全消失；（2）在隐意的许多元素里，只有一个片断侵入显梦之中；（3）某些相同性质的隐意元素在显梦中混合为一体。凝缩作用构成了显梦中的融合物，包括融合人物、融合意象、融合符号。比如，弗洛伊德的一位女病人梦见一个男人，长着漂亮的胡子，眼睛金光闪烁，手指着挂在树上的一块指示牌，牌上写着"uclamparia-wet"。这个梦可以分为几个层次来分析。首先，梦中的男人就是一个融合人物。梦者在圣保罗教堂看见诸教皇的镶嵌绘像，其中有一位就有金色的眼睛；梦中男人的整个长相与梦者的牧师相似；漂亮的胡子与梦者的医生（即弗洛伊德）一样，身材与梦者的父亲相仿。这些人之所以在她的梦里融合为一人，是因为他们有一个共同点：都对她的生命具有指引作用。其次，金色的眼睛是一个融合意象。金意味着金钱，精神分析治疗花费了她不少钱，使她较为心痛。金，也意味着金治疗法，这是医治酒精中毒的。她的男友 D 先生若不患酒精中毒，她就会嫁与他。这也是她一生中的最大憾事。最后，uclamparia-wet 是融合符号。这个符号在联想上与前面的人物和意象有一种内在关联。梦者不反对喝酒，自己也小喝一点，她曾在圣保罗教堂附近的三泉（fontane）寺里饮了一种教士用尤加利树（eucalyptus）酿制的酒。这些树被教士种在已改造成良田的原沼泽地带，沼泽使人想到疟疾（malaria）。符号中的 uclamparia 是尤加利树（eucalyptus）和疟疾（malaria）的融合。湿（wet）则是沼泽的联想。此外，湿（wet）的反面是干（dry），她的男友的名字正好叫干。这个怪名来自德文 drei，词义为"三"，这又与三泉寺暗通（而且在弗洛伊德梦的象征体系中，三和泉水都可以象征男性生殖器）。谈到 D 先生的酒癖时，她曾说，他可以喝掉整个泉水。D曾自言：我因为永远干涸（dry），所以必须经常喝酒。而尤加利树也指她的心理病，此病曾被误诊为疟疾，她本人也认为从教士手中买的尤加利树汁的确多少治好了她的病。整个梦境就是一个经过凝缩作用而成的融合梦象。其隐意是她生命中最令她痛心的事：她的恋人和她的病。在这个梦中，如果说，融合人物还显得有点像古典美学的典型人物的话，那么，在融合意象中我们就可以感到一种现代意味，而至于融合符号，现代的组合方式就全然彰显了。由凝缩作用而来的梦象是模糊的、怪诞的、变形的、隐喻的，这正是现代文艺的主要特征。毕加索（Pablo Picasso，1881—1973）、杜尚（M. Duchamp，1887—1968）、契里柯（G. de Chirico，1888—1978）、达利（S. Dali，1904—1989）等的绘画，艾略特、卡夫卡、尤奈斯库（E. Lonesco，1909—1994）、葛利叶（A. Robbe-Grillet）等的文学显现出的不就是与之相同的特征或韵味吗？

第二，置换作用（displacement）。它有两种方式：（1）一个隐意的元素不以自己的一部分为代表，而以较无关的其他事来替代；（2）其重点由一个重要的元素移置到另一个不重要的元素上。这样，梦的重心被移置，人从显梦上就很难体会出隐意。下面是一个年轻姑娘的梦。她梦见姐姐的小儿子僵硬地躺在小棺材里，两手交叉平放着，周围插满了蜡烛，就像当年她姐姐的大儿子死去时的情况一样。从显梦看，似乎是她希望姐姐这一尚存的儿子也死去，或者希望小儿子代替大儿子去死，她确实更喜欢姐姐的长子。但此梦应做如下的分析。她从小由姐姐抚养长大，在来她姐姐家拜访的客人中，她结识了一位令她一见倾心的人，而且一度已经开始论及婚嫁，后因姐姐的极力反对而告吹。她在姐姐的长子去世后离家远行，自谋生活。然而她始终没有忘记那位男士，出于自尊心，她不愿主动去找他。这位男士是文学教授，不管他在哪儿进行学术讲演，她总是要去听，不放过任何可以偷望他一眼的机会。她做梦的第二天，文学教授将有一个讲演会，而她一如既往地买了入场票。另外一个重要的事实是，姐姐的大儿子死时，阔别很久的教授，突然赶来吊丧，他俩在死者的小棺材旁再度重逢。这样，梦的性质就清楚了，这是一种焦躁的梦，对只差几小时就可以实现的愿望等不及的表现。梦的隐意是，如果另一个男孩又死去，那么当年的情景又会重演，她与教授将在葬礼上再度相逢。这里，为使愿望得以实现，她的梦出现了一种置换的化装方式，她故意选用了最悲哀的气氛——丧事——以掩饰与之完全相反的爱情的狂热。有个民间故事也很能说明梦的置换作用：某村有一个铜匠犯了死罪，法庭判决下来了。但村里只有一个铜匠，却有三个裁缝。因此铜匠不能死，而用一个裁缝顶替他去死。置换使显梦与隐意的关系扑朔迷离，形象与意义可以完全无关。主角与配角、主要情节与次要情节都不能按一般逻辑来确定。梦已经近乎成谜了。这也正是现代派文艺的特征。

第三，将思想变为形象。思想是以语言为载体的，而梦主要是一种视觉形象。思想在梦中也只能以视觉形象的方式出现。梦的逻辑与这种特殊的方式相关。在从语言到视像的转换中，有些是难以图式化的，如虚词"因为""所以"之类，这些就被省略，有些非虚词也难以图示出来，就呈现出形象置换，如将破坏婚约的观念置换为别的损坏，如手断了，脚残了。这种置换方式在平时也有所表现，弗洛伊德引述塞伯拉（Herbert Silberer，1882—1923）的发现：在很困和疲倦的情况下，如果人做一个思想性的工作，会出现思想离失而代之以形象的现象。如"我想修改一篇论文中的不满意部分"，成为我发现自己正在刨平一块木板。"我失去了一团线索，想把它再找回来，但思想的起点已难以再得了"，成为排字工人的一个排版，末尾的几行铅字掉了。将思想变为形象这一法则的重点是梦境的生成法则和变化方式，这不是按理性逻辑而是按联想逻辑进行的，联想逻辑具有漫无边际的特性，只要有一点相似梦境就可以关联，随意偶然地见象成像。这使得做梦者从显梦中的形象出发去思考往往猜不出原有的思想是什么，正因为猜不出，无意识的欲望内含在其中才不易被发现。这一法则与凝缩和置换有相通之处，但强调的重点不同，在这一法则中，梦境生成变化的偶然性和随意性得到突出。梦境的法则更加复杂也更加意味深长。

第四，表饰作用（secondary elaboration）。梦的隐意有其固有的逻辑，但它不能按原样显现出，除了隐意的重要部分有一系列的凝缩和置换外，整个梦要以一个相对连贯的整体出现，还需要一道润饰工作，即在外表上进行一道修饰，就像建房子，墙里面是砖或石头或泥土，面上再刷上石灰，或涂上油漆，或铺上壁纸，这样从外表上看，完全看不出来里面究竟是什么。表饰作用以完成的形态决定了显梦与隐意之间的关系，不是内容与形式的一一对应关系，而是表层与深层的复杂转换关系。这种关系不但是现代文学的创作方式，也是现代美学掌握古往今来文艺作品体系结构的一种方式。它在后来的原型批评里得到了体系性的展现。

我们既然知道了梦的四种基本工作方式，就可以借此拐杖由梦的显像进入梦的隐意。弗洛伊德为了使梦的隐意与显梦的关系更加规律化，建立了一套梦的象征。象征（symbol）一词在英文里还有一个意思：符号。象征与被象征物就像符号与符号所代表的东西一样，其关系是比较固定的。由于性在弗洛伊德体系中具有重要地位，又由于弗洛伊德要显现出梦的象征不同于神话象征、宗教象征、艺术象征的独有特色，因此他围绕性来界定梦的象征。如男性生殖器，在梦中可以用多种象征形式出现：（1）神圣的数字三；（2）长形直竖之物如手杖、伞、竹竿、树等；（3）有穿刺性和伤害性的物体如小刀、匕首、矛等；（4）种种火器如枪炮、手枪、左轮等；（5）能流出水之物如水龙头、水壶、泉等；（6）可拉长之物如滑轮可拉的灯、自由伸缩的铅笔等；（7）有违反地心引力高举直竖之物如气球、飞机、飞船等；此外，还有爬虫、鱼、蛇、帽子、外套、手、脚等。

女性生殖器、乳房、性交的快感等，也被列出一系列象征物。从弗洛伊德对梦的象征的论述中，我们可以看到人的主要内驱力、被压抑的欲望、性本能，可以从自身的某一性质或方面出发，衍生出一系列象征物，一个根本的东西可以变化为好些不同的形象。但这些形象之所以能够成为某物的象征，在于弗洛伊德的理论体系对无意识内容的规定。倘若这种规定有变化，这些象征体系就消失了，这些象征体系也确实在弗洛伊德的后继者荣格、阿德勒、弗洛姆那里消失了。弗洛伊德带着科学精神想寻找一套梦境的固定模式，一套象征体系，以便人们能够顺利地领悟梦的隐意，但精神分析的发展却表明，他寻找到的不是象征，而是隐喻。

这里的隐喻（metaphor）不是现实中、语言中、古典意义上的隐喻。在古典意义上，隐喻可以代替原意，但隐喻与原意的关系是清楚的，所指是固定的，如以"双双金鹧鸪"隐喻爱情追求，以"肉包子打狗"隐喻"一去不回"。梦的隐喻与原意的关系则不易理解。这是因为，从人的无意识来说，只有梦以隐喻的形式出现而又看不出所喻之无意识，这个隐喻才算成功，对于意识来说，只有在隐喻中看不到无意识内容时，意识的检查作用才算尽了自己的责任。正是在这里，一种具有现代意义的隐喻产生了。弗洛伊德在具体论述梦的方法时，更强调隐喻而非象征，因为象征一说即知，无须多讲，而隐喻扑朔迷离，难以指认。弗洛伊德说，"显梦的成分有正反两面，其所代表的意义共有三种：（1）仅仅代表它自己；（2）代表相反的意义；（3）兼表示正面和反面的意义。释梦时何去何从，必须看前后关系而定"①。又说："我们多半低估了梦所受凝缩的程度，以为由一次解析所得的'隐意'即包含了这梦所有的意义，因此，我们必须先有个声明：'一个人永远无法确定地说出他已将整个梦完完全全地解释出来'。"②

弗洛伊德理论中象征与隐喻的矛盾源于无意识功能与内容的矛盾，如果我们能够确定无意识的内容是什么（像弗洛伊德本人那样），就能提出一套象征体系；如果我们只能肯定无意识存在，而不能确定其内容是什么（像精神分析诸家各讲一套，不能统一一样），得到的就只是隐喻。隐喻是现代美学的一个重要概念。它不但可以说明现代理论的特征，也可以说明现代文艺的特征，它不仅表现在受精神分析影响最深，多以梦境为主要方式的超现实主义文艺中，也表现在一切现代派文艺流派中。现代美学的很多流派都谈隐喻，但精神分析中的显梦与隐意的关系把隐喻的性质表现得最为透彻。

三　弗洛伊德的美学理论

弗洛伊德把他所探得的人的心理图式作为人一生行为的基础，从而人的一切行为（生活、制作、创造），人的一切创造物（政治的、经济的、宗教的、文艺的）都要从这个基础出发才能得到最终的说明。在旧哲学衰落的时代，弗洛伊德以自己的心理学来担负起哲学的重任。在这一宏伟的业绩中，美和艺术成为弗洛伊德关于整个人类及其活动的一个必要组成部分。弗洛伊德在心理和梦的分析中，创造了一颗颗谈论优秀作品的珍珠，他的一系列专论则是把这些珍珠贯

---

① ［奥］弗洛伊德：《精神分析引论》，135 页，北京，商务印书馆，1984。

② ［奥］弗洛伊德：《梦的解析》，204 页，北京，作家出版社，1986。

穿起来的玉绳。弗洛伊德在《诗人与白日梦》(1908)中，研究了艺术之美的深层动因：艺术是幻想原理、梦的方式和艺术法则的统一。弗洛伊德在《诙谐及其与无意识的关系》《论幽默》(1927)中研究美学之喜的诸范畴（滑稽、诙谐、幽默）的基本原理，在《令神秘和令人恐怖的东西》(1919)中研究了恐怖的基本原理，在《列奥纳多·达·芬奇和他童年时代的一个记忆》(1910)、《陀思妥耶夫斯基与弑父者》(1928)、《三个匣子的主题》(1913)等文章中显示出精神分析运用于文艺的基本方法。

(一)艺术之美的深层动因

弗洛伊德在《诗人与白日梦》中把艺术之美表达得言简意赅：艺术是幻想原理、梦的方式和艺术法则的统一。

艺术对人的功用，在本质上与幻想是一致的。摆脱了古希腊以来的模仿传统，超越了巴尔扎克(Balzac, 1799—1850)、左拉(Zola, 1840—1902)的艺术观念，20世纪美学认为艺术与虚构认同而不与现实认同已成定论。在弗洛伊德这里，虚构转为幻想。幻想又有自己的特点。艺术家的创作冲动和一般人的幻想一样，其基本动力，在于其尚未被满足的欲望。艺术家或一般幻想者的愿望根据其性别、性格和环境的不同而各异，但总结起来，无外乎两类：一是雄心或野心(ambition)，即想提高自己的地位；二是性愿望，愿望的内容构成幻想和艺术的内容。弗洛伊德举了一个幻想的例子："我们假设一个贫苦孤儿的情况，你给了他某个雇主的地址，在那儿他也许能找一份工作。路上，他可能沉湎于白日梦之中，这个白日梦与产生它的情况相适应。他的幻想内容也是这类事情：他找到了工作，得到了雇主的赏识，成了企业中不可或缺的人物，被雇主的家庭所接纳，娶了这家年轻漂亮的女儿，然后成了企业的董事，首先是做雇主的合股人，后来是他的继承人。"[①]这个幻想里，雄心和性的内容是很明显的。在古希腊悲剧《俄狄浦斯王》中雄心和性的内容一样很明显。

幻想和艺术的内容是未被满足的欲望，这欲望往往是以时间三维的方式来组

---

① 《弗洛伊德论美文选》，33页，上海，知识出版社，1987。

织的，即"利用一个现时的场合，按照过去的式样，来设计未来的画面"①。如在贫苦孤儿的例子中，他得到雇主的地址（现在）引发了他对未来的设想，而未来的画面，又完全是以自己过去的生活图式来描画的，他"重新获得了他在幸福的童年时代曾拥有的东西——保护他的家庭，热爱他的双亲和他最初钟情的对象"②。弗洛伊德用这一模式去解释达·芬奇的名画《蒙娜丽莎》。蒙娜丽莎是按照真人画的，但她那使多少批评家殚精竭虑的神秘微笑，只有从画家的童年才能得到真正的解释，那正是画家孩提时期他母亲的温馨的微笑。

艺术内含着幻想原理，但艺术和幻想又是不同的。人在一生中内心都充满着想象，在儿童时期人就做游戏，长大了，不能做游戏，于是用幻想来代替游戏的功能。但儿童以游戏为荣、为乐，并不掩饰自己的游戏，成人却为自己的幻想感到害臊、羞耻，总要把自己的幻想隐藏起来。艺术则是面对公众的，当艺术家把本要隐藏的幻想转变为能够面向公众的艺术时，他用梦的方式对幻想内容进行了改装，经过梦的改装，"缓和了幻想中显得唐突的东西，掩盖了幻想中个性化的起因"③。在《俄狄浦斯王》中，弑父意图改装为命运的强迫，在《哈姆雷特》中，主人公的犯罪意图被置换为叔父的犯罪。讲一句题外话，《俄狄浦斯王》中，主人公"承认了自己的罪，他受到了惩罚，好像这些完全是有意识的罪行。就我们的理智来说，这肯定是不公正的，但是在心理学上却是完全正确的"④。

艺术使人克服了幻想中的自我厌恶、自责和羞愧感，软化了它们的性质，这一方面是靠梦的化装方式，另一方面则是靠艺术的形式法则来实现的。艺术不同于幻想，也不同于梦的重要一点就是它具有自身的形式特征。自康德以来越来越为人们所肯定的一个观点就是，形式仅凭本身就有一种审美特征，就能引起审美快感。因此，幻想转化为艺术时，已遵循艺术美的规律，以一种取悦于人的纯形式（即审美形式）表现出来。这样我们一方面享受艺术形式的直观快乐，另一方面又从具有美的形式的作品中享受到我们自己的白日梦而不必自我责备或感到羞愧。

---

① 《弗洛伊德论美文选》，33页，上海，知识出版社，1987。

② 同上书，33页。

③ 同上书，139页。

④ 同上书，160页。

总而言之，艺术就是幻想内容、梦的改装、美的形式三者的统一。

这样，形式美学中的形式，在精神分析这里，就成了梦的改装形式。环视整个艺术史，改装分为两个类型：一是古典艺术，二是现代艺术。在古典艺术中，幻想内容是以理性的艺术形式表现出来的，因此，需要用精神分析的方式看出隐蔽在形式里面的幻想内容；在现代形式中，幻想内容和艺术形式都是非理性的，变成了梦的直陈，如超现实主义和达达派艺术，但由于显梦本身也是经过改装的，因此我们还要用精神分析的方式去折射出幻想内容。

(二)美学之喜(滑稽、诙谐、幽默)的基本原理

人包含本我—自我—超我合为一体而又相互作用的心理结构，从而产生了美学之喜。弗洛伊德着重讲了喜的三个类型：滑稽、诙谐、幽默。弗洛伊德对喜，主要从两个理论角度进行论述：一是关于喜剧之笑之所以产生的心理能量原理，二是关于喜剧之笑之所以产生的心理结构关系。前一个角度的基本理论是："诙谐中的快乐产生于压抑消耗的节省，滑稽中的快乐产生于观念(关于贯注)消耗的节省，而幽默中的快乐产生于情感消耗的节省。"①这一理论涉及精神分析特有的心理能量，讲起来既复杂又不易被理解。简单地讲就是，心理中无意识欲望本应被压抑，但诙谐却让其可以被释放，自我已经集中起来以用于压抑的能量因而被节省，突然的放松使笑由之产生。在滑稽中，自我本要按正常方式认真地看待对象，突然发现不能以正常方式去看，自我已经集中起来用于认识的能量被节省，突然的放松而笑由之产生。在幽默中，自我本要用一种悲的情感去看对象，但由于对象对悲的拒绝和对快乐原则的坚持，自我已经集中起来的情感能量被节省，突然的放松而笑由之产生。为什么在三种喜的类型里，节省的心理能量会以笑的方式释放呢？这就与第二个角度，心理结构有关了。严格地说，这更与美学之喜的一般理论相连，美学对喜的基本假设是主体高于对象，这个高于，是主体站在社会的正常尺度，而对象处于低于社会的正常尺度，因此有笑，有喜。弗洛伊德把这

---

① [奥]西格蒙德·弗洛伊德：《诙谐及其与无意识的关系》，225页，北京，国际文化出版公司，2001。

一基本原则进行了精神分析的解释。正常与低于正常成为成人与儿童之间的关系，也成为意识与无意识（自我—超我与本我）的关系。在滑稽中，成人型自我占主导地位；在诙谐中，无意识的本我得到突出；在幽默里，超我的力量得到了强调。

弗洛伊德区分了三种滑稽，实际上是同一问题的三种视点。第一种滑稽的笑是通过对象与主体的比较得来的，用主体的成人之眼看到了对象的儿童之态，即他人的动作、形式、心理机能、性格在主体看来显得像儿童。如对象之蠢像一个懒惰的孩子，对象之坏如一个淘气的孩子。这是滑稽的正形，对象低于正常的呈现让观者发笑。第二种滑稽的笑是把焦点集中在对象上。对象自身进行比较，即他把自己还原为一个孩子，有成人之形却呈现儿童之态。这里只从对象去看，其本来应当是成人却情不自禁地表现为儿童，显得可笑。夸张、模仿、贬低，都属此类。正如儿童有意模仿成人会显得可笑，成人有意模仿儿童也显得可笑。而成人显出如儿童般的窘境，都与儿童不能完全控制其身体功能相连，漫画式的夸张则与儿童缺乏比例感和对数量关系的无知有关。第三种滑稽之笑是把焦点集中在主体上，主体内部进行比较，即我在自己身上发现自己显得像孩子，其实是自己的有意识追求和无意识抵抗相互作用导致的，在无意识胜利之时，我呈现为孩子相，但立即回到成人意识站在成人立场上，我于是对自己所呈现的孩子之相感到好笑。这里虽然引进了新的理论框架，但滑稽理论并没有增加实质性的内容，只是有了新的角度。弗洛伊德主张，人在儿童阶段因纯粹的快乐而发笑，但"儿童的快乐动机在成人身上已经消失了，取而代之的是我们的滑稽感"①。人对一个人的滑稽笑是因为：第一，重新发现了他身上的孩子气，第二，像自己儿时一样，"笑总是适于成人的自我与儿童的自我之间的比较。……滑稽的东西总在婴儿一面"②。滑稽使人重新获得已逝的童年的笑。我们把这一点放在弗洛伊德的心理结构之中，即人心是本我、自我、超我进行激烈斗争的战场，因此，滑稽之笑具有心理平衡之功用。

幽默是人面对不顺乃至悲惨境遇时呈现出来的乐观态度，如一个犯人在被带

---

① ［奥］西格蒙德·弗洛伊德：《诙谐及其与无意识的关系》，215页，北京，国际文化出版公司，2001。

② 同上书，215页。

上绞刑架时，说："不错，这个星期的开始是多么美好。"幽默，是对现实中给人带来不快和痛苦的一般效果的拒绝。这一拒绝，显了主体作为自我的胜利，无论处于怎样的悲惨境况，客观环境都不能破坏主体的快乐心境，都妨碍不了主体产生快乐的反应。在这一胜利中，主体是成人，在正常尺度上，而整个世界是儿童，处在低于正常尺度下。幽默之笑是主体对低于正常尺度的世界之笑。最为重要的是，一方面主体决心把本我的快乐原则进行到底，快乐原则是一种本能的力量；另一方面，主体把对快乐的坚持作为一种主体的理想，超我的功能在这里发挥了巨大的作用。因此，幽默中有了一种在诙谐和滑稽中没有的尊严。人处在悲境时，把本我（的快乐原则）升华为超我（的理想原则），在二者的联合作用下，幽默就产生出来。

诙谐是弗洛伊德最具有新意之处。诙谐的形态与现实相关，弗洛伊德把诙谐分为四类：一是带色（与性有关）型的（比如，民国时代的香烟广告，即一个美女对一支烟说道：吸来吸去，还是它好）；二是攻击（具有敌意）型的（评论一位不会交友的人：他，跑到墙头上去大便，动物都不和他交朋友）；三是愤世嫉俗（亵渎神圣）型的（正如巴赫金说的，民间故事中笑的各种形式各种表现，都是在与教会和中世纪封建的官方文化和严肃文化相抗衡）；四是否定确定知识型的（如他真是个大人物，完全符合屁股上面插帚把——伟［尾］大）。[①] 这四种类型都明显低于社会、历史、文化的正常尺度，这个低于让诙谐呈现为一种与"正说"不同的"胡说"，而这种"胡说"又以艺术的语言进行，因而引起愉快的笑声。诙谐带来的愉快根源于童年时游戏带来的快乐，已经成年的我们还以童年时快乐的方式呈现出一种内容上的"胡说"。胡说的后面是无意识的欲望，当这一欲望受到正常意识的压抑而不能出来的时候，它以诙谐的方式突破压抑，冲了出来。但无意识的内容不能以原有的方式直白地冲出，而只能以诙谐的方式冲出。由于诙谐的实质是意识与无意识之间的斗智斗勇，因此，诙谐的工作方式在本质上与梦的工作方式相同，即充满了凝缩、置换、变形。梦是以形象为主的，而诙谐是以语言为主的。因此，诙谐主要体现为文字游戏：双关语、隐喻、歇后语、俏皮话……诙谐的技巧就是在本不相似的知识中发现暗含的相似性，

---

① 参见［奥］西格蒙德·弗洛伊德：《诙谐及其与无意识的关系》，216—117 页，北京，国际文化出版公司，2001。

以令人惊诧的速度把知识中本不同类的元素联结在一起，这一联结体现出语言之妙，并且其中所蕴含的诙谐之妙使人以胡说的方式呈现出来。诙谐使被压抑的无意识欲望得到了释放，意识与无意识，本我与自我、超我的紧张冲突就在这种欲望的释放中，得到了缓解。笑声正是这种缓解的完成。

（三）神秘和恐怖的基本原理

世界不仅在理性规律中运行，而且也在妖魔鬼怪间出入，如果人一旦认定有后一个世界，而这一个世界的形象又在前一个世界中呈现出来，那么人此时产生的就是恐怖心理。美学的恐怖则为了认识、克服乃至战胜现实的恐怖而产生出来。在西方，恐怖作为一个美学范畴，在 20 世纪后期兴盛起来，但弗洛伊德在 20 世纪初就面对着恐怖问题，他要把恐怖与神秘合并在一起，并以精神分析的方式予以解谜。

神秘和恐怖在德语里是同一个单词 Unheimlich（在英文里被直译为 unhomely，或意译为 uncanny），弗洛伊德通过对一系列的词源进行考察和分析，指出其词义有着相互矛盾的两面：既熟悉，又陌生。而这个词之所以带来神秘和恐怖，正是由于，其对于人而言，既是熟悉的又是不熟悉的，而且是由熟悉转为不熟悉。一个看似熟悉的东西，其实却是不熟悉的，正是在不熟悉被意识到的这一刻，神秘和恐怖产生了出来。熟悉后面的陌生本来是被掩盖起来的，现在却显露出来，这一刻，理性的现实世界与非理性的想象世界之界限消失了，两个世界合为一体，恐怖由之而生。

恐怖现象具有两个特征。其一是对象的双重性质。这与上面讲的恐怖的实质相关。所谓双重性质，即它是理性思维中的熟悉对象，为理性、规律、知识所把握，同时它又是非理性思维中的陌生对象，与妖魔鬼怪相关联。从熟悉到陌生的转化过程中，即在妖魔鬼怪世界透露出来之时，两个世界合为一体，人、物、事显得既熟悉又陌生，此时恐怖产生出来。其二是人在头脑中感觉似乎存在一个妖魔鬼怪的世界，而在身之所处的理性世界中出现相同现象时，就感受到了这个妖魔鬼怪世界的气息，比如，一个人去旅行，火车座位号是 62，酒店房间号是 62，储物柜牌号是 62，接下来的一系列事情，都有 62 这一数字出现，这时人就会产生一种蹊跷不安感。

弗洛伊德认为，神秘和恐怖对于人类来说，来源于原始时代的心理残余；从个体来讲，来自儿童时代的心理残余。首先，这与儿童和原始人的自恋有关。其次，原始时代的泛灵论认为万物为一体，儿童心理是原始心理的复演，也有万物一体的特点，并认为石头玩具有生命，鱼虫鸟兽有人情。原始心理在理性之后的残余和儿童心理在成人之后的残余，构成了成人在理性世界中一瞬间产生的视理性的熟悉之物为非理性的陌生之物的基础。"原始信仰总是与幼时情节紧密相关，而且，实际上它是建立在后者的基础上的。"①在现实中，这两者的界线经常是模糊的。再次，人的死本能和对死亡的恐怖，与原始巫术魔力的残余思想和儿童的幻想结合，冲进成人的理性世界里，让妖魔鬼怪的陌生世界渗透进来。最后，被弗洛伊德认为从儿童时期特有的阉割恐怖，在成人意识里继续，具体体现为具有西方特色的恐怖形象：可以独立活动的断头、断肢、断手、断脚。在精神分析里，原始与理性、儿童与成人的区分，又是以无意识与意识的斗争、压抑和反压抑的较量的方式呈现出来的，"当受压抑的幼时情节因某种印象复苏，或者，当已被克服的原始信仰似乎又得到证实时，我们便体会到神秘而恐怖的情感"②。

弗洛伊德看到了20世纪初开始抬头的恐怖美学，并将之做了理性的把握。

（四）艺术分析的基本方法

艺术，作为人的心理活动和人类文化的一个必不可少的组成部分，反映的是一种普遍的人类心态。对于弗洛伊德来说，对艺术的分析，正如对梦的分析一样，是探寻人心奥秘的一个重要途径。弗洛伊德认为，艺术是把幻想的内容，经过梦的改装，以美的形式表现出来，这决定了他对具体艺术作品的三种分析方法。

第一，以作家心理说明作品，又以作品证明人类的普遍心态。这表现在弗洛伊德对达·芬奇《蒙娜丽莎》和莎士比亚《哈姆雷特》的分析中，前者表现了作者自童年就深藏在内心的愿望，后者表现了作品主人公自童年就深藏在内心的愿望。这两部作品互相参照、互相注解，显示了人类共同的心理规律。从这一点出发，

---

① ［奥］西格蒙德·弗洛伊德：《诙谐及其与无意识的关系》，276页，北京，国际文化出版公司，2001。

② 同上书，275—276页。

就有了第二种分析方法。

第二，以人性的普通心理为指导，直接分析艺术作品。作品中的人物不一定是作家的缩影，但却是人类的一种普遍心理现象的缩影。这典型地体现在弗洛伊德对茨威格（S. Zweig，1881—1942）小说《一个女人一生中的 24 小时》的分析中。该小说不一定反映茨威格的心态，却必定反映出人类的普遍心态。"小说的创造基本上是建立在青春期充满幻想基础上的。这种幻想体现了孩子的希望：他母亲应让他懂得性生活，免得他受到手淫引起的可怕伤害。"[①]小说中主人公的赌瘾，照弗洛伊德分析，是手淫的代替物。不管作者的心理成长史如何，弗洛伊德要直接从作品中分析出人的带有普遍性的心理状态，并要显得论据充足，必然走向第三种分析方法。

第三，众多的作品，显现出人心的共同规律。其实，在分析茨威格的小说时，弗洛伊德就说，为数众多的关于挽救人的主题的作品都起因于青春期充满希望的幻想。使弗洛伊德较为满意的是，"文学史上的三部杰作——索福克勒斯的《俄狄浦斯王》、莎士比亚的《哈姆雷特》和陀思妥耶夫斯基的《卡拉马佐夫兄弟》都表现了同一主题——弑父，而且，在这三部作品中，弑父的动机都是为了争夺女人"[②]。把这一方法运用得最成功的是《三个匣子的主题》。弗洛伊德从莎士比亚喜剧《威尼斯商人》的一个情节，即求婚者在金、银、铅三个匣子中做选择开始，考察了《罗马人的业绩》里姑娘为赢得王子而在三个匣子中做选择。爱沙尼亚民间叙事诗《卡尔维坡埃格》中太阳、月亮、星星向姑娘求婚，希腊神话中帕里斯在三位女神中做选择，《灰姑娘》中王子在三位姑娘中做选择，《李尔王》中李尔王在三个女儿中选择，在这一系列作品中，从各种改装了的形式里，弗洛伊德将这一共同情节恢复其原始而普遍的本意：男人与生他的母亲，与他同床共枕的伴侣，与他的毁灭者的关系。也可以这样说，自从生命开始，母亲这个形象就以三种形式出现：一是生我养我的母亲；二是根据母亲的形象选择的爱人；三是人死入土，回归大地母亲。

---

① 《弗洛伊德论美文选》，164 页，上海，知识出版社，1987。

② 同上书，160 页。

从弗洛伊德的三种批评方式中可以看出，他想在艺术中建立一套象征体系，正如他在梦的分析中已做的那样。然而他的三种方式都是建立在他对无意识内容的规定之上的。因此，他不是在探索一种未知的思想，而是在未知的事物中发现他认为普遍的、必然应该有的思想。而一旦他对无意识内容的规定被认为是不对的，他的方式也就不攻自破了。弗洛伊德对无意识内容的规定确实在相当程度上（如在荣格和弗洛姆的理论中）被否定了，但无意识本身却没有被否定。这样，艺术反映出一种无意识还是确定的，但究竟反映什么样的无意识却不确定了。艺术作为一种隐喻是确定的，但它所喻之物是什么却是不确定的。正像爱因斯坦追求统一场但未成功而只给了宇宙一个相对性一样，弗洛伊德追求无意识的确定性也未成功，只给了世界一个"不知所喻"的隐喻。

四　荣格美学：从西方到世界

卡尔·荣格（Carl Jung，1875—1961）从弗洛伊德思想出发，对其给予了一定的补充，把弗洛伊德思想中从成人到儿童、从理性到原始的层面进一步深化，把视点从原始社会深向整个现代社会来看人类心理，对弗洛伊德的思想做了多方面的扩展，而这一扩展有利于西方美学的世界化。

（一）荣格的心理结构

荣格美学理论基础的心理结构，来自弗洛伊德，但又与之不同，荣格对之做了推进。弗洛伊德的心理结构由本我、自我、超我组成，本我是由个人的本能欲望组成，追求快乐原则；超我由社会的理想组成，追求理想原则；自我调协个人欲望和社会理想，让个人欲望按社会规定的方式去实现，追求现实原则。自我和超我构成心理中的意识。但不符合社会规范的欲望则被意识（自我和超我的合力）压抑下去，为意识所意识不到，成为无意识。人的心理一直存在着意识与无意识的斗争。在荣格这里，有意识与无意识两大结构，他对意识不强调自我与超我的区分，而是将两者合一为意识；但他把无意识分为两层，即个体无意识和集体无意识，前者相当于弗洛伊德的个人本我，后者则认为个体本我与自我的斗争在历史的漫长发展中积淀成为心理意象。这些意象可以让人窥见集体无意识的结构，又为每一时代的意象创造提供了基本原型。这样，荣格的人类心理由三层组成：意识，个体无意识，集体无意识。由于集体无意识在荣格心理学中占据核心位置，因此他的精神分析不仅是对个人的分析，而且是对超出个人之外的人类的分析，进而是对超出西方文化的各类文化的分析。

荣格的心理结构，不仅对意识和无意识两大层级进行加减，而且对这两大层级的结构，加进了新内容，从而使意识和无意识的冲突，具有更为复杂的结构。这一结构首先体现为人格面具（the persona）和阴影（the shadow）的二分。二者类似于弗洛伊德的意识和无意识。人格面具，如同弗洛伊德的自我和超我，是人在文化的有形教育和无形教育下，依据文化对个体的要求形成的，只是弗洛伊德更强调由之形成的心理中的意识，荣格更强调由之形成的个人的自我形象。人格面具从实质上，是人与社会、欲望与理智的斗争和妥协之后达成的结果（类似于弗洛伊德的自我），但其外在又凸显出个人按理想要求形成的理想（类似于弗洛伊德的超我），这二者在人格面具中契合无间。人格面具下面的阴影，其内容，既有弗洛伊德的个体无意识情结，又有荣格独创的集体无意识原型。人的心理在弗洛伊德那里，是意识（包括自我和超我）与无意识（本能欲望）的斗争；在荣格这里，则是人格面具和阴影的斗争。对于这种斗争，荣格加入了自己的新意：如果人格面具对阴影的排斥超过了一定的范围，心理就会失调；如果人格面具能在一定的范围内容纳阴影的要求，人就显得正常。人格面具体现社会的具体、理性、理想上的要求，阴影则体现个人本能和人类本质的内在生气。因此，在荣格的思想里，如何把人格面具与阴影结合起来，对于人的文化生存和正常心理具有重要的意义。从而，荣格在意识与无意识的结构中，在看到相互间激烈的冲突这一现实时，更强调相互妥协对正常人性的意义。

人格面具与阴影是从人的一般来讲的，具体到男人和女人，阴影的内容有所变化。每个男人心中都有一定的女性基元，每个女人心中都有一定的男性基元，这是人类在进化过程里从男女共处的历史经验中成型的。男人内心的女性基元的心理表象叫阿尼玛（anima）。女人内心的男性基元的心理表象叫阿尼姆斯（animus)。男人心中的阿尼玛在心理成长中有四个阶段，相应地存在四种形象：夏娃——海伦——玛丽亚——索菲亚。首先是夏娃，往往表现为男人的母亲情结；其次是海伦，表现为性爱对象；再次是玛丽亚，表现为爱恋中的神性；最后是索菲亚，表现为像缪斯那样属于男人内在的创造源泉。女人内在的阿尼姆斯的心理成长亦有四个阶段，相应地也存在四种形象：赫尔克勒斯——亚历山大——阿波罗——赫耳墨斯。首先是力大无穷的赫尔克勒斯，在现代社会则体现为体育明星；其次是亚历山大，表现为具有雄心的征服者；再次是阿波罗，表现为理性和阳光；最后是赫尔墨斯，这个尺、数、字母、七弦琴的发明者，集竞技、智慧、魔术于一身，象征着灵感和创造。阿尼玛和阿尼姆斯二词都来源于憎怨（animosity），都以与人格面具相反的形象和心绪出现。扰乱、抱怨、憎恨对应着人格面具的坚定性。人格面具是人的外部形象（outward face），阿尼玛和阿尼姆斯是人的内部形象（inward face）。社会要求男人成为具有强大的阳刚之气的纯爷们，让男人压抑内心阴影中的阿尼玛；社会要求女人成为具有阴柔之美的小女人，让女人压抑内心阴影中的阿尼姆斯。内外形象之间如果冲突过大，人就会心理失调；如果协调得好，人就正常。阿尼玛和阿尼姆斯分别成为男人和女人的阴影，意味着男性的无意识内容可以在女性的意识中得到显现，同样，女性的无意识内容可以在男性的意识中得到显现。

以此方法，荣格又从人的心理类型中发现意识与无意识的结构。人有外倾和内倾两种心态，前者的心理能量（力比多）投注到外部的客观世界之中，后者的心理能量（力比多）投注到内部的心理世界之中。"两种心态彼此排斥，尽管它们可以而且确实是交替地进入意识。一个人可能在某些时候是外倾的，而在另一些时候是内倾的，但是，在一个人的整个一生中，通常是其中一种心态占据优势。如果是客观的倾向占据优势，这个人就被认为是外倾的；如果是主观的倾向占据优势，他就被认为是内倾的。"①内倾型的人，其意识层面是内倾的，而无意识层面则是外倾的。外倾型的人则与之相反。人的心理功能有四个：思维（把观念连接起来形

① ［美］C. S. 霍尔、V. J. 诺德贝：《荣格心理学入门》，138页，北京，生活·读书·新知三联书店，1987。

成总概念或解决问题的最终答案，它渴望理解事物）、情感（根据愉快或不愉快的体验来决定接受还是排斥对象）、感觉（通过对眼、耳、鼻、舌、身等感官的刺激而产生意识经验）、直觉（直接把握到而不是作为思维和情感的结果而产生的经验）。思维和情感属于理性功能，感觉和直觉属于非理性功能。"四种心理功能符合明显的意识方式。意识通过这种方式使经验获得某种方向。感觉告诉我们存在某种东西；思维告诉你它是什么；情感告诉你它是否令人满意；而直觉则告诉你它来自何处和去向何方。"①虽然从本质上讲，每个人都具有这四种心理功能，但作为具体的个人，总是由一种心理功能占主导地位，其他被抑制，这同样构成了意识与无意识的内外区别。内倾、外倾加上四种功能，荣格得出八种心理类型：外倾思维型、内倾思维型、外倾情感型、内倾情感型、外倾感觉型、内倾感觉型、外倾直觉型、内倾直觉型。"尽管每个人的心态和心理功能的组合都有自己独特的模式，然而却不可能有谁不具备任何一种心态和心理功能。如果任何一种心态和心理功能不见之于他的自觉意识，那么它肯定是躲藏到无意识中去了。就在那里它也仍然要对一个人的行为施加影响。"②

荣格的心理结构和基本方法，体现为作为人格面具的意识和作为阴影的无意识。阴影可以通过人之整体而加以认识。在男女意识中，女性的阿尼玛是男性的无意识阴影，男性的阿尼姆斯是女性的无意识阴影；在心理类型中，未出现在一个人意识中的类型就是其无意识阴影。人格面具和阴影处于多方面的动态结构之中。但一个人具有怎样的无意识，是通过心理的整体结构（男女的性别整体和心理类型的体系整体）来实现的。如果说，弗洛伊德通过睡眠中的梦、现实中的诙谐来释放无意识的能量，通过艺术形式来把无意识的欲望加以升华是其学说的特点，那么，寻找以意识为主体的人格面具和（包含阿尼玛、阿尼姆斯、八种心理类型于其中的）阴影的平衡与和谐，则是荣格的目标。人格面具构成人的自我（ego），阴影是自我所拒绝和压抑的，阴影一方面为自我所不容，另一方面又是突破自我的动力。自我与阴影的总体是全我（self）。这个全我不是与自我无关的外在于自我的

① ［美］C. S. 霍尔、V. J. 诺德贝：《荣格心理学入门》，142 页，北京，生活·读书·新知三联书店，1987。

② 同上书，153 页。

整体，而是隐而不显地存在于自我中，因此荣格理论中的 the self，就是为了突出全我与自我的关系。这与弗洛伊德由本我—自我—超我构成的人的整体是完全不同的。荣格的人的整体最主要的特点在于，心理是由意识、个体无意识、集体无意识三者构成的。而集体无意识把个人与人类整体联系起来。人类整体超出了西方文化的范围。在由性别构成的无意识内容中，阿尼玛和阿尼姆斯的八个意象：夏娃、海伦、玛丽亚、索菲亚，赫尔克勒斯、亚历山大、阿波罗、赫耳墨斯，都是西方人物。由心态（外倾和内倾）和功能（思维、情感、感觉、直觉）构成的八种心理类型，明显是一种西方的几何式划分。当荣格在人的整体结构中强调最具有创意的集体无意识之时，他采用了一个非西方的象征——曼陀罗，并由此走向了一种超越西方的全球性的意象。

（二）心理结构与美学的转型

荣格的无意识包括个体无意识和集体无意识，这意味着，无意识的呈现不仅是个人性的而且是人类性的。进而，个人无意识是集体无意识的一种体现，或者说是其个别的片断，而且这些片断是由集体无意识整体决定的。这样，找出集体无意识，成为荣格理论的关键。

性别的整体性，心理类型的整体性，自我和阴影的整体性（the self），都可以由集体无意识的整体性来予以说明。集体无意识被荣格称为原型（archetype），是人类经验在历史演进中的抽象或形象之凝结。与弗洛伊德一样，荣格认为，梦与艺术是无意识（化装和升华）的呈现，但是，我们要找出集体无意识的原型，不能仅从个人经历中去寻找，由个人中找到的只是片断，而要从众多不同的个人的现象和片断中才可以找到隐藏在人类无意识现象中的原型以及原型的整体。

弗洛伊德总是可以根据一个梦和一个作品就能得出个人无意识何在的结论，荣格则要从众多的梦和众多的作品中才能找出集体无意识是什么。为了从病人的梦中分析出集体无意识，荣格在《心理学与宗教》中系统地分析了一位病人的 400个梦。[①] 为了从自己身上分析出集体无意识，荣格在 1918—1919 年，每天静听自

---

① 《荣格文集》，356 页，冯川译，北京，改革出版社，1997。

己的内心，然后按其心声画一幅圆形小图，共画了几百幅。[1] 就算面对一个梦或一个作品，荣格同样要尽可能多地收集与此梦或作品相关的知识，这一方法，荣格称为"放大"（amplification），就是把一个因素放进相关的因素群中进行考察。在《转化的象征》（1912）中，一位姑娘写了一首《逐日之蛾》的诗，诗中写道，飞蛾希望从太阳那儿得到哪怕是一瞬"销魂的青睐"，为此而死，也觉幸福。这首诗究竟表现了什么呢？荣格将之放大，并研究了歌德《浮士德》、阿普列乌斯（L. Apuleius，124—约 170）《金驴记》、拜伦和贝尔热拉克（Savinien Cyrano de Bergerac，1619—1655）的作品及现代诗歌，又考察了基督教、埃及、波斯的经文，再印之以柏拉图、卡莱尔（T. Carlyle，1795—1881）、尼采，还证之以精神分裂症患者的幻觉，终于找出了一个深藏在人类心灵深处的偶像——太阳英雄。一个人短促的一生对于一位年轻英俊、头戴金冠、长发耀眼的太阳神来说，是永远不可企及的，太阳神给人类带来白天和黑夜，春夏与秋冬，生存与死亡；带着再生的、返老还童的辉煌，一次又一次地从大地上升起，把自己的光芒洒向新的生命和新的世纪。这位姑娘的诗反映的是对太阳神的憧憬和向往。而太阳正是人类原型意象的核心：

> 无论我们采纳原始野蛮人的观点还是现代科学的观点，太阳都是上帝唯一真正的"合理"的意象。无论在哪种情况下，太阳都是赋予万物生命的天父；它是孕育生命者，是造物主，是天地能量之源。作为自然客体，太阳不知内心冲突为何物，因而令人类灵魂深陷的分歧可以借助太阳得到和谐的解决。太阳泽惠万物，亦能摧毁万物；因此黄道十二宫以残暴的狮子象征八月的酷暑，而参孙（Samson）[2]宰杀狮子之举也是为了使干枯的大地摆脱磨难，太阳的本性就是灼烤，在人类看来，太阳拥有灼烤之力是自然的事情。它平等地照耀在正义的与非正义的土地上，滋养有益的和有害的生命。因此，太阳绝对适合代表这个世界上肉眼可见的上帝，那缔造我们灵魂的力量，即我们所

---

[1]　《荣格自传——回忆·梦·思考》，170—171 页，上海，上海三联书店，2009。

[2]　原注：参孙作为太阳神，见施泰因塔尔（Steinthal）的《参孙的故事》（Die Sage von Samson）。如同米特拉教宰杀公牛献祭，参孙宰杀狮子是神自我牺牲的前奏。

说的力比多。力比多的本性就是既产生有用的东西，又产生有害的东西；既产生好的东西，又产生坏的东西。太阳与力比多之比较根本不是玩弄字眼，这一点可以从神秘主义教派的教义中看到：当神秘主义者潜沉到自己的心灵深处，"在内心"发现太阳意象时，他们就找到了自己的生命力量，他们基于一种正当的和（我认为是）物理的原因将这种生命力称之为"太阳"，因为我们的生命和能量之源实际上就是太阳。从生理学上看，我们的生命作为一个能量过程，完全就是太阳。[①]

通过对一个又一个作品的放大型分析，荣格得出了集体无意识原型的两个方面的结论：一是原型体系，就人的一生的关节点而言，它有出生原型、再生原型、死亡原型；就宗教而言，它有上帝原型、魔鬼原型、巫术原型；就自然意象的关节点而言，它有太阳原型、月亮原型、动物原型、植物原型；就童话的关节点而言，它有大地母亲原型、巨人原型、火—水—风原型、几何原型、武器原型；就人类社会的关键点而言，它有英雄原型、骗子原型、智叟原型、儿童原型等；二是原型体系的象征核心，即不同层级和不同方面的各种原型，应当有一个统一性的东西，在荣格看来，这就是曼陀罗（Mandala）。曼陀罗进入荣格的心中，有一个长期的过程。在与弗洛伊德派分裂之后的孤独岁月里，荣格根据自己的心灵而做了几百幅圆形图画，后来随着阅读的扩大和思考的深入，他意识到这些图画的后面有一种统一的东西，这就是曼陀罗。荣格1929年写作《金花的秘密：中国生命之书》，在对中国之道和西方实例的思考中，正式提出了曼陀罗这一概念。1938年他在讲稿《心理学与宗教》中把曼陀罗的主要内容做了深入的论述，20世纪50年代的两篇文章《关于曼陀罗的象征》（1950）和《曼陀罗》（1955），生成了自己关于集体无意识原型的核心结构。

曼陀罗是一个圆形，是在各文化中反复出现的集体无意识的核心原型。人类早期的天体观念是圆；太阳朝升夕落，以一种圆形每天循环；月亮的阴晴圆缺，

---

① ［瑞士］卡尔·古斯塔夫·荣格：《转化的象征——精神分裂症的前兆分析》，105页，北京，国际文化出版公司，2011。

也以圆的方式循环；赫拉克利特（Heraclitus，约前535—前475）哲学中作为宇宙本原的火，进行着上升与下降的循环，呈现为圆形轨道；在柏拉图《蒂迈欧篇》中宇宙最美的图形是圆；在基督教的教堂上有圆形的玫瑰花天窗；奥古斯丁（Augustinus，354—430）说：上帝无所不知，他的圆心无所不在，他的圆周射向无边的浩渺，把宇宙视为圆，而上帝是圆心；中国的太极图阴阳循环，是圆；《老子》说，"万物运作，吾以观其复"，表明万物运动，呈现为回环往复的圆；《周易》说，"无往不复，天地际也"，天地的运转规律被视为圆；伊斯兰苏菲派的旋转圆形舞，突出的境界是圆；佛教象征宇宙规律的法轮是圆，象征六道轮回的生命之轮是圆……其中最具有典型意义的曼陀罗图案是圆。

荣格之所以选择曼陀罗作为原型的核心意象，是因为曼陀罗内容的丰富性。对于荣格来说，曼陀罗的丰富性蕴含着与西方文化核心意象相关的东西。比如，曼陀罗的基本图形是圆，但圆之中还有正方形、三角形等各种丰富的图形，在这些图形中，荣格特别看重四位一体（quaternity）。荣格说，"四位一体是一种几乎发生在全世界的原始意象。它构成任何全部判断力的逻辑根基。倘若谁愿意做一下这种判断力测验那准会得到这四层方面。例如，你若想整体地描述一下地平线，你就会指出天空的四个部分……总有四种因素，四种基本性质，四种颜色，四种阶层，四种精神发展道路，等等"[①]。四与圆的中心相关联。古埃及图像中，太阳神贺拉斯位于中央，四个儿子位于四方；在巴比洛-诺斯（Barbelo-Gnosis）体系中，非被造物的自生者（the Autogenes）的四周围着四盏灯；在科普提·诺斯（Optic Gnosis）体系中的单生者（the Monogenes）是四位一体的；在柏拉图《蒂迈欧篇》中，上帝用四元素创造了宇宙；在旧约圣经《以西结书》中，以西结曾从上帝显示给他的异象中，看见一朵闪着火光的大云中出现了四个有生命的东西，它们各有四张脸、四个翅膀、四个轮子；在基督教的图像里，基督在中央，四福音使者位于四方，四福音使者的象征分别是天使、鹰、牛、狮；佛教有四圣谛（苦、集、灭、道），显示由世俗到佛性的进路；保卫宇宙中心的须弥山的是四大天王；中国文化中的五行被安排为中央与四方的关系。

---

① 《荣格自传——回忆·梦·思考》，362页，上海，上海三联书店，2009。

在荣格看来，曼陀罗是全我（the self）的象征，是心灵的统一、完整、自足、和谐。荣格之所以用曼陀罗来命名集体无意识原型的核心，是因为曼陀罗体现了一种主客合一的意蕴。曼陀罗是修行的图形，人正是在修行的冥想中，突破自我的局限，达到全我的真境，让心灵得到平衡与和谐的。曼陀罗可以是三维的立体坛城，也可以是二维的平面图形，其图案丰富而多变，有具体的佛像，有象征的符号，有抽象的几何图形，这三者有多种多样的组合；那些具体的佛像，有善相有恶相，有善相与恶相的结合。曼陀罗的图形，一幅幅地看去，显示了基本图案与无限变化的统一，正如在基督教世界里，十字架、基督受难像、圣母玛利亚、福音使者，都有各种各样丰富的形象。曼陀罗的多样与一致，显示着心灵的全我。当人洞悉心灵的全我时，心灵就会得到和谐，而且这种和谐不仅是自我与全我的和谐，更是个人与人类的和谐。心灵的全我在曼陀罗中以印度的佛性、神我、本尊的方式呈现出来。在其中，我们可以体会到中国文化里由周易的太极图、道家之道、儒家之道所体现出来的天地之和与天人之和；也可以体会到西方文化中基督教圣父、圣子、圣灵的三位一体所体现出来的宇宙大全，体会到由几何原理和天体定律所体现出来的宇宙大全；而荣格用曼陀罗来命名心灵的全我，让理论的视野，从西方中心转向了全球的视野。而荣格的集体无意识的原型体系，对西方的审美类型学研究有所推进。

第三节　荒诞——存在主义美学

西方文艺进入现代以来，无论在文学、绘画、电影、戏剧、音乐里，还是在其他艺术门类中，我们都可以感受到一种基本的情绪：荒诞。荒诞在美学上集中地从存在主义里表现出来。克尔凯郭尔（Soren Aabye Kierkegaard，1813—1855）、尼采（Friedrich Wilhelm Nietzsche，1844—1900）、陀思妥耶夫斯基（Фёдор Михайлович Достоевский，1821—1881)在 19 世纪中叶形成存在主义狂涛时，就显示了存在主义的跨学科性质。当 20 世纪 20—50 年代进入高潮时，存在主义作为一种文化思潮的普遍性就更明显了。存在主义包容了一批五彩斑斓的人物。尼采激烈地反对基督教，陀思妥耶夫斯基是个狂热的东正教徒，萨特（Jean-Paul Sartre，1905—1980）是彻底的无神论者，克尔凯郭尔是虔诚的基督教徒，海德格尔是个纯正的哲学家，加缪（Albert Camus，1913—1960）则纯粹是文学天才，被归为存在主义的还有雅斯贝尔斯（Karl Theodor Jaspers，1883—1969）、马塞尔（Gabriel Marcel，1889—1973）、梅洛-庞蒂（Maurice Merleau-Ponty，1908—1961）等各色人众，如果像有些人那样把诗人里尔克、作家卡夫卡也划进来，默认海德格尔把荒诞派戏剧认为同道，那么我们也会在科学家爱因斯坦、海森堡、莫诺的言论中时常发现存在主义的思想光芒。存在主义思想光芒在西方现代的主要领域——哲学、宗教、科学、美学、文艺——中流通闪烁，表现了西方现代文化中的一种综合心态。只有从文化的高度理解了这种心态的内容，我们才能理解存在主义美学之精神。

一　新的概念组合：荒诞概念的产生

在西方现代思想诸流派中，存在主义特别体现了西方文化由近代图式转向现代图式后人的焦虑状态，也体现了西方文化发展到现代的高度后对西方文化本身的焦虑，它的实质特别需要文化图式的历史演变来予以说明。近代图式向现代图式转变的历史是文艺复兴以来启蒙思想和近代理想失落的历史，也可以说，是整个古典理想失落的历史。古典理性和理想的失落从根本上说，是以欧几里得、牛顿、达尔文为代表的科学权威的跌落。正因为有欧氏几何证明了的普遍有效的公理，逻辑、理性、上帝才具有权威；正因为有统一宇宙的万有引力，宇宙才显出规律和秩序；牛顿力学的第一推动，又是上帝存在最有力的证据。古典科学和进化论支持着黑格尔哲学。然而黑格尔哲学的否定之否定已经预示了自身的命运。非欧几何显现出了一个不为欧氏几何所控制的新天地，显现出了欧氏几何的局限，也就暗示了欧氏几何所支持的理性的局限，爱因斯坦的相对宇宙论显示出牛顿的权威的有限性；只有牛顿霸权旁落之后，尼采关于上帝死亡的宣告才有了震撼人心的效果；哥德尔（Kurt Gödel，1906—1978）的不完全性定理也具有超出数学以外的哲学力量。而且，科技和资本迅速增长的资本主义社会并没有显现出规律、力量和上帝的仁爱，自由、平等、博爱的光环在两次世界大战的炮火中显得十分苍白……在科学、宗教、文艺等社会领域，古典理性灯火阑珊。存在主义在新旧交替之际，代表了现代西方对新真理的追求。存在主义从人的现实来追求人的现世的真理，与古典哲学仍有一种承转关系（西方的思想往往是以否定—前进的方式进行的），从存在主义与古典哲学的承转关系中来把握存在主义思想更显出其神韵。如图 2-3：

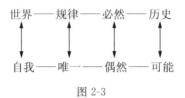

图 2-3

上面一组概念是以理性和上帝为核心的古典文化中宇宙统一性的基本概念，可以说是古典文化的四大支柱。在古典文化中，这四个概念也包含着与它们相对的下面四个概念，但它们以矛盾的主要方面之威势统治、压迫、管束着下面四个概念。而下面四个概念在相对论、量子力学、非欧几何的支持下，在人的求真激情的鼓动下，挣脱了上面四个概念的束缚，在存在主义的狂浪中昂然崛起，巍然挺立，构成了现代文化的主要支柱。

古典世界的统一性，至大无外，至小无内，人、自我存在于世界之中，是世界的一个组成部分，人是一个小宇宙，与大宇宙和谐共振。重要的是，在古典世界里，正如个别和一般、现象与本质、个人与上帝等关系一样，自我是由世界决定的，不管这是以人对理性和规律的服从方式，还是以人对上帝的顺从方式显示出来，自我始终是被决定的、受动的，古典世界的自我不能自己把握自己，不能自己认识自己，只能通过从属于上帝，或认识规律才能认识自己和把握自己。人通过对人的本质的认识，对宇宙统一规律的认识和对上帝的信仰，把自己安顿在一个稳定的整体之中，像行星围绕太阳旋转那样，让整体的性质来决定自我的一切。然而，现代文化揭示了，人的本质并不是一个固有的抽象物，宇宙并不是不受时空变动影响的固定模式，上帝本是人按照自己的形象虚构出来的偶像。人们在发现自己的虚构具有真实性的时候，就不再把真实的虚构作为上帝来信仰，上帝死了。爱因斯坦追求宇宙的统一场并未成功，即使成功了，也不会是宇宙的统一场，而是宇宙的一部分（虽然大得惊人）的统一场。作为小宇宙的人，怎样与一个相对的宇宙和谐共振呢？人失去了依托，失去了根，只能自己决定自己。现代文化作为古典文化的深入表达，显现了古典文化所决定的追求依托和追求本质的虚幻，从而把古典文化中世界与人的关系破坏了：不是世界决定人，而是人决定自身。

世界统治人具体说来就是规律支配个别，整个世界都由规律所支配，自然界按自然规律运动着，人类社会由社会规律、历史规律支配着，人违反了规律就要受到规律的处罚，人掌握了规律就会获得自由，这是古典文化中科学和哲学给人的信心。然而人们究竟怎样去获得规律，他所获得的规律又具有怎样的性质呢？相对论、非欧几何、不完全性定理，波普尔的证伪理论，库恩（T. S. Kuhn，1922—1996）的范式理论等动摇了规律的绝对性、普适性。特别是在社会、历史、人文的领域，以前认为的铁的规律，一些属于统计的规律，即概率，另一些从个别归纳出来的一般规律，完全舍弃了个别的丰富性。这两种规律只能从作为类的人来看问题，指出类的活动的运行特点、趋势，而完全不能说明单个人的丰富性和单个人的命运。我们可以从规律和逻辑上把握交通事故以一定数量发生的必然性和将发生在一切进行交通活动的人身上的可能性，但却永远说明不了为什么偏偏是某个人遇上了车祸。我们可以懂得许多恋爱的原理和规律，但却解决不了为什么偏偏是某个人碰上了失恋。而且更重要的，不是某个人在已经遇上车祸或失恋之后用规律、逻辑、理论去说明它，或用它来说明规律、逻辑、理论，不是这些规律对某个人的遭遇有意义，而是某个人的遭遇本身对自己才有意义，是某个人在遭遇中独有的痛苦对自己才有意义。存在主义不是从类，而是从个人本身来说明个人的独特意义的，类是不能说明个人的，这个人只属于这个人，坚决反对黑格尔的理念统治个人的克尔凯郭尔就预先在自己的墓志铭上写下：唯一者。当上帝、绝对理念、普遍规律像如血的残阳沉落之后，每个人的独特性如一颗颗闪烁的繁星在现代社会的夜空闪亮起来。

从世界的统一性、规律、类来看待人类的活动，人当然要强调必然性的力量，再偶然的事物和事件，也有必然性在起作用。古典世界中必然支配偶然。现代世界不从统一性、规律、类来看问题，而从个别来看问题，这必然会得出偶然的重要性。地球的出现是偶然的，并非只要有恒星的演化，就会有地球，按概率来算，在一定量的恒星系统中，会出现一定量的类地行星，但问题的关键是这个地球，不是别的行星。单个人的出生是偶然的，有父母就会有子女，但那个子女不一定就是我们自己，某一个精子与某一个卵子的结合概率是非常小的，差一秒钟，结合就会发生变化，当然母亲总会怀上一个小孩，但他可能不是自己。每个人都经历幼年、少年、青年、壮年、老年，这是必然的，但一个人有着怎样的幼年、少年、青年、壮年、老年则是偶然的。在上帝消失、绝对理念陨落、因果论为概率论取代之后，从具体的事物、具体的人出发来研究具体性，人们唯一能承认的就是偶然性。偶然性就是说，他可以出现，也可以不出现，可以这样做，也可以那样做，没有一个高于他的存在物或显或隐地决定他必然是这样，他必须这样。

古典世界的统一性、规律、必然，经达尔文的进化论进入自然史，然后又进入人类历史。黑格尔在哲学中给统一性、规律、必然以一种历史的展开，同时也把历史纳入规律和必然之内。现代西方在冷落统一性、规律、必然的同时，也抛弃了历史进化的必然。历史并不是命定的由低级向高级的必然进化。历史本身也是具体的，它充满着各种可能性，即便是重要的历史变更和事件也不是必然的。不是哥伦布必然要在某年某月横渡大西洋，不是法国大革命早在地球诞生以前就注定要发生在 1789 年 7 月 14 日。个人在历史中不是作为历史的工具或者因为推动历史前进而成为英雄，或者因为阻碍历史前进而成为坏蛋。个人是作为人而非工具才处于历史中的，不是历史决定个人的行动，而是个人自己决定自己的命运，选择自己的行动，创造自己的价值，人的命运不是历史的必然，而是敞开的。

存在主义一旦在世界与人自我，规律与个别，必然与偶然，历史与可能这些传统的对立中崇尚自我、个别、偶然、可能，它就彻底地打碎了这些对立。世界、规律、必然、历史一旦遭到贬斥、拒绝，就不再对自我、个别、偶然、可能起牵制作用。自我、个别、偶然、可能在存在哲学中进行了自我重组。新的组合诞生了现代西方的一个重要的概念——自由。人是自由的，这是萨特反复严肃地申说的一个主题。正是在存在主义讲得最清楚明白的具有现代性的自由概念里，孪生了西方现代的另一个重要概念——荒诞。荒诞的人，是加缪严肃地反复讲述的一个主题，也是弥漫在整个存在主义思潮乃至整个西方现代思想中的一个主题。存在主义的自由，是没有了上帝的自由，是否定了规律的自由，是离开了必然的自由，与这种自由紧密相连的必然是荒诞。自由和荒诞是一个钱币的两面。在上帝、规律、秩序中度过了漫长岁月的西方人在进入现代的自由境地时，还带着非常沉重的逃避自由的心理，因此，现代的自由越是清楚地展现在人们眼前，人们就越是强烈地感到一种荒诞。

二 虚无、自由、荒诞

物质与精神，是西方传统哲学的两个最根本的范畴，存在主义把这两个范畴从本体论的角度化为虚无，这是说明荒诞意识的关键，也是存在哲学转为美学的关键。

在失去形而上学的现代思想中，海德格尔的形而上的追求给了我们西方本体论的从有到无的图景。现代西方以科学为主力军把形而上学作为虚无否定掉了，但是作为西方文化实体的各门科学，以不同的方法研究不同的对象，难道只是被各个大学以行政方式组织在一起，只靠各自的实际意义才保持意义吗？难道它们没有一个共同的根吗？古代世界有一个共认的根，即巴门尼德的存在及其演化形式，柏拉图的理念和德谟克利特的物质；古典世界也有公认的根，即上帝；近代世界也有一个共同的根，即黑格尔的绝对理念。现在，这个根被科学否定掉了。海德格尔要寻找一个确实的东西，结果只找到此在（Dasein，单个人的具体存在）。此在是确实的，因此可以作为基础的本体论，然而此在只是哲学研究的确定明晰的出发点，而非形而上之根，不过形而上之根，可以从此在的本质处境中去追问。

海德格尔认为，形而上学是无（Nichts）；而非科学否定它时所认为的虚无（Nean）。形而上学被科学明晰地否定掉了，因此，寻根不能由科学之路前进，"如果前提是：要在这个问题中以'逻辑'为最高准绳；要以知性为手段并通过思维的途径，以求原始地把握'无'并对'无'可能暴露的真相做出决断——那么在这样的前提之下，因为我们始终无法把'无'作为对象，我们就对追问'无'的问题已经山穷水尽无计可施了"①。传统文化把形而上学作为一个对象，一门学科，作为存在来把握，必然要在逻辑和知性的发展中暴露马脚，最终被科学否定掉。海德格尔化有为无，就化解了科学、逻辑、知性的否定。

形而上之无，不是虚无，因为人和文化必须有意义；无又不是有，因为上帝、理念、规律在理性面前已显示为子虚乌有。对于执着于形而上之道的西方心灵，对于人类与文化虽未寻出，不能证明但确应有宇宙的统一性来说，人是要坚持追问形而上问题的。因此，海德格尔提出了"无"，无不是虚无，显示了西方心灵的执着；无不是有，避开了科学的打击，超越了知性的局限。在没有形而上的现代，海德格尔抬出了一个形而上的代替物，而这个代替物是无，"无是对在者的一切的否定，是根本不在者"②。对具有思辨头脑的海德格尔来说，区分无和虚无是容易的，但芸芸众生，又怎样对这个既不是一个对象，也根本不是一个在者，既不自行出现，也不依傍着无仿佛附着于其上的那个在者，而进行形而上的思考呢？他们似乎只有沉沦于虚无之中了。海德格尔说，我们可以用自己在世的基本经验来证明无的存在。当海德格尔避开逻辑和知性，转入经验和体验来寻找无的显现时，他已经不知不觉地从哲学转入美学了。如果我们仍用物质和精神这一概念框架来看待问题的话，那么可以说，物质、客观世界的本体论已经化有为无了，而且存在主义的研究方向也转向了，转入到此在的经验和体验中去了。这正好使我们从精神这一传统概念开始对存在主义进行考察。

萨特以现象学方法来建立存在的本体论，他的《存在与虚无》(1943)是从对意识的现象学考察开始的。意识，这个被各种唯心主义以种种方式神化为九天之上的东西，现在要落入"九地"之下了。现象学认为，一切意识都是对某物的意识。萨特由此得出：意识本身是空洞的，是不存在的，是虚无。意识是一种自发的活动，意识活动和意识对象是同时出现的，意识一出现就是对某物的意识。意识对

① 洪谦主编：《西方现代资产阶级哲学论著选辑》，346页，北京，商务印书馆，1964。引文有改动，后同。

② 洪谦主编：《西方现代资产阶级哲学论著选辑》，346页，北京，商务印书馆，1964。

象在心中出现了，意识这个虚无才同时附着在该物上，成为对此物的意识，才化无为有。当世界的本体化为无的时候，人失去了外在的根本依靠；当意识本身是无的时候，人的内在失去了根本的依托，人真的自由了。这是一种处境尴尬的自由。加缪在《西西弗的神话》(1942)中说："一个哪怕可以用极不像样的理由解释的世界也是人们感到熟悉的世界。然而，一旦世界失去幻想与光明，人就会觉得自己是陌路人。他就成为无所依托的流放者，因为他被剥夺了对失去的家乡的记忆，而且丧失了对未来世界的希望。这种人与他的生活之间的分离，演员与舞台之间的分离，真正构成荒谬感。"①人本身是荒诞的，作为单个人尤其显得荒诞，人被不明不白地抛到世界上来了。我为什么是我？我为什么是这个人种，处在这个国家、时代，属于这个阶层？不从把人归为类的传统本体论出发，而从突出与类不同的我的存在主义本体论出发，这个问题是讲不清楚的。在突出与类不同的我时，我的命运是荒诞的。这个与类不同的我，看着规律的世界转变为我之世界，世界显得荒诞。人固执于我，成为局外人；世界也疏远于人，成为卡夫卡所描绘的世界，成为荒诞派戏剧和黑色幽默小说中的世界。人固执于我，我与他人的沟通也成问题了，人与我的关系成了萨特戏剧《间隔》中的三人之间的关系，乃至成为尤奈斯库《秃头歌女》中那对夫妇之间的关系。突出了与类不同的我，脱离了上帝和规律的我，是自由了，但这种自由是荒诞的。既脱离了外在的规律，又不能阻止异己的规律对自己产生压力，人就陷入了尤奈斯库的《椅子》《未来在鸡蛋里》《新客房》所讲的处境中，甚至会落入卡夫卡《变形记》和尤奈斯库《犀牛》中所讲的命运中，人变成非人，变成甲虫或犀牛。

三　存在主义美学基本理论

　　没有了上帝和规律的荒诞感，不是导入逻辑、抽象、理性，而是走向经验、

---

　　① ［法］阿尔贝·加缪：《西西弗的神话——论荒谬》，6 页，北京，生活·读书·新知三联书店，1987。

体验、情感、心灵，因此，正如人们所公认的，萨特在论述自己的思想时，其哲学论著不如文学作品表达深刻。在存在主义关于此在在世的经验和体验的各种论述和描绘中，现代社会中存在者的荒诞围绕着几个基本概念清晰地展现出来。

荒诞与自由一体两面，自由而荒诞的此在在世也交织着积极与消极的两面：从积极方面看，这是自我对生活的主动介入；从消极方面看，这是自我莫名其妙地被命运抛入的。不管是主动介入还是被动抛入，此在都体验到在世于现代的几种最基本的经验。

（一）孤独

孤独是此在在世的基本感受。每个人在各个文化及其时期都感受到孤独。那些孤独都是个体被规律抛弃而感受到的，但他们无论感到多么孤独，内心深处都坚信规律是存在的，自己只是生不逢时，命途多舛罢了。而存在主义的孤独却是宇宙法则已不存在的孤独。没有上帝的照料，也无规律以依循，没有价值的参照，更谈不上对行动后果的意识，没有我来自何处之根，也没有我向何处去之轨，更没有在世何为的外在律令，此在在世的孤独是有史以来最深的孤独。这种孤独感也是漂泊感、失家感。这种孤独感深深地揭示出：自由是荒诞的。

（二）恶心

这也是此在在世的一种基本体验。人生在世，必须选择做什么：工人、侍者、政治家、学者或游手好闲者。选择了什么，什么就成了个人的活动，什么也就成了个人的一种属性。人是自由的，可以选择做这个，也可以选择不做这个。不过，只要一个人选择了它，这个人就处在这个身份所要求的一切规定之中。如果我是侍者，我就得准时上班，对客人热情周到，一言一行都得按照侍者的身份去做。当然我可以不做这件事或那件事，但不能不做任何事，无所事事也是我选择的"事"，这时，我必须按一个无所事事的闲人的要求来行动。人可以以这种身份或那种身份存在，但不能没有身份存在。一方面人是自由的，可以任意选择；另一方面，人一经选择，进入世界，就不容易脱身出来。"存在是黏滞的，它把人粘在自己那里，就像蜂蜜粘在手上、衣服上那样，让人恶心得要命。"[①]人只得进入外界的存在，只得选择一个什么，而这个什么的价值和意义是没有保证的。人只要生存着，就不得不做个什么和是个什么，从而就使人不断地被粘住，不断地感到恶心。萨特《恶心》中的主人公洛根丁不断地意识到自己的在世，也不断地体验到具体在世的恶心。恶心暗示出：人的介入是荒诞的。

(三)焦虑

这也是此在在世的一种基本经验。人是自由的就暗含着人充满焦虑。人自由，意味着自己决定自己、创造自己，自己对自己负责。由于没有内在的必然性，没有既成的价值标准，人在选择和决定的时候必然充满了焦虑。当亚伯拉罕把亲生儿子绑上祭坛时，他必须自己决定，此时他听到的确实是上帝的声音。有时人在决定时不仅决定自己，也决定着别人的命运，这样焦虑就加倍了。而且从根本上说，人选择自己的意义时，也选择了包括自己在内的一切人的意义，焦虑更是倍增。人根据未来的可能性，把意义给予现在和过去，由于没有了上帝和历史的必然性，未来的确定随之不存在，因此人是从一种不可靠的东西出发来进行选择的。焦虑显示出：选择是荒诞的。

(四)畏

自由是荒诞的，自由选择、自由介入也是荒诞的。在孤独、恶心、焦虑里弥漫着一种无可名状的恐惧，海德格尔称之为畏（Angst）。畏不同于怕，怕是因为某种确定的具体的东西或某种确定的行为方式而怕，畏是指对"能够存在"的这个"能够"的怕，也就是对"能够在世"本身的怕。"我们所畏与所为而畏的东西是不确定的"，因此，海德格尔说，"畏启示着无"。从存在主义整体来看，畏就是人必须在一个没有规律的世界上自由地确定自己的在世，担负起自立于世界的责任，赋予

---

① 周国平主编：《诗人哲学家》，373页，上海，上海人民出版社，1987。引文有改动，后同。

人和世界以意义。然而，由于责任、行动、意义、价值都没有先验的标准，人的本真的在世就会伴随着畏。海德格尔的本意是畏向人启示了世界的最根本的东西（无，或者说以无的形式存在的本体）。人们从怕进入畏，就进入了对人生在世的价值和意义的本真性思考。但由于这种带着人生根本经验的、启示着无的畏，本身是不确定的，不可言说的，这也使得这种思考特别难，再难也须思，再思也还难。在艺术上我们可以看到由畏衍扩成的各种形式；在蒙克的《喊叫》里，有一种畏；在梵·高的《星空》中有另一种畏；在蒙德里安的抽象图形、毕加索的《格尔尼卡》、恩斯特（Max Ernst，1891—1976）的《茨堡的河流》中，都有各自的畏。

（五）沉沦

荒诞的自由必然伴随着孤独、恶心、焦虑和畏，人在难以承受这些痛苦的时候，就趋于海德格尔所说的"沉沦"。沉沦的核心是放弃自己，也就是萨特所说的"逃避自由"。人放弃自己的主见，按照他或她给我提供的"做什么"和"怎样做"的标准行事。实际上人遵循的并非具体的他或她的提示，而是把一个共同依循的"他"作为标准，这个非具体但抽象的"他"就是"自古以来""常言道""大家认为"的代言人。在如此在世的方式中，人的自我消融于他人之中，一切所作所为都取决于这个他人的好恶。他人决定着我的日常生活的存在方式。这个他人，海德格尔名为"常人"（das man）。常人不是这个人，不是那个人，不是一些人，不是人本身，不是一切人的总和，而是一个中性的东西。在此在为常人所代替的日常在世中，人既没有选择，也没有责任，无所谓自由，也就避免了孤独、恶心、焦虑和畏。然而，用海德格尔的话说，它是此在丧失了自身在世状态的非本真的（uneigentlich）存在。这种非本真的存在在萨特的文学作品《一个工厂主的童年》《恭顺的妓女》中有生动的描绘。

（六）真正的无聊

人们日常在世趋于沉沦，倾向非本真的存在，以获得安宁，得到家居，然而这种安宁与家居没有古典的上帝和形而上的保证，它的无根性随时都可能暴露出来："起床，乘电车，在办公室或工厂工作四小时，午饭，又乘电车，四小时工作，吃饭，睡觉；周一、周二、周三、周四、周五、周六，总是一个节奏，在绝大部分时间里很容易沿循这条道路。一旦某一天，'为什么'的问题被提出来，一切就从这带点惊奇味道的厌倦开始了。"① 这厌倦，也就是海德格尔的"真正的无聊"。"当我们只靠这本书或那出戏，那件事或这种消遣来无聊地混着时，真正的无聊就还离得远。当'我真无聊'时，真正的无聊就来临了。"这种深刻的无聊意味着人要从非本真存在的沉沦中挣出，寻求本真的存在。"这种深刻的无聊，在存在的深渊中如满天沉静的迷雾弥漫周遭，把万物与众生以及与它们一起的我自身都混入一种麻木不仁的境界中。这种无聊启示出在整体中的在者。"② 无聊不仅启示海德格尔的无，也启示人们应当正视自身的意义，在自由和荒诞中保持住自己的主体性。

（七）死亡

在唤醒沉沦上，还有一种比深刻的无聊更有力的东西：对死亡的领会。人终有一死，死是生命的完结。上帝死了，死再也不是通向天堂的道路，作为生之界限的死，它的那一边并没有另一个世界，历史没有一个运动不息的精神，此在不属于任何一个理念。死，就是唯一者的终结，唯一的人不会变成一股精神让子孙后代永远流传下去。死就死了，烟消云散。没有了上帝、宇宙精神、历史理念，死使生、我之生、我的在世显得特别珍贵，死对唯一的人生具有一种超过以往任何时代的震颤和唤醒的力量。当人领悟到自己终有一死时，他会猛然超出日常的沉沦，反思此在之在，思索人生的真谛。人是畏死的，人总是不知不觉地避讳自己的死，但死是逃不脱的，人或早或迟要意识到自己固有一死，要为死所震颤和惊起。生的欲望与惰性，使人生在世陷入沉沦，死的必然与畏惧又使人生在世走向澄明。所谓澄明，就是人在一个本质虚无的世界上，提起存在的勇气，正视自己的荒诞的自由，他应该

---

① ［法］阿尔贝·加缪：《西西弗的神话——论荒谬》，15页，北京，生活·读书·新知三联书店，1987。

② 洪谦主编：《西方现代资产阶级哲学论著选辑》，348页，北京，商务印书馆，1964。

本真地活着，他应该具有孤独感，常怀焦虑、恶心和畏，他应自由而荒诞地在世。

四　荒诞：现代人的悲剧感

人自由而本真的存在，充满了孤独、恶心、焦虑和畏；人逃避自由的非本真存在，又得经受无聊和死亡的拷打，驱赶着人进入本真的存在，而人一旦进入自由的本真存在，也就又进入孤独、恶心、焦虑和畏的存在中，如果人忍受不了这种充满孤独、焦虑、恶心和畏的自由呢？又逃避自由……现代人的命运，犹如希腊神话中西西弗的命运。诸神处罚西西弗把一块巨石推上山顶。由于石头那过大的体积和重量，每当西西弗刚把它推到山顶，它就轰地滚下山去。西西弗的命运就是一次又一次地把巨石推上山顶，再滚再推，一遍又一遍……"在西西弗身上，我们只能看到这样一幅图画：一个紧张的身体千百次地重复一个动作：搬动巨石，滚动它并把它推至山顶；我们看到的是一张痛苦扭曲的脸，看到的是紧贴在巨石上的面颊，那落满泥土、抖动的肩膀，沾满泥土的双脚，完全僵直的胳膊，以及那坚实的满是泥土的人的双手。经过被渺渺空间和永恒时间限制着的努力之后，目的就达到了。西西弗于是看到巨石在几秒钟内又向着下面的世界滚下，而他则必须把这巨石重新推向山顶。他于是又向山下走去……以沉重而均匀的脚步走向那无尽的苦难。"[1]然而，加缪认为，由于西西弗完全清楚自己的悲惨境地，清醒地意识到自己的痛苦，他就通过蔑视而达到了自我的超越。西西弗认识到："如果有一种个人的命运，就不会有更高的命运"，"当荒谬的人深思他的痛苦时，他就使一切偶像哑然失声"，"荒谬的人知道，他是自己生活的主人。在这微妙的时刻，人回归到自己的生活之中，西西弗回身走向巨石，他静观这一系列没有关联而又变成他自己命运的行动，他的命运是他自己创造的"[2]。

---

① ［法］阿尔贝·加缪：《西西弗的神话——论荒谬》，157 页，北京，生活·读书·新知三联书店，1987。

② 同上书，160—161 页。

现代人在自由而荒诞的在世中，进行着孤独、焦虑、恶心、畏和沉沦的如同西西弗推动巨石一般的循环。人们用文学艺术展现了多种多样的荒诞感，卡夫卡的小说和荒诞派戏剧是荒诞的一极，梵·高的充满骚动狂情的画和海明威（E. M. Hemingway，1899—1961）的硬汉子文学形象是荒诞的另一极。表现主义、超现实主义、黑色幽默、达达主义、行动画派、偶然性音乐、先锋派电影……无不显示出一种荒诞，而这荒诞的核心，是在一个没有上帝和规律的世界上创造自己命运的巨大的悲剧感！

第三章 西方现代美学的体系建构（上）

这一章，主要呈现西方现代美学的理论体系建构在新三面上的最为成功者，在审美心理上，是杜夫海纳的《审美经验现象学》；在艺术理论上，是苏珊·朗格的《情感与形式》；在概念分析上，是迪基的《美学导论》。这里，所谓新三面，是从宏观结构上看的，而落实到这三本体系性的著作本身，又有各自多方面的理论关联。因此，我们在进入这三本著作的时候，一方面要把其在三面上的建构讲出来，另一方面又要把其自身的各种关联说清楚，因而，三本著作，既是整体中的个体，又具有个体的一般特征。

第一节　现代美学原理——现象学美学

西方现代美学的新三面是概念分析、审美心理、艺术理论，前者是新生事物，有自己的一套体系，后两者却是由传统美学演化而来的，因此，否定了美的本质的现代美学一般以审美心理和艺术为研究领域，如何把这两大领域合成一个完美的整体，就成了现代美学重建的任务。而真正做到了把这两大方面铸成一个逻辑完整的体系的，是杜夫海纳（Mikel Dufrenne，1910—

1995），这位法国美学家做出的功绩，同时也是现象学的功绩。现象学的方法最适宜构筑体系，也最适宜把审美心理与艺术统一起来。

关于现象学流派的具体情况，我们放到解释学一章去详论，这里只提出一点，现象学可以分为大现象学和小现象学。大现象学包括胡塞尔和基本遵循胡塞尔思想的学者，也包括受胡塞尔的影响而又有所创新的学者，如海德格尔和伽达默尔，直言之，大现象学包括存在主义和解释学，而小现象学则只包括胡塞尔和基本遵循胡塞尔思想的研究者。本章的现象学就是小现象学。其基本特征可以用三点来概括：一是从自我面对的事物这一现象出发（这是整个大现象学的共同特征），二是得到普遍的、具有本质规律性的东西（区别于解释学），三是这种本质性的东西是明晰清楚的（区别于存在主义）。以这些特征来界定现象学美学，使三位大家受人关注：莫里茨·盖格尔（Moritz Geiger，1880—1937），英加登（Roman Ingarten，1893—1970）和杜夫海纳，尤以后者堪称胡塞尔的正宗传人。与英加登于20世纪30年代用两本大著《文学的艺术作品》（1931）和《对文学的艺术作品的认识》（1937）在文学上建立了完整的体系相辉映，杜夫海纳以《审美经验现象学》（1953）于20世纪50年代在美学上建立了完整的体系，为建造体系时代竖起了一块令人夺目的丰碑。

一 现象学与杜夫海纳的体系结构

杜夫海纳的成功得益于胡塞尔的现象学方法。胡塞尔和许多现象学大思想家一样，要以新的方式重建普遍性。哲学史上有普遍性被扬弃的前车之鉴，胡塞尔怎样才能使普遍性重新令人确信不疑呢？胡塞尔拿出了一套现象学理论。要用最少的话说出这套庞大学说的特点，即四个字：本质直观。在古典普遍性的基础，如牛顿、黑格尔、上帝遭到怀疑和批判的时候，他如何才能使人重信这些普遍性呢？古典哲学从逻辑、定义推出普遍性，但真理在非欧几何和相对论的语境中，已经不可靠了，胡塞尔诉诸现象学直观，这样可靠性就保住了。人在直观对象的时候，既确定了直观者的确实性，又确定了被直观对象的确实性。但是在以往的哲学中，人们一直认为，直观，是个别的人面对个别的东西，仅从个别是不能得出普遍性的。而现象学恰恰就是要从个别中推出普遍性的东西。其理论如下。

在面对事物时，人，因为时代、环境、教育的影响，心中已有许多先存之见；事物，在历史联系和时代文化中，也有了先存背景；具体的主体和客体已被赋予了各种定义和标签，被认定了各种特征和本质。而对于现象学来说，要成为真正的现象学直观，而不是一般认识过程的感受，我们首先必须加括号。一方面把主体的各种先入之见括起来，另一方面把对象的各种背景知识括起来。加括号之后，用现象学的话来说，就成了主体直接面对事物本身。由于加括号，主体没有了任何先入之见，成了纯粹的主体，即没有任何个体特性、时代特性的主体；对象也没有了任何背景，成了纯粹的对象，即不与任何具体时代的知识体系相联系的对象；以去除了各种成见的纯粹主体直观去除了各种背景缠绕的纯粹对象，所获得的，当然就是一种普遍性的本质性的东西。普遍性的东西是如何显现出来的，胡塞尔有很繁复的论述，归其要点就是，本质直观是主体意识的意向性活动。现象学的意向性概念是对西方哲学意识理论的一种革新，意识不仅是主体的一种知识形态，更是主体朝向客体的意向性活动。意向性把主体与客体联系起来，这种联系可以用两句话来概括：一切意向都是指向对象的意向，一切对象都是意向性的对象。在现象学的本质直观中，纯粹的意向性活动一方面使对象的构造结构显示出来，另一方面也使主体的意向性活动结构显示出来。意向性结构和对象结构是在本质直观中同时呈现出来的，对象结构就是事物中的普遍性的东西，而这种普遍性的东西是在主体的意向性活动中呈现的，客体的对象结构和主体的意向性结构都是在本质直观中出现的，是以单个人的亲身经历为其保证的，是确实的。而且我一旦看见了，再让你来看，或他来看，都能看见。这种普遍性是可以被普遍验证的。现象学就是这样以个人的现象学直观得出了普遍性的本质的。

以现象学的方法，我们就可以理解英加登的文学理论体系何以由《文学的艺术作品》和《对文学的艺术作品的认识》这两部书构成。同样我们也可以理解杜夫海纳美学体系的结构方式。《审美经验现象学》分为四编，第一编"审美对象的现象学"，从追问何为审美对象来开始美学的现象学直观，由此把审美对象归为艺术之后，紧接第二编"艺术作品的分析"，显示了艺术作品的一般结构，然后转入第三编"审美知觉的现象学"，分析了与艺术作品结构相对应的审美知觉结构，最后第四编"审美经验批判"，为美学建立了一种本体论的基础。这部美学巨著的结构包含了四大特点：一是从现象出发最后达到本体论，简便易行地避开了逻辑起点的难题；二是意向性和对象构成正好横跨美学中审美心理和艺术两大领域，而且能够逻辑严密地统一起来，形成完整的现代美学原理体系；三是对于审美心理与艺术在客体对象上的宽窄不合问题，杜夫海纳在对审美对象的本质直观中予以简单明快地合理解决；四是建立体系能够与多元的现代潮流竞争，并赋予本体论以开放的性质。

二　审美对象论

传统美学和现代美学一直都有一个难题，即审美对象的统一性问题。以现代美学为例，以审美经验为中心，对象就不只是艺术，还有一些对象也能引起审美经验，即非艺术客体，这意味着存在一个比艺术广泛得多的审美对象系列。以艺术为中心，但又不认为自己的理论仅是艺术理论，还要冠以美学之名，因此杜夫海纳首先应澄清艺术和其他审美对象的关系，像黑格尔在古典美学中做的那样，但在此之前，得先解决何为审美对象的问题。

(一)艺术作品加审美知觉等于审美对象

古典美学首先追问美是什么，用美的本质来建立体系，这已经被分析美学摧毁了。我们无须追问美的事物的本质，但可以对审美对象进行现象学直观。杜夫海纳用什么是审美对象来开始自己的研究。"审美对象是什么"不是一个本质上追求如柏拉图的归纳和黑格尔的演绎的问题，而是一个现象学还原的问题。在一切审美对象中，艺术作品是最无争议的审美对象，因此我们应面对艺术作品。不过，当人们与艺术作品相遇时，艺术作品并不都被作为审美对象来看待。对一个目不识丁的人来说，莎士比亚戏剧集与一本科学论文没有差别，搬运工在搬运达·芬奇的名画时只把它作为自己的搬运对象，与其他贵重物品并无不同。当一个语言学家统计《俄狄浦斯王》书中的动词用法时，这部伟大的杰作对于他来说，并不是审美对象。因此，艺术作品并不等于审美对象，只有艺术作品按照本来的目的（即审美的目的，西方文化的信条是艺术的目的是追求美）被知觉的时候，只有当艺术作品的存在（being）在知觉中显示出来的时候，它才是审美对象。简言之，艺术作品加上审美知觉才是审美对象。

这段话的真正意义，要经过一番解说才能理解。这得从现象学的存在论开始。什么是艺术作品的存在呢？艺术作品存在于何处呢？我们在面对音乐、电影、舞蹈时最容易产生这一问题。贝多芬的《命运》存在于何处？他只写了乐谱。而面对乐谱，我们并不能获得音乐，乐谱只是作品的潜在存在。只有经过演奏，作品才从潜在存在进入实际存在。表演即作品的显现，向意识显现，对意识成为审美对象。表演同时也是作品成为审美对象的方式，当作品"成为审美对象的时候，艺术作品就真正成为艺术作品"[①]了。这里不提观者（观看者、观察者）而提表演者，因为观者（观看者、观察者）有多重性质，而表演者则只有比较固定的性质：他严格地按照作品的原意将作品表现出来。因此，"艺术作品加上审美知觉等于审美对象"，现在具体为"艺术作品加上表演者的表演等于审美对象"。艺术作品在表演者那里必然是作为审美对象出现的，不如此，他就不能正确地表演作品。

然而，绘画和小说等艺术门类是没有表演者的，在这里观者与表演者合二为一了。从某种意义上说，观者在头脑中对作品进行表演，通过对音乐和戏剧的表演，观者在头脑中推入小说和绘画，我们就可以对观者的一般性质有更正确的理解。虽然在小说与绘画中表演者和观者是合一的，但表演者和观者在性质上又毕竟是有差别的。在传统里，表演是为了把作品具体化，它往往被视为作品一方，甚至单独就可以成为一种审美对象，观者是为了欣赏作品，他有更多的欣赏自由，是与作品相对的一方。为了从观者本身来规定观者，杜夫海纳创造了一个概念：目击者（witness）。目击者即按照作品规定的方式去观的观者，亦即最理想的观者。观有深浅之分，"目击"意味着目击到作品原本的含义和最深刻的意义。因此，杜夫海纳对目击者的论述，正是古往今来对欣赏者论述的精华。首先，目击者处

---

① Mikel Dufrenne，*The Phenomenology of Aesthetic Experience*，Evanston，Northwestern University Press，1973，p. 16.

于欣赏作品的最佳视点。其次，目击者不是一个一般的观者，而是一个卷入的观者，卷入作品的世界之中。最后，一方面目击者遵循作品，顺从客体；另一方面，他与作品共在，达到主客体的融合，通过共在与融合，他目击了作品的真谛，作品的真谛也通过他而显现出来，获得存在。杜夫海纳说，目击者犹如海德格尔的"此在在此"。到此，"艺术作品加上审美知觉等于审美对象"就具体为"艺术作品加上目击者等于审美对象"了。

目击者遵循作品，沿波讨源，使作品的真谛显现出来，成为审美对象。这里需要解决一个理论问题：趣味问题。趣味在理论上，一直意味着观者的爱好或偏好，意味着观者对作品的选择。杜夫海纳认为，应该区分两种趣味：一种是具体化的个人趣味（tastes），它是个别的、多样的；一种是趣味本身（taste），它是使个别趣味成为趣味的趣味。个别趣味是为了达到一种自我的愉快，但美引起的不是一种个人性的愉快，而是一种类似于古典美学上讲的崇高的情感，它要求观者为一种激动他的神圣的东西而牺牲自己的趣味，使观者的趣味无条件地投入客体之中。美激起主体的崇高感情，使观者用普遍的知，而不是用个人趣味的偏爱来行动。从观者到目击者的过程，也就是观者超越自己的个人趣味而达到趣味本身的过程，同时也可以说，通过趣味，目击者把自己提高到了人类普遍性的高度。

作品通过目击者而显现，成为审美对象，目击者通过目击作品的真谛而获得审美感受。审美情感作为一种普遍性的趣味要求交流和普遍化，目击者也追求知己，要求与人共睹。目击者的增加、再增加而形成公众（public）。作品渴望的也不是单个目击者的自我满足，而是公众。公众不同于大众（mass），大众是由带着各种各样的观点来看作品的观者形成的，而公众则是由目击者的扩大构成的。它是建立在对作品的目击之上的，是朝向普遍性的人类性的。公众朝向人类性的运动，只有通过艺术才是可能的；同样，只有通过公众，艺术作品才成为实际上的艺术作品，艺术作品只有对于目击它的公众才成为审美对象。这里"艺术作品加上审美知觉等于审美对象"转化为"艺术作品加上公众等于审美对象"。至此，从审美知觉到表演者再到目击者最后到公众的转化中，我们可以得出，杜夫海纳的定义，"艺术作品加上审美知觉等于审美对象"已经从一种看似个别的现象走向了带有普遍性的内涵。

审美对象还有一个根本的性质，这个性质是在谈论作品与表演关系时就可以察觉到的。在该关系中，我们似乎可以发现一个怪圈：一方面作品是由表演来完成的，另一方面表演是由作品来评判的；一方面作品不应该降低为它的表演，另一方面只能通过表演，只有在表演里，作品才能被掌握。杜夫海纳认为，这里的秘密在于，作品是有深度的，是不可穷尽的，对作品进行多种多样的表演和解释都是有效的，表演的历史性并不能完全实现作品的真理。也正因为这样，作品不满足于个别目击者的目击，而追求公众的共赏。作品的深度需要不断的、多方面的发展，作品需要也受益于多种解释，作品经历的时间越长，公众就越来越向时间和空间两个方面扩大，作品的丰富性也就愈加彰显。从历史和空间的综合来看，公众的目击和作品的启示既是朝向普遍人性的运动，又是朝向丰富多彩的个人的运动。至此艺术作品加上审美知觉等于审美对象的定义就完成了。

（二）艺术作品与非艺术客体

现在可以解决艺术作品与非艺术客体的关系了。与艺术相对的客体，杜夫海纳列有：生命客体（living beings）、自然客体、功用客体（object of use）和意指客体（signifying object）四类。正像艺术作品加上审美知觉等于审美对象一样，只要对这些客体施以审美知觉，它们就能够成为审美对象。这就是古往今来这些客体一再被列为审美对象的原因。但是我们必须认识到，艺术作品成为审美对象是必然的，艺术作品的目的就是要求自己成为审美对象。而其他客体成为审美对象则是偶然的，它们的目的并不是要成为审美对象。首先看生命客体。当舞蹈者作为舞蹈的表演者出现在舞台上的时候，当花朵嘉木在公园里面向游人的时候，两者作为审美对象是必然的吗？杜夫海纳认为，舞蹈者不是作为自身而是作为舞蹈在舞台上出现的，人们欣赏的是舞蹈而非舞蹈者，舞蹈者只是作为舞蹈的承担者化为整个艺术的一种功能而显现的，因此这不能作为生命客体必然成为审美对象的证据。同样，花木在公园里犹如舞蹈者在舞蹈中。其次看自然客体。自然客体主要是作为事物而存在的，它有着多方面的取向，这与审美对象主要为美感而存在的专一取向有本质的不同。诚然，自然事物也有形状、色彩、音响，但这是特殊的形（body）、色（colors）、声（noise），而不是形（form）、色（color）、声（sound）本身，它的形、色、声不能取得纯感性的性质，其本身只有通过艺术才能做到这一点，而这时它又是艺术而非自然客体，它已无自然客体的多方向性了。再次看功用客体。当具有多重性质的功用客体偶然成为审美对象的时候，它的审美性质已不能用功利来衡量，它成为审美对象时，其功用性就是偶然的了，从有用物到工艺品的转化就是明证。又如，当一般建筑成为审美对象时，它就超越其有用性而具有音乐一般的效果。有用客体的有用性本身就决定了有用客体从本质上是非审美的。最后看意指客体。意指客体的目的是传达某种自身以外的东西，如教科书传播知识，宗教读物传播教义，广告宣传商品。意指客体全靠题材，依靠所述说所宣传的东西的意义来获得自己的意义。审美客体则相反，不依题材的轻重大小，而凭形式本身就获得了自己的意义。原始艺术和宗教艺术都是意指客体，只有当其摆脱时间环境的束缚，从巫术场地和宗教庙宇脱离出来，进入博物馆时，它才转为审美对象。通过这一番辨析，杜夫海纳完全有理由只以艺术作品作为研究审美对象的客体了。

由上可知，杜夫海纳的审美对象论包含两个基本内容：一是以艺术统率审美对象，解决了艺术品与非艺术品作为审美对象上的混乱问题；二是把审美对象集中在艺术作品上之后，又以审美对象来统率艺术作品，把艺术追求美这一传统美学命题给予了现代的证明和发展，关于审美对象的现象学研究，杜夫海纳避免了重蹈传统美学追求美的本质的覆辙，开启了一条较新的路子。这两个问题解决之后，接下来就是对艺术作品进行结构分析。

三　美学两大部分及其关系

艺术作品的结构与审美知觉的结构是共在互动的，因此这两部分构成了现象学美学的主要内容。我们先看艺术作品的结构，这里包括两个问题，一是各门艺术的共性，二是艺术作品的基本结构。在讲后者之前，我们必须讲清前者。

(一)各门艺术的共性

艺术作品有各种类型，如绘画、雕塑、建筑、音乐、舞蹈、文学、戏剧、电影，这是美学理论的艺术分类问题。现象学关心的是本质问题，面对任何一类艺术，要得到的不是这门艺术的特殊性，而是一切艺术的共性。因此，杜夫海纳选了两门看起来最为对立的艺术——音乐与绘画——来说明艺术的共性。音乐是时间性的，绘画是空间性的；音乐是抽象的，绘画是具象的；音乐是听觉艺术，绘画是视觉艺术。音乐与绘画的对立反映了各门艺术之间的一系列根本对立，因此，我们阐明了音乐与绘画的共性，也就阐明了一切艺术的共性。音乐是时间性的，但前后呈现的音响只有给出句、段、章的组织才能成为音乐，我们在把握乐句、乐段、乐章时，是把时间转化为一种空间来进行的，从把音乐转为乐谱就可以体会出这一点，这也在园林欣赏的时间进行中表现出来。绘画是空间性的，但一条线在空间上的延伸本身就是一个时间的过程，色彩的层次变化也包含着视觉的时间推移。最具空间性的绘画包含时间，最具时间性的音乐包含空间，因此，一切艺术都是时间和空间的互渗。绘画艺术是具象的，但这种具象不是客观事物的再现或模仿，它的具象本身要显现出一个世界、一种境界、一种气氛、一种韵味，这种世界、境界、气氛、韵味本身就具有表现的性质。它趋向于表现，展现的是一个表现的世界。音乐是抽象的，它似乎无象，它那有组织的音响流动也产生一种境界、一种气氛、一种韵味，而这种境界、气氛、韵味本身就形成一种具象，音乐的具象，也与绘画的具象一样，不能由现实来衡量。因此，具象不是别的，就是艺术按照自己的目的组织起来的感性性质或感性世界。通过这些对立统一的辨析，杜夫海纳分析了音乐和绘画共有的三个因素：一是和声，二是节奏，三是旋律。这三个音乐术语是可以贯穿到一切艺术门类中去的，如在绘画里，和声指色彩形成的和声，节奏使色彩的运动秩序化，旋律则蕴含着世界的表现性质。

（二）艺术作品的基本结构

在论述了各门艺术的统一性之后，杜夫海纳分析了艺术共有的基本结构：一是感性（sensuous），二是主题（subject），三是表现（expression）。①

---

① 关于基本结构，在行文中，杜夫海纳还有两种提法：一为感性，再现客体，表现世界；二为艺术质料，表达主题，显示表现。但两种提法的基本意思是一致的。

1. 感性

艺术作品的感性，首先涉及的是质料问题，我们必须区分物质质料和艺术质料。物质质料是什么呢？物质质料于雕塑是石头，于绘画是画布，于音乐是乐器、演员，于文学是纸张上的字形，于舞蹈是人体，于建筑是砖木。艺术质料是什么呢？艺术质料于雕塑是形状，于绘画是线条和色彩，于音乐是音响，于文学是语音词义，于建筑是外形。艺术作品之为艺术作品，首先就在于其进入被欣赏阶段时摆脱物质质料进入艺术质料。人体雕塑不被看成是石头，而被看成是人体；《荷马史诗》不被看成是字形，而被看成是有意义的字，字会生出文学世界。只有物质质料转化为艺术质料之后，艺术作品才能建立自身的感性，即不把《维纳斯》看成是一块石头，不把绘画与墙壁结合在一起，而让画单独成为一个世界。当物质质料转为艺术质料时，艺术作品的感性就呈现出来了。感性是艺术作品的第一层，这一层寓于物质质料之中但又不是物质质料，而是艺术质料，也可以说感性就是艺术质料。我们从物质质料中看出了艺术质料，也就感受到了艺术作品的感性，也就迈进了艺术作品之门。

2. 主题

作品的第二层是主题。感性脱离了日常世界的物质世界，即色彩脱离画布而形成事物，词汇离开纸张而形成事态，音响离开乐器与空气而形成自己的组织。感性建立起艺术世界，形成自己的再现事物，由于这个再现事物不以客观事物为标准，为蓝本，因此我们不妨称之为再现形象。一方面感性自身建立了客体——再现形象，另一方面再现形象又为感性提供了意义的统一。这个意义的统一，就是主题。作为艺术作品的第二层，主题，有三个作用。第一，主题按照艺术的规律而不是按照现实的规律确定感性是什么。它给感性下了艺术的定义，使感性作为一个艺术世界鲜明地呈现出来。第二，主题具有秩序功能。它对由感性构成的艺术世界进行逻辑性的把握，使之具有统一性，这样它一方面使感性在整体上成为一个艺术的再现世界，另一方面又给了这个艺术的再现世界以一个主题，使思想能够自觉地思考这一主题，意识到这一主题，并把握这一主题。思想虽然对统一感性的主题具有重要作用，但艺术的本性又是超越逻辑和思想的，逻辑性的思想认识到这一点，因此它在把握住主题的同时，又通过再现形象向艺术的意义敞开，让形象按自身的规律走向一个充满表现性的世界。"如果我们企图界定作品的主题，马上就发现它是不可穷尽的。"①在这个意义上，主题又离开了逻辑，变成了一种象征，这就是主题的第三个作用，它指向一个丰富的艺术世界。这就进入了作品的第三层，表现。

3. 表现

表现与主题不可分离，正像主题与感性不可分离一样。表现的不可穷尽性也源于主题。在主题层，再现事物一方面获得一个确定的性质，另一方面也保持着作为世界性事物的不可穷尽性。同样，艺术表现的单个人也保存了属于人类自由的不可掌握的神秘特征。在主题层里，再现形象的确定一面得到突出，另一面决定它要进入表现层，在表现层，这另一面就大放光芒。在表现层中意义的多重性、不可穷尽性的最终原因是什么？杜夫海纳说，它可能源于人的本性。人本来是恍兮惚兮的"无"，而绝不仅仅是它现在所是的"有"，形形色色的文化社会既是它的展开、肯定，又是它的限定。它的各种肯定和限定绝不能等同于它的本性。人的本性总是想超越肯定和限定，于是就显现出一种模糊性、不可穷尽性。② 事物也是这样，事物一方面有自在的本性，另一方面又有在文化中实存的定性，表现层中的多义和不可穷尽正表现了人和事的这种二重对立，并在对立中充分显示出人与物的超越肯定和突破限定的一面。因此，在表现层中，我们要寻找一种表现结构却总不可得，非要寻找，只能找到图式，而图式是属于感性层的。同样，我们要找表现的品质也会徒劳无功，因为表现是不能分析只能体验的，它可意得而难以言明，可神会而不可形求。表现是与人类相通的艺术作品的最高层，是艺术作品中最本质性的东西。

我们清楚了艺术作品的结构，就可以讲审美知觉的结构。

(三)审美知觉的结构

现象学认为，艺术作品的三层结构只在审美知觉中才出现，是审美知觉意向

---

① Mikel Dufrenne，*The Phenomenology of Aesthetic Experience*，Evanston，Northwestern University Press，1973，p. 319.

② Ibid. , p. 324.

性活动的结果。与作品三个层次相对应，审美知觉在欣赏艺术的活动时也呈现了三个阶段：一是呈现（present），二是再现（represent），三是情感（feeling）。① 这三个阶段也就是审美知觉的基本结构的三层。审美知觉的三层与艺术作品的三层是对应的，因此将两者做一个统一的图式呈现出来更容易把握其内质：

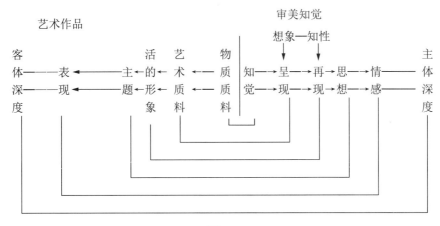

图 3-1

1. 呈现

在艺术作品的外观朝向主体，审美知觉使物质质料隐去，艺术质料显现出来的时候，艺术作品生成了感性。呈现，即艺术作品的感性向主体呈现。在这个阶段里，主客体的对应主要是作品感性中的和声、节奏、旋律、图式活动起来，同时，作品又在主体的知觉身体中活起来，呈现出来。作品活起来就意味着它比直观的感性外观更丰厚，比如，绘画上的人物只显现一面，其他几面是看不见的，诗中的某人，只描绘了他的几个特征，其他方面未曾详写。作品世界要栩栩如生地活起来，必然要借助于想象的作用，这里，想象是知觉中的想象，它既受知觉支配，又使知觉本身丰富完善，最重要的，它使呈现的客体真正地活起来，对绘画中的人物，不仅感受到他已显现的一面，还能感受到它的其他面，不认为人物是在画布的二维空间中，而认为人物是在三维的真实世界中。想象帮助着"呈现"走向"再现"。

2. 再现

审美知觉中的艺术作品真正活起来了，再现也就形成了，再现不以现实为标

---

① 杜夫海纳在行文中对三阶段也有不同的提法，如第三阶段为"反思"。

准，只为艺术自身所形成，又不同于呈现时的感性，再现具有形象，具有统一性，最重要的是它有生动气韵。在呈现中，感性的和声、节奏、旋律图式与身体共振，在再现里，作品的形象与审美知觉中的想象、判断、知性共振。作品在再现中以自己的方式活起来，就是在审美知觉中活起来，再现意味着主客统一体在审美知觉中的形成，也就是说，再现使作品的感性生成为活的形象世界。这是一方面，另一方面，再现是与智力相沟通的，其中有知性参与，想象在知性的限定下帮助再现形成，但想象本身又有逸出轨道的危险。知性的一个作用就是对想象进行监督，使想象正确地按照客体的本性想象，从而保证再现客体是由感性生成的客体，是艺术自身的一个层次；同时，知性又要对活的形象进行统一性的理解，其结果就是作品中的主题形成。因此，审美知觉在再现中的两个功能——想象与知性——促成了作品中的两种东西——形象和主题——的形成。形象和主题在再现层面里是合二为一的东西，形象是有主题的形象，主题是关于形象的主题。但是艺术作品并不止于主题层面，因此当审美知觉在再现中与主题或形象交流沟通时，我们就会感到，"一方面，面对客体，我们卷入进去比确定判断所得出的深得多，另一方面，我们与客体交流，比我们在建构活动中发现的丰富得多"①。正是这两个方面使审美知觉不停留在再现的想象和知性所形成的再现和思想上，而直接通向情感。

3. 情感

作为审美知觉最高阶段的情感，不是现实地感受到的情感（emotion），而是使知觉得以组织起来的情感（feeling），它不是现实中的喜怒哀乐，而是艺术中的表情性，是一种含知识形式于其中的情感。或者干脆说它就是知识，只是这种知识不是属于逻辑的范围的知识，而是属于审美范围的知识。审美中的感情，对应的是作品中的表现。审美知觉在进入情感，揭示出自身的内在性的同时，也使作品进入了表现。情感是审美知觉的存在模式，它对应于艺术作品的存在模式，只有主体达到了情感的高度，才能揭示出客体的最后实在，即客体的深度。审美客体是有深度的，这种深度是一个新世界的开启，但新世界需要新的观照方式，如果我们还处于日常的浅

---

① Mikel Dufrenne, *The Phenomenology of Aesthetic Experience*, Evanston, Northwestern University Press, 1973, p. 347.

陋习惯和联系中，审美对象的深度是绝对不会向我们开启的，只有我们达到了审美感受的深度，审美对象的深度才敞亮出来，一个新世界才向我们显现出来。同时，审美知觉与艺术作品在反复交流中，激发出来的情感还向主体自身呈现，与自我本身形成一个对照。通过情感，自我本身也成了问题，情感与自我的反差，使自我瞥见了主体的深度。深度并非心理学上的无意识，也不是隐而未显的东西，乃是人的永恒本质的特征，审美情感使人进入主体的深度，意味着人感受到了自己的整个存在，这时人自己整合自己，自己判决自己。朝向深度，意味着人拒绝作为限定和肯定的存在，而向自己的本质开放。审美情感达到深度，总显现为一种惊奇感，它打开了主体人格的一个新方面，表现为一种命运，一个新开端。简言之，它使主体真正获得自己，一方面它把自己提升到类，另一方面它又把类丰富为我。

四　审美经验的本体探索

艺术作品的层次结构和审美知觉诸官能的活动过程都显现出来之后，审美经验中的客体结构和主体结构就都清楚了，审美对象和审美知觉的普遍性也在现象直观中显现出来了，现在杜夫海纳进一步追问的是：客体结构及其显现，主体活动及其展开，主客体的相互推进与合一等这些普遍性的东西是如何可能的？或者换言之，它们为何要显现出这样的而不是别样的规律？对此，杜夫海纳提出了先在表情性(the affective apriori)概念。

并非一切客体都有表情性，只有审美对象才具有表情性。艺术作品的最后阶段是表现，表现就是表情性的表现。表情性的本质，于客体就是：（1）审美对象显现自身；（2）审美对象又只有在审美知觉中才能显现自身，因此表情性又是朝向主体的。人也具有表情性，但人的表情性不是日常生活中的一个微笑，或一个充满情感的姿态。只有当人真正成为他自身的时候，他才具有表情性，而这是在审美经验的情感深度中出现的。表情性的本质对主体来说就是：（1）自我提高到类，同时又成为自身；（2）由于这是在审美过程中才达到的，表情性又意味着自我是朝向客体的，因此表情性预示了主客体之间的沟通和共在。表情性之所以如此，是因为它的先在性。"这里，先在性一般的是按照康德的意义使用的。"①先在是一种预先的存在，它决定了事物能够由潜在走向实在，是由无到有的根据。正是这种表情性的先在性质，使审美知觉能够体验审美对象，使审美对象能够被审美知觉所体验。先在是一种建构，它使客体成为客体，即成为主体的客体，又使主体成为主体，即成为拥有客体的主体，"去感受，是要去体验一种作为客体性质而非我的存在状态的情感，表情性存在于我，仅作为客体的一定结构的反应；反过来，该结构也关系到这一事实，客体是对于主体的客体，不能推断出一种不相对于一个主体的客体。客体中有某种东西能够被知道，仅仅在于与之相对的主体把自己向它敞开，与之处于一种共鸣状态中才是可能的"②。另外，"主体是至少在三个层面上建构的，在呈现层面，由梅洛-庞蒂称为先在的身体，描绘出活的身体所体验的世界结构；在再现层面，先在确定了客体世界的客体知识的可能性；在情感层面，先在情感敞开了一个由新人格中的深度的自我所感受到的生动世界。主体在每一层面上都以一种新形式出现——在呈现中作为活的身体，在再现中作为非个人的主体，在情感中作为深度的自我。正是在这些形式中，主体相继设定了与活的、再现的和情感世界的关系"③。

先在表情性由其先在而具有宇宙论的意义，宇宙论的先在又总是由具体的审美经验过程体现出来的，又是具体存在的。存在要揭示自身只有通过主体对它的掌握才有可能，先在表情性的显现只有在具体的审美经验中才有可能，具体的审美经验以其此在性明晰了它的宇宙性和先在性，它是先在表情性的宇宙性和此在性的统一。先在表情性，由宇宙性和此在性的统一，由先在性，具体展开完全可能性而形成一种知识，完全可以列出系列的表情范畴。杜夫海纳提出了先在表情范畴存在的必然性，但他认为不能开出一个具体的表情范畴名单。虽然具体审美过程敞亮了先在性，但并不就是先在性本身，也不是先在性的必然体现。黑格尔的错误就在于他把历史的事实过程认作绝对理念的宿命过程，历史就成了绝对理念本身。杜夫海

---

① Mikel Dufrenne, *The Phenomenology of Aesthetic Experience*, Evanston, Northwestern University Press, 1973, p. 437.

② Ibid., p. 442.

③ Ibid., p. 445.

纳认为，审美经验的现象过程是可以把握的，它的本体论意义也是可以确立的，而这就是现代美学理论，然而它的具体历程则是开放的、创造性的，《审美经验现象学》用如下的话作为结束语："可能，最后的话就是没有最后的话。"①

第二节　现代艺术哲学——象征符号学美学

以一种统一的美学原则把艺术组织成为一个逻辑严整的体系，这是美国美学家苏珊·朗格（Susanne K. Langer，1895—1982）在建造体系时代的巨大贡献。如果说杜夫海纳的《审美经验现象学》是现代美学原理的体系的代表，那么，苏珊·朗格的《情感与形式》则是现代美学中艺术哲学的典范。正像杜夫海纳的成功在于胡塞尔的方法论一样，朗格的功绩依靠的是德国哲学家卡西尔（Ernst Cassirer 1874—1945）的思想。

现代西方世界在从外部寻找支点变得不可靠的时候，有一股重要的倾向，就是从人本身寻找支点。卡西尔从康德的原则出发，得出了创造性的结论：人是制造符号（symbol）②的动物，人在面对世界的实践活动时，通过制造符号，既反映世界，又解释世界，把握世界，世界只有通过符号才为人所理解，人只有通过符号，才能使世界成为人的世界。符号不是记号（sign），它不仅是标出事实，更主要的是成为关于事实的思想。因此，符号不是实体性的，而是功能性的。人正是通过制造符号而创造了文化，符号使自然世界成为文化世界，使自然人成为文化人。人、符号、文化，是三位一体的东西，通过对符号的认识，人的性质和文化的性质都迎刃而解了。人不是面对一个纯客观的世界，而是面对一个符号化了的世界。这个观点摆脱了20世纪以来的客观主义困境和相对论的苦恼，建立了一个思考问题的新基础。深入了解符号的性质、类别、演变、结构和解构的规律，就

---

① Mikel Dufrenne, *The Phenomenology of Aesthetic Experience*, Evanston, Northwestern University Press, 1973, p. 556.

② symbol译为符号为好，为了与semiotics相区别，在作为流派时将symbol译为象征符号，在行文中则将symbol译为符号。

是新哲学的任务。卡西尔在《符号形式的哲学》（三卷，1923—1929）、《人论》（1944）等一系列著作中对符号的性质、人、符号、文化的关系等最基础的问题做了解答，又主要以西方文化为基础，对语言、神话、宗教、艺术、科学、历史几大类符号做了一般理论的阐明，正是这几大类符号组成了人性和文化之圆的各个扇面，它们各自展现为一种新的视野，并显示人性的各个方面。其中，卡西尔对艺术符号的论述，为象征符号学美学奠定了理论基础。

一　艺术符号：从卡西尔到苏珊·朗格

卡西尔的艺术符号论在苏珊·朗格那儿得到系统的完成。然而朗格在建立起系统的理论大厦时，又对卡西尔的方向有所偏离。

卡西尔在谈论艺术符号时，是从两个方面入手的。一方面是艺术以不同于科学、历史、宗教、语言、神话的方式，揭示了外在世界的丰富性、具体性、独特性，比如，现实主义小说的细致描写使我们看见了平凡事物的真面目，[1]"造型艺术使我们看见了感性世界的全部丰富性和多样性"[2]。伟大的喜剧作品使我们更接近人性。因此，艺术看似停留在自然表象的层面，实则以一种不同于科学的方式传达了自然的深度。另一方面，艺术又表现了人的生命形式，表现了人的情感生活。它把人类各种各样的情感，不管是剧烈的、悲恸的还是邪恶的、卑琐的，以艺术的形式表现出来，从而也就把握住了这种情感。卡西尔可以把艺术符号的两个方面，外部事物的形式和内部生命的形式，发展为一套深刻的美学体系。通过内部生命形式，艺术可以进行一种逻辑展开；通过外部事实的形式，艺术必然要引入外部现实的历史展开。这样，艺术符号的类型汇入艺术符号的历史，作为外部现实演化的历史演化必然引起内部生命形式的进一步探讨，它由逻辑进入历史，又以历史推动逻辑，这或许是一个较理想的美学体系。然而要建立这套体系，仅

---

① 参见［德］恩斯特·卡西尔：《人论》，200 页，上海，上海译文出版社，1985。

② 同上书，215 页。

靠卡西尔的方法本身可能是不够的，卡西尔从康德那借鉴而来，仅从逻辑方面进行研究，即使神话也仅仅是一个逻辑类别，而非一个历史阶段。因此，仅从卡西尔的符号理论出发把艺术符号推进为一个较理想的美学体系是困难的，朗格在选择这一条艰巨的道路时，首先修正了卡西尔的复杂前提。她放弃了卡西尔艺术符号理论两个方面中外在形式的一面。只要比较一下卡西尔和朗格在一些重要观点上的论述，我们就可以看出这些。

卡西尔说，艺术是对自然的一种发现，科学家的太阳只有一个，而艺术家的太阳每天都是新的，艺术的最大魅力就是要展示事物各个方面的不可穷尽性。①朗格则说："生命感是常新的、无限复杂的，因此，在其可能采取的表达方式上也有着无限多样的变化。"②卡西尔说，人在欣赏风景时心中会突然经历一个变化，以艺术家的眼光看风景，这时活生生的事物领域就变成活生生的情感领域，人处在诸空间形式的节奏之中，处在诸色彩的和谐与反差之中，处在形式之中。③ 朗格说："当我们以'画家的眼光'看待自然，以诗人的思维对待实际的感受，在鸟雀欢舞的动作中发现了舞蹈的主题时——就是说，任何美丽的事物激励了我们的时候，我们就能直接地感觉到情感的形式。"④对于卡西尔来说，艺术创造的一个重要方面，是展示事物的深度；对于朗格来说，艺术创造只是为了"摄取和表现感知形式——生命和情感、活动、遭遇和个性的形式"⑤。

朗格去掉了卡西尔关于艺术符号的外在方面，仅把艺术符号定义为内在生命、情感形式，之后一些应该认真对待的复杂棘手的问题也就随之避开了，她以情感形式为逻辑起点，朝各门艺术走去，将之分门别类，排定座次，安好位置，这个体系就建立起来了。

朗格之所以扭转卡西尔的两面论为一面论，首先是与她从哲学领域完全进入美学领域有关。自俄国形式主义流行以来，美学就否定了艺术对现实世界的对应关系，

---

① 参见［德］恩斯特·卡西尔：《人论》，191 页，上海，上海译文出版社，1985。
② ［美］苏珊·朗格：《情感与形式》，380 页，北京，中国社会科学出版社，1986。
③ 参见［德］恩斯特·卡西尔：《人论》，194 页，上海，上海译文出版社，1985。
④ ［美］苏珊·朗格：《情感与形式》，459 页，北京，中国社会科学出版社，1986。
⑤ 同上书，459—460 页。

各家各派都不反对俄国形式主义的前提，而是以它为前提，想方设法更好地完善丰富它。其次也是更重要的一点，这与20世纪以来的一股想改变艺术的比拟对象和描述语言的思潮有关，传统美学都把艺术比拟为无机物，20世纪总想把艺术比喻为生命有机体，抛弃了外在事物，有利于不以物只以生命来描述艺术的做法。

二　朗格建构体系的编排技巧

朗格以艺术是情感的形式这一观点来建立整个艺术体系并不是没有困难的，为了使自己的理论显得有力量，她采用了一种编排技巧，这表现为，首先她从音乐开始讲艺术是情感的形式。音乐作为一种形式最明显不过，音乐表达一种情感，也最明显不过。音乐不仅仅是音乐，还是一门艺术，音乐最本质的东西同样也应是艺术最本质的东西。绘画乍一看是朗格的障碍，作为一门艺术理论要面对的不只是现代绘画，还包括历史文化内的整个绘画。这里，朗格采用了绘画起源于装饰艺术的理论，装饰艺术最基本的东西是形式：圆圈、三角形、螺旋线、平等线——而这些空间形式又被我们感受连续、节奏、动态的感情所引导，是情感的形式。装饰性的形式逐渐演化，才形成各种具象：植物、动物、人，这些具象为了与整体形式相协调，是可以变形的。这就证明了"它们生动的处理从来不是直接视觉印象的复制，而是按照表现原则或生命形式"[1]进行的，这也是整个绘画的原则。文学也是朗格必须要通过的一道关口。朗格在文学里，先讲诗歌，她说，诗歌讲清楚以后，再辅之以推论，就可以理解各种文学样式。诗歌的抒情性是显而易见的，不过朗格也未避实就虚，而确实涉及问题的关键，如情节、事件、手法等在文学中带普遍性的问题。她说："情节中的每一因素也就是情节中的感情表现"[2]，在虚构事件里，"它们的情感内容乃其表象的一部分"[3]。而创作手法本身就创造出一种体验。因此，"人们几乎可以对诗中的词语逐个去分析，以探寻一种

---

①　［美］苏珊·朗格：《情感与形式》，84页，北京，中国社会科学出版社，1986。

②　同上书，247页。

③　同上书，257页。

完美统一的、因而能够贯穿生动活泼的节奏及其基本情感与伴随情感的艺术形式的构成"①。

　　就这样，整个艺术以音乐开始，绘画以装饰图案开始，文学从诗歌开始，艺术符号的情感形式的性质得到了鲜明有力的突出。

三　朗格理论的核心

　　朗格从装饰艺术切入绘画，从诗歌进入文学，她可以指出绘画和文学所包含的情感因素，但也否定不掉绘画和文学中特别是巴尔扎克、左拉、米勒、库尔贝作品中的社会生活形象的因素。对此，朗格用了一个重要的概念使这个不仅仅只与绘画和文学有关，而且与整个艺术有关的重要问题迎刃而解。这就是幻象概念。

　　幻象也就是前人所说的形象，朗格之所以说成幻象，是因为要着重指出，艺术中的形象，是虚幻的形象，与现实完全无关，即使写实主义详细地描写某一街道、餐馆，艺术中的街道和餐馆也绝不能等同于现实中的街道和餐馆，这是艺术家按照一定的艺术尺度，带着饱满的艺术情感创造出来的。"每一件真正的艺术作品都有脱离尘寰的倾向。它所创造的最直接的效果，是一种离开现实的'他性'（otherness）。"②作品完全与现实无关，它的形象是一种幻象。幻象不以现实为尺度，而以自身为尺度。幻象本身是一种艺术形式。从艺术自身出发，抽象的形式是一种幻象，具象的形式也是一种幻象，文学是一种幻象，音乐也是一种幻象，总而言之，幻象是各类艺术的总特征。由于各门艺术具有自己的特殊性，艺术幻象也表现为多种多样的形式。音乐的艺术幻象为虚幻时间，绘画的艺术幻象为虚幻空间，舞蹈的艺术幻象为虚幻的力，文学的艺术幻象为虚幻的生活。有的艺术门类是综合的，如戏剧和电影，内含几种幻象，朗格认为，凡某些艺术中有几种幻象的，其中必有一种起主导作用，称为基本幻象，或一级幻象，其他幻象则起

---

　　①　［美］苏珊·朗格：《情感与形式》，262—263 页，北京，中国社会科学出版社，1986。

　　②　同上书，55 页。

次要作用，称为次级幻象，艺术种类幻象的性质是由基本幻象决定的。

幻象强调了艺术与现实无关的自律。从艺术自律来看，艺术就是形式，艺术幻象也就是艺术形式，艺术形式虽然不包含现实内容，但却包含情感内容。艺术形式何以是这样的呢？它形成的内在规律在哪里呢？就在于它呈现的是一种情感的形式，它遵照一条生命的法则，艺术形式直接神合于生命形式。什么是生命形式呢？朗格说，要想使一种形式成为生命的形式，就必须具备如下条件。第一，它必须是一种动力形式。换言之，它那持续稳定的样式必须是一种变化的样式。第二，它的结构必须是有机结构，它的构成成分并不是互不相干的，而是通过一个中心互相联系和互相依存的。换言之，它必须由器官组成。第三，整个结构都是由有节奏的活动结合在一起的，这就是生命所特有的那种统一性，如果它的主要节奏受到强烈的干扰，或者这种节奏哪怕停止几分钟，整个有机体就要解体，生命也就随之完结。这就是说，生命形式就应该是一种不可侵犯的形式。第四，生命形式所具有的特殊规律，应该是那种随着它自身每一个特定历史阶段的生长活动和消亡活动而辩证展开的规律。

"高级的有机体还应具备一种额外的节奏，这就是它对周围环境所进行的那些专门化反应节奏。在高级的有机体中，整个系统都充满着张力的生与灭的过程，这些过程具体就是情感、欲望、特定的知觉和行为等。当有机体发展到人的水平时，大多数本能便为直觉所取代，直接的反应也被符号性反应所取代（符号性反应指具有想象、记忆和推理的反应），而那种简单的情绪性兴奋也就被一种持续稳定的和富有个性特征的情感生活所取代。但是，人类所具有的所有这些专门的机能都是从一种更加深层的生命情绪中进化而来的，而且即使在这种高级水平上，也仍然能够展示出这些深层情绪的基本特征——这就是它的能动性、不可侵犯性、统一性、有机性、节奏性和不断成长性，这些特征也就是一种生命的形式所应具有的基本特征。"① 朗格的理论核心可以用几个等式来表达：虚幻意象＝艺术形式＝情感形式＝生命形式。当然，其中主要的两点是艺术形式和生命形式。艺术形式超越现实之后又回到人这里，在内在意蕴上与卡西尔超越现象与物自体而

---

① ［美］苏珊·朗格：《艺术问题》，49—50页，北京，中国社会科学出版社，1983。

回到人的符号同调。然而，卡西尔把符号作为功能来把握，而朗格在把符号运用于艺术领域时，将艺术作为实体来研究，从而发现艺术结构与生命结构的相似之处。生命结构乃艺术结构的范本。这里关键的问题是，朗格谈生命，认为生命只是一般的有机体；谈人，也只把人归为一般的有机体形式，而不归为人的文化精神和历史发展；谈人的情感，只是指情感的生理示象图式，而不指情感的社会文化内容。这样朗格继承地扩展着自现代派以来的一种新倾向，改变以前艺术作品的描述语言及其所依赖的参照系，而重寻一种新的自认为是与艺术的基本性质更符合的参照系。朗格以有机体型的生命科学作为理论基础，展开了一个艺术体系。

四　朗格的艺术门类体系

朗格在《情感与形式》的正文中论述了七门艺术——音乐、绘画、建筑、雕塑、舞蹈、文学、戏剧，正文以外又附一篇文章简议电影。朗格把艺术基本上分为四类：时间、空间、力、生活。对于传统美学来说，她的新意是，艺术以虚幻形象和情感形式贯穿始终。另外，把舞蹈作为一种力，是一种新解，又有力地支持着艺术是生命的形式这一观点。因此，在后来的《艺术问题》（1957）中，朗格就从舞蹈开始来论述艺术符号的情感性质了。

（一）造型艺术：虚幻的空间

绘画、雕塑、建筑这三门造型艺术都是空间艺术，但艺术的空间不是现实中的空间。人们通过具体物体间的距离去感受的现实空间是没有形状的，科学的空间也只有逻辑形式，只存在空间关系，不存在具体的空间整体。艺术则把空间组成一个整体。造型艺术不仅带出空间的形状，而且标志着空间的具体形成，包含着对经验空间的取舍，它把空间作为一种纯粹的视觉形式呈现出来，因而是一种虚幻空间。空间是这样形成的，又遵循着一种生命的情感形式。在造型艺术中，绘画、雕塑、建筑的虚幻空间又各有不同。

1. 绘画：虚幻的景致

绘画是在二维平面上进行的空间组织，画可以再现人物、器物、生活场景，也可以绘成纯粹的装饰性图景。总之，一幅绘画是一个完整的视觉区域，它总是与视觉发生本质关系，因此它可以被称为"景致"。这种景致不管来自写生、模仿，还是来自想象、灵感，都是按绘画特性来给予组织的，它创造了一个独立的、内容齐备的感性空间，因而是虚幻的。这个虚幻的景致可以平行线为主，也可以曲线、斜线为主，可以亮色调为主，也可以暗色调为主，可采用焦点透视，也可采用平面构图，但无论怎样，它都遵循有机体的组织方式，显得气韵十足且生动。

2. 雕塑：虚幻的能动体积

雕塑是以三维的体积形式展示出空间形式的，绘画是纯视觉的，雕塑因其体积性质，是可触摸的，但雕塑总是将触觉空间转化为视觉空间。雕塑是三维的形体，雕塑的空间不以形体为限，一个雕塑与周围的空间有一种自然的感觉关联，不论这个雕塑本身有多大，它都向周围延伸，与周围空间一起形成一个整体。因此，雕塑形体的体积是能动的。这种能动性使得雕塑具有两方面的内容。一是它自身的内容。一个神话雕塑的内容是神话，一个动物雕塑的内容是动物，它们有自己的艺术关联。二是它与周围环境的关系，无论是神话题材的雕塑还是动物题材的雕塑，总与其所在的环境形成一种关系。从艺术角度看，前一种内容形成雕塑的虚的空间，后一种关联形成雕塑的实的空间。从现实角度看，雕塑自身构成一种艺术之实的空间，而雕塑与环境的关系构成一种虚的空间。雕塑形体的实的空间和由它支配的周围的虚的空间一起构成视觉表象，一起构成生命的形式。雕塑本身并不一定是天然的有机体，它可以是简单凿就的石块、纪念性石柱，也可以是瓶子、篮子、鸟笼。它们以自己的特有形式，组织着各自所占据的空间，也组织着各自周围的空间，并形成一个不可分割的整体，此时，它就显现为充满生命的形式。

3. 建筑：虚幻的种族领域

建筑空间形式表现为虚幻的种族领域。领域不是一个固定的事物，而是一个影响的范围。游牧民族没有固定的地理位置，但他们随收随住的营地仍是一个独立自在的领域。原始人的洞穴，中世纪的教堂，现代的摩天大楼，一旦建立起来，就对周围世界有一种组织力量，就从自然环境中创造出了人的环境，也就创造了可视、可感、有形的种族领域。建筑就是通过某一实际的场所进行处理，从而展示出种族的虚幻场所。每一种建筑都以比例、尺度、外观、内饰、色彩"表现了组成某种文化的特定节奏的功能样式。这种样式是沉睡与苏醒、冒险与稳妥、激励与宽慰、约束与放任的交替；是发展速度，是平静或跌宕起伏的生命过程；是童年时的简单形式和道德境界充满时的复杂形式，标志着社会秩序神圣和变化莫测的基调与虽然进行了一定选择却依然被来自这种社会秩序的个人生活所重复的基调的交替"①。朗格用了这么多形容词只是要说明，各种建筑表现的是丰富多彩的生命形式，只是这里的生命形式以种族和文化的具体性表现出来。

（二）音乐：虚幻的时间

音乐是时间艺术，但音乐的时间不是日落日出，冬去春来的自然时间，也不是以钟表来计算的物理时间，而是声音的运动创造出来的虚幻时间，这是不涉及任何事物只与听觉相连的时间。与自然的、物理的时间不同，音乐的时间有自己的一套结构模式，它自己组织时间，展开空间。

时间的展开同时又是空间的形成，因此音乐不仅包含着一种时间幻象，同时还包含着一种空间幻象。然而在音乐中，时间是基本幻象，空间是次级幻象，空间从属于时间。音乐的时间带来运动，音乐的运动是与生命的运动最神合的有机运动。"各种乐曲——调性的、非调性的、声乐的、器乐的，甚至单纯打击乐的，随便哪一种——其本质都是有机运动的表象。"②音乐运动最基本的形式是节奏、旋律与和声，它们建立起了作品最重要的节奏。不能把节奏理解为周期循环，"节奏的本质是紧随着前一事件完成的新事件的准备"③。节奏连续恰好也是生命有机体的基础。重复也是音乐的基本形式。重复给音乐作品以生命生长的外表，使我们得到前一乐段的完全自由的发展，这也是有机体的特征。音乐作品的情节发展犹如叶子簇拥着花，茎和干也像卷曲的叶子。它们在生命冲动的控制下，在匀称

---

① ［美］苏珊·朗格：《情感与形式》，114 页，北京，中国社会科学出版社，1986。
② 同上书，145 页。引文有改动。
③ 同上书，146 页。

的比例中分枝、伸展。"'音乐'的音调结构，与人类的情感形式——增强与减弱，流动与休止，冲突与解决，以及加速、抑制、极度兴奋、平缓和微妙的激发，梦的消失等等形式——在逻辑上有着惊人的一致。"①

(三)舞蹈：虚幻的力

舞蹈含有造型因素，并且是诉诸视觉的，但它显然与造型艺术有很大差别。舞蹈一般都有一个用语言命名的标题，而且舞姿按标题组成一种"情节"，但舞蹈的情节与戏剧的情节显然不一样，不可能属于戏剧。舞蹈明显地表现为一种有节奏、有韵律的运动。把舞蹈等同于音乐的人最多，但舞蹈毕竟不属于音乐，尽管它具有时间和运动。舞蹈有自己独特的基本幻象。"观看一个集体舞蹈——比如，一个艺术上十分成功的芭蕾舞——观众看见的不是人们四处乱跑，而是看到舞蹈或推，或拉，或聚拢，或散开——消失、静止、奋起等。所有的动作似乎都不是来自演员的力量。在双人舞中两个舞蹈者看上去互相吸引，二人之间存在着一种超乎空间力的关系。他们所体现出的力，似乎像罗盘指针指向北极那样的物理的力，其实，根本就没有什么物理的力，有的只是舞蹈的力，虚幻的力。"②虚幻的力就是舞蹈的基本幻象。一个舞蹈作为一种可感知的形式，也表现出了人类情感的种种特征。舞蹈中所具有的节奏和联系，转折和中断，复杂性和丰富性，也正是生命和情感的模式。

(四)叙事艺术：虚幻的生活

朗格认为，文学、戏剧、电影的共同特征是虚幻的生活。为了把这三门艺术在虚幻的生活这个共有幻象中统一论述，笔者姑妄将之称为叙事艺术。生活(life)有两个意义：一是生物学的意义，与死亡相对，指有机体特有的功能，在这个意义上，所有艺术都有生命(life)特征；二是社会性的意义，这里，生活就是发生的事。在这种意义上，生活专属于叙事艺术。文学作品的第一行，戏剧的第一幕，电影的第一个镜头，就显现了生活的画面，就把人带进事件中。但文学、戏剧、

---

① ［美］苏珊·朗格：《情感与形式》，36 页，北京，中国社会科学出版社，1986。
② 同上书，200 页。

电影中的生活又是现实中没有的，所以是虚幻的生活。

1. 文学：虚幻的过去

文学中创造的基本幻象以一种经验历史的方式表达出来。这里的虚幻生活采取的是回忆的表达方式。回忆是一种特殊的心理活动，实际的经验总是散乱的、零碎的、多因多果的、复杂交织的，但当它在回忆中重现时，实际的经验却往往依照一个中心，以一种完整性的形式显现出来。回忆包含着对经验材料的筛选和组织，回忆是历史的真正制造者，它不仅记忆历史而且编排历史。文学的叙述手段就类似于心理的回忆手段，因此叙事体文学的正常时态是过去时态。正像记忆一样，文学中的人物总具有一种统一性，这是实际的个人历史所没有的。文学中的生活不是一个个单独发展的行为，而是相互关联，有分有合，有因有果，复杂而又统一的网络，文学以虚幻的过去的方式创造了生活的幻象。

2. 戏剧：虚幻的未来

文学以虚幻回忆的方式表现的是一种生活形象，而戏剧呈现的是另一种幻象，一种没有完结的现实或事件，它的基本幻象是行动，这种行动产生于过去，却直接指向未来，并且往往对即将发生的事件有重大的意义。戏剧一开始，就由一个未来统治着，在我们眼前展开的这个未来不断地赋予和加强行动的重要意义。戏剧没有纯粹的现在，它的现在都包含着预兆，指向未来。可以说，戏剧的模式是命运的模式。在现实生活中，即将来临的未来只能很模糊地被人感觉到，人们只有在情绪特别紧张的不正常时刻才有命运感，而在戏剧中，这种命运感则是至高无上的。正是这种命运感使现在的行为成为尚未展开的未来里的似乎不可分割的部分，往往在戏剧中的冲突尚未展开之前，人们就感觉到有一种紧张的东西在展现了。总之，戏剧完全由未来主宰着。

3. 电影：虚幻的现在

电影，这一后起的与现代技术紧密相关的综合艺术在构成生活幻象时，用的是自己独特的方式：梦的方式。正是这种方式，创造了虚幻的现在。梦境最大的外在特征就是做梦的人总是居于梦境的中心。场所不断变换，人物活动着，讲话、变化、消失等，事件不断进行——而做梦者总是在现场，他与各个事物的距离都相等。电影摄影机所处的位置正类似做梦者的位置，但不是像梦者参与其事，而是像梦者身临其境。电影观众随着摄影机进行观察，其立足点与摄影机相同，观众的思维主要是围绕现在进行的。梦境的基本幻象源于经验的直接性，电影的基本幻象也具有逼真性。电影不是由正在展开的事件构成的，而是由事件展开的空间构成的一个虚幻的有创造力的幻象。银幕上梦境化的现实之所以前后变化，是因为它实际上是一种永恒的、无处不在的虚幻的现在。

第三节　迪基的美学体系——分析美学的体系建构

分析哲学虽然在 20 世纪初兴起时就形成了分析美学的基本点，但在美学上的展开，即形成具有声势的分析美学，则是在现代美学掀起体系建构热潮的 20 世纪 50 年代进行的，分析美学也正是在这一年代开始了自己的体系建构的，这一体系建构的热潮从 20 世纪 50 年代开始，在 70 年代进入高潮，布洛克和迪基在这一时期推出了自己的著作，而迪基的《美学导论》从 1971 年出版，接力 50 年代体系建构的热潮，到 1997 年出第二版，他把自己 20 多年的美学研究成果《趣味的世纪》(1996)、《艺术与美学》(1974)、《评价艺术》(1988)三本书中的内容也总结了进来，把分析美学的体系建构推向了高峰，显示了体系研究的《美学导论》与其他美学著作不同的地方是，它紧紧围绕美学史来讨论美学原理。这样，一方面，迪基用美学原理的框架去把握美学史，让美学史呈现了一个美学原理的结构；另一方面，他又用美学史来讨论美学原理的问题，把美学原理的一个个重要问题都放到了美学史的视野之中。这样做的好处就是把美学史与美学原理统一了起来，但统一的结果又把美学完全限制在西方美学的范围之内了。也正因为如此，这本著作的西方性鲜明地显现了出来。这本著作告诉我们，20 世纪末的西方美学是怎样从今天的角度去看待和总结美学史的，又是怎样把历史悠长的西方美学史总结成一种美学原理的。

一　迪基体系的结构和方法

迪基(George Dickie)的《美学导论》分为四大部分。第一部分，走向分析美学的历史导论。第二部分，20 世纪的美学：20 世纪 60 年代至现在。第三部分，美学四大问题（直觉、象征、隐喻、表现）。第四部分，艺术评价。这样的划分，把美学分成两个阶段。第一阶段是古典论，从古希腊到 20 世纪 50 年代，在古典论里，美学分为三大部分：美的理论，审美态度，艺术理论。第二阶段是现代论，从 20 世纪 60 年代到成书时的 20 世纪末（1997），20 世纪的西方美学，特别是后半期，艺术理论是主流，因此，第二阶段处在艺术理论的总体中，分为四个部分：制度论，创作论，作品论，评价论。①

如果不依从古典、现代的二分，而把美学看成一个整体，那么迪基的《美学导论》可以说是一个层套结构。第一层是美学三分：美的理论，审美态度，艺术理论；在艺术理论的下面再三分：艺术制度，艺术作品，艺术评价。但这一层套，有点违背迪基的初衷，因为，在这样一个层套结构中，艺术制度、艺术作品、艺术评价变成次要的了。对于迪基来说，这三个应该是主要的，因此，我们要把这一层套倒过来，以艺术三论为美学主体，把艺术三论缩简为单一的艺术理论，再以之与审美态度和美的理论并列，形成又一个主体。《美学导论》自身的结构所呈现的是一个可逆性的灵活结构，这一结构有两个层套，只是这两个层套没有主次之分，从古代看现在，是美的理论、审美态度、艺术理论，再以艺术理论为中心，展开为艺术制度、艺术作品、艺术评价。从现在望回去，是以艺术制度、艺术作品、艺术评价凝结为艺术理论，再从艺术理论平推为艺术理论、审美态度、美的理论。这六个方面构成整个美学理论的结构，这一结构，有历史，有今天，有在时间上的演化，有在理论上的逻辑，形成了美学原理的类型。

二　美的理论

迪基的古典美学三论（美的理论、审美态度、艺术理论）可以归结为走向分析美学的历史，其基本观点是美学主要是对概念的分析。从概念分析这一角度看，

---

① 迪基以史为论，没有明晰地分出这四部分，这是笔者总结的，下面将会讲何以这样总结。

美学原理中的重要概念，必然要回溯到所由产生、形成、发展的概念史，因此，美学史成了美学原理的一个组成部分。正是这一点构成了迪基《美学导论》的特色，该书是一本以史说论、以史呈论的美学著作。在这一点上，《美学导论》与黑格尔的《美学》具有相同的旨趣，只是黑格尔意旨的是艺术作品的历史，迪基意旨的是美学概念的历史。

在迪基看来，整个美学理论包括两个部分：美学理论和艺术理论。美学理论又包括两个部分：美的理论和审美态度。后者即中国美学中的审美心理学。这是一种层级划分，而不像中国美学那样三者并列，这种划分显示了迪基美学与中国美学的异趣。美的理论具体又分为：一是美的理论，以客观性的美为主题，时间为从柏拉图到18世纪；二是趣味理论，这是18世纪英国美学的大潮，趣味理论即美的理论向审美态度的过渡，又是审美类型的一种扩展，在这里，美的理论的大潮转向了审美心理；三是把美学定型在美（aesthetics）上，从美（aesthetics）出发，进一步沿主体方向发展，于是出现了审美态度，形成了美学的另一个题域（这将在下一小节专论）。由于迪基用美学理论来统领美的理论和审美态度，因此实际上，他把美的理论、趣味理论、审美态度三者看成了一个整体。这个整体，一方面是一个历史的演进，另一方面是一种逻辑的展开。迪基的美的理论，要而言之，包含了三个方面，一是具有客观论的美的理论，二是具有主体性的趣味理论，三是在主客关系中展开的审美类型论，这就是优美、崇高、如画三种类型。对于迪基来说，美（aesthetics）既是对以前美的理论的总结，又是对以后审美态度的开始。由于迪基把美学史做了如是理论性归纳，他在讲述历史的时候，就完全以自己的方式把历史逻辑化和理论化了。

对于美的理论的开始，他只讲了两个人，一个是柏拉图，一个是托马斯·阿奎那（Thomas Aquinas，1225—1274）。这两位18世纪前的美学大家，是美学必然要演进的基础。因此，讲柏拉图，他不提《大希庇阿斯》中的美的本质问题，而专讲《会饮篇》中的美的观念。《会饮篇》一方面讲了美的层次，另一方面讲了对美的爱，这样柏拉图的美的理论就包含了两个部分：一是美分为现象界中事物之美和本质论上理式之美两种；二是人通过感官（视、听、触）感受到美，通过对美的爱（从对个别的美的形体的爱到对一般的美的形体的爱，再到对心灵的美的爱，对行为和制度的美的爱，进而对知识的美的爱）达到美的理式。爱，作为一种审美愉快被强调了出来。柏拉图对美的爱的两个方面，在后世分别被人所传承和发展，从美的理论的角度，迪基只呈现后一方面。托马斯·阿奎那的美学，与柏拉图一样，分两个方面：美的客观世界和主体对美的体验。阿奎那说，美在于三个方面：一是完整或完美，二是比例或和谐，三是明亮或清泽。这三个方面暗含着一种柏拉图式的二分，前两者明显呈现为经验世界，后一种则暗含了与上帝的关联。这三个方面贯彻在一切美的事物之中，但人在审美过程中对美的事物的"认识"功能是重要的，在审美中，一方面，人通过认识到一种物的理式而愉悦；另一方面，人能感受到审美的愉快更重要地表现在上面所讲的三个方面的遇合。

　　虽然，18世纪以前的美的理论，从柏拉图起，就有主体和客体两个方面的性质，但总的说来，美被看成是客观的：美不是客观事物自身的性质，就是一种在事物之后的美的理式。到18世纪，趣味成为美学的中心。这样客观之美就转到了主体心理上。在这一转折中，夏夫兹博里是关键性的人物。在迪基看来，夏夫兹博里的贡献体现在三个方面。(1)他的内在感官开趣味理论之先河。夏夫兹博里是新柏拉图主义者，在对美的理解的客观方面，他把事物的美与事物后面的美的理式相关联；更为重要的是，对于人何以能感受到美，他首创了内在感官说，即让人感受到美的不是眼、耳、鼻、舌、身等外在感官，而是与这些外在感官不同的内在感官。内在感官说把美学的注意力放到了主体上，因此，可以说这是趣味理论的源头。(2)他是崇高理论的开启人。夏夫兹博里是18世纪第一个关心崇高的美学家，他与新柏拉图主义相关的宗教思想把崇高归于上帝，上帝的创造无比巨大且超出理解，只能归结为崇高。(3)他是非功利的创立者。夏夫兹博里区分了欣赏一个对象与占有一个对象的区别，沉思一个对象与欲求一个对象不一样，高尚的道德具有一种非自私的性质，对美的欣赏具有一种非功利的性质。其实，从他的内在感官说也可以推进到非功利性，外在感官是与现象界、与功利相连的，内在感官是与本质界、与超功利相连的。夏夫兹博里用内在感官把美学的重心摆到了审美主体上而开启了趣味理论，从而被库普(David Cooper)《美学词典》称为"现代美学的创立者"(a founding father of modern aesthetics)。①

---

① David Cooper ed，*A Companion to Aesthetics*，Malden，Blackwell Publishers Ltd，1992，p. 397.

对于 18 世纪的趣味理论，迪基选了五个人来讲：哈奇生（F. Hutcheson，1694—1746）、柏克、休谟（D. Hume，1711—1776）、艾迪生（Archibald Alison，1757—1839）、康德。如果说夏夫兹博里开启了美学从客体到主体的转折的话，那么，哈奇生则是这一转折的完成。哈奇生没有新柏拉图主义的理论背景，因此他完全从感性现象出发，他的理论包含了趣味的官能和趣味的愉快，非功利性十分成功地渗透进他的理论中。在哈奇生看来，美，不应仅用来指柏拉图的理式，也应用来指我们用感官看到、听到、触到的客体，因而是一种观念，是对外在客体的知觉而产生的愉快。美是在主体心中被引出来的，由内在感官所引起的。与夏夫兹博里的一种内在感官有多种功能不同，哈奇生认为审美具有容纳多种内在感官（道德的、审美的、宏伟的等）的功能。由于这一种功能，审美感官不像夏夫兹博里那样仅能认识而具有审美的直接性；因为审美是内在感官，因此它是与心相联系的，他把由外在感官的视、听、触，转化为一种复合观念，从而美是多样性的统一；因为不同于外在感官，内在感官不可能像柏克理论那样是自私的，因而是超功利的。对于哈奇生来说，趣味存在于主体，而这种存在本身是客观的。

柏克的趣味理论进行了一个变向和一个推进。一个变向，即他通过拒绝内在感官论，改变了夏夫兹博里和哈奇生的重点方向，而把主体结构放到经验可以证实的心理感受上；一个推进，即他把崇高作为一个与美不同的范畴，从而对趣味的类型进行了扩大。他在区分崇高和美的基础上，对崇高的类型和美的类型进行了一种罗列，把趣味体系化了。柏克重在经验，认为崇高和美是人的两种快感，美是积极的快感，崇高是关联的快感。所谓积极，就是纯粹的愉快（pleasure）；所谓关联，就是由痛感转为快感，是一种喜悦（delight）。美与崇高都是基于人的本性的，美基于人的社会性，由社会中的"爱"引起；崇高基于人的自我保存，由人面临危险而生的恐惧所引起。但经验中仅有可怖，还不是崇高，只有经验中虽可怖而又危及不了人，可怖才转为一种欣赏对象；在欣赏中，可怖之物引起的痛感，就转化为快感，痛感与快感的叠加，就构成崇高感。在美与崇高的基础上，柏克又对二者的类型进行了系列的分类，美有娇小、柔和、清丽、滑腻、娟秀、曲形等，崇高有巨大、晦暗、力量、空无、无限等。迪基强调，柏克对美与"爱"的关联，突出了一种无功利性，按此逻辑，崇高对看似有惊实则无险的强调，也包含着一种超功利性。柏克用崇高对趣味类型进行了扩大。

休谟是把趣味论题讲得最深而又体系化了的哲学家。他的《论趣味的标准》（1757）对趣味的本质做了基本性的论述。休谟承认，趣味是个人的和多样的，很难争辩，但他通过"倒比"法，提出了趣味的共同性，所谓"倒比"（a disproportion-ate pairs），就是把一个优秀的作品与一个拙劣的作品放在一起，人们会一致认为前者好而后者差。休谟认为，趣味的构成规律是经验。对于什么是美的问题可以通过对趣味的普遍而广泛的观察得到，而正确的观察需要正确的时间、地点、客体、心态，各种条件都具备，美的普遍性就可以得到了。从经验出发，我们可以知道，美不是客体的属性，而是客体在主体身上产生的效果，而主体能产生美的效果，一方面在于客体的构造，另一方面在于人性的特殊构造。因此，我们在趣味的差异性上要强调趣味的普遍性，它来自人性的稳定性，而人性是通过经验归纳得出的。

艾迪生被迪基专门列出来，是因为他提出了联想的观念，并认为联想在趣味官能中具有本质性的意义。他认为，对美的事物的感知不仅是对外界的一种知觉，更是一种更广阔的意识，它包含着情感反映的感受与观念联想和想象。因此，对于艾迪生来说，趣味是一种情感的趣味（emotion of taste），在这一意义下，在我们面对艺术的美时，由于艺术来源于艺术家，因此我们的心成为艺术家的心；在我们面对自然的美时，因为自然来源于上帝的创造，我们的心也成为一颗神性的心。正是这"成为"，使我们感受到美；而我们能够"成为"，在于联想官能。在审美时，最初，趣味的对象被感知，一种简单的情感（如欢愉）在心里产生；接着，简单的情感又在想象中产生一种思想（这种思想被典型化为一种形象），第一种思想在想象中又产生了第二种思想，然后第三种……通过这样的观念联想，最后一种统一的形象体产生出来。每一个形象都关联着思想，也关联着情感，而每一种思想、情感、形象都伴随着愉快。联想既是趣味感官的功能，又联系着客观外物，是客观外物在趣味感受中通过主体呈现出来的一种表现。联想既是一种主体的功能，又包含了主体对世界的一种把握。正是在主体的这种情感趣味中，物质世界的任何一个方面都可变成美的。在艾迪生看来，不是对客体的知觉，而是联想，使对象成为美的。

康德从一种哲学的高度对趣味进行最具理论性的表述。趣味的感官在对美进行判断的时候，由美而愉悦，这不同于感官在占有对象时的快乐舒适，不同于知性认识从对象得出概念时的愉快。正因为审美与占有对象无关，因此，美是超越个人功利的；审美是个别的，但由于美是超越个人功利的，因此，美具有一种普遍性；个人的审美是偶然的，但也因为美感超越个人功利，因此美具有了一种必然的性质；因为审美不是占有对象，因此审美关注的不是对象的内容，而是对象的形式，因此，对于对象的内容来说，审美趣味是无目的的，但对于审美自身的性质来说，审美趣味又具有一种形式的目的性。通过对形式的观赏，审美主体产生美感而备觉愉悦。

以上五家，构成了趣味理论的全面性结构。整个趣味理论，存在一种双重性质，美一方面在于客体的性质，另一方面在于主体的性质，趣味正是这两种性质的契合。

如果说，18世纪以前，美学的核心是"美"的概念；18世纪时，美学的核心是"趣味"概念；那么，18世纪末，"趣味"概念开始衰竭，美学的核心走向了美感学（aesthetics）概念。[①] 在迪基看来，美学这一概念，虽然由鲍姆加登提出，但却在19世纪的叔本华那里，才真正诞生。因为，在趣味理论被冷落之时，叔本华对美感学（aesthetics）的介绍得到了极大的反响。在叔本华看来，一个事物之所以被视为美的，是因为它是人（主体）审美沉思中的对象，是审美意识的客体。叔本华的美感学理论与趣味理论的区别可以通过以下几点显示出来：第一，他的审美意识与趣味理论所讲的趣味官能（faculty of taste）无关，而完全是从心智（intellect）与对象的关系去论述的；第二，审美意识用一种心智能力使知觉的客体从其关系中分离出来，而成为一种知觉上的孤立状况；第三，这种分离和孤立行动一旦发生，对知觉对象的无功利性沉思就成为可能；第四，一旦意志对这种心智的孤立活动有所破坏，审美意识也就消失了。因此，审美意识与功利是完全相反的。[②]

---

① George Dicke, *Introduction to Aesthetics: An Analytic Approach*, Oxford University Press, New York, 1997, p. 25.

② Ibid., p. 26.

美感学（aesthetics）的出现，意味着美的理论作为美学主流正式终结了。

三　审美态度

在迪基看来，19 世纪以后，在美感学（aesthetics）代替美的理论的同时，艺术哲学在 20 世纪兴盛起来，与此同时，从叔本华的理论之线，发展出了"审美态度"理论，而与之相对立的是，此时出现了一种"形上批评"理论。两者都认为，在面对审美对象进行批评和欣赏的时候，自己对审美对象的本质有更正确的看法。下面就按照迪基的顺序分别来看两种理论。

（一）审美态度（Aesthetic attitude）

迪基选了三种理论作为审美态度的代表。一是布洛的"心理距离"，代表作是《作为一种艺术要素和美学原理的"心理距离"》（1912）。二是斯多利兹（Jerome Stolnitz，又译为斯托尔尼兹）和维瓦斯（Eliseo Vivas）的"无利害关注"论，前者的代表作是《美学和艺术批评哲学》（1960），后者的代表作是《审美经验定义》（1937）和《语境主义重思》（1959）。三是奥尔德里奇的"看作"论，代表作是《艺术哲学》（1963）。

审美态度，就是主体采用一种使对象成为审美对象的态度。在布洛的理论里，心理距离（psychical distance）就是一种审美态度。该学说自朱光潜于 20 世纪 30 年代介绍于中国以后，为中国的美学读者所熟悉。迪基在解说时，也是引布洛关于雾的例子。船遇大雾，船上的人与实际情况没有距离，他们担心危险，雾对他们来说不是审美对象，他们也感觉不到雾之美。岸上的人不担心危险，与实际情况拉开了距离，雾对于他们来说就成了审美对象，他们感受到船行于雾中之美。一种与实际的利害关系拉开距离的态度，就是一种使事物成为审美对象的态度。距离太近会妨碍审美态度，岸上的人从望远镜看到船上的惊恐，会引发他的安全意识，从而减弱审美感；观察者距离太远也会妨碍审美态度，离海太远，看不清雾，也使美感不足。这样无距离、近距离、远距离、恰当距离，构成了审美态度的从无到少再到有。距离是一种心理距离，这种心理距离可以获得，也可以失去，从而使得对象对于人是审美对象，或不是审美对象。

在斯托尔尼兹和维瓦斯的理论里，无利害关注（disinterested attention）是一种审美态度。迪基认为，对无利害关注论应区分两组概念，一组是有利害（interested）与无利害（disinterested）概念，另一组是有兴趣（interested）与无兴趣（uninterested）概念。前一组概念与利益相关，是指与利益有利害关系而站在某一部分的立场或与之无利害关系而站在超越各部分的立场，或者说，是自私性的或非自私性的；犹如一位男士看见一位美女，想与之谈情说爱，或只将她作为一种观赏对象。后一组概念与兴趣相关，是指关心此事或不关心此事，犹如一个人读一本书，是情不自禁地一口气读下去，或不想读，读不下去。而无利害关注则是两组概念的合一，与对象既是无利害的，又是关心的。斯托尔尼兹是这样定义无利害关注的：对于意识到的对象，我们应给以无利害关系的同情的关注和沉思。维瓦斯与之相似，他宁愿使用不及物（intransitive）一词，即不涉及对象的现实性内容，基本上与无利害一词的意思相同。按照这一理论，一个艺术作品或自然客体，是不是审美对象，就看人们用还是不用一种无利害关注去看待它。用这种态度，对象就成为审美对象；反之，对象就不是审美对象。也就是说，同一个客体，在前一种情况下成为审美对象，在后一种情况下不是审美对象。无利害关注来源于布洛的心理距离和18世纪趣味理论中的无利害观念。它与心理距离的区别是，心理距离更强调一种心理过程，而无利害关注更着重强调一种知觉态度。

奥尔德里奇的"看作"（seeing as）理论，来自维特根斯坦的两可图型的言说，最典型的就是"鸭—兔图型"。这一用线画成的图形，有时看起来是鸭子的头，有时看起来又是兔子的头。奥尔德里奇从审美态度的角度来看这一问题，这一图型显现为三种事实：第一，它是用线形成的图；第二，它表现的是一只鸭；第三，它表现的是一只兔。

图 3-2

面对这一现象，奥尔德里奇认为，人的知觉方式有两种：一是观察（observation），二是体认（prehension）。后者是审美方式，前者是非审美方式。这个两可图形即用线构成的图形本身，形成一种物质对象；对这一图形进行观察性认知，形成一种物理对象；对这一图形进行体认性认知，形成一种审美对象。这一例子，是要说明一种审美态度理论。一个对象，无论是艺术作品还是自然客体，关键在于人们把它"看作"什么和用什么方式去看，用观察的方式，将之看成物理对象，它就成为物理对象；用体认的方式，将之看成审美对象，它就成为审美对象。因此，"看作"成了审美态度的关键。

"审美态度理论与 18 世纪的趣味理论拥有相同的观点，即心理学的分析是一种正确理论的关键点，但又拒绝了 18 世纪的假定，即世界的一种特定的性质，如多样性的统一，激起了审美的和趣味的反应。审美态度理论拥有与 19 世纪美学理论相同的观点，任何对象都可以变成审美欣赏的对象，但又拒绝了 19 世纪的假定，美学理论一定要具体在广阔的形而上体系之中。"①审美态度理论有三个目标：第一也是最基本的，试图孤立和描述一些心理因素来建构审美态度理论；第二，试图发展一种审美对象理论，从而作为一种审美态度的对象；第三，试图把审美经验总结为一种来自审美对象的知觉经验。对于审美态度理论来说，审美对象，尽管是在审美态度中形成的，但有了一种可以被欣赏和批评的功能，正是在这里，审美对象引出了审美对象理论和批评理论的基础。

(二)形上批评(metacriticism)

形上批评是受分析哲学影响的一种哲学性活动，它对艺术批评家在描述、解释、评价艺术作品时使用的基本概论进行分析和清理。迪基之所以在审美态度后写形上批评，是因为在他看来，比尔兹利的审美对象论正好是用形上批评的方式对审美态度所讨论的问题进行了深入的推进。比尔兹利的代表作是《美学》(1958)，他与审美态度论者有一个共同的假定，即可以找到一种清晰的方法去区分审美对象和非审美对象，但他不用审美态度这一概念，因为这一概念站

---

① George Dicke，*Introduction to Aesthetics*：*An Analytic Approach*，Oxford University Press，New York，1997，p. 37.

在主体的视点，从而未能对艺术作品与自然物体进行区别。比尔兹利站在艺术批评的角度，聚焦于艺术作品，准确地说，是聚焦于艺术作品如何成为审美对象这一问题，从而其理论的重心是作为客体的审美对象，而不是作为主体的审美态度而存在。迪基认为，一方面，比尔兹利的理论是审美态度论的进一步发展和细化；另一方面，从艺术角度得出来的审美对象论，同样可以运用到自然物体上。正是在这一意义上，迪基把审美态度论和形上批评论放到了一个群集里。

迪基把比尔兹利的审美对象论总结为三个主要概念：显异性（distinctness）、感知性（perceptibility）和体察性（对对象呈现于感知场中的性质的体察，consideration of the basic properties of perceptual fields）。由于对象是艺术作品，在传统理论上，我们往往把艺术家的意图看作作品的审美性质的一部分。显异性就是要指出，艺术家的意图与实际形成的艺术作品截然不同，它不能成为艺术作品的一部分，从而也不能成为审美对象的一部分。感知性是指在面对艺术作品的时候，只有进入欣赏者或批评者的审美感知的部分，才能成为审美对象，而没有进入的部分则不是审美对象。比如，赏画时，与画布连在一起的画框，还有画框的颜色、形状等，都不会进入审美感知，从而不是审美对象，又比如，观剧时，舞台的形状和幕布的颜色，都不是审美感知的对象，从而也不是审美对象。如果说，显异论是排斥了将一切与艺术作品外在相连的东西作为审美对象，那么，感知性则排斥了将一切与艺术作品紧密相连的东西作为审美对象。而体察性则是对感知性的进一步深入。它对审美欣赏中出现在感知中的一切东西进行体察性的区分：哪些是审美对象，哪些不是审美对象。比如，在观剧中，从剧场的一个座位上看去，观察者对剧场中的审美对象（舞台上的表演）与台下的关联部分（各种剧场设施，舞台辅助）进行体察；对于舞台，观察者也对报幕与演员、演员的剧情表现与换场时的行动进行体察，并将之区分开来。这种体察性在各门艺术如音乐、绘画、文学中都可以看到。总之，比尔兹利的显异性、感知性、体察性，都是为了具体地讲清楚：在欣赏和批评艺术作品的时候，艺术作品是怎样成为审美对象的，它的各种成分是怎样突出而成为审美对象的。而一旦做了这样的区分之后，对于何为审美对象这一问题，迪基又进一步地细化和深入。因此，尽管迪基对比尔兹利审美对象论的三个概念，特别是后两个概念提出了不少质疑，正如他对审美态度论的各个理论进行了一一质疑一样，但从理论的逻辑来说，审美态度论和审美对象论正好构成了研究美学理论的一组概念。而迪基把比尔兹利放在最后，是因为比尔兹利的研究重心不只是审美对象，还是专论艺术作品的审美对象。而我们一旦走向审美对象，其客体性就显现出来了，这样一直作为美学的重要的一个方面——艺术方面——就凸显了出来。

四　艺术理论

在迪基看来，包括美的理论和审美态度在内的美学理论，其方向在转向主体，而艺术理论，则主要是对客体的研究。当 20 世纪的西方美学，特别是 20 世纪 60 年代以来的西方美学，艺术成为真正的理论重心时，艺术理论在美学中的重要性就愈显突出了。但是，迪基还是把从古希腊到 20 世纪 50 年代的艺术理论作为美学理论的一部分来叙述。这一安排，一方面是呈现美学理论的三（美的理论、审美态度、艺术理论）合一（美学）的整体，另一方面又要从艺术理论上显示出走向分析美学的历史性。对于从古希腊到 20 世纪 50 年代以来的艺术理论，迪基做了一个三段划分：一是从古希腊到 19 世纪的模仿论，二是从 19 世纪到 1914 年的表现论，三是从 1914 年到 20 世纪 50 年代的以贝尔、苏珊·朗格、科林伍德、韦茨为代表的四大理论。

从古希腊到 19 世纪，迪基只讲了柏拉图和亚里士多德两位学者，在他看来，这个时期的一切理论，都是模仿论主题下的各种形态，从理论的角度讲，这两位大家足以代表全体模仿论学者。柏拉图和亚里士多德都是从理性的角度来看待模仿论的，柏拉图是一个从神话世界中走过来的理性主义者，他在不能忘怀神话体系的时候，对艺术做了一种超理论的言说，其艺术的创作是在灵感中得神赐而产生的，因而他达到了神的境界。艺术效果，也像磁石一般以一种超理性的方式左右观众。这当然抓住了艺术的本质，不过是用一种神话的方式表达出来的。当柏拉图把神学的上帝变成一个理性的理式，从而艺术也应从理性的角度进行解说的时候，这导致了这样的结果：艺术模仿现实，现实模仿理式，因此，艺术与最后的真实隔了两层，艺术成为不真实的。就这一点而言，艺术是不真实的幻象，应该受到轻视。理式是最高的真实，也是真实的理想，从理想的角度看，艺术影响着人的非理性的情感，让人偏离理想，理式也是应受到轻视的。亚里士多德就排除了神学的内容，直接以理性解说模仿，在艺术与现实的关系上，他认为模仿正是抓住了现实本质的哲学行为；在艺术作品中，他从知识和技术的角度对艺术进行了分类：模仿的媒介（画、音、诗），模仿的对象（好人、坏人、一般人），模仿的方式（直接和间接）。在艺术的现实效果上，他认为艺术通过激起观者的宣泄而达到了一种情感的净化。

19 世纪以前的模仿论是一种客体中心论，19 世纪的表现论则是一种艺术家中心论。迪基引了三位表现论理论家维农（Eugene Veron，1825—1889）、司密斯（Alexander Smith，? —1851）、托尔斯泰（Leo Tolstoy，1828—1910）的言论，但认为表现论的兴起主要与浪漫主义相关；从哲学关联上说，是费希特、谢林、叔本华、尼采，还有康德，更重要的是神学和神秘主义思想促进了表现论的兴起。科学与技术的高速发展，刺激了情感与艺术的进一步高扬，与理性相对的情感，与科学相对的艺术，被认为更能达到康德哲学所说的知识达不到的物自体。艺术家用艺术表达这一本质，通过情感直抵这一本质，构成了表现论的理论基础。正是由于这一理论，诗与乐成为西方艺术中的重要力量。然而，从艺术理论的角度看，模仿论和表现论都不能满足关于艺术的理论定义。迪基在这里插进了自己的看法，为后面的历史叙述做铺垫。艺术作品是在两种意义上定义的：一是分类意义上，一物（艺术）相对于其他物（科学、哲学、伦理）来说，是艺术；二是在评价意义上，这是不是好的艺术。

从 1914 年到 20 世纪 50 年代，艺术理论有四个人物影响较大，一是贝尔的《艺术》（1914），提出了艺术的本质是"有意味的形式"；二是苏珊·朗格的《情感与形式》（1953），提出了艺术的本质是情感的形式；三是科林伍德的《艺术原理》（1938），提出艺术的本质是"想象性的表现"；四是韦茨关于艺术是一个开放定义的理论。在迪基看来，这四种理论中的前三种都与以前的艺术理论有着密切的关联。贝尔的理论是柏拉图关于美的理论的发展，贝尔把一种现象事物后面的理式变成了有意味的形式；苏珊·朗格的理论是模仿理论的现代版本，只是把模仿现实变成了模仿情感；科林伍德的理论是表现理论的精致版；而韦茨的理论运用维特根斯坦的游戏理论以家族相似的模式来谈论关于艺术的定义，虽然这个理论在迪基看来还有可以讨论和质疑的地方，但是这个理论却可以在总结方面把前面的相互冲突的理论包括进来，也正是在这一理论上，正如迪基的《美学导论》第一编的标题所写的那样，西方文化 20 世纪 50 年代以前的美学史，成了走向分析美学的历史。20 世纪 60 年代以后，艺术理论在另一种理论上展开了。

五　艺术制度

20 世纪 60 年代以来，艺术理论转到了一个新方向，即制度方向，这最初是在两个领域提出来的：科亨（Marshall Cohen）与迪基在艺术经验领域提出制度方向，丹托（Arthur Danto）与曼迪班（Maurice Mandelbaum）在艺术理论领域提出制度方向。这些理论家发现，以前的艺术理论，除了柏拉图的以形而上的理式为核心的言说外，其他学说基本上都是一种以个体性思考为出发点的理论。审美态度论是一种个人心理学，讲的是个人审美怎么反映出来；艺术本质论也是一种个体逻辑学，讲一个作品要具备哪些特征才能被定义为艺术作品。这种个体中心论忽略了一个重大事实，即个人是在文化中，即在一种社会的组织和制度中进行欣赏活动和客体认识的。为什么人会对事物采取一种心理距离、无利害关注、审美知觉的审美态度呢？原因是一种文化结构使人这样。人在审美态度中把艺术从生活中孤立出来，这一方式本身是不孤立的，是文化的要求使艺术孤立的，这一要求决定了审美态度，因此从本质上看艺术不应是孤立的。同样人把一件事物定义为艺术，也不是由这一事物本身的特征决定的，而是由文化决定的，比如，杜尚的《泉》，其作品与一般的小便器在物质特征上并没有区别，是事物后面的文化机制使它成了艺术作品。用丹托的话来说，是艺术成为艺术的环境，使得一个事物一方面成为某种事物，另一方面被解释成另一种事物。这一理论把艺术理论不但从古典的共性论中解脱出来，而且从维特根斯坦的家族相似的理论中解脱出来，新潮理论家主要是从批判维特根斯坦及其在美学上的代表如韦茨等人的理论开始自己的理论创新的。这一理论使事物成为某物和被解释成他物的现象，把作为创造者的艺术家与作为解释者的公众，从一个更高的层面组织起来，并予以新的审视，这就是艺术的制度理论(the institutional theory of art)。迪基认为，自己可以作为制度理论的代表，他说，在曼迪班和丹托思想的指引下，他在《定义艺术》(1969)和《艺术与美学》(1974)中提出了早期艺术制度理论，面对随之而来的各种批评，他又修改和完善了艺术制度理论，而这前后两个版本，又具有一以贯之的逻辑脉络，可以作为一个整体的理论，正如其已经在《艺术界》(1984)一书中所做过的那样。

传统的艺术理论也是把艺术作品放进一个网框整体中进行论述的，如模仿理论把艺术作品放在艺术家与题材的网框中，表现理论把艺术作品放在艺术家与作品的网框中，但传统艺术理论的网框太"薄"，而艺术制度论是要把这一"薄"的网框变"厚"。艺术制度论首先认为，艺术作品不是一个物理客体(physical object)，而是一个艺术事实(artifact)。艺术作品都具有一种物理特征，如画上的颜料，诗中的文字，建筑的砖石，但不是这些物理性质使艺术品成为艺术品，而是艺术品作为一种艺术事实使这些物理性质生成为艺术作品。迪基在初始呈现艺术制度论的时候认为，艺术作品在分类学的意义上被认定为一种艺术事实，社会制度里已经有一种关于什么是艺术世界的分类，而代表社会制度的某人或某些人在欣赏这一由艺术家提出的让其作为艺术作品的候选作品时，对这一集诸方面为一个整体的作品，进行了一个资质(status)认证，从而这一物理客体就成了艺术事实，即被认定为艺术作品。这就像国王对于骑士的封号，法官对于婚姻的立档，学术当局对于学位的授予一样。所谓艺术作品，就是一个艺术事实，作为资质申请的候选作品，被一个在文化体系中业已存在的艺术世界，按照艺术的方式所欣赏，并予以制度的认可的作品。杜尚的作为物理客体的小便池成为一个艺术事实的《泉》，就是被展览会予以资质认证后而成为艺术作品的。在迪基的初期理论中，艺术制度论还很粗糙含混，但很显然，艺术制度与国家制度、法律制度、学校制度不一样，它是一种特殊形态的"制度"，包含了正式的和非正式的组合，它的认证也不是像对物理客体的认证那样有一种明显的、程序的、正式的标准，而是遵循一种文化中的艺术规律。它有一系列明确的机构，如艺术协会、学校、教会、出版社、图书馆、展览厅、博物馆等，有一批专职人员，如艺术家、艺术教师、管理人员、图书馆员、展览人员、艺术观众、艺术批评家等，有一系列使艺术品得以确认和进入的方式和惯例；正是这方方面面的机构和人员，在正式的和非正式的实践活动中，在可以意得而难以言宣的艺术欣赏的过程中，构筑了一个文化制度中的艺术世界，以及使这一艺术世界得以存在和运行的制度机制。按照迪基后期完善了的艺术制度理论，艺术作品之为艺术作品，是因为它们已经在文化建立的艺术世界中占有一个位置，它已经被认证为艺术作品，每一类艺术作品都有一种使自己得以成为艺术作品的背景和制度。因此，一个物理客体成为或不能成为艺术作品，是由艺术制度决定的，围绕着不同的艺术作品的，是不同的艺术制度。在西方的戏剧中，一幕戏剧演完，须换背景和舞台设施，不然就不成为剧；在中国的戏曲中，一幕戏曲演完后，可以不换背景和舞台设施，正因为不换才成为一个标准的剧，艺术制度在里面起了决定性的作用。在迪基看来，物理客体是一种简单的事实，艺术事实则是一个复杂的客体，艺术作品之所以成为艺术作品，就在于"简单"的物理事实进入艺术制度之中，成为一个"复杂"化了的艺术客体。复杂，意味着进入一种艺术制度的运作和张力之中。

艺术制度可以包含三大因素：艺术家、公众、艺术世界①。一是艺术家，艺术家作为一个深刻理解艺术创造的个人参与到艺术制度之中。这意味着，他之为艺术家是在艺术制度的规定中被认证的，而认证已经使他与制度有了内在的共识，而这一共识，使他一定是按照制度所规定的艺术惯例来进行创造的，艺术家的身份保证其提供出来的是艺术作品。二是公众，艺术家向公众提供艺术作品，公众是在一定程度上时刻准备去理解和欣赏艺术家所创作出来的艺术作品的人的总和，公众之为公众就在于其已经由艺术制度熏陶和培养成了具有一定的艺术观念和艺术趣味的大众。三是艺术世界，它是一切与艺术相关的因素的总和。它与文化中的其他方面区分开来，形成了自己在文化中的特殊维度。正是在艺术世界中，艺术家把自己的作品提供给艺术世界的公众，公众按照艺术的标准和方式去欣赏艺术作品，

---

①　迪基谈了四个因素：艺术家，公众，艺术世界，艺术世界体系。在中文里后两者是同一的，因此笔者将之合为艺术世界。

并在这一欣赏中认证了这一艺术作品，同时又确认了艺术作品的普泛意义。

艺术制度论把关于艺术作品定义的问题，从一种客体分析转变到一种制度分析，并给美学带来了一种新的维度。

六　创作与作品

按迪基的本意，本部分应是艺术结构论，但按其内容所述和迪基自己的整体结构，本部分被命名为"创作与作品论"。何以迪基有此内容而不用此题目，从深层上说，这包含了整个西方美学的演进趋势和一些理论上的纠缠，这里展开此纠缠会离题太远，故略去。按照一般的美学原理，存在一个审美类型（或范畴）理论，分析美学重要的是对概念进行分析，因此，迪基的理论专列了一章，讲述以四大概念显示出来的美学四大问题。迪基认为，以上各章讨论的问题：美的理论、审美态度与形上批评、艺术理论、艺术制度等，是美、艺术、美学中的核心问题。而这四个概念，从美学体系来说，属于非核心问题，但又长期以来受到美学理论家们和批评家们的关注，成为他们眼中的重要问题，因此，它们作为一个美学理论，应该讲一讲。

这四大问题就是围绕着四大概念展开来的：意图（intention），象征（symbol），隐喻（metaphor），表现（expression）。迪基认为，除了隐喻是文学专有概念之外，其他三个概念都是贯穿到各门艺术中的。其实，隐喻只要做一些引申，再把象征与隐喻做一区分，它也可以贯穿到各门艺术中去。可以看到，迪基对于游离于理论核心而又成为理论家们的核心的四大概念有些头疼，它们从理论上可以不讲，从现实上又必须讲，其实，从更高的角度来看，迪基完全可以把20世纪以来西方艺术理论诸问题做这样一种综合，以形成一种结构。第一，制度论，作为一个总论，讲艺术的定义问题和艺术在文化中的定位问题，包括艺术在文化结构中的位置和艺术在文化形成中的结构。第二，艺术家论。前面讲的四种理论中的科林伍德的表现主义与四个问题中的意图与表现两大概念都属于与艺术家相关的问题，意图是创作的总体，表现则是意图总体中突出艺术特质的东西，表现不是理性而是直觉，是与艺术和审美相关的部分。迪基用意图和表现及其复杂的辩证关系，就可以把一个创作理论讲好。第三，作品论。前面讲的四种理论中的两种，符号论和有意味的形式论，与四个问题中的两个概念，象征与隐喻，都与作品相关联。这里符号论和象征论是一个英文词，symbol，这个词既有符号之意，又有象征之义，这两者相合，正好说明艺术作品的两层：一是符号层；二是由符号惯例所指向的内容层，用文学的例子来说，就是文字、形象、形象的意义。在符号的意义上，形象的意义可以是直接显性的意义，羊就是羊；也可以是象征的意义，羊是基督的象征。象征有明确的关联，隐喻的关联既可以是明确的，又可以是模糊曲折的。就其明确性一面而言，隐喻与象征接近；就其模糊性一面来说，隐喻与有意味的形式中的意味接近。而苏珊·朗格的符号论认为，艺术是情感的符号，情感的性质既有明晰，又有模糊的特点，通向一种难以言传的意味。第四，批评论。迪基认为这是美学理论中重要的问题，花了一篇四个章节来讲。因此，我们也用一节来专门介绍该内容。

七　艺术评价

迪基的艺术评价论（evaluation of art），其实包括了艺术批评和艺术欣赏两个方面的内容。批评建立在欣赏的基础上，这又给欣赏以一种理论上的概括，因此，在理论的意义上，批评可以代表欣赏。迪基讲的八种理论中，五种理论是传统的，三种理论是最新的。五种传统理论如下。

一是个人主观论（personal subjectivity）。这种理论按照一种个人心理状况来定义评价观念，它主张没有统一的批评原理，任何给定的逻辑在现实的批评中都有无效之时。二是直觉论（intuitionism）。这种理论认为，基本的评价术语因为涉及非经验的性质，因而是没法定义的，艺术是一种直觉，直觉相反于逻辑，因此，逻辑性的原理和推理在评价中没有用武之地。三是情感论（emotivism）。这种理论认为，评价术语是不能定义的，因为它不涉及外在的事物，只关联到评价者所表达的情感。因此，批评原理是不存在的，评价活动也不被逻辑所支持，尽管仿佛有一种理性在其中。四是相对论（relativism）。这种理论认为，评价术语是以多种复杂方式发生作用的，因此，虽然批评中有一些关系到推出结论的原理，但这些原理与其说是证明性的，不如说是被选择性的。因此，想找到放之四海而皆准的原理是不可能的。五是单体论（critical singularism）。这种理论认为，虽然在批评中，理性的运作有自己的作用，但评价的术语并不真正是评价性的。因此，没有评价原理，也就不存在要证明这些原理的问题。

以上五种传统理论的一个共同特点就是否认评价有共同的基本原理。与之相反，三种新的理论的共同特点就是认为评价有共同的基本原理。因此，迪基对这三种理论，进行了较详细的论述。由于三种理论都认为，评价的基本原理是可以像使用工具一样运用于具体的评价之中的，因此这三种理论都被称为器具论（instrumentalism）。

器具论的第一个代表人物是比尔兹利（Monroe Beardsley）。他的评价理论包括两个部分：一是关系到艺术批评推理的一般标准理论，二是艺术价值的工具理论。后者是形成前者的基础。比尔兹利器具论不像以前的理论那样，从实体的角度从众多的艺术作品中总结出一般的特征，例如，好作品一有因素 A，好作品二也有因素 A，好作品三还有因素 A，因此，A 是艺术作品之为好的艺术作品的重要因素。在比尔兹利看来，作品一中的 A，是作品一成为好作品的因素，作品二中的 A，可能不是使作品二成为好作品的因素，作品三中的 A 甚至可能是艺术中的败笔。因此重要的不是看好的艺术作品有什么因素，而是看这一因素在作品中发挥了什么样的功能。比尔兹利认为：第一，凡是对形成作品的统一性（unity）起了作用的因素是好因素，反之不是；第二，凡是对形成作品的强烈性（intensity）起了作用的因素是好因素，反之不是；第三，凡是对形成作品的复杂性（complexity）起了作用的因素是好因素，反之不是。这里，作为实体的因素本身不是评价的标准，因素发挥什么样的功能才是评价标准。功能是一个整体性的概念，只有从整体的立场出发，功能的好坏才能够表现出来。这样就有了一个整体标准，比尔兹利认为，这就是前面讲的三点：统一性，强烈性，复杂性。这三点是艺术的审美方面的特质。比尔兹利特别强调，在欣赏与评价的过程中，这三大特质与认识和道德无关，欣赏者和评价者在进入艺术的欣赏和批评的时候，首先要与认识（真）和道德（善）相分离，进入审美之维，在审美的欣赏中感受到艺术作品的三大特质，这三大特质对欣赏者和批评者产生审美经验，三种统一的、强烈的、复杂的审美经验，由作品引发，在欣赏者中产生，又反过来导致欣赏者对艺术作品本有的这三种特质进行确认，从而欣赏者得出对艺术作品的评价。由于这三大基本特质是清楚的，是可以理性地和逻辑地像器具一样进行运用的，所以艺术评价是可以产生共识的，它有其基本原理，也是可以进行理论化的。

器具论的第二个代表人物是古德曼（Nelson Goodman）。与比尔兹利相比，古德曼的器具论有很大不同，比尔兹利认为审美经验只是一种与艺术作品有关的经验，而这一欣赏和评价艺术作品的审美经验是在同认识与道德分离开来以后取得的。因此，艺术作品的审美经验与其他领域没有关联。古德曼却认为，艺术作品是一种符号，对艺术作品的欣赏和评价在本质上是一种认识，艺术作品之所以被体验为艺术作品，是因为艺术作品是在与其他事物和领域的相互关联中被认识出来的，艺术的欣赏和评价也正是在一种认识功效的基础上，才得以产生出来的，使人们知道作品的所指和所蕴含的是什么。二人的差异，其实是强调的重点不同。艺术欣赏和评价，究竟是认知在先，还是体验在先；是有了审美体验，才由此产生认知（这是艺术作品），还是先有认知（这是艺术作品），才由此产生审美体验。在现实中，应是两种情况都有，在学理上，便见仁见智。但古德曼就是从艺术是符号这一原则出发，演绎出一整套艺术评价理论的。迪基把他的理论总结为四点：第一，每一件艺术作品都是一个符号，按照其描绘、再现、表现、例证，或几者的综合而被符号化；第二，符号是为认识而出现的；第三，艺术的主要目的是认识，实践性、愉悦、冲动、交流功效，都依靠认识而获得；第四，艺术因其所起认识作用的好与坏而被予以相应的评价。

比尔兹利强调的是艺术与其他领域的必要分离，古德曼强调的是艺术与其他领域的必要关联。这就导致了他们在具体批评个案中有歧见。比如，一幅没有具体物象而只有蓝色的抽象画，比尔兹利认为，这幅画在于其对色彩本身的拥有，显出了色彩的强烈性。古德曼则认为，这幅画在与其他领域的关联中例证了自己，色彩是其例证方式。一个更经典的例子是，有五个长四尺、宽两尺的长方形平面，蓝色而华丽，其中三个处在墙上的画中，并列排放着，第四个在地板上，是装订起来的地毯标本，第五个是画上方墙面上的一个洞，蓝天在洞中呈现为长方形。在这五个长方形的物件中，古德曼强调的是画与其他两个长方形的联系和在联系中的认识，比尔兹利强调的是对画与其他两个长方形的分离和在分离之后对画本身的专注。在两种器具理论中，迪基倾向于肯定比尔兹利而否定古德曼。当然，迪基更得意的是在两种理论之后，提出了自己的器具理论。

迪基认为，艺术作品的评价经验比比尔兹利和古德曼所设想的还要复杂，因此，他在综合比尔兹利和古德曼的理论中的有益部分之后，又加进了自己的一些东西。这主要表现在以下几点。

第一，比尔兹利的三个审美标准，统一、强烈、复杂，着重强调了普遍性，而在评价中，审美性质的经验在被认为是有价值的时候，总意味着它被内在地价值化了。因此，内在性是艺术评价个体化的一种表现，而正因艺术作品的个体性，内在性才在每一个具体的评价中产生效用，因此，普遍价值要加上一种内在价值，才把艺术评价中的具体性突显出来。对于迪基来说，一方面内在价值强调艺术评价的独特性和具体性；另一方面，怎样使这种独特性和具体性不沦入相对主义，而与普遍价值的器具性相结合，就成了一个问题。迪基讲了很多，但他并未解决这一问题，因为他把这一问题放到一个统一的逻辑标准上讲，而没有放到文化和历史中去讲。但这一问题的提出，对于艺术评价来说，是重要的。

第二，正因为具体性的内在价值被提出来，而且内在价值在艺术评价中占据一定的地位，因此比尔兹利的普遍器具原则就得修改，于是迪基提出了弱原则，由于内在价值是个体的，从而使普遍原理受到减弱，因此他把普遍原理与内在原理结合起来，艺术评价原理就成了弱原理。这对于普遍性来说是弱了，但对于具体评价来说却更贴近了。

第三，比尔兹利的三大审美性质有两个特点：一是基本性，二是抽象性。迪基认为，第一，基本性质之下还有次性质，如忧郁性、喜剧性等，都会在艺术评价中起到作用；第二，基本性的性质应该从抽象性和形象性两方面进行总结。虽然迪基没有明确地指出这一点，但在举例中，他突出了比尔利兹具有的抽象的统一性概念，同时他用了具体性概念，如典雅（elegance）与之相对，这构成了两个基本性的普遍概念。这对于器具理论的运用，更有普适性。

　　第四，对于器具理论来说，一个重要的问题是如何把普遍性的标准运用于具体的对艺术作品的分析上，也就是如何对一个艺术品的总价值（overall value）做出判断。迪基在古德曼的逻辑操作基础上，运用一种符号矩阵来进行判断，如作品一的价值因素有统一、复杂、典雅，作品二的价值因素有统一、复杂、忧郁，作品三的价值因素有统一、典雅、强烈，等等，那么，依其每一作品中这些因素的多少和每一因素的轻重，列一矩阵，使其品位鲜明地显示出来。这种带有逻辑性的评价方式其实只是一种概念逻辑游戏，是不适合用于审美的。

第四章　西方现代美学的体系建构(中)

这一章呈现了西方现代美学体系建构的全球化路向：现代美学力图把西方美学与非西方美学综合起来建立体系。托马斯·门罗《走向科学的美学》在运用英语世界的经验原则时，也面向全球的美学经验去建立美学体系，达到美学原理的高度。阿恩海姆的《艺术与视知觉》和弗莱的《批评的解剖》具有更多的大陆理性精神(弗莱虽然是北美学人，但其理论基础来自欧洲大陆的精神分析、人类学、符号学，从而具有大陆理性气质)，二人都是从美学的一个分支去总结全球经验的，前者是从视觉艺术领域，后者是从文学领域。由于三人都有宽广的全球视野，而又力图以 20 世纪 50 年代的建构理论体系的方式去处置这一全球经验，因此，他们建立的三个体系都带有浓厚的时代气息。

第一节　包容万有的雄心——自然主义美学

自然主义美学也就是实用主义美学，前一词由这一美学的开创者桑塔耶纳所用，后一个词为桑塔耶纳的后继者杜威所用。这一潮流在 20 世纪 50 年代为托马斯·门罗(Thomas Munro，1897—1974)所继承、扩大、总结，自行命名为新自然主义美学。在 21 世纪初有舒斯特曼，继承着杜威的主旨，写了《实用主义美学》(2003)，自行命名为新实用主义美学，其实质不变，只是汇入 21 世纪的全球化潮流之中而有新的意义。而从桑塔耶纳开始的这一美学潮流，以自然和经验为出发点，与传统美学有了巨大的不同，而与非西方美学有了相当程度的会通，但从桑塔耶纳到杜威再到门罗，又都是在西方美学的基本框架中进行的，门罗在自然主义美学的与时俱进中献出了体系性著作。自然主义的经验性，使门罗在建造体系时表现出最为宽广的视野，显示出包容万有的雄心。可以说，门罗的著作代表了 20 世纪 50 年代美学的最高的愿望。然而，门罗又没有取得与自己的雄心相符合的成果，整个时代的成果都是在比门罗视野更小的范围内取得的，因此，门罗的结果在某种程度上又象征了 20 世纪 50 年代的美学命运。门罗能有这样的雄心和这样的结果，应从自然主义美学的基本原则和历史发展来予以揭示。

一 自然主义美学的核心、历史、代表人物

自然主义是美国的一种哲学思潮，桑塔耶纳(George Santayana，1863—1952)和杜威(John Deway，1859—1952)是其主要代表。这两位大名鼎鼎的哲学家又非常关注美学，都写了大部头美学著作，形成了自然主义美学潮流。信奉自然主义哲学的托马斯·门罗把自己的全部学术精力放在美学上，使自然主义美学更加声名响亮。桑塔耶纳、杜威、门罗以自己的著作汇成了一条从 20 世纪初流淌到 50 年代的美学潮流。

所谓自然主义美学就是把美和审美看作一种自然现象，正如人类的一切思想和活动都是一种自然现象一样，这里不需要任何超自然的解释，作为一种自然现象的审美活动，与物理现象和生物现象在进化上前后相连，并且在某种程度上可以说是从中产生的，因此，虽然自然主义美学和物理、生物现象在复杂性和变化性上有区别，但这种区别不是根本的，从而自然科学研究的根本精神适用于美学。当然在研究审美这一特殊自然现象时，我们应当有一套新的概念和新的方法。要建立科学的美学，经验是自然主义美学的出发点，它使自己的注意、思考、推论

都围绕着审美的事实和经验，严防先验的、唯理的、形而上方面的思想闯入。自然主义美学的宗旨是要把作为哲学一个分支的美学变为科学的、可以用经验验证的美学。

（一）桑塔耶纳与美感的泛化

虽然自然主义美学一直抱着面向科学的宗旨，沿循着自然和经验的路径前进，但由于时代的重心不同，桑塔耶纳、杜威和门罗又各自显现出了自己的特殊风貌。前面说过，20世纪头15年是审美心理的时代，因此桑塔耶纳以《美感》(1896)开始自己的第一部著作，也是美国的第一部美学著作。当时，实验美学有一定势力，然而却把复杂的问题简单化了。思辨心理学诸派正要拉开帷幕，它们的一个基本原则就是要把审美现象从其他现象中独立出来，其基本方式是唯理的区分性。桑塔耶纳以自己的独立性，把审美现象还给了经验与自然。

带着19世纪的流风遗韵，桑塔耶纳给美下了一个定义：美是客观化的快感。但这一旧的定义方式是为了走向新疆场，走向经验和自然。客观化的快感不是一种超自然的快感，而是一种自然的快感，它不应唯理地推导出来，而应由经验来验证。因此，与传统美学把审美感官只归于高级感官(眼、耳)而拒斥低级感官(嗅、味、触)相反，桑塔耶纳认为，"人体的一切机能，都对美感有贡献"①。五种感觉(视、听、嗅、味、触)和三种心灵能力(知、情、意)都是带来美感的材料，体内的血液循环，新陈代谢，喉头和肺部的感受，呼吸吐纳等都是形成美感的力量，至于恋爱激情之类对美感的影响就更不用说了。人是一个有机体，它的每一部分都对美感的发生有着自己特定的贡献。以上仅是从人的自然生理层面来讲的，如果从人是社会动物这层来看，人的家庭之爱、祖国之爱、社交趣味，都是生长美感的土壤。"例如，'家'在社会意义上是一个快乐的概念，如果具体化为茅屋一楹，小园一角，它就变成一个审美概念，变成一件美丽的东西，快感客观化了，事物也就美化了。"②

传统美学认为，美是超功利的，这主要是从学科划分上着眼的，以突出审美的

① ［美］乔治·桑塔耶纳：《美感》，36页，北京，中国社会科学出版社，1982。

② 同上书，43页。(最后一字"了"是笔者根据语法和文意所加，译文无此字，显然是笔误)

特色，然而以此为公理推衍下去，未尝不会有所偏误。从自然和经验的观点看，桑塔耶纳认为：功用既是自然界的组织原则（适者生存），又是艺术上的组织原则（建筑形式），因此功用是造成美感的一种因素，甚至价格也可以成为这样的因素。"珠宝的感性美虽然甚大，它们的稀有和价格却给它们加上一种名贵之表现力，假如它们是廉价的话，它们就不会有如此的表现力。"①在审美心理时代，把美感这个美学的关注中心自然化、经验化，是桑塔耶纳的宗旨。以自然化、经验化的美感为中心，桑塔耶纳从美的材料、美的形式、快感的客观化给对象带来的表现力这三大方面着手，建立了自然主义美学理论。这个理论，一言以蔽之：美的泛化。所谓泛化，就是把美感等同于快感，从而把一切快感的东西都看成美感。这一泛化的特色为杜威和门罗所继承。这两人因所处时代的氛围不同，从而关注的重心有异，因而其泛化的方向和特色也有所不同：杜威的重点是在艺术上，门罗的重点是在美学的体系建构上。

（二）杜威与艺术的经验化

前面说过，1915—1950 年是艺术形式的时代，跟随时代主潮的转变，自然主义美学也把中心转为艺术问题。杜威的《艺术即经验》（1934）是该时期自然主义美学思想的结晶。如前所述，艺术形式的时代是艺术摆脱理念而独立的时代，这种独立意识之强烈，体现为要划清艺术和一切非艺术的界线。自然主义在这股不同于自己的强大潮流面前，捍卫了自己的思想。

杜威认为，艺术不是来源于日常经验之外，而是来源于日常经验之中。从本体论上讲，艺术与人类经验的联系，来源于人作为生物，是在与环境互动、适应、协调而产生的进化中就获得和拥有的一种能力，这一能力与人类的产生和成长相伴随。原始人装饰洞穴的图画、身体的文身和头上的羽毛，与生活紧密关联，而且就是生活本身，帕特农神庙的建立、存在、功能也是与古希腊城邦的日常生活紧密相关的。② 只是资本主义的工业化和现代以来知识的分化才把艺术从日常经验中分离和孤立出来，并以博物馆、画廊等形式推动着艺术与日常生活的对立。而这种倾向在

---

① ［美］乔治·桑塔耶纳：《美感》，143 页，北京，中国社会科学出版社，1982。

② 参见［美］杜威：《艺术即经验》，2—5 页，北京，商务印书馆，2005。

杜威看来，不但在方向上是错的，而且与这一方向相互支持的把艺术与日常生活隔开的理论也是错误的。杜威要大家认识到，不但在本体上和在历史中，艺术与日常生活相连，是日常生活的一部分，而且在当今的现实中，艺术经验在日常生活中也随处可见：打球者的优雅姿态对观众的影响，家庭主妇栽花时的喜悦，丈夫料理屋前那堆草坪时的专心与欢情，都可称为审美经验。[1] 当然，杜威认识到并以理论的方式指出，日常生活中要呈现为审美经验，也需要具体条件，这就是拥有"一个经验"(an experience)，杜威的"一个"，用不定冠词 an 来表达，有双重意义：一是指任何一个，显示艺术经验出现的日常性和经常性；二是指必须成为一个整体，在这一意义上，也可称为"整体性经验"(consummatory experience)。人生存着，活动着，经验就不停息地出现着，"但是，所获得的经验常常是初步的。事物被经验到，但却没有构成一个经验。存在着心神不定的状态与我们所观察、所思考、所欲求、所得到的东西之间相互矛盾。我们的手扶上了犁，又缩了回来；我们开始，又停止，并不由于经验达到了它最初的目的，而是由于外在的干扰或内在的惰性"[2]。因此，日常生活中混乱的、中断的、干扰的、松散的、麻痹的、抑制的、收缩的经验不是"一个经验"，而形成"一个经验"，这是艺术的基础（在这里我们可以思考和比较杜威以及自然主义美学与距离、孤立等心理学美学之间的同与异）。

杜威的"一个经验"的特点，一是完整性。完整不是静止的和滞积的，而是动态的和前进的，其中也包含冲突和斗争，它们是经验向前发展的成分，是构成完整经验的组成部分。二是有个性。每一个经验都有自己独有的特征，有其开头和结尾，因为生活本就是多样的，"每一个都有着自己的情节，它自身的开端和向着终点运动，其中每一个都有着自身独特的韵律性运动；每一个都有着自身不间断弥漫其中不可重复的性质"[3]。三是经验中内含着一种能量。经验之所以展开发展为一个整体，并具有进退、对立、斗争、回环往复的个性，在于经验中内含着能量。从能量的角度看，我们可以说一个经验是一种能量的组织。四是情感性。经验是在时间中运动的，而情感不但伴随在运动过程之中，而且是使情感自身运动

---

① 参见［美］杜威：《艺术即经验》，3页，北京，商务印书馆，2005。
② 同上书，37页。
③ 同上书，38页。

并将之黏合的力量，"欢乐、悲伤、希望、恐惧、愤怒、好奇被当作各自都是某种已经成形的实体出现在人们面前……所有的情感都像是一出戏的特性，随着戏的发展，这些情感也在改变"①。艺术正是由这四个特点的"一个经验"产生出来的。"每一个经验都是一个活的生物与他生活在其中的世界的某个方面的相互作用的结果。"②这一相互作用包含着相互关联的两个方面：主体在"做"（doing），即进行一个活动，同时主体在"受"（undergoing），即在"做"中与环境相互作用时的感受。"做"与"受"组成的生动关系，形成"一个经验"的模式和结构。艺术正是从这一模式和结构中产生出来的。每一个经验都有冲动，这一冲动是表现性的，艺术的发动来自这一经验的冲动，这一冲动的结果，就是表现性的对象，它的形成，当然需要本体与形式，媒介与质料，以及能量的组织，总之需要一整套艺术理论所讲的东西，但这些东西都来自日常生活中的"一个经验"。

　　因此，杜威认为，作为审美经验的艺术，不是像审美心理学派和艺术形式学派所认为的那样，要与生理欲望分离开来和要与思想观念分离开来才会产生，而是相反，就是要把欲望和思想彻底地结合进经验之中。③ 艺术的敌人不是欲望和思想，而是无生气的单调，无目标的懈怠，屈从于惯例的机械。因此，"艺术作品并非疏离日常生活，它们被社群广泛欣赏，是统一的集体生活的符号。但是，它们对创造这样的生活也起着非凡的帮助作用。物质经验在表现性动作中的再造，不是一个局限于艺术家，局限于这里或那里的某个恰好喜欢该作品的人的一个孤立的事件。就艺术起作用的程度而言，它也是朝着更高的秩序和更大的整一性的方向去再造社群经验。"④

　　艺术是从日常生活经验中发展起来的，只是在艺术里，正像煤焦油产品经过特别处理后产生染料一样，平凡经验的全部含义得到充分体现。但是杜威又并不是要站到环境批评和传记批评一边去。他也嘲讽一些批评家和美术馆的讲解人，对绘画之为绘画一言不发，却大谈产生这些画的机制以及这些画引起的情感联想。

---

① 　［美］杜威：《艺术即经验》，44 页，北京，商务印书馆，2005。

② 　同上书，46 页。

③ 　参见同上书，282 页。

④ 　同上书，87 页。

杜威很欣赏这样一个故事，有位妇女对马蒂斯说，她从未看过一个像他画的那样的妇女。马蒂斯回答：太太，这不是妇女，这是幅画。杜威认为，从历史、道德以及一些固定条规来谈艺术都属于乱扯题外材料，艺术的真谛在于它是一种经验，是一种集中化、完美化、个性化了的经验，它创造了一种新的经验。要提出艺术即经验的理论，有一个仍被人们认为有效的理论，即形式与质料的问题需要重释。

杜威认为，把艺术分为形式与质料只为逻辑思考的方便，而在审美欣赏时就毫无用处。如果非要以形式和质料的框架来看问题，那么，形式和质料本身就是相对的，事实上在一种情况下的形式是另一种情况下的质料，反之亦然。颜色在用来表现某种品质的价值时是质料，当用来传达精巧、辉煌、艳丽时，它便是形式。①

在同一件艺术作品中，随着兴趣和注意力的转变，质料与形式也互相转换位置。以《露茜·格雷》里的这两节诗为例：

> 人说今天
>
> 她仍在世间
>
> 在寂寥的荒原，你会看见
>
> 温柔的露茜
>
> 她沿着忽平忽陡的路向前
>
> 绝不回头看一看
>
> 只有她孤独的歌声
>
> 在风中鸣响飘散

"任何一个用审美方式去感受这首诗的人会同时有意识地区分感觉与思想、质料与形式吗？要倘如此，他就不是在审美地读或听，因为这两节诗的审美价值就在于二者的融一。不过，人们尽心地享受这首诗后却可以思考或分析，我们可以考虑字词、节奏、韵脚的选择，词句的流动等对审美效果的贡献。不仅如此，为

---

① 参见［美］杜威：《艺术即经验》，140页，北京，商务印书馆，2005。

了更正确地理解形式，这类分析还会更深地丰富直接经验。在另一种情况下，如与华兹华斯的发展、他的经历和理论联系起来，这些特点与其作为形式，不如作为质料处理。"①这种对质料和形式的看法，当然会产生不同于形式主义的特点。形式主义转向了形式本身，而在杜威这里，形式和质料要依具体情况而定。而且，形式主义的所谓形式，在杜威看来也没有本体的价值，而是指向经验的。

哈法逊（William Henry Hudson，1841—1922）对自己童年故土的景物那充满色、声、味的描写，表现了他对生活世界的敏锐观察后的欢喜，雷诺阿（Pierre-Auguste Renoir，1841—1919）画中的颜色、明暗、线条、平面本身及其相互关系，都在传达他与普通事物交往时的喜悦。以上论证皆表明：艺术即经验。

(三)门罗与自然主义包容万有的雄心

20 世纪 50 年代是西方美学建造体系的时代，门罗以《走向科学的美学》(1956)一书表明了自然主义美学对时代潮流的紧跟和介入，同时他还代表了现代美学要建造一种具有世界性美学体系的愿望。

建立体系是时代的潮流，建造什么样的体系，怎样建造体系，取决于自己所依赖的理论模式。自然主义作为一种经验主义，采取归纳法，首先要穷尽一切有关现象，因此它像百科全书似的，深入美学的一切分支，不局限于西方，也游目于东方，既分析文明社会，也观察原始部落——自然主义作为经验主义不从某一既定的框框原则出发，而是从自然现象入手，不把艺术作为一个孤立的系统来研究，而是把它放在一个更大的环境中，凡是与艺术有关的领域，都被纳入自然主义的视野。

更重要的是，门罗的艺术概念是泛艺术概念，在《艺术和它的各部门学科之间的关系》(1954)一书中，艺术分为 14 个门类：①雕刻；②绘画（以上两种为纯艺术，无实用价值）；③广告画（手写的）和印刷艺术；④建筑（以下具有实用价值，也可作欣赏）；⑤园林艺术；⑥城市设计、区域设计艺术；⑦工业设计，包括 A 交通运输工具设计（飞机、火车、汽车），B 家具设计（桌、椅、床、柜等），C 器

---

① 参见［美］杜威：《艺术即经验》，145 页，北京，商务印书馆，2005。

皿设计（碗、杯、壶、碟、瓶、玉、装饰品），D 武器设计（枪、炮、子弹、坦克、原子弹等），E 书籍装帧设计，F 服饰设计，G 染织物设计，H 陶瓷设计，I 室内设计；⑧音乐；⑨文学；⑩舞蹈；⑪戏剧；⑫电影；⑬收音机和电视机的设计；⑭照明、色彩、烟火的设计。

艺术的泛化是自然主义的必然结果，自然主义不从公理、定义出发来进行逻辑推演，而是直面经验，注重客观，虚以纳物，它的主要方法是收集、描述。门罗说：美学的"主要目的是掌握艺术以及与之有关的人类行为和经验模式的知识，并且试图理解它们，美学旨在叙述和解释各种艺术，包括它们的极其多变的形式和风格，它们在各种文化环境中的起源、发展和功用，作为它们的基础的人类本质，以及它们的心理的和社会的过程"①。这段话基本上概括了门罗要建立的美学体系的基本内容和方法。自然主义正如其名所示，有顺其自然的意思，历史把自然主义推入建造体系的巨流，它也就破浪起航，乘风前进了。

二　美学研究的起点和美学的范围

门罗的目标是宏远的，行进的步伐是精细的，他要走向科学的自然主义美学的方法是观察。观察法首先就排除了形而上的方式，后者认为，任何基本问题，只要放在抽象概念的标准上就能解决，而不用观察具体的细节。这里的观察不是以逻辑证明、几何推理、数据测量来进行的，这些方法往往被看成某种科学发展程度的主要标志的精确化方式，在大多数科学领域中有效，但在研究如美学这样复杂多变的对象时就行不通。费希纳实验美学的失败就在于他将定量化奉为神明。

美学观察的特殊性在于其对象——艺术品——的特殊性，艺术品显现给人们的，并不只是它的外形和结构，还包含着比这更多的东西，比如，一首乐曲，人们听到的不仅是节奏、旋律的流动，还感受到它是哀婉的，或明快的。一幅画，

---

① ［美］托马斯·门罗：《走向科学的美学》，482—483 页，北京，中国文艺联合出版公司，1984。

我们除了看到由线条、块面、色彩组成的画面形象之外，还会感到一种情调、氛围、境界，从而对艺术品的观察描述，就不像动物学家可能对蝴蝶所做的描述那样，总是抛开一切情感术语，仅仅记录那些凡是具有正常感官的观察者（或借助显微镜）都能观察到的事实，艺术观察总包含着情感反应，甚至包含着联想。谁要描述一首诗，只是客观地描述字、句、音、韵、形象，而不进入诗的意境，谁就没有进入诗的真正核心，从而也就根本谈不上客观描述。艺术描述的客观性，恰恰需要一种情感反应，需要一种"主观"。艺术作品包含了实与虚、景与情，象与意这些方面，因此，美学的观察和描述也必然要包括这些方面。由于作品有情感反应的一面，门罗反对只描述形式结构的纯客观方式；由于作品有形式结构的一面，门罗也反对仅仅做随意的欣赏和印象批评。门罗认为美学的正确方式是，观察描述各种艺术形式，但在描述时又不完全脱离对这些形式的反应。如果艺术品首先引发一种情感反应，那么，重要的是找出这种情感反应所由激发的形式因素。

观察描述中最重要的是语言，语言的含糊不清阻碍美学走向科学。"譬如，当人们对某幅画是'美'还是'丑'进行争论时，就很容易产生混乱的结果，因为'美'和'丑'这些词的含义太模糊了，更何况不同的人其内心的情感和意见也存在着种种差别。某两个人可能一致同意某幅画是'丑的'，但其中一个人认为'丑'这个词的含义是'令人反感的和缺乏一切审美魅力的'，而另外一个人则认为'丑'这个词的含义仅仅是'奇形怪状'。"[1]门罗认为，语言不清的根本原因在于传统哲学支持下的语言观有局限，这种语言观认为"每个词语都只有一种正确的含义，这种含义是事物的本质所决定的，如果给这个词规定另外一种含义，就会失去真实性……然而，按照一种较为科学的观点，一个词并不具有一种唯一正确的定义；每个词其实都是一种符号，在日常运用中，每个词都同时具有多种不同的含义"[2]。因此，"不应该争论某词究竟具有一种什么含义，而应该设法发现它被用来表示哪几种概念，以及它表示的人们对各种艺术的态度和反应"[3]。以艺术品的性质为基础，通过观察

---

① ［美］托马斯·门罗：《走向科学的美学》，482—483 页，北京，中国文艺联合出版公司，1984。

② 同上书，482—483 页。

③ 同上书，50 页。

语言的实际运用，门罗把美学词汇分为两类：描述性词汇和评价性词汇。与艺术品可以观察到的特性有关的词汇（如三和弦、红色、水平线等），是描述性词汇；表示价值判断和情感反应的词汇（如美、崇高、恶劣等），是评价性词汇。从对艺术品的观察这个基本点出发，门罗确定了美学的研究领域有两种主要现象：一组是艺术品，一组是与艺术品有关的人类活动（创造、生产、表演、鉴赏、使用、评价、管理、教学等）。前一组即艺术品的形式，也即审美形态学；后一组为审美心理学。

三 门罗美学的两大基本部分

（一）审美形态学

门罗美学的两大基本部分如上所述，有审美形态学和审美心理学两大基本部分，现在先讲审美形态学。

审美形态学就是用科学的方法对艺术进行分析、描述和分类，不涉及美的本质，也不涉及对艺术的评价或创作，以及欣赏时的心理状态，只是对艺术进行形式分析。

1. 审美形式中的呈现性和暗示性

观察艺术形式，我们可以看到，艺术形式被呈现给审美知觉时，明显地包含着两种因素。(1)呈现因素，即艺术品直接呈现给人的感官知觉的因素。呈现因素，在画中，是线条、色彩、形状、明暗；在文学中，是说话的声音或纸上的字；在音乐里，是演奏时的音响或印刷在纸上的乐谱。(2)暗示因素，即由呈现因素所暗示出来的东西，在画中是形状、色彩等暗示出的人物、事件，有时还暗示出抽象的概念；在文学中则是文字或声音暗示出的人物、事件、思想；在音乐中则是音响暗示出的画面、情感、思想。暗示的方式是多种多样的，可以是象征的，如十字架象征基督，还可以是直接联想的，如红色和黄色使人感到温暖，蓝色和绿色使人感到凉爽，平行线使人想到静止和稳定，斜线、曲线和波状线使人想到不平衡、运动和不安。

艺术的两种因素也是两种传达方式。在这两种因素中，呈现因素是确定的，明了的，暗示因素是不确定的，"一幅画看上去好像一棵树，但又不那么确切，与形的标志可能有多种不同的含义。因此，人们往往不能确切地说出一种艺术作品所暗示的意义究竟是什么"①。然而门罗认为，"基于社会习惯，就有可能带有一定客观的权威性去说明某幅绘画具有某些明确的含义"②。由于传统习惯，艺术家在使用某些意象时都有明确的意图，观赏者也按照这种明确的意图来理解这些意象，这就构成作品里明确的中心含义。当然艺术品还有一些取决于个人解释的含义，门罗认为，这些很难被列为形式的客观部分，严格地说，不是审美形式的组成部分。（后面我们将看到，这种观点是怎样被解释学批判的。）

2. 审美形式的构成成分和组织结构

我们现在需进一步追问，在艺术形式中，哪些成分是呈现的，哪些成分是暗示的，二者是怎样组合在一起的？这就是形式的构成成分问题。从呈现因素看，艺术呈现出来的不是化学颜料、青铜、大理石，而是视觉形状和颜色；在文学作品不是纸张，而是文字、词、句。然而如何将呈现因素与暗示因素联系起来，门罗语焉不详（格式塔美学和现象学美学对此都讲得很清楚）。门罗的审美组织结构问题也是以前艺术分类处理的问题，对此，他没有说出高明之见。

3. 艺术构成方式

艺术有四种主要的构成方式。(1)功利的，即在安排艺术作品的细节时，我们尽量考虑让它们服务于一些积极的目标或用途，如房子的墙壁、屋顶和门窗，文学性广告。(2)再现性构成方式，即在安排艺术细节时我们能够暗示人们想象空间中的一个或一组具体的物体、人物或场面。再现有两种方式：模仿和象征。模仿即与所言形象一致，象征即符号与暗示的内容不相似。(3)解释性构成方式，即在安排艺术细节时，艺术细节的组织能够说明一般关系、抽象定义、普遍性质，如宗教图画、行业服装、论文。(4)主题性或装饰性构成，其目的在于刺激观赏者的知觉经验，它发展到一定程度就成为图案。艺术品中某一套特定的构成性质可以按照这些构成方法中的任何一种或同时按照两种或多种方式进行组织。

4. 类型和风格

在对艺术作品的观察中，具有某种特征或特性的事物反复出现，就被称为类

---

① ［美］托马斯·门罗：《走向科学的美学》，243 页，北京，中国文艺联合出版公司，1984。

② 同上书，243 页。

型。简单的类型是根据一种或极少数几种特性规定的，如红色纺织品、曲线家具、四三拍乐曲。多种个别特性就构成复合的描述类型，如弯曲的线条，镀金的表面和锦缎的外罩家具。复合的描述类型就是风格。更精确地说，"所谓风格，就是艺术所使用的呈现、结构、制作或表现的独特或典型的方式"①。传统美学在描述风格时用词很混乱，如"美的""丑的""崇高的""漂亮的"等，其根本原因在于这些词含有评价的意义。

类型和风格，不但关系到现在，同时也回溯到过去；不仅关系到历史，也关系到空间，还关系到不同的民族和文化，直言之，它关系到美学体系，也关系到美学体系中最复杂棘手的问题。门罗归纳了研究风格的各种各样的方式，如风格名称的常用基础：（1）以时期为标志，如宋代风格、路易十五风格；（2）以地区划分，如北意大利风格，欧洲风格；（3）以民族和个人划分，如西藏佛教风格，伊斯兰风格，瓦格纳风格，李白风格；（4）以艺术作品为标志，如帕特农神庙风格，印度神庙风格，中国祠堂风格；（5）以抽象类型命名，如巴洛克风格，印象派风格，江西诗派风格。风格的定义可以包括以下特征：（1）与某种材料、媒介或技术的使用有关的特征，如使用镀金、厚涂技巧、钢琴等；（2）与形式中某些成分的处理有关的特征，如强调线条或表面的质地，强调经常改变方向的曲线，强调节奏或主调的起伏多变；（3）与构图有关的特征，如主旋律的构图方式，功利方式（政治宣传、巫术），再现方式（焦点，散点），解释性方式（说明、暗喻）。门罗建议的各种方法往往是交叠的，互含的，恐怕用他提供的几种方式去研究某一种或几种风格是会成功的，但如果要像门罗的初衷那样对人类的审美形态进行体系的总结，或许还太简单了。

（二）审美心理学

1. 何为审美经验

门罗美学的第二大部分是审美心理学，这部分又可以归纳为三个内容：作为审美经验，审美经验的重要机制和过程，审美经验的变量公式。我们先了解何为

---

① ［美］托马斯·门罗：《走向科学的美学》，266页，北京，中国文艺联合出版公司，1984。

审美经验。审美心理学的核心是审美经验。门罗的审美经验是一种自然主义的泛化的审美经验。他认为不存在特殊的审美能力和情感，审美经验就是建立在一般心理官能之上的，是心理的一种复合结构，它包括全部感性知觉方式，如想象、推理、意志和情感，它是人们观赏艺术品时的一种态度，"这种态度如果以一种更简单的形式表现出来，便是感受食物和香水等作用于较低级感官的刺激物时的态度"①。只是这种态度不同于实用态度和哲学、科学中的研究态度，也不同于梦幻和空想，尤需提出的是，这种态度不同于艺术态度（艺术家要运用自己的手段控制自己的媒介，以便创造出艺术品）。审美经验也不同于美的经验，人在进行某些实际的或理论的活动时可以感受到美，可以努力通过艺术创造美，但只有用一种不受干扰的、轻松悠闲的心情去欣赏艺术的美，才最能称得上是一种审美态度。

2. 审美经验的重要机制和过程

审美经验的重要机制和过程是投射，即把主体的感受和情感反应转移到他们所针对的外部刺激物上，并认为主体的反应是刺激物的属性。按洛克（John Locke，1632—1704）的划分，事物有第一性质和第二性质，前者是客体自身的性质（形状、体积、数量），后者是客体依赖于主体的知觉而存在的性质（色、声、味），鲍桑葵（Bernard Bosanquet，1848—1923）和桑塔耶纳又找出了事物的第三性质，即依赖人的情感而存在的性质，火光的红色和天空的灰白是第二性质，火光的兴奋和天空的忧郁是第三性质。因此，门罗建议把下列各点区分开来：（1）对知觉对象的感受的过程、反应或体验；（2）作为整个反应的一部分而投射在客体上的情感或第三性质；（3）知觉和情感同时经验到的客体；（4）对客体的不动情感的观察。

由于审美经验与事物的第三性质有关，审美经验既包括主观方面又包括客观方面，类似于食品的营养性质。营养性质不是完全地独立存在于食品之中的，而是由其对人的滋补作用而赋予食品的，而营养作用又不是独立存在于肌体内的一种纯主观的东西。营养性质还会因人因环境而异。既然科学能够可靠地预测某种类型的人在某种特定的情况下食用某种物质后会产生什么效果，那么科学的美学

① ［美］托马斯·门罗：《走向科学的美学》，415页，北京，中国文艺联合出版公司，1984。

又为什么不能对何种知觉形式和性质在何种条件下对某些人会产生一种美的经验或任何其他类型的审美反应做出研究呢？

3. 审美经验的变量公式

某种审美反应式经验（简称 R）总是由三组主要因素相结合而构成的：（1）客体（简称 O）的性质，包括客体的呈现性质和暗示性质、形式结构和文化含义；（2）主体（简称 S）的性质，包括持久的特征，如性别、体质、智力、个性结构、教育水平，也包括暂时的特征，如心境、兴致、活动状况；（3）环境（简称 C）的性质，包括主客体相互作用时所处的环境，如客体被观看和聆听时的一般自然背景和文化背景，是 20 世纪的巴黎，还是中世纪的采邑；还包括直接环境，如在教室里还是在音乐厅里聆听音乐。一般说来，上述三种因素的相互作用，会产生一种特殊的反应或经验，即 $OSC=R$。从理论上说，如果我们对 O、S、C 有了一定了解，便可以预测结果，即特殊经验（R）。过去的美学总认为，欣赏某种艺术时，我们只能获得一种或很少几种 R，这是忽视了 S 与 C 联合起来产生的效果导致的。现代人的趣味，应该有多种 R。审美反应又是可以预测的，人们可以通过预测来获得美的经验。

(三)门罗体系的特色和内在矛盾

门罗在一个承认和主张多元化的世界中寻找规律，他在溯古追今、包容万有中去寻找统一，怀着美学能够走向科学的无比信心，涉足与美学有关的全部领域，展示了古往今来各种各样的美与艺术的形态和学说。他想借助各门科学知识和美学自身的积累使美学走向科学，这显示了他的特色，也暴露了他的矛盾。他涉猎的领域越广，内质就显得越空，犹如游者日行万里，却很少细观一处。他展示的东西很多，兼收并蓄，巨细无遗，正观反看，但显得杂，没有一个统率的核心。美学应该怎样走向科学，他想得很多，对于每一个问题，都指出了各种各样的方法，这些方法既是多面的，又是交叠的，甚至是对立的，以此走向一种宏伟的统一规律是很难的。他展示了一个多元的世界，却想用旧方式去建立新体系，他怀着人类终将走完此路的信心，走着自己绝对走不完的路，然而他的动机却代表了时代的意向，建造体系的意向，他的思路也显现出了时代统一的思路，他将审美对象与审美经验以体系的方式统一起来。

第二节 贯通一切时代艺术式样的基石——格式塔心理学美学

格式塔（Gestalt）心理学早在 1912 年就以韦特海默（Max Wertheimer，1880—1943）《关于运动知觉的实验研究》为标志登上了学术舞台，考夫卡（Kurt Koffka，1886—1941）的《格式塔心理学原理》（1935）给出一个体系。而阿恩海姆（Rudolf Arnheim，1904—1994）受格式塔思想影响之后，一直在视觉美学里劳作：《电影作为艺术》（1932）、《无线电：声音的艺术》（1936）、《走向艺术心理学》（1949）。当西方美学在 20 世纪 50 年代掀起体系建构的浪潮时，阿恩海姆发表了《艺术与视知觉》（1954），这不但为格式塔美学给出了一个美学体系，而且成为他一生著述中最有影响的著作。在之后他还写有《毕加索的格尔尼卡：美术的起源》（1962），《视觉思维：审美直觉心理学》（1969）、《熵与艺术》（1974）、《建筑形式的视觉动力》（1977）、《电影批评论集》（1979）、《中心的力量——视觉艺术构图研究》（1982）、《艺术心理学新论》（1986）、《阳光寓言》（1989）、《艺术教育思想》（1990）等。

《艺术与视知觉》作为一本体系性的著作，除了契合建造体系的潮流之外，还有两大特点：一是经典地说明了格式塔美学的基本原理；二是通过格式塔的基本原理，古典艺术和现代艺术、西方艺术和非西方艺术可以结成一个逻辑的整体。

一 完形：定义、特征、基础

格式塔研究的出发点是"形"，它既不同于一般人所说的外物的形状，也不同于一般美学理论中的形式，而是一种完形。完形是格式塔的较有对应性的中文译名。完者，整也，格式塔的第一个特征就是整体性。完形的整体性是现代科学系统论式的整体性，而非古典科学原子论式的。整体虽由各个要素或部分组成，但不能把它分解为各个要素，它大于各个部分之和。它是从原有的构成成分中"突现"出来的，我们从原有的构成成分中找不到它的特征和性质。一首五言绝句，不是 20 个字的相加，"完"字的含义也不能在它被分解开来的笔画中找到。完者，固也。它的第二个特征是变调性，一个完形，即使在它的各构成成分——大小、方向、位置——均改变的情况下，仍然存在。一个曲调，不管用小提琴还是小号演奏，用男低音还是用女高音演唱，仍然是同一个曲调。完形是可变的，但变了还是原来之形，原因就在于，完形再怎么变，其形之整体（完）未曾变。变调性包含着变与不变的辩证关系：不变而变，变而不变。完形之完，如果用动词表示，就能表示出完形的第三个、也是最根本的一个特征：完形不完全是指客体本身的性质，还指经由知觉活动组织成的经验中的整体。这里，我们必须超越古典思维的主客对立的思维方式和表达方式。完形不是一种纯客观的性质，而是在知觉的组织中呈现出来的式样，它不是纯主体的创造，而是客观的刺激物在主体的知觉活动中的呈现。完形把客观世界与主体活动统一了起来，从而把审美对象和审美主体统一了起来，构成了建立美学体系的一个较好的出发点。

完形是在知觉中呈现的，对完形的研究首先是对知觉的研究。阿恩海姆的专长是绘画，虽然他广泛地列举了音乐、建筑、文学的例子，但他主要从绘画，从视知觉进行论述。由于"看"是人的感知中的最主要的一种活动，因此从"看"开始最能典型地说明完形。

"观看，就意味着捕捉眼前事物的某几个最突出的特征。例如，天空的蔚蓝色，天鹅那弯曲的颈，书本的长方形……仅仅是几条简明的线条和点组成的图样，就可以被人看作是一张脸。"①总之，仅仅少数几个突出的特征，就能够决定对一个知觉对象的认识，就能够创造出一个完整的式样。所谓看到了，尤其是在面对复杂的外界图景时，就是把对象看作一种由清晰的方向、一定的大小及各种几何形状和色彩等要素组成的结构图式。因此，看，实际上就是通过创造与刺激材料的性质相对应的一般形式结构来感知眼前的原始材料的活动。这里的"看"，指的是正确的看，虽然，当原始材料被看作一团无规则排列的刺激时，观看者就能按照自己的喜好随意地对它进行排列处理，然而，格式塔学派认为，

---

① ［美］鲁道夫·阿恩海姆：《艺术与视知觉》，49—50 页，北京，中国社会科学出版社，1984。

作为科学的研究，人们面对的客观世界有自己的特征，我们只有以正确的方式去感知这个客观世界，才能把握这些特征。完形即"看"中之主客体相互作用所得之"形"。相互作用本身是客观的，因此，完形虽然不纯粹是客观世界之形，却完全具有客观性。

完形不是客观事物的纯外形，而是知觉中的完形，它有一些什么样的特征呢？举个例子来说：一个圆处在正方形的正中心，我们感觉到它是稳定的，觉得很舒服；如果圆略微偏离中心，使人觉得它想回到中心，或者说，有一种力要把它拉回到中心，我们就有不平衡感；如果圆靠近正方形的某一条边线，此时圆也显得不稳定，好像边线有一股力要把它吸引过去似的。由此我们可以得出：（1）完形是一种力的式样（pattern of forces），图形中的力不是理智判断出来或者想象出来的，而是眼睛感知的，是看出来的，它并不客观地存在于外物中，但却客观地存在于知觉中，存在于完形中，它是一种心理力（psychologica forces）；（2）完形自发地追求着一种平衡，力的明显、隐含、运动趋向都围绕着平衡进行。一切完形（从简单的图形到优秀艺术）都包含着这两个因素，对这两个因素的研究是建立格式塔美学体系的基石。

完形为什么自发地追求平衡呢？快乐论者认为，平衡本身是人所需要的，人看到平衡构图时，通过一种自动的类比，自己也感到平衡，因而心里愉快；反之，人看不见平衡构图时，自己也感到不平衡。这是较肤浅的经验论。另外，按照物理学中熵的原理，在任何一个孤立的系统中（即不与外界发生交换的系统），它的任何一种状态，都是活动能的一种不可逆转的减少趋势所最终达到的状态，整个宇宙都在向平衡状态发展，在这种最终的平衡状态中，一切不对称的分类状态都将消失。依此而论，一切物理活动都将被看作趋向平衡的活动。心理学家也认为，每一心理活动都趋向于一种最简单、最平衡和最规则的组织状态，并把人类动机解释为由有机体的内在不平衡引起的恢复稳定状态的活动。阿恩海姆严厉地指出，这样容易把人的活动比附于物理世界，追求死的安宁、空洞的平衡。我们必须看到，人不是在不活动的状态中实现自己的，而是在劳动、运动、变化、成长、向往、生产、创造、探索中实现自己的。生命最突出的特征，是通过不断地从周围环境中汲取新的能量来对抗普遍的热力学第二定律的。因此，从人与物理世界具有宇宙的一致性来说，完形追求平衡；从人作为开放的生命系统来说，它总是设法把构成生命状态的那些相互冲突的力量组织起来，尽可能使它们达到平衡。可以说有两种平衡，机械平衡和动态平衡，或者说，死的平衡与活的平衡。完形的平衡是建立在宇宙论和人类学基础上的动态平衡、活的平衡，也是一个充满力的平衡。

我们为什么会体会到完形中的力呢？这还需从知觉过程来理解。在视觉感受中，任何一条画在纸上的线，一块用泥巴捏成的饼，都像抛入水中的石头那样，产生运动直至达到平衡。大脑视觉中心本身就是一个电化学力场，任意一个点受到刺激，这个刺激都会立即扩展到邻近的区域中去。大脑皮层中，局部刺激点之间的相互作用是一种力的相互作用，"写气图貌，既随物以宛转，属采附声，亦与心而徘徊"，视觉对客体形式的知觉过程，亦是大脑皮层生理力的活动过程。观者从客体的形式上，"经验到的'力'是活跃在大脑视觉中心的那些生理力的心理对应物，或者就是这些生理力本身，虽然这些力的作用是发生在大脑皮质中的生理现象，但它在心理上却仍然被体验为是被观察事物本身的性质"[①]。由于知觉式样实际上是一个力场，所以，即使完形中静止之处，也"并不表明这些地方不存在积极的力，所谓'死点'并不是真正死的，而是说在这一点上感受不到任何一个方向上的拉力，因为在这一点上，来自各个方向上的力都达到了平衡，对于那些敏锐的眼睛来说，这个平衡的中心点充满着活的张力，这种静止，就像拔河比赛中由双方力量的势均力敌而导致绳子的静止一样，它虽然静止不动，但却负载着能量"[②]。通过平衡与力，格式塔美学把美学的基本原则建立在现代科学的场论、整体论、宇宙论、人类学上，对传统的审美对象理论进行了修改，它把古希腊的静穆、古典主义的和谐转换到现代的动态平衡之中，把古典西方思想中以实体为主要研究对象转换到注重空虚的重要性上来了，静不自静，静中充满着力，空不自空，空里弥漫着力。西方美学同东方美学和原始艺术的对话渠道由此而更加宽敞，格式塔本就是从人类学的共性来建立美学的。

人类追求动态平衡，包括生命活力的平衡，它造成了一切完形的两大特征，

---

① ［美］鲁道夫·阿恩海姆：《艺术与视知觉》，11页，北京，中国社会科学出版社，1984。引文有改动，后同。

② 同上书，8页。

或者说两大原则：简化与张力。

二 完形的两种基本活动原则

(一)简化(simplicity)原则

完形是一种结构或者组织，从客体方面来讲是结构，从主体方面来讲是组织。格式塔心理学家发现，那些给人极为愉悦的完形，是在特定条件下视觉刺激物被组织得最好、最规则和具有最大限度的简单明了的完形，被称为简约合宜的完形，或者说好的完形，它遵循的是视觉组织的简化原则。

简化是一种组织方式，简化的关键不在于成分，互相平等的线条比以一定角度相交的线条简单，一个直角比其他类型的角简单，虽然它们的成分是一样的。更明显的是，一个具有四条边、四个角的规则的正方形就比不规则的三角形简单（正方形四条边长度相等，距离中心的长度也相等，整个图形看上去高度对称，而不规则的三角形，成分虽然比正方形少，但大小都不相等，方向也不同，且互不对称）。简化的关键在哪里呢？在成分所包含的力上。简化的实质，是以尽量少的结构特征把复杂的材料组织成有秩序的整体，这个整体是由成分的力来决定的。与之相应，一个视觉对象的形状并不是由它的轮廓线条决定的，而是由它的骨架结构(structural skeleton)决定的。举例来说，"一个在大街上行走的人被要求按照图 4-1 所示的路线走：'穿过两条大街，然后左拐，再过两条大街，然后右拐，再穿过一条街，然后右拐……'当他走完之后，他发现自己又回到了原来的出发的地方，这或许使他感到惊奇，因为，虽然他已走完了图中所示的全部轮廓线，但他的经验中未必包含图 4-2 所见到的那个十字图案的本质"[①]。这里图 4-1 是轮廓线，图 4-2 是骨架结构，而对象的式样特征，主要是由骨架结构决定的。因此简化不

---

① ［美］鲁道夫·阿恩海姆：《艺术与视知觉》，110—111 页，北京，中国社会科学出版社，1984。

是按照轮廓线条进行简化，而是按照结构骨架进行简化。

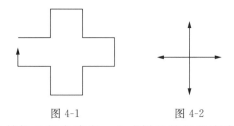

图 4-1   图 4-2

阿恩海姆说："由结构骨架来确定一个式样的特征的事实，是具有很大的意义的，因为它指明了，如果要使一个已知式样与另一个已知式样相似，或是要用这个已知式样去再现另一个式样，需要具备什么样的条件，当我们想要使某个艺术品之内的某几个形式互相类似的时候，只要使得它们的结构骨架达到足够的相似就行了，它们之间在别的方面的一些差异，都不会造成很大的障碍。一个人的形象，可以被简约到只剩很少的几个成分，它的某些细节部分的姿态，也尽可以同这个人惯有的姿态大大偏离，然而，只要这个形象的结构骨架与观者所掌握的这个人的视觉概念的结构骨架相类似，那么这个形象就仍然可以被这个观者毫不费力地认识出来。"[①]而这种离形得似、遗貌取神正是视知觉按简化原则进行的组织活动。从简化得出结论，在成分与力中重视力，在轮廓与骨架中重视骨架，由此我们已经感觉到了一种新的美学原则，如果这还是完全从客体性质谈简化，那么我们可以从突出主体的主动组织活动而呈现的简化三法则来理解简化。

第一，分离法则。简化以一种分离的方式组织视觉对象，即把对象分离为不同的层次，这些层次又进而组织成一个等级排序。如一处风景，视知觉通过简化，可以看见房、树、路、人、天空的分离；一株植物，视知觉可以见到花、叶、枝的分离；绘画，更能显出视觉的分离简化。分离一词用于人们熟知的视知觉现象，主要强调视知觉的主动组织行为，但在分离中简化法则总给人故弄玄虚之感，那么，请看简化的第二法则。

第二，分类法则。在对客观对象进行观看时，那些相互之间距离近的成分，或有相似之处的成分，就很容易被组织到同一个单位之中。同样，那些将一个面围起来的线，具有简洁性和连续性的轮廓线，朝向同一方向；因而看上去似乎有

---

① ［美］鲁道夫·阿恩海姆：《艺术与视知觉》，113 页，北京，中国社会科学出版社，1984。

相同命运的线，也都倾向于被看成一个独立的整体，或是一个大整体中的小整体。在分类方式中视知觉的主动性已经明显，但更明显的是下面一条。

第三，完美法则。这一法则通过简化，使知觉对象变成完美的。在很多情况下，刺激物本身的特性并不容许把自己组织成一个简约合宜的好的格式塔，这时，观者身上就会表现出一种改变刺激物的强烈趋势：一方面会放大、扩展那些适宜的特征；另一方面又会取消和无视那些阻止或妨碍其成为一个简洁规则的好的格式塔的特征。举例来说，一个 85 度或 95 度的角，少于或多于直角的 5 度就会被忽略不计，从而被看成是一个直角；轮廓线条上有中断或缺口的图形，往往自动地被补足，成为一个完整的连续体；稍有一点不对称的图形往往被视为对称图形。即使那些不能在知觉阶段被加以有效纠正的不规则图形，也会被看成是一种规则标准的图形（如一个正方形、圆形或等边三角形）的变形。举例来说，一个倾斜的形状，不是被视为本来就是的样子，而是从一个想象中十分对称、整齐和直立的规则形状中偏离而来；一段中间有一个缺口的线条，不是被看成本来的两段前后相随的线条，而是被看成一个线条的暂时中断。

从简化的三种法则，特别是后两种法则来看，我们看到了简化改变（说重一点是歪曲）了事物的本来面目。既然简化改变或歪曲了事物，又怎能得到事物的神韵呢？也许我们应该从更宏观的角度去理解。我们可以看到，不仅人的心理活动服从简化规律，而且外部物理世界也服从简化规律。自然事物的外部形状也是在条件允许的范围内达到最高程度的简化的，树木、人、蜂房、太阳系的运动等，无不如此。更主要的是，简化的组织方式是从变的角度来看问题的，天体演化、自然变化、生物进化等，本身就是以一种简化的组织原则进行的，何以如此，这又涉及平衡这一根本问题。凡是简化的形状，都有助于产生物理平衡，这种平衡使房屋、树木、墙壁不易倒塌，使太阳系行星按轨道运转；生物的变异也是为了适应自然，与环境取得平衡。因此，我们的视觉感知外物的方式与外部事物的存在方式是一致的，这反映着大脑视觉区域中所进行的生理活动的视觉经验，与自然界的物体一样，都服从同一基本的组织规律。简化正因为改变了事物，反而更深刻地反映了事物，它是不似之似，离形得似，遗貌取神，正如中国美学所说的"超以象外，得其环中"（司空图《诗品·雄浑》）。

简化是以走向平衡为核心进行简化的，是以变的趋势去获取平衡的，以获取美的完形。它虽然以一种静的形式表现出来，但却含着动之静，是虽静而动的。简化中已显出的新的美学理论，在完形的另一基本原则中会有更深刻的表现。

(二)张力

这另一个基本原则就是张力(tension)，使一个式样简化，就意味着减少这个式样的张力，然而简化的核心是动态平衡，但动态平衡的基础是张力，因此简化减少张力，但不消除张力。从某种意义上说，简化就是一种张力式样。以张力着眼，我们更能理解心理活动既有趋向最简化式样的一面，又存在着偏离简单式样来增加张力的趋向。简化是有机体追求平衡的一种方式，它与整个物理世界都参与其中的为消除张力的运动同步。张力是有机体追求平衡的又一种方式，它与有机体不断地和环境交换能量、反抗熵的增加趋势相一致。抓住张力，我们可以从根本上改变西方美学的思路，走入一条与其他文化的美学，特别是中国美学相交汇的路上来。

造型艺术本来是静态的，但处在原始彩陶图案中，在古希腊的折褶中，在巴洛克式建筑正面的漩涡纹饰中，我们却感觉到一种运动。阿恩海姆认为，这种不动之动是艺术极为重要的性质，没有这种不动之动，作品就是僵死的。阿恩海姆用康定斯基的话，把这种不动之动称为"具有倾向性的张力"。艺术中的不动之动包含着张力，与自然界的静态物显出运动感是由于它包含着物理力的道理是一样的，"大海波浪所具有的那种富于运动感的曲线，是由于海水的上涨力受海水本身的重力反作用之后才弯曲过来的，我们在刚刚退潮的海岸沙滩上所看到的那些波浪形的曲线轮廓，是由海水的运动造成的；在那种向四面八方扩展的凸状云朵和那些起伏的山峦的轮廓线上，我们从中直接知觉到的也是造就这种轮廓线的物理力的运动；在树干、树枝、树叶和花朵的形式中所包含的那些弯曲的、盘旋的或隆起的形状，同样也是保持和复现了一种生长力的运动"[①]。不过，从不动中感觉到的运动，是完形的结果，这更应该在知觉中找到解释，知觉活动不是对物体静止性质的把握，不是把一个静止的式样极其温和地打印在一种被动的媒质上面，知觉活动所涉及的是一种外部的

① ［美］鲁道夫·阿恩海姆：《艺术与视知觉》，596页，北京，中国社会科学出版社，1984。

作用力对有机体的入侵，是用某种冲力在一块顽强抗拒的媒质上猛刺一针的活动。这是一场战斗，由入侵力量造成的冲击遭到生理力的反抗，生理力挺身出来极力消灭入侵者，或者至少把这些入侵者的力转变为更简单的式样。这两种互相对抗的力相互较量之后所产生的结果，就是最后生成的知觉对象。这样，在完形中，一方面，斗争的结局——相对平衡的图景显现出来；另一方面，生理力本身的活动和表演过程也造就了知觉中的对应物，运动，或者说，具有倾向性的张力。

以张力立论，我们不仅看到，简化包含着张力，是一种张力最小的视觉式样，我们更看到艺术史上对简化的背离和对较大张力的追求的内在根据。在艺术由文艺复兴风格发展到巴洛克风格时，建筑中所喜爱的形状由圆形和正方形转变为椭圆形和长方形，后两个形状不同于前两个形状的静态特征，后两个形状以较长的轴象，显示了某种有倾向的张力。张力也能通过倾斜造成，罗丹的雕塑就经常通过某种倾斜来造就张力。在巴洛克风格中，甚至整幅画的轴线、整座建筑物的空间，整组构图都变成倾斜的了。变形也是造成张力的方式，格雷柯（El Greco，1541—1614）和莱姆布鲁克（Wilhelm Lehmbruck，1881—1919）的人物就是这样。频闪运动的静止式样也是造成张力的方式，米开朗琪罗的《白天与黑夜》、毕加索的很多作品都是证明。

以张力论的角度来看艺术，张力引出了一系列与西方传统美学理论命题不同的观点。传统美学强调模仿自然，鼓励人们面对景物和模特进行临摹。张力论则既可以模仿自然，又可以"违反"自然。欧洲艺术史上有四种表现奔马的姿态，其中只有一种被快镜头拍摄证明是正确的，但这种与真实相合的"正确"方式早在罗马时期就被抛弃了，其他三种都是使马的四蹄向外部伸展的，虽不真实，但由于这样能将激烈的物理运动转换为绘画的运动力，所以这一直为画家们所采用。《拉奥孔》提出绘画要画出具有包孕性的一瞬间。张力论认为，这种诉诸联想的原则并非艺术的真谛。米隆（Myron）的《掷铁饼者》、贝尼尼（G. L. Bernini）的《大卫》《勒吉的天使》、米勒（Jean-Francois Millet）的《播种者》都没有显示为将手中物投出去。但其艺术的魅力并不在于它们引起人们的联想，而在于它们将运动转化为蕴含巨大张力的姿势，这种姿势本身就有打动人心的力量。更多的作品可以证明张力论为真而包孕论为谬。多纳泰罗（Donatello）的《大卫》，哥利亚的头已经到了大卫的脚下，但大卫手中的石头却仍然停留在手中没有投掷。作者的另一座雕塑是《米迪斯》，米迪斯的宝剑是抬起来的，但并没有去砍霍洛费那斯的头，其姿态显然是经过决斗已经取得了胜利。[1] 张力论不仅可以说明包孕性的一瞬间所说明的问题，还能说明后者不能说明的东西。古典绘画基本上恪守空间性原则，现代绘画则用频闪引入时间，张力论既能很好地说明前者，又能很好地说明后者。杜尚《下楼梯的裸体女人》、勃鲁盖尔（B. Pieter）的《盲人的寓言》、毕加索《镜子前的女孩》等都能以"从一种姿势向另一种姿势过渡"的张力论体悟其妙处。

图 4-3　杜尚《下楼梯的裸体女人》

古典绘画讲究比例、尺度、块面，这种创作发展到极端，就把艺术变成了"零件安装"。张力论强调类似于中国美学的"气韵生动"中的气韵和"骨法用笔"中的笔力，艺术家不仅以自己手腕和胳膊的灵活自由去创造流畅的、富有生命力的线条，而且还常常为了更恰当地表现出题材的特征而把全身发动起来，使整个身体都处在运动之中。从大师的作品中，我们可以看到，"费拉兹奎兹或费兰斯·哈尔斯的笔触看上去是挥洒自如和放荡不羁的，而凡·高的作品就充满了激烈的扭曲的线条，印象派画家的作品和塞尚的油画又显得用笔细致谨慎，色彩清新淡雅，层次分明"[2]。张力论超越了古典艺术和现代艺术的对立，阿恩海姆是把它作为理解不同时期不同文化的不同艺术的共同基础来看待的，他说，我们可以"从最小的视觉张力到最大的视觉张力之间的等级序列中，为每一种特殊的风格找到一个位置"[3]。

三　完形的极致和完形美学的结构

简化和张力是以宇宙人生的动态平衡为基础的两种完形模式，或者说视知觉

---

①　参见［美］鲁道夫·阿恩海姆：《艺术与视知觉》，587 页，北京，中国社会科学出版社，1984。

②　同上书，598 页。

③　同上书，607 页。

的两种组织方式，对二者从美学上进行综合，阿恩海姆用了"表现"这一概念。表现，即人们通过知觉方式获得某种"经验"，或者说知觉式样具有某种"表情"。

在以前的理论中，知觉事物何以具有表现性，这里有两种解释：一是联想，二是移情。阿恩海姆在对张力的论述中业已透出，而在表现论中讲得更为详细：表现是知觉式样固有的特征。例如，在以人体为媒介的舞蹈艺术中，艺术的表现性内容不存在于舞蹈者本人所经验到的心理状态中，也不存在于观赏者的想象或联想中，而存在于表演本身的知觉外观形式中，存在于由其进退升降、旋转跳跃、聚散分合所形成的式样本身中。又如以客观外在事物来说，其表现性不在于将物的外表与人的心理相比拟，或者说主体的情感投射到物而使物获得表现性。"一棵柳树之所以看上去是悲哀的，并不是因为它看上去像是一个悲哀的人，而是因为垂柳枝条的形状、方向和柔软性本身就传递了一种被动下垂的表现性。"①表现性乃是知觉式样本身的一种固有性质，是对象在知觉过程中呈现出来的力的式样，与心理在知觉这一对象中形成的心理力的式样相互运动、契合而产生出来的同构（isomorphism），这一同构就心理与客体的不同而言，是异质（心理与客观的不同）同构，就心理与客体在力的式样的相同而言，是同形（力的相同）同构。这种同构的产生，使客观具有了表现性。这种表现性包含了主体因素于其中，但主体因素，不是情感本身，而是心理力的式样，柳树在人看来是悲哀的，不是因为人的悲情投射，而是因为心理力的式样与情感之悲的式样同构，也与柳树的力的式样同构。因此，审美对象的表现性是主体看待客观时主客产生力的式样的同构之结果。

造成表现性的基础就是力的结构，人能从中领会到表现性，从根本上讲，这在于力的结构不仅对物质世界而且对精神世界有普遍意义。"像上升和下降，统治与服从，软弱与坚强，和谐与混乱，前进与退让等等基调，实际上乃是一切存在物的基本存在形式，不论在我们自己的心灵中，还是在人与人之间的关系中，不论在人类社会中，还是在自然现象中，都存在着这样一些基调。"②正是因为外在世界的力与人体生理心理力具有宇宙的同一性，事物的表现性才得以说明，人能

---

① ［美］鲁道夫·阿恩海姆：《艺术与视知觉》，624 页，北京，中国社会科学出版社，1984。

② 同上书，625 页。

感受到事物的表现性也得到说明。也正是宇宙普遍的力，才使有意识的有机体具有表现性，"就是那些不具有意识的事物——一块陡峭的岩石，一棵垂柳，落日的余晖，墙上的裂缝，飘零的落叶，一汪清泉，甚至一条抽象的线条，一片孤立的色彩，或是在银幕上起舞的抽象形状——都和人体具有同样的表现性"①。

根据力的式样和表现性，我们可以对宇宙万物做出与现今的分类不同的另一种分类。人们总是习惯于按生物与非生物、人类与非人类、精神与物质等范畴去对各种存在物进行分类；而以知觉、表现性作为分类的基础，我们就可以知道在某些事物之间，其力的基本式样看上去是一致的，而在另一部分事物之间，其力的基本式样就极不相同；以表现性作为对各种存在物进行分类的标准，那些具有同样表现性质的树木和人就可以归并到同一种类中，社会的变动与暴风雨来临前的乌云的变动可以归为一类。这种分类方式是美学一直都在进行的，柏克的论崇高与美和姚鼐论阳刚之美与阴柔之美都很典型，只是阿恩海姆给了这一分类以现代科学的基础。

格式塔美学要阐明的是能够说明一切艺术的基本理论问题，其基本结构如图4-4：

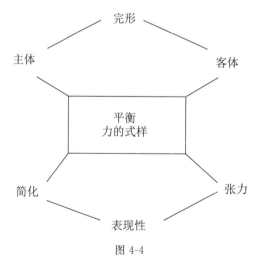

图 4-4

完形跨越了传统的主客体对立，用一种新的方式来说明审美经验，在审美观赏时，客体的主要式样并没有被观赏者的神经系统原原本本地复制出来，而是在

---

① ［美］鲁道夫·阿恩海姆：《艺术与视知觉》，623页，北京，中国社会科学出版社，1984。

他的神经系统中唤起一种与它的力的结构同形的力的式样。对象的特定的力的式样在观者的头脑中活跃起来，使他处于一种激动的参与状态，这种参与状态就是审美经验。完形从根本上说是一种力的式样，以力为核心，完形既跨越了具象艺术与抽象艺术的对立，又沟通了古典艺术与现代艺术，还统一了西方艺术与非方艺术。以力为核心，完形说明了现代西方美学最重要的表现性问题，也奠定了整个艺术的新基础，艺术的核心是表现性，一个圆，绝不是由所有离中心点的距离都相等的点组成的一条具有不变曲率的轨道，而首先应该是一件坚实、稳定和宁静的事物。舞蹈艺术首要的是表现上升下降、攻击退让的生动气韵，而不是准确的几何样式。阿思海姆在讲述力时，对力与成分、轮廓与骨架的论述使格式塔美学处在一个完全可以与中国美学（如气韵生动、风骨、神气、形神）相沟通的基础上。以力的式样为基础，从具有最小张力的简化到具有最大张力的式样，我们排列出各种张力式样，就可以对不同文化、不同时期的艺术进行逻辑分类。

如此，整个人类的艺术史就可以得到系统的说明。把这种分类从艺术提高到人类学、宇宙学的高度，就是作为以张力式样为核心的艺术类型在根本基础上的表现性分类，按照这种分类方式，整个美学类型就可以得到系统的说明。当然，阿恩海姆在《艺术与视知觉》中只为一个宏大的体系奠定了基础，而整个体系大厦尚未建造起来。虽然整个艺术的体系大厦尚未建造起来，但其基础已经有了。

第三节　整体文学结构、模式及变换规律——原型批评美学

如果说，格式塔美学为一种跨时代、跨文化的造型艺术理论找到了一个统一的基础，那么，原型美学则建立了一个横贯古今、包举宇内的文学体系。其实绩主要体现在加拿大学者弗莱（Northrop Frye，1912—1991）的名著《批评的解剖》中。与《艺术与视知觉》不同，《批评的解剖》有一种可以和黑格尔的《美学》相媲美的宏伟的历史感，它揭示出了文学作品历史演化的内在机制和运行规律。和黑格尔不一样，弗莱的历史感建立在现代人文学科的基础上，人类学、心理学、语言学、符号学在20世纪竞相兴盛，都想为人文学科打下普遍性的基础。弗莱之所以

成为原型批评的最有成就者，是因为第一，他集以上四门学科之精华；第二，他受建造体系时代精神的感召。原型批评自 20 世纪初，特别是自墨雷（G. Murray，1866—1957）《保存在希腊悲剧中的仪式形式》（1912）、赫丽生（J. Harrison，1850—1928）《古代的艺术与仪式》（1913）以来，不断发展，集聚了一大批学者，其中包括重原型与历史的剑桥派，以赫丽生、墨雷等为代表；重原型心理学的荣格学派，以鲍特金（Maud Bodkin，1875—1967）和纽曼（E. Neumann）为代表；重原型文化价值研究的学派，以蔡斯（Richard Chase）和费德莱尔（L. Fiedler）为代表；从语义学和语用学研究原型的学派，以威尔赖特（P. Wheelwright）为代表。弗莱在美学上显得特别突出，原因是他把原型理论运用于整个文学史的研究，得出了关于文学的结构、模式及变换规律的新学说。

一 原型美学的理论背景及文学作品的基本层面和基本模式

原型美学的理论背景得从人类演讲说起。19 世纪末兴起 20 世纪兴盛的人类学一直含有这样的意图，即为西方文化寻找一个超越西方中心论的更广大的基础，通过对原始社会和原始神话的研究，达到一种对人类及其社会活动的最高认识。人类学的研究重心之一，是揭示原始神话的秘密，神话与文学紧密相连，神话的解密，推动了人们对文学的重新认识。神话自有一套特殊规律，我们掌握这套规律，也就掌握了一套新的研究方法。

英国学者弗雷泽（J. G. Frazer）的《金枝》对原型研究具有示范意义。《金枝》以一个古老的习俗开始。在罗马附近的内米湖畔，阿里奇亚的丛林里，有一座森林女神狄安娜的神庙，该神庙的祭司一直由一名逃亡的奴隶担任。这位祭司总是手持利刃，时刻守卫着神庙附近的一株高大繁茂的圣树，因为任何一个逃奴只要折取了这棵树上的一条树枝，就可以获得与祭司决斗的权利，而逃奴若在决斗中杀死了祭司，他就可以成为新的祭司。然后，新祭司又得小心守卫圣树，以防有人重新做他做过的事。

弗雷泽研究了世界各地的习俗，都未找到与这棵圣树下的故事相似的东西。这个习俗是独特的，然而弗雷泽提出了故事中的两大特点：一是为什么阿里奇亚的祭司在就任这一职位之前，必然先杀死他的前任？二是为什么在杀死前任之前又要先折取一截被称为金枝的树枝？以此为突破点，通过对大量原始资料的研究，弗雷泽证明了包含在这个习俗中的原始社会的普遍内容。这个习俗由一个具有统一性的原始观念所支配，但这个习俗所包含的观念又不能从表面一看而知，而是通过对大量事件的联系才呈现出来，而对内在规律的揭示需要一种新方法。人类学家的一个普遍信念是原始社会的法则在深层次中是与现代社会相通的，阐明这种法则不仅能说明原始社会，而且能说明文明社会。卡西尔用象征符号理论来说明包括原始社会和文明社会在内的人类的一切象征符号形式，他成功了，象征符号学成了现代西方的一个重要流派；列维-斯特劳斯运用结构主义语言学的方法对原始文化进行研究，也成功了，结构主义很快成为人文学科研究的普遍方法。然而他们都是将一个总原则分别运用于神话研究和文学研究的，神话与文学的共同系统并未被体系地道出。

在这方面，精神分析给弗莱以重要的启示，弗洛伊德把梦、无意识、艺术连在一起，并阐明了梦的法则——凝缩与置换——对艺术的重要性。梦的法则有了结构主义表层和深层的呼应成为弗莱的重要方法之一。弗洛伊德把无意识的核心建立在性上面也限制了梦的法则的进一步施展。荣格把无意识的核心从个体转入集体，从个人童年(婴孩时期)转入人类童年(原始社会)，他在自己的视野中，放进了现代人的梦、原始人的神话和仪式以及古今的文学现象，要找出人心中普遍存在的原型，以了解在历史中反复出现的各种变体。正如本书在荣格一章举的一位姑娘写了一首《逐日之蛾》的诗的例子。这一具体事例后面包含着一个普遍的人类集体无意识原型。荣格这种寻找人类心灵普遍存在的中心类型及其变体的思想，成为弗莱灵感的重要来源。

弗莱的雄心就是综合人类学、语言学、心理学、符号学的成就，为整个世界文学建立永恒的规律和法则。这典型地体现在《批评的解剖》中，该书由四编相互关联的专论组成：

第一编是历史批评：模式理论；第二编是伦理批评：象征理论；第三编是原型批评：神话理论；第四编是修辞批评：文体理论。四编共铸成一个时空合一的完整体系。

自俄国形式主义以来，文学运用语言而又成为与语言不同的东西，即成为审美对象，成为一个重大的理论问题，这一问题在符号学美学和弗莱的理论中以不同的形式得到了较好的解决。弗莱是在文学层面来解决这一问题的，任何文学作品都包含五个层面。①

　　文学作品的第一个层面是文字。阅读任何作品，我们首先感到的是文字。文字作为符号具有两种功能：一是指向外物的功能，即记号功能；二是联系自身即关系其他字的功能，是向心的，犹如音乐中的母题，它与外界事物毫无关系，只与其他乐音发生关系，弗莱又称这种向心的功能为母题功能。符号的记号作用与外物相关，其衡量标准是真与假。然而，文学作品中文字记号所指的不是真实的，而是虚构的事物，真假标准失去效力。文学中文字的记号完全从属于母题性，从属于相互关联的字词结构，由此造成了文学字词结构的自律性。这样，文学语言与非文学语言的关系就清楚了，"无论在哪里，我们拥有这种字词结构的自主性，就拥有文学，这种自主结构一旦缺失，我们就拥有语言"②。我们拥有语言时，运用文字同别的事物打交道；我们拥有文学时，文辞指向文学的内在意义，遵循自主的原则，只与愉悦、趣味和美有关。因此，《哈姆雷特》中可以出现鬼魂，主人公也可以用现实中人们绝不会用的韵文方式说话。文学的自主性割断了词与外物的联系，词意显得多义而含混，词意是词在不同语境中与其他词相互作用形成的，是由这个语境的词的总体来决定的。语境总体使词由含混变成明确的。所谓文学中字词的内向性、自主性，是指词由作品中的词的整体来决定。

　　词在文学中呈现意义，文学的性质决定了词要描绘什么，这就使我们进入了作品的第二层：描绘层面。在此层中，词汇与描绘表现为一种张力。一方面，词汇要描绘什么；另一方面，词汇总是唤起另一些词汇。一方面，文学作品总是叙述、描绘人物和事件；另一方面，这些描绘和叙述又总是按一定的方式进行。即使在巴尔扎克和左拉的小说中，也不是人物和事件高于描绘方式，而是描绘方式

---

　　① 弗莱的主要用词是面(phase)和层(level)，但弗莱更强调"面"，大概因为"面"容易给人整体感，"层"则突出了一部分。另外，在文学层面，弗莱一会儿分四层：一是文字和描绘，二是形式，三是神话，四是寓意；一会儿分五层，即在第一层中，文字与描绘一分为二。从目录来看，弗莱更强调分四层，但分析起来，分五层更清楚，因此本文采用五层说。

　　② Northrop Frye，*Anatomy of Criticism*，Princeton University Press，1957，p. 74.

高于人物事件。正是这一点，文学的内向性显示了出来。文学的重要性不在于要描绘的人与事，而在于以一种特定的方式去描绘人与事。因此，虽然现实主义和自然主义作家在主观上以为他们是在反映现实和自然，其实他们的方式决定了其作品是非现实的和非自然的。莎士比亚和约翰生给人以描绘历史的印象，其实是非历史的。文学确实也反映现实、自然、历史，但它是以一定形式来反映和思考的，形式使描绘成为描绘，也因而成为文学的东西。形式与描绘的关系，从文学层级上讲，是从描绘到形式层级转换；从逻辑上讲，是形式统率着描绘。

文学作品的第三层面就是形式。人通过形式给自然、社会、历史以秩序。在理论把握中，形式表现为普遍的东西，表现为概念体系；在文学把握中，形式则表现为特殊的东西，表现为意象（image）。诗的意象也可以称为"观念"，即描绘所达到的形式层面，亦即达到一种意象结构。"每部诗作都有由文体要求、作者偏好和无数其他因素所决定的特殊的意象分光带，例如，《麦克白》中血的意象和失眠的意象就有一种主题般的重要性，因为它是谋杀和悔恨悲剧的真正本质。"[①]在形式层面上，一方面，文学作品是具有特殊意象结构的个人创造；另一方面，它又是形式整体等级中的一个特例。要从《麦克白》进一步理解悲剧是什么，我们不但要通晓莎士比亚的全部悲剧，还要通观希腊悲剧、新古典主义悲剧，易卜生（H. Ibsen）和奥尼尔（O'Neill）的悲剧。也就是说，一个具体的文学类型之所以是这样的，是由文学整体决定的，这时形式层面的内向功能将我们带入神话层面。

神话是文学作品的第四个层面。从形式层面到神话层面，单部文学作品就进入了作为一个整体的文学系统之中，单部作品中的意象作为整体文学系统中反复出现的原型之性质显示出来，例如，在形式层面中，我们只是从弥尔顿（J. Milton）的《黎西达斯》本身理解它的牧歌意象；在神话层面，我们就会联系从忒奥克里托斯（Theokritos）到维吉尔（Virgil）再到《牧人日历》等牧歌传统，也会想到《圣经》和基督教会中复杂的牧歌象征系统，还会进一步纵观锡德尼（P. Sidney）的《阿卡狄亚》、斯宾塞（H. Spencer）的《仙后》、莎士比亚的森林喜剧，以及雪莱（P. B. Shelley）、阿诺德（Matthew Arnold，1822—1888）、惠特曼（W. Whitman）、

---

① Northrop Frye，*Anatomy of Criticism*，Princeton University Press，1957，p. 85.

狄兰·托马斯(Dylan Thomas)等名家作品中的同一意象。在神话层面，象征表现为原型，它使我们窥见了文学的自律体系，也给我们一种认识定式，比如，"一个海洋或荒原这样的象征不会只停留在康拉德或哈代那里，它注定要透过许多作品，进入作为整体文学的原型象征中去，白鲸不会滞留在梅尔维尔的小说里，它被吸收到我们自《旧约》以来关于海中怪兽和深渊之龙的想象性经验中去了"①。原型是可交际的象征符号，因而也存在一个诸原型的中心，在这个中心我们可以发现具有普遍意义的象征符号群，它们是对一切人都具有共同意义的意象，"因此是具有潜在的、未限定的交际力量，这类象征包括食物和饮料，追求和远游，光明与黑暗，还常以婚姻形式表现性的满足"②。当我们从个别原型体悟到原型的整体结构时，我们就从作品的神话层进入了寓意层，即文学作品的第五层面。

寓意指的是某一原型在整体原型结构中的位置并由这一位置所给出的意义。比如，悲剧，在神话层面，我们只进入了决定各种各样悲剧现象下面的悲剧的原形，但是还不知道对于文学整体来说，悲剧究竟意味着什么。而进入寓意层，我们就进入了由悲剧、喜剧、传奇、反讽等构成的文学整体结构中，能够不是从悲剧本身来看悲剧，而是从文学整体结构来看悲剧的意义。因此寓意层面是指某一部具体作品与原型整体结构的关系。我们进入寓意层面，意味着我们感受到有一个文学整体结构存在，这时作为整体结构中的一个具体表现来说，这部作品就成为莱布尼茨所说的"单子"。在寓意阶段，原型与整个文学系统的关系敞亮开来。

文学的整体结构可以从多方面考察，其中之一就是文学作品的基本模式。亚里士多德在《诗学》第二章谈到，文学作品因主人公的性质不同而产生差别。一些作品里，主人公比我们好；另一些作品里，主人公比我们坏；还有一些作品中，主人公与我们是一样的人。弗莱认为，亚里士多德的"好"与"坏"不是从道德意义上讲的，而是从性质和能力上讲的，是说主人公与我们在性质上是否不同，在能力上强于我们还是弱于我们。以此为指导，弗莱把整个文学作品分为五种模式：

第一，主人公在性质上远远地高于我们而且超越我们的环境，这就是神，神不

---

① Northrop Frye，*Anatomy of Criticism*，Princeton University Press，1957，p. 100.
② Ibid.，p. 118.

受人的生理法则制约，也不受人的环境法则制约。以神为主人公的故事就是神话。

第二，主人公不是在性质上而是在程度上远远地高于我们，也超越人在故事中的环境法则，这是典型的浪漫英雄。英雄的行为卓绝超凡，但又是人而非神。不过，在他活动的世界里，一般自然法则被轻轻地悬置起来，他有一般人难以做到的由坚韧耐力和勇敢精神造成的奇事，这对于我们来说是不可能的，对于他来说却是极自然的，他拥有超越自然法则的奇妙武器，能与动物交谈，恐吓男妖女巫，也能死而复生。有这类主人公的故事属于传奇和民间故事。

第三，主人公在程度上高于我们，但并不高于我们的环境，即他受自然法则的支配，这是现实英雄，国王和领袖，有比我们强大的权力、勇气、激情、智慧，但是他们的所作所为都在社会法则和自然规律之内。关于他们的故事就是高级模仿。

第四，主人公既不高于我们，也不高于我们的环境，他好像就是我们中的一员，与我们一样具有普通人的情感，并受社会法则和自然规律支配，为常人俗事操劳。有这类主人公的故事属于低级模仿。

第五，主人公在智力和能力上都低于我们，以致我们感到自身的优越性，仿佛我们居高俯视一幅受束缚、受挫折或荒诞的场面。有这类主人公的故事属于反讽。

文学上的这五种模式不仅显示为一种逻辑上的形态结构，还显示为一种有规律的历时运动。欧洲的叙事文学在过去的 15 个世纪中，恰恰是沿着上面的顺序发展的。在中世纪以前的时代，文学主潮是古希腊罗马、基督教、条顿民族的神话。中世纪时，文学主潮是传奇，它有两种主要形式：描写骑士爱情与骑士游历的世俗传奇和讲述圣徒传说的宗教传奇。二者都注重用超越自然法则的奇迹来增加故事的趣味性。传奇的统治地位在文艺复兴时期方告结束，随后描写帝王朝臣和宫廷生活的高级模仿成为文学主流，其特征在戏剧上，特别是在悲剧和民族史诗中表现尤为突出。随后中产阶级文化带来了低级模仿模式。此模式在英国文学中从笛福(D. Defoe)时代到 19 世纪末一直占主导地位；在法国文学中，低级模仿模式的开始和结束都要早约 50 年。也就是从莫里哀时代到 19 世纪 50 年代，即法国象征派诗歌登上历史舞台的年代。此后的一百年，即从 1850—1950 年（弗莱写作此书的年代），大多数严肃小说，如卡夫卡、乔伊斯（J. Joyce）、福克纳（W. Faulkner）、海勒（J. Heller）等，日益趋向反讽模式。对于弗莱来说，最重要的是，这股反讽潮流中明显地含有神话的内容。乔伊斯的名著《尤利西斯》的结构完全仿照荷马史诗《奥德赛》，在章节安排和情节发展上，柏林小市民穿过现代都市回家与古代史诗英雄尤利西斯在海上漂泊和历险一一对应。只是前者为懦夫，后者为英雄。福克纳的名著《喧哗与骚动》中，其结构的四部分分别有四个日期与基督受难的四个主要日子——基督受难日、复活节前夕、复活节和基督圣体节的第八天——相关联；康普生家每一个特定日期发生的事件正好与基督历史和祷告书里同一天发生的事情相关联，只是这种对照完全是反讽性的。现代反讽文学中呈现出越来越重的神话趋向，各模式之间的统一性也越来越明显。从形态学上看，神话是一个极端，现实主义是另一个极端，二者之间是传奇文学。三者之间的关系可以用精神分析的置换来理解。在神话里，我们看见与太阳神或树神有意义关联的人，在更加写实的模式中，这种联系几乎没有，更多地表现为一个巧合或偶然。神话里有珀尔塞福涅的故事，她每年都有一半时间要在下界度过。这一神话的原型是关于死亡与复活的。在斯宾塞的《仙后》里，弗罗里梅尔整个冬天都消失在海里，她的替身是一位白雪夫人，到第四卷结束时，她化为一股春潮重返人间。在莎士比亚的《冬天的故事》里，这一神话在赫尔温妮和潘狄塔的名义下以高级模仿的形式出现。在低级模仿模式中，我们也可以找到主人公死而复活的同一结构模式，《荒凉山庄》里的爱漱-索姆逊患了天花，在布拉克默尔（R. P. Blackmur）的小说里，罗娜—杜恩在婚礼上遭到枪击，当然，像神话一样，他们不会真死，终会重活过来。

从五类模式在文学史上的重心依次转移和各类模式之间的置换变形中，我们可以看到一个以神话为基始的文学的变换。文学的五大基本模式是从文学的主要因素之一即作品的主人公出发，来考察文学结构的整体的，因此，主人公只是文学整体结构的存在方式之一，还不是整体本身。文学整体结构的核心是原型意象的基本结构。

二 原型意象的基本结构及其变换规律

原型整体由三大意象群构成：启示意象群（apocalyptic imagery）、魔幻意象群

(demonic imagery)和类比意象群(analogical imagery)。前两个意象世界是未经置换的世界，后一个意象世界是由前两个意象世界相互作用导致的世界。从本体论上说，宇宙的本原是善与恶，宇宙的运动在于善与恶的斗争，美学的原型来源于两个永恒不变的意象世界：天堂的启示意象和地狱的魔幻意象。二者相互作用产生了三个中间类型：天真类比意象、自然和理性类比意象、经验类比意象。这五类意象正好相对应地表现了上一节内容说的五种模式：天堂启示意象表现神话模式，地狱魔幻意象表现反讽模式，天真类比意象对应于传奇模式，自然和理性类比意象表现于高级模仿模式，经验类比意象对应于低级模仿模式。这样当进入原型整体以后，五种模式的本质意义就得到了揭示，其与原型整体的关系也得到了彰显。在原型整体里，还有一个基本的结构需要讲出，这就是宇宙事物的性质分类。它直接构成了原型世界的结构成分和置换规律。整个宇宙的事物可以分成五大类：神界、人界、动物界、植物界、矿物界。在不同的模式里面，这五大类事物表现出不同的形象。《圣经》中提供了如下图式：

神明世界＝诸神社会＝单个上帝

人类世界＝人类社会＝单个人

动物界　＝　羊栏　＝单只羊

植物界　＝　花园　＝生命树

矿物界　＝　城市　＝城市、建筑、石碑

图 4-5

这一图式指出的正是各个意象群具体呈现的领域，也即宇宙的五大分类。

（1）启示意象表现的是人的最高理想，其直接体现是神话模式。启示意象无论是在五界的哪一界出现，都表现为尽善尽美的意象。在神明世界，启示意象是宗教里的天国，是基督教里全能的上帝，是各种文化里的好神，是快乐幸福的仙人。在人界它表现为信神的单个人，如以人的形象出现的基督，各个文化中的圣人。在动物界它是羊与鸽子等具有宗教寓意的动物，如耶稣把自己比喻为羔羊。它在植物界就是玫瑰等绿色世界，如在《神曲》和《仙后》中，我们都可以看到人与植物相等同，展现为阿卡狄亚式的田野牧歌世界。它在矿物界表现为庙宇和教堂、仙水琼阁、福地洞天。火与通向天国之路相伴随，《启示录》里，上帝之城显现为一堆闪光的金子和宝石。水则是世间的美丽河流与湖泊。在西方文化叙事里，人在死亡时，灵魂常要涉过水域或者沉入水底。

（2）魔幻意象表现的是地狱，是完全违背人的愿望和与人为敌的世界，其直接体现是反讽模式。魔幻意象无论在宇宙五界中的哪一界出现，都透出恶相与丑形。在神明世界，魔幻意象表现为鬼魔系列，有厉鬼、女巫、海妖，是哈代（T. Hardy）笔下神秘的"神意"，是雪莱笔下的朱庇特，是布莱克（William Blake，1757—1827）所写的挪伯达德，是斯温伯恩（A. C. Swinburne）诗中的"上帝，万恶之源"。在人类世界，它表现为陷入困境、进退两难的人物，如《哈姆雷特》和《安提戈涅》的主人公。在动物界，它表现为猛兽与怪禽：狮、雕、蛇，还有狼——羊的天敌。在植物界，它表现为不祥之林、杂草丛生的荒地、充满邪气的林苑，林中之树多是死亡之树、禁果之树、无花果树，其中还杂有十字架、火刑柱。在矿物界，它则表现为沙漠、怪岩、荒野，总之是未经加工的原始自然形态；在城市里，它表现为监狱、地狱、曲径迷宫。火象征极恶，怪火是地狱里的鬼灵；水是死亡之水，人投入其中便失去自己的生命。

（3）天真类比意象提供的是人类纯真的理想世界，其直接体现是传奇模式。天真类比意象无论在哪一界出现，都显得美丽。在神明世界，天真类比意象表现为拥有魔力的老人，保护好人的天使，使有情人终成眷属的神或精灵。在人类世界，它表现为英雄和美女。在动物界，它表现为田园里的绵羊和羔羊，浪漫故事里的战马和猎犬，温顺而忠诚，还有蝴蝶及有灵性的鸟类和昆虫、海中的海豚。在植物界，它表现为迷人的花园。在矿物界，它表现为雅致的塔楼与美丽的古堡。火是爱情的闪耀和心灵的温暖；水是清泉、湖泊和滋润的春雨。

（4）自然和理性类比意象提供的是人类的现实理想世界，其直接体现是高级模仿模式。自然和理性类比意象无论在哪一界出现，都显现出富贵、高尚、雅致。在这一模式里，由于不需要神话解释，神明世界与人类世界合二为一。国王富于神性，宠妃就是女神。神巫的魔杖变成了帝王手中的权杖。动物成为高贵和美丽的象征，鹰和雄狮代表臣民眼中的王室，马和隼是英勇的骑士，孔雀、天鹅、凤凰是美女的同类。在植物界，自然和理性类比意象呈现为皇家的苑囿和贵族的花园。在矿物界，它变成壮丽的都城和城中的宫殿。火是皇冠上宝石的光亮和嫔妃秋波里的妩媚；水则是井然有序的河流和河上华丽的彩船。

（5）经验类比意象提供的是与魔幻世界相关联的日常世界，其直接体现是低级模仿模式。经验类比意象无论在哪一界出现，都呈现为平凡和庸俗。在这一模式里，魔幻世界与人类世界合二为一，人是有种种欲望和缺点的凡夫俗子。动物也是常物，如农夫家的牛羊，市民家的鸡兔，无神性，没灵气，缺高贵，乏美丽。人来源于动物，人就是动物的观念直接体现在日常世界的人与动物的关联之中。在植物界，经验类比意象不是花园而是农场，农场里面是辛勤劳作的农夫。在矿物界，它是迷宫一般的现代大都市，里面是缺乏交流，充满孤独感，陷入感情危机的芸芸众生。火通常是有破坏性的，是城市火灾的光焰；水是危险的大海，它吞没小舟，也吞没巨轮。

以上五种意象结构是文学作品的基础，它们是可以转换的，这种转换主要表现在三个中间阶段。启示世界和魔幻世界表明了某种永恒不变的东西，正如上有天堂，下有地狱。天地之间是宇宙或自然的秩序与循环。自然循环的上一半是传奇和天真类比世界，下一半是经验的类比世界，由此可以得出四个主要的运动类型，在传奇中的上下运动和经验中的上下运动里，向下是悲剧的运动，向上是喜剧的运动，这样，就有了先于文学体裁的叙述程式：喜剧、传奇、悲剧、反讽。

三　文学的基本叙述程式

叙述程式（mythoi）是在文学的循环运动中凝成的基本要素，弗莱特别强调，叙述程式，喜剧、传奇、悲剧、反讽等不是文学体裁，而是先于体裁的更一般性的东西。它由有固定结构的情节构成。叙述程式受制于文学的整体循环运动。因此，我们从任何一类叙述程式中既可以看到固定结构，又可以看到此结构在运动中的不断变化。我们可以看到它从前一类叙述程式中带来的痕迹，也可以看到它正向另一类叙述程式演化而去的征兆。因此，叙述程式是一个整体，具体的某一程式需从叙述程式整体的运动中才能得到清楚的理解。

（一）春天的程式：喜剧

春天是幻想的季节。喜剧叙述年轻的恋人与他们爱情的阻碍者之间的矛盾。

阻碍者一般是父亲，或父亲类的老年人。年轻恋人与观众处于同一心理意向中。老年阻碍者则代表与之相反的社会现实。喜剧的结果总包含一种转变，即年轻的有情人终成眷属，与之相伴随的是，老年所代表的社会被克服和青年所象征的新社会呈现出来。在喜剧中，阻碍者不是被打击的对象，而是被幽默的对象，他的言行仿佛被一种机械重复的仪式所缠绕，从而表现出荒谬和可笑。因此这种阻碍行为引发的不是悲剧中的恨，而是可笑中的恨。喜剧中年轻恋人代表的仅是一种愿望，因此最后的成功往往不是真实的，而是幻想的，新的社会只是显现出，而从未展开。年轻恋人的真正生活在结尾处才开始，他们更有趣的性格，对于已显出的内容来说，是潜在的；他们所代表的现实也尚未展开，因此，喜剧性主要是由男女主角之外的四种人构成：冒牌者，狡智者，小丑，粗人。前二者构成喜剧的基本行动，冒牌者即年轻恋人的父亲一类，大概因为他们总是从僵化或荒谬或可笑的角度反对恋人，作为父亲，父之不父，似乎是冒牌的。狡智者则作为冒牌者的对立面存在。在古代戏剧中，总有一位姑娘，甚至女扮男装，为男主人公出谋划策，取得胜利；在古罗马喜剧里，则是一位狡黠的奴隶以特有的言行达到喜剧的效果；在文艺复兴时期，喜剧里的喜剧性角色变为贴身仆人。狡智者与冒牌者的斗争推动着喜剧情节的发展。小丑和粗人主要渲染增浓喜剧的气氛。小丑可以是各色人等，总之是以夸张的方式显露自己的嗜好、毛病、技能；粗人总是小丑的对头，小丑贪吃，粗人就把食物锁起来，小丑露丑，粗人就去阻止，但粗人的行动不是防止而是增添了笑料。

　　喜剧的种类繁多，但总是一方面与传奇相连，另一方面与反讽相连。从喜剧的运动性来划分，我们可将喜剧分为六个阶段，从形态学来划分可将喜剧分为六类。第一阶段的喜剧，被幽默的社会是胜利者，因而反讽味道最浓，狡智者（特别是有智慧的奴隶）往往遭到杀戮或鞭笞，气氛也一度显得严肃而伤感，只是喜剧在最后的情节转变时，才回到正路上。第二阶段的喜剧，主人公并未改变被幽默的社会，而是逃逸出来，从而使主人公自己也部分地成为幽默的对象。有时主人公的幻想为一个更高的现实所缠绕，有时两种相互冲突的幻想共存于心中，这就是《唐·吉诃德》似的喜剧。第三阶段是标准的喜剧，参见弗洛伊德的美学理论部分。第四阶段的喜剧，从经验世界进入天真和传奇的理想世界。它的一个明显的特征就是绿色世界出现，如莎士比亚的《仲夏夜之梦》《皆大欢喜》《温莎的风流娘儿们》中的森林。绿色世界与生命和爱情战胜荒原的仪式主题相联系，绿色世界在喜剧里出现象征着夏天对冬天的胜利。在仪式与神话中，大地复苏一般以一位女性来表现，因此这个阶段的喜剧总是涉及一位女主角，而且常常女扮男装，从米南德（Menander，前342—前291）到莎士比亚再到现代流行剧皆是如此。喜剧的结构一般是，从日常世界进入绿色世界，然后又回到日常世界。第五阶段的喜剧仍处于传奇世界中，但乌托邦味少了，牧歌气息浓了，欢乐减轻了，喜剧略添了沉思。比较莎士比亚的第四阶段和第五阶段喜剧，后者多了严肃的行动，而且不回避悲剧的成分，只是将悲剧包含在喜剧之中。这种行为不仅是从冬向春的运动，而且是从混沌的低级社会向有序的高级社会的运动，是一种生活向另一种生活的变形。第五阶段的喜剧在冲击现实的同时，也展示了一个更有意思的童真世界。喜剧经第一阶段至第五阶段的演进后，新的社会终于成熟了，因此第六阶段，喜剧的社会单位更加缩小，更加秘密，乃至缩小到个人。反之，以前秘密的居所，月光下的森林，幸福的小鸟却越加明显，爱情转变为现实，幽默的现实转变为鬼怪故事和哥特传奇，至此，喜剧社会也就死亡了。

（二）夏天的程式：传奇

夏天是梦的季节，"传奇是最近似于愿望满足之类的梦的文学形式"[1]。在传奇里人们塑造出代表理想的英雄和美女，以及威胁人们向上升华的恶棍。这种程式从中世纪的骑士传奇、文艺复兴的贵族传奇到18世纪以来的资产阶级的浪漫主义和俄国的革命浪漫主义[2]，不绝如缕。传奇的中心内容是冒险，因此它的典型文学体裁是小说而不是戏剧。传奇的典型形式是成功的探求，它包括三个阶段的情节：危险的旅行，初次冒险，决定性战斗。结果，很多时候是英雄和恶魔同归于尽。而一旦如此，也可以说有第四阶段，即死亡后的复活。从众多的传奇故事中，我们可以知道"三"是重要的，如第三次探求，第三次成功，第三个儿子等，传奇主要涉及英雄及敌人。传奇越接近神话，英雄就越像神，敌人也越似魔。英雄与春天、黎明、

---

① Northrop Frye, *Anatomy of Criticism*, Princeton University Press, 1957, p. 186.

② 传奇和浪漫皆为一词（roman），这里按习惯把中世纪出现的此词译为传奇，将后来文学潮流中出现的此词译为浪漫。

秩序、青年等相连，敌人与冬天、黑暗、混乱、老年等类同。似神的英雄仿佛来自上界，如魔的敌人似乎来自地狱，二人在人间展开斗争，象征着宇宙的上下循环。其原型就是环绕大地不断升落的太阳神话。民间故事中的屠龙主题，如《圣经》里的探求故事，班扬（J. Bunyan）的《天路历程》，斯宾塞的《仙后》都属此类。毒龙肆虐之处，海怪猖獗之时，魔法的迷宫，犹太人沦落之世和不自由之地皆如日落后的黑暗。传奇中的人物按对英雄的支持和反对来分类，由此也决定了绝对的善恶。人物中会出现超自然的术士、纯朴的滑稽人物，但他们的功能是增添传奇的情调。

传奇的叙述运动亦为六个阶段。第一个阶段是英雄的诞生，往往与水相连，船把婴儿或冲向大海，或搁在芦苇丛的河岸，水包含着对从冬天的死亡之水到生命的再生之水的象征，如《圣经》里的洪水上飘浮着含有未来生命的诺亚方舟（又译挪亚方舟），埃及军队被红海淹没带来以色列人的自由，摩西有顺水漂流的婴孩期，基督有洗礼。婴孩身世秘密的主题在欧洲文学里从欧里庇得斯（Euripides）开始计算一直到狄更斯（C. J. H. Dickens）时才出现，与之相关的是搜寻婴儿，总有一个假父亲般的人物欲置婴儿于死地，这表现在珀尔修斯（Perseus）的故事、赫西俄德（Hesiod）的神话及《旧约》《新约》之中，在民间故事里这个主题则变为女儿在后母身边的遭遇。

传奇的第二个阶段是天真青年，如吃禁果前的亚当和夏娃。这时充满了牧歌情调，意象是丛林、春涧、月亮，色彩为绿色、金色，一般都与女性和青春这类性成熟的象征相连。主人公渴望逃出低级世界进入行动世界。这一阶段，爱的阻碍有多种形式，如《绿色大厦》中的蛇，斯宾塞作品中的火，但丁（A. Dante）的河等。

传奇的第三阶段是标准的探求传奇，参见本节讲的传奇的特征或典型。

传奇的第四阶段的主题是维护天真世界和它的节日气氛，反对经验世界的侵入。要维护的实体可以是个人，也可以是社会，或二者兼而有之。对于个人要维护天真的节制之心来说，这颗心在保持节制时，维护着内心的善；在不节制时，这颗心向外追求着善。其主要意象是被围困的城堡。对于社会要维护天真世界的正义，其中心意象是被驯养和管理的怪兽。

传奇的第五阶段显现出从高处对牧歌的反思，这里自然循环的运动日益明显，它的世界仍为与第二阶段一样的天真世界，然而是从过来人的而非行动前人世间的眼光去打量的，从而经验是被理解了的而非神秘的。莫里斯（William Morris，1834—1896）和霍桑（Nathaniel Hawthorne，1804—1864）的浪漫作品，以及莎士比亚的《辛白林》《暴风雨》都属此段。这里有一种道德分层的倾向，爱者处于这些层级的最高层，如是安排包含了与社会的分离和对社会的沉思。

传奇的第六阶段，已从冒险的行动中超离出来，进入对冒险行动的沉思中，表现为天真世界的蜷缩。它的主要意象是塔中高士和孤独隐士。传奇结构往往是，在一个宽敞的客厅里，温暖的火炉边，舒适的座椅上，围着一堆萍水相逢的人，由其中一人讲故事，如亨利·詹姆斯（Henry James）的《螺丝在拧紧》，大部分都是鬼故事，令人恐怖，颤抖。

（三）秋天的程式：悲剧

秋天是叶落草枯的季节，"在典型的悲剧中，主要人物从梦中解放出来，这种解放同时也是一种限制，因自然秩序而呈露出来"[①]。悲剧主人公与我们相比是伟大的，与另一种东西相比又是渺小的，如普罗米修斯、亚当和基督，他们处于天堂与地狱之间，自由与束缚之间。以他们为中介，我们体会到一种更高的法则。悲剧主人公可以是罪恶的、残酷的，如麦克白、克瑞翁，但这不是关键所在。悲剧人物无论有什么属性，在什么环境中，其核心特色都是孤独。正是在这种孤独中，一个更高的法则敞亮出来，人和自然的关系被推到前台。悲剧的典型结局是复仇，神或鬼的引入显示了可见世界与不可见世界本有的平衡原则，悲剧人物打乱了这种平衡，平衡则以人、神、鬼的复仇，以神的正义、命运、事件逻辑来维护自己的尊严和权力。典型的悲剧如《失乐园》里亚当的跌落，他使用了自己的自由，结果使自己失去了自由，被逐出了伊甸园，进入自己的创造性生活中。同理，麦克白一篡位，就进入了篡位逻辑，哈姆雷特接受了复仇逻辑，李尔王套进了退位逻辑。存在本身就是打破自然平衡，就是悲剧。

悲剧人物主要有两大类。与喜剧一样，悲剧人物中的第一类决定悲剧的基本

---

① Northrop Frye, *Anatomy of Criticism*, Princeton University Press, 1957, pp. 206-207.

结构，第二类增加悲剧的气氛。前一类如《失乐园》中的上帝，《哈姆雷特》中的父亲鬼魂，《奥赛罗》中的埃古，他们相当于喜剧中的狡智者，主宰着悲剧的行动。悲剧主人公则相当于冒牌者，他们似乎有权力、能力、智慧，但实际上总是处在一个含糊的位置上，属于后一类的有哀求者（相当于喜剧中的小丑），经常是妇女，如奥菲尼亚、亚瑟等，以引起怜悯，因其有从社会中分离出来的因素，也含有恐惧感。还有类似喜剧中的拒绝者（粗人）的角色，一般以主人公的朋友来担任，如《哈姆雷特》中的霍雷特欧，《李尔王》中的肯特，其功能类似希腊悲剧中的合唱队，代表社会的观点。另外，增加气氛的还有牺牲者，如邓肯、查理二世、阿加门农，他们也处于含糊的地位上。最后，还有信使，在希腊悲剧中，他们总是来报告毁灭。

悲剧处于传奇与反讽之间，同样分为六个阶段。第一阶段，中心人物神性味最浓，也显得很天真（勇气和天真是神性之源），该段对应于传奇中英雄的诞生。由于男主角幼小，主要人物往往由妇女担任。如拉辛（Jean Racine）的《爱斯苔尔》、哈代的《德伯家的苔丝》。第二阶段的悲剧仍处于非经验意义的天真状态。主人公为青年，如《罗密欧与朱丽叶》，这段悲剧的世界虽然仍以绿色和金色为主调，但已失去了亚当夏娃在伊甸园时的纯真，亚当和夏娃正在进入成人世界，负着原罪的重担，充满天真的困惑。在这段悲剧里，中心人物一般都存活下来。易卜生的《小子欧弗》，讲成人从儿童的死亡中受到教育。悲剧的第三阶段相当于传奇的探索性，这里是以双重视点来组织人物行动的，一方面是成功，另一方面是毁灭。俄狄浦斯、参孙、亨利五世都属此类，这类人物都关联到基督原型。悲剧第四阶段是英雄走向毁灭的典型，在这个阶段，他们跨过了从无知到经验的边界，也使自己走向毁灭，已如上述。第五阶段悲剧中的反讽成分增多了，英雄显出降格，如《雅典的泰门》中，泰门少了英雄气，多了反讽味。第五阶段与第二阶段在很多地方相似，但有一个重要的不同，其环境是成年人的经验世界。如《俄狄浦斯在科罗诺斯》，此段悲剧大都暗示一种经验中的命定性，它提出的宗教和形而上的命题多属于社会和道德问题。从某种意义上讲，《俄狄浦斯在科罗诺斯》已属于第六阶段。第六阶段悲剧是一个令人震颤的恐怖世界，该段中，恐怖情景以总体意象和总体效果的方式表现出来，主人公痛苦至极，拼命挣扎或羞辱出丑，以致其难被当作英雄。这段里，我们已经瞥见了未经置换的魔幻景象：疯人院、监狱、日落后的十字架和月光下的高塔等。

(四)冬天的程式：讽刺与反讽

冬天是严寒的季节，其文学程式为讽刺和反讽。讽刺是持一种标准来看待现实，现实在这个标准下显现出扭曲和荒谬。反讽的世界也显得夸张、扭曲和荒谬，但看不出作者的正面观点。讽刺在结构上类似于悲剧的反讽，反讽带一点讽刺味儿，接近于无英雄的悲剧。讽刺和反讽的运动各为三个阶段，合为六个阶段。

讽刺的第一阶段，其典型是低标准的讽刺。它既承认世界充满偏离、不公、愚蠢、犯罪，又认为这是必然的、不可避免的。每个希望保持平衡的人都睁着眼、闭上嘴。低标准的狡智者不问社会的逻辑而只随波逐流，圆滑地保持从今天到明天的平衡。讽刺在这一阶段以一个持此处世之道而心直口快的人来暴露该社会的各色冒牌者，从而也讽刺了这些冒牌者所代表的社会习俗，其典型是中世纪为人所喜闻乐见的，配合布道的百科全书形式，如"七个已死的罪犯"。在低标准的讽刺里，狡智者是英雄的反讽代替物，这里也就显现出了整个讽刺和反讽的特色：英雄的消失。

讽刺的第二阶段相当于逃避喜剧，人物逃避到与他更同类的社会中，这就是讽刺性的流浪汉小说。这阶段的讽刺具有很浓厚的《唐·吉诃德》色彩。一方面，社会习俗是愚蠢不公的；另一方面，讽刺是以一个低标准、一套简单的思想来解释复杂的社会的。这样，理想和观念的教条突显出来，乃至教条背景压过它们本身要解释的生活，教条本身成为讽刺的主题。鲁辛(Lucian)的对话体作品《出卖生命》成了后世反复出现的形式。习俗的根源不在于习俗本身，而在于习俗中人对习俗的共感，讽刺的第一阶段以共感本身来讽刺这种共感的荒谬可笑。第二阶段的讽刺以外来的低标准对待共感，结果这种讽刺反而蜕变为教条与丰富生活的对立，习俗共感的机械性反而转现在教条者身上。

第三阶段是高程度的讽刺，这个阶段讽刺往往采用传奇方式，一会儿把人放在小人国中，显得无比巨大；一会儿又让巨人误入大人国，显得无比渺小，如斯威福特(Jonathan Swift)的作品；还可以把人变成驴，以驴的眼光来看人，在视点不断变化中，习俗共感本身的荒谬、愚蠢、脆弱也就显出来了。

第四阶段，讽刺消退了，进入反讽中。反讽情感在悲剧中已存在，它微弱地表现在哀怜的人物身上，更浓厚地体现在英雄的对立面里，比如，哈姆雷特死时，先后八人也死去。悲剧的反讽，不想让人物成为笑料，而是指出他们都是人。当然反讽也有自己独立的特征，它从经验状态中的道德和现实的观点来看悲剧，强调人性，补充对毁灭的社会和心理的解释。反讽可以说是真诚的现实主义阶段，托尔斯泰、哈代和康拉德（J. Conrad）的作品属于此阶段。

第五阶段的反讽类似于命运悲剧，它更强调自然循环的必然力量，以封闭的显灵观点来看待经验，一如勃朗宁（R. Browning）的名言："或有天堂，必有地狱。"

第六阶段的反讽，用难以置信的束缚来表现人的类生活，它的主要意象是监狱、疯人院、私刑，人物是磨难人、疯人、变形人。它几乎把人带进魔幻世界，没有同情和希望，只有漆黑高塔、永劫之狱、恐怖之城等。然而，按照循环论，你（读者）坚持沿着叙述程式走下去，必将通往死亡中心，最后在黑暗的底部微感春来的气息，瞥见在远处闪烁的春光般的新世纪。

弗莱就是这样从宇宙、自然、人类、文学的紧密关联处，从类型和历史的合一中，建构了这样一个文学体系的。现在笔者总结如下：

从宇宙的角度，文学意象由二（启示世界与魔幻世界）生三（天真、自然和理性、经验世界）而成五（神话、反讽、传奇、高级模仿、低级模仿），体现了从深层到表层的演化，同时也呈现了文学模式在宇宙间的各种基本位置。但这种二、三、五的演化只是一种逻辑演化，其宇宙运转的规律尚未显示出来，于是弗莱把五大模式纳入宇宙的循环运行之中——

神，死亡与再生的循环；

人，生、成、老、死的循环；

自然，晨、午、暮、夜的循环和春、夏、秋、冬的循环；

水，雨、泉、河、海的循环；

火，随太阳的运转而循环。

这里最明显的而且可以容纳一切的是自然的春、夏、秋、冬，天、地、人、物都在自然中显现与活动，这构成了整个文学的循环。于是有了一种总括性的显现出宇宙运动规律的类型：春，呈现为喜剧；夏，呈现为传奇；秋，呈现为悲剧；冬，呈现为反讽。冬过了又是春。春、夏、秋、冬不是几何学似的截然分开的，而是运动的，春之暮与夏之初，冬之尾与春之头紧密相连，因此，春、夏、秋、冬的美学表现，与喜剧、传奇、悲剧、反讽交叉又细分为六个阶段，或者说六个相位，一共二十四个相位。于是文学的基本类型就以规律的形式展现出来了。弗莱理论中的文学的整体结构如图 4-6 所示：

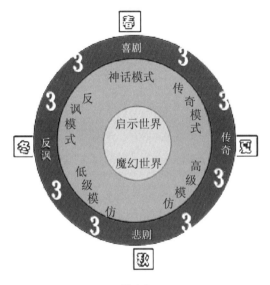

图 4-6

这个整体结构就是：由神（天堂）与魔（地狱）的善恶对立构成二元对立的两极，生三（传奇、高级模仿、低级模仿），进而成为五基型（神话、反讽、传奇、高级模仿、低级模仿），又进而凝结为四基型（喜剧、传奇、悲剧、反讽），再展开为二十四相。

第五章 西方现代美学的体系建构(下)

结构主义代表了体系建构的第三种路向，它对西方现代思想核心做了最为经典的表述，又对叙事美学做了体系性的推进。结构主义思想在演进中，产生了符号学。结构主义与符号学既有交叠，又有区别，从美学上来看，结构主义突出的是表层现象与深层结构之间的复杂关系，符号学彰显的是一个个的叙事体系。因此这一章分为两节，一节主讲结构主义美学，另一节主讲叙事美学。

第一节 西方现代美学的顶峰——结构主义美学

列维-斯特劳斯(Claude Levi-Strauss，1908—2009)以《热带闲愁》(1955)点燃了结构主义之火，又以《结构人类学——巫术·宗教·艺术·神话》(1958)使火烧旺之后，结构主义成为西方人文科学中最耀眼的旗帜，而且是一面帅旗。自 20 世纪以来，西方各个思想流派，五花八门，争奇斗艳，一会儿互相斗争，一会儿相互勾结，热闹喧嚷，但结构主义一出，这些大流派纷纷归顺，一时间，大家都变成了结构主义者。阿尔都塞(L. P. Althusser)成了结构主义的马克思主义，利科

（P. Ricoeur）是解释学的结构主义，拉康是精神分析的结构主义等。之所以如此，是因为结构主义是现代思想的顶峰。自近代西方的牛顿型宇宙转变为现代西方的爱因斯坦型宇宙以来，如何在新的世界里以新的方式确定普遍性和确定性，就是大思想家们一直在思考的问题，由此形成了一种有深度的模式：在分析哲学那里是语言与实在的关系，在存在主义那里是存在与存在者的关系，在精神分析那里是意识与无意识的关系，在神学思想那里是教会与上帝的关系。其中存在主义与精神分析的理论结构具有典型的意义。存在、无意识，类似于古代西方的本体，它确实存在，也仍是决定各种现象之所以如此的因素，但是它却讲不清楚道不明白，怎样才能抓住海德格尔的存在，连海德格尔自己都不能用理性和逻辑的语言讲清楚，而只能求助于非语言所能穷尽的体验和非逻辑语言所写的诗歌。精神分析学家所说的无意识的内容究竟是什么？弗洛伊德说一套体系，荣格又说另一套体系，阿德勒、弗洛姆还有另外的说法。因此，存在与存在者、无意识与意识的关系虽然很契合现代西方人对宇宙人生的实际感受，但在一个多元文化并存的世界中，一方面世界应该是有规律的，另一方面思想家们确实又很难说清什么是真正的规律。因此这种结构的表述方式正是现代西方人心理矛盾的一种表征。而结构主义用语言和言语来重述这一现代思想结构，却把一直都讲不清的这个结构讲清楚了。

　　言语就是人们每一次说出的话和写下的字，是具体可见的现象，犹如具体的存在者，犹如具体浮现出来的意识；语言则是决定话语一定会按这种方式来说，句子一定会按照这种方式来写的语法规则。比如，我们会说出我打他，也能说出他打我，却不会说打他我。是语法的规则使我们不会这么说。语法是看不见的，就像存在和无意识，但人们又确实可以在每一句说出的话中和写出的字中体会到，而且语法可通过仔细辨析具体的句子而总结出来。总结出来的语法，既对一切言语有效，又可以明白清楚地讲出来。一旦语言和言语把无意识和意识、存在和存在者所一直想讲清楚而又始终没讲清楚的东西讲清楚了，结构主义就立刻成为现代思想的英雄。

　　西方知识自古希腊以来，一直是以自然科学为基础的，柏拉图学院的门口书写道：非懂几何，切莫入门！欧几里得几何学用九条公理严密地推出整个体系是一切知识的范本。近代以来，正如哥白尼、牛顿、达尔文的精神照耀着西方思想的行进一样，数学和物理学的严谨性一直是各学科的公理。但是，20 世纪以来，数学、几何学、物理学、生物学自身的发展都否定了一个绝对的必然规律，一个概莫能外的形而上的基点，从而也都否定了自己作为西方文化示范学科的地位。黑格尔的绝对理念和基督教的上帝就是在这些基础上坍塌的。语言学突然以一种新的面貌出现在人们面前，它既非经济基础，又非上层建筑，不属于自然科学，也不属于社会科学，它是涵盖一切的。任何领域，只要有人在，就有语言在。以语言学为基础的结构主义在出身门第上的优越性，给理论本身的清晰性以有力支持，使结构主义成为西方现代思想的巅峰。

结构主义的力量不仅仅在于用语言和言语把现代思想结构讲清楚，还在于它的一整套原则对西方思想的重要推进。

一　结构主义的基本原则

作为现代思想顶峰的结构主义是由列维-斯特劳斯发动的，但他的思想主要来源于瑞士语言学家索绪尔（Ferdinand De Saussure，1857—1913）的《普通语言学教程》（1916）。索绪尔的几大命题是结构主义的思想基础。

第一，历时性（diachronicality）与共时性（synchronicality）。历时性是指语言的历史演变，共时性是指同一时代的语言。语言在历时性流动中，呈现出的更多的是语言的变易、转化、偶然、错乱。西方语言变动最大，现代英语国家的人们阅读莎士比亚时代的英语就感到很困难，中古英语已没人读了，更不要说上古英语了。相对而言，汉语变动较小，两千多年前先秦的诗歌和散文，如《诗经》《楚辞》和先秦诸子的文章，现代人读起来基本上没有问题，翻开《诗经》，"蒹葭苍苍，白露为霜，所谓伊人，在水一方"，并不难理解；打开《论语》，"子曰：学而时习之，不亦说乎，有朋自远方来，不亦乐乎"，也不难。然而，历史还是给汉语带来了较大的变化，特别是古代汉语与现代汉语之间，就语音来说，好多古诗读起来已经不押韵了；就词汇来说，古今词义已变。比如，"弃甲曳兵而走"，兵，在古代汉语中不是士兵，而是武器；走，在古代汉语里是跑。这句话不是说，脱弃甲衣，拖着士兵行走；而是说，脱弃甲衣，拖着武器，飞跑奔逃。在语法上，古代汉语往往没有主语，译成现代汉语，则要补出主语，如"怒发冲冠"，译为现代汉语一定是"我（或岳飞）怒发冲冠"，不补出主语就算病句，这是语法必要的完整性问题。又如，在语序上，在古代汉语中，地点宾语总放在最后，如"赵氏求救于齐"，在现代汉语中，语序只能是"赵氏向齐国求救"。语言在历时性中为什么会做如是的变化呢？从个别因素去找，语言都有其自身的理由，但从一般规律上看，语言却没有一定要如此的理由，因此，索绪尔认为，历时事实是个别的，是强加在语言上的，它虽然引起系统的变化，却与系统无关，而且这些个别因素是孤立的，彼此不构成系统。由上可知，如果我们要从语言的历时性上去寻找规律，建立语法体系，如果不是不可能的话，至少也是极为困难的。相反，在共时性中，语言是稳定一致、逻辑严整、体系俨然的。因此，语言科学要具有科学性，建立自己的语音、语法、词汇体系，其研究对象，只能是共时性语言，而不是历时性语言。对共时性和历时性的区分和选择，显示了结构主义一个基本的方法论特色：排斥历时性带来的混乱、偶然；在共时性中建立秩序、结构、体系。这本是西方文化实验科学得以产生的基本方式：把一个事物与其他事物彻底地区分开来，从而建立起关于该事物的系统知识。结构主义的目的就是要寻找确定的结构，建立系统可以把握的知识。建立结构是结构主义的一种活动，结构的建立是这种活动的结果。这里已经隐含了结构主义的高峰及其衰变：由于结构主义排斥了历时性，确定性的结构才得以建立起来。当后结构主义重新引进历时性的时候，结构就不确定了，陷进了被解构的窘境。

第二，符面（signifier）与符意（signified）。语言是一种符号体系，这种符号包括两个最基本的部分：一是语音形象（sound image），即符面；二是概念内容，即符意。这两个最基本的部分又是合二为一的，正如一枚钱币的两面。符面和符意的关系既是任意的，又是约定的。比如，"望"这个概念，在中文里的语音形象（符面）是"望"，在英文里则是"look"，在法文、德文、梵文、阿拉伯文又是另外的模样。虽然各自的语音形象（符面）不同，但又都是表达"用眼睛去看较远距离的对象"这一概念内容。由此可见，作为语音形象的符面与作为概念内容的符意之间，并没有必然的联系，二者的结合是任意的（这里没有必然的联系，并不是说，每一个语词产生的时候，一定的符面与一定的符意结合在一起，没有历史上的具体性理由，而是说符面与符意从比较语言学的观念来看，没有理论上的本质性理由）。没有必然的联系而又被联系在一起了，是由于其具有约定性。一旦约定，二者就合为一个符号，"望"和"look"就分别成了"望（用眼睛去看远距离的对象）"这一符意的符面。对于结构主义来说，符面和符意结合的任意性和约定性引出的最重要的意义就在于：符号的意义与外在的事物无关，而只与符号自身的系统相关。一是符号的两个部分，符面与符意，其结合的任意性说明符面与符意结合，是与外在事物无关的。二是符面所包含的符意也与外在事物无关，"望"这个符面所指的仅是"望"的概念内容，而不是现实中的人"用眼睛去看较远距离的对象"的客观情况。正如"树"这个符面所指的只是"树"的概念内容，而不是现实中的树。我们只有理解了这一点，才算真正理解结构主义有关符号的符面和符意合一的意义。"树"在符号中具有"树是植物之一种"的概念内容，与现实无关，而只与符号的系统有关。这里的"无关"，并不是说一点关系都没有，而是说，一个符号的语音形象（符面）和概念内容（符意）为什么是如此这般的，不是由符号外的现实来决定的，而是由符号自身的系统来决定的。要理解这一点，我们就得进入结构主义的另一原则——二项对立。

第三，二项对立（binary oppositions）。语言的存在方式是时间性的，一句话总是按时间顺序一个字一个字地依次出现的，其展开呈水平方向的运动，其中每个字都同前后的字形成对立，并在这种对立的张力中呈现自己的具体意义。例如，王维的诗，"白云回望合，青霭入看无"，要一个字一个字地读下去，到句尾才明白其具体的意义。白云，有了"回望"才知道它是从前看的，有了"合"，才知道它曾经分开过，白云是什么样的形态特征，只有读完由"合"字结束的此句，才明白。这构成了语言的历时性的横组合关系（syntigmitic relation）。同时，一句话里的每个词，与没有在这句话中出现，但又与之相关联的众多词形成对立。如"白云回望合"中的"望"，与没有在诗中出现的"视、睹、瞧、观、瞻、察、瞥、看、瞅、窥……"形成对立。这些没有出现而在语言系统中存在的词，决定着"望"的意义。比如，因为有"睹"字与之比较，我们知道"望"字是较远距离地看，因为有"观"字与之比较，我们知道"望"指看得并不那么仔细；因为有"窥"字与之比较，我们知道，"望"是正大光明坦坦然然地看等。这些字与"望"形成一种垂直方向上的空间关系，也就是语言的共时的纵聚合关系（paradigmitical relation）。由此可见，语言中每一句话的意义，都不是自足的，而取决于它与前后上下其他各项的对立。一句话的意义，只有在纵横交错、显隐合一的关系网中才能得到确定。而在这个纵横显隐的关系网中，隐而不显的纵聚合的关系显得尤为重要，它代表的是整个语言系统。只有把握了虽隐藏在后但又确实存在的语言系统的整体，对外显现出来的确然可见的字句的意义才能得到正确全面的理解。比如，"tree"（树）在英文里处在与非生物的词汇群的对立中，它显示自己是"生物"的一类；在与生物的其他类（如人类、飞禽、走兽、昆虫等）的词汇群的对立中，它显示出自己是"植物"；在与植物中的灌木、草本、藻类等词汇群的对立中，它显示出自己是植物中的"木本"。而在汉语中，"树"这个词，除了有如上的一些意义外，还属于五行系统（木、火、土、金、水）中的"木"，从而与属于"木"的同类事物也有联系，比如，它与方位中的东，与色彩中的青，与四季中的春，与五官中的眼，与人体内的肝等都有关系。因此汉语中的"树"又与英语中的"tree"有所不同，这是由两种语言系统决定的。既然，一个词语的确切意义是由该词汇所属的语言系统决定的，那么，我们只有把握了所属的语言系统才能真正理解这个词。正是从这一原则出发，结构主义开始了它建立结构的宏伟活动。然而，从二项对立的模式来说，在纵聚合的空白中，究竟怎样才能算达到了系统整体呢？整体意味着要划一条边界，这条边界线可以划得出来吗？结构主义当然认为这是划得出来的，正像在历时性和共时性中可以排除掉历时性而专注共时性一样。然而，正是在这里，当解构主义看出词汇群充满了无始无终的延伸和差异，从而这条边界不可能划出来的时候，结构主义的系统就遭遇到了解构的命运。

第四，言语（parole）和语言（langue）。关于这个原则的含义，前面已经说过了。这里再补充一下。第一，语言没有实体，又确实存在，它就体现在每一个具体的言语现象之中。但在具体的言语中，言语又不一定完全体现了自身的体系。比如，"我打他"这一言语就只有"主谓宾"三种成分，定语、状语、补语都没有，这一言语也只有一种语序。因此，一个句子，甚至一些句子，并不能完全显现出语法体系，从而任何句子都与二项对立一样，充满了空白。因此，结构主义寻找语言体系的活动，不是从单一的句子，而是从句子群中去找的。在这里，句子群显示出了结构主义同新批评的区别，后者可以从单一作品去把握该作品的审美特质，而前者则需要从众多的作品群中才能找出隐藏于其中的深层结构。第二，语言没有实体，也不会在一个句子中充分表现出来，但它确实有一个体系结构，这个结构确实会在众多的句子群中呈现出来，又确实是可以用明晰的言语来表达的，这就是从任何一种语言中发现语法体系。因此，在结构主义语言学的四项基本原则里，言语和语言是总纲，从这里，一望而知，结构、系统、规律是存在的，是可以明晰表述的。正是在这里，西方现代的各个领域的英雄们树立起了建立体系的信心。

二　列维-斯特劳斯及其神话分析

索绪尔的结构主义语言学在近半个世纪以后才对西方人文学科产生广泛的影响，这主要归功于列维-斯特劳斯（Claude Levi-Strauss，1908—2009）。列维-斯特劳斯把结构主义语言学的基本原理运用于人类学的研究，并取得了显著的成就，他的学术实践为结构主义原理可以适用于人文学科各领域做了榜样性的示范作用。人类学研究的重要方面之一就是原始社会的神话。神话是一个跨学科的领域，第一，它属于人类学，人类学的一个根本原则就是文化相对主义，这个原则意味着，一切文化，无论是现代文化还是原始文化，一律平等，在本体论上没有高低之分，不能用一种文化的原则，如西方文化的原则去看另一个文化，如某一种原始文化。只有在对不同文化的不同原则的研究中，我们才能得出人类学的共同规律。这样，人类学的研究旨趣和宏伟目标正好相同于语言学的研究旨趣和宏伟目标。这个目标一方面表现了西方学人把握普遍规律的宏志，另一方面又是反对西方中心论的。第二，神话属于叙事学，列维-斯特劳斯说，神话之所以是神话，其"实质并不在于它的文体，它的叙事方式，或者它的句法，而在于它所讲述的故事"①。讲故事把神话与文学联系在一起，这正是精神分析美学和原型批评美学一直在努力做的工作。而这一工作又正好符合人类学和语言学的人类普遍性追求。第三，神话属

---

①　［法］克劳德·列维-斯特劳斯：《结构人类学——巫术·宗教·艺术·神话》，46页，北京，文化艺术出版社，1989。

于语言学，神话用语言来叙述，本就是一种言语活动。因此，列维-斯特劳斯的神话研究，具有多方面的意义。就对语言学原则的运用来说，它显示了西方思想寻求普遍规律的新方向：结构主义方向；就人类学来说，它启示了寻求普遍规律在全球化的氛围中的文化对话新思路；就与美学的关联来说，它预示了结构主义美学统一古今、跨越文化的叙事学模式的建立。

神话的种类繁多而又大量重复，我们要理解纷繁复杂的神话内容，必须掌握其深层结构。正是神话的深层结构而不是它的表层讲述才能准确地告诉我们，神话究竟向我们讲述了什么。怎样才能得到神话的深层结构呢？一个具体的神话往往并未包括整个神话的结构内容，而只具有神话结构的一部分。因此要理解一个神话，只有将之放入神话的整体之中才能理解。神话作为故事，表现着原始人为社会现实所困扰的心态。但正像人心理中的无意识情结那样，人们不断地想表达而又只能表达出无意识结构的某些部分，由于人们所想的没有完全表达出来，从而又不断地做着表达。这种从心理深层到神话故事表层的运动，有点像两岸的人隔着一条大河进行着信息传递。一方对另一方的呼唤，由于空间距离和多种因素的干扰，只有一部分声音能达到对岸。为了使对方听到完整的话语，喊话者就会不止一次，而是多次地呼叫。听者多次倾听，把每一次听到的内容排列起来，就会显现出完整的话语。列维-斯特劳斯是个音乐爱好者，音乐帮助了他的想象和思考。假如要想发出的音讯由八个成分组成，喊话者要多次呼喊且每次呼喊都由于干扰而失掉一些，那么多次呼喊之后，听者听到的总的结果，正好类似一张管弦乐的总谱。如下：

$$1 \quad 2 \qquad 4 \qquad\qquad 7 \quad 8$$
$$2 \quad 3 \quad 4 \qquad\quad 6 \qquad 8$$
$$1 \qquad\quad 4 \quad 5 \qquad 7 \quad 8$$
$$1 \quad 2 \qquad\qquad 5 \qquad 7$$
$$3 \quad 4 \quad 5 \quad 6 \qquad 8$$

图 5-1

从这张乐谱似的记录结果中可以得出，横的线型，就是每一次的历时性所得，纵的集束，可以让我们推出信息整体的结构。整个结构既类似于现存的各类神话现象，又为我们如何正确地整理研究这一神话现象，并得出其深层结构提供了启示。

列维-斯特劳斯分析过很多神话，其中最著名的是古希腊的俄狄浦斯神话和北美的阿斯狄瓦尔神话。[①] 后一个神话被分析得更丰富全面，从而篇幅很长。前一个神话具有世界影响，为历代著名学者所分析过，特别是，列维-斯特劳斯对这个神话的分析，有特殊的方法论意义。因此我们就选它作为例子来看其是怎样进行结构主义分析的。

俄狄浦斯神话是一个故事系列，包含了好几代人的历史，类似于一个故事群。因此该材料很适合做结构主义分析。先看一下整个故事系列（作者自述）：

> 俄狄浦斯故事要溯源到忒拜城的建立。希腊神话中的主神宙斯，变成一条温顺的牛，诱劫了人类的姑娘欧罗巴。欧罗巴的哥哥卡德摩斯去寻找自己的妹妹。他找呀找呀也没找到，又无颜回家，于是向神求问，按照神谕，他跟随一头母牛，来到了他命定住下来的地方。为了感谢神的恩赐，他去取献祭的水，但毒龙守护着水塘，卡德摩斯与毒龙展开了战斗，杀死了毒龙。他又按照神谕，掀开泥土，埋种下巨龙的毒牙。不一会土块凸起，生长出一个个全副武装的人来，整整有一队。这些武士出土以后立即互相厮杀，只见一个又一个武士倒地身亡。最后剩下五人时，女神雅典娜在云中出现，吩咐他们放下武器，握手言和。卡德摩斯与这五个土地所生之人一道，建立了忒拜城。
>
> 卡德摩斯建立的忒拜城传给了后代拉布达科斯，拉布达科斯又传给了儿子拉伊俄斯。俄狄浦斯的故事从这里正式开始了。拉伊俄斯得到神谕，说他的儿子俄狄浦斯注定要杀父娶母。为了避免这一悲剧，拉伊俄斯只有杀死自己刚出生的婴儿。拉伊俄斯作为父亲很难下手，最后用剑刺穿婴儿的脚踝，遗弃在荒山上，欲使其自死。但山上的婴儿巧遇牧羊人而获救，因其脚踝受伤，被取名为俄狄浦斯，意思是肿疼的脚。接着牧羊人把俄狄浦斯送给了无子嗣的科任托斯国王。
>
> 王子俄狄浦斯长大以后，一个嫉妒他的公民趁着酒醉，骂他非国王所生。疑惑的俄狄浦斯向太阳神阿波罗求助和提问。阿波罗并不回答他是否是国王

---

① 参见［法］克劳德·列维-斯特劳斯：《结构人类学——巫术·宗教·艺术·神话》，145 页，北京，文化艺术出版社，1989。

所生的问题，只是谕告：你将会杀父娶母。俄狄浦斯闻言非常惊恐。为了避免这一命运，他逃出国境。谁知出国不久，他就在十字路口与他的父相遇，拉伊俄斯身着便装，与三名随从一道，在去皮提亚神殿的路上相遇。俄狄浦斯因神谕离国，本是一腔悲苦，拉伊俄斯自从弃子，就无好心境。歧路相逢，双方为争道发生口角。俄狄浦斯失手打死了生父，又为自卫杀死了两名随从，另一名随从逃走。俄狄浦斯继续前行，向忒拜城走去。

前不久，忒拜城外出现了狮身人面的斯芬克斯。这个怪物蹲在悬崖上，出谜语让过路人猜。过路人猜不着就被撕得粉碎，吃进肚里。路人一个个被吃掉，斯芬克斯成了国人一害，甚至代任国王克瑞翁的儿子也进了斯芬克斯的肚子里。克瑞翁想不出方法来对付斯芬克斯，于是悬赏：谁除掉这个妖怪，就让他当国王，并可以娶自己的妹妹前国王拉伊俄斯的遗孀伊俄卡斯忒为妻。俄狄浦斯来到了斯芬克斯所蹲踞悬崖边的路上。这个妖怪当然提出了它的隐谜：早上用四只脚走路，中午用两只脚走路，晚上用三只脚走路；脚最多的时候，力量最弱，脚最少的时候，力量最强。俄狄浦斯一下就猜出了谜底：这是人！生命之晨，婴儿初生，用两手两脚爬行，等于用四只脚走路；生命正午，年轻力壮，只用两只脚走路；生命迟暮，年老力衰，拄一根杖，杖为第三只脚。斯芬克斯又气又羞，自我了断，从悬崖上跳下而亡。俄狄浦斯成了英雄，当了国王，娶了自己的生母伊娥卡斯忒。神谕完全应验了。

不久瘟疫降临，俄狄浦斯求神，神谕说，只有罪恶之人得到惩罚，瘟疫才会停止。俄狄浦斯不听神职人员的劝告，非得要一查到底，结果当然是查到自己头上，其杀父娶母的罪恶大白于天下。伊娥卡斯忒羞愧自缢，俄狄浦斯也自己刺瞎双眼，流浪远方。

俄狄浦斯出走后，他的两个儿子厄忒俄克勒斯和波吕尼克斯争当国王。厄忒俄克勒斯抢先一步登上王位，放逐了波吕尼克斯。后者得到阿尔戈斯的英雄们帮助，领兵前来攻打忒拜。两兄弟在战场上拼死厮杀，双双阵亡。代任国王克瑞翁下令，不准为国家的敌人波吕尼克斯安葬。波吕尼克斯的妹妹安提戈尼不忍兄长暴尸野外，不顾禁令安葬了波吕尼克斯。克瑞翁为了严肃法纪，把安提戈尼囚禁在墓穴里，她在里面自杀。她的未婚夫、克瑞翁之子海蒙见心上人已死，也自杀。这又导致海蒙之母自杀。克瑞翁万万没想到结果会是这样的。

面对俄狄浦斯神话系列，我们首先要找出它的要素单元。这些单元必须具有重建神话的内在结构和整体内涵，选出的单元之间必须形成一种关系。通过对故事的反复琢磨、试验，那些作为基本单元的片断就必会被发现。以结构主义方法为指导，列维-斯特劳斯对俄狄浦斯神话从头到尾做了如下选取：

第一，卡德摩斯寻找被宙斯劫去的妹妹欧罗巴；第二，卡德摩斯杀死守护神潭的毒龙；第三，土中生长出来的人相互残杀；第四，俄狄浦斯杀死其父拉伊俄斯；第五，俄狄浦斯杀死斯芬克斯；第六，俄狄浦斯娶其母伊娥卡斯忒为妻；第七，厄忒俄克勒斯与波吕尼克斯互相残杀；第八，安提戈尼不顾禁令安葬其兄波吕尼克斯。

这八条是故事发展的基本要素。这些基本要素已经呈现出了一种结构关系特征，再以这些关系特征为指导，列维-斯特劳斯又选出了初选时容易被忽略的三条：

第九，拉布达科斯＝瘸腿；第十，拉伊俄斯＝左腿有毛病；第十一，俄狄浦斯＝肿脚。

以上十一条构成俄狄浦斯神话的基本要素，斯特劳斯认为，即使再加上更多的情节，让这一故事再一代代地讲下去，也仍可以归于这些基本要素之内。基本要素提出之后，进一步就是对它们进行排列配置。列维-斯特劳斯认为，一个神话的真正结构要素单元不是那些被析离出来的关系，而是这种关系的集束，只有作为集束，这些关系才能被利用，才能结合以产生意义。依此思想，列维-斯特劳斯对俄狄浦斯神话排列出了貌似乐谱实为语言学式的图表：

表 5-1

1	2	3	4
卡德摩斯找妹		卡德摩斯杀死毒龙	
	土生人互相残杀		拉布达科斯＝瘸腿
			拉伊俄斯＝左腿有毛病

1	2	3	4
			俄狄浦斯＝肿脚
	俄狄浦斯杀父	俄狄浦斯杀斯芬克斯	
俄狄浦斯娶母	厄忒俄克勒斯兄弟残杀		
安提戈尼葬兄			

在这一表格中，从左到右横着读就是历时性的故事，选出的基本单元呈现的是神话故事中的重要情节和进程关节点。从上到下纵着读，我们就会发现，神话在讲述故事的过程中不断向我们呈现的重要情节和进程关节点实际上具有深层结构。我们在横着读的时候，只是简化了故事，故事还是原来的故事；而我们在纵向读的时候，就避开了历时性的枝蔓和偶然因素，进入了共时性的结构。这个表正如语言学的二项对立，横着读得到的是言语（实际故事），是语言的横组合关联；纵着读得到的是语言（意义结构），是语言的纵聚合关联。在这个表中，每一单元的意义都因其上下的关联而显示出来，正是这一对立和关联，使表中的每一项，既有言语（故事）的功能，又有语言（结构）的功能。下面我们就来看从纵行中显示出来的俄狄浦斯神话的深层意义。

第一纵行的三个因素显示了一个共同的内容：过高地看重亲属关系（对亲属做出了超越常规的事）。第二纵行的三个因素的共同内容是：过低地看轻亲属关系（亲属间出现了超出常规的事）。为什么会出现这种对立的思维呢？这里透露的是希腊文化中从以重视血缘为主的前城邦社会向轻视血缘而以个体整合为主的公民社会的演进。在这一历史演进中，应当重视血缘关系还是应当轻视血缘关系，成为困扰希腊人的问题。俄狄浦斯神话第一纵行和第二纵行的对立内蕴的正是这一问题。

再来看第三纵行，这里涉及人与怪兽之间的关系。毒龙是地狱之怪，它必须被杀死，人才能从土地中诞生（卡德摩斯杀死毒龙，播下龙牙，人就从土地中生长出来了）。斯芬克斯是厌恶人类生成的怪兽，这里处理的还是人类起源于大地的问题。既然怪兽都被人征服，两个元素都呈现了对人起源于大地的否定。第四纵行涉及三个关键人物的人名的共同含义：行走的困难和直立活动的困难。对照第三纵行，我们就可以知道第四行的含义：人从土地深处出现的时候，不是不会走路，就是步履蹒跚。普埃布洛神话里的地狱之神就是这样：首先冒出地面的穆因乌和舒梅科利都是瘸子（一个是"流血的脚"，一个是"肿疼的脚"）。克瓦乌基特神话里的科斯基摩们在被地狱怪物吞下以后也是这样：他们在回到地面上时，有的一瘸一拐，有的东倒西歪，有的跌跌撞撞。因此第四纵行的共同点是：坚持人由土地而生。这正好与第三纵行相对立。整个俄狄浦斯神话在思考的，是另一个从原始文化向城邦文化演进中困扰希腊人的理论问题：人的起源问题。人是来自土地，还是来自人本身？

以上两个与希腊文化的历史演进相关的大问题既相互关联，又非常重要，还令人困惑。这两个问题在相当长的历史演进中都未曾完全解决。正因难以解决，神话才必然要围绕着这两个问题的核心提出各种解决方案，神话在试图回答的过程中，呈现出了一种由问题而生的逻辑结构。只要这一问题没有解决，这种逻辑结构就会生出各种看似不同、实则相同的神话故事。从这些故事和这些故事包含的深层结构中，我们就知道了当时社会和人的心态。而一旦这种问题被解决了，思考这一问题的内在动力没有了，它的逻辑结构就没有存在的必要了，这类神话故事也就消失了。

列维-斯特劳斯的具体结论，从理论上说，在对重复因素的选取上，来源于他对原始社会的一种观念，很有些主题先行的意味。试想，如果人们对希腊社会历史演进的性质有不同的理解，人们心中有另外的先在观念，对基本要素的选取就会不同于列维-斯特劳斯。在理论史上有人从性心理学去解释俄狄浦斯神话，说它表现的是人的无意识愿望；有人从人的智慧境况去解释这个神话，俄狄浦斯解了斯芬克斯之谜，体现了人的聪明，知道什么是人，但他杀父娶母而不自知，实际上并不知道什么是人。这里的分析已预示了结构主义得出的任何结论都有被解构的可能。从美学的角度来说，文学故事的具体性和丰富性，本就大于任何对它的抽象。结构主义要想从故事中抽象出一种理论逻辑，并没有错，这也是对故事的一种把握方式，但是认为故事只有这种逻辑，认为结构主义的抽象是唯一正确的抽象，其解释是最正确的解释，这就有被解构的危险了。

列维-斯特劳斯的具体结论，无论是否可以得到普遍赞同，其方法都有运作上的魅力。其方法的特点，简而言之，正如罗兰·巴尔特在《结构主义：一种活动》

一文中所阐述的那样：第一，拆散，把众多的故事拆散为基本的情节要素；第二，重组，以二元对立的方式按相似和变换而把拆散的要素进行新的排列；第三，从新的排列中得出故事的深层结构及其所蕴含的思想。

三　托多罗夫的《十日谈》分析

薄伽丘的《十日谈》由一个一个小故事组成，在叙事结构上类似一个一个神话故事组成的序列。托多罗夫（Tzvetan Todorov，1939—2017）虽然就其主要成就来说，应该是符号学的一位代表，但他在《〈十日谈〉的语法》（1969）中运用的方法却显示出了对列维-斯特劳斯的神话分析的明显的继承关系，同时又显示出明显的向符号学转移的倾向，因此，我们基于逻辑上的考虑，把他放到列维-斯特劳斯的后面来讲。

且先看《十日谈》中的一组故事。

第一天第四个故事。一个小修士带了一个姑娘进自己的房间，并与她发生了性行为。院长发现了他的劣迹，打算严厉地惩罚他。修士知道此事被院长看见了，于是设下一个圈套。他自己假装离开，其实却躲在房间里，院长进入房间，被姑娘的姿色所征服，全被他偷看在眼里。最后，当院长准备惩罚他时，这位修士指出，院长也犯了同样的错误。结果，修士未被惩罚。

第九天第二个故事。有个年轻的修女，叫伊莎贝达。她常与情人幽会。一天夜里，二人的幽会被几个修女发现了。嫉妒的修女们跑去叫院长，想叫伊莎贝达受到院规的惩罚。谁知此时院长正在与一位修士睡觉。她在修女们的叫声中仓促起床，慌乱中把修士的短裤当成了头巾。伊莎贝达被带进教堂。当女院长开始教训她时，她注意到了院长头上的短裤，当众指出了这一事实，从而逃脱了这一惩罚。

第七天第一个故事。有位妇人因丈夫经常离家而独居乡下，但这位妇人并不孤独，每晚都让自己的情人来家共度良宵。但在一天晚上，她丈夫突然从城里回来了，而她约定了的情人还未到来。稍后情人前来敲门，妇人说这是一个每天晚上都来打扰她的鬼，得驱除他。丈夫念起了她胡编出来的咒语，情人因此知道房内的情况，满意女主人的机智，装模作样地离开了。

第七天第二个故事。帕罗雷的丈夫是石匠，白天在外干活，她总利用丈夫不在之机与情人相会。可有一天，她丈夫回来得很早，情急中她将情人藏在一只桶里。她又灵机一动，说有人要买这只桶，现在正在检查。丈夫相信了她的话，很乐意于这桩买卖。最后她的情人付了钱，带着桶走了。

显然这些故事有共同之处。对这些故事不断地重复一种相同东西，我们很容易画出列维-斯特劳斯式的纵横图表。托多罗夫对一望而知的纵横图表画出一个更进一步的归纳性图式，即四个故事的共同图式：

$$X \text{ 犯了法} \to Y \text{ 要惩罚 } X \to X \text{ 力图逃避惩罚} \to \begin{cases} Y \text{ 犯了法} \\ Y \text{ 相信 } X \text{ 没有犯法} \end{cases} \to Y \text{ 没有惩罚 } X$$

图 5-2

与列维-斯特劳斯一样，托多罗夫要从这一图式中揭示出其内在结构所蕴含的意义：这类故事属于完整的环形。开端的平衡被人们的犯罪行为所打破，惩罚将恢复最初的平衡。而取消惩罚这一事实则避免了旧平衡的重建，也显示了旧平衡的衰落。《十日谈》的这些故事可以被看作人物关系从一种（旧的）平衡向另一种（新的）平衡的转换。平衡是一种稳定的存在，但不是社会成员之间的静止关系，而是一种社会规律、竞争法则，一种特殊的交换系统。同一与差异这两种平衡运动被一段时间的不平衡所断开，这种不平衡由衰落过程组成。代表进化的不平衡是由另一类故事，如第一天第八个故事等来代表的。

通过对平衡的结构分析，托多罗夫说，在薄伽丘看来，两种平衡象征着文化与自然、社会与个性的对立。而《十日谈》讲述的故事通常在于说明后者优于前者，这正是西方文艺复兴时期的心态结构。

以上显现出了托多罗夫与列维-斯特劳斯的相似之处，即所谓"承"。不过他的图解公式已露出"转"的性质。托多罗夫说："研究的目的不是描述一部具体作品，作品只是作为抽象结构的表现形式，仅是结构表层中的一种显现，而对抽象结构的认识才是分析的真正目的。"①托多罗夫从故事中得出图解公式就相当于从言语

---

① ［法］茨维坦·托多罗夫：《叙事体的结构分析》，载《文学研究参考》，1987 年第 3 期。

中归纳出语言的语法。他完全用语言学术语来类比。叙述的内容是语义；叙述的语言叫语汇；事件之间的联系叫句法；一个故事的最小图解可视为一个从句；故事中的人物，相当于专有名词，由 X、Y 等来表示从句的主语和宾语；人物的行为，如违抗、惩罚、逃脱等，相当于一个动词，作为从句的谓语；人物和行动的状态，则相当于形容词和副词，修饰人物（主语和宾语）和动作（谓语）。从句的连接形成一种新的句法类型：序列。序列是以完整的形式出现的最小的叙事体，它使读者感受到一个完整的故事。

至此，托多罗夫的另一面已经显现出来了。它的图表本身就显现出语法规律。这种规律越严密，人们就越是把注意力放到这个图表的规律本身上，图表也就越来越符号化。这样，建立叙事体的语法本身就形成了一股巨大的潮流。斯特劳斯寻找神话的深层结构中言语与语法之间的关系只是一种类比，二者显示出一种同级关系。斯特劳斯通过这一结构得出一个普遍性的东西，托多罗夫也要从结构中得出普遍性的东西，但他更重视结构本身的条理化，更注重建立具有普遍意义的结构，以使叙事结构本身具有符号的统一规则。这样一来，结构主义中的符号学趋向就凸显出来了。其实，托多罗夫自身便以符号学家著称，究其原因，首先得讲一下罗兰·巴尔特了。

第二节 结构的符号化——符号学美学

结构主义在发展过程中变成了符号学（semiotics），以致结构主义与符号学这两个词既可以互换，又可以用连接号连起来。这在西方学者论述叙述学的著作中尤为常见。要理解这一现象须抓住两个基本点。第一，从起源上看，索绪尔是提出符号学的人，但他主要是一个结构主义者。第二，在罗兰·巴尔特重新解释索绪尔的学说之后，结构主义的基本原理也成为符号学的基本原理。当然，由于巴尔特的重释，符号学又有了一些新东西。由于巴尔特主要是文艺理论家，因此在他推出符号学时首先兴盛起来的是符号学美学。

索绪尔建立了结构主义语言学，同时又指出，语言学是应该成学而现在尚未成学的符号学的一部分。语言是完善的符号系统，但不是唯一的符号系统，还有其他比较简单的符号系统，如交通标志和信号等符号系统。因此应该有一门一般符号学来把各种符号系统统一起来进行研究。巴尔特在发展索绪尔的思想的时候把语言学和一般符号学的位置颠倒过来了。他认为，由符面和符意及其关系构成的联合整体的语言，是符号系统中最基本的，是第一系统。第一系统作为整体又可以嵌入另一符号系统中，成为它的符面，加上这一个系统的符意，共同形成一个二级符号系统。如神话，就是以语言符号为基础而构造起来的二级符号系统。扩而大之，叙事也是一种使用语言的"语言"，一种二级符号系统。下面是巴尔特的图表：

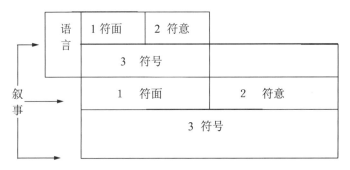

图 5-3

神话、叙事、文学等都是二级符号系统。因其是符号系统，我们可以用符号学的方法来研究；因其是由一级符号系统嵌入而形成的二级符号系统，我们完全可以运用一级符号系统（即语言学）的概念来进行符号学分析。

从索绪尔到列维-斯特劳斯，语言本就是一种符号。结构主义语言学的分析方法，也就是一种符号学的分析方法。只是在索绪尔的理论框架里，结构主义方法能否成为比语言学更高的符号学方法很难说。但巴尔特在理论框架里，把符号学的王子（语言学）的方法作为符号学的一般方法去研究就顺理成章了。然而，作为二级符号系统，神话、叙事、文学也有自己的规律。此时，我们得把神话、叙事、文学这几个概念梳理一下。列维-斯特劳斯的人类学研究的是原始文化，其中神话是一个重要组成部分。巴尔特，还有托多罗夫、布雷蒙（Claude Bremond）、热奈特、格雷马斯等人在扩大结构主义的研究领域时，其对象主要是文学，确切地说，是文学中的叙事作品。正如在原始文化之中，神话既是文学，也是叙事，但不仅仅包含这二者，还有其他社会文化功能，叙事在巴尔特等人那里也不仅限于文学。叙事存在于神话、传说、寓言、童话里，也存在于小说、戏剧、史诗、历史里，还存在于彩绘镶嵌画、电影、电视、连环画、社会新闻、日常聊天中，正如巴尔特所说，它"存在于一切时代，一切地方，一切社会，有了人类历史本身，就有了叙事"①。正如列维-斯特劳斯研究神话所包含的人类学的目的一样，巴尔特等人的叙事学研究也胸怀宽广的宏愿。

叙事属于第二符号系统，这决定了它的两个特点。第一，叙事不同于第一符号系统的语言学。语言学的研究到句子为止，句子以外，只是另外一些句子，叙事学研究的却是话语。话语是超出句子范围的，但也有自己的单位、规则和"语法"。第二，叙事符号系统是整个符号体系的一部分，整个符号体系都应由同一形式法则支配，这决定了话语和句子的同源关系，也决定了话语是一个大的"句子"。正像语言学给整个符号学提供概念一样，语言学也给叙事学提供概念。巴尔特说：

> 叙事作品的一般语言显然只是话语语言学研究的特殊语言之一……从结构的角度来看，叙事作品具有句子的性质，但绝不可能只是句子的总和。叙事作品是一个大句子，如同凡是陈述句在某种程度上都是小叙事作品的开始一样，虽然句子有独特的（常常是十分复杂的符面），我们在叙事作品里仍可找到动词的经过放大和作了相应改造的主要范畴：时，体，式，人称。而且与动词谓语相对的"主语"也仍然符合句子的模式。②

由此可见，巴尔特等人建立在结构主义符号学基础上的叙事分析，从一般理论和类型理论两个方面做出了成绩，形成了一套执一以驭万的理论模式。下面就介绍结构主义符号学四位代表性人物的四种不同的叙事学模式。

一 巴尔特模式

罗兰·巴尔特（Roland Barthes，1915—1980）用语言学的范式来研究叙事。

---

① 王泰来等编译：《叙事美学》，60 页，重庆，重庆出版社，1987。

② 同上书，64—65 页。引文有改动。本书一律将能指译为符面。

在语言学上，一个句子可以进行多层次的（语音的、音位的、语法的、语境的）描述。这些层次处于一种等级关系之中，因为，虽说每个层次有自己的单位和相关单位，迫使我们分别对其进行描述，但每个层次独自产生不了意义。某层次的任何单位只有结合到高一级层次里去才具有意义。一个音素，尽管可以描述得十分周详，自身是没有任何意义的。音素只有结合到词里才承担一部分意义，而词也要结合到句子里去。层次的理论（如同本维尼斯特所阐述的那样）提出了两种类型的关系：第一，分布关系（如关系处在同一层次上）；第二，结合关系（如果关系是跨层次的）。结果是，分布关系不足以说明意义，那么，要进行结构分析，就必须首先区别多种描述层次，并从等级的（结合的）观点去观察这些层次。[1]

与此相应，叙事作品也分为三个描述层次：第一，功能层；第二，行动层；第三，叙述层。"这三层是按逐步结合的方式相互联结起来的。一个功能只有当它在一个行动者的全部行动中占有地位才有意义，行动者的全部行动也由于被叙述并成为话语的一部分才获得最后意义，而话语则有自己的代码。"[2]

功能是叙事作品可切割的最小单位，也是三层中的最低层。一部作品就是由种种功能构成的。功能是一个内容单位，是某一陈述要表达的意思，而不是意思的表达方式。功能有时大于句子，有时小于句子。从叙事的层次看，功能可以首先分为两大类。第一，分布类，指处于同一层次的相关单位。以莫泊桑（Maupassant）的短篇小说《项链》为例，借项链的相关单位是丢项链和还项链；借钱的相关单位是还钱。分布功能具体又可分为两类。第一种，基本功能单位，或者说核心，它是叙事作品故事中的关键联结点，把事件划分为几个主要部分。如《项链》中的丈夫带回晚会请柬，借到项链，丢了项链。核心又是冒风险的时刻，意味着故事发展的多种可能。借项链就包含了丢项链的风险，还包含着女主人公的境遇由此而产生变化的风险，增大了自己的实际地位和对自己实际地位不满的矛盾。核心

---

① 王泰来等编译：《叙事美学》，65—66 页，重庆，重庆出版社，1987。

② 同上书，67 页。

功能既表现为一种时间的进展，又表现为一种逻辑的进展，是时间与逻辑的合一。分布类的第二种功能单位是补充单位，它丰富和充实被基本单位隔开的空间，又称为催化，是由核心催化出来的细节。如"借项链"这一核心催化出发现黑缎子盒里的钻石项链，心跳，拿出，攥在手里，戴在脖子上，衬在袍子外面，照镜子，提出借，被允许……催化是寄生在基本功能上面的。

功能的另一大类是结合类，它不像分布类，不能在功能层得到说明，只有在行动层和叙述层才能得到理解。结合类也分为两种单位：标志和信息。标志是作品中直接标志着性格、情感、气氛、哲理的单位。如《项链》的第一、二自然段，有不少哲理。第三、四自然段，多为地位标志。白居易诗《琵琶行》中"枫叶荻花秋瑟瑟"，是气氛。信息提供的是现成知识，说明身份，确定时间和空间。项链售价四万法郎，男女主人公找项链用了一个星期。由于话语符号中符面与符意的关系，一个单位可以同时兼有几种特征。《琵琶行》中"弦弦掩抑声声思，似诉平生不得志"，既是弹琵琶的催化，又是身世的标志。

如果将功能的四类统一考虑，那么最重要的是核心，而催化、标志、信息都是对核心的扩展。叙事作品的基本单位是由小功能群构成的，它可以被称为序列。序列由一个核心加上它的催化、标志和信息构成。序列有自己的各个项，项下亦可含项。一个序列始于一个与前面没有连带关系的项，终于另一个没有后果的项，从而它既是封闭的，又是可以命名的。我们以"寻项链"作为一个序列，其图为：

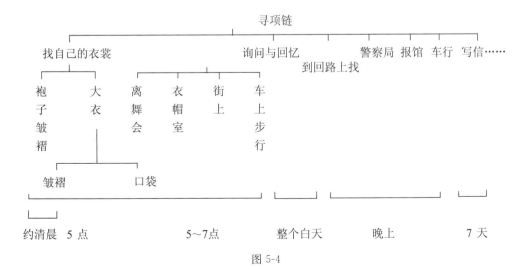

图 5-4

功能层的各层既可以继续催化，又可以省略，它始终封闭在序列之内，这是序列内的句法。然而序列的核心与下一序列又是有逻辑关系的。另须注意，几个序列的项很可能交织在一起，一个序列尚未结束，新的序列的首项可能已经在前一个序列中出现了。几个序列以对位的方式同时向前移动。然而，序列作为整体，有它的封闭性。我们要彻底理解序列，必须上升到行动层来理解。

行动层即人物层，因为人物是按行动来划分的。行动不是指功能中的细小行动，而是指由人物统领着的大的分节。一部叙事作品可以简化为几个行动者和几个大的功能。而行动者及其行动最后必须由叙述层即由话语来完成。话语作为最高层其实是功能层和人物层的整合。一切功能都由人物的行动来实现，而人物所进行的一切功能最后都要体现为作品的每一个字词和标点符号。因此，话语是作品的最后完成，使作品成为作品。而文学的研究也就到话语而止。因此任何一部文学作品，我们要想分析，都可以画出明晰的结构图来。

对于行动层和叙述层，巴尔特有详细的论述，但这些论述远不如热奈特谈相同问题时讲得更明晰和精彩，关于热奈特的论述在此就省略了，况且巴尔特模式的基本面貌已经显现出来了。

巴尔特模式比起托多罗夫对《十日谈》的分析来，详细得多[①]。在巴尔特这里，叙事作品中的一切，话语、人物、序列、核心、催化，都可以得到图解。而行动和序列是交织的，核心和催化是有伸缩性的、灵活的。因此，巴尔特为所有叙事提供了统一的图表方式和叙述语法，适合于一切叙事作品。

巴尔特的核心与催化相当于新批评派中兰色姆理论中的结构与肌质，核心近似结构，催化近似肌质。巴尔特说，改变核心就会改变故事，改变催化时，虽没有改变故事，却改变了话语。核心可以写梗概，可以转译，话语却不能转译。巴尔特的文学研究不像兰色姆那样让肌质脱离结构成为文学，而是让二者结合成为话语，从而成为文学。而符号学本身也说明了一般语言是怎样演变成为审美语言的。

巴尔特的理论认为，作品中下层的诸单位是在完成作品的过程中聚集起来的。

---

① 后文有专门对热奈特论述的部分，在此就省略了。同时，托多罗夫的《文学作品分析》等著述对叙事学的分析也很详细，但与热奈特模式的旨趣大致相同，有了下面的热奈特模式一节，托多罗夫在这方面的论述就可以略去了。

这个最终的形式要高于作品的内容和纯叙述形式（功能和行动），因此，话语是分析的最后层次，超过这个界线，就违背了叙事作品内在的规律，而成了说明其他体系（社会的、经济的、思想的、文化的）的东西。对照列维-斯特劳斯的神话分析和托多罗夫对《十日谈》的分析中由结构进入心态的分析，巴尔特模式显现出了一种理论的转向，即使文学成为文学，但这里的成为文学不是像新批评那样让各种非文学的内容成为具体的细节，而是让各种非文学的内容纯化为符号的形式，类似于蕴含了非文学内容但又看不见这些内容的形式。

二　热奈特模式

热拉尔·热奈特（Gerard Genette，1930—2018）的《叙事话语》（1966）在托多罗夫叙事学理论的基础上，进行了系统的修改加工，而成为一套最为严整的符号学叙事理论。

热奈特对叙事、叙述、故事这三个概念做了区分。叙事就是作品文本本身，文本是由语言构成的，因此也叫话语。话语不是语言本身，而是由语言组合成的一个东西。叙事是一种话语，但这种话语不是科学的、逻辑的、理论的话语，而是故事话语，因此对于叙事作品来说，话语＝叙事。故事就是叙事所叙之事，故事可以是一样的，但一个故事形成一个叙事作品时，却可以形成多种不同的话语，正如《西厢记》有不同版本。同一个故事之所以有形成多种叙事的可能，一个根本的原因在于故事的讲法是不一样的，怎样讲故事，这就是叙述。热奈特的这一区分代表了符号学在美学上已走向成熟，从中我们知道：

> 话语＝叙事，意味着话语这个适用于一切语言文本的概念具体到叙事性的文本时就是叙事。
> 叙事≠故事。一方面故事只能以叙事的形式表现出来，叙事才是我们能够直接面对的对象。另一方面，故事又可以而且必然表现为多种话语形式，这种一与多的对立使形式的重要性被突出了。

叙事≠叙述。故事可以成为不同的叙事，是因为对故事采取了不同的叙述。怎样叙述一个故事，这个故事就成了怎样一个叙事。因此对叙述的分析就成为叙事学分析的重点。

热奈特的具体符号分析同样遵循语言学是第一符号的思想，他运用语言学概念作为自己理论的基本工作语言，然后在此基础上建立起叙事学的第二符号系统。热奈特说，一切虚构的故事都可以视为一个动词的展开。这一观点使他不像巴尔特那样以音系、词汇、句子的层级结构为模型，而是从动词的性质来建构自己的叙事学理论。西方语言的动词包含三大基本性质：时态（tense）、语式（mood）、语态（voice）。这三大性质的叙事学的展开，就形成了一套完整的叙事学理论。

时态包括决定叙述方式的三个因素：一是次序（order），二是进速（duration），三是频率（frequence）。

次序就是故事的编年顺序（被叙述的故事自身的自然时间）与话语出现顺序（叙述故事采用的艺术时间）的对比。故事的自然时间是单一的，只有一个；叙事时间是多样的，因叙述模式的不同而不同。话语时间与故事时间一致，表现为叙述上的顺叙，即从头到尾地讲一个故事，中国古典小说基本上是这样的。话语时间与故事时间不一致，中国古典小说就出现了倒叙、预叙、插叙；西方作品，从古希腊史诗和悲剧开始，就喜欢从故事的中间的一个重要关头开始，再回过去讲以前的事。当然，西方也有以顺叙为主的，如现实主义小说；中国也有倒叙，如白居易长诗《琵琶行》，该诗基本分为三个时段：听曲之夜，琵琶女的回忆，白居易的回叙。其话语顺序与编年顺序的对比为：

	话语顺序	编年顺序
A	白居易江头遇琵琶女（1—20段）	3
B	琵琶女回讲自己的身世（21—32段）	1
C	讲完大家叹息（33—34段）	4
D	白居易回叙自己近年境况（35—41段）	2
E	讲完回到当夜（42—47段）	5

图 5-5

或者像热奈特那样把叙事话语和故事编年按作品的方式结合在一起为：

A(3)→B(1)→C(4)→D(2)→E(5)

在现代派叙事作品中，现在、过去、未来的交织、穿插、往来跳跃十分多姿多彩。话语顺序与编年顺序的比较显现出了叙述对故事的拆散和重组的最大的主动性。叙述的不同组合方式导致了叙事作品有不同的风貌。

进速也是故事与话语的比较。故事是一种时间的展开，以年、月、日、时、分、秒为单位；话语也是一种时间的展开，但是以词、句、行、段、页为标志。二者对比产生了四种进速。（1）无限快速。这表现为话语对故事的省略。故事中几月、几年，甚至几十年的时间，被一句话（如"三十年以后"）省掉了，甚至一句话都没有直接省略。在前一段结尾还是婴儿，在后一段开始，就已成年。（2）相对快速。这表现为用简单的话语来描写故事中较长时间中的较多事情，如《琵琶行》中"弟走从军阿姨死，暮去朝来颜色故"，故事中三个人几十年的命运在话语中仅有两句诗 14 个字。（3）相对慢速。这表现为对场面和情节的慢慢道来。很短的故事时间却用了很多的话语句段来表现。如《琵琶行》中琵琶女的弹琴过程，故事时间不到一小时，话语时间从"转轴拨弦三两声，未成曲调先有情"到"曲终收拨当心画，四弦一声如裂帛"，共用 22 句 154 字，约占整首诗的四分之一。（4）零度进速。故事时间已经停止而话语句段却在进行，如用话语对一个人的容貌进行叙述，或对一个房间的布置进行细致描写。在四种进速中，前两种与后两种正好形成故事时间与话语时间的对立。故事时间与话语时间的多与少，形成（2）与（3）的对立。故事时间多于话语时间，进速为（2）；话语时间多于故事时间，进速为（3）。故事时间与话语时间的无限长与无限短，形成（1）与（4）的对立。故事时间极长而话语时间极短，是（1）；故事时间极短而话语时间极长，是（4）。在四种进速中，（1）（2）是非戏剧性的，（3）（4）是戏剧性的。四者变化交织构成了叙述的节奏。四者的不同配置形成了叙事的不同节奏模式。

频率是要把握叙事和故事中的一些要素（如人物、情节、场面等）出现的次数及其关系。就故事而言，一件事不但可以发生，而且可以再发生或重复发生。在自然中，太阳天天升起；在《红楼梦》中，大观园里宝玉和姑娘们一次又一次地比赛作诗。就叙事而言，一个叙述句不仅可以出现，而且可以再次出现或反复出现。

鲁迅的《伤逝》一开头就说，"如果我能够，我要写下我的悔恨和悲哀，为子君、为自己"。小说之中、小说之尾也好几次重复关于悔恨和悲哀的话。

包含着故事与叙事关系于其中的频率，其类型大致有二：对称性叙述和非对称性叙述。对称性叙述是指故事出现的次数与叙事出现的次数是相同的。非对称性叙述是故事出现的次数与叙事出现的次数不相等。对称性叙述包括两种：（1）纯粹单一性叙述，即对发生过一次的事，只叙述一次，如《红楼梦》中贾宝玉魂游太虚幻境；（2）复杂单一性叙述，即对发生过多次的事进行多次叙述，但这种发生多次的事具有极为相同的性质，如《水浒传》里，英雄们经常在饭馆里来几碗酒，切几斤肉，大吃大喝。非对称性叙述也包括两种：（1）叙事多于故事的重复性叙述，即对只发生过一次的事进行多次叙述，如鲁迅《故乡》中，小润土在明月下捉獾的场面被叙述了多次；（2）故事多于叙事的重复性故事，即故事发生过数次但只用一次叙事来叙述。如他每天都是早出晚归。一个文本以哪种频率为主导，如何搭配不同的频率，使之结构成为一个整体，是形成叙事作品的不同风格的一个重要方面。

现在讲语式。语式在语言学中指句子的表达是肯定的（陈述句），还是可能的（祈使句），或是可疑的（疑问句）。进入叙事学，语式所关系到的就是故事是怎么被讲述出来的，从哪一个角度去讲的，因其叙述的角度和方式不同，故事在呈现为叙事的时候，给人的感受是不一样的；反过来说，当从一种特定的叙事去看故事的时候，读者得到的是一种特定的感受。

在叙事学中，语式包括两个因素：距离（distance）和视角（perspective）。距离是指故事内容与读者的距离。叙事作品与读者的距离有远有近，这与叙述方式相关。柏拉图在《理想国》中就谈了模仿与叙述两种方式的不同。近人也指出，呈示与告诉的区别所涉及的其实都是距离问题。模仿或呈示的方式，即直接叙述，给人以近距离感。如"路沿着丘林，曲曲折折，伸向远方"，直接呈示给读者一个景物，造成了一种"事物就是这样的"感受。叙述或告诉的方式，即间接叙述，给人以远距离感。如"他告诉人们，路沿着丘林，曲曲折折，伸向远方"，人们虽然也感受到了景物，但不是直接看到的，是听到的。事物究竟是否如此，还不能完全肯定。以上例子是就客观事物来说的。从主观心态来说，"我告诉我母亲我一定要娶那个女人"，这是间接叙述，这个句子不但使人感受到信息，而且还感受到信息的传递者。距离较远，此句若改为："我想，我一定要娶她。"句子仍有信息传递者存在，但是直接叙述，显得比前一句距离近。此句再改为："我一定要娶她。"这是直接叙述，但句子无信息传递者，成为内心独白，距离最近。一般说来，细节多比细节少近，直接叙述比间接叙述近，心理叙述比事件叙述近。将之化为一个公式为：信息＋信息传递者＝距离。信息量越大，信息传递者成分越少，距离越近。从文学史上说，话本小说，始终突出一个说书人，是他在讲故事，距离较远。现实主义小说，不要说书人，直接呈现故事，距离近了一些。现代小说，把发言权完全交给人物，想抹去叙述痕迹，大量地运用内心独白，趋向近距离。不同的距离方式形成作品的不同风貌。

　　距离主要指叙述方式与故事内容的关系，视角则重在讲叙述与人物的关系。我们在讲视角之前，得先讲一下叙事学在理论上的巨大创新，即叙述者概念的提出。以前人们总是讲作者怎么写，这样就把作品研究引入非作品的作者研究中去了。这里不是说作者与作品没有关系，而是说把这种关系扯进作品研究，往往妨碍了对作品自身的理解。叙事学提出以叙述者来代替作者，正如语言学讲的符意与客观事物无关，只与符号系统有关一样，作品与作者无关，只与作品的话语系统有关。作品中始终有一个叙述者，不是作者在给读者讲故事，而是叙述者在给读者讲故事。叙述者不等于作者，也不等于作品中的人物。作品中的人物，正像作品中的其他事物一样，都是由叙述者讲述出来的。叙述者与人物的关系，就成了叙述学的一个重要内容。热奈特把这一内容放在视角这一概念下来讲，他讲了三类视角。（1）叙述者大于人物，形成零聚焦视角。这类叙述者不但熟悉人物的心理，还知道人物自己也意识不到的内心的无意识想法。它不但知道某个人的从外表到内心的全部事情，同时还洞悉作品中所有人物的各自的想法，能叙述一系列不可能被作品中人物所感知的事件。这样的叙述者犹如全能的上帝，不但当下的境况，而且过去的历史和未来的前景全在它的视野之中。古典作品一般都是这种上帝似的全知叙述者。（2）叙述者等于人物，形成内聚焦视角。人物知道多少，叙述者就知道多少。人物看见了什么，想了什么，感受到了什么，叙述者就只能讲些什么。人物在，叙述就进行；人物死，叙述就完结。叙述者等于人物又可以分为三类。一是叙述者由一人担任，形成固定内聚焦。故事始终是在一个人的视角中进行的。加缪的《局外人》、卡夫卡的《诉讼》都是例子。二是叙述者由几个人物分别担任，形成移动内聚焦。如福楼拜的《包法利夫人》，叙述先是在查理的视角中进行，然后又在爱玛的视角中进行，最后又转到查理的视角进行。三是叙述者仍由几个人物分别担任，但几个人物讲的是同一个故事，同一个故事在不同人物的视角中出现，从而同一个故事被讲得各不相同，这构成了多重内聚焦视角。如在勃朗宁的叙事诗《指环与书》中，凶手、受害者、起诉人、被告，轮流诉说各自眼中的案情。叙述者等于人物，特别在经过亨利·詹姆斯的系统运用之后，成为现代小说的基本叙述原则。（3）叙述者小于人物，形成外聚焦视角。叙述者知道的比人物实际的情况少。它只叙述人物的外貌、行为、言谈，不进入人物的意识，也不对人物的所作所为做合理的解释和热心的探索。叙述者好像只记录目之所见，耳之所闻，而不去思量和体会人物的心之所想，也不想去追问世界和事件的规律、逻辑、运转机制。达希尔·哈梅特（Dashiell Hammett）的侦探小说，海明威的《杀人者》等都属此类。

现在讲语态。根据语言学，语态的内容指言语行为与主语的关系，引申到叙事学中，语态就是叙述者的叙述行为与所叙之事的关系。在热奈特看来，语态包括：叙述时间，叙述层级，人称，叙述者。这四者中，人称问题与语式中的视角问题基本重合。传统叙事学以区分第一人称和第三人称来确定文体。对于文学来说，第一人称同样是作者虚构的一个叙述者，与第三人称的叙述者并无不同。清楚了这一点后，符号学在人称概念上要强调的是，叙述者与故事中的人物有无关系。叙述者不在他所讲的故事中出现，也就是说叙述者外在于故事，如荷马史诗，叫异故事。叙述者有机会成为故事中的一个人物，就在故事之中，如《福尔摩斯探案》，叫同故事。这些叙事的效果主要是视角问题。叙述者接受美学问题，虽然也与叙事话语有关联，但并不重要。叙述时间和叙述层级这两个概念的一些内容好像与时态和语式有交叠，但其实是不同的，语态以叙述者为主线来论述这些内容。因此，我们主要介绍这两个概念。

叙述时间讲的是叙述者叙述的时间与所叙述故事的时间的对比。故事的时间是固定的，不变的，《人间喜剧》写的是 19 世纪的法国，《水浒传》写的是中国宋代。作者写作的时间也是固定的，谁都知道巴尔扎克写《人间喜剧》的时间，清楚施耐庵写《水浒传》的时间，但叙述者叙述这个故事的时间却是变动的，甚至很多时候是不清楚的。以时间为主线来看叙述时间，可以分为四种叙述类型。（1）事后叙述。叙述者用讲述往事的方式来叙述故事。以动词过去时态为标志，古典小说一般都是事后叙述。（2）事前叙述。叙述者讲述将来可能发生的事，较典型的是在日记体小说中，叙述者做一种预言性的叙述。从威尔斯（H. G. Wells）到布拉德伯里（Ray Bradbury）的预言体科幻小说，几乎总是把暗含的后于故事的叙述主体的时间向后推延，显现出虚构主体不受真正写作时间的限制。事前叙述一般用将来时，也可用现在时，如《救起摩西》中若卡贝尔的梦。（3）同时叙述。此即与情节同时的现在时叙述，类似于现场报道。法国的新小说派作品，尤其是罗伯-格里耶的早期作品，一般被视为这类叙述。（4）插入叙述。即叙述者插入情节的各个时刻之中。这种叙述包含好几个主体，又把故事和叙述交织为一体，使叙述反过来影响故事。这种叙述典型地表现在好几个通信者的书信体小说中。加缪的《局外人》也出现这种叙述。叙述时间的引入，进一步论证了叙述者的重要性，不同的时间类型，显示了叙述者的不同语态。四种叙述类型的多种配置构成了叙述话语的多种风格。

最后讲叙述层级。叙事作品可以只有一个叙述者，也可以有多个叙述者。在后一种情况下，就有一个叙述层级的问题。如《红楼梦》的第一回开篇，就可见一个全知叙述者。到第一回的一半时，全知叙述者把叙述任务传给了曹雪芹，让曹雪芹对石头上的故事进行了改写增删。为曹雪芹写以后的故事做准备，然后进入第二层叙述，这是《红楼梦》真正要讲的故事。第二层叙述中，又有人物在讲故事，如第七十八回，贾政讲林四娘的故事，这是第三层叙述。叙述层级使叙述者可以随层级的变动而出现变动，如从全知叙述者转为等于人物或小于人物的叙述者，同样也可以改变叙述类型。因此，叙述层级成为形成叙事作品风格多样性的一个重要组成部分。

三　布雷蒙模式

从巴尔特到热奈特是一条线，更注重符号学的归纳；从布雷蒙（Claude Bremond）到格雷马斯是另一条线，在后两人身上，普洛普的影响大大增加。可以说，他们把符号学和形态学作为两种基本成分（如阴与阳，精神与物质）来合成一种叙事学体系。布雷蒙的《叙事的逻辑》（*Logique du recit*，1973）从语言学的规律和形态学的过程中总结出了叙事学的叙事序列。正像句子始终有自己的序列一样，叙事又有自己的序列。句子有简单句和复合句之分，叙事也有基本序列和复合序列之分。

先看基本序列，它由三个功能构成。

第一个功能，作为将要产生变化的人或物或事出现。在句子中，有了主语，就意味着句子或陈述主语，或提问主语，或肯定主语；人、物、事的出现总意味着有了新情况。从本质上说，这个功能的真正意义是情况形成。

第二个功能，主人公的行动。句子中有了主语一定要有谓语，以新情况的形成为条件而出现的主人公，面对新情况，必然采取行动。

第三个功能，完成行动，取得结果，达到目的。一个完整的句子，主谓宾都得到呈现。

这三个功能之间存在着严密的逻辑关系，构成一个完整的叙事整体。但作为叙事，这三个功能不一定是一个方向。例如，当情况形成后，主语可以采取行动，也可以不采取行动，但是对于一个叙事来说，无行动就意味着中止故事。这里布雷蒙为了强调命运的"可能"而忽略了在基本序列中叙事作品不应该无行动，叙事作品不同于抒情作品，无行动就否定了叙事本身。因此，这里应该是，在复杂的序列中的次要序列是可以无行动的，在基本序列中，无行动也应是一种行动，一种等待事件自然命定地发生的行动，让在自己掌握之外的事自己发展，自己平常做什么还做什么，但由于主语知道有事发生，这种无行动的不做什么本身就是在做什么。采取主动行动和不采取行动的行动都不影响叙述的进行，但会影响叙述的效果，使叙事成为两种不同风格的叙事。在采取行动之后，叙述者可能达到目的，也可能达不到目的。前者意味着行动成功，后者意味着行动失败。因此，不妨把布雷蒙的基本序列理解为叙事的基本类型序列：

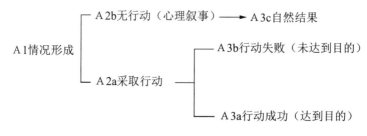

图 5-6

在上面三种模式中，A1→A2a→A3a（情况形成→采取行动→行动成功）是最普遍和主导的叙事序列。《西游记》中的西天路上，每一序列基本都是：妖怪出现抢走唐僧（情况形成）；孙悟空等与妖怪斗勇斗智（采取行动）；消灭或收服妖怪，救出唐僧（行动成功）。而希腊悲剧则一般是 A1→A2a→A3b（情况形成→采取行动→行动失败），这是一个在西方文化中反复出现的固定序列。至于 A1→A2b→A3c（情况形成→无行动→自然结果），则可以在现代叙事中发现。简单序列就像简单句中只有主、谓、宾成分，是把握叙事结构中最基本的、提纲挈领的序列，在此基础上进行各种变化，构成叙事的复合序列。正如从简单句生出复合句一样，复杂序列大致有三种。

第一，连接式。即两个或两个以上的叙述序列前后连接，第一个序列的最后一个功能同时又是第二个序列的第一个功能：

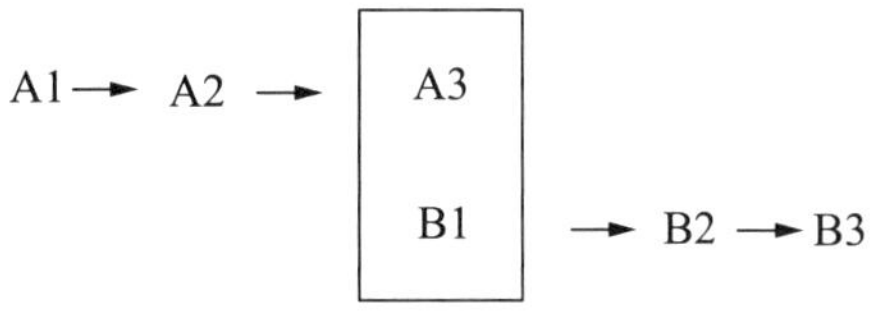

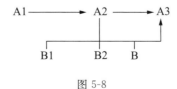

图 5-7

《西游记》中的很多故事就是连接式。先是第一序列：A1 妖怪得知唐僧来到此地→A2a 妖怪采取行动→A3a 妖怪得到唐僧。第一序列的最后一个功能，妖怪抢走了唐僧同时又是第二序列的第一个功能，对孙悟空三人构成了 B1（情况形成），由此开始了第二序列的演进，于是有 B2a 孙悟空采取行动，最后是 B3a 孙悟空夺回唐僧。现代的侦探小说也多有连接序列，首先是罪犯发现目标，采取行动，获得成功，完成第一序列，罪犯得手的同时意味着侦探的出现，开始第二序列，然后是侦探采取行动，获得罪犯，完成第二序列。

第二，镶嵌式。即一个序列尚未完成，正在进行之中，就插入另一个序列。而这个序列的插入，正是前一个序列得以完成的条件：

图 5-8

镶嵌式又应该分为两种情形，一种嵌入的序列虽然是上一个序列得以完成的条件，但它是前一个序列的必要组成部分，可以说没有前一个序列，这一序列就没有了出现的必要，我们可以称这种嵌入为假嵌入。如《水浒传》中，A1 西门庆看上了潘金莲，序列开始；A2a 西门庆采取行动勾引；A3a 西门庆获得成功，完成序列。西门庆在采取行动的过程中，运用王婆的力量，因此这时插进了王婆序列，B1 王婆发现了发财机会；B2a 王婆采取行动，诱说潘金莲；B3a 诱说成功，获得金钱。如果没有西门庆序列，王婆序列就不会出现，这一插入序列完完全全服从于上一个序列。如西门庆换一种方式，王婆序列就可能消失，因此王婆序列可称为"假"。真正的镶嵌是，嵌入序列在没有上一个序列时也仍然有自己存在的理由。如《水浒传》的三打祝家庄。宋江率领的梁山部队对祝家庄进行一打二打之后，插进解珍、解宝打虎坐牢的故事，B1 二解受命打虎，B2a 二解采取行动；B3a 二解把虎打着但被庄主陷害坐牢（行动失败）。二解坐牢同时是 C1 顾大嫂、孙立、孙新救人的前提，C2a 三人采取行动，C3a 三人救出二解。宋公明两次攻打祝家庄都不成功，需要派人进入内部里应外合，最有条件进入的，就是孙立。因此，插入二解和孙立的故事是攻打祝家庄成功的必要条件。同时，二解和孙立的故事又具有相对独立性，是整个《水浒传》英雄好汉上梁山的一个必要组成部分。因此，没有宋江打祝家庄，他们的序列仍然可能而且必须存在。这构成了真正的镶嵌式，嵌入序列的独立性质，才是镶嵌式能称为复合式的真正理由。从三打祝家庄的例子中，我们也可以感受到镶嵌式可以有多种多样的形式。

第三，两面式。即一个故事包含着两个对立的主体，双方各用自己的立场、观点、信念来看待自己面对和卷入的行动。从而，同一事件，在一方看来是向好的方向发展，在另一方看来，就是向坏的方向发展。

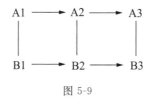

图 5-9

从形式上说，两面式既可以用于善恶对立的双方，也可以用于价值中立的双方。但从观念上讲，用于善恶对立的双方是不适合的。《西游记》中在取经路上，事件朝有利于孙悟空的方向发展，对于妖怪来说就是朝坏的方向发展，反之亦然。但是既然善恶已经分明，事件总是朝好的方向发展。对被定性的恶的一方，是不会给予同情的，这类序列只能是简单序列。两面式的意味就在于双方都有一定的正当理由。因此，最适合这一序列的是希腊悲剧《安提戈尼》一类的叙事。安提戈尼的两位哥哥厄忒俄克勒斯和波吕尼克斯为争夺王位双双战死。代理国王克瑞翁从国家的观念出发，下令不许埋葬波吕尼克斯的尸体，因为他是国家的敌人。安提戈尼却从家庭的观念出发，不能让亲人暴尸荒野。安提戈尼毅然地出去收尸安葬，对她来说是维护亲情的好事，对克瑞翁来说，却是违犯国法的坏事。同样，他对安提戈尼的处罚，对他来说，是有益于国法的好事，对安提戈尼来说，却是破坏亲情的坏事。这使得人们可以不断地从两个方面来思考问题，使一个事件的两面都得到了凸显。

　　复合序列是基本序列的具体化、丰富化，要考察一个叙事，我们可以从基本序列进入复合序列，相反，要简要地把握一个叙事，又可以把各种复合序列概括为基本序列。如《水浒传》前七十二回，无论有多少复合序列，我们都可以概括为一个基本序列：官逼→造反→成功。正像基本序列中已显示的一样，所有故事，无非两种发展的可能，改善和恶化。从而叙述过程可以分为两种类型：

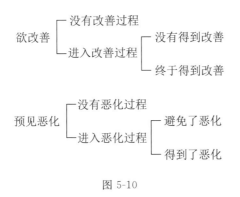

图 5-10

　　这是一个基本序列的总貌。当它具体表现为各种复合序列时，有的先恶化终改善，就成了喜剧型；有的先改善终恶化，就成了悲剧型。

四　格雷马斯模式

格雷马斯（Algirdas Julien Greimas，1917—1992）用一系列著作，《结构语义学》(1966)、《论意义》(1970)、《论意义Ⅱ》(1983)、《符号学辞典》(1979)，形成了自己独特的叙事学模式。结构主义—符号学的美学实绩主要体现在叙事学上，叙事学的演进基本按两个相互关联的方向进行，一个方向是从巴尔特到热奈特，形成一种与语言学相对应的叙事学模式，这种模式可以把从故事内容到叙事话语的整个过程完全符号化，就像语言学可以用主、谓、宾、补、定、状解释一切句子一样。在这种模式里，作品的一切句段都可以科学量化。另一个方向是格雷马斯模式，格雷马斯从列维-斯特劳斯的乐谱图表出发，不是像列维-斯特劳斯那样把神话作为原始思想的深层结构来研究，而是将之与叙事学接轨，去把握整个叙事学的结构。在这条道路上，普洛普《民间故事形态学》和苏里奥(E. Souriau)《20 万个戏剧情节》给了他一个分析的基础，使他在《结构语义学》中用语言学理论来重新构筑一套叙事学模式。从把语言学放大为丰厚的叙事来看，句子就是一个会说话的人自我表演的戏剧；从把叙事凝结为一个语言学的规律来说，叙事可以归结为一个句子。现在我们省去他运用语言学原理对以普洛普为主、以苏里奥为辅的叙事结构的一步步分析，直接讲出他的结果。

在叙事作品中，人物只是一种角色，是某种性质的代表；性质是通过行动表现出来的，行动体现着某种功能。人物的功能使他成为这种角色，使他负载这种功能，因此，性质和功能，虽有不同，但并不矛盾，而是可以互补互换的。在格雷马斯看来，从叙事的规律即语义世界的组织原则来说，一切叙事都具有六个最基本的双双成对的行动元：主体/客体，发送者/接受者，帮助者/反对者。

首先看第一对。主体是作品的主人公，客体是主体的目的。在《红楼梦》中，贾宝玉想得到林黛玉，林黛玉就是贾宝玉的客体。贾惜春要做尼姑，佛门境界就是她的客体，因此，客体可以是人，也可以是境界，还可以是其他东西，如财富、官位、土地……主客体不是固定的，对贾宝玉来说，林黛玉是他的客体，对林黛玉来说，贾宝玉又是客体。二人互为主客体。是什么把主体与客体联系起来的呢？

欲求。欲求使主体朝向客体，去获得客体。

其次看第二对。发送者是把客体发送出来的角色，也可以说，发送者使主体具有了追求的目标。接受者是接受客体的角色。发送者和接受者可以与主体和客体重合，两个人物负载四个功能。如在关于"一个男人，一个女人，一个苹果，一出戏"的西方故事中，男主人公既是主体，又是接受者，女主人公既是客体，又是发送者。在《追寻圣格拉尔》中，四个行动元相互独立，分别由四个不同的角色担任。主体＝主人公；客体＝圣格拉尔；发送者＝上帝；接受者＝人类。

最后看第三对。帮助者是帮助主体获得客体的角色。反对者则是反对主体获得客体的角色。在《西游记》中，唐僧四人是主体，佛经是客体，释迦牟尼是发送者，东土人民是接受者，取经路上的妖魔鬼怪是反对者，各路仙人是帮助者。

格雷马斯说，他以普洛普的叙事形态学为基础，参照自然语言的语法结构，归纳出了这三对六种行动元，并组成行动元模型如下：

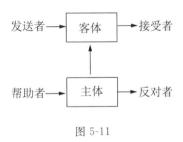

图 5-11

列维-斯特劳斯神话中要总结的只是原始社会的思想结构，格雷马斯认为他总结出来的却是放诸一切社会而皆准的叙事结构。他举例说，对启蒙时代的哲人而言，把上面的公式套进去，就成了：主体是哲学家，客体是世界，发送者是上帝，接受者是人类，反对者是物质，帮助者是精神。同理，马克思主义的思想结构，也可以套用如下：主体是人，客体是无阶级社会，发送者是历史，接受者是人类，反对者是资产阶级，帮助者是工人阶级。

把握了这三对六种行动元的结构，一切叙事都可得到解释，在简单的故事中，六种功能可能会汇集在少于六人（或六物）上，复杂的故事则可能由多个人（或物）来共同承担一个功能。因此，三对六种行动元本身是可以随不同的故事而伸展或收缩的，但无论怎么伸缩，三对六种行动元的基本结构都不变。

以上是从作为行动元的人物构成来看叙事结构的。如果从叙事的结果来看，叙事结构有两种不同的内在模式。一是组合模式，即把一些相互矛盾的价值观内容用纯符号形式组织在一起，并且把这些价值观内容看成是不完善的和不可避免的。这正像列维-斯特劳斯对俄狄浦斯神话的分析一样，叙事不断地反映两种对立的观念。二是转换模式，即提出了从一种观念转向另一种观念的解决办法。这恰如托多罗夫对《十日谈》的分析，犯罪没有受到惩罚表现出了人物关系从旧平衡向新平衡的转换。第一种是接受秩序的叙事，在这类叙事中，叙事一开始提供一个现在秩序，然后对这一秩序进行解释，说明它的正确性。现在秩序可以是一个社会秩序（如中国古代的君臣父子夫妇秩序），也可以是一个自然秩序（如昼夜交替，冬去春来，男女老少）。叙事者站在人的立场上解释这些现象，叙事中的行为，如追寻、考验、战斗等都是为了保持和重建这一秩序。于是世界的存在得到了解释，人也就与世界合为一体。《水浒传》从太平盛世，到奸臣当道，再到造反，最后到招安，从某一方面来说，想体现的就是这一模式。第二种是拒绝秩序的叙事。在这类叙事中，现存秩序是不完美的，人处于苦难之中，生存状态无法忍受，人必须承担起一个历史使命，经过一连串的考验和奋斗来改造世界。这一叙事模式提供了各种拯救之路。中国现代的革命文学一般就是这种模式。两类模式着重呈现的是叙事的历时性过程。结构主义符号学的旨趣则是要把历时性的过程转化为共时性的系统。这里，格雷马斯得出了他著名的符号矩阵：

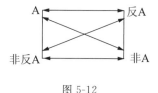

图 5-12

符号矩阵具有几个特点：一是按照结构主义的二元对立方式来组织；二是在二元对立中强调对立各方的转换；三是对立和转换是建立在三对六种基本行动元的动态结构上的；四是把三对六种行动元所产生的叙事的历时性的动态结构转化为共时性的静态系统。下面我们就以中国革命文学（如《白毛女》《小二黑结婚》《暴风骤雨》等）来解说格雷马斯的符号矩阵。这里以《白毛女》为例。

在中国现代革命主潮中，革命文学的行动元：

主体是工农大众（《白毛女》中是喜儿）；

客体是中华人民共和国（《白毛女》中是打倒了地主后的社会状况）；

发送者是马克思主义的历史规律（《白毛女》中是中国革命理论）；

接受者是中国人民（《白毛女》中是广大农民）；

帮助者是中国共产党（《白毛女》中是中国共产党领导的八路军）；

反对者是地主、官僚资本、帝国主义（《白毛女》中是黄世仁）。

因此，革命文学的叙事是一种转换类型。它叙述的一直是革命主体如何从受压迫者转变为革命者的过程，也是工农大众（在《白毛女》中是喜儿）从不觉悟，到觉悟，再到斗争，最后取得胜利的过程。

其符号矩阵基本为：

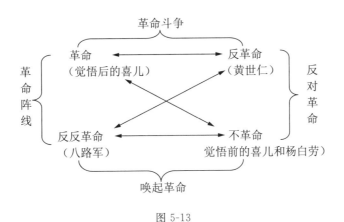

图 5-13

上图所示：主体是喜儿，她是农民的代表；她的目标客体是革命；她的反对者是黄世仁，即地主的代表，他反对的不是喜儿，而是革命者。当黄世仁让农民处于不觉悟的状态时，觉悟前的喜儿和她的父亲杨白劳不知道革命，他们的命运是悲惨的，黄世仁主宰着一切。革命是中国历史客体的目标，中国共产党领导的八路军反对反革命者，八路军作为主体的帮助者，唤醒了不革命的喜儿和广大农民，使之从不革命转变为革命，喜儿等革命群众成了真正的叙事主体，最后形成了革命阵线，具有了优势，展开了革命斗争，斗倒了黄世仁，实现了从旧的时代向新的时代的转换。

第二编

西方当代美学的后现代面相(1960—　　)

引　言　西方后现代美学概要

　　西方当代美学的后现代面相，即西方后现代美学，是对一种复杂现象的简括，这一简括需要费力注释，才接近其实际内容，并呈现出清晰画面。作为一种与现代思想和现代美学有本质不同的后现代思想和后现代美学，从逻辑上讲，有一个从模糊到清晰的演进过程；从历史上说，它们由不断回顾的后见之明而产生和形成。后现代思想和后现代美学引起时代的关注，成为一面时代的大旗，是从后结构思想与后结构美学开始的。后现代美学登上历史的聚光区，可以三言以概括之：首先，后结构思想兴起，在演进中汇入后现代大营之中；其次，后现代由一个流派发展成为一种可以把所有同质思想的流派集合在一起的大旗；最后，其他虽然没有用后现代一词但其思想与后现代有同质性的流派，如法兰克福学派、解释学、后殖民主义、女权主义、新历史主义、文化研究等都被视为后现代流派，而所有在 1960 年以后具有重大影响的流派，一同汇入了声势浩大的后现代美学。

　　"后现代"的出场要从"后结构"讲起。

　　20 世纪 60 年代，结构主义以法国为大本营竖起西方思想的帅旗，向各人文学科发动全面进攻，然而，就在其初战告捷的 1960 年，结构主义旗下的一些将领成立了一个图谋不轨的反叛的混合体"太凯尔"（Tel Quel，一个团体、一种期刊、一套丛书的统称）。按某些思想史家的说法，正是在结构主义于各个战场上频频告捷、处处凯歌的大好形势中，叛军的两位主将，吹响了起义的号角。德里达在 1966 年于约翰·霍普金斯大学召开的结构主义研讨会上，发表了宣言式的论文《人文科学话语中的结构、符号和游戏》，巴尔特在 1967 年发表《作者之死》，给结构主义的核心思想——符号由语言本身的深层含义和由讲语言之人所决定的深层含义所构建——以巨大的震动。紧接着，德里达在 1967 年发射了三枚新式武器：《论文字学》《写作与差异》《声音与现象》，以巨大的杀伤力直轰结构主义帅旗。尽管在此之前福柯已经进入战场，如 1961 年抛出《疯癫与文明》，1966 年掷出《词与物》，但德里达实施高火力射击的这一时刻更有资格成为"断代"的标志：从结构向后结构转折。在后结构主义的大旗下，一个英雄汇集的阵营呈现出来：德里达、福柯、德勒兹、波德里亚、克里斯蒂娃（Kristeva）等。在枪炮轰鸣、硝烟弥漫的思想战场中，现代思想最辉煌的胜利者，建造了体系最牢固的大本营，换上了后结构主义的旗帜。以 1970 年巴尔特发表《S/Z》为标志，结构主义在叙事学上的先锋，再次反戈一击，变成了后结构主义的大将，尽管在一些战场上结构主义还在胜利推进，但后结构主义主潮已成定局。

后结构主义，顾名思义，就是来源于结构主义，又不同于结构主义，最主要的是，它反对结构主义，要打倒结构主义。从用词的准确性来说，即解构主义。解构，意味着分解、瓦解、碎解结构主义的结构。然而，德里达举起了解构（deconstruction）的旗帜，解构的标识已等同于德里达本人，其他叛军头目本来就有着并不低于德里达的天分、才干、思想，虽然一道围攻着节节败退的结构主义，在各个方面解构着结构主义，但他们并不高举解构的旗帜，而是各自挥舞自己的旌幡。因此，最能传后结构之神的"解构"只是一个方面军的旗帜，只能意指德里达及其追随者，而"后结构"才是一面真正能容纳各个方面军的帅旗。

后结构主义不仅要解构结构主义，而且要把结构主义作为现代思想的标本来解构，更进一步说，是把结构主义作为自柏拉图以来的西方思维模式来解构。结构主义的思想基础是索绪尔的语言理论，在德里达看来，索绪尔的语言理论之所以有如是的结构，在于他受柏拉图模式的深刻影响。因此，德里达的解构，在对准索绪尔语言理论之时，要扯出整个西方思想传统来打靶。正是在后一种目标中，后结构的意义，不但包括德里达的意义，而且包括福柯的意义、德勒兹的意义、波德里亚的意义，才真正得以彰显，这些形形色色的人物各不相同的七色光，汇成了一道后结构的彩虹。当后结构的诸路军团从四面八方冲破结构主义的防线，攻占现代思想的大本营之时，后结构这一名称显得小了一点，在名称上可以与现代思想有对称性和同等分量的应该是什么呢？这就是，后现代。后结构的思想大师进行了划时代的工作，并在后来被人或早或晚地称为后现代大师，他们先先后后半推半就地接受了后现代这一桂冠。总而言之，在历史逻辑的运行下，在各种因素的互动中，后结构大师们都"不由自主"地摇身一变，成为后现代的大师。

作为一个流派的后结构汇进作为一个时代的后现代的演进过程，同时也是作为一个流派的后现代成为大时代的后现代的升华历程。利奥塔的《后现代状态：关于知识的报告》(1979)大概是使"后现代"一词名震西方和流行全球的最重要的事件。他把后现代作为一个时代的标签贴到历史上。自此以后，后现代成了西方文化和全球文化最重要的论题之一。后现代又是一个最有争议的词汇。后结构的代表德里达、福柯、德勒兹被很多学人册封为后现代大师。但当福柯被问到后现代时，他答说不知道后现代是怎么一回事。德勒兹的亲密战友加塔利（Felix Guattari）则对后现代大加批评。加塔利与德勒兹一道也被称为后现代的典型。可见后现代的出现已经有了一种历史的强制性：不管学者们意识到还是没有意识到，都可以说他们是后现代学者。同时这又使后现代及其相关词汇（后现代、后现代性、后现代主义等）处于一种含混的迷宫之中。这就使得学人谈论后现代前要先进行一番概念梳理。

我们不妨这样来梳理后现代。

第一，作为词汇的后现代史。关于后现代词汇的出现及其演进，西方学界有多种说法，这些说法虽然（从史实上看）各不相同，但其意义（从逻辑上讲）是相同的，因此采用任一说法（或罗列众多说法）皆可。据沃尔夫冈·沃斯奇（Wolfgang Welsch）的说法，"后现代"一词最早出现于 19 世纪 70 年代，"后现代主义"最早出现在 1926 年的一本书名上。"后现代"在 1934 年、1939 年和 20 世纪 40 年代又有所出现。卡列里斯库（Matei Calinescu）说，伽瑞（Jarrel）在 1946 年评论洛威尔（Robert Lowell）的诗时用了该词，伽瑞可能是美国第一个使用"后现代"术语的人。

自 20 世纪 50 年代奥逊（Charles Olson）用这个词来指称反现代主义的诗歌后，后现代一词的亮相逐渐增多，到 20 世纪 80 年代，它已成为一个时髦词汇了，且不谈学界，就说美国的大报，如《纽约时报》《华盛顿邮报》《洛杉矶时报》，1980 年就有 21 篇关于后现代的文章。在这些报纸上，"后现代"一词的使用，1984 年是 116次，1987 年为 247 次，1989 年为 277 次。① 美国著名教授哈维（David Harvey）说，当刚听到"后现代主义"这一术语时，他认为它会像过去几十年里出现的各种"主义"一样，火一阵后就会冷下去，但想不到这家伙却持久不衰，且越来越火，于是悟出它是一个描述当下社会中新的思想情感的合适概念，于是自己也花大力气写了《后现代的状况：对文化变迁之缘起的探究》，该书自 1990 年出版后，年年重印。作为词汇的后现代史，是一条进入后现代的最初路径，也是感受后现代的最初方式。

第二，各学科的后现代史。众所周知，后现代思潮兴起于 20 世纪 50 年代末60 年代初。与诗歌于 20 世纪 50 年代末使用"后现代"的情况（几乎仅限于本领域）不同，建筑于 20 世纪 60 年代竖起"后现代"大旗，其影响扩展于建筑之外，最著名的人物詹克斯（Charles Jencks）成为跨学科的后现代大师。随后，各门艺术——绘画、小说、舞蹈、电影、摄影等，纷纷进入"后现代"。20 世纪 80 年代中期，一批理论家把音乐电视作为后现代文化实践的典型范例，各类非艺术学科的后现代也纷纷登场：后现代法学，后现代社会学，后现代伦理学，后现代政治学……一片"后"旗飘扬。然而，各学科的"后"学出场，除了跨学科的影响之外，还主要在本学科，"后"必须以什么之后的"什么"为对立面和前提，这个"后"之前的"什么"在各门学科中是不一样的，因此各种后现代呈现出五花八门的复杂性。伯当斯（Hans Bertens）的《后现代观念史》（1995）对此做过较好的描绘，后现代有艺术门类之间的不同，例如，与后现代建筑相对的现代建筑是以包豪斯（Bauhaus）风格为代表的纯形式，后现代建筑就高扬超越纯形式的折中主义。而在文学上，后现代面对的是再现型的现代主义，因此后学家们，特别是那些形而上的小说家，就走向美学自主性和纯形式主义。绘画的后现代类似于建筑，而摄影的后现代类似于文学。此

---

① 参见［美］戴维·哈维：《后现代的状况——对文化变迁之缘起的探究》，导论，北京，商务印书馆，2003。

外，还有流派之间的差异，如存在主义的后现代，结构主义的后现代，在结构主义的后现代中，还有德里达式后现代和福柯式后现代之分。学科后现代史的多样性，甚至可以使人们用这一个后现代去反对那一个后现代。意识到学科的后现代史，对于人们通过后现代的复杂性较全面地认识后现代，是十分必要的。

第三，作为整个文化概念的后现代。不管各学科的后现代有多么不同，大家都纷纷打出后现代的旗帜，旗帜里面意味着存在一种共同的东西。于是，在后学不断出场的过程中，对后现代的总结工作也在进行。如哈桑（Ihab Hassan）自20世纪70年代以来就对后现代的特征进行概括，他通过后现代与现代的对比列出的几条结论，虽然被认为太机械，不准确，但还是被引证，说是可作为一个参考基础。在总结后现代的潮流中，做得最好的，一是法国的利奥塔，一是美国的詹明信，前者的《后现代状况：关于知识的报告》（1979）、后者的《晚期资本主义的文化逻辑》（1991）皆为后现代的扛鼎之作。前者代表了法国的后现代话语，后者代表了美国的后现代话语。通过一大批理论家的描述概括，后现代不仅是风格、流派、主义，还是整个自20世纪50年代以来变化了的社会（对于这个新社会，人们试着用各种词汇来表达：后工业社会，信息社会，消费社会，大众文化社会，晚期资本主义社会）的文化特征。它贯穿于社会的一切方面，从经济结构、消费方式、空间组织、视觉形象，到文学的叙述方式、电影的剪辑手法、哲学的思考方式等。这样一来，后现代就成了一个大概念，各个社会人文学科的众多流派，都可视为它的表现。比如，波德里亚开始未提，后来才用"后现代"一词，因其对消费社会及其文化展现的精彩分析，被尊为后现代大师。从而，在论述后现代时，特别是在非西方学界，出现了一个必须注意的技术问题，这就是大后现代和小后现代之分。

第四，大后现代和小后现代。小后现代，只指那些使用"后现代"词汇，来言说后现代的人，不管他是用这一词来论说一种小现象（如一种艺术门类），还是概括大现象（整个文化）。在这一限定中，只有利奥塔和詹明信可算作后现代大师，同样，在这一限定中，后现代与后结构、后殖民等可以并列。大后现代，则用于所有对后现代文化进行深刻分析和描述的思想家、批评家和思想文艺流派。在这一意义上，后结构主义、后殖民主义、后期维特根斯坦，以阿多诺为代表的法兰克福学派，伽达默尔的解释学，等等，都可称为后现代。这样，我们就可以理解，被不同的著作分别列出的后现代大思想家有：福柯、德里达、罗蒂（Richard Rorty，1931—2007）、哈贝马斯、德勒兹、波德里亚、利奥塔、詹明信……

有了大后现代这一内涵，"从现代到后现代"不但是新出的一厚本全面反映西方思想流变的精选文集的书名，还是不少著作中章节的名称。从作为整个文化的后现代来看西方的思想流变，一条粗略的主线可以由此勾勒出：后结构主义标志着西方思想的决定性转折；后现代主义从点扩展为面，把一个流派的力量变为整个文化的思想。这就是西方文化内部的变化，是围绕着西方本身来运思的。后殖民主义进一步把后现代思维运用于西方与非西方的关系上，使后现代思想的全球化呈现出一种"新"貌。我们明晰了以上四点，一方面有了大后现代的眼光，可以回眸过去，用后现代的视野去重审后结构，并放眼望去，用后现代的概念重组整个西方思想历史的变化。另一方面有了小后现代的概念，可以把那些公开打着后现代旗帜的理论家组成一个具有注册商标的"团体"。而本编的后现代面相，既包括自己使用后现代这一"商标"的流派（小后现代），也包括自己不使用后现代这一商标，但因内容被大家指认为具有后现代"商品质量"的各种流派。所有内含着后现代"商品质量"的美学流派，构成了西方的后现代美学。后现代美学在1960年崛起，到20世纪80年代成势，遍及西方，成为主潮，被总结成一种与1900—1960年作为西方美学主潮的现代美学不同的新型美学。从这一历史的大格局来看后现代，三言以概括之：首先，后现代是一个历史分期概念，指1960年以后成为主潮的西方美学；其次，后现代是一种美学风格概念，指1960年以后出现的具有普遍性的审美文化现象，并且是对之进行的美学总结；最后，后现代是一种哲学思维方式，正是这一方式使后现代成为一个时代的共同的思想特点。

作为后现代核心的思维方式是怎样的呢？我们通过近代、现代、后现代思维方式的比较来看其特点。

西方近代思想，有着一个坚实的本体论信仰，这不但体现在天主教和新教所共同信仰的上帝上，也体现在牛顿的作为第一推动者的科学上帝上，还体现在斯宾诺莎的等同于自然本身、就在自然之中的泛神论的上帝上。培根（F. Bacon，1561—1626）从经验中归纳总结出来的科学的定理、定律和规律，表现了对普遍性规律的信仰；笛卡尔从怀疑一切开始，走向了不能怀疑的"我在怀疑"这一思维活动的主体"我思"，进而从我思设定精神的上帝和物理的世界，表现的也是对必须确立一个终极原因的坚信。近代精神最典型地体现在黑格尔的哲学体系中，黑格尔的绝对理念同时就具有上帝的性质，绝对理念一方面表现为一种历史的展开，从纯逻辑到自然界再到人类社会的文化诸形式，如艺术、宗教、哲学等；另一方面表现为理论的展开，这就是一系列的逻辑规律，如否定之否定规律、质量互变规律、对立统一规律。总而言之，整个世界都是以西方文化的理念、上帝、逻辑、科学为核心作为基础而建立起来的，一切事物、一切现象、一切运动，都由这种最后本体所决定，都由这些基本规律所制约。近代西方就是在这样一种西方式的本体与现象的辩证关系中确立了一个清楚、明晰、逻辑的最后本体的。

　　当爱因斯坦否定了牛顿力学规律的普遍性之后，当非欧几何否定欧氏几何的普遍有效性之后，黑格尔的绝对理念也遭到了方方面面的猛烈攻击，基督教的上帝在尼采的猛喝中黯然失色。真的存在一个像近代西方思想所描绘的那样的上帝、绝对理念、普遍规律那样的本体吗？经过剧烈的思想震动和荒诞感受之后，现代西方得出新的理论体系，其中最杰出的代表就是存在主义的存在与存在者，精神分析的无意识与意识，结构主义的深层结构与表层现象，现代神学的隐匿的上帝和现象世界。存在、无意识、深层结构、上帝，作为最后的本体是存在的，但又是隐蔽起来的。一方面，存在决定着一切存在者如是他存在，无意识决定着意识如是地存在，深层结构决定着表层现象如此地存在，上帝决定着世界如此地存在，但是我们又不能从存在者上面直接发现存在，不能直接从意识里理解无意识，不能直接从表层现象中看出深层结构，不能从世界中直接体悟出上帝。在现代西方，本体与现象的关系不像近代西方那样，是一种清楚明晰的内容与形式的辩证关系，而是一种曲折、复杂、隐晦的隐喻关系、象征关系、离散关系、纠缠关系、互换关系。因此，何谓存在，存在主义诸流派有不同的解说；何为无意识，精神分析诸学派各有自己的定义；什么是某一神话的深层结构，结构主义学家们各有各的看法；上帝何在，神学家们众说纷纭。现代西方思想，归结起来就是，必须相信有一个最后的本体（存在、无意识、深层结构、上帝），只有如此，世界才有意义，才有规律和秩序，但这个本体（存在、无意识、深层结构、上帝）又是不能简单地得到的，甚至不能用语言和逻辑去得到，要用心灵去体悟，要用精微的思辨去寻求，要用复杂的方法去表现。现代西方的荒诞感就是产生在这种本体与现象的复杂隐晦的纠缠关系之中的。总而言之，现代西方的本体是一个模糊朦胧、复杂曲折、隐匿起来的本体。

西方后现代思想，通过对现代思想的主要代表（结构主义、存在主义、精神分析）的批判，否定表层现象后面有深层结构，拒绝存在者后面有一个存在，反对意识下面有一个无意识，从而否定世界的现象后面有一个决定其有如是现象的本体。对任何现象，我们都可以去发现意义，但这个意义不是通过现象下面有一个深层结构而获得的，而是把这一种现象与另一种现象或多种现象相联系而得到的，得出的并不是深层结构，而是两种现象或诸种现象之间的关系，我们在不把这种现象与已经联系的现象放在一起，而与另外现象放在一起时，就会得出另外的"深层结构"来，其实，根本就没有深层结构，只有此现象与其他现象相关联时产生的"结构"，这种"结构"是根据一定的范围建构起来的，同时也意味着，当改变范围时，这个结构又是可以解构的。此现象与其他现象产生联系的可能是无限的，这种可以联系的无限性才是本体论的，而任何找出来的深层结构，其实都只是一种"现象"，而不是本体，没有本体。这也正如海德格尔所说的，我们每当通过存在者找出一个存在的时候，就会发现，找出的并不是存在，而仍是一个存在者。海德格尔认为，存在是存在的，只是我们找的方法不对，因此找不出来，而后现代思维认为，找不出来存在不是因为方法不对，而因为存在根本就不存在，存在的只是一个存在者与其他存在者之间的关系。这也是精神分析对无意识的定义，弗洛伊德说是性，荣格说是原型，弗洛姆说是社会因，各自讲一套原因，其实无意识并不存在，存在的只是某一意识与其他意识之间的关系。德里达通过语言对结构主义的批判讲清了言语后面没有决定言语意义的语言。总之，本体是不存在的，存在的只是现象，只是这一现象与其他现象之间的关系，以前被认为是本体，实际上只是通过某一现象与其他现象的关联而建立起来的一种结构，这一结构也不是本体的、不变的、固定的，而是现象的、可变的、离散的。因此，按照后现代的思想，存在主义者找到的任何存在，都不是真正的存在，而只是一个存在者；精神分析得出的任何无意识，都不是具有本体论的无意识，而只是一种关于无意识的定义；现代神学得出的任何上帝都不是真正的上帝，而只是关于上帝的一种定义。为什么找不到真正的存在、无意识、深层结构、上帝呢？不是因为人的能力有限，而是因为存在、无意识、深层结构、上帝根本就不存在。总而言之，后现代思想表明了，任何一种本体，都是一种可以被解构的建构。后现代思想在否定了现象后面的本体之后，把现象放进了一个开放的场地。20世纪60年代以后的各种美学流派，正因为拥有相同的后现代思维，而可以被汇聚到"后现代美学"这一面大旗之下，成为西方当代美学的后现代面相。

本编对于形形色色的后现代美学，仅选取其中的四大流派来进行介绍：一是汇集在后结构旗帜下的诸美学流派，二是汇集在（使用后现代商标而作为流派的小）后现代旗帜下的诸美学流派，三是汇集在法兰克福旗帜下的诸美学流派，四是汇集在解释—接受旗帜下的诸美学流派。在这四大流派讲完之后，后现代美学的结构和精神应该已经得到了基本的呈现。作为后现代一部分的后殖民美学，因为与全球化有更紧密的关联，因此被放到全球化的面相中去讲；作为后现代一部分的文化研究，因为与21世纪之后的生活美学和身体美学关联紧密，而后二者又与全球化思想关联紧密，因此也放在全球化面相中去讲，而关于文化研究的思想，也会在那里得到基本的体现。

具有共同的思维方式的后现代美学，有没有共同的结构模式呢？这里，不妨以法国新小说家马克·萨波塔①写的一部小说《作品第一号》作为后现代美学诸流派形成的结构性的比喻。《作品第一号》，共有52页，像一副扑克牌一样，每页有50字到100多字，都独立成章。但对于这些未加装订的散页，读者在读之前，像玩扑克一样，排一下序再读，由此得出一个故事；阅读第二遍前，读者再排一下序，得出一个不同的故事，照此方法，如此反复读下去，可得到很多很多的故事。据统计，故事数有10的263次方之多。可以这样说，结构的开放性正是后现代美学的结构特征。

---

① 参见[法]马克·萨波塔：《作品第一号》，长春，吉林出版集团有限责任公司，2010。

第六章　后现代的开端——后结构主义美学

后结构主义因为对作为现代思想帅旗的结构主义的批判，而成为时代转折的标志。它带动了整个西方的后现代思维，把本已存在但未受重视的各种后现代思想都提升到了时代的思想高度上。正是在这一意义上，后结构主义是后现代的开端。被学界称为后结构主义的代表人物的有德里达、福柯、拉康、德勒兹、克里斯蒂娃、巴尔特等。为了从理论逻辑上理解后结构主义思想的基本面貌，本节从中选取四位大家的思想，并从整体的角度强行对四人思想做了如下分工：第一，通过对结构主义语言理论的批判，讲述德里达的思想，这样才能很好地理解后结构主义与结构主义的关联；第二，通过考古学和谱系学理论，讲述福柯的思想，这样可以看到后结构主义的深广的历史视野；第三，通过拉康的镜像理论和符号三结构，审视后结构主义与精神分析及其他思想的关联；第四，通过德勒兹的"游牧理论"，审视后结构主义与各非西方文化的暗通。

第一节　德里达与文本解构

从历史的紧凑性来看，德里达（Jacques Derrida，1930—

2004)最能代表后结构主义的这一"后"字的性质，他的解构主义的"解构"最能传神地表达对结构主义的反动。虽然德里达瞄准的靶子，不是单单一个结构主义，而是以结构主义为突破口，大肆横扫从结构主义到古希腊的哲学传统：他在《论文字学》中批判索绪尔、列维-斯特劳斯、卢梭(Jean-Jacques Rousseau)，在《书写与差异》中打击弗洛伊德，在《声音与现象》中为难胡塞尔，在《丧钟》(1974)和《哲学的边缘》(1972)中解构黑格尔、胡塞尔、海德格尔，在《马刺》(1972)中与尼采较劲，在《绘画中的真理》中批判康德，在《播撒》(1972)中捉弄柏拉图……然而，为了弄清楚结构主义是如何转为解构主义的，解构主义又是如何解构结构主义的，对结构的解构又是如何引起历史主潮转变的，我们对德里达的论述主要从对结构主义批判入手，由此引入德里达的一般理论，我们将在论述中以美学为例来表明解构主义的普遍性。

索绪尔关于语言的两大原则被德里达用做反对结构主义的有力武器。第一，语言符号由两个不可分的面组成，一是语音形象，二是概念内容，也就是符面与符意。语言就像一张纸，声音(符面)是正面，思想(符意)是反面，我们不能切开正面而不同时切开反面。第二，符号中符面与符意的关系是任意的，因此不能在符号体系外面去找符号的基础。符号与外在事物无关，只与符号内部的体系有关，一个符号区别于另一符号的一切，就构成该符号的规定。这两点又表明了两点。第一，语言与外在事物无关。在这个共识的基础上，德里达能够打中目标。因为再怎么争论，任何一个人也不能引入外在事物来说语言的意义是这样的。第二，语言只与自身的区分性有关，区分的有效性在于语言有一个系统，德里达只要能够指出，系统确实不存在，那么由语言的区分性来定义语言的方式就进入了窘境。

索绪尔也意识到这一点，他靠古希腊以来的传统，通过重"言说"贬"文字"来躲开了这一点。他声明，自己的语言学是"说(言说)"的语言学而不是"写(文字)"的语言学。人在说话的时候，知道自己在说"什么"。由于说话的人在场，也总能够说清楚自己在说什么。因此，在"说"中，语言的确定性得到了保证。而"写"只是把说的语言写下来，而写下来的文字一旦离开说的语境，就容易产生歧义。因此，第一，文字本是一种附加的东西；第二，文字是造成混乱的东西。由于西方语言是拼音语言，而西方语言在西方文化中就表现为语言中音的运动，因此褒说贬字、由说统字的语言学就可以被称为语音中心主义(或者说言说中心主义)。但在德里达看来，要说出话（言语）来，首先得有话（语言）本身存在。只有本有一个语言字库存在着，在说话时说话者才能从这个先存的语言字库中找出这些词汇来形成自己的话。因此从现象学上说这是言说先于写字，从实质上说这是文字先于言说。这里当然有一种较劲的幽默，问题并不在于是说先于字，还是字先于说，德里达要强调的是，语言的区分性原则同样适应于"说"。

自柏拉图以来，经过不断的理论阐述最终不言而喻的是，说话时，说话的人绝不是要说"话"，而是要通过"话"说出他要说的东西。由此可见，有一个东西是先于"话"而存在的，而且通过"话"呈现出来。这个要说出来的"东西"，不就现象来说（就现象来说它可能是一个具体观念），而就实质来论（即决定所说之能说），就是宇宙间最根本的本体逻各斯（道）。说话时有一个东西要"说"，这在"说"之时是非常清楚的，但在把"说"写下来的字中，这个要说的东西就不明晰了。因此，只有重视说，逻各斯的先于说的存在才彰显出来。因此，语音中心主义同时就是逻各斯中心主义。正像在中文里"道"既表示宇宙之规律，又表示言说一样，在古希腊，逻各斯（logos）既表示思想，又表示言说；在基督教神学中，逻各斯（logos）表示上帝之言，而上帝之言就是上帝之道。因此逻各斯既能作为名词表达形而上的本体，宇宙之道和上帝之道；又能作为动词表达言说之"道"（说）。在德里达看来，道（逻各斯）只有通过也只能通过道（言说）才能表现出来。因此，道（逻各斯）表现为说（语言），只有通过说（语言学）的规律才能知"道"，舍此之外别无他途。因此，就让我们按照严格的语言学规律来看看，"说"能否启迪出"道"，"说"之外是否真有一个"道"。同时也让我们看看，"说"是否真由一个外在的"道"所决定。

一　分延：意义的迷宫

索绪尔把区分性作为语言符号的基本原则之一。这意味着，符号的性质是由符号系统内各符号之间的区分性来决定的。这一原则代表了结构主义语言学在思想上的现代推进：把语言符号与客观世界严格地区分开来，重要的不是语言与世界的关系，而是语言内部的关系。但是紧接着，索绪尔又急忙退了回来，通过推崇言说而引出观念实体逻各斯。德里达就是要把语言的区分性原则坚持到底，把被索绪尔撤出来的思想堵回去，一堵到底。德里达认为，既然区分性是语言符号的原则，那么它不仅对符面起作用，也对符意起作用。有了这一武器，德里达就可以进攻了。

一个词的性质是由什么决定的呢？

不能说词的性质是由人们在使用这个词时心里的观念决定的，因为观念也必须符合这个词的词意，只有该词本身能负载心中的观念，人们才能用它来表达。词首先是一个语言学的问题。词在语言学上表达清楚了，其观念就明晰了；词在语言学上表达糊涂，其观念也不清晰。所以，我们先从语言学入手。

汉语中，"文"这个词，之所以是"文"，是因为，第一，在语音上，它与温、吻、问、混、笨、坟、棍等有区别；第二，在字形上，它与父、大、欠、支、天等有差异；第三，在意义上，它与饰、丽、华、章、装、质、武等有区分。"文"的性质是诸多符号之间复杂的相互作用的产物。这一点结构主义也是承认的，但结构主义认为，只要我们找出与文相关的所有符号，即找出决定"文"之所以为"文"的整个符号系统，"文"的性质就可以被确定了。而德里达指出，这个系统并不存在。系统意味着可以在与"文"相关的大量词汇群中划一条围绕着"文"的边界，而实际上，这条边界是无论如何也划不出来的。与"文"相关的有区别和差异的词汇不断地伸延着，绝不可能有一个明确的终点可以使之停顿下来。对于德里达来说，最重要的是指出，符意也同样卷入了区分和差异的无始无终的游戏之中。某个人若想知道"文"的符意，就可以查字典，但结果是得到更多的符面。文的符意有：（1）纹理，（2）花纹，（3）字，（4）文章，（5）礼乐制度，（6）法令条文，（7）辞采，（8）文雅，（9）货币单位等。[①] 关于这些符面的符意，字典会把人带到另一批符面上。再查，同样的结果再出现一遍。这是一条没有明确终点而可以无限延长的彩带。当然，追寻符意的过程，还包含很多循环，如"美"字，查《说文解字》得到："美，善也。"再查"善"字，得到："与美同意。"[②] 在词的延伸和循环中，我们怎样才能确定词的意义呢？

---

① 参见《辞海》（缩印本）第六版，1974页，上海，上海辞书出版社，2014。

② 《说文解字》原文："与义美同意。"义与本文无关，故省去。

结构主义认定词的意义是在句子中被确定的，并看到了词的意义是由两方面决定的：(1)句子中出现的与该词前后相连的句段关系，(2)句中没有出现的与该词相关的整个符号系统。第一条只与具体意义有关，第二条却既与具体意义有关，又与本质意义有关。正是在本质意义方面，结构主义经不起解构主义的逻辑攻击。正像结构主义的共时性是靠排斥历时性而得到结果一样，词的本体意义的获得要靠在符号链的延伸上画一条终止线。如上所述，终止线是无法画定的。可以画的线是暂时的、相对的；无法画的线是永恒的、绝对的。就算我们面对暂时的线，"文"就有这么多的意义。当它一次性地出现在一段话语中，因其上下文被确定为比如"辞采"的意义时，它的意义也绝不会从一个上下文到另一个上下文保持完全一致。它每出现在一个新句子中的时候，它的意义都会或强或弱地被改变，进入符号的游戏场中。针对词的意义不能最终地、根本地、一劳永逸地确定，德里达造了一个词来予以说明：differance。德里达把语言区分性原则的区分(difference)一词中的 ence 改为 ance，是要采用法语动词 differer 的双重意义，它(differance)既指区别(to differ)，又指延宕(to deffer)。区别是空间的，共时的；延宕是时间的，历时的。一个词的意义取决于区分，区分就是把一个符面引入一批符面，而这批符面的符意又要靠引入另一批符面来说明，空间的区分被带入时间的游走中，结果是想要确定的意义不断地被延宕。德里达从区分中揭示了共时性的漏洞，并由此引出了历时性的延宕。区分和延宕一道呈现出了意义的脆性。意义由一个复杂的符号网来决定，里面充满了区分的流动，意义老是被这种流动所延宕。流动中不断出现新的区分，新的区分不是走近意义的确定，而是通向新一轮的延宕。

一个词的意义究竟是什么？我们可以在上下文中为其建立意义，但一个特定的上下文建立的意义是特定的，从而没有普遍性，因而是脆性的。该意义只是这个上下文中的意义而不是词本身的意义。这种因具体情境因素建构起来的意义是可以而且必然会被解构的。我们要问的是这个词的固定的、本原的、不变的，也即本体论上的意义。这个提问，在德里达看来，正是西方形而上传统之提问，这个提问本身是错的！一个人若沿着这条路问下去，什么也得不到，等待的结果，只是分延，无始无终的分延。

一个词的意义是如此，一个句子的意义也是如此，只要把上面论述中的"词"换成"句子"就行了。一个句子是如此，一部作品又何尝不是如此呢！从作品的语言方面看，整个作品文本是建立在句段上面的，字词意义的不牢靠必然引起句段的不牢靠，最终引起整个文本意义的不牢靠。对于一个文本，我们可以以字、词、句、段为基础建立一个基本结构和中心思想。但由于基础本身是脆弱的，因而，从一个不起眼的细部开始，我们就可以使整个结构和思想倒塌，一切结构都是可以从其内部予以解构的。

依照结构主义，一个作品的意义要在整个作品群中才显示出来，正如字的意义只有在句子中才显示出来一样。然而，一部作品可以从体裁、题材、主题、人物、结构方式等多方面、多层次地进入古今不同类别的网络之中。就以俄狄浦斯的故事为例，列维-斯特劳斯以神话为范围给它建立了一个结构，并给了它在这一结构中的位置和意义。弗洛伊德又以弑父娶母为主线，把它与《卡拉马佐夫兄弟》等作品联系在一起，给出它的另一种结构和意义。雅斯贝尔斯又从悲剧求真的角度，找出新的深层意义。而正宗的文学史家，是以整个古希腊悲剧为背景，与莎士比亚式的性格悲剧和易卜生式的社会悲剧相区分，而将之视为"命运悲剧"的，寻找俄狄浦斯故事意义的过程同样可以是无限的。与词一样，一部作品本来就处在整个作品群的复杂网络的相互作用之中，我们要寻找它的"真正意义"，得到的只能是分延，无始无终的分延。在本只有分延的作品网中追求结构和意义，我们也可以建立一些结构和意义来，像斯特劳斯、弗洛伊德、雅斯贝尔斯等人那样。我们追求的方向越单一，列入的作品就越少，其结构就越容易建立。因为我们已经划了一条人为的边界将作品圈起来了。但是我们必须明白，这个结构只是为了方便或为了某一具体目的而采用了划界技术才建立起来的，它是可以解构的，只要抹去所划的边界，或设定另一个目标就可以解构它。因此，任何通过人工划界、阻止分延而建立起来的结构，都不会像结构主义自认为的那样，是最终的不变的结构。形形色色的结构主义者实际上也从来没有找出过这种结构。

结构主义以及整个西方传统都是要寻找整体—结构—中心—本原，以最后的阿基米德点来构筑自己的体系。只是这个最后的东西在古典文化中是明晰的、容易把握的，它表现为理念、物质、上帝；在现代文化中它是模糊躲闪的、不易把握的，它表现为精神分析的无意识、存在主义的存在、结构主义的深层结构。但无论这个基点是明晰的，还是模糊的；无论这个基点是可以直接从形式进入内容的，还是须迂回曲折才能由表层进入深层的，古典和现代这两种方式都可以被归为一个姑且由海德格尔的术语来表示的公式：存在（Being）和存在者（beings）。存在可以转化为巴门尼德的存在、柏拉图的理式，直到弗洛伊德的无意识和结构主义的深层结构，它都是本质的、根本的、深层的；存在者也可以转化为各种现象的、具体的、表层的事物。但不管怎样，从根本上说，存在者（beings）是存在（Being）的 presence（呈现、在场、当下存在、具体存在）。从呈现（presence）来看，自古希腊以来的观念模式和思维方式总会使我们想到存在（Being），尽管这个本体之物并不在场（absence）。整个西方文化的思考方式，即所谓逻各斯中心主义，一心要思考的，就是如何以最符合时代先进水平的方式来配置这一关系。阐明在场（presence）之物如何联系要靠决定它的在场而本身却不在场的存在（Being）。德里达对逻各斯中心主义的解构，就是要让人们看清楚，presence（在场、呈现）和 absence（阙如、不呈现）确实是我们能感能看的。在场本身就意味着有不在场的阙如，有呈现同时就意味着有不呈现。而且在场之物的意义是与不在场的东西相关的。一个词的性质决定于不在场的其他词，决定于不在场的整个词汇网；一个文本的性质决定于不在场的其他文本，乃至整个文本之网。但是，在呈现后面的不呈现里，在在场后面的阙如里，并没有一个本体的存在（Being），而只有无始无终的分延。德里达和前人的区别，可以由一个公式表示出来：

逻各斯中心主义：　　　　在场→阙如（存在）

德里达：　　　　　　　　在场→阙如（分延）

逻各斯中心主义的阙如后面总意味着存在，而德里达的阙如后面没有作为最终实体的存在，只有分延。这样，在场与阙如不是把人引向整体（结构、中心、本原），而是让人洞悉非整体、非结构、非中心、非本原的分延。分延是不是类似于存在呢？德里达之所以创造"分延"一词，正是要避免这一点。他一再强调，"分延既不是一个词、也不是一个概念"[1]，"既非实存（existance），也不属于本质、在场或阙如之类的范畴"[2]。德里达造出这个超越于词、概念、范畴之外的"词"，就是

---

[1]　Derrida, *Speaking and Phenomenon*, Northwest University Press, 1973, p. 130.

[2]　Ibid., p. 134.

要使整体、结构、中心、本原没有了存在的理由，而不使分延成为一种整体、结构、中心、本原的新形式。对于一心要寻找整体（结构、中心、本原）的逻各斯中心主义来说，分延是一座似有整体（结构、中心、本原）而实无整体（结构、中心、本原）的迷宫，对于已知本无整体（结构、中心、本原）的迷宫而论，分延有形成任何意义的可能，也给了选择意义的自由。

二　印迹：根源的幻影

印迹（trace）是在德里达的著述中经常出现的一个词语。从思想史的演进来看，这一词语可以对解构主义的旨趣有所领悟。对于结构主义语言学来说，呈现（present）出词的意义是由不在场（absent）的语言整体来决定的。因此，呈现出来的东西，就是未出现的整体的印迹，存在者是存在的印迹。印迹虽然由海德格尔着重论述过，但也是精神分析和结构主义的共通的思想。只有在现代思想的理论结构中，印迹这一概念才有深刻的意义。存在、无意识、深层结构既是存在者、意识、表层现象的根源，又隐而不显，扑朔迷离。但它再怎么隐秘深藏，难以捉摸，也免不了会在存在者、意识、表层现象中留下印迹。在海德格尔看来，诗（特别是荷尔德林的诗）中有着隐匿起来的存在（神）的印迹；在弗洛伊德看来，玩笑、笔误、梦、文学中，有着意识不到的无意识欲望的印迹；在列维-斯特劳斯看来，任何神话都有着原始人心理结构的印迹。只要存在、无意识、深层结构确实存在这一信念，我们沿着印迹追寻而去，就可以找到那留下印迹的本体之物。弗洛伊德、海德格尔、列维-斯特劳斯的主要劳作，都可以看作发现踪迹、由迹寻源的活动。

印迹意味着留迹者的阙如，因留迹者不在场的阙如，而只有印迹，印迹本身又是一种在场，只有在在场的事物中，我们才看得见印迹，印迹是在场的现象之物呈现出的印迹，又是不在场的本体之物留下的印迹。因此，印迹最传神地体现了存在与存在者，无意识与意识，语言与言语之间的关系。印迹起了存在之影子的作用，它暗示着此时不在的存在，意味着在者有一个决定其成为如是这般的在者的根源。

印迹真的意味着一种根源吗？对于解构思维来说，印迹所呈现的并不是言语与语言、存在者与存在、意识与无意识的关系，而是此言语与其他言语，此意识与其他意识，此在者与其他在者的关系。一个词不能自己定义自身，只能在与其他词的关系中才能呈现意义，一个作品不能定义自身，只有在进入一定的关联域中，其意义才呈现出来。印迹，从现象上看，由在场（presence）与阙如（absence）所呈现出，但阙如的后面并没有一个存在、本质、根源，而只有一个分延的网络。从本质上说，印迹暗示的是在场之物与不在场的分延之网的关系。印迹的功能不是要我们去找寻不在场的本质、根源，然后由本质、根源给在场之物以一个确定的认识和定性，而是使我们认识到，与在场之物联系的是一个不断使在场之物的意义延宕和变化的分延网络，从而在场之物的意义有无限多的可能性。因此，对于解构思维来说，印迹的真正意义是根源的消失。其实不应该说印迹意味着根源的消失，而应该说印迹意味着从来就没有构成过根源，本来就没有的东西也无所谓消失。然而，现代形而上学的本体论是靠印迹维持的，印迹意味着根源。在解构思维中，为了突出现代形而上学的虚幻性，我们不妨强调印迹意味着根源的消失。印迹不是根源的印迹，若我们带着寻根的目的去寻找，一个词会把我们传送给另一些词，一部作品会把我们传递给另一些作品，这些作品也不是根源，而仍是印迹。无论怎么找，我们得到的都只能是印迹的印迹。由于本无根源，我们在主观上寻找根源的活动在客观上成了寻找印迹的活动。印迹代替了根源。但印迹本身并不是实体，它飘浮在分延的无形巨网中，它的在场和阙如永远无法确定。它似乎不断出现，又不断消失，甚至可以说，抹迹是印迹的真正结构。当从一个有印迹的存在物转到另一个东西上时，我们发现它仍是一个印迹，再从这个转到下一个印迹，就意味着抹去了前一个印迹。因为印迹是指向分延的，不断地寻迹意味着不断地抹迹。根源的幻象在寻迹与抹迹的重复中，在无穷无尽的分延中悄然逝去了。

三　补替：本体的虚空

因迹寻根是建立在表层现象后面有深层结构，存在者后面有存在，意识下面有无意识这一现代思想的假想模式之上的。把印迹还原为解构思想所认为的现实，其实是人在分延的虚实网络中的一种活动。由于深层本质不存在，寻找印迹的活动实质上不是为在场之物寻找其意义得以确定的根源、本质，而是为在场之物寻找其意义得以呈现的"补替"（supplement），这是一个多义词，既可以表示"增补"（addition），也可以表示"替代"（substitution）。这两种意义相加正好说明补替的内容。

德里达在《论文字学》中有好几节以卢梭为批判对象，讲从言说与文字的关系而产生的各种补替，在《声音与现象》中德里达以胡塞尔为批判对象来谈言说时的声音与观念的补替关系。这里我们还是用补替理论从语言学的角度来切入美学问题。

具体的存在物（如一个词、一句话、一个文本等），其意义总是在与他物（如其他词、其他句子、其他文本等）的关系中显现出来，总是表现为一种在场与阙如的关系。由于阙如的后面没有根源、本质、结构，只有分延，因此，寻找意义就是在一种分延中寻找比较物或某种关系的活动。分延本是空间中无限的区分之网和时间上无限的延宕之线，但又由自近而远的一个个具体存在物组成。虽然无限的区分和延宕使终极意义成为不可能，但存在物却在意义的追求里不断地进入具体的关系之中，从而也不断地得到意义的说明。当我们说"它（他或她）是……"的时候，这使存在物进入一种具体的关系中，使之得到一种说明，获得一种意义。由于这个意义不是终极的，对于追求终极的意识来说，"是什么"的这个"什么"，只能是一种替代。语言的系词是（to be）以前一直被认为承担着指向确定、本质的任务，其实它一直具有承担和替代的功能。正如海德格尔所说的，每当我们给"是什么"做一个规定，以为给出了存在（being）的时候，其实只是给出了一个存在者（beings），而这个存在者只是一个替代物。海德格尔的意思是，我们不应要替代物，而要存在本身。但在德里达看来，存在本属于子虚乌有，我们能得到的只是替代物。代替是系词的本质，也是语言的本质。我们说《荒原》是什么，比如说，是一些词的组合，是艾略特的作品，是现代派作品，是充满象征意象的作品，是寻找圣杯的题材，是寓言似的作品等，我们可以无限地说下去。我们每说一次"是"，都是把《荒原》引入一种关系中，从而对《荒原》给出了一种意义，但每一次给出的具体的意义，都不是最后的本体性的意义，而仅是这本体性意义的一种替代。因此，寻找意义和本质的活动实际上只是一种寻找替代物的活动。

不过，因寻找本质和意义而给出的"是"又不仅是一个替代，还是一种增补。以上一段所讲的《荒原》为例。在追问《荒原》是什么所给出的答案中，第一个"是"把作品引入语言学之维，对作品的物质载体和性质的具体构成进行增补；第二个"是"把作品引向与作者的关系中，从创作者方面对作品进行增补；第三个"是"把作品带进一系列的作品群中，对作品进行整体类型方面的增补，我们会因此想到一系列现代派作品，又从一系列现代派作品来反观《荒原》，从而对它得到一种类型学的理解；第四个"是"从意象方面对作品进行增补，我们会由此想到一系列的充满象征意象的作品，其中有现代派的，也有非现代派的，甚至有非西方文化的作品，这种新的上下文构成，使《荒原》产生了新的意义……每当我们说一次是，我们都得到比这个"是"的主语多一些东西的谓语，都得到了增补。德里达说："作为一种补替，这个符面并不代表最初的纯粹的阙如的符意，毋宁说，只是以另一个符面来代替它，以另一个与阙如的在场者维持另一种关系的符面类型来代替它。"①由于根本就不存在一个绝对的本质、结构、根源，我们寻找意义的活动不仅是一种补替的活动，正确些说，文本的"由中心或根源的缺乏和阙如所允许的游戏运动，是一种补替的运动"。②补替意味着本体的虚空。

四　播散：文本的文本性

补替是以传统为参考系，与寻求本质相比较来讲的，它揭示了没有本质，只有补替！从字面上看，补替表现为一种消极的寻找替身。词、句子、文本自身不能说明自己，必须通过系词"是"给自己找一个替身。而播散（dissemination）则不妨看成是从新的视角来论述同一现象。"播散肯定了无穷的补替"③，播散表现为一种积极的意义，显示了在无始无终的分延网里文本自身的主动性。

播散是语言自身的特性，德里达在《播散》文集中的名篇《柏拉图的药》中对此做

---

① Derrida，*Speech and Phenomena*，Northwestern University Press，1973，p. 89.

② Derrida，*Writing and Difference*，The University of Chicago press，1978，p. 289.

③ Derrida，*Position*，The University of Chicago press，1981，p. 86.

了生动的说明。在柏拉图的对话集《斐德若》中，药（pharmakon）具有多种含义，首先具有相反的对立含义：治病的良药和害人的毒药。《斐德若》中讲了一个故事，埃及的一个名叫图提的神，发明了数字、几何、天文、地理等，还有文字，他把自己的发明奉献给埃及法老，对于文字，他特别强调说，这是治疗忘却的（良）药。但法老收下了图提所有的东西，就是拒收文字，理由是：第一，文字用僵硬的符号来代替生动的言说，抹掉了说话时活的气氛，徒具其形而神气已亡；第二，文字记录了现实之后就离开了现实，只作为干巴巴的符号留在那里，人们可以不接触现实就学习文字，通过文字，得到知识，好像是无所不知，其实是一无所知。因此，文字是害人的（毒）药。虽然在故事中埃及法老拒绝了文字，但事实上埃及人，乃至整个人类都接受了文字。文字既是良药也是毒药，一方面它毒害着言说时的生动气韵，另一方面它又想把具有时空有限性的言说留存下来，此时它是传给他人的良方。

在德里达看来，埃及故事的精神灌注到整个《斐德若》中，"药"字的两种截然相反的含义在文中同时出现的情况比比皆是。任何逻辑严格的翻译者面对此情景，都难以做出选择。面对"药"的内在差异，任何翻译都会把为翻译而进行分析的效果加到"药"这个词上面，而使之产生变异、扭曲、播散，从而使逻各斯中心主义的同一性遭到解构。

"药"（pharmakon）可以有多方面的语义播散，幻药、春药、医药、毒品等，我们从"药"还可以引出另一个与之最为相关的词，"药师"（pharmakos），这个词也有多种含义，如魔术师、巫师、投毒者、替罪羊等，这个词正是柏拉图对话集中的主角苏格拉底的主题。

在苏格拉底的对话者看来，苏格拉底就是一位魔术师，他巧言善辩，迂回曲说；在不认识他的城市中，他会被当作巫师抓捕起来；最后，他在雅典被捕，以诱惑青年（投精神幻药）的罪名，当了囚徒，喝下了毒药。做了囚徒的苏格拉底拒绝逃跑，他直面死亡，且死得非常平静，对于他来说，他喝下的毒药同时又是使他得以彻底解脱的良药。雅典政府让苏格拉底喝毒药，是为了使他成为一种恶的代表，从而突出恶以彰显善，使善恶分明，进而除恶扬善。因此苏格拉底成了"替罪羊"，同时他也驱逐替罪羊而使善的纯性得以保存。德里达发现，雅典每年都在重复驱逐替罪羊的仪式，那一天正是苏格拉底饮药而亡的日子，正是这一天成了

"替罪羊"的"魔术师"的生日。从对"药"的分析，我们可知文字本身就包含着差异性的二元对立，本有着分延的置换游戏，生出播散的活剧。然而自柏拉图以来的西方传统却以逻各斯中心主义的同一性在二元对立（本质/现象、灵魂/肉体、善/恶、内/外、言语/文字等）中建立了一方（本质、灵魂、善、内、言说等）对另一方（现象、肉体、恶、外、文字等）的绝对统治，并用拒斥差异、倒转、置换、补替、播散这些语言本有的运动来保持这种统治。而德里达正要通过对西方传统之根——柏拉图的分析把播散的性质还给以文字学为基础的语言。

播散表现了词、句子、文本自身的突破能力。一篇文本之为一篇文本，总呈现出一种意义的统一体，一种有秩序的整体。它究竟具有怎样的统一、秩序、意义呢？它并不是封闭的，不是只有怎样，只能怎么；而是开放的，是可以由各种关系赋予的。例如，从文本的创作来看，作家的创作意图及其顺利贯彻，可以带给文本以一种统一性；一种带有历史发展的文体类型也可以把该文编织进去，给它安排一个位置，并让文本按照这个位置来组织自己各部分的统一；同样，一个有着历史脉络的主题类型，也会给文本在安排自身的统一时以秩序；此外，文本与时代、文本与民族、文本与文化、文本与其相邻学科的关系，都可以为文本带来一种组织秩序和意义内容。然而，由于分延具有根本性，文本就具有播散的本性。播散是一种拆开、分解、置换、改变文本秩序的力量。任何一篇文本，无论我们从哪一个角度（作者、读者、社会、政治、历史、文本、主题、结构、民族、文化等），或者从多种角度（解释学已经证明，不可能是所有角度）进行综合，提出一种意义、一个主题、一个本质，都是能够从文本内部予以瓦解，予以否定的。博大复杂的名著是如此，单纯短小的文本也是如此。一篇文本由若干部分组成，每一个部分又由一定量的词句组成。由于分延是语言的基本，播散是语言的特性，没有先行的主题，没有先验的结构，文本内的组合方式是无限多的，构成意义的方式也是无限多的，因此要把哪一种意义确定为唯一的意义，确定为文本的本质，都是不可能的。播散"标志了不可化约的和能产的多重性"①。它要反对和颠覆的就是文本的单一意义和中心思想。播散是文本自身的自主力量，它反对任何以结

---

① Derrida，*Position*，The University of Chicago press，1981，p. 45.

构主义、精神分析、存在主义之类的方式对自己的给定和限定。

播散也是一种输出力量。文本不是由一个深层结构所制约的，是自主的，它可以自由地去获取意义，自由地被予以解释。文本处在一个分延网中，它可以走向任何方向，选取任何参考系，得到任何一种解释。解释不完全等于被解释者。解释是文本与所选择的某一参考系之间的一种互动游戏。这种在分延网中的互动游戏就是播散。按上一节的观点来说，每一次解释活动都是一种补替；按现在的立场来说，每一次解释活动都是一种播散。由于词汇没有中心、结构、根源、本质，从词汇到语段，只有分延之网，因此播散是文本的文本性。

第二节　福柯与历史重写

福柯（Michel Foucault，1926—1984）在美学方面的言论不算多，但他对美学的影响是很大的，他的理论可以很容易地运用于美学，他自己就多次用过且成就斐然，比如，在《词与物》的前言里他一开始就引用博尔赫斯（J. L. Borges）的作品来叙说，第一章从委拉斯开兹（Velazquez）的绘画开始。但从后结构的整体来看，福柯在历史上的言说具有突出的意义。正如德里达对逻各斯中心主义的批判主要表现为对文本的语言解构，福柯对逻各斯中心主义的进攻则主要从历史上展开突破。德里达也面对历史，他展开了对从柏拉图到列维-斯特劳斯的思想史大家的全面进攻，但他把思想史上的每一个人转化为共时文本进行逻辑分析，福柯也做理论分析，只是他的分析理论为解构历史服务。因此，对于德里达，人们容易总结出一套文本解构法则，像美国理论家乔纳森·卡勒（Jonathan Culler）在其《论解构》（1982）一书中所做的那样（对于一个文本，第一，对主题的二元对立的等级进行颠倒；第二，寻找某一综合了不同价值的浓缩点，使主题的矛盾呈现出来；第三，找出文本自身的差异；第四，把文本的内容冲突复现为阅读之间的冲突；第五，关注边缘，往往能够从边缘找到解构中心的力量）。而福柯要提供给人们的，是解构历史整体的法则。不等别人来总结，福柯一边表演着解构历史的过程，如疯狂史、性史、诊所史等，一边在舞台上自道旁白，讲解着自己的方法，这就是著名的考古学和谱系学。福柯在临近生命的最后时刻所写的《什么是启蒙》(1984)中对自己的历史批判和批判方法进行了一个总体概括：

> 批判不是以寻求普遍价值的形式来进行的，而是通过使我们建构我们自身并承认我们自己是我们所做、所想、所说的主体的各种事件而成为一种历史性的调查。从这个意义上说，这种批判不是可被超越的，其目的并不是使形而上学成为可能。批判在合目的性上是谱系学的，在其方法上是考古学的。所谓考古学的，意指这种批判并不设法得出整个认识的或整个可能的道德行为的普遍结构，而是得出使我们所思、所说、所做都作为历史事件来得到陈述的那些话语。而这种批判之所以是谱系学的，是从这个意义上说的，它并不会从我们所是的形式中推断出我们不可能做或不可能认识的东西，而是从使我们成为我们所是的那种偶然性中得出不再是、不再做、不再思我们之所是、我们之所做或我们之所思的那种可能性。①

这段话讲了福柯历史批判的后结构目的，是拒斥形而上学和逻各斯中心主义的整体话语，呈现出由这种话语所遮蔽的历史本真。这本真，在福柯看来，就是身体、知识、权力三者的关系。考古学和谱系学是达到历史批判目的的两种既有区别又有联系，还有交叠的方法。

一　考古学与历史重写

考古学，我们不妨不管福柯的劝告，就从"考古"的特点去体会它。考古是对"古"(历史)进行实地的考察和考证。这种"考"有自己的特点。一是考古能得到什么，事前我们只能大致估计，不可能确知，有时考而得"古"，有时考而无"古"，因而，考古像历史本身一样充满偶然和意外。二是考而得"古"，这"古"是什么，

---

① 杜小真编选：《福柯集》，539—540页，上海，上海远东出版社，1998。

石器？陶器？玉器？青铜？洞穴？墓葬？宫室？"古"中呈现的事物是按什么方式联系在一起的，由于"古"中有不少空白而充满问题。三是特别在史前考古中，人们今年发现这几个遗址，总结出几点；明年又发现另外几个遗址，再修改原来的几点，得出新的几点；后年又发现几处遗址，又修改又重定等，可以说，考古是对原有的历史整体性不断解构和重写的过程。

站在考古学的视角上，历史学的四种基本原则就靠不住了。哪四个原则呢？一是总体化。历史事实和事件是非常复杂的，但历史学却用一些方式，如因果关系、循环关系、对立关系等，把时间不同、空间各异的事件聚合为整体，简化为历史的线型。比如，中国文学，漫长时间中的《诗经》《楚辞》、汉赋、六朝五言诗、骈文、唐诗、宋词、元曲、明清小说等总被聚合为一个整体，从共时角度看，清代的文体非常复杂，诗、词、赋、文、戏曲、小说，也总被聚合为一个整体。对历史做总体化的运动，成了人们理解历史的固定模式。二是找起源。历史上的任何一事，总要找一个起源，而寻起源是为了在起源中找到一个本质。有了本质，以后的一切历史发展，无论有多么不同，都是这一本质的丰富展开。起源—本质完全是为总体化服务的。有了起源—本质，总体化就有了坚固的基础。三是同质性。历史总表现为各种有差异的事物和不同的事件。为了使这些相异事物和不同事件能够被总体化，历史学就在相异中找出相同，从不同中寻出一致，无论此物与彼物有多么大的殊异，这事与那事有多么大的分别，都运用同质性原则使之相同，从而将不同的东西放进一个总体化的结构之中。因此，同质性支持着总体化。四是连续性。如果说同质偏重于从空间—共时—逻辑上进行总体化的运作的话，那么连续性则侧重从时间—历史—线型上进行总体化的组织。一些事出现于前，一些事产生于后，只要我们运用连续性原则，无论这些事相隔多长，时距多久，都可以将之组织进一个历史的总体逻辑之中。正是这四项原则，贯穿在各种各样的关于"史"的写作和话语之中，文学史、美学史、思想史、宗教史等无不如此。与这四项原则相适应，还存在一个方法论原则，为了使历史书写达到整体性、连续性、同质性的目标，书写者需要有与之相适应的资料体，由此形成了以同质性和一致性为主导的资料选择原则。

考古学对历史学的四项原则进行了相应的解构。与总体化相对的是散落性和转换性。散落即一会儿这一会儿那，无须用一个整体把散落的物与事总体化，散落性才是它们的本真面目。如果说散落的物与事有关系的话，这也不是一种总体化的关系，而是一种转换性的关系。这一事与那一事相关，那一事又与另一事相关，这一相关与前一相关可能根本就没有关系。因此各个散落事物之间只有各种各样的转换关系，而绝不形成一种总体关系。与起源性相对的是来源。来源仅仅指出一个开端，这个开端并不包含本质，因而来源不保证事物在演进中不发生性质的变化。相反，发生性质的变化才是正常的，才符合散落性和转换性的原则。比如，中国远古的"文"，本指文身的"人"，后来转变为"人的打扮"（文饰），又转变为"文字"，再转变为"文章"，复转变为"文学"，此时的解释文学已经与原来的"人"没有本质关联了。与同质性相对的是差异性、限定性。一物之为此物，一事之为此事，就在于此物此事不同于它物它事，一物一事的内部包括各种差异的统一。所谓同质是靠吸取一些物与事，排斥另一些物与事而获得的，也是靠只管物与事中的一些差异面，忽略另一些差异面而达到的。因此，物与事达到同质性的同时，也是对其本身的"歪曲"。相反，只有注意其全部差异，我们才会看到其不能被同质化的限定性。物与事的限定性决定了自己反同质化的本质。与连续性相对的是断裂性和间隔性。历史上的物与事虽然在时间上先后出现，甚至在外貌上好似相同，然而，它们可能根本就生存在无法总体化的不同的网络之中，它们之间的关系，从根本上说，是一种断裂关系，而不是连续关系。比如，在中国历史上，原始的文身之"文"与后来的文字之"文"，前者指人，后者指字，这就是一种断裂，而非一种连续。

可以看出，总体化—起源论—同质化—连续性与散落性—来源论—差异性—断裂性构成的框架，仍是传统运思中的二元对立思维方式，福柯只是将对立双方做了根本性的颠倒。当然这种颠倒很不简单，有了这一颠倒，历史学中的整个概念系统都要发生根本性的变动。例如，传统、心态、精神等这类为总体化的目的而将多样事物归为一个整体的概念受到拒绝；影响、发展、演进等这类为同质化的目的来驾驭历时事件的概念遭到怀疑。但仅从这一角度看考古学，我们容易把福柯错解为仍在传统的概念惯例中运思。福柯作为来源于结构主义的后结构主义，是从一种新的思想维度去颠倒旧的二元对立的，从而使这种颠倒有了全新的面貌。

福柯是以语言为基础而又超越语言来进行自己的历史重写的。正像叙事学从语言到话语再到叙事完成了从语言学向叙事学的生成转变一样，福柯从语言到话语再到陈述完成了从语言学到考古学的转换生成。不同的是，叙事学是结构主义方向的进军，考古学是后结构主义方面的反叛。

二　重写历史的基本单位及其概念体系

历史现实一旦过去就过去了，我们不可能面对历史本身，而只能面对各种历史资料，我们应当怎样研究历史，或者用福柯的语言来说，我们怎样进行历史考古呢？福柯认为，陈述是考古学的基本单位。面对历史，实际上是面对陈述。什么是陈述呢？与叙事学的叙事一样，陈述来源于语言又不仅是语言，它可以是句子，可以是命题，也可以是方程式，还可以是"一张图表、一条增长曲线、一座年龄金字塔、一片分布的云层"①。叙事不仅是语言，而且严格地遵循结构主义的语言学规律，因此叙事学得出的体系都是实体型的，可触可感，一说就懂。陈述超越语言学后形成了自己的后结构规律。陈述（比起叙事来）是"虚"的。陈述可以体现为句子，但不受句子的规则限制；可以表现为一个命题，但不遵循逻辑理路；可以呈现为一幅图画，但不禁锢于美学法则等。因此，陈述敞开了一道新的思维视野。德勒兹总结说：陈述不是而且反对由逻辑而来的命题的类型学，不是而且反对由语言学而来的句子的辩证法，陈述犹如拓扑学，好像无调性音乐。同一个陈述可以表现在不同的形式中。在杜甫诗歌、韩愈文章、颜真卿书法中，我们可以看到对唐代尚法的相同陈述，这显示了陈述具有跨越界线的性质。同一个形式可以表现不同的陈述。"梦实现欲望"这句话在西方文化中被不断地重复，但这同一句话出现在柏拉图的口中和出现在弗洛伊德的笔下，却是不同的陈述。陈述超越了我们思维和分类的惯例，但它却又有着自己的"规律"：

一是陈述具有非总体化的活性。陈述是被形成的，是通过命题、句子、图像

---

① ［法］米歇尔·福柯：《知识考古学》，101 页，北京，生活·读书·新知三联书店，1998。

等形式而存在的，但陈述在性质上又不等同于所存在之物，不使自己像命题那样归于某一公理，不使自己像句子那样归于某一固定语法，也不使自己像言语行为那样属于特定语境。各种固有的系列，都如命题一样，总是纵向地反映高层次的公理，总体化归纳由此形成。陈述不等同于所存之物，因此它从总体化的运行中超越出来。一个陈述与其他陈述的关系是以一种非总体化的方式呈现的，因为陈述是"无"，它从未置身于一个系统中，因此它能不断地从一个系统转移到另一个系统；又因为陈述是"有"，因此它能够把异质的陈述联结起来。在不同的系统间，区分、播散、过渡、跨越等构成了陈述活性的一个方面，在不同的空间，放射、重现、复制、反复等构成了陈述活性的另一方面。总之，陈述显现着、存在着、流动着，有自己的存在方式，但不同于逻各斯中心主义以来的实体型存在方式；各类陈述之间关联着、对照着、互换着，有自己的组织方式，但又异于逻各斯中心主义的总体化组织原则。

二是陈述是一种非主体性的存在。当陈述呈现为一个句子的时候，句子有一个主体，这就是句子中的人称主语。对于语言学来说，人称主语意味着主体的存在，如"我（或者他）怒发冲冠"，这个"我（或者他）"就是主体。当然人称主语的"我"也可以不出现，只现"怒发冲冠"，这只是词句的省略，谁都明白隐去的主体是存在的。但从陈述的性质来说，却没有主体，"怒发冲冠"中的"我"（或者"他"）只是一个立场或位置，谁都可以去占据或填补这一位置。因此，从语言学的角度看，这一位置上的形象是从一个原始的"我"中派生出来的，是"我在说话"。从考古学的角度看，这些形象是从陈述本身中派生出来的，是"话（陈述）在说我"。正如在叙事学里，叙事者不等于作者从而使叙事学具有了结构主义的客观性，考古学的陈述也是通过陈述本身生出人称代词而拒斥了主体的介入，使考古学具有了后结构主义的客观性。

三是陈述还是一种非对象性的存在。当陈述呈现为一个命题的时候，命题指向参照物，正如分析哲学所论证的，命题是靠与现实的对应与否来决定自己是真命题还是伪命题的，因此，命题意味着对象性的存在。对现象学来说，对应于外在事物的，是主体的意向性。命题是联系着意向性的，意向性的对象决定着命题的意义。陈述在以命题形式出现时，也有一个话语对象，但这一对象却不是来自现实或意向的，而是来自陈述本身。因此陈述中对象的意义不是由现实来决定的，它的对象可以是现实确有的，也可以是现实没有的。确有与否，对于命题来说是重要的，对陈述来说是不重要的。陈述对象的意义只与陈述自身有关。因此，陈述不像命题那样，走向区别于意向性的类别，而处于变动不居的位置，从而具有了与异质系统进行沟通的话语模式。因此，对于现实来说，陈述像梦，如万花筒，一切都随人们选定的资料体和所勾画的对角线而发生变化，就陈述自身来说，这又是真实的，所有的真实在陈述中都一目了然。

福柯谈了陈述的三个法则。

第一，稀少性法则，即说出来的东西永远不是全部，这并不意味着要去找那未说出来的东西，也不是要研究阻碍说的东西，那样就又回到了精神分析和结构主义，而变成了一个总体化的行为。稀少性只表明，作为陈述的话语具有非语言的断裂性质和非整体的空白性质。语言的断裂引导人们去焊接而呈现结构，整体性的空白引导我们填空而走向整体，非语言的断裂则知道自己无固定结构，因此无须焊接；非整体的空白因知其本无整体从而无须填空。稀少性正好确证了福柯的研究对象：确定一个有限的在场系统，要分析的只是永远处于自己位置上的陈述。考古学呈现的就是一个非整体的历史。由此，引出外在性法则。

第二，外在性法则，即陈述研究是一种外在性研究，以前的历史研究总是建立在外与内的辩证关系上的，通过充满偶然性的外在，历史研究又回到必然性的内在。而陈述分析是在陈述本身纯粹的播散中重建陈述；它不参照任何一个内在性的逆反形式，直面外在性的差异、悖论、偶然、断裂等，使历史不受总体化的歪曲而本真地呈现自身。因此，考古学要确定的，不是萦绕在陈述之后、之下、之外的主题、形象、寓意、结构，不是一种阐释学，而是直接面对陈述本身，面对形成系统的陈述整体——话语。

第三，并合性法则，即怎样把陈述组织起来。并合性法则不是逻各斯式的内在化，也不是文献式的总体化。并合性法则不是去发现连续的或不知不觉中的过渡，从而把陈述与它前面、周围和后面的东西联系起来；也不注意陈述从它们原来不是的东西变成它们所是的东西的时机；更不想缓慢地从观念的模糊领域直接走向体系的特殊性或科学的最终的稳定性。并合性法则把每一个陈述视为一种"暂留"，它既不把陈述作为今天的参照，也不费力去还原到当初要表达的东西，而只看陈述得以暂留的情况；并合性法则确定话语的特殊性，指出话语所发挥的作用在哪些方面对其他话语是不可缺少的，它沿着话语的外部边缘追踪话语，以便更清楚地确定它们，并按话语本身的存在对话语方式进行差异分析。对于陈述的三项原则，福柯总结道：

> 描述一个陈述的整体不同于描述某一意义的封闭和过剩的总体性，而是如同描述一个有欠缺的和支离破碎的形态；描述一个陈述的整体，不是参照某种企图、思维或者主体的内在性，而是依据某种外在性的扩散；描述一个陈述的整体，不是为了从中发现起源的时刻或者痕迹，而是为了发现某种并合的特殊形式；绝不是要发据某种解释，发现某个基础，释放某些组成的行为；也不是要决定某种合理性或者通览某种目的论。它是要建立我们称之为实证性的东西。①

总之，福柯就是用稀少性分析代替总体性研究，用对外在性关系的描述代替先验性主题，用并合性分析代替起源性探寻来深入研究的。

在讲清了陈述的特性之后，我们可以讲由陈述而展开的考古学的概念体系：陈述—话语—档案—知识。陈述是历史的基本单位。多个陈述形成的一个陈述整体，称为话语。把陈述当作事件和事物的系统，叫作档案。陈述的特性在它的扩大的形式话语和档案中以一种扩大的范围呈现出来。以陈述为基础，由陈述—话语—档案按其规则形成的为建立一门科学所不可或缺的成分整体，称为知识。这种整体之所以叫知识，是因为它与按逻各斯中心主义的原则组织起来的科学有根本的不同。

陈述的特性在这一体系的每一层级上都以扩大的形式呈现出来。

三　谱系学：重写历史的另一方面

谱系学与考古学就重写历史的主旨来说是一样的，但词汇的不同显现出了两

---

① ［法］米歇尔·福柯：《知识考古学》，161 页，北京，生活·读书·新知三联书店，1998。

者关注的重心和方面有差异。虽然尼采的《道德的谱系》是激发福柯谱系学灵感的重要来源，但"谱系"一词来源于家族，因此从谱系学的角度重写历史，词汇的性质本身使这种重写有了自己的走向。我们不妨把家族史与历史做一比较。在《尼采·谱系学·历史学》一文中，福柯重新概括了传统历史书写的形而上学性质：第一，寻找一种完美的代表本质的起源；第二，建立历史事件宏大的连续性；第三，建立历史总体性的真理。这就是前面已经说过的总体化—起源论—同质化—连续性。但当我们面对一个家族史时，这些形而上的宏伟叙事就消失了。家族每一个成员实际上会与谁婚配，是无规律的；其性关系及其后果是偶然形成的；家族的延续和演进充满不可预料的因素。一个成员的长相与另一个成员的长相在哪一方面相似又在哪一方面不同，是偶然的；家族在这一支上断裂，在那一支上延续，无内在理路。一个家族中不能说哪些事重要，哪些事不重要。家族史没有一个必然走向荣耀或必然跌向耻辱的命定规律或要求，而只有家族就是这样了的事实，充满了琐屑的凡人小事。总之，在考古学中出现的历史规律在谱系学中又重现了一遍。然而，谱系学的家族史却引出了历史书写的另一重心：血缘和身体。福柯说："谱系学，作为一种血统分析，因此，连接了身体与历史，它应该揭示一个完全为历史打满了烙印的身体，和摧毁了身体的历史。"[①]因此，谱系学作为现象的直呈来说，不是起源—本质—整体—连续—同质的，但作为后结构的并合来说，是身体—知识—权力的历史。

人生存于体制和规则之中，义务、权力、程序、规则、仪式等，都是为了建立支配和征服的体制，而人的身体是被一系列体制塑造出来的。对于福柯来说，权力不仅是强制体系的法权模式，也不仅是经济学模式，还是存在于日常生活中的形态多样的规范和技术体系与细则。权力的分散化和日常化显现出了权力与知识互动互生的关系，日常的权力关系网络产生了相关的知识学科，如精神病学、社会学、犯罪学等，而这些学科把日常经验中的排斥、限制、监视等进行科学性的知识化，进一步发展、完善、扩散着权力的控制。正因为人们把权力扩展为日常规范，知识与权力的一体化就顺理成章了，日常化了的知识—权力就构成了对

---

① ［法］米歇尔·福柯：《尼采·谱系学·历史学》，见汪民安、陈永国编：《尼采的幽灵——西方后现代语境中的尼采》，123 页，北京，社会科学文献出版社，2001。

身体的规范和对心灵的塑形。这样谱系学的历史也就是人被改造的历史，"历史使我们的情感分化，使我们的本能戏剧化，使我们的身体多样化，并使它们自相对抗"①。福柯是从监狱、疯人院的背景来论述身体—知识—权力的，既然身体—知识—权力具有历史的普遍性，那么它就不仅是监狱和疯人院的规训问题，还是整个社会与文化的规训问题，当然也包含美学方面。什么样的身体被认为是美的，这是一种具体的文化塑形，关联着一套知识体系，内蕴着社会的权力结构。

福柯的影响可以分为两方面。一是身体—知识—权力，使我们对人体美及其背后的关联有了一种新的思考。比如，中国古代文化为何以一种冕服体系表现出来，而希腊文化为何使全裸的身体成为公共性的美？二是知识与权力，知识的后面有权力的动作，这对后殖民理论产生了深远的影响。

第三节　拉康与主体重组

从后结构思想的整体互动上看，如果说，德里达让人看到了对文本（固定意义）的解构，福柯让人看到了对历史（必然规律）的解构，那么，拉康（Jacques Lacan，1901—1981）则让人看到了对主体的解构。后结构思想家对事物的定性在思维方式上相同，但在处置对象上不同；在德里达那里，对象是一个词的意义从何定义；在福柯那里，对象是一个历史事件的意义从何定义；在拉康那里，对象是一个主体的意义从何定义。不同的处置对象和思考对象，标志了三人各自取得胜利的不同领域。主体重思是拉康的思想主题。拉康的思想，在思想史大线上，像一个四向爆开的火花，有着方方面面的关联。

首先，拉康的思想是精神分析的继续，并将精神分析做了时代的推进，他怎么推进的呢？拉康把精神分析结构主义化了。拉康采用结构主义的方法，使在弗洛伊德的意识和无意识的结构中不能明晰地讲清楚的无意识，现在被讲清楚了。

---

①　［法］米歇尔·福柯：《尼采·谱系学·历史学》，见汪民安、陈永国编：《尼采的幽灵——西方后现代语境中的尼采》，123页，北京，社会科学文献出版社，2001。

无意识有语言的结构，这样弗洛伊德的扑朔迷离的梦中凝缩和置换，成了拉康的语言学的隐喻与换喻。而这一语言学的原则，不但来自和综合了多方面的思想资源，而且可以伸向美学的各个领域。其次，拉康思想是后结构主义的，语言学的规律在拉康这里不是结构型的，而是后结构型的。就无意识而言，拉康不仅"有语言的结构"，而且"是他者的话语"。这样，无意识就不仅像弗洛伊德理论那样，是主体的意识结构了，还是一定与他者相关联才得以形成的结构。从而，无意识主要不是一个人的心和意识结构的问题，而是一个主体的问题。

主体的重思，成为拉康思想区别于其他后结构大家的主要特色。但在"后"的运思里，所谓"主体重思"，实为主体解构。拉康对主体的解构，内容丰富，关联多方，要而言之，可讲三点。第一，从主体的意识上讲，从其精神分析的关联来说，主体已经不再是主体（意识结构）自身来决定的主体，而是一个由他者来决定的主体，也就是由主体间（inter-subjectivities）来决定的主体；从西方思想史的更大的范围来看，也可以说，拉康思想代表了西方思想从主体性到主体间性的转折。第二，拉康的主体间性，不是从胡塞尔开始就为人所知的现代性的主体间性，而是后现代的主体间性；胡塞尔的主体间性，是诸多主体所共有之性，是主体间的普遍共性，而拉康的主体间性，是因主客互动而成之性，这一点使所谓"转折"言之成理。第三，拉康的主体，不仅是一个心理的主体，如弗洛伊德那样的由本我、自我、超我的意识结构形成的主体，如胡塞尔那样的由意向性的本质直观形成的主体，而且是具有两方面全新内容的主体。一方面，拉康的主体是一个包括身体的主体，是一个走向身心一体的身体美学的主体。这里，拉康成了西方思想重心从我思走向身体的一个转折。另一方面，这是一个与想象界（意味着与他人相连）、象征界（意味着与文化相连）、实在界（意味着与虚无相连）关联的主体。从这一方面来说，拉康为西方思想重思，其主体从自足主体，走向了主客多维互动的主体。因此，拉康的主体重思又是一种后结构的主体重构。

一　镜像：主体的形成史与本体义

拉康与弗洛伊德一样，把人的基本定型确定在婴儿时期，只是弗洛伊德通过人在婴儿期的欲望压抑与规训形成了人的本我、自我、超我的心理结构，人性完全由主体本身的三层心理结构的复杂关系决定。拉康则把主体的形成看作镜像阶段的结果。婴儿面对自己在镜子中的形象，产生了认识的飞跃和主体的成型。这里基本要项是看镜子的婴儿和镜中的形象。与弗洛伊德的主体结构相比，第一，这不是一个仅在心理中的主体结构，不仅是一个心理主体（弗洛伊德把身体器官的欲望都归为欲望从而归结为心理），还是一个身体之中的心理，是以身心合一的身体呈现出来的主体结构，而且镜中的身体形象（镜像）成为重要的因素；第二，主体是与主体外的镜中形象相对并互动而形成的，主体结构是由看镜的主体和镜中的客体这一主客辩证关系形成的，虽然主体结构在心理中形成，却体现在镜像上，无论在心理还是在镜像上，主体结构都是镜内镜外合一的由内而外、由外而内的整体。虽然镜像阶段形成于婴儿的 6—18 个月期间，但正如拉康说的，这却"体现了人类世界的本体论结构"[1]。拉康在 1936 年第 14 届国际精神分析年会上（在马里昂巴德举行）提出了关于镜像阶段的论文，又在 1949 年第 16 届国际精神分析年会（苏黎世举行）上提交了对上面观点进行修订和推进的论文《助成"我"的功能形成的镜子阶段》，这形成了拉康"主体"理论的基础。

镜像阶段（mirror stage）得从 0—6 个月的前镜像阶段讲起。出生的婴儿处于一种混沌的整体感之中，他不但对身体各部分没有区分，对自己与母亲，以及与周围的环境也没有区分。在母亲的哺育过程里，婴儿身体的各相关部分（嘴、肛门、阴茎或阴道）在母亲关注并与之互动中，被突出出来，但这时婴儿各部分的器官感觉仍是零散化的，既无整体意识，也无主体意识。到镜像阶段，婴儿看到镜子中的自己，其主体意识就在对镜中之我的"看"中形成了。婴儿面对镜子也经历了一个过程，最初，婴儿被大人带着同时出现在镜前，婴儿还不能完全区分自己的镜像和大人的镜像；然后，婴儿能够区分镜子中的形象；最后，婴儿认出了镜子中那个映射就是自己，并为自己看出了那就是自己而感到喜悦，更为重要的是，镜子中的自己让婴儿形成了关于自己的整体形象，主体由之形成，主体意识由之而形成：这就是我。

---

[1] 《拉康选集》，90 页，上海，上海三联书店，2001。

由看到自己的镜像并认同于自己的镜像而形成的人的主体，是怎样的一种主体呢？我们归纳拉康的论述，以及拉康研究者们的解说，总结为以下三点：

第一，镜像呈现了一个我的整体，婴儿从此形成了自己的整体性，以前的零散的感觉被整合成了一个整体。但这一整体并不是人的本然整体，而是在镜中出现的整体。镜子，由镜子所形成的一整套机制，在形成人的镜中形象时起到了主要作用，而且从人之外发挥着不是由人所能掌控的功能。正是在这一差异中，人的本然的整体和镜子中的整体，有很大距离，但镜子就是这样把婴儿本来的零散感觉和零散意识（fragmentation），组合成了镜中的形象整体。在这一整合中，人本来的整体被遮蔽了，而作为人本来整体的代替物——整体性的镜像出现了。因此，拉康把从人的零散感到面对镜像时的整体感之形成，称为一种类似于医学外科式的整形（orthopedics），正因为镜像之整体，从本质上讲，并非人之本然整体，因此，拉康称这一具有整体性的镜像为幻象。让人获得主体性的镜像其实是一种幻象（fantasies），这个词在弗洛伊德以来的精神分析学中是"白日梦"，白日梦是无意识欲望的自然表达，是由匮乏而生的一种想象性满足，有了这一背景知识，我们对镜像是一种幻象就有了较为正确的理解。幻象是因需求匮乏的异化想象而形成的固定框架。人的主体实质上是一种幻象主体。

第二，婴儿认同于镜中形象而形成自己的主体。但镜像并不是主体本身，当触摸镜中形象时，婴儿发现这一对象并不真正（真实）存在，而是镜像地（反射地）存在。由此这形成了真实自我与镜中之我的对立。这一对立的实质仍是镜子得以存在，得以把人的形象转化成镜中形象的一整套机制（后来这套机制被称为大他者）的对立。一方面，婴儿通过认同于作为自己的客观化的镜像，而获得了主体意识；另一方面，镜像作为婴儿本身的异化，与人的主体的本质又具有相当的距离和差异，而婴儿一旦认同于镜像，其主体就被镜中形象所同化，婴儿的主体本就是在镜像中形成的，形成之后又反过来成了镜外的婴儿的主体意识，换言之，主体是按照镜中的形象来定义的。这里构成了镜外之我与镜中之我相互影响的辩证法，即一种同化与异化相互作用的辩证法。拉康称之为一种具有"颠倒式对称"的"格式塔方式"。正因为人的主体性是在镜像阶段由同化与异化的辩证关系所形成的，因此，人的主体实质上是一种镜像主体。

　　第三，镜中形象对于婴儿的整体性和主体性的形成之所以具有本质意义，是因为一个基本的生物性法则存在，正如雌性鸽子的性腺成熟是以看见一个同类为必要条件的。镜中形象的确认正是婴儿看见同类而使主体性得以获得的条件。这里，镜像不仅是主体的映像，而且是一个镜中的客体，是独立于主体之外的作为人的同类的形象。婴儿的自我在镜像中得到确立，同时也在婴儿与由镜像得以形成的一整套机制中建立起了一种关系。因此，镜像意味着婴儿自我向镜像所代表的同类的认同，而这一认同，内蕴着婴儿的原初本质、镜中之形象、同类认同、主体建构，以及与镜像得以形成的一整套机制的认同等一系列复杂的辩证关系。而在镜外之我与镜中之像的主体客体化与从主体到客体和从个体到同类的镜像认同中，镜像主体成为一种理想之我（ideal I）。我（I），是主语，同时也意味着是在一种关系中的主语，因此，不从主语一面来看，而从关系一面来看，主语又成了宾语（me），因此，理想之我同时也是一种被理想所关联的我（ideal me）。

　　综上所述，当人在镜像阶段形成自己的主体时，这一主体具有以上三个特征，是幻象、镜像、理想的统一。这三者的关联和互动，把拉康理论中主体的性质呈现了出来。镜像本身就是一种形象，不像弗洛伊德的与本我和超我内在相连的自我，只是一种心理，要经过一系列转换才能成为美学一样，形象本身就与美学相连，因此，拉康说，镜像阶段具有多方面的功能，包含了主体的成形，情欲的生成，形象的美感。[①] 镜像阶段只是主体的形成时期，从本体论来讲，即从一般性来讲，由镜像而来的主体具有什么样的结构呢？这就进入了下一节。

二　主体三维：实在界、想象界、象征界

　　不从主体在镜像阶段的历史形成，而从主体形成之后的理论结构来看，由镜像阶段形成的主体，形成了一个由实在界、想象界、象征界构成的三维结构。拉康文字一直被人称为"晦涩"，主体三维，在拉康那里成熟起来不容易，在读者那

---

①　参见《拉康选集》，92页，上海，上海三联书店，2001。

里理解起来也很难，这里的主要问题是，拉康的思想，不但内蕴着自古希腊以来的西方传统，承传着现代的精神分析传统，而且关联着后结构思想，更为重要的是，拉康与后结构的其他著名思想家（如德里达、德勒兹等）一样，一同组合进了东方思想。这四种思想的交织，既让拉康文字扑朔迷离，又使之透出独特的光芒，在这光芒中，拉康独特的思想结构呈现了出来。

拉康的主体三维有两个顺序。从主体结构的生成来讲，主体三维是由实在界到想象界再到象征界。从主体生成之后来讲，主体三维呈现为实在界、想象界、象征界由外而内的三层。这从东方思想的结构上理解更容易，主体的诞生是"无中生有"，主体的呈现是"从有到无"。但主体作为一个有无结合的主体，其组合的方式，又是西方思想的方式。我们讲解主体三维，按照其生成的顺序方式进行，因此首先讲实在界。

第一维，实在界（the real）。借用古希腊的现象与本体的关系来说，在变动不居的兴衰生死的现象背后有一个不变的本质性的实在。拉康把实在界（the real）与现实（reality）相对立，现实就是人面对的现象界，实在就是现象后面的本质世界。拉康说，实在界，一方面是新生儿的原初—自然—本质的混沌状态（the nature state）。当人的主体性在镜像阶段形成之后，实在界仍是在具体主体后面的以"无"的方式存在着的本质。另一方面是象征界统治着在具体现实后面的以"无"的方式存在的本质。这里实在界作为本质不是自古希腊以来的西方思想型的实体性的东西，而是东方思想型的虚体性的东西。根据印度思想中作为宇宙最后本质的"空"和中国思想中作为宇宙最后本质的"无"，我们就可理解拉康的实在界。拉康虽然显示了东方性的空无，但仍摆脱不掉西方性的实体，这使他不但用了实在（the real）一词，而且认为实在就是物质中的物质性（materiality）。

因此，拉康要将西方的实体性词汇与东方的虚体性思想结合起来理解。东西方思想的混杂让实在界显得尤为复杂。从主体的角度上讲，实在界是人之初的混沌状态中的原初需要，而人的主体一旦在镜像阶段形成，就成了具体的主体，这一具体主体与实在界分裂了。实在界虽然仍然存在，但隐遁起来了，虽然仍发挥作用，但无迹可求。从精神分析的传统来看，这一分裂产生了原初创伤。这一分裂在具体主体的诞生中完成，而具体主体的诞生，意味着出现了主体结构的第二层，即想象界。

第二维，想象界（The imaginary）。在原初的混沌中，婴儿处于一种生物性的需要中。主体在镜像中的诞生，体现为身体与母亲、世界的分离，以及由这一分离而产生的焦虑。焦虑包含两个方面，失落感（lost）和匮乏感（lack）。失落是主体产生时具有本质性的原初状态的失去。这一失落具有多方面的意义，其中之一是匮乏。匮乏是主体产生时发现自己的需要须靠主体之外的母亲和社会来满足，不能自主，须靠他人。这种"靠"，形成了婴儿具有本质性的匮乏心理。因此，人对失落和匮乏的需要不是一种生物性的需要（need），而是一种心理性愿求（demand）。前者通过具体物品的供给就可以得到满足；后者却是加在生理需要上的心理需要和加在文化需要中的"需要"本身，是人以此而安身、安心的需要。心理愿求不是要什么"具体东西"，而是对具体东西的"要"。主体是面对镜中之我而形成的，镜中之我不是镜外之我的简单映像，而应当是一个能够安抚自己的失落和匮乏的镜像，是按照心理性和文化性的愿求之驱动而形成的镜像。婴儿在形成主体而面对镜子时，不仅看见镜中的自己，还看见抱着自己的母亲（或父亲，或在旁的双亲），父母赞许的目光和言语让婴儿知道什么是自己的理想形象。

镜中形象，不仅是具有形、色、声的形体，还是被投注了更多想象、幻想、理想在其中的主体。镜中形象与镜外的心理互动而鲜活起来，由此想象才得以成形，才得以定义。因此，想象界之想象，不是人本身，不是实在界的原样，而是通过镜内外互动的一整套想象和幻象的方式而形成的，是人与他人、世界的一种协调后的结果，而这一协调内化为镜中的形象，一种理想我从此形成。想象界的要义不在于是不是真正的我，而在于这一镜中形象最接近于满足失落与匮乏、在主观上实现心理性和文化性的愿求的形象。因此，想象界中通过想象而成形的镜像是一种自恋的形象，犹如罗马神话中的美少年纳喀索斯，他看着自己水中的形象，深爱之，欲与之合为一体。

在想象界里，人希望成为镜中之像。人在满足自己的失落和匮乏的同时，让自己成为使自己能够得到满足的那个他者（母亲与世界）满意的人。因此，想象界的主体，其实既是主体想要成为的那个主体，也是主宰着主体去如此想象而成为这个主体的他者系统发挥功能的主体。想象（imaginary）一词一开始就有幻想、迷恋、诱惑三种含义，正好说明主体在想象界中的位置，主体的想象是一种（区别于本质的）幻想，并被这一幻想所迷恋，而如是的幻想和迷恋，是被一个他者系统主宰和诱惑的结果。

第三维，象征界（the symbolic），是以语言为核心的符号系统。人对镜中形象的认同，因语言的进入而最后完成。实在界的生物性"本能之需要"（need）在想象界里社会化为心理性的"匮乏之愿求"（demand），在象征界里被语言定性为一种本质性的欲望（desire）。

欲望是精神分析的一个根本性概念，在弗洛伊德那里，欲望与本我相连，让自我和超我劳累不堪，是人的一切行为的内驱力，是自我要去调解和超我要去压抑的东西，又是在对付调解和压抑中产生出的各种凝缩、变形、移位、置换等心理现象的本源。但在拉康这里，欲望一方面是人最根本的内驱力，另一方面又要在语言中才得到定性，而在语言里，一个词的语义，正如德里达已经论述得很清楚的，在一个差异系统中，不断地被延宕，其本质是无法被确切地找出来的。虽然欲望不断地浮现又不断地被延宕，类似于东方思想里的"道心唯微"之"无"，但在后结构思想里，它是被语言系统决定的。这里，本来是心理本体的欲望，在象征界里，倒转成了语言体系中的欲望。拉康与弗洛伊德的区别在这里显现出来，在弗洛伊德那里，欲望就是人的本能，是一种实体的东西，拉康把欲望转换成由主体之外的社会文化和象征体系这一他者决定的东西，欲望成为他者的欲望。

本就存在于主体之中的本能欲望，拉康将之变成一种驱力，拉康说，把弗洛伊德的德文本能（Tried）译成英文驱力（drive）甚好，因为在有效地运用冲动（pulsion）时有些问题，译成法文的飘移（dérive）还勉强可用。[①] 然而，拉康的英译本正是将之译为驱力（drive）。本能（Tried）被弗洛伊德描述为存在于"大脑与身体之间的对接交汇处"。在拉康的理论中，重要的是，第一，欲望成为被象征界规则制约的东西，而驱力则是主体内部的东西；第二，驱力是一种能量，[②] 是虚体的，是

---

① 参见《拉康选集》，612—613 页，上海，上海三联书店，2001。

② Jacques Lacan，The Seminar of Jacques Lacan，Book Ⅺ：*The Four Fundamental Concepts of Psycho-analysis*，ed. Jacques-Alain Miller，trans. Alan Sheridan，London：W. W. Norton & Company Ltd，1977，p. 163.

"无"；第三，驱力来自快乐原则，但又不是快乐原则，与生理之需和匮乏之愿相关，但又不是生理之需和匮乏之愿，驱力从运行体现出来，但却呈现为一种永远错过的相遇。由驱力推动着的生理之需与匮乏之愿同象征界的语言体系开始了一场心理游戏。

语言的特点有二。一是任意性，符面与符意虽然结合在一起，但其组合从本质上是任意的，不存在必然关系，因此，单个词汇不仅受制于整体，而且还与其他词汇重叠交错，并且是由一系列同时处于多个领域的枝节的相互矛盾的限制构成的。这一特点为欲望的浮现和管理准备了战场。二是线性，符面的出现是时间性的，一个接一个地出现，这一方面使得单个符号不能自我肯定其意义，只能通过与其他符号的关系，通过它们的否定性隔离从一种相关性中显示出来。①

欲望在进入象征界，并与之相互角力中，在语言的规则里，以换喻式的滑动方式运行，这样欲望变成了从一个符面到另一个符面的转移过程，变成语言的自我解释运动，而且表现为总是用后来产生的词汇去解释前面出现的词汇，并赋予前面的符号以意义。这样，在语言的运作中，欲望一方面没有得到满足，因而不断地追寻着新的解释，以符合自己的本性；另一方面又在不断地追求与自己相符合的解释中去接受解释，并朝向各种可能的解释。正是在这一不断接受的运动中，从欲望来自生理之需和匮乏之愿来说，欲望在一定意义上得到了满足，被解释了并还在继续被解释着；从语言方面看，欲望已经完全被纳入了象征界这一他者系统之中。

这样，实在界的本能之需，想象界的匮乏之愿，在象征界里，被转化和定义为延宕之欲。也可以说，主体之欲倒转成了语言之欲，而语言是外在于人的一种社会文化建构，是一个他者。作为文化系统，拉康将语言之欲称为"大写的他者"（the big Other），与之相对，文化系统中的具体之人之物，是与这一大写的他者相关联的小写的他者。这样，主体的内心之欲，不断地被延宕，不知所在，类似于弗洛伊德的无意识之本我，但这种延宕之欲，存在于语言系统之中，由语言所决定，因此，拉康说，无意识是他者的话语（因为它按照语言的方式运行），主体的欲望是他者的欲望（因为语言让人按照语言的方式去想象和思考欲望），进而言

---

① 参见［德］格尔达·帕格尔：《拉康》，45—47页，北京，中国人民大学出版社，2008。

之，主体即是他者（因为主体是被想象和语言所决定、所规定的）。

正是在象征界里，个人进入了社会—文化这一他者系统之中。本能（Trieb）变成受象征界管理的他者的欲望，这是从主（自我）客（他者）关系这一角度来讲的；从本能（drive/Trieb）自身来讲，作为一种"无"，本能或驱力以升华的方式来满足，而实际上并没有真正得到满足，只是其满足得到了调整；它以幻想的方式来满足，而这种满足本身就是一种幻想，正是在升华和幻想中，驱力（drive）显示了一种性质，它以可能的方式闪亮了不可能性的本质，因此，驱力与实在界相连。① 从精神分析理路来讲，与象征界相关联的是俄狄浦斯情结。但这一情结在拉康这里，一方面强调阉割焦虑（这与弗洛伊德略同），另一方面强调由阉割焦虑而对象征界的秩序系统的顺从（这里与弗洛伊德稍异）。当主体形成同时也是匮乏之愿形成之时，婴儿认识到自己不能完全地拥有母亲，不能按照生理之需和本能之欲去自我做主，而带着匮乏的害怕和阉割的恐惧，按照想象界和象征界运作的路径，进入象征界的秩序和规则之中，并随之沉浮，与之协调。与主体相关的一切，都被编织到象征界的秩序之中。

在后结构的理论里，象征界是以语言来代表并按语言规则运行的。这里，主体的本能之需要和匮乏之愿求在象征界里成了延宕之欲望。作为象征秩序的语言系统，对于主体来讲，是一个大写的他者，欲望之被延宕是按照语言的规则运行的，而不是按照主体的匮乏进行的。主体如此，父母也是如此。父亲在象征界里，也不是一个生物学上的父亲，而是一个父名（Name-of-the-Father），是按照象征秩序的语言规则来运行的。

主体的身体也是如此，在象征界里，身体上的生物学的阴茎转变成了文化上的菲洛斯（Phallus），这是原始社会中生殖崇拜中以阴茎形象表现的图腾，是意识形态的形象，因此，身体上的阴茎不是按照生物学的法则去满足自己的生物之需的，而是按照文化上的菲洛斯方式，去发挥自己的文化功能的。如果说，在想象界里，主体是按照文化（与主体相对的他者）形象的要求形成自己的镜像的，那么，在象征界里，主体则按照文化概念的要求（语言、法律、习惯、思想）形成自己的

---

① Jacques Lacan，The Seminar of Jacques Lacan，Book Ⅺ：*The Four Fundamental Concepts of Psycho-analysis*，ed. Jacques-Alain Miller，trans. Alan Sheridan，London：W. W. Norton & Company Ltd，1977，pp. 165-167.

本质。而主体进入象征界之后，象征界与想象界相互作用，通力合作，共同形成了主体的具体面貌。

在主体的三维中，想象界和象征界构成了具体现实中的形象和思想的关系，二者的合一又与实在界构成了一个虚实合一的关系。当主体由实在界的原初混沌进入想象界和象征界的镜像之后，实在界一方面成了被想象界和象征界压抑到内部深处之"无"。这"无"，在主体方面来说，就是东方思想中"道心唯微"中的那个难以体察之"微"，是言不尽意中的那个"言有尽而意无穷"之"意"。在客体方面来说，实在界成了被整个象征系统所排挤出现实之外的"无"，这"无"，就是东方思想中的"羚羊挂角，无迹可求"的"境外之境，象外之象，韵外之致"。用拉康的话来说，实在界就是被想象界和象征界对之矫形和填满之后的"不可能性"。实在界、想象界、象征界三者处在一个主体与客体的既相互对立又相互依赖，还相互转换的复杂关系之中。主体已经不是以前的主体，而是由主体间来决定的主体，这个主体间（inter-subjectivity），也不是胡塞尔的各个个体主体的相加，而是主体与他者（包括作为具体他人的小他者和作为象征秩序整体的大他者）的复杂关系，这一复杂关系又在主体三维中呈现出来。从主体形成到主体三维，其核心都与镜像有关，镜像既是形象（想象界）与概念（象征界）的合一，也是想象界与象征界合一后的现象（文化）与实在界的本质（自然）的合一，还是表层心理与深层心理的合一，更是个人与社会的合一。因此，拉康的作为镜像的主体，不仅是一个心理分析问题，一个哲学思想问题，还是一个美学问题。按照拉康的理论，美学形象同样是一个镜像。镜像理论适合运用到任何美学形象的分析中。

三　拉康美学：文本分析与观悟理论

拉康美学，从类型上讲，可以分为两类，即文字的美学和视觉的美学，前者主要体现在文学理论上，后者主要体现在电影理论上。从思想上讲，拉康美学与西方思想史和美学史上的多个方面相联系，其中最主要的有三个方面：第一，拉康美学显示了从结构主义美学向后结构美学的演化，这主要从对文学的结构分析中透出来；第二，拉康美学显示了以文字为主的美学向以图像为主的美学的转化，这主要从观悟（gaze）理论对各视觉领域的影响，特别是在电影理论上显现出来；第三，拉康美学显示出了从审美对象论向主客互动论的转变，这一转变同现象学和解释学关联了起来，后两个方面都体现在观悟理论上，因此，这三个方面又可以说是两个方面。下面就对这两个方面分别讲述。

（一）《被窃的信》：拉康型美学的三层意蕴

拉康的《关于〈被窃的信〉的研讨班》是对文学做拉康型分析的典范。这篇讲稿显示了三层意蕴：首先，从表面上看，拉康好像与结构主义一样，要寻找一个固定结构；其次，这一结构在被找出来之后，却被做了后结构思想的解读，因此，它成了后结构美学；最后，对这种后结构的理解是拉康型的。

爱伦·坡的小说《被窃的信》显示出了一个深层结构的两次重复。王室内，王后收到一封私信，正逢国王驾到，她来不及收起，于是急中生智，将信封面朝下放在桌上，国王未察。但接着大臣来了，大臣洞见此秘密，于是在汇报工作的过程中，从口袋里掏出一封外表与王后之信相同的信走近桌边读，读完之后放在王后的信旁边，一会儿，大臣把王后的信拿起装进自己的口袋里，汇报完毕，大臣退了出去，而这一切都被王后偷偷地看在眼里，却无可奈何。事后，王后找到警察总监，出重金雇其将信找回，总监派人暗搜大臣房内，每一寸空间，每一个暗处都搜遍了，还是找不着。总监求助于侦探迪潘。迪潘拜访大臣，闲谈中，他察觉到壁炉架中间的一个破旧纸质证件夹的空格上有一封旧信，外观特征与王后的信正好相同。迪潘告辞时故意丢下了自己的鼻烟盒。第二天迪潘以找鼻烟盒为由再次拜访大臣时，已准备好了一个与大臣壁炉上的信封外观一样的信封，从而轻易地将信窃回。这里两个情景由不同的人重复了一个相同的结构。

图 6-1

第一结构中，王后是私信的持有者，国王是私信的忽视者，大臣是私信的窃取者。第二结构中，大臣是私信的持有者，警察是私信的忽视者，迪潘是私信的窃取者。整个小说，是一个固定结构的重复，这是一个典型的结构主义理论。进一步来讲，结构主义马上就能总结出这一反复出现的结构所透露出来的深层意义了，正如列维-斯特劳斯对俄狄浦斯神话的分析那样。然而，拉康却没有朝结构主义的方向挺进，而是转向了后结构主义：这一重复的结构并没有固定的意义，相反，真要去寻找这一结构的意义，我们就会发现，它的意义被不断地延宕，是找不出来的。在这一后结构主义的总基调中，拉康对这一结构推出了自己的解读方式。

拉康认为，这一个重复结构，显示了三个主体和三次观看。第一个主体什么也没看到，这就是第一场景中的国王和第二场景中的警察。第二个主体看到了第一个主体没有看到的东西，而且看到了因自己所隐藏之物而受了骗，这就是第一场景中的王后和第二场景中的大臣。第三个主体看到了第二主体以超常思维把隐藏之物放到一个公开的地方，从而成功地窃走了隐藏之物，这就是第一场景中的大臣和第二场景中的迪潘。在这一结构中，拉康看到了一系列自己精神分析理论的展现，这里只举三个重点。

其一，在故事中，以及在重复的固定结构中，私信是最重要的东西，它决定了固定结构以及这一结构所需要的主体角色的形成。但是，故事却没有讲信的内容是什么，[①] 可以说，私信的内容（含义），在结构的重复中，在主体角色的不断变换中，被不断地延宕。私信已经不成为自身的内容，而成为结构的一部分，因为这一结构私信才重要起来。私信在故事中可以看成是无意识欲望的隐喻，而欲望由于在结构中，被结构所呈现，在结构中变幻，被结构所延宕，因此，这显示了欲望转变成他者（象征秩序的整体结构）的欲望，无意识欲望是他者（象征秩序的整体结构）的话语。欲望（信）的内容是什么不重要，欲望（信）成为结构的一个组成部分，在结构中扮演一个被规定的角色，被整体结构所操控，才是重要的。

其二，作为第三主体的大臣和侦探之角色显示了：主体即他者。第一个场景中的大臣和第二个场景中的迪潘，好像是驾驭全局的主体，不但知道第一主体（国王和警察）不知道信的实情，而且知道第二主体（王后和大臣）持有私信并将之藏在

---

① 参见《拉康选集》，19页，上海，上海三联书店，2001。

何处，并成功地窃取了私信。然而实际上，二人并不是自足的主体，而是被象征秩序所驾驭的主体。在故事的结构中，二人作为主体本就受不断重复的结构所决定，被作为欲望隐喻的私信的重要性所决定，而且，大臣窃信是为了政治上的功用，迪潘窃信是为了一大笔金钱，行动和动机已经进入现存的象征秩序体系中，并为之所决定，行动和动机是一个由内蕴着并关联着整个象征秩序的故事结构所决定的，是整个象征结构的一个组成部分，因而是以主体的方式按照他者的规律而行动的他者。

其三，私信作为故事和结构里最重要的内容，不断出现，不断被关注，透露出实在界的裂缝。在拉康那里，实在界是与原初的混沌相连的，就人而言，这原初的混沌在主体形成时就转化为无意识的欲望。虽然欲望被想象界和象征界整合，成为由之运作的符号，但其内容又被作为言语以隐喻和换喻的方式呈现出来。在故事中，私信是欲望的隐喻。这一隐喻让所有人感受到了，比如，"当迪潘走进大臣的办公室时，被窃的信就像一个女人的身体那样布满在整个办公室的空间"①。只有国王对信不知情，而国王不知情正是突出了私信与象征秩序相左的欲望内容。正是这里，欲望虽然被象征系统秩序化、符号化、结构化了，但又透露出了与实在界暗连的欲望的存在。故事中王后和国王都不是直接被写出称谓的，而是用一种让人完全知道其身份的隐讳方式道出的，这又加重了信的隐讳私密的色彩。私信的内容是什么，故事没有讲，欲望的内容是以"无"的方式存在的，显现出了"无"与"有"之间，实在界与象征界之间的紧张关系。私信的出现透露出了象征秩序的裂口，曲折地闪现了实在界的存在，信的失窃让这一裂口闪出光来。大臣在窃得王后之信后，用一个新信封将之伪装起来，在上面写上自己的地址，"地址上的字迹显出娟秀的女性味儿……意味深长的是这封信归根结底是大臣寄给自己的信，又是一封女人的信"②，这信闪出的又是实在界的荧光。同时，王后的私信让人联想到那隐匿在后面而没有被提到的写信人，这里闪出的还是实在界的荧光。整个故事中信的出现及其迂回的移位，体现的正是象征界与实在界的

---

① 《拉康选集》，28 页，上海，上海三联书店，2001。

② 同上书，27 页。

紧张关系。最后，失窃的信被窃回，世界回到了象征界的秩序之中，但正是在窃走与窃回的两次非秩序性的"窃"中，象征界的裂口被撕开，实在界如荧光一闪，被人感受到了。而在这一被撕开的时刻，主体（第一场景中的王后和第二场景中的大臣）感受到了创伤性的疼痛。意味深长的是，私信被窃回，私信的保密性得到了维护，这既是象征界秩序得到维护的体现，又是私信对象征秩序被暗中破坏而又得到维护的体现。

在拉康对《被窃的信》进行的分析中，一个拉康式的特点得到了强调，这就是"看"的作用。结构中三个角色的不同，源于"看"的方式不同。正是这种不同，通向拉康美学的总体特征。

（二）观悟（gaze）美学：拉康美学的全球化意蕴

拉康在20世纪30年代提出镜像理论时，已经强调了"看"的作用，并从"看"导致主体的形成，和在形成一个看似统一实则分裂的主体这一境况中，深入了"看"的内容，并对"看"有了自己独特的体悟。拉康以后的思考就顺着镜像理论进入主体的三维结构中，当其完成三维结构的理论之后，他以1964年以"精神分析学的四个基本概念"为主题的第11期研讨班的讲演为标志，高调回到"看"的问题上来，提出了观悟（gaze）这一概念，对自己的美学以及对整个西方美学产生了重要而广泛的影响。拉康思想的一个重要特色是强调主客互动，或者正确地说是，强调主体间互动。从互动这一角度看，拉康思想主要由镜像和观悟这两个关联概念组成，镜像是从客体（或者说被异化了的客观化的主体）的角度来概括这一主客互动的，观悟是从主体的角度来概括这一主客互动的。从镜像理论来讲，主体是在镜像中形成的；从观悟理论讲，主体是在观悟中形成的。而从这两个概念出现的时间来看，从镜像到观悟这一顺序不禁使人想起，整个西方美学的演进表现为从文本到读者。把两者加以关联，我们可以体悟到拉康理论的演进与时代思想演进之间的互动共进。

Gaze这个词被拉康用来阐述自己独特的理论之后，已经不是gaze的西文词典的原意"凝视"。目前中文学界把gaze翻译成"凝视"，已反映不出拉康的词意。以英文"gaze"和中文"凝视"来因词寻义，容易误解拉康的思想。在gaze理论里，

gaze 从眼出发，但又与眼分离，而且在眼与 gaze 的辩证运动中，二者没有配合共生的关系，而有一种引诱关系①，最后是 gaze 对眼取得胜利②。Gaze 是一个过程，主体从这一过程中体悟到自己的"本质"，或者说体悟到自己的位置以及自己与对象和世界（包括象征界和实在界）的关系。因此，这里译为"观悟"。在中文里，观，从眼出发，但不仅包含眼睛的看和视，还包括"看"有所"见"和"视"有所"得"。而在拉康的 gaze 概念里，在看而见之、视而识之的同时，看超越了主体之看，达到了一种主客的互看和一种在主客互看之上的包括象征界整体和实在界整体在内的全视者之看，这多重互织的看又引向了主体的自看，这里，看产生了多重由看的主体和被看的客体所能道尽的东西。这一效果，加上一个具有形而上意义的"悟"，即"观悟"，用这一双音词去翻译 gaze，以期基本符合拉康的原意。

拉康拈出观悟（gaze）而得到西方美学的广泛应和，从对之进行应和的整个大语境中，我们可以体会出拉康观悟（gaze）理论的重要意义。第一，在整个西方美学从以文本话语为中心到以读者话语为中心的转移中，观悟（gaze）理论的出现是西方美学重心转移的一个组成部分。第二，拉康的观悟（gaze）理论对读者中心进行了深化。在观悟（gaze）中，读者并不是主体，而读者自以为是自由主体而实为一个受控的主体，因而成为一个没有主体性的主体，正确些说，是处在复杂关系网中既受观悟（gaze）理论控制又在其中挣扎的主体。因此，拉康的观悟者（gazer）与伽达默尔解释学中的解释者具有根本性的不同。正是这一不同，显现出了新兴读者中心话语的多样性。第三，拉康的观悟（gaze）不是一个以文字为对象的读者，而是一个以图像为对象的观者。观悟是对视觉形象的观悟，主体与对象的关系是一种主体对图像的关系。想一想，整个后现代或全球化时代是一个图像时代，文字主体正在让位于图像主体。由文字主体向图像主体的转移，是后现代全球化的时代特征，而拉康的观悟理论则成为后现代或全球化时代的一种具有普遍性的美学理论。

---

① Jacques Lacan，The Seminar of Jacques Lacan，Book Ⅺ：*The Four Fundamental Concepts of Psycho-analysis*，ed. Jacques-Alain Miller，trans. Alan Sheridan，London：W. W. Norton & Company Ltd，1977，p. 102.

② Ibid.，p. 103.

拉康的观悟理论，从精神分析走出来，拥有着自己一大堆独特的相关概念和逻辑理路。我们要按照拉康的原样讲述，每一个概念都要细微解释，才能与中文话语对接，整个逻辑理路也要走一圈精神分析的正步，才能将拉康理论扳上美学之道，这样太费力又可能在读者面前不讨好，因此，这里，我们直接把拉康的理论接在美学之上，按美学的方式来讲更简便易行。

观悟（Gaze），第一，是一种互看。观悟不是一般地看，也不是仔细地凝视，而是在看对象的时候同时被对象回看。在拉康那里，对象从本质上说是一种镜像，虽然观者不是看着镜中的自我，而是看着一个本身就不同于自我的对象，在美学上，观者看一个审美对象（绘画、雕塑、电影、电视剧），但审美对象在本质上是一种镜像，这一镜像型的审美对象怎么回看观者呢？这就要由上面已讲的拉康的想象界和象征界理论来予以说明了。主体看审美对象与自己看镜中之我在心理功能上是一样的。因此，观悟是一种互看，这就与美学史上各种理论讲的"目既往还，心亦吐纳……情往似赠，兴来如答"（刘勰《文心雕龙》）一致，这也说明了拉康的观悟理论会迅速获得美学上的应和。

第二，观悟意味着对象回看。观悟表现出主体很主动，而对象的回看，表现出主体成为客体。[①] 主体之所以成为客体，在于客体本身很强大，这与想象界要求主体按照理想的方式去塑造自己（成为理想的我）相关，与象征界按照语言规则和文化法则把包括主体在内的整个观看过程都纳入自己的体系之内有关，正是想象界和象征界巨大的体制和心理的力量让主体成为他者，让主体的欲望成为他者的欲望，让主体的话语成为他者的话语，而这一主体之所以被他者化，是对象回看的结果。然而，拉康又说，对象中有一个看不到的东西，拉康称为 objet petit a，"petit"是次要的，无价值的，"a"对应法语中的"autre"，意为"他者"，当对象被象征界所定义和掌握时，对象中的逃避了掌控而又还在对象之内的东西，对于对象来说，是个他者，这个词全译为"无价值的他者对象"，简称为"对象 a"，这可以说是"对象中的小他者"，无价值是因其在象征界里没有位置，小是因其不可见。

---

① Jacques Lacan, The Seminar of Jacques Lacan, Book XI: *The Four Fundamental Concepts of Psycho-analysis*, ed. Jacques-Alain Miller, trans. Alan Sheridan, London: W. W. Norton & Company Ltd, 1977, p. 83.

"对象 a"既区别于作为象征界整体的大他者，也区别于被象征界所控制的作为具体对象的小他者。它是在对象之中而又不可见的他者，最主要的是它属于实在界，如果要用一个中文译词来说它，就可以称为"象（object）内之象（a）"。这样，回看包括两种类型：一是具体对象的可见性的回看，其功能是将人纳入象征体系，形成理想的我；二是具体对象中对象 a 的不可见性的回看，这一回看存在着，但往往被主体忽略。从理路上讲，我们可以把对象 a 理解为埋藏在具体对象深处的"无"（深层意蕴），这个对象深处的"无"与主体深处的为主体意识所意识不到的无意识之"驱力"有一种对应关系，二者都属于实在界。对象 a 的回看是重要的但被视而不见，由于其存在着，它就会被带出来，怎么被带出来呢？这就关联到"无"的环视。

　　第三，观悟意味着"无"的环视。对象（艺术作品）之所以能回看，主体之所以能感受到对象的回看，在于对象后面是想象界和象征界的整体。这个整体在具体对象（艺术作品）之后或之外，以"无"的方式呈现出来。这样，回看由对象的回看，升华为想象界整体和象征界整体的回看，这一整体在"无"中。无之回看虽然由具体对象所引出，但却由"无"发出。由于"无"不像具体对象那样有一个确定视点，从而变成了无处不在的全视，因此，在"无"中的看者转变成了一个全视者（the seer）。这时，藏在具体对象中的对象 a 的回看也在"无"的混沌中加入到全视者的看之中。主体感受到的被看，用拉康引用梅洛-庞蒂的话说，变成了"被全方位地看"，我们不妨将之称为"环视"（all-seeing）。由具体对象的"回看"到全视者的"环视"，主体被置入一种更复杂的关联之中，当全视者以"无"的方式出现的时候，拉康说，这环视之眼也成了一个"隐喻"①。主客多重互看的过程，既包括具体主体的深处之"无"（欲望），还包括具体对象（艺术作品）后面之"无"（想象界和象征界整体），而在这多种"无"的汇聚中，在"有"与"无"的多种互动中，一直被想象界和象征界所占据、所填满的实在界往往会从一些裂缝处闪出光芒来，这时，全视者的环视，包含着实在界的眼光的闪耀。由于发出环视之"无"的是象征界整体和实在界整体，象征界整体是让在观悟互看中的矛盾各方具备相互调节与缝合的力量，

---

　　① Jacques Lacan，The Seminar of Jacques Lacan，Book Ⅺ：*The Four Fundamental Concepts of Psycho-analysis*，ed. Jacques-Alain Miller，trans. Alan Sheridan，London：W. W. Norton & Company Ltd，1977，p. 72.

实在界整体是把这调和扯乱、把缝合撕开的力量，因此，由这两种无构成的环视，或者说，环视中有两种不同的光源，即"无"的环视，既可以是观悟中使缝合和调和成为可能的因素，也可以是使这一缝合和调和发生崩溃的因素。主体在看、回看、环视的互动中，能够在可见的具体对象与不可见的象征界整体、实在界整体之间穿行，此中充满了机关与暗流，主体的穿行能时时撞击出意外与奇险。拉康把观悟过程所由构成的这四个要素的组合称为"观悟的前存在"（the preexistence of a gaze）。观悟过程就是这四个方面发生关系的互动的过程（可以把拉康"观悟的前存在"与伽达默尔"阅读的前理解"相比较，以体会二者在后现代思想中的同异）。

第四，观悟更在于主体的自看。主体被回看和环视，从实际上说，并不是有对象在回看和全视者的环视，而是主体感受到了对象在回看和全视者的环视，这一感受是在主体心里进行的，因此，回看和环视已经意味着主体的分裂，分裂为一个原有之我和一个不同于（也可以说高于）原有之我的此时此景中的观看之我。这个新我的出现，不但感受到了对象的回看和全视者的环视，而且自己的目光也循着回看和环视的目光而产生了自看，或者因回看和环视而激发了主体的自看，而更为主要的是，因环视而产生了自看。但这自看不是一个纯粹的自看，而是以回看和环视为中介被激发而产生的自看。实质上拉康是把自我放进一个由多重他者形成的语境中，在美学上，就是放进由艺术作品所形成的多重语境中，而重新定义自我。这里，我并不是原初的我，而首先是一个由象征界的语词"我"来定义的我，我本就是滑动的，德里达的理论已经讲了，一个词在与不同的参考系（他者）互动中不断地定位和重新定位。在拉康这里，观悟作为主体不是面对镜中的我之镜像，而是在面对与我不同的具体对象（艺术作品），此时，我就进入了不同的参考系（他者）之中，并在与这一新的参考系（他者）的互动中，我通过看、回看、环视，不断地定位和重新定位。因此，被回看和被环视是可见对象（艺术作品）和不可见的全视者促成的主体自看，是可见对象（艺术作品）、不可见的象征界（用其思想体系和审美体系）和实在界（用其象外之象和韵外之致）让主体重新定位自己。

第五，观悟的看、被看、自看的张力和互动，促成一种新的境界，在美学理论里，这就是"观"所产生出来的"悟"。在伽达默尔的解释学里，这一新境界被描述为"视界融合"（读者的主体视界与文本的对象世界在阅读的对话中，达到一种既高于文本原意又高于读者前理解的更高程度上的视界）。在拉康的体系里，这一新境界的性质，较为复杂。主体的生理之需和匮乏之愿，在看、被看、自看的互动中，一方面通过想象界和象征界的作用，想要成为一种延宕之欲望，一种被社会所规范的欲望；另一方面通过实在界的作用，想要开始对欲望被社会规范这一现象进行反思，而且，对象（艺术作品）本身的性质（对象征界的表现，对欲望的包装，对实在界的透露），在看、被看、自看中也会发挥作用。因此，关于具体对象的性质（艺术作品的类型），在观看的互动中以无的形式出现的全视者是怎样的（是由语言、法律、习惯等社会体系，父法、父名、菲洛斯等体系构成的象征界占主导地位，还是由对语言、法律、习惯等社会体系，父法、父名、菲洛斯等体系进行质疑的实在界占主导地位），决定着观悟中最后达到的悟是怎样的。一方面，全视者达到观悟之"悟"，意味着达到境外之境，象外之象，韵外之致；另一方面，每一具体的观悟所达到的悟又是不同的，借中国美学的话来说："悟有浅深、有分限、有透彻之悟，有但得一知半解之悟。"（严羽《沧浪诗话》）然而不管达到怎样的悟，全视者都使主体自看得到了重思，当然，从拉康的理论和立场来说，这一重思一旦进入重新定位，就会陷入象征界的语言体系之中。我仍被重嵌在他者的体系之中，只是由一种旧义的"我是他人"变成一种新义的"我是他人"，由生理之需和匮乏之愿而来的欲望仍在被延宕在语言体系之中，只是我由一种旧的语义关联进入一种新的语义关联。然而，主体在具体的观悟中达到悟之后，在落回到现实中时，对人生在世注定要在象征界体系的"我是他人""欲之延宕"的境况中存在，或许会有一种新的自省和体会，正如庄子梦蝶之后对主体自我、人生本质有了一种体悟。①

第四节　德勒兹与思想重构

在后结构的河流中，虽然大师们都在进行根本性的哲学竞赛，但他们的绝活

---

① 　Jacques Lacan, The Seminar of Jacques Lacan, Book XI: *The Four Fundamental Concepts of Psycho-analysis*, ed. Jacques-Alain Miller, trans. Alan Sheridan, London: W. W. Norton & Company Ltd, 1977, p. 78.

各有不同：德里达表演的语言冲浪（分延、补替、播散等），多是符面的运动；福柯展现的历史游泳样式（考古学、谱系学、监狱、诊所、性意识等），一再把人送回到历史中；拉康呈现的是心理内游泳和主客互动的双重表演（镜像、欲望、自我、它者、观悟等）；德勒兹（G. L. Rene Deleuze，1925—1995）则撒出一朵朵比喻的浪花，如欲望机器、块茎体、逃逸线、游牧思想等。

从德里达、福柯、拉康、德勒兹的中心概念中，我们可以感受到后结构主义是如何从结构主义语言学的中心向外播散的。如果我们把以上四人看成一条线，那么，德勒兹已经完全离开了结构主义语言学，他甚至逮着机会就攻击语言学的思想霸权，说皮尔士（C. S. Peirce）的符号学比来自语言学的符号学要好，将语言学术用语搬到其他学科会成事不足、败事有余等。然而，在思想方法上，德勒兹又紧紧跟随德里达，即便他更多地、大张旗鼓地颂扬的是福柯。因此，不但从理论的类型扩展上说，而且从理论的史学逻辑上说，在后结构理论的扩散和从后结构向后现代的转折上，德勒兹都具有重要的意义。

德勒兹最初颇为孤独地做着哲学史研究，自己独自与他人合作一些著作。当后结构主义的思潮涌起，他用《差异与重复》（1968）和《意义的逻辑》（1969）等论著跳进潮中，然后与加塔利一道推出为自己大获声望的《反俄狄浦斯》（1972）、《根茎》（1976）、《千高原》（1980），然后，在《普鲁斯特与符号》（1964）和《卡夫卡：通向一种非主流文学》（1975）等文学评论中，在《弗兰西斯·培根：感觉的逻辑》（1981）以及评塞尚、梵·高等画家的美术评论中，在《电影1：运动影像》（1983）和《电影2：时间影像》（1985）等电影理论中，展现了自己的美学身姿。我们说德勒兹显现出更多的美学风采，还不是就他在美学领域的专著来讲的，也不是就他在自己的著作中大量出现的美学和艺术的议论来讲的，而是就他的理论的主要概念都是用一种喻体的形式论述来说的。

德勒兹自己是反对现代主义隐喻的，他认为，现代主义的隐喻无论怎么转弯抹角，最后总是指向一种总体化的同一，而他自己的喻体则有一种反结构主义的精神。他的主要理论，在方式上用的是喻体，包括历史状态和自然状态的喻体，这会使我们想到一种全球视野；在内容上，德勒兹以本体论的方式抬出一个反本体的本体——欲望机器，并以动态化的流动来反对静态性的结构，这更接近非西方哲学。因此，德勒兹最没有结构主义的味道，却最有非西方的韵致。下面我们就从三个方面讲德勒兹的理论。第一，从他的欲望理论谈他对后结构主义的逻辑扩散；第二，从他的基本喻体（块茎体、逃逸线、游牧式思维）谈他的后结构思想；第三，选择他的电影理论来看其思想中的美学形态。

一　欲望新解与后结构本体论

《反俄狄浦斯》意味着德勒兹的后结构理论是从批判以弗洛伊德为代表的精神分析理论入手的。在德勒兹眼中，自柏拉图以来的西方理论，就是在不断地对现实进行逻各斯中心主义的编码。弗洛伊德的意识和无意识等一系列概念，是一种现代的逻各斯中心主义的编码。弗洛伊德通过把无意识定义为（俄狄浦斯）欲望，造成了如下结果：第一，把人类社会的动力本质化、中心化了。所谓中心化，就是现实一切都由欲望来说明；所谓本质化，就是这个欲望是可以定义的，它就是性欲——俄狄浦斯情结；第二，把欲望俄狄浦斯化，即性欲化，就是将欲望狭隘化，只限定在家庭中。这并不是说弗洛伊德没有把俄狄浦斯情结扩大为一个文化体系，不去解释社会（日常现象）和文化（图腾与禁忌），而是说弗洛伊德认为对社会与文化的解释都来源于一个性欲本体，正如马克思主义把自己的理论编码只限定在经济—社会中，一切都由经济—社会来说明，这同样是对理论的狭隘化；第三，这样就掩盖了个人、社会、历史、文化的真相。

如果说，西方文化从历史发展来看，就是在不断地对某种东西进行编码，那么，什么是被编码的东西呢？弗洛伊德认为是欲望，德勒兹承认了这一个概念，但将欲望进行了后结构主义的改造。欲望概念有助于说明古往今来历史的动力、社会的活力、个人的冲力等。将欲望作如是的解释，一望而知是西方式的，这种解释强调的是斗争、征服、对抗。但德勒兹要把欲望变为后结构思想。他认为，首先，欲望是不能够被编码的，从而它不是弗洛伊德编码的结果，即不是一种性欲，虽然它可以表现为性欲，欲望是一种促成生命、社会、历史有动力的普泛性的东西。其次，欲望在本质上不能被编码，虽然它在每一个时空都已经、正在、将被进行编码，有法律的压迫式编码、有制度的体制性编码、有理论的契约式编码等，但欲望大于被编码而呈现出来的东西。

编码总意味着用一套概念体系去把握欲望，把动态之流限定住、圈住，赋予这套符号体系以意义，把欲望管辖起来。用德勒兹的术语叫作辖域化（territorilize），也就是把动的东西静态化，把流的东西实体化。这就像用堤坝把河流围成水库一样，也像用解析几何去把握在空中飞奔着的箭一样，解析几何将飞的动态转变为一个个静点。欲望与飞箭还不一样，飞箭确实是一个箭的实体，可以被这样把握，而被编码的欲望却只是欲望的一部分，编码是对它的把握，更是对它的歪曲。

由此，德勒兹得出，大于任何编码的欲望是一种动态，一种能量，一种流。如有人评论说，德勒兹用一种本体论的方式得出了一个反本体论的本体：欲望。德勒兹说欲望是一个本体，这是因为：第一，它是普遍性的，它反对一切时空的编码，推动一切对历史的解码；第二，它是生产性的，精神分析和其他各领域的学说把欲望狭隘化了，从而把欲望归因于欲望对象的匮乏，由于德勒兹扩大了欲望，欲望本身就是冲击编码受压抑的动力，是一切形式得以产生的促进者和生产者。德勒兹说欲望是反本体的，是因为欲望并不构成一个结构的中心，他的欲望以自己为核心去生成一套系统，去繁衍一个整体。欲望是流，没有中心，以现实的某个编码体系编码它，编进其中的也不是中心；欲望之流在与编码体系接触的时候，被编进去的只是片断，因此欲望呈现出片断性的特征；欲望之流在什么时空与什么编码系统接触，是随机的；欲望之流大于各种编码系统，它与各类编码系统发生多种多样的关系。因此，通过编码系统呈现出来的欲望之流，从欲望本身去看，是非中心的、片断的、动态的、多样性的；从编码系统上看，是中心的、整体的、静态的、统一性的。德勒兹要提出一个本体性的欲望，就是要反抗各种中心化的、总体化的、同质化的编码。

暂且把德里达、福柯、拉康、德勒兹看成一种后结构的演进，我们能得到什么结论呢？

德里达的具体的词（事物）后面是一个无始无终的分延网，是这个分延网使意义的本质确定为不可能，而分延网表现为一个个具体的词（另一些事物）。福柯只抓住陈述，陈述之外别无他物。拉康的想象界和象征界的后面是看不到、摸不着而又确实存在的实在界。到德勒兹这里，具体的编码后面有了东西——欲望。只是这种欲望不是本质—结构—上帝型的，而是一个流，它有着德里达理论中关于分延（差异）的一切特性。四人的理论结构的异同虽然用一个世界性的有无概念来比较，机械了一些，也会歪曲一些东西，但却可以揭示一些东西：

表 6-1

作者	有	无
德里达	词	分延
福柯	陈述	无
拉康	想象界感和象征界	实在界
德勒兹	编码	欲望

可以看到，后结构主义总是反对现象后面有一个本质性的结构，这种反对可以彻底得像福柯：陈述之后空无一物！也可以智慧得像德里达：与现象相对的不是本质，而是另一些现象！也可以抽象得像拉康，实在界是无，看不见却又存在；还可以像德勒兹：有一个本体论式的东西（欲望），但它却不走向从柏拉图到结构主义的实体性的本体，而有一种反总体化的朝向。我们不妨把这种反总体化的本体论称为后结构的本体论。从历史逻辑来看，德勒兹的意义，就在于他让后结构有了一个本体论。德里达没有本体论，福柯和拉康也没有本体论，在这一对照中，德勒兹的意义就凸显出来了，理解了这一点，我们就可以理解利奥塔的后现代理论，就可以理解从后结构向后现代的转向。

后结构的本体论是一种动态流，这使它不同于西方传统的本体论，也不同于现代的海德格尔式的本体论，虽然海德格尔的存在者与存在也是存在的"无"大于存在者的"有"，但存在的"无"其实是实体性的"有"，因此这个"有"可以衍生出整个体系，这还是一个总体性的本体论。中国的"气"类似于德勒兹的"流"，二者都是宇宙的本体，都是动态的、游走的、无定质的。正像德勒兹的欲望大于编码中的欲望一样，中国的气大于由气所生之物，但是中国的气，像海德格尔的存在一样，衍化出了一个总体化的现象世界，而德勒兹的"流"却是反总体化的。这一点显示了中国本体论与后结构本体论的貌合神离。

德勒兹使后结构主义有了一个本体论，而这个本体论又是反总体化、反本体、反结构的，从而是反确定表达的。大概因为如此，德勒兹对自己后结构理论的描述基本上用的都是比喻性语言。现在我们就来看一看他的比喻性描述。

二　块茎体、逃逸线、游牧式思维

虽然德勒兹的基本比喻像一朵朵晶莹的水花，流荡在他的很多著作里，但在他与加塔利合著的《千高原》里，有一个集中的论述，该书名本就是一个比喻。千百座高原连在一起，高原上本没有固定的路，但可以生出千万条路。不像海德格尔的《林中路》虽弯弯曲曲遮遮掩掩，却通向上帝似的存在那样，《千高原》中的路，是反总体性的，它自由、散乱、不拘形式，一会儿交汇，一会儿分离，可拓展，也可抹去。

《千高原》是围绕"块茎"（rhizome）和"树状"（arboresent）的特征而组织起来的，这是用自然界的植物来比喻思想。树有根，有干，有枝，有叶，是一个有序的层级系统。像由根而干，由枝而叶一样，西方的知识也是从植物学到信息论再到神学一级一级组织起来的，一句话，所有认识论都是按照树状结构组织起来的。这是一种以自明的、自我同一的、再现性的主体为基础而建立起来的中心化、统一化、层级化的概念结构，并以形式、本质、规律、真理、正义、权力、我思的名称表现出来。按照树状方式进行的思维就是树状思维，西方哲学从古到今的著名哲学家柏拉图、笛卡尔、康德都是树状思想家，他们思想的目的，都是要确立本质性和普遍性，铲除暂时性和多样性。当今最有影响的两门学科，信息科学和结构主义语言学就是树状思想，信息论总是将数据纳入一个中心化的层级系统中，语言学根据二元对立对语句做线性区分，做语法把握。块茎是与根—树结构全然不同的另一种植物样态，块茎是根、枝、叶的自由伸展和多元播散，它不断地产生出差异性，衍生出多样性，制造出新的连接，与树状相反，块茎不是一个有范围的层级，而是一个无边际的平面；它没有一个逻辑的结构，只有不受约束的随意连接；它不是固定的、可确切把握的，而是流动的、离散的、不能完全把握的。在德勒兹看来，块茎比树状更为根本，大自然就是一个块茎，它的根就是繁多的、侧生的、迂回的，而不是树状的、二元分化的。在自然现象中，马唐草、蚂蚁、狼群是块茎型的；在社会上，飞车党、精神分裂者是块茎型的；在文学中，卡夫卡的块茎式文本打开了语言通向欲望的多样化路径；在哲学上，尼采的块茎型视角呈现为警句格言的片断化形式。

在对块茎的分析中，德勒兹转向到一套几何比喻上，即线、图，并将之与在其他文本中运用过的化学比喻结合起来。德勒兹认为，线是事物和事件的组成部分，在艺术、社会、人身上，皆有各种各样的线，有具象的，有抽象的；或有节，或无节，或有度，或有方向，由线成图，但线最重要，人或被线构成，或自构成线，或借助他人之线构成，或创造自己的线。正像中国文化里由气构成的宇宙，气成为中国艺术的基本特征，德勒兹的后结构本体是欲望之流，线构成了他言说本体之流的喻体。在众多的线里，有三种线是最基本的。

一是严硬的分割线（molar line，又可称为克分子线），"严硬"意味着它认同于体制和观念的规范划分，认同于已经确定的层级系统，认同于事物在既定体制、观念、层级中被给定的"本质"。在中国古代社会中，严硬表现为对三纲（君臣、父子、夫妇定位）、五常（社会基本伦理）的认同，表现为对阴阳五行的宇宙规律的认同；在当代西方社会中，严硬表现为对社会结构中阶级上的老板与工人，性别上的男人与女人，种族上的白人与黑人，哲学上的现象与本质、表层与深层、存在者与存在等既定体制和观念的认同。严硬的分割线是在辖域化统治下的线。

二是柔韧的分割线（molecular line，也可称为分子线）。"柔韧"意味着扰乱了严硬的等级划分，打破了体制观念的线型特征，看出了同一性内含的差异，呈现出了连续体中的断裂，窥见了体系中的可分割点。但是它的扰乱、打破、看出、呈现出、窥见，是柔性的，而非决裂的。它处在整合与断裂之间，像中国明清的小说如《水浒传》《西游记》一样，一方面为造反塑形象，另一方面又为归顺唱赞歌。柔韧的分割线呈现出寻找出路的徘徊，目的是想摆脱辖域化中的线。

三是逃逸线（lines of flight），也就是成功地从辖域化中逃出去的线。在逃逸线上，间隙成为断裂，差异成为主向，多样性自由呈现。但"逃逸"已暗指是从严硬的辖域化中逃逸，这意味着严硬线的存在。因此在严硬的辖域化中，逃逸线既可以是奔向创造与欲望的高原，也可以是沦入死亡与毁灭的密林。以西方文学的例子来说，唐璜之流在逃逸线上获得新生，阿尔托一类人则死在这条线上。然而无论生与死，与严硬线相对的逃逸线在欢歌与悲曲中敞开了通向欲望之流的本真。与西方文艺相比较，古典派文艺是严硬的分割线，浪漫派文艺是柔韧的分割线，现代派文艺是解辖域的逃逸线。

为了阐述后结构思想，德勒兹还用了一种社会类型学的比喻，国家式思维和游牧式思维（nomadic thinking）。国家，本就以规范、制度、法律、监狱、道德、伦理去进行管辖，必然是总体化、结构性、同质化、层级制的，国家式思维就是这种总体—结构—同质—层级化的思维。从柏拉图到信息科学和结构主义，都是这种国家式思维。与国家式思维相对的是游牧式思维。游牧社会是流动的，居无定所，哪儿有好的水草，人们就走向哪里，遇到国家的阻碍就攻击国家甚至摧毁国家。如果国家统治着一个辖域化的空间，那么游牧者则漫游在解辖域的空间中。国家总是想控制住游牧者，一国之中的流动人口、流通商品、流通货币都具有游牧的性质，而游牧者总是要突破国家的控制，逃避体制的编码。游牧式思维就是一种反总体化、解构、异质化、多样性、破层级、游走的思维。正像德勒兹的欲望之流造就了一个后结构的本体一样，他的游牧式思维推出了一个后结构的主体游牧者。"游牧者并不一定是迁移者，某些旅行发生在原地，它们是紧凑的旅行。即使从历史的角度看，游牧者也并不一定像迁徙者那样四处移动，相反，他们不动，他们不过是待在同一位置上，不停地躲避定居者的编码。"①因此，游牧者和游牧式思维主要是相对于国家和国家思维而言的，游牧式思维之"游"正好对应于欲望之流的"流"，也正好对应于块茎的随机性播散。因此，与讲到块茎喻体时一样，哲学上的尼采是游牧者，文学上的卡夫卡是游牧者。

自然中的块茎，社会中的游牧，几何中的线，三种喻体要说的是同一个东西，即反对逻各斯中心主义的后结构思想。但后结构思想以这种喻体来讲述，却让人感受到了与非西方文化的会通。块茎，是一种与西方园林结构完全不同的组织；

---

① ［法］吉尔·德勒兹：《游牧思想》，见汪安民、陈永国编：《尼采的幽灵——西方后现代语境中的尼采》，167页，北京，社会科学文献出版社，2001。引文有改动，后同。

游牧，是一种与西方社会形态完全不同的类型；线，是非西方艺术的特征。不过，块茎、游牧、线的喻体在非西方文化中都不是反总体性、反结构、反同质的，而后结构的特性正好在这三方面的对照中显现出来。

三　电影特性

德勒兹的理论总有一种大视域，他综合各学科以探讨其中的后结构思想的统一。他经常把科学、哲学、艺术放在一块谈论。在艺术中，他谈文学，讲绘画，但最喜欢谈的是电影。电影这一晚出的艺术与以前艺术的不同之处，就是它的流动性。电影的画面之流与本体论的欲望之流至少在感觉上有一种同构。德勒兹说："电影的发明与柏格森思想的形成是同时进行的。将运动引入概念之中和将运动引入画面之中恰是在同一时代发生的。"①电影是一种世界观变动的产物。电影让人们重新思考画面与符号的关联。电影的出现其实很像西方思维的展开，电影把移动画面整合为一个具有整体结构的电影，西方思维把动态的大千世界整合为一个具有整体结构的理论。

现代思想，从尼采、克尔凯郭尔、柏格森开始，哲学家们都想把静态的理论结构推进到一种动态的运动状态中，让静的概念动起来。电影胶片本是一张张静的画面，电影把这些静的画面运转起来，使之成为动态画面，就成了电影。电影不是对现实的静观直映，而是对现实的一种再造。电影制作人东拍一张西拍一张，这里拍一拍那里摄一摄，然后剪辑起来，成为一个逻辑统一的整体。电影的剪辑原则(蒙太奇)显现出了两个不同于以往思维的特点。第一，组织的重要性。各类画面本是不同的，经过蒙太奇的"组织"就成为统一的了。有了蒙太奇，画面就成了电影。第二，关系的重要性。每一个画面本有不同的性质，但把这些性质不同的画面按一种统一的关系组织起来，每一个画面就都具有了新质。是蒙太奇的"关

---

① ［法］吉尔·德勒兹：《哲学与权力的谈判——德勒兹访谈录》，138页，北京，商务印书馆，2000。

系"使不同的画面改变了旧质，获得了新质。虚的关系大于实的画面。画面的流动，也可以说就是一种蒙太奇的流动，一种关系的流动。电影这一艺术形式本身就具有一种现代哲学意味。大概这就是德勒兹对电影情有独钟的原因。

说电影本身就有一种现代哲学意味，是把电影与其他艺术门类相比较而言的，如果就电影自身来说，它也与任何艺术门类一样，同样处在古典与现代的分歧和演进中。因此，德勒兹的《电影1：活动影像》和《电影2：时间影像》既是电影的类型学，也是电影的发展史。著作的标题，业已显示，德勒兹把电影分为两类，即行动画面和时间画面。二者既是一种类型划分，又是一种历史划分。

首先说行动画面。电影从产生到"二战"后这一时期主要表现为行动画面，它的主要特征是，电影呈现为一种感觉行动的图式。画面以人物对情景的反应为主，画面的组合以有反应的人物的感知图式为中心，因此行动画面包括感觉画面、动作画面、情感画面，感觉、动作、情感都是人物的"反应"，反应所带来的是人物的行动，行动以自己的方式把感觉、动作、情感串成一个行动的画面整体，由行动展开一个故事，因此行动画面是叙事性的。组织一个由人物反应展开的叙述性的故事，需要的必然是理性的剪辑，这就是爱森斯坦（S. M. Eisenstein）的蒙太奇理论。行动必然意味着时间，但是在行动画面中，时间是围绕着行动进行的，因此人物的行动是电影的主旋律。美国好莱坞电影的精髓也在于掌握了感觉运动模式。

其次说时间画面。以"二战"后的新现实主义和新浪潮电影为代表，这些电影放弃了感觉运动模式。人物对自己身处的环境不再做出反应，当然不反应的理由不是环境太恐怖就是太美丽或者令人不知所措。然而人物不做出反应，电影就成了画面的自动运动。驾驭画面运动的不是人物的行动，而是作为电影必须要"动"的时间，电影变成了时间画面。人物不做出反应，从而不展开人的行动，电影也就形成不了故事，也就变成非叙事的了。电影中没有了人物的行动，行进着的画面也就没有了一个逻辑的组织中心，画面的连接也就变成了无理剪辑，这是与有理剪辑蒙太奇相反的另一种蒙太奇。电影的主旋律变成了画面时间。在电影的行动画面时期，有声电影出现，并保持画面的主导地位，让声音变成视觉画面的和谐的组成部分，这生成与空间三维密切相连的第四维，即时间之维。"二战"后的电影，如在施伯劳特、西贝尔贝格、杜拉斯等人的电影里，人物不做出反应，声音就倾向于走向独立，由此形成了声响与视觉之间的无理分割。[①] 在时间画面里，人物不再处于一种感觉运动的情景中，而处于一种纯粹的光和声响的情景中，在此，由动作展开的叙事不可能，感知和情感也改变了性质，人物进入了与经典电影的感觉运动体系迥然不同的另一体系中。而且，空间也不再是同一类型的空间，空间失去了其运动的连接，变成一种断裂的或空的空间。感觉运动的符号让位给"光符号"和"声符号"，感觉不再与行动相关联，而与纯粹的光和音响相关联，从而形成了第五维，即精神和思想之维。

行动画面在形式上是与现实感知最接近的，显现为一种有理剪辑的三维空间，被感知为一种"真"；时间画面在形式上是与现实感知不相同的，显现为一种无理剪辑的拼贴平面，被感知为一种"假"。联系德勒兹的哲学，我们可以推出，行动画面的"真"因为与总体化相连，容易走向"假"；时间画面的"假"因为与反总体化同调，反而呈现出了"真"。

然而，要在德勒兹的哲学理论和电影理论之间建立一种密切的逻辑关联是不那么容易的，正是这种不容易，反而符合德勒兹的反总体化的主旨。

---

① 参见［法］古尔·德勒兹：《哲学与权力的谈判——德勒兹访谈录》，北京，商务印书馆，2000。

第七章　后现代美学——作为品牌的呈现

　　这章的后现代美学，指的是理直气壮地使用后现代词汇（即拥有后现代的商标权而可以与后结构、后殖民并列的词汇）的那些美学家，主要是利奥塔、波德里亚和詹明信的思想。这种对作为流派的小后现代的论述又是放在大后现代的视野中进行的，利奥塔和波德里亚为我们提供的都是关于大后现代的基本观念：科技—经济的合理性和消费社会的特征以及后现代时代的美学特征，即崇高新解和仿真类象。从这一视域来看，我们把麦克卢汉（M. McLuhan）以电子文化为核心的新时代的理论放到后现代的总体中来，体现了作为流派的小后现代与作为时代的大后现代的关联，并从中呈现出具有时代意义的后现代精神。

第一节　利奥塔的后现代思想

　　利奥塔（Jean-Francois Lyotard，1924—1998）在而立之年（1954）开始发表著作，在以后的 25 年中写的东西，如《现象学》（1954）、《话语，形象》（1971）、《从马克思和弗洛伊德开始漂流》（1973）、《利比多经济学》（1974），虽然影响不大，但却可以看出他所涉猎的学术领域：现象学、结构主义、马克思主义和精神分析。从这一背景，我们可以知道后现代的品牌不是来自后结构主义。虽然后来后现代"兼并"了后结构，并让后结构大师当了自己的"董事"。1979年利奥塔因发表《后现代状态》而一举成名。在这部使他成为后现代话语最具代表性的人物的历史性著作中，他以一种划分现代性与后现代的宏大叙事的方式指出：现代性的宏大叙事已经过时了。利奥塔一生中出版了约40部著作（包括论文集），从本书的视域看，他有三大方面最为重要：一是从西方历史演变的角度进行的关于后现代的论述，二是从世界史的角度谈后现代的全球意义，三是后现代必然引起美学变化。利奥塔对近代的崇高概念进行了后现代的诠释，可用来描述后现代的审美状态。

一　后现代状态

利奥塔《后现代状态》中的言说方式，主要由三个基础点来支撑：一是合法化问题；二是指示性陈述、规定性陈述、语言游戏；三是发话者、指涉的物、受话人。这三点使我们既可以了解利奥塔的理论归属，也可以了解其理论特点，还可以体悟后现代的一般特点。合法化，从历史的视点看，可以对应于现代以来的合理性，合理性以带有形而上的普遍性的理性为预设，现代性的宏大叙事正是建立在合理性（合于普遍的人类之"理"）上的，合法化则针对具体事物，正如"理"是抽象原理一样，"法"是具体规定，合法是要求具体事物如何证明自己合法，其基础是把一切，包括"理""宏大叙事"等，都看成具体事物。因此，宏大叙事也要证明自己的合法性。合法化表示的不是合法的静态的"性"，而是使之合法的动态的"化"，它强调的是一个具体的指涉。由此，在合法化的利奥塔式的理解上，我们可以说，从合理性到合法性这一基本概念的转化，正对应着从现代到后现代的转化。指示性陈述和规定性陈述，表征了对现代话语的一种语言学转向，指示性陈述指的是关于事实、真理和知识的陈述，规定性陈述是关系到正义的陈述。现代哲学，乃至古希腊哲学都带有本体性的真与善的问题，现在变成了一个具体的语言学的陈述问题，一个语言运用的问题，一个后期维特根斯坦的"语言游戏"的问题。如果说，前期维特根斯坦的语言与现实对应理论向后期维特根斯坦的"语言游戏"理论的转变，正对应现代思维向后现代思维的转变的话，那么，利奥塔在语言学转向的背景中，与后期维特根斯坦同流，其理论走向，不是讲基础理论的语法学，而是提倡实际运用的语用学。这与把事物具体化的后现代倾向相一致。发话者、指涉的物、受话人，正是一个语用学的三维，话语的意义就是在语用学三维中呈现出来的。而后现代的合法性考察，也以这种语用学三维为基础。一种话语，只有当发话者和受话者对其话语的指涉的认识一致，并对话语内容和话语方式的规定有了共识时，才显示出有效性和合法性。语用学三维，把理论话语引向了具体性的表征。可以说，后现代的合法性问题，主要关系到语用学三维：发话者、指涉的物、受话人。而发话者所发和受话人所受之话，主要表现为：指示性陈述和规定性陈述。语用学三维和两类陈述都是为了呈现一种后现代的语言游戏。由此我们可以看到利奥塔理论的历史跨度：从合理性到合法性，是从古典话语来讲后现代转向的；两类陈述是从现代话语（语言论）来讲后现代转向的；语用学三维与语言游戏是从后现代话语来讲后现代转向的。这三者共同呈现了后现代的"平面"，即走向无本体的具体。

利奥塔提出后现代状态，意味着他首先要从后现代的视角去论述一个"现代"，然后才能展开自己从现代到后现代的言说。其次，他是从知识的角度去"观看"现代的，这就构成了相对于后现代的"现代"言说的特殊性。现代的特征就是拥有一个元话语来统合整个社会。元话语就是能统率一切话语的话语，也就是哲学，用古典的表达式来说，哲学是一切科学的科学。在利奥塔看来，哲学是一种叙事。当然哲学式的叙事不像文艺那样是有关具体之物的叙事，而是一种有关人类本质和宇宙本质的宏大叙事。这种宏大叙事可称为元叙事。因此，哲学—元话语—元叙事是三合一的东西。宏大叙事，是利奥塔对"现代"乃至古希腊以来的西方社会的总特征的概括。它就是阿多诺批评的"总体性"、德里达批评的"逻各斯中心主义"的另一种说法。但总体性、逻各斯中心主义等有一种知识、逻辑、结构的面貌，是以抽象为核心的，而宏大叙事则突出了总体性的"故事"和"虚构"的特征，它变成了一个广为引用的概念。我们可以说，黑格尔哲学是一种宏大叙事，马克思的经济学是一种宏大叙事，巴尔扎克的小说是一种宏大叙事等。宏大叙事与非宏大叙事成为区分现代与后现代的一种标志。

利奥塔是以知识的发展为线索，以合法化方式为指导，以指示性陈述与规定性陈述的对立统一为视点来考察从现代到后现代的演变的。

古希腊文化的特点，是哲学战胜神话和诗歌而成为宏大叙事和元话语。科学当然得依托哲学的元叙事。科学语言陈述的是真理，但怎么判断这些陈述是真理呢，这就需要一种有关判断的规定陈述。是证明证据的方式或者说决定真理的条件使科学合法化的。柏拉图在《对话录》中，通过非科学的叙事来使科学合法化。这是一个矛盾，但从古代到中古再到近代，科学都是靠哲学的宏大叙事来合法化的。① 因为哲学的宏大叙事能够把有关真理追求的指示性陈述与有关正义追求的规定性陈述综合起来。知识求助于叙事，是古典社会的一个特征，因为任何关于真理的陈述都有一个谁来判定所说的为真理的问题。谁是判定的主体的问题，也就是怎样使之合法化的问题。在宗教文化中，判定的主体是宗教团体；在理性文化中，判定的主体是理性共识。统合指示性陈述和规定性陈述的工程体现在现代社会的一切方面：体现在民族国家的政治方面；表现为科学法则与民法通则的建立与修订的统一；体现在高等教育上，保证科学中对真实原因的研究符合道德和政治生活中对公正目标的追求。只有宏大叙事能够统合指示性陈述和规定性陈述，而统合的结果总是指示性陈述服从于规定性陈述。规定性陈述引出的主体可以有各种形式：神、人民、民族、国家、人类等。而在西方历史中，规定性陈述与合法化相关联，合法化在现代具有了一种特殊的形式，合法的主体是一种思辨精神，"合法化主体不是政治国家性质的，而是哲学性质的"②。"哲学……通过一个叙事，或更准确些说，通过一个理性的元叙事，像连接精神生成中的各个时刻一样，把分散的知识相互连接起来。"③总而言之，我们可以归结为两点：一是科学靠宏大叙事以合法化；二是宏大叙事统合了本来存在的矛盾，并把这种矛盾表现为一种特殊的西方形式。比如，科学家在一种哲学的宏大叙事中，只有认为国家政治

---

① 参见[法]让-弗朗索瓦·利奥塔尔：《后现代状态》，62页，北京，生活·读书·新知三联书店，1997。

② 同上书，70页。

③ 同上书，70—71页。

是公正的，他们才服从国家，如果他们认为国家没有很好地体现那个他们作为成员的公民社会，他们就可以以后者的名义拒绝前者的规定。

与现代相反，后现代的最大特征就是作为现代合法化的宏大叙事（grand narrative）的消失。叙事本是一种前科学，它不能作为科学的基础。没有了宏大叙事，以前统合起来的各个部分也就各自为政了。现在已经无法证明，一个描写现实的指示性陈述是真实的，与它对应的规定性陈述就是公正的。科学有自己的游戏规则，它管不了实践的游戏，也管不了美学游戏。宏大叙事的消失，使曾经作为宏大叙事载体的哲学变成了具体学科之一的逻辑学和思想史，各个科学门类之间由一个宏大叙事安排好的边界清晰的位置也受到质疑，内在统一的整体变成了各自分散的部门。一些学科消失了，学科之间的重叠出现了，新的学科领域产生了，知识的等级制被一种平面的研究网络所代替。具有整体使命的学者，变成了具体知识的专家。在后现代状态中，合法化不可能来自宏大叙事，而只能来自各自的语言实践和交流互动，从而合法化走向了语用学。一门学科的地位取决于一种语言的存在，这种语言的运作规则并不能得到证明，但它是专家们达成的共识。要想接受一个科学陈述所进行的论证，人们首先要接受那些论证方法的规则。由于没有处于最高地位的宏大叙事，知识呈现出了两大特点：一是语言上的多样性（证明的多样性），二是语言的游戏性（对话的契约性）。现代性的元语言原则没有了，论证指示性陈述的形式公理的多元性原则产生了。没有了形而上的宏大叙事，确证变成了技术问题。实用优先和性能优化成了第一原则。真理被性能代替，技术与利润的结构优先于技术与科学的结合，权力左右了科学，购买学者、技师和仪器不是为了掌握真理，而是为了增加权力，权力代表宏大叙事成了后现代合法化的方式。失去了宏大叙事之后，属于真与假的指示性游戏、属于公正与否的规定性游戏、属于高效与否的技术性游戏各自分离，而效能原则自然成为最重要的原则。科学研究是通过效能来达到合法化的，这是国家、企业、合资公司分配科研经费时遵循的原则。教学也是通过效能来达到合法化的，知识的传递不是为了培养解放之路上的民族精英，而是为了向系统提供为体制所需的具体岗位上的专门人才。

后现代，没有了宏大叙事，用语言学的比喻来说，社会中属于语言粒子的语用学，呈现出元素的异质性，而不是物质的同质性；语言游戏的种类具有多样性，不能整合为一个总体，而应以片断的方式建立体制。人们对差异的敏感增加了，对不可通约的承受力增强了。利奥塔用了一套新的方式，到最后还是走向了后现代的共同话语：语言游戏、差异、片断、不可通约、非总体化等。这些特征就是宏大叙事消失后的后现代状态。

二　后现代转型与非西方思想

利奥塔用一种宏大叙事的方式来宣告了宏大叙事的消失。这本就意味着他有着一种宏大叙事的情结，当他对西方和非西方进行后现代的仰观俯察时，我们仍然可以感受到一种反宏大叙事的后现代中的宏大叙事韵味。

统一的世界史应从 17 世纪算起，西方文化自身的发展（从近代到现代再到后现代）已有三个多世纪，与世界其他文化的交往、冲突、认识，也持续了三个多世纪。西方科技的发展，一方面使西方人在一些根本性的认识上与各非西方文化相似，另一方面又使西方文化重新审视非西方文化的价值。后现代对逻各斯中心主义的否定，同时意味着对西方中心论的否定。在利奥塔的思想里，我们看到了这两方面的强光。

如果说，量子力学、现代物理学、哥德尔（Goedel）不完全性定理、布里渊（L. Brillouin）的推论说、曼德勃罗（Mandelbrot）的分散物体论、拉普拉斯的魔鬼故事、博尔赫斯的绘图故事，给了利奥塔的后现代论证以巨大支持，那么，与西方现代科学相关的一些关键术语，则成了利奥塔铸造自己新理论的重要概念：能量、功、场、电。这些概念不断地在利奥塔的著述中溢出，表征了一种对改变西方思想实体方式的思考，为进入一种后现代的虚体状态开拓了方向。

第一，场的发现改变了西方的实体思维，人的感知是以场的方式进行的，一个物体在感知中只呈现出一面，而我们能感知到它的其他方面。同样，看，具有一种视场；听，具有一种听场。场意味着我们理解方式的变化，不是专注某一、某些，乃至整个实实在在的点，而是凝神虚不可触的场。进而推知，感官形成感知场，精神趋向思维场，客观的物体面对主体形成一个呈现场，主体认识客体有一个期待场。在语言的书写和阅读中，与之打交道的是一个语句场。从"场"这一概念里，我们可以体会到印度文化的"空"，中国文化的"无"。

第二，能概念与场概念有一种动与静的关系，场是对一个看似空无而实有作用的范围的认识，能则是这种作用的具体表现，只是这种表现不是实体的，而是虚体的。能作为一种西方的虚体，由实而来，虚中有实，因此，虚体之能联结实体之量更能显示出西方文化的特点，因此能，更准确地说是能量。关于能，我们可以把它理解为中国之"气"，有了"量"，能的可技术化特征就呈现出来了。强调"量"是强调能量的科技背景，强调"能"是强调能量的思考方式。把"量"再进一步地确定化，就是"功"，能具体地作用于某一事物，这就是"能"在具体地做"功"。强调"能"的具体针对性，称为"功能"。由此可见，能、量、功，是一组相互关联的概念。能是根本，是虚，量是具体，化虚为实，形成一个能量实体，功是能的运用，产生能的具体效应。利奥塔认为，在小的方面，原子、分子、细胞要从能的观点来看；在大的方面，行星系、星云团，乃至宇宙，动物的神经元、丘脑、下丘脑也要从能的观点来看。习惯就可以看作一个稳定的能量装置，文化也是这样一个能量装置。

第三，场与能在当下社会—文化中的普遍表现，就是"电—结构"。电报、广播、电话、电视、电脑出现了，社会进入了一种"电—结构"。"电—结构"改变了事物的呈现方面，也改变了人们的感觉方式，改变了人们的空间观念和时间观念。当两个远隔重洋的人打电话的时候，人在这里的"这"发生了困难。当人通过电视直播而得到真实的现场感时，他正在自己独处室中，电视直播中的真看到之"真"发生了变化。当两人通过电脑对弈时，"对弈"之"对"有了不同的意义。是什么把两个非直接的东西变为直接的？是什么使异在的东西成为共在的？是什么将异时异地的事物组织起来？是由能—量—功原则形成的"电—结构"。用什么去把握由"电—结构"所组织起来的事物？用变动不居的"场"来把握。

西方科学概念和新型技术所呈现的观念（场、能、功、电）与非西方的思想有一种外在形式上的相似性，这使利奥塔经常关注非西方思想，非西方的实例不时地成为论述他新思想的例证。同时他不时地进行着后现代背景的西方与非西方的比较。

西方与非西方在思考方式上是不同的。利奥塔认为，思考就是诘问一切事物，包括思维、问题、过程。然而，西方与非西方文化对于诘问却有不同的方式，西方的理性原则——

> 是急切地趋向目的即答案的诘问方法。这种原则包含着一种焦急。仅根据这种假定，人们便能为任何问题找到一个"理由"或原因。非西方的传统思维却提供了完全相反的态度。这种传统思维用以提问的方法中重要的完全不是尽可能早地确定答案，获取和展示某个可以作为相关现象原因的东西，而是让且一直让这个东西提问，和这个东西一起保持"应答状态"的沉默，而不通过解释来将其不安于现状的能力中介化。①

西方与非西方在关于"本体"的问题上也有差异。上面所讲的急求答案与不求答案也与各自的本体性质相关联。西方文化追求一种可以进入知识系统的"本质"，它表现在古典模仿论的镜子中，也表现在现代精神分析对无意识的定义中，还出现在电写的录入和扫描中。而日本镰仓时代高僧道元（1200—1253）在《正法眼藏》中关于法眼的理论呈现了对本体的另一种观念。利奥塔阐释道：

> 法眼可以看到一个镜子不能反映的存在，法眼将镜子击为碎片。但一个外国人，一个中国人，他们能够出现在镜前，他们的影子可以在镜上显现。但是，道元称为"明镜"的东西一旦面对镜子，就"一切都为碎片"。道元进一步解释说："首先不要想象破碎未形成之前的时间，也不要想象以后一切碎了的时间。关键仅在于破碎。"于是有了一个破碎的存在，它既是从未被录入的，也是不可以记忆的。它是不显形的。这不是一个被遗忘的录入，在录入承载体上，在具有反射性的镜子上，它都没有时空存在。它尚未被流通和扫描所知。②

---

① ［法］让-弗朗索瓦·利奥塔：《非人》，81页，北京，商务印书馆，2000。
② 同上书，60—61页。

这里显示出了一种本体的辩证法，就镜上和录入的整体性而言，不上镜、未录入的本体是破碎；就本体本质上的不上镜和拒录入来说，镜上录入的整体才是破碎。"破碎的存在"具有了一种后现代的双关意喻。

本体的不在镜上、拒被录入，使空白的意义凸显了出来。利奥塔举了日本浪人书法中的空白的意义。东方的空白与西方的白板不同，东方的空白是意念的退出，是思维的去除，它体现的是一种容忍的胸怀。这是一种与西方式的鉴别式、选择式和征服式完全相反的行为。东方的空白是一种从零开始的思维，这里，思维者不领导精神，而是让它悬浮，不给精神施加任何规则，只让它接收，思维者不为自身建构得更明晰而清场。思维者能够看到一点光亮，使那半明晰半模糊的已知条件进入空白中，边前进边调整和改变，这是一种不变之变。空白使利奥塔从一种新的角度去考虑"思"的方式，也使他从新的角度去考虑已思和未思的关系，以及这一关系包含的本体论意义。

空白的意义可以从另一种非西方的艺术来理解，这就是印第安的坟坛和城堡，面对这些圣地，人们会像利奥塔喜爱的艺术家纽曼一样，被自然而然的简朴惊呆。人们注视着这一景致时会想：我在这儿，"这"里。而远处，景之尽头的"那"，就是混沌，因为那儿的存在，人在这儿，感受到的是一种自身（向永恒）呈现的感觉。纽曼和同行制作的犹太教堂运用的就是与之类似的意念。在犹太教堂中，每个人都坐着，拒绝对典礼对象进行静观，而是沉浸在自己的独木舟中等待召唤。印第安坟坛和犹太教堂体现的都是一种自身呈现。利奥塔说："呈现是打破历史的混沌和提醒或仅仅是唤起任何有意义产生之前的'有'的那个瞬间。"①

利奥塔不仅从全球文化的角度看到了西方文化的局限，而且从宇宙的角度看到了人类思维本身的局限。人类是宇宙中的一个偶然事件，是太阳系的产物。地球上的人类只不过是宇宙能量短暂的颤动的状态，是宇宙角落中的物质的一个微笑。正像人类学家和生物学家所承认的那样，地球上活的机体，哪怕是最简单的如纤毛虫纲，水坑旁的藻类，都是几百万年前由阳光合成的。太阳有诞生的一天，就有消失的一天，科学家已经计算出，太阳在约 50 亿年后将进入红巨星阶段，地

---

① ［法］让-弗朗索瓦·利奥塔：《非人》，79 页，北京，商务印书馆，2000。

球即使不被焚毁，水也会被蒸腾光，人类也就消失了。因此，人类的思想并不是一种普遍性、宇宙性的东西，而是一种特殊性的、太阳系的东西。人类认识到自身的有限性，是后现代消解中心的一个必然的逻辑结果。利奥塔说：

> 我们的思想与西方古典及现代派思想之间的一个大分歧：显然没有任何自然本质，而只有《达朗贝之梦》中的物质之魔，《蒂迈欧篇》中的混沌，自然存在于事物中的我们的对话者。物质不向我们提任何问题，不期任何回答。它不知道我们，它偶然地以其法则造成了我们，就像它造成了所有的物体那样。①

当然，后现代又是一个计算机时代，一种新型的技术装置时代。利奥塔也从技术装置的角度来理解地球生命。几百万年前由阳光合成的纤毛虫和藻类，已经是一种技术装置，人也是一种技术装置，人的身体是硬件，思维是软件。身体硬件将在太阳的爆炸中化为灰烬，哲学思维和其他东西都将被卷入爆炸中烧得精光。后现代思想作为一种西方思想，在认识到地球生命和人类思维的有限性的同时，又考虑着对局限性进行超越，正如人类向往着移民太空一样，利奥塔想象着一种独立于地球生命状态之外的一种硬件(躯体)和一种软件(无躯体的思维)。不过这里重要的不是这种另类躯体的思维是否可能，而是这种对太阳、地球、人类、思维的有限性认识对后现代思维样式的影响：后现代状态就是深知思想的有限性而又只能进行有限性思想的状态。

三　美学崇高概念的后现代诠释

利奥塔用崇高来解释后现代的审美状态，这与20世纪以来用荒诞来概括现代审美状态正好形成一个对比。虽然利奥塔并没有提及现代的荒诞概念，仿佛这一

---

① ［法］让-弗朗索瓦·利奥塔：《非人》，11—12页，北京，商务印书馆，2000。

概念根本不存在似的，但是他以"先锋"一词来言说现代美学，实际上他已经涉及了荒诞概念所表现的内容。现代的荒诞显示了与近代崇高的断裂，后现代的崇高则把近代美学和现代美学统合起来，并在进行统合的同时，以旧词新义的方式，显现了后现代美学的特色。

利奥塔是从后现代关于太阳、地球、人类、思维的有限性这一理论背景来看待崇高概念的。有限性使我们只能从有限出发，从现在出发。崇高首先关联到"现在的瞬间"，就是"此刻"。"此刻"这个词本身就意味着一个时间问题，从古希腊到现代，"此刻"作为现在范畴与"过去""未来"形成一个理性化的西方主流系统，即哲学、政治、文学、艺术的传统和体制。这些体制由过去所形成，又都在学派、纲领、研究计划中拥有一个未来。这个拥有过去和未来的体制把"此刻"自然而然地纳入自己的掌握之中。人们完全可以预期，

> 在什么样的话之后，学派、纲领和计划将宣告什么样的话，什么类型的话是不可避免的，什么类型的话是允许的，什么类型的话是禁止的。这涉及绘画，正如涉及其他思维活动一样。在一部绘画作品之后，另一部绘画作品是必然的，或被允许或被禁止。在什么样的颜色之后是另一种什么样的颜色，在什么样的线条之后是什么样的线条。[①]

在这种时间体制中，古典学派的研究计划与先锋派的宣言没有区别，因为它们有共同的逻各斯中心主义的基础。对于后现代来说，"此刻"是与过去、未来没有必然逻辑关联的东西，它恍惚而来，不思而至，来不可遏，去不可止。用利奥塔的话说，"此刻……是为意识所不识的，不能由意识来构成的。更确切地说，它是离开意识、解构意识的那种东西，是意识无法意识到的，甚至是意识须忘记它后才能构成意识本身的东西"[②]。"此刻"是呈现在古典和现代时间逻辑链上的后现代"碎片"，由于它不能为体制和意识所把握，因此"此刻"呈现为一种"到来"，我

---

① ［法］让-弗朗索瓦·利奥塔：《非人》，102—103 页，北京，商务印书馆，2000。引文有改动，后同。

② 同上书，101 页。

们只能看到它指"此刻"来了，但不知它由何而来，向何而去。因此，"到来"不是一个古典和现代意义上的"事件"，而是一个后现代意义上的"境遇"。可以说，此刻—到来—境遇，构成了后现代的"现在"。它虽然由过去而来，却不是过去的逻辑结果，虽然向未来而去，却不是未来的逻辑原因。这个失去了过去、未来逻辑关联的碎片型的"现在"，呈现出了后现代的矛盾状态：在又不在。"在又不在"的不确切状态，用一个确切的术语来表达，就是询问式的"在吗？"，"在吗？"结构就是后现代"现在"的存在方式。利奥塔认为，现代的存在话语和无意识话语中的"焦虑"和"虚无"，都可以由这种"现在"的矛盾性来解释。

我们知道，焦虑与虚无正是现代"荒诞"概念中最要的内容。但在荒诞中，现代人以焦虑之心面对虚无，力图寻找一个具有逻各斯中心主义的意义出来，这就是存在主义的存在，精神分析的无意识和结构主义的深层结构。因此，后现代从非逻各斯中心引出"此刻—到来—境遇"来言说"现在"，"现在是虚无"就有了不同于现代话语的本体论含义。但是就其焦虑和虚无表现的矛盾性来说，后现代和现代又是一致的。正是这种矛盾的感觉，不但使后现代与现代联系起来，而且与近代联系起来，利奥塔一眼就瞥见了在近代非常走红的崇高概念。

崇高是对矛盾性客体（不在之在）和矛盾性主体（痛苦而欢乐）的理论表述。以这一核心为基础，利奥塔理出了崇高理论的发展之线：古罗马的朗吉努斯（Long-mus），近代的布瓦洛（Nicolas Boileau Despreaux）、布乌尔（Bouhours）、狄德罗（Denis Diderot）、柏克、康德，现代的现代派、先锋派，后现代的纽曼。在主要的思路上，利奥塔遵循了柏克和康德，把崇高与美区别开来，美是与形式、规则、体制、可把握、确定性、和谐等连在一起的，崇高则是无形式、反规则、非体制、不能把握、不确定、冲突的。但通过历史，利奥塔使崇高有了一个更宽广的外延，包含了更复杂的内容。在古代，崇高是一个修辞学的问题，但又是非修辞的，崇高的效果使人震惊，难以抗拒，但在形式上，崇高却是固定陈述的阻碍，让自己伴有不足，带有瑕疵，缺乏趣味。在布瓦洛和布乌尔那里，崇高是一种诗学，但与规则无关，可体悟而难以形求，可意得而难以言宣，具有一种隐匿的形而上意味。在狄德罗那里，与崇高相关的是天才和灵感，崇高显现出了"我不知其所是"的威力，使一切技艺显现为雕虫小技。在康德那里，崇高源于想象力和表现力，想把握和表达一种绝对的失败。在客体方面，崇高既表现为一种超越形式规则的极度夸张，又表现为一种否定性的呈现，甚至是无呈现。在主体方面，崇高体现为痛苦和愉悦，痛苦是因为主体遭到了否定，愉悦是因为否定中包含着绝对存在的肯定。在柏克那里，崇高具有一种生命的意义。崇高是由什么都不到来的威胁引出的，其主要情感是恐怖。恐怖与丧失相关，对黑暗的恐惧源于光的丧失；对孤独的恐惧源于亲朋的丧失，对沉寂的恐惧源于言说的丧失，对虚空的恐惧源于客体的丧失，对死亡的恐惧源于生命的丧失等。总起来说，崇高的恐惧在于崇高唤起了"可能存在不在"的生命惊震。要成为崇高，恐惧必须转化为愉悦。在恐怖的惊震中，灵魂惊呆了，像死一般。但崇高在于危险看似存在而其实并不存在，当人发现这一事实时，一种死后复生的狂喜油然而生。利奥塔认为，在柏克那里，崇高的重心由古代的高尚转化为心灵的紧张，它通向了现代先锋派的崇高。

在利奥塔看来，19世纪和20世纪的现代派艺术"利用崇高理论来使自己成为不确定性的见证者"[①]。在现实主义绘画中，其形象具有确定的再现性，在浪漫主义的绘画中，其背景、线条、色彩、空间、形象仍受再现性的束缚，是确定的。到了塞尚这里，客观现实世界的主导性消失了，绘画关注的只是对线、色、空间、结构本身的感觉。画线，就是线本身；着色，就是色本身。只有这种感觉才是构成对象（如水果、花、山等）的整个存在，既不管故事、主题，也不管线、色、光在现实中应有的关系，画家捕捉的只有最初的感知、境遇中的色彩和不思而至的"此在"。现代派不再致力于"主题"中的东西，而致力于一种"在吗？"的呈现。就存在的方式来说，形形色色的现代派和后现代派，如后造型艺术、蹦迪艺术、随机艺术等可以说都是致力于"在吗？"的呈现。就本质来说，也许应该对现代派的"在吗？"和后现代派的"在吗？"做区分。现代派的"在吗？"与现实体制的"脱臼"，都是为了追求一个在现实关联中看不见的、隐匿起来的而又确实存在的"本体"，如现代神学的上帝、海德格尔的存在、弗洛伊德的无意识。

塞尚和蒙德里安都认为，他们追求的是世界的真正结构。而后现代的"在吗？"不但与可见的现实关系"脱臼"，也与隐匿的本体无缘。因此，后现代的"在吗？"呈

---

① ［法］让-弗朗索瓦·利奥塔：《非人》，113页，北京，商务印书馆，2000。

现出最彻底的矛盾性，是建立在后现代有限性和平面性上的对自身的追问，它不但从摆脱现实的关联中来问自身的意义，还从否定自身与任何本体的关系中来问自身的意义。这种问本就是一种后现代状态中的本体之问。太阳如是地存在了，地球如是地存在了，人类如是地存在了，艺术如是地存在了，我如是地存在了，与我关联的一切，如时间系统、现实结构、本体存在等都如是地存在了，但都不是本质上、规律上必然命定地要如此的。这就是后现代崇高的惊震和矛盾感受。

与现实结构和本体设想相关联的是形式之美。从柏拉图到黑格尔再到结构主义，尽管其美学体系中有灵感，有崇高，有反讽，但都被归入一种整体的形式美之中。与现实结构和本体设想毫无关联的是无形式的崇高，正因为崇高的超形式，它扩展为多种方向：第一，崇高可以呈现为一种巨大和力量，如高山、大海、星空、暴风、骤雨、巨雷、惊涛等；第二，崇高也可以呈现为一种反形式，如缺陷、破坏、丑陋、畸形、荒诞等；第三，崇高还可以呈现为一种彻底的无形式，如空、无、寂、静、死、灭等。第一种方向是古典崇高的大潮，第二种方向是现代崇高的主型，第三种方向是后现代崇高的主色。崇高包含两种最基本的相反情感：痛感与快感。这两种情感具体辨析后可以包括很多情状，如震惊、痛苦、恐惧、迷乱、紊乱、焦虑、紧张、激奋、疯狂、喜悦、极乐、高兴、狂喜、大悦等，但从根本上说，还应区分是什么引发最初痛感，又是什么使痛感转化为快感。对于后现代的崇高来说，是与任何现实和任何本体没有本质上的关联而使"在吗？"呈现时人感到后现代的痛感，是人认清了自己确实与任何现实和任何本体没有关联，而使痛感转化为一种后现代的快感。当利奥塔拒绝了现代的荒诞，而借用崇高作为后现代有限性意识的美学概念时，大概确有一种人能够认识到自己命运之有限性所产生的包含痛苦和快感于一体的崇高。

第二节　波德里亚论后现代特征

在德里达发动对后结构的总攻击的那一年，即 1968 年，波德里亚（Jean Baudrillard，1929—2007）发表《客体系统》一书，以新的视角，论述了消费品和服务的爆炸性增长所呈现出的一种全新的大众消费图景。由此而后，《消费社会》（1970）、

《符号政治经济学批判》(1972)、《生产之镜》(1973)，运用经济学和符号学铸成了自己独特的方法论武器，描绘和分析了一种不同于以往任何时代的社会—文化图像。在波德里亚后来源源而来的著述，如《象征交换与死亡》(1976)、《论诱惑》(1979)、《仿真与拟象》(1981)、《最后战略》(1983)、《大众：媒体中的社会内爆》(1985)、《超政治、超性别、超美学》(1988)中，这个新社会—文化的图像日益清晰起来。用一个词来概括这个新型社会，波德里亚在20世纪80年代之前，常用的是"我们的当代社会""现代时期""我们的现代性""消费社会"等；但当"后现代"不断涌现，特别是利奥塔有了出色的发挥之后，波德里亚从1980年始，把自己的理论说成是对"后现代性"的分析。这样波德里亚就自称为同时也被别人称为后现代大师。他的关于社会—文化的言说，也成了一种关于后现代状态的经典理论。在本书中，我们从三个方面论述波德里亚的理论：第一，以消费物在文化中的意义变化来判定文化的历史阶段，从一种历史的比较中突出后现代的消费社会特征，而这是后现代美学的社会基础；第二，从真实性的角度解读后现代现实中的超真实状态，而这正是后现代美学的现实基础；第三，艺术和审美受后现代整个时代的影响，同时又作为影响时代的一种因素，所呈现出来的是后现代美学的超美学特征。

一 后现代美学的基础：消费社会

在波德里亚的话语中，"二战"后的西方国家，由科技革命和经济起飞带动了发展，到20世纪60年代，社会面貌发生了质的变化，其主要标志有两个：一是消费设施的变化，超级市场和消费城是其代表；二是众多领域成为显著的消费领域，如休闲、娱乐、健身、旅游、文化等，消费控制了整个生活。在前现代社会中，美学与象征体系相连，美学服从于政治、伦理和社会秩序。在现代社会中，美学与生产相连，美学中最突出的是生产、创作、制造和艺术家的地位。在后现代社会中，美学与消费相连，消费社会的主因决定了后现代美学的面貌。如果说，在前现代的社会中，是政治、伦理决定着美学的生产与消费；在现代社会中，是生产决定着美学的消费和与政治、伦理、生活的关系；那么在后现代，是消费决定着美学的生产和与政治、伦理、生活的关系。因此，了解消费社会的本质和特征是理解后现代美学的基础。

法国的帕利尔二号，这一欧洲最大的商业中心，是现代消费设施的典型，春天商场、BHV、迪沃尔、普里聚尼克、郎万、费朗克父子、埃迪尔、两家电影院、一家杂货店、一家超市、絮玛和其他一百来家商店聚集在同一地点。中心的玛伊一面朝和平街，另一面朝香榭丽舍大街，装饰着喷泉、矿物树、报亭、长凳等，玛伊街一天 24 小时，长去长开。一个专门的空调系统排除了季节和天气的影响。后现代的空间是按照消费逻辑来组织的，商业活力和美学感觉是其最基本的要素。与之相关联的是新的购物方式，在这里，人们能买到一切他们想买的东西，从一双鞋到飞机票，消费者能看到各种消费机构：保险公司、电影院、银行、医院、桥牌俱乐部、艺术展览馆等。① 消费者不用带现金，一张信用卡就可以实现任何购物愿望。在一个个橱窗中，在一家家店铺里，在一条条商业街上，呈现出的是波德里亚所说的消费社会的两大基本特征：一是商品在现象上呈现为丰盛的种类和无穷的数量，二是商品在组织方式上呈现为套系形式。丰盛表现为商品的取之不尽，应有尽有，这是消费社会的"形象"，也是消费社会的实情。

消费社会，一方面是商品很丰盛，另一方面是民主权利、国家调控、社会保障体系、义务教育等多样服务体系完备，人们不再为生活必需品担心，但是却为选择什么样的商品费心。丰盛这一形象使很多人错解了消费社会。套系形式表现为商品的系列和类别，如洗衣机的各种品牌，各个品牌中的具体系列，每一系列中的各种档次，这种套系类别形成商品的一串意义，这与选择什么商品相关，但绝不仅仅是选择问题，正是在这里，消费社会敞开了自己的逻辑。丰盛的商品使购物成了主要的生活重心。在生产型的社会中，在清教思想的主导下，清教徒把整个人生都用于生产自己的个人品格，欧洲那些人基本上把自己看成是生产的"工作前的人"。在消费型社会中，超越了基本生活品阶段的人总想着自己的消费，对丰盛的商品进行选择，在目迷万色中的选择是一种娱乐、享受和满足，人基本上把自己看成是要去购物的"娱乐前的人"。当娱乐、旅游、文艺、博物馆、游乐园、

---

① 参见［法］波德里亚：《消费社会》，6—7 页，南京，南京大学出版社，2000。

文化遗址等，都与购物一样成为"消费"的时候，消费的娱乐性更加突出。这是丰盛和套系的商品对人的形象的改变。我们再来看社会的改变。在消费社会中，丰盛具体化为套系形式，套系形式形容着丰盛。丰盛与套系是合二为一的，构成消费社会的商品整体，又呈现出消费社会之商品的两面：丰盛展现的是商品的物的面貌，套系构成的是商品的结构内容。波德里亚说：

> 赋予消费以社会事件特征的，并非它表面上所具有的那些天性（如满足、享受），而是它赖以摆脱那些天性的基本步骤（这一步骤将它规定为编码、制度、组织系统）……这并不是说需求、自然用途等等都不存在，而只是要人们看到作为当代社会一个特有概念的消费并不取决于这些。因为这些在任何社会中都是存在的。对我们来说具有社会学意义并为我们贴上消费符号标签的，恰恰是这种原始层面被普遍重组为一种符号系统，而看起来这一系统是我们时代的一个特有模式。①

套系形式与消费社会中商品的符号系统相关。在消费社会中，一种商品的套系（如电视的套系），不仅与使用价值相关（可以用来看电视节目），也不仅与交换价值有关（它值多少钱），更与符号价值相关（它意味着一种档次、地位、品位），套系形式的设计本就是以消费社会中消费者的心理为基础的。消费者购买电视不仅是为了一种使用价值（看电视节目），也不仅是为了交换价值（拥有一台多少钱的电视机），还是为了符号价值（欣赏满足着拥有这类电视所体现的档次、优越、品位）。这一例子使我们知道消费社会的特点：符号价值高于使用价值和交换价值。这也使我们知道消费社会是人类社会演进的结果，从而可以让我们从社会的历时演进中把握消费社会，而不同发展阶段的社会又可以作为不同的类型进行共时的比较。

从物品的意义来看，人类社会的发展有三个主要阶段：一是物品主要作为物品存在，这是前现代社会；二是物品主要作为商品存在，这是现代社会；三是物品主要作为符号存在，这是后现代社会。从物品总量和人类的总需求的比率来说，

---

① ［法］波德里亚：《消费社会》，70—71 页，南京，南京大学出版社，2000。

在物品主要作为物品的前现代时期，社会表现为一种短缺经济，占有物品本身就意味着一种区分高下的符号。在物品主要作为商品的现代时期，商品表现为数量上的充足和结构上的短缺，贫富具有质的差异。人们要有钱才能拥有物品，无钱就没有物品，钱越多，拥有的物品越多，因此，交换价值具有了区分高下的符号功能。在物品主要作为符号的后现代时期，数量极为丰盛，结构基本不缺，质量差异很小，物品作为符号的重要性有了决定性的意义。

社会中的等级差异，在前现代社会，可以由是否拥有物品看出来；在现代社会，可以由是否有钱看出来；在后现代社会，则需由是否拥有某种符号显现出来。因此，在前现代社会，物品被主要突出的是物性的一面，也就是使用价值的一面，物主要是以使用价值来分类和认识的，从而我们可以把前现代社会看成是突出物的使用价值的社会。在现代社会，一切物都变成了商品，交换价值成了衡量使用价值的尺度，物品主要是以交换价值来计算和分类的，从而我们可以把现代社会看成是突出物的交换价值的社会。在后现代社会，一切物品还是商品，交换价值也仍然重要，但在商品的丰盛和套系分类中，商品的符号价值凸显了出来，拥有一种商品是为了拥有一种品格、一种个性、一种品位。例如，梅赛德斯—奔驰车提供了76种不同喷漆和697种内部装饰款式来供人选择，丽丝达牌系列染发剂提供了多种多样的色泽供你选择等。[①] 从个人的角度看，套系形式有美容系列、服装系列、居室系列、汽车系列等。从都市的空间看，套系形式有市中区、近郊、远郊、白人区、黑人区、亚裔区、混居区、富人区、中等区、穷人区等，所有这些构成了以建筑空间为核心的综合套系形式。这些套系形式都表现着一种符号价值。

在不同的社会中，物品由不同的规律所主宰：在前现代社会中，对于物品处于主导地位的，是自然价值规律；在现代社会中，起普遍作用的，是商品价值规律；在后现代社会中，四处流动的，是结构价值规律。所谓结构价值规律，就是符号以区分性为基础的规律。正如语言与客观外物无关，只与符号内部的系统有关，后现代消费社会中的商品也是如此，商品与商品本身的自然性质无关，而只与商品内部系统的区分性相关。列举一个禅宗的比喻，离其意而用之。前现代社

---

① 参见［法］波德里亚：《消费社会》，5—20页，南京，南京大学出版社，2000。

会中的物品、使用价值、自然价值规律，就好像——山是山，水是水，房屋是房屋。现代社会中的商品、交换价值、商品价值规律，好像是——山不是山，水不是水，房屋不是房屋，而都是钱，都可以用钱来计算和衡量。后现代社会中的符号、符号价值、结构价值规律，同样是——山不是山，水不是水，房屋不是房屋，但也不是钱，而是一种标志、地位、品位。对于禅宗来说，最高境界是山还是山，水还是水。因此，后现代的"山不是山，水不是水"式的符号作为普遍性的基础就会有不少问题。这正好促使我们转入下一个问题，即波德里亚对后现代的批判。

二　后现代美学的现实：超真实

在后现代社会中，符号价值占据主导地位，符号作为一种社会的标志装置，源于以前的社会装置，但一个社会的装置总是能把以前的装置纳入自己的装置之中。我们看到，以前具有相对独立意义的要素，现在都为符号所吸收，都成为符号。符号只与自己的系统有关，而与现实无关。生产、商品、劳动等基本要素的社会过程，都变成了符号化的过程，它们只有在符号的结构系统中才能定义自己和获得意义。现代社会中的商品的增殖变成了符号的增衍，商品的流通变成了符号的流通。

符号主导的结果是什么呢？从正面来说，结果是真实的消失；从反面来说，结果是超真实的产生。后现代的超真实代替了现代的真实，超真实成了后现代唯一的真实。与后现代超真实相关的概念有三个：仿像、拟象、内爆。在波德里亚那里，仿像和拟象意思大致相同，是可以互换的，但既然用了两个词，特别是在中译里就有了区别，不妨按中文之韵将仿像与拟象的两种含义分开来论述。

首先看仿像(simulacra)。仿像即非象，这里"象"指的是现实，仿像就是看起来好像是现实，而实际上不是现实。仿像要讨论的是作为符号的商品与现实的关系。以生产为主导的现代社会不管怎么把自然物商品化，自然物都是来源，是基础，因此价值规律遵循的是现实原则。市场导向使我们想着商品的使用需求和价值规律。在以消费为主导的后现代社会里，符号是本体，与现实无关，只与自身相关，结构获得了自主性，从而此时遵循的是仿像原则。"仿像的意思是，符号只进行内部交换，不会与真实相互作用。"①商品为符号的结构所制约，从符号的结构中去获得意义。在丰盛的商品中，重要的是商品内部之间的区分性。一种商品的意义，重要的已经不是其原料来源和使用对象，而是与其他商品之间的关系。仿像呈现出的不是以前的符号与真实之间的辩证法，而是由诸符号之间的区分原则而来的意义获得法。

其次看拟象（simulation）。拟象是相对于拟质来说的，象是已成之象，是现象；质是终极之本，是本质。西方哲学从柏拉图开始，就指出了现实与理式之间的关系，现实中具体的事物从模仿终极的理想原型而来。一种外在于具体物的、在具体物之后的理式使现实的具体物有了一个最后的根据。当然这个原型也可以不是唯心主义的理式，而是唯物主义的物质、现实等，但不管怎样，具体物有一个终极的原型。而后现代的符号排除了原型的存在，具体的众象不是由一个原型产生出来的，而是由模型生成。波德里亚认为，本雅明的机器复制时代的理论在后现代的符号主导的社会中，才得到真正的实现。在古典理论中，具象反映理想的原型但又不是原型，它低于原型，要由原型来纠正，要对照原型来改进；在后现代的拟象中，由模型复制出来的众象与模型可以完全一样，二者没有本质上的差异，复制完全可以代替模型，又可以自我复制。拟象没有一个外在之物，它是自我生成的，没有外在的原型标准，只有符号的结构规律。

最后看内爆（implosion）。这是一个借自麦克卢汉的物的概念。内爆区别于外爆（explosion）。波德里亚说，资本主义自17世纪后向外扩张，把现代社会的模式带向全球，可称为外爆。"二战"后科技经济起飞进入后现代状态，可称为内爆。所谓内爆，就是符号的自生性。没有现实作为标准，也没有原型作为起源，符号按自己的结构原则大量衍生。一个符号的意义取决于与其他符号的区分，随着相应符号的增多，该符号在与增多的符号的区分中，将产生意义变异，因此，符号衍生必然意味着符号间的不断冲撞，符号之间重新区分，再行定义，相互替换，无限膨胀。符号的内爆，呈现出一片总体的相对性、普遍的替换性、撮合的仿真

① ［法］让-鲍德里亚：《象征交换与死亡》，见汪民安、陈永国、马海良主编：《后现代性的哲学话语——从福柯到赛义德》，308页，杭州，浙江人民出版社，2000。

性景象。内爆也可以看作仿真和拟象的大爆炸。在大爆炸中，先前的一切，特别是真实、起源、理性、历史等都烟消云散，而在符号自我生成的内爆、替换、仿真、拟象中，非指涉、超指涉、不确定、漂浮性、偶然性呈现出来，"控制操作论、发生学代码、随机变异性、不确定性原理，这一切取代了决定论和客观论的科学，亦即历史和意识的辩证法"①。在符号的衍生中不断内爆出的符号世界就是一个仿像和拟象世界，也就是一个使真实消失了的超真实世界。

仿像、拟象、内爆共同构成了后现代的超真实。从理论上讲，超真实是符号的自主性原则；从感性形态看，超真实具体地表现为各个方面，可以是模型取代了真实，可以是形象包装代表了真实，也可以是形象符号被误认为真实，还可以是传达真实的编码改写了真实等。

第一方面，模型代替真实，表现在迪士尼乐园中。迪士尼乐园是美国社会的一个模型，但显得比美国的现实社会更为真实。它以微缩的方式概括了美国的生活方式，赞美了美国的所有价值观，同时也置换和美化了矛盾的现实。当我们把迪士尼认作美国之后，迪士尼周围的洛杉矶及美国的其他地方反而成了迪士尼的超真实的仿真系列。模型领先出现在一切领域：妇女杂志和生活杂志上描绘的理想的生活方式，性生活手册中呈现的最好的性爱方式，广告、电视中展示的理想服饰，计算机手册上提供的理想的计算机操作技术等这些本是一种超真实的模型，却被认为是一种真正的真实。而与之对照，现实生活中每一个个体的实际生活、实际性爱、实际服装、实际计算机操作，却被认为是对模型的真实模仿。模型成为真实，现实成为超真实。同时，真实与超真实不断地相互换位，就在这不断地相互换位中，整个后现代的真实都成了超真实。

第二方面，形象包装代替真实，其典型是政治竞选场面。政治家们依靠媒体顾问、公共关系专家和民意测验数据，不断地调节、改变和包装自己的形象，从而以让公众满意的得体方式在媒体上亮相，以设计好的手段在电视里辩论，以精心包装后的形象出现在电视广告里。他们本来是什么样的人已经不重要了，而他

---

① ［法］让-鲍德里亚：《象征交换与死亡》，见汪民安、陈永国、马海良主编：《后现代性的哲学话语——从福柯到赛义德》，304 页，杭州，浙江人民出版社，2000。

们呈现了什么样的形象才非常重要。政治竞选活动已经变成形象的竞争和符号的斗争。政治家本来的真实已经隐匿了，包装后的形象变成了他们的真实，形象的真实代替了本来的真实，从而虚假的真实成了后现代的超真实。在后现代社会中，只有超真实才真实，而真实本身却成了非真实。

第三方面，形象符号被误认为真实，这典型地在电视中显现出来。电视里心理专家被认为是解决心理问题的超人，电视里的医生被认为是解决身体问题的药到病除的神医。扮演威尔比医生的罗伯特·扬，收到了上千封求医问药的信。他自己也真的以医生的权威口吻，在广告里郑重其事地向观众介绍和推荐起药品来。当雷蒙德·布尔扮演律师培里·曼森成功后，很多人写信向他咨询法律问题；当他扮演侦探艾伦塞德成功以后，很多人写信要他给予侦破帮助。①

第四方面，传达真实的编码改写了真实，这在媒体上体现得非常突出。电视新闻和纪实节目越来越多地采用娱乐的形式，用戏剧和传奇的方式来组编故事。这些节目想让人们在看真实时具有看文艺、戏剧一样的效果，结果却让人们把对真实的感受等同于非事实的文艺感受了。哥伦比亚广播电台的新闻杂志节目《第57街》片头就是一幅由许多新闻记者的肖像拼接而成的图画，让人觉得这些记者是电视系列剧中的人物似的。在媒体这样传达真实的时候，这种传达的编码方式本身就对真实进行了改写，而改写方式变成结构的区分性因素进入了与真实的语言游戏中，从而改变了真实的含意。同时非真实的文艺，如MTV、《今夜娱乐》以及各种脱口秀节目则采用了标准的新闻评论样式，这些栏目本是一种观念的宣传，却以"事实"和"信息"的形式呈现出来。这种用新闻（真实）的形式编写非真实的故事而产生的效果，和前面用非真实形式编写真实故事产生的效果是一样的，都是既改变了自身，又改变了他者，正是在后现代状态下进行的互变，共创了后现代的超真实景观。

三　后现代美学的实质：超美学

黑格尔从近代社会向未来望去，预言过艺术的死亡；马克思在资本主义的分

---

① 参见［法］波德里亚：《消费社会》，南京，南京大学出版社，2000。

析中，论述过市场法则对艺术的侵蚀；法兰克福学派对美学泛化进行了尖锐的批判；波德里亚对后现代时代的美学做出了同一趋势的新诊断，这就是他提出的超美学概念。正像超真实意味着原来意义上的真实业已消失一样，超美学意味着原来意义上的美学难以存在。道格拉斯·凯尔纳（Douglas Kellner）和斯蒂文·贝斯特（Steven Best）合著的《后现代理论》对这一概念解释道："'超美学'指美学已经渗透到了经济、政治、文化以及日常生活当中，因而丧失了其自主性和特殊性。艺术形式已经扩散到了一切商品和客体之中，以至于从现在起所有的东西都成了一种美学符号。所有的美学符号共存于一个互不相干的情境中，审美判断已不再可能。"①理论家一直预言和论述的美学要变或正在变，终于在后现代变为了超美学，从波德里亚的论述中，我们不妨总结出三个关节：第一，艺术的大众化；第二，大众的时尚化；第三，艺术在大众化和时尚化中的符号化。所谓超美学也就是在符号主导中产生的美学变化或它变化成受符号规律制约的美学。

先看第一个问题，艺术的大众化。艺术作品曾经具有唯一性，希腊的《掷铁饼者》只有一尊，达·芬奇的《蒙娜丽莎》仅此一幅，而艺术作品的知音，也只是那些具有深厚艺术修养和审美鉴赏力的少数人。这些杰作就是被放进博物馆里，也仍是一个神圣的作品，让人高山仰止。本雅明早已指出，工业生产的复制把任何高雅的艺术品都变成了一种普通的商品，波德里亚从后现代视点向人们指出，问题的关键不在于"复制"，而在于"备份"。复制只指出了艺术作品的商品化和大众化现象，而备份才抓住了后现代的本质。备份既是唯一的又是集体的，备份体现了后现代的模型领先原则。由备份而复制，使得再珍贵的艺术品都能以普通商品的价格出售，导致旧时王公殿内宝，进入寻常百姓家。艺术的复制化、市场化、商品化不仅使古典画进入了商店，使抽象画进入了工厂，使杰作名画进入了家庭，更重要的是，"再也不会有人觉得在获得一双长裤或一把花园扶手椅的同时获得一幅石版画或铜版画有什么不正常了"②。在后现代的丰盛商品中，不会再有人问：艺术是什么？街头、店里、家中，何处不见艺术。不会再有人说，艺术太昂贵。

① ［美］斯蒂文·贝斯特、道格拉斯·凯尔纳：《后现代理论——批判性的质疑》，175 页，北京，中央编译出版社，1999。

② ［法］波德里亚：《消费社会》，168 页，南京，南京大学出版社，2000。

复制已经使艺术品与日用品价格相近。由此可知，艺术的地位大变了，艺术的含义也大变了，艺术大众化了。但艺术大众化的意义可远不止这一句话这么简单。

再看第二个问题，大众的时尚化。消费社会中，有一种更新—循环规律。所谓更新，即在已有的基础上更新；所谓循环，一是从内容上保持生命运转，二是更新运动有时表现为一种周而复始的循环。在知识层面，社会的技术员和学者，为了不被时刻进步着的社会和知识所淘汰，不断地重新学习，更新自己，以跟上时代。在时尚领域，人们同样为了跟上潮流而每年每季每月对自己的服装、物品、汽车进行更新。在保健方面，人们定期进行体质检查、健身锻炼、护肌美容。在文化领域，人们同样进行着这样的更新循环，适应消费社会文化的大众（包括有教养的人在内）并没有权利参与到文化的制造中去，但他们有权利参与文化的再循环（要"悉知内情"）。他们努力了解目前的情况，每年每季每月对自己的整套文化进行翻新。因此，消费社会的文化随着大众的时尚化而时尚化。在这里，重要的已经不是某一文艺作品的精神内容被几百万人分享，而是几百万人分享这一作品的符号意义，就像当年汽车型号代表时尚，城市绿地代表自然一样，文艺作品只有一种符号意义。无论是梵·高的绘画被陈列在大百货商场里，还是乔伊斯（J. Joyce）的作品卖了20万册，其意义，主要不在于文艺自身，而在于其作品进入了时尚循环。作品更畅销，就像对一种裙子的长度和电视节目的长度进行调整一样，遵循的是符号编码逻辑。因此，在消费社会中，先锋创作和大众文化之间已经没有本质上的差别了，而只有类型上的区分。前者偏重于在形式和表达方式上用功，后者更多地在主题和内容上着力。两者一样地进入更新循环的时尚流通过程。

最后看第三个问题，艺术在大众化和时尚化中的符号化。在消费社会中，那些周刊性百科全书如《圣经》《缪斯》《阿尔法》《百万》等那些大印量发行的音乐和艺术出版物如《大画家》《大音乐家》等，那些雅致的科普读物如《科学与生活》《历史》等，阅读它们的是些什么人呢？他们是所有中产阶级，有中等教育学历和技术教育学历的普通人、职员和企业的中低层管理人员。他们在进行阅读的时候消费的是什么呢，是文化培训吗？他们渴求进步吗，渴望知识吗？是，但此回答不全面，不是本质上的，波德里亚说，其本质性的意义在于，他们的阅读扮演着联络符号的功能。"读者梦想着一个集团，他通过阅读来抽象地完成对它的参与……阅读这一报刊，便是加入这一报刊读者的行列，便是作为阶级象征来进行一种'文化'活动。"①他们的文化消费"并不是为了满足自主实践的需要，而是满足一种社会流动性的修辞，满足一种针对文化外的目标，或者干脆就只针对社会地位编码要素这种目标的需求"②。文化和文艺消费的意义变成了一种符号意义，为符号的结构自主性所制约。艺术和审美的符号化表现为各种形式，主要有媚俗、摆设、流行。

媚俗，主要从一些物品上表现出来，如精美仿造品、附属物品、民间小物件、纪念品、仿古灯罩、黑人面具等。作为一个文化范畴，媚俗建立在工业备份和平民化的基础上。在物品方面，它由另类（过去的、异国的、民间的、新兴的、未来的）符号和现存符号的不断无序增加而来；在社会方面，它适应了大众层级流动的需要。广大群众在社会层级秩序中不断上升，终于达到更高的地位，同时产生了文化需求，并用符号来炫耀这一地位。媚俗虽然以美的形式和品位表现出来，但却与美学不相干，它关系到的主要是社会学功能。如果非要从美学上看，那么，它是一种模拟美学，"它在世界各地生产那些比原件更大或更小的物品、仿制材料（仿大理石、塑料等），笨拙地仿效各种形式或胡乱地将它们组合起来，重现自己没有经历过的式样"③。

摆设，是消费社会的标志。如果说，在消费社会中，消费物品突出符号功能而相对地丧失了实用功能，那么，"摆设恰恰就是物品在消费社会中的真相。在这一前提下，一切都可以变成摆设而且一切都可能是摆设"④。

> 摆设的特性既不是由人们对它的实用型应用决定的，也不是由象征型应用决定的，而是由游戏型应用决定的。正是游戏越来越多地支配着人们与物品、人、文化、休闲的关系，有时还支配着人们与工作的关系。正是游戏成了人们日常生活形态的主要色调。以至一切：物品、财富、关系、服务，在

---

① ［法］波德里亚：《消费社会》，111页，南京，南京大学出版社，2000。
② 同上书，111页。
③ 同上书，116页。
④ 同上书，116页。

那里都变成了摆设。[①]

流行，是消费社会的艺术特征。后现代时代之前，一切艺术都是建立在某种深刻的世界观基础上的。而流行，则希望与符号的这种内在秩序同质，与它的工业性和系列性同质，与社会中一切人造事物的特点同质，与后现代空间的完备性同质，同时与现代社会中的事物秩序相适应的文化修养同质。消费社会的流行，已经不能以一种物质的艺术品或精神的文化品来加以看待，而应将它看作一个可操纵符号的人工场所，一种完完全全的文化伪迹。流行因为希望得以流行，从而希望大家都来欣赏和仿效，进而成为平庸艺术，不过它被美化称为人民艺术。流行没有现实的秩序而只有符号的秩序；并非真实的空间，而是由不同符号要素及其关系在其中进行并置的艺术空间；没有真实的时间，只有阅读时间，是对物品及其影像以及对影像重复出现进行区别认知的时间，是对处在其与真实物品关系中的伪迹进行心理调适所必需的适应时间。这里阅读不是逐字逐句的严密研究，而是左观右看的泛泛浏览，重要的是，正在阅读。流行是一门"酷"的艺术，它已经离古典的美学情怀甚远，而只与后现代的符号运行规律相连。

第三节 詹明信的后现代理论

詹明信(Fredric Jameson)因其对后现代做了系统的论述而成为最著名的后现代理论家之一。而他的后现代论述又是从马克思主义的立场进行的，从一种总体性的角度对后现代进行了全方位(经济的、技术的、政治的、文化的、心理的、社会的、历史的、全球的等)和多方法(马克思主义、精神分析、结构主义、符号学、后结构主义等)的把握。他一方面把后现代看成是晚期资本主义的逻辑的表现和强化；另一方面，也不排除后现代有拒绝晚期资本主义逻辑的可能。这样就使他采取了一种游目的方式来观看、分析和评说后现代。他的后现代理论主要体现在《后

[①] ［法］波德里亚：《消费社会》，119页，南京，南京大学出版社，2000。

现代主义与文化理论》(1986)和《晚期资本主义的文化逻辑》(1991)中的一些文章中，这些言说成为一道进入后现代的方便之门。

一　后现代的起源新说及意义

对于詹明信来说，后现代首先是一个历史阶段。这个阶段起源于何时，有人说起源于 20 世纪 40 年代，有人说起源于 20 世纪 50 年代，有人说起源于 20 世纪 60 年代，有人说起源于 20 世纪 80 年代。因此，为了避免在时间上纠缠，詹明信说，它"起源于'二战'后的某一时期"。重要的是后现代的性质，对于这样一个历史阶段，感受和认识到它到来的人从不同的方面用不同的术语对它进行过描述和定义：后工业社会、消费社会、传媒社会、信息社会、电子社会、高科技社会、跨国资本主义社会等，这些术语尽管不同，但是都指出了一个共同的客观历史阶段。在这个共识的基础上，詹明信从马克思主义出发，将后现代定义为晚期资本主义。詹明信认为，资本主义以来的历史可以大致分为三个阶段。第一阶段是国家资本主义，其标志是此时形成了国家市场；第二阶段是垄断或帝国主义，其标志是大英帝国、德意志帝国等的形成；第三阶段是"二战"后的资本主义，也就是晚期资本主义，其标志是跨国资本的形成。而后现代主义就是晚期资本主义的文化表征。

为了对晚期资本主义有精确的认识，詹明信更多的时候将它的起源时间定在 20 世纪 60 年代。其文章《60 年代：从历史阶段论的角度看》呈现了从多学科的角度和全球化的视域去看这个历史阶段的思想。他一方面关注了第三世界的兴起，考察了中国的毛泽东思想、范农的反殖民斗争模式、古巴的游击中心理论等一系列事件所呈现出的变化；另一方面梳理了萨特、阿尔都塞、德勒兹等思想家的理论演变和文学艺术上的符号变化，再联系西方的社会主义运动和美国、法国的学生运动，这方方面面呈现出来的西方与世界的变化，一道构成了新的全球化特征。但自资本主义以来，全球化是由西方引领的全球化。而自"二战"以来，美国又是西方的主导国家，因此，我们一旦把后现代作为一个历史阶段，即晚期资本主义阶段来看待，就要把后现代主义看作这个历史阶段的文化表现。詹明信一反后现代话语的惯例，认为后现代的起源地是美国。詹明信说：

> 提醒大家注意一个显而易见的事实：眼前这个既源于美国又已经扩散到世界各地的后现代文化现象，乃是一股文化以外的新潮流在文化范畴里（上层建筑里）的内向表现。这股全球性的发展倾向，直接因美国的军事与经济力量的不断扩张而形成，它导致一种霸权的形成，笼罩着世界上的所有文化。①

在这里，我们可以看到詹明信的后现代话语与法国后现代话语的区别。法国的后现代话语是从理论上开始立论的，话语的逻辑就是从后结构（德里达）到后现代（利奥塔）。詹明信是从文化上开始立论的，话语的逻辑是先罗列后现代文艺的代表作品，再由这些作品扩展到包括理论话语在内的其他领域，如把法国的后结构话语也算到他所说的后现代中来。在关于后现代的一般话语中，法国式的后现代不但被总结为利奥塔和波德里亚式的，还总把德里达、福柯也包括进来，因此，法国式的后现代是思维型的，而詹明信的后现代是文化型的。与法国式的后现代相比较，詹明信的后现代话语有三个特征：一是把后现代归结为一种文化，把文艺作为文化的直接显现，从文化的普遍性来定义后现代，以此为根据，美国变成了后现代的起源地；二是这种文化状态又是与经济—政治体制对应的，以此为逻辑，美国文化的广泛传播造就了后现代的世界性发展；三是从文化与经济—政治相对应和文化的普遍性出发，把后现代定义为一种全球性潮流。而从重视思维形式的法国式的后现代，难以直接走向全球文化理论。

二　后现代的历史关联

詹明信一直用"后现代主义"一词，它有两个含义。第一，它是一个文化现象，而

---

① ［美］詹明信：《晚期资本主义的文化逻辑——詹明信批评理论文选》，430 页，北京，生活·读书·新知三联书店，1997。

且主要是一种文艺现象。这个词源于西方的词汇关联。现代性指的是 17 世纪以来的资本主义历史，现代主义是指 19 世纪后期和 20 世纪以来的一种文艺潮流。以此为例，后现代性指一个历史阶段（相当于晚期资本主义），而后现代主义则是这个阶段的文化现象。第二，用此词可以把资本主义以来的文化演变勾勒出来。这样与资本主义三个阶段相对应的是三种文化现象：现实主义、现代主义、后现代主义。后现代主义的特征可以从与现实主义、现代主义的比较中凸显出来。如果说，现实主义与形成民族市场的国家资本主义相关联，现代主义现象与超越了民族市场界域而扩展为世界资本主义或者帝国主义相关联，那么，后现代主义就必须被看成是一种完全不同于帝国主义的跨国资本主义或者失去了中心的世界资本主义的文化现象。这里用世界资本主义来言说晚期资本主义是为了强调这个历史阶段的全球化特征。

现实主义、现代主义、后现代主义作为资本主义发展的三个阶段，存在一种逻辑上的演进关系。詹明信从四个方面对此进行了比较。首先，从语言理论上，通过对索绪尔语言理论的完善，詹明信把语言的三要素，即符面、符意、符指，看得一样重要，三者组成了一个完整的语言结构：符面是语音形象，符意是概念内容，符指是与语言相对应的客观事物。在现实主义的艺术中，这三者是作为一个整体出现的，这个整体与资本主义的出现联系在一起，资本主义的出现引出了"一个外在的、真实的世界，一个不断向外延伸的、可以衡量的世界，一个在一定程度上排斥人类规划和神话同化的世界"①。这是一个语言必须加以参照，予以描述，给予反映的世界，这是一个资本主义的金钱发生巨大作用的物化世界。现实主义文艺的一个根本原则就是尊重这个外在世界的客观性。现代主义，从语言的角度来看，就是把符指从语言的三要素中强拉出来，丢到一边，不予承认。这样语言符号就脱离了客观世界，自成一个符号世界。"这一时期的符号和语言让人感到几乎是自动的成分或范畴……现代主义正是以不同的形式存在于对这一新的、奇特的领域的探索之中。"②从文化与社会的关联来说，资本主义物化力量的进一步发展导致了辩证逆转，使市场资本主义转化为新生的垄断资本主义（帝国主义），同时物化力量消

① ［美］詹明信：《晚期资本主义的文化逻辑——詹明信批评理论文选》，284 页，北京，生活·读书·新知三联书店，1997。

② 同上书，285 页。

解着世界的客观性，也销蚀着强调符指（客观世界）的现实主义模式。到了后现代主义，不但符指完全消失，而且语言中留下的两个成分（符面和符意）也开始分离。符意被搁置一边，只剩下符面的游戏，它进行着自动的活动。从文化与社会的关系来看，仍然是物化力量继续增强导致了又一次逆转。符号的固定含义被消解，只剩下符面之间的互文性，其所对应的正是有中心的帝国主义体系被无中心的跨国资本所替代的一个新的全球化时代。因此从语言的角度来看，现实主义、现代主义、后现代主义的演变，就是从语言与世界的逻辑到语言自身的逻辑再到符面自身的逻辑的演变。这个演变也可以说是从客观世界的消失到意义世界的消失的演变。

其次，现实主义、现代主义、后现代主义的演变，在文艺作品的结构模式上，显现出各自不同的特征。现实主义注重符指，因此客观世界形成了作品的客观结构，如巴尔扎克的小说一开头总有大段的环境描写，这是人物得以活动和必然会如此活动的基础，人物行动也由一种客观的逻辑所左右，这就是资本主义的金钱逻辑。现代主义不要符指，客观世界在这里消失了，一种客观的逻辑性也消失了，但它重视符面与符意的关系，因此现代主义虽然没有客观的逻辑，却有一种统一的意义将无逻辑的符面组合起来，这正如电影的剪辑方式，一个一个镜头本来是不相关的，但通过蒙太奇的方式，被组合成了意义一贯的电影。因此，现代主义是一种蒙太奇结构。后现代主义既不需符指，也不需参照客观世界，没有了客观逻辑，没有了意义的逻辑，也不管符意，而只有符面的游戏，符面可以把各种本无内在联系的东西任意地组合到一起，构成自己的"整体"。哪一种成分可进入作品之中，哪一种不能，既没有客观的标准，也没有意义的管辖，更没有逻辑的清理，因此，后现代主义作品的结构模式是一种无逻辑的拼贴。现代主义的蒙太奇是按照一种意义逻辑对各种成分进行剪辑的，后现代主义的拼贴是不管有无内在联系都可以拼贴到一块的。从另一个角度来说，在符面、符意和符指的密切关联中，现实主义文字、意义、世界呈现出的是一种直截了当的深度结构模式；现代主义在符面与符意的结构中，不管符号与意义之间有怎样复杂的关系，最后都要回归到意义的统一上去，呈现的是一种复杂曲折的深度结构模式，而后现代主义符面与符指没有关系，与符意也没有关系，符面与符面之间的互文性游戏呈现出的是一种平面结构模式。

再次，与结构模式相联系，现实主义、现代主义、后现代主义在作品境界上也有一种演进理路。现实主义写的是客观世界和客观人物，与我们的感知在现象上就有一种熟悉感，如库尔贝（G. Courbet）的画，巴尔扎克的人物，呈现的是一种客观境界。现代主义写的是主观世界和主观心理，与现实主义作品相比，它是一种根本的向内转，表现在劳伦斯（D. H. Lawrence）、韩波（A. Rimbaud）、卡夫卡、普鲁斯特（M. Proust）等人的作品中。但是，

> 在现代主义的经典作品中那种看起来好像是纯粹主观的"内心转变"实际上从来不是纯心理的，它总是包含着世界本身的转变和即将来临的乌托邦的感觉……现代主义作家心理与主观的深度应该用具体化的观念加以探索：他们的心理经验中有对于一系列内在事物的体验和观念，而不仅是难于捉拿的感觉和情绪，正是心理经验中的这些被具体化，或者说客观化的特点，使它们能够被"转化"为新的、诗的语言，或者说要求创造我们称之为现代主义的一整套新的诗歌语言，以便表达这种新的内容。①

现代主义呈现的是一种特殊的心理主观，这种心理表现为被一种深层的意义所统摄和把握，有自己独特的意义形式，从而也可以说是一种主观的境界。后现代主义中，主观心理变成一种精神分裂症形式。在精神分裂症者的头脑中，句法和时间性的组织完全消失了，只剩下纯粹的符面，这正好用来说明后现代主义的原理。如后现代的音乐，完全没有了时间感的调性上的统一形式或奏鸣曲的形式；在后现代文学中，在法国的新小说中，零碎的、片断的材料永远不能形成某种最终的"解决"，只能在永久的现在的阅读经验中给人一种移动结合的感觉。②因此，后现代主义作品，呈现的是一种精神分裂型境界。这种境界，"是当代多民族资本主义的逻辑和活力偏离中心在文化上的投影"③。

最后，在内容上，现实主义突出了金钱的作用。"金钱是一种新的历史经验、一

---

① ［美］詹明信：《晚期资本主义的文化逻辑——詹明信批评理论文选》，295—296页，北京，生活·读书·新知三联书店，1997。

② 参见同上书，291—292页。

③ 同上书，292页。

种新的社会形式，它产生一种独特的压力和焦虑，引出了新的灾难和欢乐等［它是］一切新故事、新的关系和新叙述形式的来源，也就是我们所说的现实主义的来源。"①现代主义表现了一种新的时间观念。现代主义作品中无所不在的对往昔和记忆的深沉感受，与传统和文艺复兴时代对时光流逝、青春不再的咏叹完全不同，现代主义的时间观是与新的历史经验相联系的，在波德莱尔的作品中，我们可以看到，旧的社会以及相连的心理世界业已消失，它只存在于人们的记忆中，只以一种特殊的记忆方式出现。同时，新的帝国主义世界体系的建立，对大都市的个人产生了前所未有的影响，他们在看，却看不见社会现实。外在的时间失去意义，内在记忆改变形态，这两方面的经验构成了现代主义独特的时间意识。后现代主义突出的则是一种新的空间感。这得从后现代的技术讲起。昔日的电能和内燃机已经被今天的核能和计算机取代，新的技术不仅在表现形式方面提出了问题，而且给出了对世界完全不同的看法，这导致了客观外部空间和主观心理世界的巨大改变。在客观方面，变化是电脑和信息处理机带来的一种对新空间的感受；在主观方面，变化是文本的平面感和永久的现在感所形成的无历史的空间感受，这两方面的合力使一切都空间化了，思维、存在、经验都呈现出空间形式。后现代的拼贴，就是一种空间化的形式，既把原有的空间重新空间化，使不同地域的东西可以拼贴在一起，还把时间空间化，使不同时代的东西也可以拼贴在一起。因此，詹明信说，空间化是后现代主义的最根本的特征。

詹明信从现实主义、现代主义、后现代主义的历史演进来看后现代主义，是为了从历史的总体性来看总体性在后现代中的破碎，同时又在后现代的破碎中呈现出历史的总体性。因为有了这一历史尺度，詹明信在成为后现代理论家的同时并没有认同后现代，而是用马克思主义的观点与之保持了距离，并对之进行了批判。

三　后现代现象与特征

在詹明信看来，后现代首先表现为一种不同于以往而又普遍存在的文化现象。

---

① ［美］詹明信：《晚期资本主义的文化逻辑——詹明信批评理论文选》，299 页，北京，生活·读书·新知三联书店，1997。

因此，后现代的理论概括，不是从后结构的理论话语中产生出来的，而是直接建立在这些文化现象和文化文本之上的。在多种著述中，詹明信都以这样的方式引出后现代，如列举一张富有代表性的清单：美术方面有安迪·沃霍尔（Andy Warhol）及波普艺术、照相现实主义、新表现主义等；音乐方面有凯治式的刻意表现某一时刻的音乐、格拉其和瑞里式的结合古典与流行的乐风、以崩克式开始的摇摆乐；电影方面有从高达开始的实验电影和录像，新型的商业电影，文学方面有布洛夫、派恩庄、列尔迪式的小说和法国的新小说，有阿士贝里的浅近诗和更为浅白的口占诗；建筑方面有文丘里等在《向拉斯维加斯学习》中所描述的波普建筑和装饰棚架等。[①] 后现代现象如此之普遍，每这样罗列一次，也就是在用一种叙事方式表明，在各个方面同时出现的文化现象不可能都来自后结构理论的影响，毋宁说，后结构的理论与这些文化现象具有一种共生关系。也因为这一理路，詹明信的后现代理论建立在对这一广泛的文化现象的总结之上。在文化上普遍存在的后现代现象，具有什么样的共同特征呢？或者说，这些各个文化领域的现象有哪些共同的特征，使我们需要用"后现代"这个词去概括呢？

前面说过，詹明信1985年在中国做《现实主义、现代主义、后现代主义》讲演（1987年成文出版），根据三种主义对后现代特点做了四点（符面游戏、拼贴、精神分裂、空间性）总结。其实，早在《后现代与消费社会》（1982）一文中，他就讲过这样几点：一是对经典现代主义的反动；二是抹杀了高雅文化与大众文化的界线；三是戏仿式的拼贴；四是无个人风格的精神分裂，并对之有详细的解说。在《晚期资本主义的文化逻辑》（1984）中，他讲了六点：一是缺乏深度的平面感；二是淡化历史的现在感；三是精神分裂的文化语言；四是崇高式的强烈情感；五是前所未有的空间经验；六是距离感的丧失。这篇文章，应算是从最纯粹的角度讲解得最详细的一篇。基本上可看作詹明信后现代思想的代表。我们对詹明信后现代思想的讲说，虽然也参照其他篇章，但主要以这篇为基础。

詹明信讲后现代时也吸收了后现代的方法，他认为，虽然后现代是一个历史

① 参见［美］詹明信：《晚期资本主义的文化逻辑：詹明信批评理论文选》，北京，生活·读书·新知三联书店，1997。

阶段，但并不是说，一切都变成了后现代式，就没有其他与后现代不同的形式了，而是说，在我们正生存于其中的这个丰富复杂的社会中，后现代成了一种主导性的形式。这种主导性，也与以前的理解不同，而更应该将之比作一个中心磁场，它把一切都吸引向它，一切与它不同的东西都因为它的存在而有所改变。在后现代时代，建立一个全面的解释系统已经不可能，因此，在确认后现代成为一个中心磁场的"主导"之后，詹明信就以后现代的散点方式来对其六个特点进行讲解。

一是无深度的平面感。詹明信以两幅描绘同一题材的绘画作品，梵·高的《农夫的鞋》和华荷的《钻石灰尘鞋》，来说明这一问题。在现代主义画家梵·高的作品里，我们通过鞋，可以看到一个画外的世界——农村，也可以体会到一个画外的主体——农民，还可以认识到画家梵·高独特的艺术风格。现代主义作品这三个方面的指向，都让人体会到一种深度感。所谓深度，就是我们可以从一个现象感受到它背后的决定它成为如是现象的东西。有了后面的这个确定的东西，这一现象就给人以一种深度感。在华荷的作品中，我们感受不到一个确切的世界，他的作品既像这一世界又像那一世界；也感受不到一个确然的主体，这个主体可以是这人的鞋也可以是那人的鞋；还无艺术风格，他的鞋与各种各样的商品广告画上的鞋一样。这鞋无法把观者引向它后面的一个确定的东西，它只是现象本身，没有深度，是纯粹的表象。无深度的平面就是一个与任何东西都没有必然内在联系的表象。平面与深度，构成了后现代风格与以前风格的一个根本区别。

二是无历史的现在感。一个无深度的平面，同时也失去了它的历史。历史虽然存在，但不以一种必然的逻辑规律的方式存在，而只以一种非必然非规律非逻辑的片断方式存在。历史只有在与现在相关时才出现，是为现在而存在，历史以何种方式存在，以何种方式出现，都没有内在的规律和必然如此的联系。历史的存在与出现变成了一种自由拼贴。历史的这一片断与那一片断可以拼贴在一起，历史和现在也可以任意地拼贴在一起。如果说拼贴中有一种对历史的模仿，由于历史已经没有了独立性和自主性，这种模仿也沦为戏仿，变成挪用。对于被模仿者来说，模仿是一种空心的模仿，因为被模仿者究竟是什么都不得而知；就模仿者来说，模仿是一种为我的挪用，模仿的目的本就是借人说我。历史完全是为现在而存在，是无历史的现在。在文化上，无历史的现在感主要表现为两种形式：

一是戏说，二是怀旧。前者之无历史的现在一看便知晓，后者却需略加解说，在詹明信看来，建筑上后现代的折中主义，把各个历史建筑要素，拼贴为一个后现代建筑的混合体，相对于现代主义的纯功能形式，前者是一种怀旧。但更能说明怀旧模式的是美国电影，《美国涂鸦》是怀20世纪50年代之旧，《顺民》和《唐人街》重现20世纪30年代的风格，怀旧电影从来不曾提倡什么古老的文化传统，也无法捕捉真正的历史内涵，相反，怀旧电影是以现在的风格加上回到过去的方式，展现一种当下的文化意蕴。虽然怀旧文艺把文化实践引入了一种更复杂、更有趣、更有创意的形式突破之中，但它表面上是怀旧，其实是感今。这些作品以后现代的文化逻辑写出他们对历史的种种感应。如果说，戏说历史是一种明显的拼贴，那么，怀旧则是一种隐藏的拼贴。怀旧电影以风格重组来建立一系列新的文化论述，怀旧电影一方面以此把我们眼前的现实重围起来，另一方面以此把逝去的历史重围起来，正是处在这种历史和现实双重包围中，一个后现代的无历史的现在感呈现出来。

三是断裂的符意。前面说过，在后现代，语言三要素经历了符面、符意与符指（对应的客观世界）的断裂，又经历了符面与符意（相关的概念体系）的分离，剩下的只是符面与符面的关系。一旦符面与符意关系断裂，语言呈现在我们面前的就只是一堆支离破碎、形式独特、互不相关的符面。这种情形一旦出现，后现代的精神分裂感就产生了。倘若我们不能把过去式、现在式、将来式在句子里面组织统一起来，我们就无法组织客观世界的历史，也无法把过去、现在、未来在自己的切身经验和心理体验中统一起来。可以说，语言上脱离了符意和符指的符面之自戏，是无深度的平面和无历史的当下在语言上的表现。这样的语言观既不能组织起一个有逻辑的世界，也无法组织起一个有理性的自我。这样，语言的意义主要由一个符面移向另一个符面。如果说符面与符意的关联产生的是一种显隐有序的逻辑，那么符面与符面的互文性激发出的则是一种后现代的诡异。

　　作品便不再是有机的统一实体，而委实变成包含着不同性质的系统，它蕴藏着杂乱无章的原始材料和五花八门的原始冲动。作品就成了可以容纳各种变化的百宝箱、杂物室，换句话说，旧日的艺术品，至今已变成文本，我们阅读文本时，得透过辨别差异而不仅是依赖统一的意念以衍生意义。可是差异的理论又往往过分强调文本的分解体。以至文本的材料（包括文字、句子）都四散分裂，解体而成随机随意、了无生气的被动元素——成为一组纯粹依赖外在关系来相互识别的元素。①

四是后现代崇高。詹明信认为，后现代文化给人的刺激表现为一种新的感受模式。他与利奥塔一样，用一个近代美学概念"崇高"来总结这一感受模式。新的感受模式可以从三个方面来把握。一是后现代都市，"在这全新的都市时空里，最残旧的房子、最破烂的车子，都难免被盖上一层梦幻般的色彩……我们顿时发现自己身处于一个既诡谲奇异又富梦幻色彩，而且一概是奔放跳跃的感官世界"②。这是一种真假迷离的感受和惊震。二是人体本身，较典型的是汉森（D. Hanson）的人体雕像：

> 你走在博物馆里欣赏雕像，面对那些合成化纤雕像，不能确知他们究竟有没有气息，有没有人体应有的温度，结果你回过头来见到在你四周来来往往的血肉之躯，一下子对他们的存在又怀疑起来——这些人到底有没有气息，有没有体温，有没有血肉。在博物馆里的这一刹那，它让你把四周和活人转化成为没有生命、只有肤色的"模拟体"。③

这同样是真假迷离的惊震。三是电子产品。电子产品不像从前的机器（烟囱、输送管、铁路）那么壮观，电视机和计算机都貌不惊人，它们的背后，也没有宏伟的故事，然而它们引起的却是一种麦克卢汉所说的内爆，这里同样有真假迷离的惊震。崇高在柏克和康德那里，是一种人的感性把握不住外在客体而产生的可怖感，但在近代的崇高那里，理性借助人类和道德信仰的力量战胜了恐惧；而在后现代的崇高那里，人没有处于外在客体的威胁中，而处在自己创造的物化世界的威力中，因此这是一种歇斯底里的崇高。联系到第三点，我们可以说，后现代的崇高有一

---

① ［美］詹明信：《晚期资本主义的文化逻辑——詹明信批评理论文选》，478 页，北京，生活·读书·新知三联书店，1997。引文有改动，后同。

② 同上书，480 页。

③ 同上书，480 页。

种精神分裂性质。

五是非确定空间。后现代空间感是由多方面组成的，有都市中的建筑空间，也有都市外的休闲空间，有电子产品带来的空间，还有后现代小说带来的阅读空间。詹明信对洛杉矶的鸿运大饭店进行了详细的分析，在这个拥有来来往往无数人的城市一般的饭店里，没有明确的空间坐标，人们很难找到他们想要找的商店。在这里，

> 空间范畴终于能够成功地超越个人的能力，使人体未能在空间的布局中为自身定位；一旦置身其中，我们便无法以感官系统组织围绕我们四周的一切，也不能透过认知系统为自己在外界事物的总体设计中找到确定自己的位置方向。人的身体和他的周遭环境之间的惊人断裂，可视为一种比喻、一种象征，它意味着我们当前思维能力是无可作为的。①

贺尔的小说《调遣》②呈现的就是一个新阅读空间。这部写越南战争的小说展示了，以人所共通的语言来表达他独有的经验，是非常困难的。带有个人性的经验很难在共用的语言中找到自己的确切位置。同样，电视和计算机带给我们的也是类似的空间感受，面对计算机网络，人虽然知道自己客观的地理位置，但无法知道自己在互联网中的确切位置，

> 在当前的社会里，庞大的跨国企业雄霸世界，信息媒介透过不设特定中心的传播网络而占据全球；作为主体，我们只感到被重重地困在其中，无奈力有不逮，我们始终无法掌握偌大网络的空间实体，未能于失却中心迷宫里寻找自身究竟如何被困的一点蛛丝马迹。③

---

① ［美］詹明信：《晚期资本主义的文化逻辑——詹明信批评理论文选》，497 页，北京，生活·读书·新知三联书店，1997。

② 参见同上书，497 页。

③ 同上书，497 页。

六是距离的消失。后现代文化已经得到了人们的普遍的接受并乐于被把玩，詹明信认为，后现代文化整体早已被既成的社会体制所吸纳，已经与西方世界的正统文化融为一体。如果说，现代主义的反叛精神在其被学院体制吸纳、被全盘规范化、被奉为经典之后而日益消失的话，那么，后现代则把高雅文化与大众文化结合在一起而成为社会主流。后现代的文化生产已经融入商品生产的总体过程之中。这样，在后现代的文化空间里，距离不是被突出，而是被消灭了。距离是使人从社会和文化中抽身出来静观社会和文化的一个条件。后现代社会使人们浸浴于其中，不但使人的躯体失去了空间的坐标，也使其感知更不易保持距离，从而使其思维更容易失去批判的立场。

这六个方面归纳起来，是六个消失：深度消失、历史消失、意义消失、主体消失、确定消失、中心消失。这六个消失的基础，在经济上是跨国资本的非中心流动，在科技上是互联网的非中心流动，一个新的全球化浪潮的兴起已经确定，但浪潮走向何方尚未确定。而后现代文化只是这一新全球化浪潮的一种表征。詹明信非常清楚后现代与全球化的联系，但他对后现代知之甚多，对全球化却知之甚少。因此他未能真正从全球化来看后现代。

第四节　麦克卢汉与后现代的关联

麦克卢汉（Herbert Marshall Mcluhan，1911—1980）关于以电态媒介为主导的文化是一种新型文化的思想，使后现代之"后"得到了一种质的说明。因此我们要解释一个与现代不同的"后"，除了用利奥塔的"非宏大叙事"思想，引波德里亚的"消费社会"概念外，麦克卢汉的"电态媒介主导"也是非常重要的。不像利奥塔以后现代的主角登台那样，也不像波德里亚半路变换旗帜那样，麦克卢汉从未自称后现代。但他所宣称的"电子文化"（e-culture）却是理解后现代普遍性的一个不可或缺的方面。《机器新娘：工业人的民俗》（1951）、《谷登堡星汉璀璨：印刷文明的诞生》（1962）、《理解媒介：论人的延伸》（1964）、《文学之声》（二卷，1964 和 1965）、《语言·声像·视像探微》（1967）等，是麦克卢汉的主要著作，此外还有与他人合著的作品，如《通过消失点：诗画中的空间》（与哈里·帕克合著，1967）、《从陈词到原型》（与威尔弗雷德·华生合著，1970）、《作为课堂的城市：理解语言和媒介》（与哈钦和埃克里·麦克卢汉合著，1977）等，① 这些著作的名称，已经呈现了麦克卢汉的主要思路：以媒介为主线，来理解人类文化的演进；以电态媒介为基础，来理解新的时代变化。因此，与利奥塔和波德里亚一样，麦克卢汉的思想也是一种宏大叙事，其实，无论一个人怎样反对宏大叙事，只要他把后现代作为一个新时代来把握，就必然是一种宏大叙事。下面我们从三个方面来谈麦克卢汉的思想：一是媒介本体论；二是媒介历史观；三是媒介美学论。

一　媒介本体论

　　西方思想家自古希腊以来都有一种思维模式，这就是找一个最后的基点，整个世界由这一基点推出。古希腊的第一个哲学家泰勒斯就是如此，他说，宇宙的本原是水；最高的成就者柏拉图也是如此，他说，宇宙的本原是理式；近代哲学家培根、笛卡尔同样要找一个最后的不可怀疑的基点，前者是"经验"，后者是"我思"；现代哲学中，弗洛伊德的无意识，海德格尔的存在、列维-斯特劳斯的深层结构，都是同一套路。这个最后的基点，就是能够推出所有原理的第一原理，就是能够说明所有现象是如此现象的本体。反对这种本体的后现代思想家同样要运用这一本体论的形式，操后现代话语的波德里亚用"符号原则"作为解说一切的"本体"；不使用"后现代"一词而具有典型的后现代精神的德里达，用"分延"作为批判一切的"本体"。正是在这一意义上，麦克卢汉也有一种本体，这就是媒介。在他看来，文化中一切的变化，都是媒介的结果，都可以从媒介中得到理解。因此《理解媒介》是麦克卢汉一举成名的著作，也是他的本体论宣言。

　　在一般的理解中，媒介就是一种介于两方之间的传达工具，正如这一词的中文含义，媒即二人之间的中介，介即将一方介绍给另一方；从社会文化上讲，媒介一

---

① 参见［加］马歇尔·麦克卢汉：《理解媒介——论人的延伸》，北京，商务印书馆，2000。

般专指如文字、报纸、广播、电视这类的传播工具。但在麦克卢汉那里，媒介有更广泛且更专门的含义。用他自己的话来说，"媒介"是广义的。在《理解媒介》中，他专列了29种媒介来讲解：语词、书面词、道路、数字、纸张、服装、住宅、货币、时钟、印刷品、滑稽漫画、印刷词、轮子、自行车、飞机、照片、报纸、汽车、广告、游戏、电报、打字机、电话、唱机、电影、广播电台、电视、武器、自动化。

按照这一思路，媒介的数目还可以增加，如自行车、汽车可各算作一项，火车、轮船也能算上一项；有的可以并类，住宅就包括城市、教堂等内容，因此"住宅"一项，表述更正确些，应为"建筑"。类别还可以扩大，如重要的计算机就没有列入其中。应该把哪些媒介作为人类文化中最重要的媒介，以及这些媒介应该怎样排列，并不太重要，重要的是通过对各项媒介的解释，突出媒介的基本理论。关于这一理论，麦克卢汉归纳了三点。

第一，媒介是基础性技术。媒介意味着技术，它的内涵包括以前称为技术的东西。这就是说，以前作为技术来理解的东西，现在应当作为媒介来理解，并且对技术应当按照媒介的方式来分类。理解了这一点，我们就知道，媒介一词，从以前分类学中的一个小概念变成了麦克卢汉这里的一个具有基础性的大概念。整个文化世界，从经济（货币）到生活（电话），从语言（口语和文字）到艺术（漫画与电影），从工具（汽车）到军事（武器），从商业（广告）到娱乐（唱机）等，都要从媒介的角度来予以把握。上述事物，首先要作为媒介来理解，然后才作为事物来理解。在他人的理论中，经济是基础，技术又是经济的基础，不同的技术工具形成不同的社会形态，如石器、铜器、铁器，助推了不同的社会形态；手工、水磨、蒸汽机意味着不同的生产力阶段。在麦克卢汉这里，对于技术工具还要从媒介的观点来重新理解、把握、分类。用媒介来总括技术与以前的技术理论的不同之处，一方面是把媒介中的本质性的东西作为最基本的东西，如从印刷术的原则来理解其他现代技术形态，从电脑的原则来理解后现代社会，这与从其他角度来看技术得出的性质是不一样的。简而言之，就如段落开头所说的，媒介是一种基础技术。因此，麦克卢汉的思想可以被总结为媒介—技术决定论（这一点将在"媒介历史观"一节中详论）。同时从媒介看技术，我们不是把技术作为一种纯技术来孤立地考察，而是把技术与人内在地联系在一起。这就进入另一个重要的观点。

第二，媒介是人的延伸。西方文化的一个基本观念就是，人的发展是以制造工具和改造工具为标志的。但这一观念在以前都把工具本身作为一个体系来研究，从而文化史就变成了工具史和技术史。而麦克卢汉把媒介—技术与人联系起来，媒介—技术的决定者和主导者与以前不同了，从而也就呈现出了新质。麦克卢汉说："一切技术都是肉体和神经系统增加力量和速度的延伸。而且，除非力量和速度有所增加，人体新的延伸是不会发生的，发生了也可能被抛弃。"①从延伸的主体即人来看，我们可以将人分成几个主要部分：一是神经系统，二是各个感官，三是肉体各部分。从而媒介体系可以做如下划分。首先，从文化大类上，媒介体系可分成作为突出整体的延伸的媒介（如电态媒介）和作为个别感官（如视觉）的媒介（如印刷媒介）。其次，从具体媒介上，媒介体系可分为：文字，即视觉的延伸与分离；数字，即触觉的延伸与分离；音乐，即听觉的延伸。这是与五官相关联的。另外，与心理的整体相关联的有：货币，即内心希望和动机的延伸；游戏，即一种内心生活的延伸。与肉体的整体相关联的有：服装，即皮肤的延伸；住宅，即人体温度控制机制的延伸等。麦克卢汉是从现代电子媒介的视点去回眸各种媒介的，因此，他注意到了各种媒介—技术间的相交，比如，照片是如何成为电影的。他从这相交的基础上得出了一个重要的概念：感官比率。感官比率是指在某一媒介中各个感官占有的不同分量所形成的一个感知模式整体。如拼音文字是以视觉为主体的，鼓乐是以听觉为主体的。从而，媒介本身就使人形成了一种感知模式。这就进入到了下一点。

第三，媒介即讯息。以前的理论，总认为媒介只是一种工具形式，是用来传达具体内容的。麦克卢汉关于媒介本身就是一种感知模式的理论，揭示了媒介不仅是形式，而且是内容。相同的内容，用不同的媒介去表达，效果是完全不一样的。文字不同于图像，广播不同于电视。因此对一种媒介的使用，同时就是对人的某一或某些性质的强调，这形成不同的性质要求。例如，公共人物的魅力，印刷文化要依靠文章的气势，交流广播时代要依赖语音的悦人程度，电视时代全仗摄影镜头下的表演得体方式。因此，在文化交流中，最重要的是人们借以交流的

① ［加］马歇尔·麦克卢汉：《理解媒介——论人的延伸》，127页，北京，商务印书馆，2000。

媒介的性质，而不是交流的内容。正是在这一意义上，麦克卢汉说，媒介就是讯息。这里我们看到，形式主义关于"形式就是内容"的理论在媒介理论上是一种复现：不是讯息决定媒介，而是媒介决定讯息。媒介就是本体。我们用什么样的媒介，讯息就以什么样的方式显示出来。媒介不仅决定了主体的感知方式，也决定了客体的结构模式。在这里我们可以看到，符号学关于"人通过符号认识世界，世界通过符号呈现出来"的理论在媒介理论上是一种复现：人是通过媒介去认识世界的，世界是通过媒介呈现出来的。

通过以上三点，我们可以知道，媒介是一切技术—工具的基础，从而是理解技术—工具发展史的关键；媒介是人的延伸，从而是连接主客体的桥梁和理解主客体的中心；媒介是人感知方式得以形成的基础，同时也是世界的结构何以会如此呈现的基础——我们可以得出，媒介在麦克卢汉那里具有了一种本体论的意味：理解了媒介，我们就能理解一切，特别是能理解一个以电子媒介为基础的新时代的状态。

二　媒介历史观

麦克卢汉的媒介本体论，就是一种媒介决定论，即有什么样的媒介，就有什么样的文化、什么样的感知模式、什么样的世界结构。这样，人类的发展史也就变成了一个由媒介的发展所决定的历史。从麦克卢汉的媒介决定论来看历史，人类历史分为三大宏观阶段。整个原始文化和各种早期文明（如埃及文明、两河流域的文明、克里特文明、小亚细亚文明、印度河流域的古代文明、中国古代文明、中亚古代文明等）、一切拼音文字出现以前的文化都属于第一阶段，这些文化的主导媒介是无文字、非拼音的象形文字或会意文字。从古希腊开始的掌握了拼音文字的西方文化到电力媒介的出现，属于第二阶段，这一阶段又分为两个小阶段，从拼音文字到印刷媒介是第一小阶段，这是西方文化在分散的世界史中的阶段；从印刷媒介到电子媒介出现是第二小阶段，这是现代社会在西方兴起并向全球扩张，把全球带入统一世界史的阶段。拼音文字和印刷媒介是这一阶段的主导媒介。电子媒介的出现，从电报(1844)、电话(1877)、电影(1895)、广播(1906)，到电视在 20 世纪五六十年代普及，显现出电子媒介占据了主导地位。这正与后现代的浪潮大致同步。电脑在 20 世纪 90 年代普及，使得新时代的特征异常彰显，因此第三阶段是以电子媒介为主导的。

三种主导媒介当然会对社会的各方面产生各自的影响，形成不同的文化形态。像其他后现代的大理论家一样，麦克卢汉对各文化的差异和特色知之甚少，总是把各类绝不相同的文化视为本质一样的文化，并用"非西方"的概念统而论之。与德勒兹相似，麦克卢汉用"部落"来概括一切非西方的特征，与作为西方文化代表的希腊"城邦"和现代性的城市相对；用"游牧者"来指一切非西方人的本质，与作为西方文化代表的希腊城邦中的"公民"相对。因此，所有非西方文化，就是中国文化、印度文化、伊斯兰文化，它们无论在时间上怎样延续和发展，无论有着怎样的辉煌创造，在本质上都与各原始文化是一样的，因为它们都没有进入拼音文字阶段。麦克卢汉的历史三阶段又呈现出一种螺旋式的上升状态，前拼音文字媒介，是听觉的、整体的、浑然一体的、场论的、多维的、同步的、顿悟的等，一句话，是有机整体论的；拼音媒介与之相反，是视学的、切割的、分类的、几何的、三维的、线型的、理解的等，一句话，是机械整体论的；电子媒介，又回到了触觉的、整体的、浑然一体的、场论的、多维的、同步的、顿悟的等，一句话，又回到了有机整体论。虽然第三阶段是在更高的质量上向第一阶段回归，如麦克卢汉所说，只有电子媒介是人的神经系统的延伸，以前的一切媒介都是人的部分的延伸；只有电子媒介是瞬息同步的，拼音文字媒介只是同步而已。然而就有机整体论这一总性质来说，电子媒介与前拼音文字媒介是完全相同的，而与拼音文字—印刷媒介是截然相反的。因此，历史三阶段又可做性质上的二分：以拼音文字—印刷媒介为一方，以前拼音文字和电子媒介为另一方。正因为第一阶段与第三阶段具有同一性，麦克卢汉认为，世界历史（从现代向后现代）的发展，表现为"城市"的重新"部落化"和"市民"的重新"游牧者化"。因此，历史三阶段的性质又可以简括为城市与部落二分或市民与游牧者二分。拉潘姆(Lewis H. Lampham)把麦克卢汉论印刷文字与电子媒介区别的只言片语综合排列出来，得出一个性质二分的表格如下：

表 7-1

印刷文字	电子媒介
视觉的	触觉的
机械的	有机的
序列性	共时性
精心创作	即兴创作
眼目习染	耳朵习染
主动性的	反应性的
扩张	收缩
完全的	不全的
独白	合唱
分类	模式
中心	边缘
连续	断续
横组合的	马赛克的
自我表现	群体治疗
文字型人	图像型人

以上以媒介为轴心，重点在于历史的第二阶段和第三阶段的比较。为了突出性质二分，拉潘姆自己又以性质二分的原则，以人为轴心，排列出表格，如下：

表 7-2

市民	游牧者
定居	游徒
有阅历	无阅历
权威	权力
幸福	快乐
文学	新闻
异性恋	多形态恋
文明	野蛮
意志	希望
激情式真理	真理式激情
和平	战争

市民	游牧者
成就	名望
科学	巫术
怀疑	确信
戏剧	色情
历史	传说
争论	暴力
妻子	娼妓
艺术	梦想
农业	掳掠
政治	预言

这样的区分，很多地方会显得生硬和牵强。但麦克卢汉的历史三阶段和性质二分法涉及思想史和文化史上一直在讨论的重要问题。

首先，相对于世界其他文化而言，西方文化的特点是什么？韦伯(Max Weber)早就提出并论述过，为什么欧几里得几何、亚里士多德的逻辑、希腊雕塑、交响乐等只有西方文化才有。麦克卢汉用自己的理论重新回答了这一问题，西方文化的一切特点都源于拼音文字。拼音文字中无意义符号与无意义声音的联系使西方人建立了自己的形象和意义。拼音文字使视觉从听—触互动的感官网络中分离出来，形成了视觉的主导地位；读写识字养成了西方人在行动时不必反应的能力，视觉主导的感知分离使冷静的抽象思维和理性精神由此诞生；拼音文字的构造和呈现方式培养了线型思维和欧氏几何空间。自从拼音文字发明以来，在形与声的分离、语义与字母的声音分割的主导下，西方始终向着一个"分离"的目标前进，这就是感官、功能、动作的分割，情感和政治状况的分割和任务的分离，把一个大问题划分为几个小问题一个一个地解决，把世界划分为各个学科分门别类地加以认识。拼音文字发明时代的进一步发展就是印刷术和机械时代。

印刷术是复杂手工艺的第一次机械化。它创造了分布流程的分析性序列，因此就成为接踵而至的一切机械化的蓝图。印刷术最重要的特征是它的可重复性。这是一种可以无限生产和视觉性表述。它的可重复性是机械原理的根源。谷登堡以来使世界为之改观的就是这个机械原理。印刷术产生了第一个整齐划一的、可重复生产的产品。同样，它也就造就了福特牌汽车、第一条装配线和第一次大批量生产的商品。活字印刷是一切后继的工业开发的原型和范形。没有拼音文字和印刷机，现代工业主义是不可能实现的。我们需要认识到这一点：作为印刷术的拼音文化不仅仅塑造了生产和营销，而且塑造了生活的一切其他领域，从教育到城市规划都是如此。[①]

拼音文字加印刷术形成的线型性、同质性、重复性向经济、政治、文化等一切领域进军，从而塑造了西方的现代性。

其次，西方文化经过一系列发展和全球化之后，从印刷媒介转向电子媒介，意味着一个重新部落化的时代到来，世界史正在从视觉型分割转向触觉型整体，从线型转向瞬间同步，从机械观转向场论，转向前后是两套性质完全不同的媒介体系。在这一转变中，西方人过去的历史是他们进行时代转换的巨大阻碍。在麦克卢汉看来，自电报发明以来的冲突都由这一媒介的历史替换而起，都与这一历史转型相关。

再次，在全球化过程中，各非西方文化的现代性转型，就本质而言，是从前拼音文字向拼音文字—印刷媒介的转型，即从听觉整体向视觉分离、从同步向线型、从有机论向机械观的转型。这是两套性质完全不同的媒介体系。在这一转变中，非西方文化过去的历史是他们进行现代性转换的巨大阻碍。在麦克卢汉看来，自全球化以来，文化之间的冲突，特别是各非西方文化自身产生的巨大矛盾和困扰，都由这一媒介的历史替换而引起，都与这一历史转型相关。

最后，由于历史的第一阶段和第三阶段的性质相同，而这两个阶段与第二阶段性质不同，因此麦克卢汉认为，在从印刷媒介向电子媒介的重大历史转型中，

---

① ［加］埃里克·麦克卢汉、弗兰克·秦格龙编：《麦克卢汉精粹》，370 页，南京，南京大学出版社，2000。引文有改动，后同。

非西方文化要比西方文化更容易进行这一转变。

尽管麦克卢汉满怀对印刷媒介分割—机械论的批判，但他的历史观从本质上说仍然是建立在印刷—机械论上面的，他在用西方语言讲述一种超越西方语言的历史变化时，既没有摆脱西方语言在词汇体系上的局限，也没有摆脱建立在西方语言基础上的逻辑推理形式的局限，因此对于由他的媒介历史观引出的四大问题，特别是其中的后三大问题来说，虽然问题本身值得深思，但麦克卢汉对这些问题都论述得太简单了，对这些简单之处我们恐怕只能姑妄听之。

三　媒介美学论

从媒介的本体论和历史观来说，麦克卢汉给出了一个重新审视艺术和审美的角度，使我们对整个艺术史，特别是对电子媒介以来的艺术史有了一种新的理解。

第一，从媒介的角度解释艺术。在麦克卢汉看来，现代艺术的出现要由电子媒介的出现来说明，新的艺术种类的出现也要由电子媒介的出现来说明，同理，现代艺术与古典艺术的差异，新的艺术种类与旧的艺术种类的不同，也建立在媒介的不同和差异的基础上。麦克卢汉说："电力媒介的出现立即把艺术从囚衣的束缚下解放出来，也创造了（绘画上的）保罗·克利、毕加索、布拉克，（电影上的）爱森斯坦、麦思克兄弟和（文学上的）乔伊斯的世界。"[①]电影是一种承前启后的艺术，是从机械化的切分性和序列性中诞生的，但电影艺术在诞生的那一刻又超越了机械论，转入了有机联系的世界。仅仅靠加快机械的速度，电影就把我们带进了创新的外形和结构的世界中，它也从线型连接过渡到外形轮廓上的展示。在电影出现的同时，立体画派出现了。立体画派在两维平面上画出客体的里、外、上、下、前、后各个侧面，它放弃了透视的幻觉，偏好于对整体的迅疾的感性知觉。一旦序列让位于同步，人就进入了外形和结构的世界。电影蒙太奇同样是图像艺

---

① ［加］埃里克·麦克卢汉、弗兰克·秦格龙编：《麦克卢汉精粹》，272页，南京，南京大学出版社，2000。

术打破线性艺术和叙述连续体的结果。蒙太奇必须推前和闪回，一推前，它产生叙述；一闪回，它产生重建；一定格，它产生报纸的静态风景，产生社会生活各个方面的共存。而这就是乔伊斯的《尤利西斯》表现的都市形象。电子时代是有机的、非集中化的，这一特征最早体现在报纸上，最后定型在电视的栏目中。因此拉马丹①的话不无道理：报纸是书籍文化的终结。在1830年前后，狄更斯把报纸当作一种新兴的印象派艺术的基地，20世纪20年代，格里菲斯和爱森斯坦也研究报纸，并将之作为电影艺术的基础。

> 罗伯特·勃朗宁把报纸当作他印象派史诗《指环与书》的艺术模式。马拉美在他的《运气》里也是这样。爱伦·坡这个报人和科学小说家，像雪莱这个诗人一样，对诗意过程进行了剖析。报纸连载的情况使他和狄更斯都走向了追叙的写作手法。这就意味着文章各个部分的同时性。同时性使事物的结果聚焦。同时性是报纸对付"地球城"的一种形式，也是创作侦探故事和象征派诗歌的公式。这两种东西是新技术文化的派生形式。同时性与电报相关，正如电报与数学和物理学相关一样。乔伊斯的《尤利西斯》完成了这种技术性艺术形态的整个周期。②

在美学理论把社会现实、经济结构、艺术形式本身作为艺术演变的原点和动因之后，麦克卢汉把媒介性质作为艺术形式和种类演变的基础，也算是提供了一种新的参考点。

第二，冷、热媒介与艺术分类。麦克卢汉把媒介分为冷、热两个基本类型。电影、收音机、照片、华尔兹舞、拼音文字、印刷品等是热媒介；电视、电话、卡通画、扭摆舞、象形和会意文字、石刻书等是冷媒介。媒介世界的冷、热正如中国哲学的阴、阳，具有相反的性质，我们现将冷、热媒介的差异列表如下：

---

①　参见[加]马歇尔·麦克卢汉：《理解媒介——论人的延伸》，北京，商务印书馆，2000。

②　[加]埃里克·麦克卢汉、弗兰克·秦格龙编：《麦克卢汉精粹》，305页，南京，南京大学出版社，2000。

表 7-3

冷媒介	热媒介
清晰度高	清晰度低
数据很充分	信息有空白
参与度高	参与度低或无
有包容性	有排斥性
强度低	强度高
慢节奏	快节奏
……	……

对于艺术来说，冷、热媒介具有理论的参考意义，并表现为两点。一是麦克卢汉把电视作为冷媒介而把电影作为热媒介，从而把"影视"内部艺术分类区分开来，使之成为两种性质完全不同的类型。麦克卢汉认为电影是高清晰度的而电视是低清晰度的，电影无空白而电视有空白，看电影时观众无法参与，看电视时观众能够参与。另外，麦克卢汉认为，从媒介是人的延伸这一理论来看，电影是视觉的延伸，而电视是触觉的延伸。麦克卢汉说：

触觉需要一切感官最大限度的互动。电视触觉力量的秘密是这样的，录像带上的形象是低清晰度的，与照片或电影不同，它不给物体提供详细的信息。相反，它要求观众的积极参与。电视图像是一个马赛克网络，它的组成不仅包括横向的扫描线，而且包括数以百万计的小点。从生理上来说，观者只能从中抓住其中五六十条线来形成图像。因此，他常常要填充模糊的形象，深度卷入银屏画面，不断地与图像进行创造性对话。卡通式图像的轮廓线要在观众的想象中不断地加上血肉，这就迫使观众要积极地卷入和参与。实际上，看电视的人成了屏幕，看电影的人却是摄影机。由于电视不断要求我们给屏幕似的马赛克网络空隙填充信息，所以电视图像直接把它的信息刻在我们的皮肤上。因此，每一位观者不知不觉地成了修拉一样的点彩画家。电视图像在他身上洗刷的同时，他也不断地勾画新的形体和图像。因为电视机的焦点是观者，所以电视就给我们定向，使我们向内看自己。①

二是以有、无空白来区分冷、热媒介，无空白为热媒介，有空白为冷媒介，这使我们从另一角度增加了对艺术风格的理解。比如，在中国画中，儒家风采的画的空白少而道释精神的画的空白多，前者为热媒介后者为冷媒介。

第三，荒诞新释。荒诞一直被认为是一个现代美学概念，被进行了各种解释。从媒介本体论和历史观去看，荒诞又有了一种新解释。历史已由印刷媒介主导的社会转向了电子媒介主导的社会，然而这一新时代尚未被人所意识。人们的生长、教育、习惯，都来自分类数据和分割肢解的机械技术的时代，但人们现在所处的时代却是一个由电子媒介形成的整合任务和知识的新环境。这两种环境的本质对立和现象重叠形成的结构反差，造成了时代的荒诞感。电子世界是不可分割地、完整一体地组织起来的，在电子世界里追求分割的一切目标都呈现出、造就出一种荒诞。人们为什么不容易感受到新环境呢？麦克卢汉认为有两个原因：一是源于脑生理上的麻痹机制，二是源于社会的后视镜习惯。就第一方面来说，一切媒介都是人的延伸，这对人及其环境都会产生深而久的影响，无论什么时候发生这种延伸，中枢神经系统似乎都要在受影响的区域实行自我保护的麻痹机制，把自己隔绝起来，使自己麻醉，从而不知道正在发生的东西。凭此机制，我们可以把新技术的心理和社会影响维持在无意识水平，就像鱼对水的存在浑然不知一样。就第二方面来说，由于新环境在初创期是看不见的，人只能意识到这个新环境之前的老环境。人看世界的观点总是落后一步。新技术使我们麻木，但新技术在创造一种全新的环境时，往往反而使老环境更加清晰可见。② 这一情景又形成了一条与艺术相关的规律。在新环境的麻木中，老环境凸显出来，而成为艺术。这就形成了下一点。

第四，艺术史新解。西方艺术史在艺术与现实的关系上，总显现出一种向后看的倾向：希腊艺术的取向是前荷马的原始时代；罗马艺术的取向是希腊时期；

① ［加］埃里克·麦克卢汉、弗兰克·秦格龙编：《麦克卢汉精粹》，372 页，南京，南京大学出版社，2000。

② 参见同上书，360—362 页。

文艺复兴和中世纪的艺术取向是罗马时期；印刷机发明以后的 200 多年里的印刷品基本上是中世纪的故事、公祷文和哲学；莎士比亚的戏剧内容是中世纪时期的，他的政治和世界图景表现的是中世纪的世界图景，他的剧本死死地盯着即将退出历史舞台的中世纪的各种形式；中世纪又是文艺复兴时期的"晚间电视节目"；到了 19 世纪，文艺复兴以完全充分的景观展现在人们的眼前；工业环境形成时，这个渐进展开的时间，坚定地面对着文艺复兴时期。19 世纪的内容是文艺复兴的现实，20 世纪的内容是 19 世纪的现实；在铁路和工厂形成的工业环境中，农业世界出现了，这就是文艺中的浪漫主义运动。浪漫主义运动是机械时代的产物，其产生机制靠的是音乐中的对位法。它不是机械时代的重复，而是机械时代的内容，诗人和艺术家转向原有的农业世界，并把它加工成田园诗和风景画。电力世界兴起，包裹了机械世界，于是机器成了一种艺术形式，抽象艺术在很大程度上可以看成是电子时代反映机械内容的艺术。①

---

① 参见［加］埃里克·麦克卢汉、弗兰克·秦格龙编：《麦克卢汉精粹》，340—341 页，南京，南京大学出版社，2000。

第八章　法兰克福美学——后现代的另一话语

　　20 世纪 60 年代阿多诺推出《否定的辩证法》(1966)，意味着西方马克思主义进入了后现代的合唱。20 世纪 80 年代。詹明信成了后现代的大家，使西方马克思主义也成了后现代的主调之一。詹明信的后现代思想已经在后现代一章中讲过了。这一章重点讲法兰克福的美学思想。由于法兰克福学派是整个西方马克思主义的一部分，因此我们得从西方马克思主义本身讲起。

　　西方马克思主义，作为一个概念，是指与列宁主义和其他非西方的马克思主义相区别的一个思想流派。从空间上说，它基本上处在西方国家，除了它的"创始人"卢卡奇是匈牙利人之外。从观念上说，它形成了自己的"体系"。西方马克思主义从其创始人开始，就提倡总体性(totality)，把世界历史看成一个整体来进行总体把握，从而在理论上也把各门学科作为一个整体来进行总体把握，西方马克思主义的代表人物基本上不是固守一科的学术专家，多数是学贯哲学、历史、社会、文化、美学等的通才。因此，从卢卡奇开始，美学就是西方马克思主义的一个重要组成部分。

　　以美学为视点，西方马克思主义大体可以分为三个阶段。卢卡奇的《历史与阶级意识》(1923)意味着西方马克思主义的创立，掀起了西方马克思主义的第一次浪潮。卢卡奇的思想形成了西方马克思主义的学术重心，因此我们可以把20世纪20年代至40年代末看作西方马克思主义的前期。法兰克福学派的主要代表人物霍克海默（M. M. Horkheimer）、阿多诺、本雅明、马尔库塞等发表重要论著，形成西方马克思主义的第二次浪潮，因此我们可以把从"二战"结束后到20世纪70年代看成西方马克思主义的中期。20世纪80年代以后，在后现代的背景中，詹明信和伊格尔顿以各自的著述，从某种意义上，可以加上法兰克福学派的哈贝马斯，形成西方马克思主义的第三次浪潮，称为西方马克思主义的后期。以上三阶段是以学术重心、思想特点、时代关联来划分的。西方马克思主义从卢卡奇开始，就四向爆炸，除了上面所说的大潮之外，还有各种各样的火花，如英国的安德森（P. Anderson）、莱恩（Jean-Marie Lehn），法国的列斐伏尔（H. Lefebvre）、萨特、阿尔都塞、戈德曼（Lucien Goldman）、马歇雷（Pierre Mecherey），德国的布洛赫（Ernst Bloch）、弗洛姆等这些非主潮人物中很多人的名望表现在与其他流派的联系上，如萨特属于存在主义，可称为存在主义的马克思主义。阿尔都塞属于结构主义，可称为结构主义的马克思主义；弗洛姆属于精神分析，可称为精神分析的马克思主义。因此我们要全面地理解西方马克思主义，就要考虑西方马克思主义的三阶段（初期、中期、后期）和两分（主干与散枝）。两分显示了西方马克思主义的丰富性与其他思想的关联，三阶段呈现出了西方马克思主义的核心和主貌。本章的必要背景是西方马克思主义主干的三个分期。初期的主要人物是卢卡奇、布莱希特（B. Brecht）、葛兰西（A. Gramsci）；中期的主要人物是本雅明、马尔库塞、阿多诺；后期的主要人物是詹明信、伊格尔顿。

历时近一世纪的西方马克思主义，尽管有初期、中期、后期的区分，还是可以用西方马克思主义统而论之的，主要因为他们有统一的立场、统一的观念、统一的思想。这个立场就是对资本主义的批判立场，这个观念就是人性理想和历史进步的观念，这个思想就是关于资本主义"物化"的思想。卢卡奇的"物化"是西方马克思主义对资本主义现实的本质性定义，只要资本主义存在一天，"物化"现实就存在一天，尽管"物化"的具体形态会有变化，但"物化"本身是不会变化的，这就决定了西方马克思主义对现存资本主义社会必须采取批判的立场，"物化"的概念得以存在，又在于西方马克思主义的两个假定：一是存在一个理想的人性，正是以它为基础，物化才是理想人性的"异化"；二是理想的人性可以在历史的运动中获得实现，因此批判就有了理论的根据。物化的具体形态在三个阶段又是不同的。在初期，无产阶级既是物化的受害者又是清除物化的现实力量，因此卢卡奇的一个主要概念就是唤起无产阶级的"阶级意识"。从理论的逻辑看，葛兰西的"文化霸权"（cultural hegemony）可以看作提高阶级意识的具体化，而布莱希特戏剧的"陌生化"（defamiliarization）理论不妨看作达到无产阶级文化霸权的艺术原则。在中期，法兰克福学派的理论家认为，随着资本主义演进到发达的工业社会，阶级状况发生了巨大的变化，无产阶级已经不可能承担推翻资本主义的革命任务，也不再是革命的力量。资本主义通过技术发展和文化工业使全社会处于同一性之中，因此他们的任务就是对资本主义的这一新阶段进行分析批判。本雅明关于复制时代和都市现状的分析，马尔库塞对单向度社会的解剖，阿多诺对文化工业的批判，都呈现了自己的特色。在后期，后现代成了一个公认的概括性概念，于是詹明信认为后现代社会就是晚期资本主义社会，他和伊格尔顿都努力对后现代进行分析批判。要用简单的话来概括西方马克思主义的本质和三阶段的特点，我们不妨说，物化是西方马克思主义的核心，初期西方马克思主义是阶段意识论，中期西方马克思主义是批判理论，后期西方马克思主义是后现代话语。但是，不以话语的字面，而以言说的实质来说，法兰克福学派已经带有很强的后现代色彩。在这一意义上，我们可以说法兰克福学派美学是后现代的另一种话语。

1923 年，法兰克福大学以研究马克思主义为宗旨的社会研究所成立，特别是在霍克海默出任第二任所长（1930）并确立了社会整体批判方针之后，研究所的三位重要人物，本雅明、阿多诺、马尔库塞，把美学批判当作社会批判的有机组成部分，对美学规律做了富有特色的探索，建立了独树一帜的美学理论。法兰克福理论又称为批判理论，从而法兰克福美学又称为批判美学。

法兰克福学派是以《历史与阶级意识》为代表的初期西方马克思主义的进一步发展，但又与初期西方马克思主义有很大的不同。其主要思想可以归纳为以下三点。

第一，总体性概念的变化。在卢卡奇那里，总体性是历史的本质，是批判历史现实的根据。在批判理论中，总体性成为现实中资本主义制度的总体性，是同化矛盾、弥合对立、反对变革的总体，这样总体性就由革命性变成了反革命性，由批判的武器变成了被批判的对象。总体性之所以有这样的变化，又与西方文化的思想整体的变化相关，在从现代到后现代的思维范式的转折过程中，总体性思维受到质疑，而反总体性思维成为主潮。虽然对总体性的批判主要是在 20 世纪 60 年代以后由阿多诺和马尔库塞进行的，但本雅明在 20 世纪三四十年代的论著中，已经显现出了反总体性思维的鲜明特点，因此有学者将本雅明作为后现代的先驱之一。

第二，阶级意识的消失。在初期西方马克思主义那里，无产阶级代表了历史的未来，是否定资本主义现实，实现历史变革的动力。在批判理论中，资本主义的发展已经使无产阶级在质量和数量上都发生了变化，无产阶级被初期西方马克思主义所设定和规定的性质业已消失。批判理论不再提阶级及其意识，而是从社会本身和人本身来立论，社会本身需要改变，人本身需要解放。因此，在批判理论中，资本主义状况下的人，就呈现出了新的面貌：有本雅明关于一种新型的都市人的描述，有马尔库塞关于本能革命和新感性的理论。

第三，物化理论的变化。在卢卡奇那里，物化是一种异化，主要体现在商品的交换价值统治一切和资本主义分工使人零散化上，这两方面都典型地体现在无产阶级的异化上。批判理论则把物化概念转化成对技术的分析，其重心，不是商品对人的影响，而是技术对整个社会的作用。本雅明对生产复制时代的分析，马尔库塞对先进技术与单向度的社会关系的论述，都表明了批判理论所认识的资本主义社会不同于初期西方马克思主义所认识的资本主义社会，用批判理论的术语来说，这是一个"发达工业社会"。我们知道，发达工业社会是后现代关于社会的一种说法，因此，批判理论面对的和处理的，是一个与初期西方马克思主义不同的社会阶段。发达的工业社会是经过"二战"后的经济复苏才形成的，但是它的基本因素却很早就出现了，正如在麦克卢汉的理论中，电子媒介很早就出现了，但是在电视特别是电脑出现之后，发达的工业社会的特征才普遍地显现出来。因此本雅明的主要论著虽然写作于 20 世纪三四十年代，但他却非常敏锐地感受到了新时代，他的名声也是在 20 世纪五六十年代以后，随阿多诺和马尔库塞的声名大振而逐渐上升的。阿多诺和马尔库塞的代表作主要发表于 20 世纪 50—70 年代。《新音乐哲学》(1949)、《多棱镜：文化批判与社会》(1955)、《否定的辩证法》(1966)、《美学理论》(1970)，是阿多诺的实绩；《爱欲与文明》(1955)、《单向度的人》(1964)、《论解放》(1969)、《审美的向度》(1977)，是马尔库塞的成果。我们把阿多诺和马尔库塞看成一个整体，可以知道他们二人的批判理论的视野扫描了两个时代，但社会在他们眼中凸显出的，主要是发达工业社会鲜明地呈现出来的那些特征。这正如，初期西方马克思主义者如卢卡奇和布莱希特的论著也横跨了两个时代，但他们所看到的主要是发达工业社会以前的资本主义社会的特征。正是在这一比较中，批判理论的特色才更好地呈现出来。

第一节 本雅明的美学思想

本雅明(Walter Benjamin，1892—1940)的著述在 20 世纪三四十年代显现出了一种寓意，在后现代状态被意识到之前就卷进了一种类似后现代式的写作中。后现代的"平面"如果被理解为"直接面对事物本身"(对于本雅明型的人来说，这事物本身，不是像现象学那样，直观到事物的逻辑本质，而是直面事物的复杂关联)的话，那么本雅明对世界的"看"，则看出了以往的思想家未曾看到的东西。这种特殊的看的方式，使本雅明与齐美尔(G. Simmel)、克拉考尔(S. Kracauer)一道被称为三大现代思想家，这个"现代"是对现代现象状态的描绘。就本雅明的这种特殊的"看"区别于齐美尔和克拉考尔的特殊性，且尤为与后现代的方式相契合而言，本雅明又被称为后现代的先驱。与更经常地被指为后现代先驱的尼采不同，尼采是公开反神学的，而本雅明是暗蕴着神学的，尼采是狂放的，本雅明是忧郁的，尼采是从"思"中折射出后现代的光芒，本雅明从"看"中显现出后现代的闪光点，当然，本雅明首先是一个马克思主义者。历史与辩证法是本雅明"看"的重要方式，这也给"看"带来了本雅明的特色。本雅明的主要著述有《德国悲剧的起源》(1928)、《作为生产者的作者》(1934)、《讲故事的人》(1936)、《机械复制时代的艺术作品》(1936)、《发达资本主义时代的抒情诗人》(1939)、《历史哲学论纲》(1940)等。从美学的角度来说，我们可以从三个方面来理解本雅明的思想：第一，灵韵与形式，即艺术的历史辩证法；第二，寓言与艺术本质；第三，震惊与现代都市心灵。

一　灵韵与形式：艺术的历史辩证法

　　本雅明从艺术的角度把现代归结为机械复制的时代，与麦克卢汉对复制时代进行的印刷和电子两分不同，本雅明以"复制"为中心把印刷与电子合二为一。本雅明把复制时代的来临建立在两大基点上，即印刷术和照相术，而更强调这二者的结合所造成的"电影"。本雅明认为，现代社会的基本要素，即生产形式、生活形式、艺术形式、思维方式等特点，都可以在电影上得到体现。因此，本雅明对复制时代的理解，基本上类似于麦克卢汉对电子时代的理解。当本雅明的思路，从技术层面的复制时代进入复制时代结晶的艺术类型——电影，进而进入社会类型的判定——发达资本主义时代时，他心中出现的已经是一个阿多诺和马尔库塞大力批判的类型：发达工业社会。关联并参照麦克卢汉对时代的划分、阿多诺和马尔库塞对发达工业文化的批判、利奥塔和波德里亚对后现代的分析，本雅明的前卫性和先驱性就呈现出来了。

　　然而，本雅明拈出机械复制时代一词，目的是要说明艺术的变化。机械复制时代的到来使艺术产生了根本性的变化，从而也使艺术按时代不同来分类：前机械复制时代的艺术和机械复制时代的艺术，神圣的艺术和非神圣的艺术，审美的艺术和后审美的艺术。从艺术起源到机械复制时代之间的前机械复制时代的艺术，其根本的特点是灵韵（aura）。该词包含多种意义：第一，气息，神的气息进入作者，是古代灵感理论的核心，是作品神圣性之源；第二，辉光，作品因含有神的气息而发出辉光；第三，韵味，作品因神的气息而具有象外之象，韵外之致。在本雅明看来，艺术起源于仪式，因此用中文"灵韵"来翻译较能反映原文的精神。"灵"显示了它起源时的神性，"韵"表达了艺术的特质，在以后的演化中，宗教性逐渐消失，艺术性逐渐增长，"灵韵"就是艺术的"景外之景""韵外之致"的特质。有灵韵的艺术主要包含如下特征：一是反复制的独特性，它突出艺术"原作"的独一无二，任何复制意味着灵韵的减少甚至消失；二是它的完满性，艺术无论是在仪式中呈现出，还是由传统的讲故事者讲出，都与所由产生的时空氛围紧密关联，正是在特定的氛围中，形成和产生了艺术的灵韵；三是神圣性，唯一性和完满性使人产生崇敬和珍爱，因此，对于本雅明来说，灵韵不仅是艺术的特质，更是一种使艺术成为如是艺术的一种社会关系，是前复制时代具体的艺术—社会—人的统一体，也就是本雅明说的"传统结构"。

复制时代艺术的最根本的特点就是灵韵的消失。机械复制使作品的唯一性消失了，在绘画和雕刻上的体现就是名作可轻易而无限度地复制，人们到处都可以看到和买到名作，而在复制品中，人们不是面对原作，也无须面对原作，而是面对无数的复制品。在小说与电影中，我们看不到原作，看到的只是几千几万的册本和拷贝。因此，绘画和雕刻体现的是一种古代艺术在机械复制时代的变化，小说和电影体现的是现代艺术在机械复制时代的特征。无论是无须原作还是本就没有原作，欣赏复制品是现代艺术欣赏的特点。艺术品唯一性的消失意味着完满性的分裂，由一种因唯一而来的完满经验转变为千千万万个个别体验，由于唯一性的消失和复制品的到处可见和廉价可得，艺术的神圣性、对它的崇敬心和珍爱之情也消失了。如果我们知道这是唯一的东西，难逢的东西，我们会对它怎样呢？它对于我们又意味着什么呢？如果我们感觉到这是随时可得的，想买就能买回（绘画或小说）的，想看就能看到（电影或录像）的，我们会对它怎样呢？它对于我们又意味着什么呢？艺术的灵韵不仅在于艺术品自身的结构和内涵，还在于它的存在方式，以什么方式呈现给社会，以什么方式呈现给观众。以灵韵的存在与消失为关节，本雅明把前复制时代的艺术称为审美艺术，把复制时代的艺术称为后审美艺术。

审美艺术直接具有审美属性，后审美艺术则没有直接的审美属性，拿古典绘画与现代摄影相比较，二者的区别就很明显：古典艺术是为美而产生的，是绘画大师的天才创造；现代摄影则是现代技术的产物，任何人只要身带一部相机就可以拍出相片。审美艺术有一种膜拜价值，天才和杰作构成了膜拜的基础，后审美艺术则只有展示价值，不一定得到我们尊崇，但它可以经常且方便地向我们展示出来。对审美艺术的接受是凝神专注的，而审美艺术的特点之一，就是它有回望观众的能力，中国古人说的"目既往还，心亦吐纳……情往似赠，兴来如答"就是观众凝神专注、作品回望如答的审美欣赏。凝神专注的典型是古典绘画。面对绘画，观者可以沉浸在画中，可以有无限的遐想和沉思。与之不同，观者对后审美艺术的接受是消遣的，本雅明以电影作为消遣性接受的实例来说明。在电影中，一个画面紧接着一个画面，观众无法遐想，也无法沉思。审美艺术与后审美艺术的区别，一言以蔽之，是灵韵的有或无。

从美学的角度来看，后审美艺术正在离艺术的灵韵而去，离美而去，这是历史的悲哀，但这只是问题的一面，马克思主义是讲历史的进步的。如果我们已经处于一个资本主义时代，最能代表这个时代的艺术是什么呢？艺术和经济一样都是一种生产，都依赖于与时代相一致的技术，作家总是处于一定的生产关系之中。作为时代技术的表现，艺术体现为两个方面：一是它完全建立在现代技术基础上的新的艺术门类电影出现，二是其他艺术门类在形式技巧上做出与现代技术同步的变化。

对于本雅明来说，电影充满了历史的辩证法：一方面电影体现了灵韵的消失，本雅明每当谈到这一方面的时候，就大放批判的言论；另一方面电影又是最新技术的成果，本雅明每当谈到这一方面的时候，就充满了肯定的神色。如果说摄影作为技术进步的产物，把绘画变成了科学，即把绘画科学化了，那么电影作为技术更进一步的结晶，则把摄影还原为艺术，即把摄影艺术化了。因此，古今比较，电影是灵韵的消失；以今天为范围，电影是艺术的重生，电影使技术直接成为艺术，把技术的每一个进步，都转化为艺术的实绩：从静的摄影到动的电影，从无声电影到有声电影——如果不以本雅明的生命为限，还有——从窄银幕到宽银幕，从黑白电影到彩色电影等。如果说，弗洛伊德发现了心理无意识，那么电影则发现了视觉无意识。电影通过摄影机的上升和下降，通过对物体的放大和缩小，通过对过程的延长与缩短，通过对景深的推、拉、移等一系列技术手段，展示了肉眼所不能察觉到的运动，呈现了人在日常生活中难以看到或难以看清的事物。电影通过蒙太奇的剪辑，把完整连贯的整体分割为一个个部分，这正对应着大工业的分工，但它又通过电影的艺术逻辑把分镜头组合成一个电影整体，成为一种既与现实同韵又为现实没有的电影中的新现实。因此，一方面电影失去了古代艺术的灵韵，另一方面电影又体现了现代历史的新精神。

在旧的艺术门类中，艺术与时代的关联体现在形式的更新上，在绘画上，本雅明支持了超现实主义和达达主义的形式革新；在戏剧中，本雅明站在布莱希特一边，对其"陌生化"的形式创新完全赞成；在小说中，本雅明非常赞赏卡夫卡和普鲁斯特的现代派手法；在诗歌中，波德莱尔的新诗作得到了本雅明的深切关注。本雅明把艺术的"形式"或"技巧"看成是艺术最具时代症候性的东西，一个时代的艺术创新首先体现为形式的创新。因此对新形式的敏感，是对新时代进行理解的关键。当本雅明把自己的美学目光投入对现代派的形式审视的时候，他对艺术的理解已经远离其"灵韵"的视点了。本雅明美学理论的核心是在超越了灵韵观之后获得的，这就是下一节的主讲内容。

二　寓言：现代艺术的本质

不以技术（机械复制）为基础讲新旧时代的变异，仅从艺术的角度，着眼于从一种时代类型来看艺术，本雅明用了一个旧概念：寓言，但赋予它一种新意。在《德国悲剧的起源》中，本雅明就提出了寓言概念，用来解释巴洛克式悲剧的特质，在《发达资本主义时代的抒情诗人》中，本雅明对波德莱尔的现代诗的解释可以看作是对寓言理论的一种运用。在本雅明看来，这两种艺术所反映的时代具有一种共同性，即一个破碎的废墟式的反和谐的世界，从而这两种艺术类型也有一种美学上的共同性，这就是"寓言"。对于本雅明来说，不是现代派世界像巴洛克世界，而是巴洛克世界像现代派世界。二者共同反对的是自古希腊以来的古典主义原则。就这一点来说，本雅明的寓言具有一种现代性质。如果对照一下建筑上的后现代思想，本雅明会显现出一种新质。建筑上以包豪斯为代表的现代派与所有古典决裂，拒绝采用任何古典形式，坚持现代主义的纯形式；而以詹克斯为代表的后现代则强调现代与古典的"调和"，可以采用现代和古典的任何形式，以拼贴出后现代的"后"形式。本雅明在将巴洛克悲剧和波德莱尔诗歌并置而铸成美学上的寓言时，已经有了那么一些"后"的意味在其中了。由此似乎可说，本雅明的寓言既有现代式的沉思，又有超现代式的效果。

寓言这一概念的一般含义是指通过一个具体的故事去说明一个抽象的道理，故事是不重要的，要说的那个道理才是重要的，那道理是明晰的，人一听就明白。

本雅明则从西方寓言概念的传统中梳理出另一种意义，这种意义最适合用来把握一种特殊的世界类型，一个衰败凋残的世界，如巴洛克悲剧中所表现的 30 年战争之后的德国，波德莱尔诗歌中所呈现的第一次世界大战之后的巴黎。巴洛克悲剧区别于古典悲剧，后者以神话为基础表现英雄的牺牲，通过壮烈与崇高展现绝对理念的胜利；前者却是现实的常境，呈现世俗凡人的悲惨境遇，有废墟、死亡、尸体，但重要的是这废墟、死亡、尸体，只呈现片断、零散、偶然，看不出整体的神圣意义。波德莱尔的诗歌不同于巴尔扎克的小说，后者描绘的是资产阶级上升时期的景象，有金钱的力量、人的欲望、社会的逻辑，整个小说表现的是时代的主流在登台亮相，一切都为历史的必然性所控制；前者注目的却是巴黎市内的不起眼的景观和边缘人物，断断续续呈现出的景象有拾垃圾者、游手好闲者、醉汉、妓女、大众、拱门街、百货店等。这里，古典的逻辑不起作用，必然的进程让位于偶然的呈现，人们看不见历史的巨流，巴黎的一切人、物、事，都宛如水面上的浪花，一朵朵出现又转瞬即逝。在巴洛克悲剧和波德莱尔的诗中，具体的故事和形象都不直接指向一个道理，也呈现不出整体性的意义，只有衰败的片断、不连贯的景象、非整体的形象。因此要理解这类形象，我们只能用一种新的方式，而这类形象本就是以这种新方式产生的。这种新方式就是本雅明旧词新用的"寓言"。

可以说，正是在对巴洛克悲剧和波德莱尔诗歌的另类形象的肯定中，本雅明与卢卡奇以来的前期西方马克思主义的总体性产生了历史性的决裂。卢卡奇用历史整体性来否定资本主义现实，他的总体性是被现实否定的，没有在现实中体现出来。对于没有从历史和现实中体现出来的东西，又要被理论家所把握，必定表现为一种明晰的逻辑，而一种能被现实中的人所把握的逻辑又只能是为现实所制约的。当本雅明看到巴洛克悲剧和波德莱尔诗歌中的片断的破碎的形象不能被任何一种总体性所把握，而自古希腊以来的艺术都体现为一种明晰的总体性意识和总体性原则的时候，本雅明以思想家的直觉，意识到了只有与以前的总体性诀别，才能够理解巴洛克悲剧和波德莱尔诗中的形象。寓言使本雅明，也使整个中期西方马克思主义告别了卢卡奇的"总体性"。

与寓言最为相关的概念是象征，正如寓言的原意是用一个故事来说明道理，象征则是用一个符号、形象或故事来喻示另一种符号、形象或道理。在象征中，第一，象征物是普通的，被象征者是超普通的，如十字架象征基督；第二，象征物与被象征者有一种确定的关系，如人们看见十字架就能够想到基督。因此，象征基于理性和认识，是与总体性、秩序性、明晰性、逻辑性连在一起的。本雅明的寓言则是基于直观的，如果把寓言按中文易懂的方式解释为寓于象（形象、故事、符号）中之言，或寓于言（语言、符号、故事）中之意，那么，在寓言中，形象与意义之间是不一致的，形象的内涵和外延难以确定，表现为一种碎片。形象所寓之意不能实指，并呈现多义，且可以置换，同一形象可以表达多种意义，同一意义可以表现为不同的形象。形象丧失了固定的意义，意义抓不住专一的形象。因此，寓言是反总体性的、非秩序性的、不明晰的、无逻辑的。可以说，寓言突出的是寓与言之间的矛盾，是所寓之意与寓呈之言之间的纠纷。因此，不是形象本身，而是形象与意义的一种另类关系构成了寓言的核心。正如从技术（复制时代）角度看，灵韵的存在与否构成区分两个时代的历时性标志；从美学类型看，象征和寓言是区分两个时代的共时性特征。

　　由于寓言区别于象征的非总体性和无逻辑特征，学者们（如美国的詹明信和中国的张旭东）往往用现代化了的隐喻概念来解说寓言。詹明信说：

　　"标志巴洛克隐喻特征的东西，同样适用于现代的隐喻，也适用于波德莱尔；只是在后者身上它是内化的。'巴洛克的隐喻只是从外部瞥见那僵尸，波德莱尔则从内部瞥见。'"①张旭东说："本雅明强调媒介，强调中间层次，但这种中间环节的性质并非辩证的，而是一种隐喻性质的转换。隐喻的本质是把一个具体可感的形象赋予一个无形的存在，本雅明正是以这种态度来理解马克思的上层基础模式的，就是说，他从根本上把它视为一个隐喻。这构成了本雅明模式与马克思模式的不同，而这种不同的关键则在于隐喻关系和辩证关系的不同。"②

　　当然，本雅明自己也把寓言和隐喻互用。本来，隐喻和寓言就有相通之处，在现代隐喻中，喻体与所喻之物是一种矛盾关系。正如在弗洛伊德那里，隐喻与

　　① ［美］弗雷德里克·詹姆逊：《语言的牢笼——马克思主义与形式》，61页，南昌，百花洲文艺出版社，1995。

　　② 张旭东：《本雅明的意义》，见［德］本雅明：《发达资本主义时代的抒情诗人——论波德莱尔》，23页，北京，生活·读书·新知三联书店，1989。

象征的对立，也是一种现代与古典的对立。但认清这一点是必要的，就与古典的象征相对立来说，寓言和隐喻具有相同的性质，二者可以互换。不从古今的对立，而从现代以后的境况而论，隐喻和寓言就显现出了差异，这就是现代与后现代的差异。存在与存在者、无意识与意识，表层与深层，三者的关系都是一种不同于古典的迂回曲折的隐喻关系。在隐喻中，存在、无意识、深层结构虽然不能直接呈现出，但却确然存在，终能显现，这是现代隐喻关系的要点。而在寓言里，寓象与所寓从本体论上说是不确定的，寓象的碎片性和所寓的模糊性，呈现出一种后现代的关系。因此，我们从后现代精神的角度更能理解本雅明的寓言概念。

在《德国悲剧的起源》中，本雅明根据论述语境的转换不断地给出寓言的这一方面或那一方面的特征。我们把这些论述并置起来，或许可以呈现出本雅明寓言概念的含义：

第一，寓言宣称自己是美的对立面，什么是美的对立面呢？就是废墟景象，这可以是现代的景象，也可以是后现代的景象；

第二，寓言的一个原则是图像的破碎化，一方面它无休止地堆积碎片而没有严格的目标限制（这是因为没有一个可以认识到的目标能够有序地把这些碎片组织起来而不损坏这个碎片的原状），另一方面它把语词和音节从传统意义的语境中解放出来，作为可以为寓言所利用的客体（只有超越词、音原来规定的意义才能表现出新的碎片内容），由此我们可以得出本雅明寓言概念的特征和功能；

第三，寓言的基本特点是含混性和多义性，这意味着寓言相反于理性逻辑得以运行的确定性和单义；

第四，寓言总是跨越疆界，这意味着寓言反对各领域的严格界线和内涵、外延的明晰定义，而以突破各学科的边界来呈现事物的另类意义；

第五，寓言使客体变成了不同的东西，这是就同一层面而言，寓言使事物具有了新的特点；

第六，寓言打开了一个隐蔽的知识领域，这是就本体论的层面而言的，寓言给认识带来了新方向。

以上六点，虽然也适合于现代，但更通向后现代。对于本雅明来说，卡夫卡的小说是一个寓言，波德莱尔的诗也是一种寓言。正是他们艺术的寓言性使艺术作品既成为认识新时代(发达资本主义时代)的入口,又成为新时代的表征。

三 震惊与现代都市心灵

对于本雅明来说,震惊是现代人对现实的感受,同时转化为现代人特有的心态。如果艺术把这种震惊作为自己的内容,震惊就成为一个最能反映现实的美学范畴。本雅明综合普鲁斯特、瓦雷里(P. Valery)和弗洛伊德后认为,人对所感知的外界的容纳,包括有意识记忆和无意识记忆两种:有意识记忆是人对可把握和愿意把握的刺激的意识性接受,无意识记忆是对难以把握和不愿把握的刺激的无意识纳入。无意识记忆进入不了意识,但却存留在无意识中,并保持着自己的能量,给心灵带来困扰。意识越早将之登记注册,无意识记忆造成的危害就越小。因此,把握震惊,是人必要的自我保护。现代性以前所未有的新质,给现代人带来了难以把握和不愿把握的震惊,而现代艺术如波德莱尔的诗歌把震惊经验放在自己的中心,把震惊转化为一种美学形式,这就给现代心灵建立起一种保护,因此,现代艺术不仅是对现代心灵的反映,还是对现代心灵的审美转化。但这种保护意味着与现代一致,服从现代的总体性,习惯震惊,从而,这种审美转化呈现的是一种异化。

震惊最好的切入点是现代技术,

19 世纪中叶钟表的发明所带来的许多革新只有一个共同点:手突然一动就能引起一系列运动。这种发展在许多领域里出现。其一是电话,抓起听筒代替了老式摇曲柄的笨拙动作。在不计其数的拨、插、按以及诸如此类的动作中,按快门的结果最了不得。如今,用手指触一下快门就能使人能够不受时间限制地把一个事件固定下来。照相机赋予瞬间一种追忆的震惊。这类触觉经验与视觉经验联合在一起,就像报纸的广告版或大城市的交通给人的感觉一样。人们在来往的车辆行人中穿行,把个体卷进了一系列惊恐与碰撞中。在危险的穿越中,神经紧张的刺激急速地接二连三地通过体内,就像电池里的能量。波德莱尔说，一个人扎进大众就像扎进蓄电池中一样，他给这种人下的定义是"一个装备着意识的万花筒"。当（美国小说家）坡的"过往者"东张西望，他只显得是漫无目标，然而当今的行人却是为了遵守交通指示而不得不这样。从而，技术使人的感觉中枢屈从于一种复杂的训练。不知从什么时候开始，一种对刺激的新的急迫的需要发现了电影。在一部电影里，震惊作为感知的形式已经被确立为一种正式的原则。那种在传动带上决定生产节奏的东西也正是人们在感受到电影的节奏的基础。①

本雅明的这一段话，可以看作是对震惊的经典论述。这主要包含两个方面，一是震惊的产生及其普遍化，二是震惊与现代人的关系和对现代人的改造。就第一个方面来说，从电话、照相开始，技术的力量使人产生震惊，同时把震惊扩展到社会的各个方面：都市中的行人，工厂中的工人，电影中的节奏和形式等。从第二个方面来说，电话、照相、都市交通以及类似物所形成的环境，构成了震惊与人的关系：从工人通过训练服从于机器，行人通过认识服从于交通标志和信号，到与机器节奏和交通信号同质的电影出现，现代社会让人建立起反震惊的心理—生理机制，以应付震惊，保护自己。但这种适应震惊的"现代纪律"（工厂的纪律、交通的纪律、电影的纪律）又是人的异化，人们在异化中与现实认同。因此，认识震惊这一概念，不仅是对震惊的反映，也是对震惊本身的把握，还是使震惊正常化的方式。从而，在震惊中我们与现代的复杂丰富的内容相遇。

从技术（工业机器和电子技术）来看，震惊只是本雅明研究震惊的一个角度，在这个角度上，本雅明与在他之前和在他之后的不少人是重合的。本雅明研究震惊还有另外一个角度，即现代都市。正是在这个角度中，本雅明显现出了他真正的独特性。现代都市是现代性的现象的和本质的集中。本雅明把震惊与都市经验紧密地结合在一起。通过波德莱尔的诗歌，本雅明敏锐地看到了以前任何一种本

---

① ［德］本雅明：《发达资本主义时代的抒情诗人——论波德莱尔》，146—147页，北京，生活·读书·新知三联书店，1989。

质论述、逻辑结构、理论体系都有不能包括进去或需要拒斥出去的人物和事物：与波希米亚人同调的都市密谋者、拾垃圾者、游手好闲者、赌徒、妓女、行人等。总之，这是一个不同于阶级划分的都市"大众"。拱门街、照相术、世界博览会、大百货公司、剧院、电影院、居室、繁华街道、拥挤交通等，总之，这是一个各种现象并置、流动、生灭、转换的不同于任何学科体系和理论体系的都市"整体"。正是这种物与物、物与人、人与人之间的关系的离合静动，产生了现代性的震惊。本雅明关注着理论家和文艺家如雨果（V. Hugo）、恩格斯、欧仁·苏（Eugène Sue）、爱伦·坡、霍斯曼等对现代都市和都市中的新人类即都市"大众"的描绘，并从这个 19 世纪以来的新主题看到了一种新质，以及波德莱尔对这一新质的贡献。"害怕、厌恶和恐怖是大都市的大众在那些最早观察它的人心中引起的感觉。""过往者在大众中的震惊经验与工人在机器旁的经验是一致的"。本雅明特别指出了波德莱尔对都市中人的眼睛的描绘。城市居民的眼睛过重地负担着戒备功能，正如齐美尔所指出的，大城市里的人际关系的特点在于突出地强调眼睛的作用大于耳朵，在 19 世纪公共汽车、有轨电车和无轨电车完全建立起来之前，人们从来没有被放到这么一个地方，在其中他们竟能几分钟甚至数小时之久地彼此相互盯视却一言不发。波德莱尔描绘了各种都市人，无论何类人，他都写出他们的现代都市性，例如，赌徒。

　　在波德莱尔的作品里，赌徒的形象已成为古代角斗士形象的一个典型的现代替手。两者对于他都是英雄人物……只是在 19 世纪，赌博才变成一种资产阶级的股票娱乐；在 18 世纪，只有贵族才赌博。拿破仑的军队把各种冒险游戏带到四面八方，而现在，它们已经成了"时髦生活以及在大城市底层无处安身的千百人的生活"的一部分，成为一种大场景的一部分，而在这个场景里，波德莱尔宣称他发现了英雄主义"它是我们时代的特征"。

　　赌徒的样子甚至应和了那种工人被自动化造就出来的姿势，因为所有的赌徒都必不可少地包含着投下骰子或抓起一张牌的飞快动作。工人在机器旁的震颤的运动很像赌博中掷骰子的动作……塞尼费尔代的一幅版画描绘了一个赌博俱乐部。那些画面上的人没有一个像通常那样专注于游戏。他们都被一种情绪支配着。一个人流露出压抑不住的欣喜；另一个人对他的对家疑心重重；第三个人带着阴沉的绝望；第四个显得好斗；剩下的那个人已经准备好离开人世。所有这些举止神态有个共同的隐蔽特征：画中的形象显示出赌徒们信奉的机械主义是怎样攫获了他们的身心，即便他们是在私下里，也不管他们是多么焦躁不安，他们只能有反射行为。他们的举动也就是坡的小说里的行人的举动。他们像机器人似的活着，像柏格森所想象的那种人一样，他们彻底地消灭了自己的记忆。①

本雅明旁征博引地呈现出的赌徒是现代都市的赌徒，与其他各类大众一样受现代技术的影响，被震惊经验所操纵，从赌徒行为中，我们看到的不仅是赌徒，还是一种都市共性。因此，震惊是本雅明为我们提供的思考现代美学和现代文化的重要概念。

灵韵、震惊、寓言是本雅明美学中的三个重要概念，三者各自对应着一个时代，灵韵是古典美学的特质，震惊是现代美学的精髓，寓言与后现代美学相契合。本雅明的意义仅从这三个概念中就可以呈现。

第二节　马尔库塞的美学思想

马尔库塞（Herbert Marcuse，1898—1979）的著作主要发表在 20 世纪 50—70 年代，这时以科技革命带动的新社会的变化昭然呈现。批判理论已经明确地在资本主义的发展史上划分出工业社会和发达工业社会（或后工业社会）。如果说，本雅明在使用"发达资本主义"一词时是很含混的，那么，马尔库塞和阿多诺在运用"发达工业社会"一词时，其指涉是非常清楚的。正像本雅明的机械复制时代既包括印刷文化又包括电子文化一样，马尔库塞等人的发达工业社会时代是以高科技

---

① ［德］本雅明：《发达资本主义时代的抒情诗人——论波德莱尔》，149—150 页，北京，生活·读书·新知三联书店，1989。

为基础的。因此，整个历史在马尔库塞眼中，分为三个阶段：前工业社会，以前技术或手工技术为基础；工业社会，以技术或机械技术为基础；发达工业社会，以高技术或自动化技术为基础。发达工业社会是一个高度一体化的社会，但仍然是资本主义社会，马克思主义的前提是批判和否定资本主义，因此面对资本主义的阶段变化，马尔库塞的批判采取了新的形式。中期西方马克思主义来源于前期西方马克思主义，因此，从与前期西方马克思主义的比较中，我们更能看出马尔库塞理论的特点。以下理论，虽然来自马尔库塞，但基本上可以代表中期西方马克思主义在发达工业社会业已形成后的一般观点。

第一，总体性的变化。在工业社会阶段，即从资本主义到帝国主义时代，社会处于急剧动荡之中，新事物和新的可能性到处可见，新的社会总是在向前召唤，因此，总体性很容易被归为历史的发展逻辑，来指导当前社会的向前发展。在发达工业社会阶段，社会呈现出一种稳定的运行形态，大变动的可能性逐渐消逝，历史的否定性从眼前退去。人们的感知，已经不是被历史的总体性所掌握，而是被社会的总体性所统治。因此，总体性的出现，总意味着当前社会的总体性。从而，总体性概念从前期西方马克思主义的历史的正面性变成了中期西方马克思主义的社会的反面性，成了必须首先批判的对象。

第二，物化的新形式。对于马克思主义来说，在资本主义社会，物化总是异化。物化的新形式也就是异化的新形式。在工业阶段，异化主要体现为工人阶级在物质生活方面的异化，即为社会创造了财富，却使自己赤贫。在发达工业社会，工人阶级在物质生活上已经走向富裕，与社会的其他阶级一样有吃有穿有房有车。异化表现为精神方面的异化：工人们认不清现实、历史、自我，为社会的总体性所主导。

第三，阶级意识成为个人的新感性。在发达工业社会，一方面，工人阶级随物质生活的改善而与其他阶级趋于一致；另一方面，社会结构的变化使工业社会意义上的工人阶级基本已不存在，一个独立的数量众多的"革命阶级"已不存在。前期西方马克思主义的阶级意识已经没有了物质依托。那么，革命的力量在哪里呢？对资本主义的否定力量在何处呢？马尔库塞认为，它存在于每个个人的主体性之中。人之为人，应该发现自己被现实社会所限制，应该清楚自己的感性被现实的局限所歪曲，因此，革命首先在于以人的本质为基础来生成与人的本质相一致的新感性。这种新感性必然与由社会总体性所支配的现实感性相对立，必然产生出对现实感性的否定，从而产生对现实的否定。因此，似乎可以说，个人新感性是阶级意识在新的社会形式下的代替物。

第四，文化霸权反抗同一性。初期西方马克思主义的文化霸权是建立在阶级意识之上的，从而是建立在作为革命力量的阶级之上的。马尔库塞将革命建立在个人新感性上，而发达工业社会中的个人受到的最大损害是社会总体性的同一力量。对于个人新感性来说，其最大威胁是社会总体性的文化同一力量。因此，对应于初期西方马克思主义的文化霸权理论，中期西方马克思主义的一个重要主题是反抗同一性，而反抗同一性的主要方式是文化批判。

第五，陌生化成为否定总体性的艺术形式。初期西方马克思主义处于阶级斗争激烈的现实中，因此卢卡奇强调总体性在艺术形式上是最接近现实的现实主义，其主旨之一，是希望总体性直接投入现实，推动革命，反对远离现实的现代主义。中期西方马克思主义处于发达工业社会的总体性使一切人认同现实的形势中，因此，马尔库塞与本雅明一样，赞同布莱希特的思想，强调与现实疏离，通过与现实完全不同的、让人觉得陌生的艺术来唤醒人们对现实的反思。可以说，从卢卡奇到布莱希特再到中期西方马克思主义，是一个西方马克思主义理论家从反对现代派到肯定现代派的过程。

有了以上五点中期西方马克思主义与初期西方马克思主义的联系和区别，我们就可以开始进入马尔库塞的思想了。

一　技术理性与单向度社会

马尔库塞的美学理论是建立在他对发达工业社会性质的认识上的。他认为发达工业社会与以前的社会即前工业社会和工业社会的最大的不同在于，发达工业社会是一个单向度的社会（one dimensional society），这个单向度的社会形成了单向度的意识形态，从而造就了单向度的人。单向度是什么呢？就是只有对现存社会的认同而没有对它的批判。这种情况是怎么造成的呢？

导致社会单向度的主要基础是技术进步。在经济和生活上，高科技或自动化技术解放了生产力，带来了全社会物质的丰富性，改变了工业社会中工人阶级的经济贫困状态，从而也改变了工业社会中明显的阶级对立状态，工人和他的老板享受同样的电视节目，到同一旅游胜地游玩，打字员打扮得与雇主的女儿一样漂亮，黑人也拥有盖地勒牌高级汽车，大家阅读同样的报纸。各种人都享受着维持现存制度的需要和满足。①技术进步改变了社会的阶级结构，资产阶级和无产阶级都不再成为历史变革的动因。整个社会在变成趋于一致的消费社会。

> 公共运输和交通工具，衣、食、住的各种商品，令人着迷的各种新闻娱乐产品，这一切带来的都是固定的思想和习惯，以及使消费者比较愉快地与生产者、进而与社会整体相联结的思想和情绪上的反应。②
>
> 人们似乎是为商品而生活。小轿车、同清晰度的传真装置，错层式家庭住宅以及厨房设备成了人们生活的灵魂。③

一方面整个社会有了高度发达的经济和物质基础，另一方面技术的进步本身也发展出一套程序制度和技术理性，因此，在发达的工业社会中，在政治上，是协商、讨论、选择代替了对抗、拒斥和批判；在社会上，统治者以技术合理性和技术操纵方式消除对立、弥合矛盾、同一差异；在思想上，技术理性表现为物理学中的操作主义、社会学中的行为主义和哲学上的语言分析。所谓操作主义，就是说，比如，要确定一个东西的长度，人们就必须进行某种物理操作，当测量长度的操作完成以后，长度的概念也就确定了。总之，概念等同于一套相应的操作。依操作主义的观点来看，它绝不容许在思想概念里把不能用操作来充分说明的东西当工具使用。所谓行为主义，就是以人可以看见的行为来确定他是什么性质的

---

① 参见［美］赫伯特·马尔库塞：《单向度的人——发达工业社会意识形态研究》，9 页，上海，上海译文出版社，1989。

② 同上书，12 页。

③ 同上书，10 页。

人，来判定他想了什么。而分析哲学就是以大家都能懂的日常话语和经典语法为根据来判定话语是有意义的还是无意义的。这些思想，在马尔库塞看来，都是以现实即以现存社会为根据来思想的，都是对现实即现存社会的认同，与现实即现存社会一体化，不容许任何超越和批判，不承认任何理想和幻想；其结果都是也只能是肯定现存社会。因此，以技术进步为基础，发达工业社会形成了一个只能肯定自己的单向度的社会。所谓单向度，就是只有肯定此社会、认同此社会的向度。

怎样才能改变这个技术理性统治下的单向度的社会呢？马尔库塞诉诸的，其实是三样东西。一是历史辩证法，对于历史来说，任何社会都有自己的局限性，都要向前发展，这是否定现存社会的理论基础。因此，马尔库塞认为，"发达工业社会……是实现一项特殊历史谋划的最后阶段"①。二是人性，按照马克思主义的思想，人在迄今为止的历史上，都是被异化的，发达工业社会仍是一个人性处于异化的历史阶段。因此，马尔库塞认为，虽然无产阶级已经发生变化，再也不是革命动力，但变革社会是建立在人性的基础上和人的异化的现实中的，"谁需要质变呢？回答还是一样：整个社会，因为它的每一个成员都需要"②。三是理想，马克思主义认为，历史是能够走向理想社会的，人是能够获得理想存在的。同历史与人性紧密联系在一起的理想成为批判现实、批判现存的发达工业社会总体性的武器。理想最生动地存在于什么地方呢？存在于文化中特别是艺术中。因此，美学理论成为马尔库塞理论中的一个重要组成部分。

二　发达工业社会中的艺术状态

马尔库塞认为，发达工业社会前的艺术一直是对社会进行否定的艺术，从而是推动历史前进的艺术，而发达工业社会以其一体化的力量把艺术纳入社会的同

---

① ［美］赫伯特·马尔库塞：《单向度的人——发达工业社会意识形态研究》，7页，上海，上海译文出版社，1989。

② 同上书，5页。

一性中，而成为纯粹肯定性的单向度社会。这两个方面，就构成了马尔库塞的艺术的历史发展和当代蜕变的理论。

发达工业社会前的艺术，存在着两种艺术形态，而这两种艺术形态都表现为对社会的否定。一种是以肯定的形式表现出来的否定，一种是以否定的形式表现出来的否定。埃及的、希腊的、哥特式的艺术是以对社会肯定的形式出现的，巴赫和莫扎特的音乐也是以对社会肯定的形式出现的。然而，不管古代的庙宇和中古的教堂怎样肯定着现实制度，它们与奴隶、农奴、工匠，甚至与他们主人的日常生活处于鲜明而可怕的对照中，从而显现出了一种现实之外的理想性，这个理想性发挥了否定现实的力量。在莫扎特式的肯定性的音乐里，人物出场、吟唱、述说和讲演的方式显示出的是对散文化的现实的拒绝、破坏，从而启发了一种重新创造现实的方式。在肯定的艺术里，异化于现实的形式创造了对现实的否定，这种高雅艺术拥有自己的仪式和风格。"沙龙、音乐厅、歌剧院设计出来是为了创造和唤起现实的另一向度。它们的出现要求节日似的准备，它们中断并超越了日常经验"[①]，呈现出了与日常现实相对立的理想性，从而彰显了对日常现实的否定性。总之这种肯定性的艺术因远离社会而冒犯社会和控诉社会。发达工业社会前的艺术的否定形式就是破坏性的形象和展示矛盾的形象。艺术中的"那些破坏性角色，如艺术家、娼妇、姘妇、主犯、大流氓、斗士、反叛诗人、恶棍和小丑，即不去谋生至少不以有规律的正式的方式去谋生"的人，与现存秩序"形成了不可调和的对立"。[②] 发达工业社会前的艺术本质上是异化的。

> 因为维系和保护着矛盾，即四分五裂的世界中的不幸意识，被击败的可能性，落空了的希望，被背弃的允诺。……它揭示了人和自然在现实中受到压抑和排斥的向度……它不懈地创造一个使人想起和怀疑生活的恐怖世界。这就是杰作创造的奇迹；它是悲剧，是彻头彻尾的、不可解决的悲剧。因为，去过有爱

① ［美］赫伯特·马尔库塞：《单向度的人——发达工业社会意识形态研究》，59页，上海，上海译文出版社，1989。

② 同上书，54页。

有恨的生活，去过现实存在的生活，就意味着挫折、失败、逆来顺受和死亡。①

因此，从安提戈尼到包法利夫人的悲剧所呈现的都是现实社会解决不了的、从而对现实社会具有否定力量的艺术形式。发达工业社会之前的艺术，按马尔库塞的思路来说，可以用"异化"一词来表达。否定的艺术因其形象和故事接近生活，直接否定现实而生出否定力量；肯定的艺术，因其远离现实，与现实形成鲜明对比而产生否定力量。

在发达工业社会，社会总体性和一体化的力量使曾经否定的艺术发生了质的变化，转化为对现实社会认同和肯定的力量。这主要表现在三个方面。一是艺术在高科技和消费社会中的日常生活化，二是艺术在新社会结构中的变味性，三是艺术的俗化。艺术的生活化主要表现在，高科技和生活富裕使以前难得的珍稀艺术品变为了日常生活品，"现在差不多人人都可以获得优雅的艺术享受，只要扭动收音机的旋钮或者步入他所熟悉的杂货店就能实现这一愿望"②。大众传媒把艺术、宗教、政治、哲学同商业和谐地、天衣无缝地混合在一起，使得这些文化领域具备了一个共同的特征：商品形式。商品形式使艺术失去了独特的超越性质，使发自心灵的音乐成为推销的音乐，这里重要的是交换价值而不是使用、享受价值。"新型建筑是更好的建筑，例如，是比维多利亚时代那些庞然大物更漂亮、更实用的建筑。但它也是更加'一体化'的建筑。文化中心变成了商业中心、市政中心或政府中心的适当场所。"③艺术日益与生活结合，与厨房、办公室、商店结合，与生意和娱乐结合，变成了现实生活的有机组成部分，变成了对现实认同和肯定现实的艺术。综上所述，生活化的艺术包括两个部分：一是与生活紧密相连的创新艺术，二是由珍稀高雅变成常见一般的高雅艺术。这类曾经具有否定力量的艺术由于脱离了原来的历史文化环境而进入了发达工业社会的消费环境，其否定力量也发生了变化。这就是艺术在新社会结构中的变味性。巴赫的音乐成了厨房的

---

① ［美］赫伯特·马尔库塞：《单向度的人——发达工业社会意识形态研究》，57页，上海，上海译文出版社，1989。

② 同上书，60页。

③ 同上书，53页。

背景音乐，雪莱和波德莱尔的著作摆在杂货店里，否定性的文艺作品还存在着，但它们的存在方式和功能被重新定义，使其意义发生了根本性的变化。"如果说它们曾经是与现状相矛盾的话，矛盾现在也已平息。"①发达工业社会前的艺术的否定性形象也还继续存在和出现着，但其之所以存在和出现，是因为它们的意义有了根本的变化。当代艺术中"荡妇、民族英雄、垮掉的一代、神经质的家庭主妇、歹徒、明星、超凡的实业界巨头，都起到一种与其文化前身不同甚至相反的作用。他们不再想象另一种生活方式，而是想象同一生活方式的不同类型或畸形，他们是对已确立制度的一种肯定而不是否定"②。历史在进入发达工业社会的过程中，也曾产生了新的否定性艺术，这就是兰波(J. N. A. Rimbaud)的诗、达达派和超现实主义文艺，这些艺术用独特的艺术语言来反对现实的日常语言，用断绝交流来否定社会的现实交流。然而，发达工业社会"采用把可爱超越性形象纳入无所不在的日常现实的办法中来使其失去合法性"，这些艺术在大拒绝上的努力，"遭到了反被这些努力所要拒斥的东西并吞的命运。先锋派和垮掉的一代作为现代文学的典型，同样都具有令人愉快的作用，而又不使具有善良意志的人受良知责难。这种并吞的正当性由技术进步所证明，拒绝本身则被发达社会苦难的减轻所拒绝"③。传统高雅艺术和现代先锋艺术在当代社会的变味与艺术日常生活化的结果，就是艺术的俗化。俗化，就是艺术的生活化、日常化、商品化、消费化，简而言之，是艺术的世俗化。也就是艺术以最明显的方式向现实认同，与现实合为一体。以性爱为例，它曾经是最具有否定力量的主题，现在也完全变成了一个世俗的主题。在古典和浪漫文学中，

> 如拉辛的《费德尔》、歌德的《亲和力》、波德莱尔的《恶之花》、托尔斯泰的《安娜·卡列尼娜》，性欲一律是以高尚的、"间接的"、反省的形式出现的。尽管如此，它仍然是绝对的、不屈不挠的、放纵无羁的……与此相对，（在当

① ［美］赫伯特·马尔库塞：《单向度的人——发达工业社会意识形态研究》，59页，上海，上海译文出版社，1989。
② 同上书，55页。
③ 同上书，65页。

代)俗化的性欲充斥于奥尼尔笔下的酒徒和福克纳笔下的野蛮人的行为之中，充斥于《欲望号街车》《热铁皮屋顶上的猫》和《罗丽塔》之中，充斥于所在关于好莱坞和纽约的放荡故事之中。这些作品中的性欲描写更加生动，更加富有挑逗性，更加放荡不羁。它是它那个社会的重要组成部分，因而不再具有否定性。所发生的只是狂放和淫秽的、讲究生殖力和趣味性的乌七八糟的事情。但正因为如此，它是完全无害的。①

艺术在发达工业社会中的状态，即其对现实否定性的消失，是从社会总体性和一体化产生的巨大威力这一方面来讲的。如果仅只有这一方面，人类的前途岂不太悲观了吗？作为马克思主义者，马尔库塞从艺术的本性中看到了历史的希望，这就是下一节内容。

三　审美向度与新感性

在关于审美向度和新感性两篇长论中，马尔库塞以反驳正统马克思主义美学的形式，提出了与自己的思想体系相一致的美学观。如果说，在《单向度的人》中，马尔库塞从历史史实的角度论述了艺术在发达工业社会的蜕变现象的话，那么，在这两篇文章中，他则从本体论的角度阐明了艺术之为艺术所必然具有的对现实的否定的本质。为了将这两个方面加以区分，马尔库塞把这种体现了艺术本质的艺术称为"真正的艺术"。

在马尔库塞看来，（真正的）艺术有三大相互关联的特点：一是美学形式，二是自主性，三是真实性。与正统的马克思主义理论认为艺术的政治功能在于内容相反，马尔库塞认为，艺术的政治功能不在于它反映和表现的内容，而在于美学形式。内容只有经过艺术的转换，"变成形式的内容，才能在深远

---

① ［美］赫伯特·马尔库塞：《单向度的人——发达工业社会意识形态研究》，71 页，上海，上海译文出版社，1989。

的意义上被称为革命的"①。这种艺术的转化可以被总结为三个相互关联的方面。一是现实社会内容进入一种艺术所具有的类型和体裁中，即现实形态向艺术形式转变。马尔库塞最擅长的是文学，他基本上是以文学的实例来说明艺术的一般性质的。在文学上，现实中的生存变成文学中的故事，现实中的现象演进变成了文学中的故事逻辑。二是现实中的社会、阶级、集团的斗争变成了文学中的个人命运。以巴尔扎克的小说为例，

> 美学形式"吸收"并转化了社会动力，把它变成特定的个人（如吕西安·德·吕庞泼莱、纽沁根、伏脱冷等）的故事。他们在他们时代的社会中行动和受难，他们确是这个社会的代表，但是，《人间喜剧》的美学质量及其真实性在于社会内容的个人化。在这改观变形的过程中，个人命运的普遍内容照透了他们特定的社会身份。②

在马尔库塞的理论中，个人命运的普遍性是指超越具体社会的阶级特性的人类普遍性，即人性。因此对于发达工业社会来说，阶级已经不可能成为革命的动力，而被现存社会异化了的人性才是革命的动力。马尔库塞把这一从当下得出来的结论普遍化，并从美学和艺术上予以论证。这种阶级斗争的个人化，不仅是一种美学的形式化，而且是一种思想的深化。

> 在艺术品中"被标明年代"并为历史发展所超越的那种社会标志，就是主人公的环境，他们的生活天地。为主人公们所超脱的，正是这个生活天地，例如，莎士比亚和拉辛的王侯们超脱了专制主义的显赫世界，司汤达的自由民超脱了资产阶级世界，布莱希特的贫民们超脱了无产阶级世界。这种超脱通过一些事件发生在他们同生活天地的冲突中，而那些事件则见于特殊的社会环境，同时又显示出不可归因于这些特殊环境的势力。陀思妥耶夫斯基的

---

① ［美］赫伯特·马尔库塞等：《现代美学析疑》，3页，北京，文化艺术出版社，1987。

② 同上书，19页。

《被侮辱与被损害的》、维克多·雨果的《悲惨世界》，不仅蒙受了一个特定阶级社会的不公道，还蒙受了一切时代的残酷；他们代表了人类。他们的命运所显示的普遍内容超出了阶级社会。①

艺术转换的第三点，就是风格化。马尔库塞说：

> 任何历史现实都能成为这种摹拟的"舞台"。唯一的要求是风格化，必须经受艺术的"塑造"。而且正是这种风格化才容许对既成现实原则的标准重新估价，容许在升华的基础上进行反升华，容许解除社会禁忌、解除爱与死的社会裁处。男男女女讲话和行动，都不像在日常生活的重压下那样受到抑制；他们在爱与恨中更其伤风败俗（但也更其狼狈不堪）。他们忠于他们的情欲，即使为它所毁灭。但是，他们更清醒，更深思熟虑，更可爱，也更可鄙。而且，他们世界里的目标更明晰，更自主，也更激发人的兴趣。②

艺术的美学形式的转化，换个角度来说，就是艺术的自主性。自主指的是艺术对现实的自主。一方面，艺术是现实的一部分；另一方面，它又具有否定现实的自主性。"艺术服从既定事物的规律，同时又违反这个规律。艺术是一种基本上自主的否定的生产力。"③艺术的自主性是建立在历史发展和万物必然变化的规律上的。从历史的宏观上看，艺术的自主性正因为不符合现实的规律，而符合历史的规律，当然这个历史规律又是建立在人在历史的发展中走向人性的完全实现这一预设上的，因此，艺术反对和否定现实的自主性是建立在艺术表现、超越现实的人性这一预设上的。理解了这一关联，我们就可以理解马尔库塞把艺术的自主性与个人的主体性（主观性）连在一起的原因。由于革命的动力在于人不同于异化状态中的人性，因而"根本变革的需求必须扎根在个人的主观性中"④。主观性使

---

① ［美］赫伯特·马尔库塞等：《现代美学析疑》，18 页，北京，文化艺术出版社，1987。

② 同上书，30 页。

③ 同上书，10 页。

④ 同上书，5 页。

人反对现实存在的客观性，

> 随着对主观性的肯定，个人跨出了交换关系和交换价值的罗网，摆脱了资产阶级社会的现实，进入了另一种生活境界。的确，这种对于现实的逃避导向了这样一种经验：由于把个人实现自身的场所从行为原则和利益动机的领域转移到人的内在富源（如热情、想象、良心等）的领域。这种经验可能变成而且确已变成一股强大力量，来否定当前流行的资产阶级价值。①

总之，主观性"超越了直接的现实，就打破了既成社会关系的物化的客观性，展开了经验的一个新方面：反抗的主观性的再生"②。反抗的主观性通向的就是下面所说的艺术的真实性。

艺术的真实性，不是以现实的真实性来衡量的，而是以艺术的自主性为根据的，是否定现实的真实性的。马尔库塞说："艺术的真实性在于它有力量打破现成现实（即确立现实的人们）解释何谓真实的垄断权。"③因此，艺术的真实性就是由美学形式产生的实际结果。

> 我们不妨把"美学形式"解作一个既定内容（现有的或历史的、个人的或社会的事实）转化为一个独立自足的整体（如一首诗、一篇剧作、一部小说等等）的结果。作品就是这样从现实的永恒过程中"取出来"的，它具备自己特有的意义和真实性……一件作品真实与否，不看它的内容（即社会条件的正确表现），也不看它的"纯"形式，而要看内容是否已经变成了形式。④

说得具体一点，在马尔库塞看来，艺术的真实性包含三个内容：一是艺术的真实性是对现实的陌生化，让人们对现实的真实性产生震惊；二是艺术的真实性

---

① ［美］赫伯特·马尔库塞等：《现代美学析疑》，6 页，北京，文化艺术出版社，1987。

② 同上书，7 页。

③ 同上书，8—9 页。

④ 同上书，8 页。

就是艺术的虚构性，它创造了一个完全不同于现实的虚构世界，从而使历史和人性的真实浮出；三是艺术的真实性就是艺术的理想性，它以呼唤另一种世界的能力来否定现实世界。这里理想性不是给出幸福的结局或描绘一种理想的社会，而是展示在现实中被异化了的或歪曲了的人性，展示一个希望的领域。

艺术的美学形式、自主性、真实性是三位一体的，都由反异化的人性统一起来，由一种建立在人性基础上的个人感性统一起来。从而，美学形式也就是一种新感性的形式，它不同于由现实而来的感性，它反对和否定现实中的感性，因此，马尔库塞说，美学形式是一种净化形式，使现实中的情感得到净化，朝向新感性的生成。由于美学形式就是一种新感性形式，因此，马尔库塞认为，艺术的美学形式的创造同时就是新感性的建立。这样，由于有了（真正的）艺术，如何建立使人性摆脱历史和现实异化的新感性就落到了实处。在发达工业社会的总体性和一体化的巨大压抑下，马尔库塞让人们看到了一丝希望之光。

第三节　阿多诺的美学思想

我们把阿多诺（Theodor W. Adorno，1903—1969）的思想放到马尔库塞后面来讲，不是从时间上着眼的，而是从逻辑上考虑的，这包含两个方面，一是从思想关联的广度上看，马尔库塞的思想主要显示的是中期西方马克思主义与初期西方马克思主义的承转关系，阿多诺的思想则更能表明西方马克思主义思想演进与西方思想总体变化的关联，他以《否定的辩证法》系统地打出了反体系的旗帜。这样，西方马克思主义自身发展的从总体性到反总体的转变，就与西方思想总体演进的从现代性的本质追求到后现代的反本质思想有了一种明晰的应和景观。二是从思想运思的深度上看，从初期西方马克思主义的总体性到中期西方马克思主义的反总体性，是与总体性概念本身的变化相关联的，因此，以马尔库塞为代表的对总体性的批判，基本上是一种现存的社会批判。阿多诺对总体性的批判，就其社会批判方面来说，是与马尔库塞一样的；但他对总体性的批判，没有停留在社会层面，而是上升到哲学层面，把对发达工业社会的总体批判与哲学反体系思维结合起来。与中期西方马克思主义的其他理论家比较起来，阿多诺的思想具有更多的哲学意味和更强的思辨性。下面我们就从三个方面来讲述阿多诺的思想。一是否定的辩证法，这是阿多诺的思想方法；二是文化工业批判，阿多诺把发达工业社会的大众文化定义为一种工业，从而使文化批判更加系统和有力；三是对现代艺术特征的认识，阿多诺从一种否定辩证法的角度去理解现代艺术的意义，达到比马尔库塞更精深的结论。

一 否定的辩证法：批判的思维方式

否定的辩证法的中心主题就是反体系和反总体性。反总体性已是中期西方马克思主义的口头禅，因此，阿多诺在《否定的辩证法》"序言"中特别强调的是"反体系"。而在行文中，二者（反体系和反总体性）就互相换用了。这两个概念，从分的角度来说，可以看成是有区别的，总体性是社会的总体，体系是思想体系；从合的角度来说，二者又可视为一回事，思想体系物质化为社会总体性，社会总体系性精神化为思想体系；从逻辑的角度来说，阿多诺把中期西方马克思主义的反社会总体性上升为反思想的体系；从概念的角度来说，社会的总体性也是一种体系，思想体系也是一种总体性。当阿多诺在哲学层面上对思想的体系性和总体性进行批判的时候，社会的总体性和体系的被批判已包括在其中了。体系、总体性总是把一切都纳入自己的体系内，一切都由自己的总体性决定。整体给个体安排一个位置，不容许个体有任何不同于整体的性质。发达工业社会就是以强大的技术为基础，用一个总体性把一切都秩序化、标准化了的社会。

体系、总体性的思想基础就是哲学本体论和认识论中的同一性（identity）。同一性是西方哲学的传统，从古希腊到近代再到现代的精神分析、存在主义、结构主义等，一直都贯穿着同一性思想。哲学家进入哲学领域就自觉或不自觉地追求着同一性。所谓同一性，就是追求一个最后的本质，树立一个最高权力。然后以此来创造一种可以描述一切的统一语言。总之，要抓住一个上帝般的、帝王似的"一"，然后让一切向它认同。纷繁复杂、千奇百样的特殊的"多"，必然服从最高的"一"，必须与之同一。从柏拉图哲学到黑格尔理论无不如此。唯心辩证法，让一切同一于理念；唯物辩证法，让一切同一于物质；现代的存在与存在者、无意识与意识、深层结构与表层现象，仍坚持执一以驭万的观念。特殊无论怎么特殊，最后都同一于一般，个别无论多么丰富，最后都同一于普遍，运动无论怎么变化，最终都同一于规律，一切都在体系中秩序化、规律化、标准化、稳定化。

否定的辩证法坚决反对传统哲学同一性中的一元关系，以艺术品为例，"诸艺术作品的统一，不可能是它被认为必然的那样，即多方面的统一，在对多进行综合时，统一就扭曲和损坏了它们，同时也就扭曲损坏了自身"①。从根本上说，一和多是没有同一性的，是不能综合为一个整体的，统一要从多样性中统一，必然要否定个别事物的特殊性，但否定了个别事物的特殊性而得到的统一，已经不是"统一"的本来意义了。真正的统一是不可能的，执一以驭万的总体是虚假的，它从来就没有存在过，也不可能被给予。一与多的综合活动的本来面目是一个否定的辩证运动。阿多诺认为，辩证法不是掌握某类事物的规律，而是内在于事物之中的东西，它不能把自己建立在一般概念之上，不能从事物的总体性出发（总体性从来未被本体论地给予过）。它不把分散的特殊事物简单地作为结构严整的总体中的某一类的例证来看待，而是从特殊事物自身出发，以个别化的力量来解答所谓整体之谜。而从特殊事物自身出发，我们看到的只能是事物自身和事物间的否定的辩证运动。以同一性为核心的古典辩证法总是先肯定谁为第一性，谁为第二性，确定一个肯定的本原，然后开始既以同一性为出发点，又以同一性为归宿的辩证运动。

辩证运动在总的旨趣上成了从肯定到肯定的运动。否定的辩证法与之相反，是不做前定的事物的否定运动。以艺术与现实的关系来说，"艺术中的一切无不来自经验世界，然而经验世界的一切进入艺术之后都被改变了。因此，美学范畴必然结合两个方面才能定义，一是艺术与世界的关系，一是艺术对世界的拒斥"②，这就是否定的辩证关系。艺术必然坚持自己的自主性，否定社会，才能成为艺术，但艺术坚持自主性的同时就等于承认一个自己要从中取得自主的社会存在，承认

---

① Theodorv W. Adorno：*Aesthetic Theory*，London：Melbourne and Henley，1984，p. 212.

② Ibid.，p. 201.

一个无时不在对自己施加影响，与自己处于一定关系中的社会存在，从而又从根本上否定了自己的自主性。在这里，没有谁同一于谁的问题，而只有永远的相互作用。

以同一性为核心的辩证法，其矛盾双方是固定的，辩证运动的方法也是有规律和有程序的。在否定的辩证法中，矛盾的双方不能融合为一个有机的整体，而且矛盾的双方不断地进行着位置和性质的转换。对于这一点，詹明信用艺术为例做过精彩的讲解，

> 在马勒的交响乐中有这样的片断，高雅的交响乐语汇突然让位给粗卑的乡村手风琴的曲调或者拙劣的维也纳华尔兹的旋律。这时崇高的和通俗的或大众的两种完全不同的音乐语汇并行，显然不可能融为一个有机整体。现代主义文学中到处有此类似的现象，那就是"破碎意象的堆积"。①

但对于这种不可调和的对立，人们却通过电影蒙太奇、绘画点彩派、心理学的意识与无意识、语言中的言语与语言、哲学中的存在与存在者，把这些破碎的东西巧妙地调和了起来。对于阿多诺来说，不应该调和这些在本质上不能调和的东西，而应阐明不可调和的矛盾双方的否定辩证运动。在马勒（Gustav Mahler）的交响曲里，两种相反的音乐语汇可以被看成辩证关系中的主观和客观的两方：

> "社会"代表客观那一极，而艺术"形式"则必然代表个人主观这一极。阿多诺认为，马勒音乐中的那种高雅的交响曲语汇代表着具有无限权力的高度组织化的社会，也就是代表客观；而那种粗俗的乡村曲调像正在消失的乡村一样则代表在资本主义社会及其大都市的压力下受到伤残的主观的最后一个避难所。但是，如果我们进一步分析，就会看到上述两极发生了辩证的转化。代表粗俗、伤感的乡村生活曲调，显得极不真实，像许多死亡的产品一样，可以被看成社会上无上权力与压迫的那一极，而马勒刻意追求的高雅音乐语汇则可被看成个

---

① 深圳大学比较文学研究所编：《比较文学讲演录》，59 页，西安，陕西师范大学出版社，1987。

人主观力求生存并使之永恒的那一极。事实上当我们把这种辩证法看成一个不断的位置变换过程时，上述变化就不再是不一致的了。客观按照自己的需要，把主观变成客观，主观又要反过来竭力赋予客观以主观的精神和动力。[①]

这一过程是无止境的。否定的辩证法认为：矛盾的双方"从来不是界线分明的实体，它们之间也不存在那种理念式的关系，它们相互毒化、腐蚀、伤残、羞辱对方"[②]。否定的辩证法，要而言之，反对体系和同一性，具体言之，似乎可表述为：第一，总体性是虚假的；从而，第二，事物间在本体论上没有高下区分（这构成了《否定的辩证法》和《美学理论》二书的编排原则）；第三，从特殊事物的特殊性出发；第四，矛盾双方相互否定和相互换位。

二 文化工业批判

在中期西方马克思主义对发达工业社会的艺术状态的批判中，从西方马克思主义的立场和逻辑来说，阿多诺的理论是最为激烈、最为有力的，也是最切中要害的。他与霍克海默合写的《启蒙辩证法》中的专章"文化工业。欺骗群众的启蒙精神"与《美学理论》中的相关章节和《电视与大众文化模式》等一系列论文，构成了阿多诺的理论整体。

阿多诺与本雅明一样，从事实层面来说，是从印刷文化的现代形式和麦克卢汉所谓电子文化的合一来看待发达工业社会中的文化整体性的，他把电影、电视、收音机、报纸杂志看成一个现存的文化系统；从理论层面来说，他与本雅明不同，而与马尔库塞相近，将该文化系统作为社会总体的有机部分，作为为社会总体性服务的东西，进而他采取了坚决的批判立场。他把整个文化定义为"文化工业"，从而使发达工业社会的文化性质向易于受到批判的方面凸显，也使西方马克思主

---

① 深圳大学比较文学研究所编：《比较文学讲演录》，60页，西安，陕西师范大学出版社，1987。

② 同上书，60页。

义对当代文化的批判在逻辑上更加严密起来。

如果说，在工业社会时期，小说以出版社的方式，绘画以画廊的方式进入公共领域，此时还主要显现的是作家、画家的个性或文艺自身的特性，还相当程度地呈现为艺术的个人化生产，那么在发达工业社会里，电影、电视、广播、报纸、杂志已经明显地把艺术的生产方式转变成一种集体化的生产，生产的企业性质使艺术生产显现为一种工业：文化工业。文化工业意味着文化是按照一种工业的方式、遵循工业的规律来运作的。因此，从工业的性质入手，我们就可以知道文化的性质。"只有工业化的彻底的概括的意思，才能完全符合文化这个概念。"①

文化工业，作为一种工业，是建立在最新的技术性之上的，阿多诺不像麦克卢汉那样，对技术进行一种文化新方式的思考，而是依西方马克思主义的惯例，做现实与超越的凝想。电影、电视、广播，作为工业，其技术上的要求是各部门要通力合作，艺术家的个人想象与个人创造受到了限制，这在纯艺术的电影中最为明显，电影是由导演、演员、摄影、美工、化装、剪辑一整套工序制作出来的，以前的个人化创造变成了一种工业程序化制造。如果说，个人化的想象是最容易超离现实的，那么，工业化制作则更多地为现实所主宰。工业的目的是市场运作，市场对文化的第一要求是商品，商品的第一要求是效益，追求畅销是商品的内在驱动。因此文化工业的工业性决定了它与现实认同，而不与现实相悖，一定要与现实同步，既不需超前，也不能滞后。文化作为工业产品是按照大众的需要来生产的，文化只有服务于大众才能为大众所欢迎，才能实现商品的经济效益，从而扩大文化工业自身。马尔库塞说过，真正的艺术不惜与大众对立，以坚持自己对现实的批判。阿多诺眼中的文化工业产品绝不能否认大众的趣味而使自己顾影自怜。市场、效益、畅销、服务，这些工业必须遵守和主动追求的原则，使文化产品同一于其他产品，严格地在现实原则和现实需要下运作。艺术的批判性让位于作品的商业性和现实的效益性。只有当现实和大众感到需要批判的时候，艺术才表现为批判，而这时的批判本身就是不批判的表现，是迎合现实和大众的表现。

---

① ［联邦德国］马克斯·霍克海默、特奥多·阿多尔诺：《启蒙辩证法（哲学片断）》，112 页，重庆，重庆出版社，1990。

文化工业是文化被纳入社会总体性的质的完成。"文化工业的每一个运动，都不可避免地把人们再现为整个社会所需要塑造出来的那种样子。"①

文化工业技术上的标准化在性质上与现实同一，这导致了艺术上的公式化、模式化、风格化。这几个同中有异的词可以以分工的方式来组织阿多诺关于文化工业中艺术的具体表现：公式化是艺术品成为文化工业内在原则的体现，模式化是艺术形成具体的组织结构所遵循的原则，风格化指这种艺术模式生成的具体的风格类型。"真正的风格这一概念，在文化工业中很清楚地被作为统治者的美学代用词……在每一个艺术作品中，作品的风格都是一种诺言。因为被表达的东西，通过风格变成了占统治地位的普遍形式，变成了音乐的、美术的、口头的或书面的语言。"②看到电影的开头，我们一般就知道结尾如何，谁将得好报，谁将受惩罚，谁会被忘却。轻音乐熏熟了的耳朵，一旦听到流行音乐的第一个音调，就能猜到接下来的是什么音调，当它确实来临时，我们就有被奉承的快感。短篇小说的长度是被规定了的，电视剧的长度也是被规定了的，喜剧和悲剧都有起承转合的阶段。各类故事描绘个人与社会规范之间的斗争，但最后都是个人适应社会。流行音乐也是这样，它对欣赏者来说是亲切的，而且外表富于特色，听者总被款待得好像这些音乐是为他一人专设似的，其实它只是在千篇一律上加了一些风味，并未偏离节拍与和声的标准模式，也许用爵士乐更能说明这种二重性。在公开的信息层面，爵士乐肯定表现为对个性的宽容和对规范的违反，但是，在每一独奏小过门的结尾，个体演奏者又被一种标准的副歌所决定并与作为整体的作品相统一。文化工业中艺术的风格决定于它与社会同一的基本原则，这些原则使如是风格得以出现，这些风格又服务于社会总体性的原则。因此，文化工业的艺术具有很多功能。

第一，文化工业的艺术限制人们认识现实和世界。电影、电视、广播以一种逼真的方式展现了现实，而且渗入生活之中，人们对电子艺术形式，特别是电视和广播所呈现的现实，包括图像、声音等十分肯定，认定这就是现实，而不察觉这是经过精心编导和刻意组合过的现实。这种通过编排的现实成了真正的现实。

① ［联邦德国］马克斯·霍克海默、特奥多·阿多尔诺：《启蒙辩证法（哲学片断）》，118 页，重庆，重庆出版社，1990。

② 同上书，121—122 页。

人们就这样满足着这一现实，并习惯于这种观看现实的方式，而且消费着这一现实，并在消费中认同于这一现实。

第二，文化工业的艺术使艺术成为娱乐。文化工业在使文化成为工业，成为商品的同时，也使艺术欣赏成为一种消费行为，成为一种娱乐消费。娱乐消费与艺术欣赏的根本区别，就在于艺术欣赏唤起人们用另一种方式去看世界的另一种面貌，而娱乐消费则只让人们以不同的态度去消费同一个世界。因此，当艺术欣赏变为娱乐消费时，人们就只剩下遵守社会规定的行为而没有了对现实的感知，只有一种生在社会中的享乐心情而没有了从另一种角度去思想未曾思想过的感悟。娱乐消费始终表现为对直接事实的感受，而艺术思想则意味着对直接事实的追问。因此，文化工业生成的以艺术为消费内容的娱乐主潮，是社会总体性的文化体现。

第三，文化工业作为社会总体性的体现，是为了把人们再现为整个社会所需要塑造出来的那种样子。这就是我们在电影、电视、广播、美术、音乐、文学中看到形象、歌星、影星，以及使这些形象、歌星、影星得以出现的叙事模式、音乐模式和银幕模式。在艺术模仿现实和现实模仿艺术的不断循环中，现实的人们和艺术的形象都在社会总体性中相互作用，载沉载浮。

第四，与艺术形象在本质上凝固化相对应的，是它在艺术类型上的凝固化。在工业运作中，在市场化、商品化、效益性的要求中，发达工业化社会必然以形象的和艺术的方式灌输现存思想而排斥新思想，其艺术模式和艺术风格都在为现存社会做辩护而排挤新事物。发达工业社会中的文化产品实际上是文化工业经理、服装业巨头与高等学院专家协商一致以后，经过理性、学术、现实的运作，让现存机构来分派资料，并制定出各种系列文化作品的有约束力的目录。从表面上看，理想的、新奇的、意外的作品不断涌现，而实际上，各种文化类型没有什么变化，既无增加，也无减少。

三　现代艺术本质

中期西方马克思主义理论家，一直对艺术抱着一种二分倾向。在社会总体性的笼罩下，艺术发生变化。面对大众文化、传统艺术因工业化而改变功能，现代艺术因商业化而改变意义时，他们对艺术状态本身充满批判，而在谈到如何冲破社会的总体性和一体化时，他们又转向艺术的本质和艺术反抗社会的特性。把这种被分别论述的两方面并置到一块，我们会发现一些相互矛盾和冲突之处，但这确实是中期西方马克思主义论述艺术的两个极端。尽管可以在他们的论述中发现一些自相矛盾之处，但这两个方面的论述都是为了一个主题：批判现代社会的总体性。而这两方面的论述，都各自揭示了某些深刻的东西。正像马尔库塞为反对总体性对真正艺术的论述，使一种艺术本质得以彰显一样，阿多诺为反对总体性对现代艺术的论述，展现现代艺术的深邃之处。

从某种意义上说，现代艺术是以反艺术的形式登上历史舞台的。古典艺术追求美，现代艺术却呈现丑；古典艺术讲和谐，现代艺术说荒诞；古典艺术是理性的，现代艺术是非理性的等。但是，否定的辩证法认为，正因为现代艺术不是艺术，是反艺术（按古典艺术和大众艺术的模式来衡量），它才成为艺术（以艺术的真正本质为标准）。阿多诺带着极大的热情，论述了较多的现代艺术家，其中有勋伯格、贝克特（S. Beckett）、卡夫卡、毕加索。这四位艺术家正好分别代表了四个经典艺术门类，音乐、戏剧、小说、绘画，从中我们可以基本看到现代艺术的主要性质。毕加索的名画《格尔尼卡》，展现的是一个变形的、畸形的、丑陋的、疯狂的、破碎的世界。正常的（如古典画似的）形象被改变了，严整的逻辑（如空间的内与外）没有了，固定的象征（如画中的牛）被打乱了。法西斯军官指着这幅画问毕加索：这是你做的吗？毕加索回答：不！是你们做的。画中变形的、破碎的、疯狂的世界恰好本质地反映了现代的现实世界。《格尔尼卡》的世界也正是卡夫卡小说、贝克特戏剧、勋伯格音乐中的世界。现代艺术中的世界正因为与现实世界不一致，才更深刻地揭示出现实世界的本质。现代社会以虚假的整体完整来否定个人的个性完整，个人就以自我的破碎来否定社会的完整，并在这种否定中揭示出社会的破碎性。卡夫卡小说中的人物都是卑弱的、萎缩的、迷惘的、变态的、孤独的。贝克特戏剧中的人物和勋伯格音乐中的人物也有相似的性质。在当代社会经济、政治、文化的压力下，人们的主体性日益消磨溶解。与大众艺术用虚假的自由来掩盖人的不自由，以伪饰的人格来遮掩人格的消融相反，现代艺术以非人化的、畸形的、丑陋的形象来戳穿人性的帷幕。正是在现代艺术之个性萎缩中，真正的个性才得以保存。阿多诺认为，恰恰只有艺术的非人性才道出了艺术对人类的信仰。

我们要谈现代艺术对总体性的拒绝、对同一性的否定，从作品世界或作品人物入手，都不如从艺术形式入手更能切中问题的实质。关于毕加索的绘画，他的立体主义手法比他作品中破碎变形的形象更能说明问题。讨论贝克特的戏剧，与其讲他的舞台景象，如埋人的土丘、枯黄荒原、闭塞昏暗腐臭的斗室，不如论述他反戏剧的戏剧形式：无情节、无动作和语无伦次的语言。讲勋伯格的音乐，分析他表现出的病态的、歇斯底里的情感，不如谈他打破调性的音乐实践。阿多诺认为，艺术形式本身就具有一种主客体之间的非同一性。现代艺术自由地打破经验现实，按形式法则重新组织现实。激起庸人极大愤慨的先锋派的抽象，完全不同于概念和逻辑的抽象，先锋派的抽象是对客观的社会抽象法则的折射式反应，它对特定内容的否定变成了艺术形式法则。现代艺术形成了一种即使不提及内容也完全能说明问题的艺术形式。艺术形式犹如语言，有自己的交流语言和交流能力，用对形式本身的改变来反对原有形式所支持的总体性和同一性。以音乐为例，调性音乐是支持同一性的，无论旋律怎么变化，它总会回到主音上，其他音在各种运动中总是含着与主音同一，被主音暗控，朝向主音的倾向。勋伯格的音乐，打破了主音的统治地位。12个半音同等重要，在本质上无主次之分，每个音的节奏长短、音色选择、织体配器都有极大的自由。总谱中的每一个特殊细节都在这一整体结构中保持了自己的个性。乐曲的发展不是可以预期的，而具有多种变化的可能。无调性的音乐形式本身就坚持了反同一性的主题：特殊不向一般认同，个性拒绝被整体整合，发展拒绝承认存在一种前定的规律。

再看毕加索的艺术形式。毕加索的《格尔尼卡》反映的是战争、绝望、死亡。戈雅·卢西恩特斯（Goya y Lucientes）的《1808年5月3日夜枪杀起义者》也是这样的主题，但古典绘画的焦点透视决定了存在规律的总体性。画中人物逼真的肉体和可感的情感冲动，在悲观中暗含着一种巨大的乐观，该画作从根本上是承认现实的。《格尔尼卡》打破了中心透视，不按空间逻辑来组织画面；人体的几何化和解体化，既从直观中又从根本上否定了规律和总体的支配地位，最大限度地表现了绝望和死亡，拒绝承认经验世界的实在性，彻底地暴露出总体性的虚假，固执地不与现实同一。

　　总之，在阿多诺看来，现代艺术以特有的形式体现了否定的辩证法，它宁愿要极端的丑，也不要虚假的美；以有组织的贫乏与现实社会断绝；以反形式来反讽装扮出来的内容与形式的统一；甚至用孤立来保卫自己的个性，以自身的无意义来显示意义……

第九章　解释—接受美学——后现代的多重转向

1960 年伽达默尔（Hans-Georg Gadamer，1900—2002）发表《真理与方法》，具有划时代的意义，它与阿多诺的《否定的辩证法》一道，构成了后现代的两面耀眼的旗帜，德里达于 1967 年抛出三大重型炸弹，即《语言文字学》《写作与差异》《声音与现象》，终使 20 世纪 60 年代成为西方思想界从现代向后现代转折的决定性时代。在这三种最重要的思想事件中，德里达代表了后现代思想对当时最为兴盛和强大的现代思想结构主义的攻击，阿多诺象征了西方马克思主义的后现代转向，伽达默尔则使西方文化界的三大潮流发生了后现代转型。

第一，《真理与方法》使从 1900 年胡塞尔发表《逻辑研究》第一卷开始的巨大的现象学哲学完成了后现代转型；第二，它使具有千年历史的解释学完成了后现代转向并成为西方思想界的显学；第三，它使西方美学研究完成了从作品中心向读者中心的后现代转型，其显著的实绩就是在德国出现的接受美学和在美国兴起的读者反应批评理论。

这三方面构成了解释学的文化大观，从美学的角度看，我们可以把从解释学开始的哲学理论和接受美学、读者反应批评理论作为一个整体来把握，统称为本章标题所示的解释—接受美学。

我们首先从文化大背景开始谈解释学的多方面关联，其次细讲伽达默尔的解释学理论，最后以接受美学和读者反应批评的主要理论构成本章美学理论的基本模式。

第一节　解释学后现代转向的多重关联

从后现代的大语境来看，解释学包含了后现代转向的多重关联，正是在这多重关联中，解释学的后现代意蕴呈现了出来。

一　作为现象学转向的解释学

现象学的发展从粗略的大线上看，经历了三个阶段，即以胡塞尔为代表的现象学，以海德格尔为代表的存在主义和以伽达默尔为代表的解释学。在某一意义上，我们不妨把胡塞尔、海德格尔、伽达默尔比作现象学在三个阶段的"中心总部"，每一"总部"又引出形形色色的分部。如围绕胡塞尔"总部"展开的马克斯·舍勒尔（Marx Sheler）、莫里茨·盖格尔、罗曼·英加登、梅洛-庞蒂、米盖尔·杜夫海纳等分部；如沿着海德格尔大营建立起来的雅斯贝尔斯、萨特、加缪等军团；如响应伽达默尔而崛起的姚斯（H. R. Jauss）、伊泽尔（Wolfgang Iser）、卡勒（J. D. Culler）、普莱（George Poulet）、布莱奇（David Bleieh）等接受美学和读者反应批评的学者。当然这些分支星星点点排列开以后，又与其他哲学、美学等思想巨流缠在一起，形成现代思想天空中的灿烂星河。然而，我们只要把视线集中在胡塞尔、海德格尔、伽达默尔三座巨星上，一条蔚为大观的现象学星系又凸显出来。我们要在丰富多彩的现象学潮流中，看出解释学是现象学的一个阶段并代表现象学的后现代转向，然后把现象学三阶段的巨头胡塞尔、海德格尔、伽达默尔的思想做比较。由于这一比较是围绕着论证解释学的后现代转向运思的，这需要忽略和简化很多内容，因此只有最基本的要点在比较的取景框里呈现。

胡塞尔一以贯之的核心思想是本质直观。胡塞尔和许多现代大思想家一样，要在古典的普遍真理面对覆灭危机的 20 世纪重建真理的普遍性。然而在古典的普遍性基础如牛顿、黑格尔、上帝等业已遭到普遍怀疑和批判的时候，胡塞尔如何才能使人重信普遍性呢？古典哲学从逻辑、定义推出普遍性，在非欧几何和相对论的语境中，这已经不可靠了，胡塞尔诉诸现象学直观，因此真理的可靠性就保住了。人在直观对象的时候，既确定了直观者的确实性，又确定了被直观对象的确实性。但是以往的哲学一直认为，直观，是个别的人面对个别的东西，仅从个别是不能得出普遍性的。而现象学恰恰就是要从个别中得出普遍性的东西。

人在面对事物时，因为受到时代、环境、教育的影响，心中已有许多先存之见；事物，在历史联系和时代文化中，也有了先存的背景；具体的主体和客体已被赋予了各种定义和标签，被认定了各种特征和本质。而对于现象学来说，要成为真正的现象学直观，就不是如一般认识过程那样进入经验之中去感受，而是首先必须加括号，一方面把主体的各种先入之见括起来，另一方面把对象的各种背景知识括起来。加括号之后，用现象学的话来说，就成了主体直接面对事物本身。由于加括号，主体没有了任何先入之见，成了纯粹的主体，成了没有任何个体特性、时代特性的主体；对象也没有了任何背景，成了纯粹的对象，即不与任何具体时代的知识体系相联系的对象；以去除了各种成见的纯粹的主体直观去除了各种背景缠绕的纯粹的对象，所获得的，当然就是一种普遍性的本质性的东西。普遍性的东西是如何显现出来的，胡塞尔有很繁复的论述，归其要点就是，本质直观是主体意识的意向性活动。现象学的意向性概念是对西方哲学意识理论的一种革新，意识不仅是主体的知识形态，更是朝向客体的意向性活动。意向性把主体与客体联系起来，这种联系可以用两句话来概括：一切意向都是指向对象的意向，一切对象都是意向性的对象。在现象学的本质直观中，纯粹的意向性活动一方面使对象的构造结构显示出来，另一方面也使主体的意向性结构也显示出来。意向性结构和对象结构是在本质直观中同时呈现出来的，对象结构就是事物中的普遍性的东西，而普遍性的东西是在主体的意向性活动中呈现的，客体的对象结构和主体的意向性结构都是在本质直观中出现的，是以单个人的亲身经历为其保证的，是确实的。而且一个人一旦看见了，再让其他人来看，其他人都能看见。这个普遍性是可以普遍验证的。现象学就是这样以个人的现象学直观得出了普遍性的本质。

海德格尔仍然是从"人面对事物本身"这一现象学原点出发的，但却对胡塞尔的两个基本点进行了本质性的转向。人，仍是具体的单个人，但海德格尔不像胡塞尔那样，把有具体时代的人还原为超越时代的纯粹的自我，而是肯定人只能是生存在具体时间中的人，是在此（这一时空）的此在（这一个人）。同样，对象虽然仍是人面对的对象，但它已经不可能还原到超越一切具体性的纯粹对象，而只是具体的存在者。对于海德格尔来说，问题就变成了，存在于时间性中的人（此在），在面对存在于时间性中的对象（存在者）时，如何能获得本质性的东西。在海德格尔这里，本质不类似于柏拉图的理式和黑格尔的绝对理念，也不类似于胡塞尔的主体的意向性结构和客体的对象结构，而类似于中国的"不可道之道"的存在。从而，在海德格尔这里，"人面对事物"这一现象学原点，变成了"此在（人）在此（世界）"（即人存在于与具体时间性相连的世界之中）的存在主义原点。但是，与现象学一样，"此在在此"仍然是需要获得本质性的东西，需要获得存在的真谛。在存在主义的思想构架中，获得本质性的东西，由人面对事物这一现象学主题导向了两方面的蜕变。在客体方面，它变成了存在者与存在的关系。在主体方面，它变成了此在如何才能摆脱在世的沉沦，而达到一种本真的存在。这里，正像现象学中意向性与意向对象不可分一样，我们已不能把存在者与存在、此在的沉沦与超越在世按传统思维习惯进行客体方面和主体方面的划分，最好是将之看成由"此在在此"所获得的领悟本质的两个方面。

存在者与存在的关系是存在主义最能体现现代思想的一种基本关系。世界上的一切，如人、物、器、日、月、星等都是存在者，而存在者的本质是存在，是存在使存在者能存在。我们要知晓存在者的本质，就必须以存在者的维度去领会存在。从结构上说，存在者与存在似乎类同于古典哲学的现象与本质的关系，但实际上它们并不一样，首先，存在者与存在的关系，不像现象与本质一样，是可以从一般逻辑推出的，而像精神分析中的意识与无意识，结构主义的言语与语言一样，是一种曲折的隐喻关系，需要从存在者领会出存在，是很复杂的。其次，存在与古典哲学的本质不同，是不能定义的。如果某人想获得存在的定义，要说出存在是什么，那么这个被定义出的"什么"，一定只是一个存在者，而非存在本身。这里，既显现出了存在主义与古典思想的不同，也表现了与现象学的差异：

普遍性的本质不是一个清楚的图式化的对象结构，而是一个虽然一定存在，而且我们可以体会到，但却是一种无法确切定义和图式化的东西。

宇宙间一切事物都是存在者，但只有人这种存在者才有能力领会存在。人这种能够领会存在的特殊的存在者，被称为"此在"，此在对存在的寻求，不像现象学那样，把自己从具体的时空中抽离出来，成为超时空的纯粹自我，而是就在具体的时空中，在具体的世界之中去领悟。既然是具体的世界，必然充满了各种非普遍性和非本质性的东西，人不得不生存于具体之世，不得不而且必然地要与各种非普遍性、非本质性的东西打交道，而这样做的结果，往往使人呈现出在世的"沉沦"，也就是被具体时空中的非普遍、非本质的东西所粘住、套牢，结果此在在世变成了失去本质的非本真的存在。然而，一方面，作为超越性的普遍本质的存在确实存在；另一方面，人在本质上具有领会存在的能力。因此，在此在的沉沦中，人不断地被"唤醒"，如畏与死，就是唤醒沉沦的东西。海德格尔区分了畏与怕：怕总是对具体东西的怕，是与具体性连在一起的；畏却是对非具体性东西的怕，它引发的是一种在世的超世情怀。在畏中，人开始反思自己何以如是地存在，追问如是存在的意义，从而走向对存在本质的思考。死与畏有同样的功能，当人想到自己固有一死时，他就会重新思考自己的在世，就会追问存在的本质。正是这种在世的"唤醒"使人在具体在世的沉沦中醒悟过来，朝向了具有普遍性和本质性的超世的"本真的存在"。

因为海德格尔仍然是从"人面对事物"这一现象学原点出发的，从而仍然可以被称为现象学，是存在主义型的现象学。因为海德格尔已经改变了现象学原点的具体内容和运思方向，从而已经形成了不同于现象学的新潮，即（现象学之中的）存在主义。从历史发展大线来看，我们可以说，海德格尔代表了现象学的存在主义阶段。虽然海德格尔改变了现象学"人面对事物"这一理论原点的运思方向。"人"变为回不到纯粹的自我，只能是具体在世之人；"物"变成回不到纯粹的对象，只能是具体的世界之物。但是海德格尔仍肯定了存在者后面的存在，断言人能够领会存在，从而坚持着胡塞尔以来的普遍性，本质追求。而伽达默尔的解释学，在继续着现象学普遍的本质性追求的形式中实际上使普遍的本质性追求成为不可能了。

伽达默尔的出发点仍然是现象学的"人面对事物"，只是人变成了理解者和解释者，物变成了理解对象和解释对象。继承了海德格尔的人只能生存于具体时空中的论点，伽达默尔认为，理解者只能、不得不、必然生存于具体的时空之中，这一具体时空，构成了理解者进行理解的前提和基础，用伽氏自己的话来说，构成了理解的前结构。理解首先是对对象的理解，理解对象最重要的是理解对象的本质意义，在这里，伽达默尔背离了胡塞尔和海德格尔的本质追求。胡塞尔本质性的对象结构和海德格尔存在者后面的存在，在伽达默尔这里全消失了。伽氏认为，第一，理解对象的意义是依赖于理解者的，是对象在与理解者的对话中实现的；第二，正是在这一意义上，理解对象没有一个固定不变的意义，而可以随理解者不断生出新意；第三，随着历史的发展，新的理解者不断出现，理解对象就有新的意义出现，我们不能说意义是一切不同理解的总和，因为历史不会在某一点上停顿下来，所以任何一种总和都不是最后的总和，从而也算不上总和。在这一意义上，理解对象的意义总是未完成的，从而要得出一个本质的意义是不可能的。这显示了伽达默尔对现象学的后现代转向。

从本书的角度，我们不妨把现象学的发展做如下归纳。在胡塞尔的现象学中，其要义为：一是从我面对事物这一现象出发；二是得到普遍的、带有本质性的东西；三是这种普遍的本质性的东西是明晰清楚的。在海德格尔的存在主义那里，其要义为：一是从我面对事物这一现象（此在在世）出发；二是得到普遍本质性的东西（存在）；三是这普遍的本质性的东西是模糊玄奥的。在伽达默尔的解释学里，其要义为：一是从面对事物这一现象出发；二是得不到普遍本质性的东西；三是得不到普遍本质性的东西正是普遍的本质性的东西。

因为解释学是从面对事物的现象学原点出发的，因此解释学仍被认为属于现象学，被称为现象解释学，算是现象学发展的一个阶段：解释学阶段。因为解释学在具体的构思上，特别是在实际结论上，否定了现象学自胡塞尔以来的本质追求，因此我们可以说解释学是现象学的后现代转向。

二　作为解释学转向的伽达默尔思想

伽达默尔的代表作《真理与方法》的副标题是"哲学解释学的基本特征"。这一著作在学科历史和发展方向上是与解释学连在一起的，就这一点而言，它起到两种作用：一是使解释学成为人文科学中具有普遍意义的显学，二是使解释学本身发生了后现代转向。

解释学作为一门人文学科，其历史可分为三大阶段。第一阶段是经典诠释学阶段，主要源于两种解经传统，一是人文主义对古希腊罗马文学经典的解读，二是基督教神学对《圣经》的诠释。古代经典对文艺复兴的榜样作用，新教神学对《圣经》的重新解释，使得解经学（或释经学）占有相当重要的学术地位，拥有相当大的学术声势。然而，它毕竟只是一种对重要文本的诠注释义之学，加上普遍存在的法律释义学，也仍然是个别领域的学问。在这一解经学阶段，需解释的经典文本本身的重要性，远远大于对经典文本的解释技术。

第二阶段是从施莱尔马赫（Friedrich Schleiermacher，1768—1834）到狄尔泰（Wilhelm Dilthey，1833—1911）的解释学。施莱尔马赫在古今之争的文化论战的成果基础之上，把解释学的关注对象从对经典的诠释扩大到对一切文本的解释。古今之争解构了古代经典的特殊的重要性，从而使一切文本在本体论上是平等的，虽然在现象学上某一文本因为特殊的情境可以高于其他文本，但撇开具体情境而论，每一文本都有取得重要性的潜能，也都会因具体的境遇而使这种潜在性成为现实性。施莱尔马赫因此建立了具有普遍意义的文本解释学。狄尔泰在历史研究对历史哲学进行批判的文化背景中，将解释学变成了理解世界历史的基本之学。现代社会在西方兴起和向全球扩张的过程中造就了世界史的宏伟景观，历史哲学总是把世界史看成某一总体理念的显现，历史主义则反对在世界历史之上有一个预设主宰，强调历史的具体性和各个历史的独特性，因而历史主义要把目的论的历史哲学变为现象学的历史研究。人作为有时空限定性的存在物，对历史的理解是通过文本来实现的。这样狄尔泰把解释学变成了理解世界史的方法论。

第三阶段是伽达默尔的解释学。伽达默尔在符号学和现象学的背景上，使解释学成为人文科学中的显学。符号学使人明白了在面对世界的实践活动时，总需要把世界符号化，客观的世界只有变成符号世界才能为人所理解，人虽然生存在客观世界之中，但能看到的和能打交道的，只是一个符号世界。文本是符号，世界也是符号，因此在伽达默尔的解释学里，文本与世界具有同质性，面对文本就是面对世界，面对世界就是面对文本，从而解释学具有了包含世界历史在内且大于世界历史的普泛意义。这样解释学顺理成章地不仅是一种文本解释学，而且是世界解释学。前面说过，现象学是从"人面对事物"和"此在在世"这一特殊现象出发而得出普遍性的真理的，解释学将之引申为由"人解释文本"而得出普遍性的真理，此时，解释文本不仅是狭义字面上的"人读解文本"，而且成为哲学意义上的"人的存在方式"，解释文本是人最经常、最典型、最重要的实践活动。因此解释学成了一种哲学，成了对人文科学各个方面产生重要影响之学。

解释学从一个较狭窄的学术领域演变成具有哲学普遍性的人文学科中的显学，是与解释学的学术视野的扩大、解释学的方法论的扩展相联系的。在解经学中，人面对神圣性的经典文本，文本具有神圣意义，解释对象高于解释者，经典之中包含着最高的真理，解释者的任务就是通过诠释之术去理解经典的原意，即经典中的真理。如在新教的《圣经》诠释中，作为解释学一以贯之的解释学循环已经开始在最狭义的角度发挥作用，即从部分开始，一部分一部分地去理解《圣经》，直到理解其整体意义，同时解经者又从整体意义出发去理解各部分的意义。也就是说，纯文本内部的整体与部分的解释学循环，遵循的主要是语文诠释原则，也可以说是文本自解原则。对于施莱尔马赫来说，人面对着神圣化的一般文本，这里，经典文本与世俗文本没有本质上的高下之分，解释者与解释对象也没有高下之分。

在此基础上，施莱尔马赫提出了解释学的基本原则：哪里有难解和误解，哪里就需要解释。这条原则的基础就是一切文本的同质性和文本解释的普遍性。在世俗文本中，文本意义的二重来源得到凸显：一是文本的文字构成，二是作者用如是的文字构成文本的原意。一切文本同质，但经典文本仍有二重来源，因此解释学循环的"整体"，不仅在于诠释文字的训诂、翻译、释义，还在于对作者原意的把握。因此，施莱尔马赫的解释学可以说由两部分组成：作品文字诠释和作者心理诠释。而解释学循环因此发展为二重循环：一是某一文本内的部分与整体循环，二是该文本作为部分与作为整体的作者的循环。由于解释学来源于对有时间距离的经典的诠释，因此如何理解作者就成了一个问题。施莱尔马赫用设身处于作者内心的心理诠释法来解决这一问题。施氏解释学的第二条原则就是：比作者本人更好地理解作品。作者在创造作品时既含有有意识的规划，也含有无意识的意图，对于无意识，作者可能意识不到，诠释者却可以把握到。施莱尔马赫能够成为现代解释学之父，就在于他确立了解释者的主体地位：一方面，解释者要获得文本的客观真理；另一方面，解释者能够（甚至比作者更好地）获得这一真理。狄尔泰把解释学从施莱尔马赫的理论平面推进到历史立面。正如前面讲过的，文本有历史主义的背景，在人面对文本这一解释学命题里，文本不仅是语言事实，也不仅是作者的创造，还是历史整体的一部分。因此，解释学循环在狄尔泰这里得到了另一个方面的扩展，既通过个别文本来理解整体历史，又通过整体历史来理解个别文本。把文本作为世界历史的一部分，同时也意味着把解释者作为世界历史的一部分。这就增加了解释学的问题，同时也深化了解释学的问题，这一问题主要表现在两个方面：处在历史中的人如何理解历史整体，在此一历史阶段的解释者如何理解彼一历史阶段的解释对象（文本）。狄尔泰是以他的生命哲学来解决这一问题的。意义不是一个逻辑概念，而是生命的表现。世界历史不是一堆事实、数字、事件，而是人类生命的表现。生命的统一性决定了个别生命（包含作为解释者的生命和作为被解释对象即文本的创造者的生命）相互之间沟通的基础。对于狄尔泰来说，具有历史性的有限意识并不是意识的有限性和局限性，而是证明了生命的力量在活动方面超出一切限制的能力。生命的同质性决定了理解整体历史的可能性。狄尔泰是沿着施莱尔马赫的心理诠释方法来解决历史解释学问题的，只是把施氏的浪漫主义心理学换成了自己的生命哲学，同时把施氏解释学的一般意义上人对客观语言和个体心性合一的文本问题加深为人对作为人类生命表现的世界历史的解释的问题。

从解经学到狄尔泰的解释，无论有多大的发展，其总基调是一致的，体现在三大基点上：第一，文本蕴含着客观意义；第二，解释的目的是获得文本蕴含的客观意义；第三，要获得文本的意义，解释者必须放弃自己的主观前见，以使自己和文本的客观内蕴一致。而伽达默尔通过借用海德格尔的相关理论形成了自己的解释学新论，并对旧解释学的两大基本点进行了彻底的翻转。首先，伽达默尔认为，解释者作为具有历史具体性的人，不可能摆脱自己的历史性。相反，具体时空给予他的东西，用海德格尔的话来说，在他进行解释活动之前拥有的前有、前见、前识，是他的解释得以进行的基础前提。因此，解释活动，无论就其客观上来说还是就其应该上来说，都不能放弃自己的历史性前见，而应带上自己的历史性前见，以自己的前见与文本展开对话。其次，作为解释对象的文本，虽然有一个语言结构，这一语言结构与作者，与世界历史有一种关系，但并没有一种固定的本体论的客观意义。文本的意义在其现实性上，是在与解释者的对话中形成的，随着解释者的改变，其意义也会改变。不可以说，文本的意义是各个时代各个文化中各种解释者得出来的各种意义的总和，因为历史不会在某一点上停顿下来，任何总和者不是最后的总和，新的时代新的解释者出现，新的意义必会出现。因此，最后，解释活动并不是解释者去获得文本本不存在的客观意义的活动，而是解释者通过解释文本来呈现自己对自身和对世界的理解的活动。解释者通过与文本的对话得出似乎是文本的意义，而其实是自己的时代性的意义。解释者与文本对话的解释活动，其意义是由三点来表现的：第一，解释者带着自己的历史性前见，通过与文本的对话，借着不同于自己历史前见的不同文本，来突破自己的前见；第二，文本带着因作者和各种时空而来的意义，通过与解释者的对话，借着不同于以前解释的新解释者，来突破原来的解释，获得新的意义；第三，因此，解释活动是一种解释者和文本的双向突破活动。伽达默尔并没有否定解释学原有的三重循环，而是加上解释者与文本的对话循环，并使之成为各种循环的中心，并以这一中心的确立，扭转了解释学的方向。

伽达默尔的解释学的转向之所以被看作一种后现代转向，在于其最重要的两点与后现代精神一致，这就是：第一，他的解释科学指出了解释循环中"整体"获得的不可能性；第二，它否定了文本存在着一个固定不变的客观意义。

三 作为美学转向的解释学

美学从解经学开始就是解释学的组成部分之一。从人文主义的解经学，经施莱尔马赫、狄尔泰，到伽达默尔，美学一直占有重要地位。但美学又有自身的学术论域，因此美学自身的发展主流，在伽达默尔以前，基本上与解释学无关，虽然美学以作品为讨论中心，与解释学以文本为讨论中心，在理论的抽象层面上，显得相通、交叠，甚至重合。但解释学在伽达默尔时期由狭隘学域发展为人文显学，直接影响并汇入了美学的主流，而且使美学理论发生了后现代转向。

美学，特别是在艺术理论上，以研究作品为主。艺术作品有什么样的含义呢？其含义又是由什么来决定的呢？20世纪以前，美学的主流主要有两种观点。一种观点认为，艺术由艺术家创造，表现艺术家的思想和意图。因此，作品有什么样的含义，应该在艺术家身上去寻找，艺术家权威地决定着作品有什么样的含义。由这一思路形成了声势浩大的传记批评，法国理论家圣伯夫（C. A. Sainte-Beuve）是其代表。另一种观点认为，作品是某一时代环境的产物，不同的时空一定产生不同的作品。一个作家处于一个时代，只能创造与此时代相关联的作品。因此作品的含义只应在时代和环境中寻找，由此形成了风靡一时的环境批评，法国理论家丹纳（H. A. Taine）就是其代表。传记批评和环境批评都是从艺术的产生，即艺术的创造的角度去定义作品的意义的，我们不妨称之为创造决定论。这与施莱尔马赫和狄尔泰有相同之处。20世纪初，英国形式主义、俄国形式主义、英美新批评同时把美学的重心从创造决定论转向作品决定论，他们一致认为，作品一旦完成，就与作家和环境无关。作品只是一个文本事实，对于文学来说，是语言结构；对于绘画来说，是形色结构。创造过程中的一切都必须也只能转化为一种文本结构。文本本身才是文本的含义之所在，才是艺术的本体根据。后来的结构主义和符号学将形式主义的文本本体论进一步深化，结构主义和符号学肯定了作品的含义只能在作品中寻找这一基点，但是认为一个作品的含义不是只在这一个作品中寻找，而是要在同类的作品群中寻找。对于美学来说，结构主义使作品本体论更加丰富、更加坚固。因此，伽达默尔在出版《真理与方法》，使解释学入主人文学科中心的时候，也开启了一个美学新维度，这就是对读者的重视。伽达默尔认为，作品并没有固定的含义和意义，它的含义和意义是在与读者的对话中形成的。伽达默尔的解释学并不是一种读者中心理论。但在西方美学经历了创造中心论，而作品中心论拥有霸权的现实境况下，对读者重要性的强调，很容易引发一种惯性误导，即把美学上的新转折看成从作品中心论走向读者中心论。

伽达默尔对美学的影响具体体现为德国接受美学的形成。1966年，五位分属英语、德语、拉丁语、罗曼语、斯拉夫语的不同领域的教授，会集到康斯坦茨大学，创建一种跨学科的总体文学研究方式和教学体系。在美学上发挥重要影响的接受美学在这里产生了。其主要代表人物姚斯的重要思想基础之一，就是伽达默尔的解释学。另一位主要代表人物伊泽尔，虽然从文学理论上看，受惠于英加登等的现象学美学，但他能够对英加登的理论进行根本性的转向，同样源于解释学的理论基础。如果说，姚斯关于读者"期待视野"的理论是对解释学"前理解"的一种美学运用；那么，伊泽尔关于文本的"不定点"也可以说是解释学中文本无固定意义的美学延伸。接受美学与解释学密切的逻辑关联显示了，接受美学是在解释学理论带动下的具有重要意义的美学转向。这一转向不仅是从美学自身的演进逻辑所呈现的"从作品中心到读者中心"的转向，更重要的是从现代美学向后现代美学的转向。后一转向从美学的读者反应批评的形成上更明显地反映出来。读者反应批评作为一个受欧洲思想影响的结构松散但包容广大的美国派别，是多方面合力的结果：接受美学、结构主义、后结构主义、现象学、女权主义、言语行为理论、马克思主义等。这本就是一种后现代式的组合，它出现在美国而又包容了欧洲各国的主流思想，表明了美学主潮从作品中心到读者中心的转向已经成为西方美学带有整体性的定局。

但是，只有把从作品中心到读者中心的转向，同时看成现代美学向后现代美学的转向，并且以后一个转向来理解前一个转向，才能理解前一个转向的深刻意义。在作品中心论中，作品是本体，作品决定着作品的客观的终极意义，这一意义绝不会因作者怎样说和读者怎样读而改变。因此作品中心论，与以前任何一种理论一样，是一种追求绝对真理的理论。而读者中心论再也不是一种寻求绝对真理的理论，首先，读者并不是作品意义的决定者，而只是作品意义得以呈现的参与者之一。其次，读者虽然参与了作品意义的决定，但其获得的作品意义，并不是绝对真理，而只是此时此地此人的意义，是有限时空的意义。因此，最后，读者中心论是一个走向作品意义的开放的理论。因此，美学理论从历史演进的逻辑上，好像走向了读者中心论，其实读者并不是中心，没有"中心"。作品虽然依存于读者，但并不是完全由读者来决定，关键在于，在接受美学和读者反应批评里，关于作品的意义问题，已经与以前有了完全不同的后现代转向。

我们要想从根本上理解从作品本体转向读者反应批评的后现代意义，还得回到对伽达默尔的《真理与方法》的解读。

第二节 《真理与方法》的体系

伽达默尔的《真理与方法》由三个部分组成：美学、历史、语言。这种结构显现出了伽达默尔重铸解释学的宏大气魄。不过，伽达默尔虽然讲了三个部分，但只有在讲历史的时候，才获得了真正的成功，使解释学的基本原理得到了充分的展示，并对哲学和整个人文科学产生了巨大影响。他在讲美学和语言时，就美学和语言本身而言，并没有成功，但在运用美学和语言来阐明自己的总体思想时，却是成功的。这一悖论本身就是一个思考题。因此我们在讲述《真理与方法》时，把重点不放在美学部分，而放在历史部分，这样做既注意到《真理与方法》的体系结构，又考虑到怎样凸显解释学的真正成就。

一 解释学何以从美学出发

具有哲学雄心的伽达默尔要追求的是真理，这个真理不是自近代以来已经为人所洞悉，并在牛顿、笛卡尔、康德那里获得严格形式的自然科学的真理，而是超越自然科学的真理。狄尔泰高举解释学的旗帜，首先就是要把精神科学与自然科学区分开来。自然科学的真理是具有自明性和严格性的，人们要追求精神科学的真理，本身就意味着要把精神科学的科学性和严格性提升到与自然科学一样的水平，但同时又不同于自然科学。既像自然科学又不是（不同于）自然科学，就这一点来说，伽达默尔是继续着狄尔泰的事业的。这种不同于自然科学又具有自然科学的普遍性的真理，就是解释学的真理。伽达默尔从美学开始他的真理追求，主要基于两点。一是人们从艺术作品中明显地经验到真理，这是从"其他任何方式都不能达到的"；① 二是美学理论对存在一种不同于自然科学的审美的普遍性真理有相当丰富的理论资源，而且这种资源不仅通向一种大于美学的真理，而且通向更广阔的包括美学于其中的解释学真理。于是伽达默尔从美学开始自己的解释学真理。

伽达默尔对人文主义传统中的四个重要美学概念，即教化、共通感、判断力、趣味，做了理论史的考察，同时又对康德美学以来的三大相关概念，即趣味、天才、体验，进行了理论梳理。对于研究美学的人来说，伽达默尔的论述既枯燥又外行，他往往不进入这些概念本含有的真正美学内涵中，因此懂美学的人能体会到他讲的内容，但对他讲成这个样子只会频频摇头。虽然听者们会不断摇头，但他们还得承认，这位哲学大师确实把握住了这些重要概念的主旨，而且能够把这些概念引向自己的哲学目标。他本就是从自己的哲学目标(走向解释学真理)的角度来论述这些概念的。

先看前四个概念。

第一个概念是教化，这里是指人文教化。人文科学区别于自然科学，包括语言、文艺、道德、历史等与社会精神相关的内容。西方人文主义传统中的教化，不是一种对科学式的原则、原理、程序的掌握，而是一种对人的心灵的塑形，即使人成为什么样的人。教化的塑形虽然不是自然科学方式，却能使人达到一种普遍性存在。这种普遍性不是一种概念的、知性的普遍性，而是一种普遍性的感觉。因此，伽达默尔说，不是在现代科学的方法论概念中，而是在教化概念的传统中，与自然科学不同的精神科学，才能得到更好的理解。②教化的本质在于使人(个别性的人)之为人(普遍性的人)的普遍性感觉得以形成，然后就顺理成章地进入下一概念。

第二个概念是共通感。伽达默尔通过对亚里士多德、托马斯·阿奎那、维柯(G. B. Vico)、夏夫兹博里、厄廷格尔(Ch. Oetinger)等历代思想家的论述，指出了共通感与伦理学、政治学、美学、语文学、历史学、教育学等各个精神科学的

---

① ［德］汉斯-格奥尔格·加达尔尔(又译为伽达默尔)：《真理与方法——哲学诠释学的基本特征》，18页，上海，上海译文出版社，1999。(本章的引文基本按此版本，同时参见 H. G. Gadamer, *Truth and Methoed*, Second. Revised Edition, New York, The Continuum Publishing Company, 1989, 与中文版本有出入的参见英文本，注释里加"参见"字样)

② 参见［德］汉斯-格奥尔格·加达尔尔：《真理与方法——哲学诠释学的基本特征》，21页，上海，上海译文出版社，1999。

关联，而且在这些学科中共通感具有重要的甚至核心的作用。共通感显示出了一种与科学知性逻辑不同的性质（与理性真理不同的感性真理，同来自一般原则的知识相对的来自具体事物的知识等），它在理性证明的穷竭之处发挥作用，在共通感里包含着一种形而上的基础。各理论家，分别突出了与共通感相关的诸方面，激情、机智、同情，统一视觉听觉的共通力，联结外在感觉的判断力、日常感觉、健全感觉、丰满感觉、生命等。总而言之，共通感具有与自然科学的理性逻辑不同的套路，它与生命相关联，从直接感觉中呈现出，具有人类共同性的具体之普遍性。因此在共通感这一概念中，我们可以认知到精神科学的基础不同于自然科学。在 18 世纪德国思想的发展中，共通感与另一个概念结合了起来，这个概念就是"判断力"。

第三个概念是判断。在重入思想史的讨论中，判断力成为"精神的一种基本品质"[1]。与共通感联系在一起的判断力是一种类似感觉的能力，与概念无关，不能从科学式的程序中学得，只能从具体实践中体会。判断力与概念无关，而是面对具体事物直觉地判断，准确些说，没有反思的判断。康德把具有精神科学普遍性的判断力狭隘化为审美判断力，进而变成审美趣味判断力。但是他在狭隘的审美领域得出的却仍然是内含着精神科学普遍性的理论：审美判断是不按照概念进行的判断。虽然趣味是感性的，不是概念的，但审美趣味却有普遍的必然性。因此康德说，真正的共同感觉就是趣味。

第四个概念是趣味。趣味概念在西方思想史上，最初不是审美概念，而是道德概念，它意味着一种人性的理想。由于有理想内含，趣味与教化相连，类似于感觉，与概念无关，与知识无涉，它直觉地喜欢和不喜欢某物，但并不能逻辑地说明为什么，却清楚地知道为什么。趣味与理想相连，虽然趣味表现为个人的感觉，却具有普遍性，趣味趋向于一种共通感。趣味虽然可以表现为时尚，但不等同于时尚。因为有理想，所以趣味对时尚保持了自由的批判。趣味是一种判断力，它以感知行事，从认识论的角度可以说，它有认识，但这种认识不离开具体事物，也不涉及规则和

---

① ［德］汉斯-格奥尔格·加达默尔：《真理与方法──哲学诠释学的基本特征》，39 页，上海，上海译文出版社，1999。

概念。趣味意味着一个理想的共同体。康德通过审美趣味得出了适用于超越审美趣味的具有一般意义趣味的性质：趣味没有一种客观的普遍性而有一种主体的普遍性。这种主体的普遍性正是精神科学的基础，正像客观的普遍性是自然科学的基础一样。

教化、共通感、判断力、趣味，虽然有各自不同的概念史线索，但又相交相叠相关，共同呈现出了从古希腊到康德这一漫长时期精神科学不同于自然科学的独立基础。在精神科学里面的艺术真理的历史是从康德开始的，伽达默尔则开始了另三个概念的论述：趣味、天才、体验。

伽达默尔把康德作为一个关节点，不但在于康德把趣味建立在形而上的基础上，即趣味先天地与审美对象符合，趣味是无关概念的，从而不同于自然科学的认识；而且在于康德系统地论述了天才理论，天才与艺术创造相关，艺术创造中超越技术而与灵感相连的东西，也就是不与自然科学而与精神科学相联系的东西，就是天才的内容。天才与趣味具有同一主体性。但在康德的理论体系中，趣味作为一种审美判断力，既与自然美相关，又与艺术美相连；而天才作为一种审美创造力，只与艺术美相关。康德为了使审美区别于科学的纯粹理论和道德的实践理性而强调美的非功利非概念性，他更重视有利于论证自己主题的自然美，从而在康德的著作中，天才理论小于趣味理论。但康德以后，特别是经过谢林和黑格尔，艺术美上升为美学的主要对象，自然美降格甚至被排除在美学的视野之外，与之相关联和相对应，天才理论成为一种重要理论。费希特使天才理论具有了先验的普遍性之后，天才理论就发展成为一种包罗万象的生命概念，其主要特点是天才创造中的独创性和无意识性。艺术不可重复的独创性同科学根据原理的复制性相对立，艺术创造中的非概念和语言所不能把握的无意识活动同科学活动中的逻辑推理相区别，这使天才理论成为精神科学不同于自然科学的一种昭示。

18 世纪火红的天才概念呈现了一种浪漫主义的生命活力。19 世纪后期，与生命概念紧密相连的是体验概念。体验这个新的概念具有两层含义：一是直接性，这种直接性不借助于理性的概念、解释、把握就产生了，这意味着人对外在或内在的一种与理性认识不同的直接体验；二是直接性所留下的东西，这意味着体验中带有"本质性"的东西留存了下来，这也是一种与文字逻辑记录不同的保存方式。总之，体验意味着一种活跃的东西，正是在这一意义上，体验与生命联系在一起。

体验被大量地运用于传记研究之中，后来，又被运用于历史研究之中。在传记和历史领域，体验概念要突出的都是，同自然科学的实验和数据的认识方式所得出的冷而死的图表、模式、定义等不同的，而与精神科学相关的热而活的生命意义的统一体。所有被体验的东西都是一种自我体验物，而且体验和体验物一道组成了体验的意义，这是一种自我统一体，包含着不可调换、不可替代的生命整体的关联。伽达默尔把狄尔泰和胡塞尔当作对体验贡献最大的理论家。体验由于把握住了客体的最有生气之处，而成为一种认识论的基础。体验意味着自然科学的机械式的生命理解被精神科学的活的生命理解替代了。有了体验，以前区别于逻辑知性的感性、感知、共通感等概念有了一个更好的词汇。体验突出了精神科学对象的独特性和不可重复性，形成了区别于自然科学定理的精神科学的生命型的意义整体。

其实，伽达默尔用大量篇幅讲述教化、共通感、判断力、趣味、天才、体验、生命这些概念的历史，与他马上要接着讲的解释学的艺术真理并无直接的理论逻辑关联。他之所以这么做了，大概是因为艺术真理需要精神科学的理论基础：第一，他揭示出自古以来就存在和发展着一种与自然科学的把握方式不同的精神科学的把握方式；第二，精神科学的把握方式自古就有，但不是以一种逻辑明晰的历史发展方式凸显出来的，而是以一种似散还紧、似断还联、重心转移的方式呈现出来的；第三，正像自然科学是以独立于主体的客体为研究对象，以实验室为研究模式，把对象作为一种死的、静止的、机械的、结构的对象来描述定性的，其对象是可以重复的那样；精神科学是以主体为研究对象的，它的对象是活的、运动的、生命的、非死结构的；第四，精神科学的历史进展有一个概念的由量到质的进化过程，从共通感到生命，就是一种从低于逻辑知性的感性型概念到与逻辑知性同级的生命型概念的进展过程。

有了以上四点，伽达默尔论述他的艺术真理的言说，就有了深厚的基础，他用游戏来定义艺术，从历史发展来说，这呈现出的是精神科学本有的断裂式和跳跃式的发展方式；从理论的演化来说，精神科学以教化、共通感、判断力、趣味、天才、体验、生命等概念为标志和关节点的发展，基本强调的是主体的研究模式，而游戏则转向了主客体对话的研究模式，正是这一转向，艺术的真理，也是精神科学的真理，亦即解释学的真理，就呈现了出来。

伽达默尔郑重说明，他使用的游戏概念，完全不同于康德、席勒（Schiller）对以后的美学和人类学影响很大的游戏概念，而是从一种崭新的意义上来论述的。伽达默尔在艺术经验上谈游戏，不是指艺术创造者和欣赏者的创造和欣赏方式，也不是指创造和欣赏时的心理状态，更不是指游戏活动中所实现的主体性的自由，而是指艺术作品本身的存在方式。因此，他用游戏来定义艺术，不是像以前美学那样追求艺术作品的本质，而是让美学进入解释学的新维度，通过认清艺术作品的存在方式来呈现艺术的真理。

游戏包括游戏者、游戏活动、观赏者。游戏的主体不是游戏者，而是游戏本身；不是游戏者决定游戏，而是游戏本身决定游戏者的游戏；由游戏者进行的游戏活动是一种被游戏的过程，游戏活动是游戏的表现，游戏具体地表现在每一个游戏活动中。作为表现的游戏不是指向具体观众的，但却在具体的观看中使游戏所表现的存在获得与观念共享的公在。因此，游戏者和观赏者共同构成游戏的整体。游戏者通过忘情于游戏中而表现了游戏，观赏者更恰当地感受到了游戏所表现的意味。在明显有观众的游戏里，如戏剧，游戏者参与游戏不仅在于他们出现在游戏里，更在于他们与整个游戏系统相关。就像戏剧中更应该出现的是观众一样，这时游戏发生了转变，观赏者处于与游戏者同样的地位，只有在有观众出场的观赏中，游戏才起了游戏的作用。这时游戏者和观赏者都在游戏的意义域中表现游戏。

伽达默尔对游戏如是的解说使解释学美学的艺术存在方式有了基本的原则。艺术是一种表现，艺术作品的观赏阅读过程是艺术的表现过程，也就是艺术的存在方式。因此，只有从表现人即观赏的阅读者出发，作为游戏的艺术才得到意义的规定性。即只有在观赏阅读中，作品的意义才得以呈现。"艺术作品的存在就是那种需要被欣赏者接受才能完成的游戏。"①第一，从解释学的观点看，观赏阅读也就是解释。解释的过程是作品的表现过程，同时也是一种再创造。这种创造不是根据解释者自外于作品的东西，而是根据作品本身的形象来创造的，解释者根据自己在其中发现的意义使形象达到表现。因此，"作品通过再创造并在再创造中使自身达

---

① ［德］汉斯-格奥尔格·加达默尔：《真理与方法——哲学诠释学的基本特征》，215 页，上海，上海译文出版社，1999。

到表现"①。第二，解释学给出了新的美学维度："艺术作品的真正存在不能与它的表现相脱离，并正是在表现中才出现了构成物的统一性和同一性。"②作品是被不同时间和空间的人解释的，不同的解释过程意味着表现的各种变形，但无论怎么变形，甚至极端的变形仍然是作品的表现。作品的表现意味着作品与观赏解释者同在。

解释性的观赏是一种参与，参与也就是与艺术"同在"。同在意味着什么呢？第一，同在首先表现为观赏具有一种迷狂性质；第二，迷狂即忘却自我地投入所观赏的作品中，即观赏者从自己所属的世界抽离出来，进入与作品的共在；第三，观赏同时又是作品从自己原有的关联中脱离出来，进入与观赏者的共在。观赏者在丧失自身进入作品的时候就从一个更大的整体或一种崭新的方面达到了对自身的更深的认识，作品在脱离原有关联进入被观赏时，也从一个更大的整体或一种崭新的方面达到自身的新表现。因此，艺术作品存在的方式是以与观赏者同在的方式实现的。伽达默尔说，"在表现或表演中完成的东西，是已经属于艺术作品本身的东西，即通过演出所表现的东西的此在"③。

作品与观赏者的关系，就好像生活原型与作品的关系一样，当艺术家根据生活原型创造出作品的时候，艺术创造才算完成。一个原型可以呈现为多个艺术家以多种方式形成作品，而作品一旦被完成，就与现实原型脱钩，成为艺术。同样，当观赏者参与作品、观赏理解、完成作品的时候，艺术作品的表现才算完成。一个作品可以被不同的观赏者以不同的方式观赏，而观赏者一旦完成观赏，就与作品的关联脱钩，而成为观赏者的表现。这种一与多的关系显示了艺术真理的一种性质：再创造。伽达默尔在说"'再创造'乃是创造性艺术本身的原始存在方式"④的时候，就是讲的这一问题。这时，美学进入了解释学，"理解必然视为意义整体的一部分，正是在理解中，一切陈述的意义包括艺术陈述的意义和所有其他流传

---

① ［德］汉斯-格奥尔格·加达默尔：《真理与方法——哲学诠释学的基本特征》，156 页，上海，上海译文出版社，1999。

② 同上书，158 页。

③ 同上书，174 页。

④ 同上书，209 页。

物陈述的意义"①。

伽达默尔通过一系列概念，即（艺术作品的）"存在方式"、（艺术作品的）"表现"、（艺术作品与观赏者）"同在"、（观赏者对艺术作品的）"再创造"，创造了一种不同于旧的解释学美学的新的解释学美学。旧的以施莱尔马赫为代表的解释学注重的是在理解中重建一部作品的原本规定，他们认为，艺术作品的真实意义只有从其历史起源处才能被恰当地理解。解释学的工作就是要重建作品的原有历史关联。当原有的历史关联未被保存或不能修复时，作品就因此失去了意义。而伽达默尔的解释学体系，特别是其中观赏者的"再创造"思想，指出了解释学的本质不在于对过去关联的"重建"或"修复"，这正像把古代艺术品从现代博物馆中取出放回原地，并不会也不可能取得好效果一样，因为这样做获得的并不是一种原有的活生生的关系，而只是这种关系的现代拼凑。解释学的真正任务是让过去与现在沟通。这样，我们就把作品的解释中心从纯粹在作品中产生的在起源处重建作品原意的活动，转移到现在的解释者与过去作品的关联处而让作品的意义呈现出来了。现在与过去的关联，不仅是一个美学问题，还是一个普遍的历史问题，解释学从解经学开始就是与历史相联系而发展起来的，因此，在美学史资源已经证明了精神科学具有不同于自然科学的独自套路之后，为了进一步阐明解释学的真理，伽达默尔从美学转入了历史学。

二 语言与解释学的新思

历史是伽达默尔的辉煌之处，我们把它放到最后来讲，先讲伽达默尔的最不严格的部分：语言。

解释是通过语言进行的，因此只有理解了语言，解释学才真正得以完成，解释学所追求的真理才得到清楚的呈现。因此《真理与方法》的第三章是"以语言为主线的解释学本体论转向"。我们知道，整个现代西方思想都极其注重语言，语言学

---

① ［德］汉斯-格奥尔格·加达默尔：《真理与方法——哲学诠释学的基本特征》，216 页，上海，上海译文出版社，1999。引文有改动，后同。

转向成为可以代表西方现代哲学转向的一种概括，但是在总结西方语言哲学的著作中，我们看不到伽达默尔的名字，从这可以知道，伽达默尔不是从语言本身出发而建立一种深刻的解释学语言理论的，而是为了完成解释学体系而对语言从自己的角度进行了一种新的思考。

伽达默尔从语言学上给"理解"这个解释学的主要概念下定义。理解，不是把自己置入他人的语言中，也不是把他人的语言纳进自己的语言中，而是双方在语言中取得一致。一种真正称得上对话的谈话，不是对话的参加者引导谈话，而是对话本身引导谈话者。对话者谁都不可能事先知道谈话会产生什么样的结果。解释本身是由语言来进行的，解释的真理已经包含在或者说就建立在语言的这种性质之上。语言的真理不是对话中的某一方的真理，而是包含在对话双方之中的真理，双方都考虑对方，让对方的观点发生作用，这是对话取得结果的基础，但对话一方并不能把对方的观点放回到对方自身之中，而是将之纳入自己的观点和思想框架之中，这样对话者既坚持自己的理由，又考虑对方的根据，并在一种并非任意的观点交换中，达到对话双方采用共同语言和共同意见的目标。解释、解释者、文本三者的关系在本质上与对话和对话者的关系是一样的。"为了使某一文本的意见以其实际内容表达出来，我们就必须把这种意见翻译成我们的语言，但这也就是说，我们必须把它置于同我们得以进行语言活动的整个可能意见的关系之中……在作最不带偏见的解释时已经把对象的异在纳入自己的前概念之中。"①这是解释得以进行的基础。因此，解释学当然注重解释者（及其前理解）和文本（及其时代关联），但更重视使解释活动得以进行的解释本身，即决定解释活动的语言之本质。

一方面，语言是解释学经验的媒介；另一方面，语言能作为媒介又在于它具有媒介的超越媒介的本质。这里，伽达默尔做了在语言哲学看来比较浅显但作为现象思考又不无新意的探讨：第一，语言与概念的关系；第二，语言与思想的关系；第三，语言与语言运用的关系。

语言是一个共同的包含语法功能于其中的字词集合，我们用语言与任何一个

---

① ［德］汉斯-格奥尔格·加达默尔：《真理与方法——哲学诠释学的基本特征》，505—506 页，上海，上海译文出版社，1999。

领域的事物打交道，都意味着从语言中抽出一些字词，改变甚至斩断原来的含义，用伽达默尔的话来说，即以一种转义的方式，形成一个特殊领域的专门术语和概念系统。这是世界形成学科的基础，也是人类认识世界的基础。这里包含了非常复杂的问题，对于解释学来说，与之极为相关的，一是语言术语化、概念化的结果之一是，使语言成了符号，进而蜕化为工具，从而遮蔽了语言的非工具本质；二是人、概念、专业世界三者之间具有复杂的关系。

人是用语言来思想的，思想的过程在结果上会变成一种语言形式。但思想本身又是超越语言的。这里迦达默尔触及西方文化逻辑、思想、语言三者的辩证关系，但他运用的资料和结论都不太令人满意。

语言的整体集合为词典，语言的运用就是从整个词典中抽取一些字词来表达具体境遇中的客观事物和主体心理。这些被运用的字词在具体的内涵和所指上完全不同于词典的意义。

以上，都是伽达默尔从解释学理论出发来看语言而得出的结论。并不是他的语言学学养使他说出了闪光的东西，而是解释学本有的光源使他照出了语言中的一些重要思想。从语言与概念、语言与思想、语言与运用这三个方面，伽达默尔把自洪堡（W. von Humboldt）以来的关于语言是一种世界观的思想进行了解释学的推进。这对于支持他的解释学理论来说足够了，但要使自己在现代西方语言理论中占有一席之地，还远远不够。

三 历史与解释学的基石

美学资源从精神科学的一般理论上论述了解释是构成文本意义的组成部分，历史资源则进一步突出作为文本意义一部分的解释的复杂性。在历史中，解释不是一个抽象的解释，而是布满历史时空中的众多解释。在历史的展开中，使解释得以进行的解释者的性质得到了充分的呈现，这就是解释者的历史性。

(一)历史学模式与认识论模式

为了突出历史给解释学带来的新维度，我们不妨先把历史学模式与以自然科学为基础的认识论模式做比较。

第一，历史的主要载体是历史文本。文本作为人造物具有精神特点。历史中的解释是一种心与心的关系，而不像自然科学那样是心与物的关系。自然科学心物关系的一个最大特点就是主客二分，从客体超脱出来的主体作为认识主体，将独立于主体之外的客体作为认识对象，然后主体通过认识，达到客观知识。自然科学所追求的知识真理本就存在于客体之中。主体的任务只是用一套科学方法将之找出来。而历史科学中的心心关系要求的则是移情、体验、对话。历史事件的唯一性，使人无法验证自己"找"出来的结论，因此人不能说自己找出的是客观真理，而只能说人与历史对话产生了一种意义，这种意义离不开理解者而独立存在。因此历史学的理解模式不同于自然科学的认识模式。

第二，历史事件的唯一性和不可重复性，使得历史不能像自然科学那样把对象放到一个实验室里去研究。这就是历史主义强调的对历史具体性的尊重。这决定了历史研究不能把各个具体的东西归结为一些定律而能有说服力地证明这些定律。自然科学因其研究对象的可重复性而完全可以忽略主体，只注意客体本身，自然科学中的客体自身的规律就能说服人。由于历史科学对象的不可重复性，人们不但要关注历史文本客体，同时也注目于研究历史的主体，人们必须考虑，如此结论是怎样得出来的，由谁得出来的。正如什么藤结什么瓜，什么人说什么话。历史的不可重复性导致解释者对历史具体性的尊重，这突出了解释者作为历史文本意义的必不可少的一部分之重要性。

第三，历史不存在自然科学的实验室条件，不能用一种实验室似的东西把自己的研究对象封闭起来。科学的抽象结论依赖客体的完整性。一个概论的定义不但要靠其内涵核心，也要靠其外延划定得十分清晰。自然科学研究方式的封闭性致使研究对象具有整体性，从而解释者能够得出客观的和确定的科学结论。历史的特质却像一个有机的生命整体，对其做实验室似的切割往往会把一个活的东西弄成一个死的东西。更重要的是，历史作为一个整体是在时间中进行的，对以前历史的认识总要受到后来发展的影响，而在时间中进行的历史又是未完结的，它总是从过去到现在又奔向将来。历史本身就突出了抽象历史的整体的未完成性。

当解释学进入不同于自然科学的历史研究时，解释者的历史性凸显了出来。

（二）偏见、前理解、解释循环

当理解成为一种认识论模式时，作品文本是外在于人的理解对象的，人是一种具体的存在，带有由具体性而来的偏见。理解的目的就是如何克服自身的偏见，克服自己与作品文本的距离，以认识文本的客观意义。由于文本是心灵的产物，是一种不同于自然物的精神对象，从而属于精神科学的解释学之理解强调的是不同于自然科学认识的心灵移入，然而它仍然与自然科学共有古典的认识论模式。这种建立在主客分离基础上的认识论一方面使客体文本有了独立于主体之外的客观意义，另一方面使主体可以完全脱离客体而独立，成为可以克服自身偏见的纯粹主体。尤其在面对年岁久远的历史典籍时，研究者们更是要放弃个人和时代的偏见，以一种历史主义的态度，进入文本历史，重建文本的历史关联，从而使文本的客观意义得以呈现。

伽达默尔的解释学认为，人是一种历史存在，这就决定了他不可能脱离自己的历史性。哪一代人的理解成为没有历史烙印的纯粹认识本体而达到对作品的纯客观的理解呢？在中国，对孔子的理解，有两汉经学、魏晋玄学、宋明理学、清代朴学，它们都是各自带着自己的历史性而理解一个自己所认为应当如是的孔子；在西方，对《旧约圣经》，犹太教有一种读解，基督教有一种读解，天主教与新教又有不同的理解。既然人只能是历史性的存在，只能用自己时代所给的知识和方式去理解，那么，客观主义要想使主体的理解完全客观，本身就是反客观的；历史主义要想让人超出自己的历史去理解对象，本身就是反历史的。人从根本上说，是不能摆脱自己的历史性的，恰恰相反，正是人的历史性，构成了理解的基础。如果说，这是偏见的话，那么，这是合法偏见。在伽达默尔看来，理解的偏见有两种，一种是在历史条件下可以避免的偏见，另一种是由历史决定的不可避免的偏见。"非法"偏见是通过有意识的努力就可以避免的，"合法"偏见却是以无意识的方式起作用的。旧解释学想要避免一切偏见，这本身就是一种偏见。

伽达默尔认为，正是人的历史性的合法偏见构成了理解的基础。偏见是一个贬义词，合法偏见则除去了贬义，有利于突出理解的历史性。但业已知其历史性后，从理论本身立论，伽达默尔借鉴海德格尔的术语，将合法偏见更中性地称为前理解(pre-understanding)。前理解包括前有(人必然要生于某一文化中，历史文化在人意识到它以前，就占有了人)、前见(人从文化中接受了语言以及运用语言的方式，又必将之带入理解之中)、前知(人在任何理解之前，已具有某种观念、前提、假定，具有了一定的知识)，人不可能以空空如也的头脑去理解，而总是带着自己的前理解来进行理解。就具体的解释者来说，前理解包含了可以清除的非法偏见和不能去除的合法偏见，从抽象地走向真理的解释者来说，前理解强调的只是合法偏见。

　　在肯定了人的历史偏见的合法性后，作为解释学主要方法论的解释循环就获得了一种新的意义。解释文本，从部分开始，对各部分的理解依赖于对整体的理解，只有理解了整体的意义，各部分的意义才会显现出来；同时，对整体的理解又依赖于对各部分的理解，只有理解了各部分，整体的意义才会凸显出来。解释就表现为这样一种部分与整体的不断循环：通过部分来理解整体，又通过整体来理解部分。这是就一个文本自身而言的。如果说，文本是作者生命的体现，那么，作者的活的生命是整体，文本是部分，于是理解就进入了另一种部分与整体(文本与活的生命)的循环中。如果说，某文本是众多同类文本的一种，那么，该文本是部分，同类文本是整体，于是理解进入了另一种部分与整体(某文本与同类文本)的循环中。如果说，文本是世界史的表现，那么，某文本是部分，世界史是整体，从而理解又进入了一种新的部分与整体的循环(某文本与世界史)中。很多时候，以上循环都会变成一种恶性循环，即在循环中得不到一个关于文本真理的确切可靠的结论。解释之所以会陷入恶性循环，在于，解释的认识论模式总认为文本有一个固定不变的原意等待人们去发现，而解释者又能完全摆脱自己的前理解，以超历史的纯粹主体，进入对象的澄明原意。以上解释始终把运用着解释循环的解释者排除在解释循环之外。"不识庐山真面目，只缘身在此山中。"人们一旦突破解释的认识论模式，承认解释者的前理解是解释的出发点和必要条件，就以新因素加入解释循环而超越了以前解释循环的局限性，从而把解释循环带进了一个新方向。解释者带着自己由历史文化关联而来的前理解进入文本，通过与文本进行对话的解释活动，以文本的语词事件为中心，一方面把世界揭示出来(这个世界是通过文本与解释者联系起来的世界)，另一方面把解释者的在世显示出来(解释者是已经与文本相关联的解释者）。总之，解释者进入解释循环，改变了解释循环的结构（解释者与文本的关系）、方向（解释者与文本的循环主导了前面讲的各类循环）、意义（把作品的固定原意还原为一种先前结构所形成的意义，因为新的解释者的加入改变了作品的先前结构，形成了一种新结构，从而使意义向新的维度敞开）。

（三）未完成的历史和未确定的意义

伽达默尔的解释学转向，使文本的意义问题凸显了出来。解释学的认识论模式认为，意义客观地存在于文本之中，我们可以把它找出来，"找"就是解释学的任务。但怎样才能找到呢？施莱尔马赫和狄尔泰采用的是语文—心理诠释方式，只是施氏重在作者方面，狄氏专注历史方面。在文论史上，传记批评是从作家那儿找文本的意义，环境批评是从时代那儿找文本的意义，新批评是从文本本身的形式结构中找文本的意义，结构主义则从作品群的整体中找文本中的意义……这些理论的共同点都是要寻找一个意义的最后决定者，以保证意义的客观性，就像古典文化要寻找到上帝和绝对理念一样。但这些理论本身又是相互冲突的。怎样保证它们中谁拥有真理呢？其实，它们相互冲突本身就表明它们都是带着各自的前理解来进行理解的，而文本的意义是由解释者来探寻和定义的，从而文本的意义要加上解释者的前理解才能得出，才是完全的。正因为这一事实，我们看到，文本的意义是随着前理解的不同而变化的。因此，从理论上说，文本的意义不单处于文本之中，还处于文本之外，是未决的，是在理解和解释中才固定下来的。从历史上说，解释者不是一个总括的抽象，而是布满在从古到今的悠长时间之中的每一个具体的人，只要解释者不是上帝，不能完全代表上帝，哪怕他再聪明过人，权威无比，顶多也只是在自己所在的有限时空中有效，在真理的角度上，他等同于一般的解释者。在他之后，一定还有解释者出现，从而文本的意义从本体论来说仍是未完成的，仍是处于一种本体论的未决之中的。然而，为何不把文本的意义看成丰富的，看成作者、文本时代、文本结构、文本所属的类型、文本的解释者等多种因素的总合呢？这话听起来很全面，但忽略了一个最根本的因素：解释者的特性。谁来进行这个总合呢？只能是一个解释者来总合，而任何一个解释者必然是历史性的。历史性意味着什么呢？首先，这个解释者再有天才，也只能是对以前的各种因素、各种解释进行总结。而历史作为一门精神科学，其特点之一就是具有每一历史时期不可重复的独特性，因此，后一阶段历史的人对以前历史的"总结"不可避免地带着自己的历史偏见，虽然这种偏见是合法的，但当他把自己的合法偏见做了超合法的运用时，其合法性就失效了。就算他的总合包含迄今为止最大的智慧和具有迄今为止最大的概括性，由于历史不会在这里停顿下来，总合就绝不会到此为止，历史中不断有新解释者出现，有新角度和新因素出现，总合就不断地增加，能被增加的总合就不是最后的总合，总合是未完成也不可能完成的，从而文本的意义从本体论来说是未定的。

　　文本的意义，从本体论上说，在于它与文化历史的整体关系，在于它在文化历史整体中的位置。然而文化历史从过去流向今天，又从今天流向未来，是未完成的。文化和历史的整体并未形成（自然科学的认识论模式转移到精神科学中，给人们的只是一个整体的幻象），由此决定了文本的意义是未定的，文本的意义向今天，也向未来开放。与历史整体的未完成和文本意义本体论上的未确定相关联的，就是文本的解释者即人的性质。人是有历史性的，而人又不是被决定的，因为历史是未完成的，需要人来传承，需要今人来完成他所在的历史阶段的任务。今人不但通过解释活动使传统存活，而且也选择传统，改变传统。人在改变自身的时候，就改变了传统。按照现代思想，特别是在伽达默尔那里，文化中的一切，包括生产方式、生活样态、管理结构、观念形态、心理模式，都集中体现在语言上，因此，对于解释学来说，人主要是在语言中承接传统的，也是在语言中形成自己的历史性的。个人在使用语言的时候，不仅接受语言共性的制约，同时也给予语言以个性的改变。世界、社会、文化、心理等都把语言的共性规则展示成僵死固定的。人对语言的个性运用，就是突破共性，改变语言。语言是依存于人的，没有人对它的使用，它就失去了活的生命。在人的创造物中，语言最具变化上的可能性和开放性。对于伽达默尔来说，语言不仅是工具，而且在本身就是思想。解释者在面对文本的时候，他的语言运用就把自己的思想带入文本，他在解释文本意义的时候，无论希望自己多么客观地进行解释，文本的意义也已是他解释的意义。人不可能摆脱自己的历史性。在未完成的历史之流中，文本没有固定不变的、超出历史的原义，文本不断地进入各个时代、各色人等的理解中，不断地获得意义，又不断地超越已获得的意义。伽达默尔从本体论的角度论证了历史的未完成性和意义的未确定性，从而赋予人以主动性、开放性、创造性，一个从本体论上未完成的世界恰恰是给人以生机的世界。

对于解释学来说，重要的不是寻找文本在本体论上的意义，这种意义是找不到的；而是关注文本在现象学上是怎样获得意义的。

(四) 效果历史

人处于过去、现在、未来的关联之中，一方面，历史流传到今已先在地占有了今天；另一方面，历史之成为历史，又是与今天有距离的过去。今人来源于历史，为了理解自己必须先理解历史。历史已成为过去，要继续存活必须进入现在。后人怎样理解历史，历史又怎样对人发挥影响呢？伽达默尔提出了效果历史（effective history）概念。人来源于历史，决定了人一定要去理解历史，"一定要去理解"意味着理解历史对人的本体论意义，意味着历史对于人不是一个已经明白理解了的东西。人在面对浩如烟海的历史典籍时，总是选择一些对于人来说值得研究的东西，而拒斥和忽略实际存在的很多东西。可见一开始人在面对历史时，效果历史意识就已在起作用了。进而，在人以为客观澄明地理解古人古事的时候，古人古事其实是通过人，在人的理解中呈现出来，因此，历史意识本身就包裹在效果历史之中。

效果历史意识是由理解作为一种存在方式（或者说由前理解的介入）而呈现出来的。为了使它更显豁，伽达默尔提出了境遇（situation）概念，境遇意味着我们不是完全身不由己地处于今天的这一境遇中，而是在这一境遇中我们与历史文本发生关联。境遇意味着我们不是在境遇之外，而是在境遇之中，境遇总具有时间性，因而境遇在延续着，这两点决定了我们不可能对境遇有一个完整的认识，这并不是反思的缺陷，而是历史存在的本质。人自身的存在就是历史的存在，历史地存在就意味着人对自身的认识不可能最后完成。境遇概念的本质部分就是视野（horizon）概念。视野意味着人有一个视点（其基础是前理解），使自己得以看；也意味着人有一个能看见和所能看见的范围（其基础是前理解的历史性）。范围暗含着范围之外，意味着境遇的活动性和视野的生成性。正是人的境遇和视野所表现的人的存在的历史性和未完成性，决定了人理解历史和历史影响人的效果历史的性质。

我们有一个视野，历史也有一个视野。在理解历史的时候，我们不能"六经注我"似的把历史"看成是我们自己的意义期待"，这样，我们虽然看了历史，但其实没有看见历史，从而没能从历史那儿获益。我们必须将自己置入历史，"不从我们现在的标准和成见出发，而是在过去自身的历史视野中来观看过去"①。只有把自己置身于由历史文本形成的历史视野中，我们才不会误解历史文本的内容意义。但是同时，我们把自己置入历史视野，不是像历史主义那样以历史的标准来评价历史，进而让历史视野仍然停留在原来的历史视野上。如果这样，我们就忘记了理解历史，忘记了向历史提问的真正动机，历史也成了一个与我们毫无关系的异物。我们进入历史的视野，是为了借助它突破自己的视野。我们在突破自己视野的同时，也就突破了历史的视野，与历史一道构成一个更大的视野。"这种自我置入，不是一个个体对另一个个体的移情共感，也不是把我们自己的标准应用于他人，而总是包含着一种更高的普遍性的获得，这种普遍性不仅克服了我们自己的特殊性，而且也克服了那个他人的特殊性。"②这种更高的普遍性、更大视野的获得，是人存在的历史性和历史的未完成性的必然结果。

> 人类生活的历史运动就在于：它绝不会完全固着于任何一个立足点上，因此也绝不会有一种真正的封闭的视野，不如说，视野是我们运动于其中而它亦随着我们运动的东西。对于一个正在运动着的人来说，视野总在变化着。这样一切人类生活由之生存、传统的形式由之存在的过去的视野，就总是处在运动之中。③

对历史的理解，是过去和现在的相遇，也是过去视野和现在视野的双向突破，并由此达到更高一级的融合。在这个双向突破和更高的融合中，历史与今天融合在一起了，在这个一体中，历史被提高了，我们也被提高了。

---

① 参见［德］汉斯-格奥尔格·加达默尔：《真理与方法——哲学诠释学的基本特征》，338 页，上海，上海译文出版社，1999。

② 同上书，391 页。

③ 同上书，390—391 页。

话说回来，没有过去的视野，现在的视野就不可能形成。由此可说，没有一种孤立的现在视野，也没有一种孤立的历史视野，而只有一种视野的生成发展。之所以要把二者区分，是要强调各种视野的融合，是为了突出解释学境遇的独特性。我们与传统的每一次相遇，都显现出我们与传统的紧张关系。为了不掩盖而是暴露这种紧张关系，解释学需要去筹划、去区分与现在视野不同的历史视野。然而这种对历史视野的筹划，仅是理解过程的一个阶段，这种筹划不会凝固下来，成为过去意识的自我异化物，而是与现在视野相交流，并在理解的过程中生成为一种真正的诸多视野的融合。这种融合意味着，历史视野在理解过程中被显现，在理解的结果中被抹去。

（五）问答逻辑

视野的区别与融合是理解历史文本的基本过程，问答逻辑（logic of question-answer）则是这一过程的具体步骤。我们还得从理解历史文本的特性讲起。历史事件只有在事件不断发展中得到进一步确定时才被人理解。历史文本也是在理解中被带入进程的，就像历史事件继续发展下去从而处于真正的进程中一样，历史文本犹如历史存在一样处于未决状态，是理解的前提之一。未决状态就是问题状态，文本将问题呈现给我们，为了回答这一问题，我们必须自己提问。文本对于我们是问题，我们也感受到了文本的问题，这构成了过去与现在的新的解释学关联。文本在某历史中产生，本身就是对某一问题的回答。我们只有在理解了文本所回答的问题之后才能理解文本。为了理解文本，我们必须从文本的视野提高到问题的视野。在重建文本为其回答问题的过程中，不仅文本，连文本所答的问题也处于提问之中，也处于未决之中。然而一个重建起来的问题不会处于原来的视野内，而是包含在提问人的视野之中。这样一来，"超越单纯的重建总是解释学必然要做的事，我们不可避免地要思考那些被作者全然不疑地接受下来而未曾思考过的东西，并把它带进问题的未决状态"①。问题的重建变成了我们自己的提问，而文本的意义就是对问题的回答。当我们获得一个历史过去的概念之时，它已经同时把

---

① 参见［德］汉斯-格奥尔格·加达默尔：《真理与方法——哲学诠释学的基本特征》，480页，上海，上海译文出版社，1999。

我们自己的概念也包含在其中了。我们只有理解了某物是文本回答的问题，才理解了该物，并且被如是理解的东西的意义确实不能与我们自己的意义分开。解释学的问答逻辑不同于以往的历史研究之处在于，历史研究把自己置身于历史之外，好像是从历史之上的超验者去思考历史中的问题，而解释学意识到自己的历史性，知道自己是在历史条件之内向历史提出问题的。因此，问答逻辑呈现出，理解者与文本的关系是一种主体对主体的对话关系，这种关系犹如柏拉图对话中的两个主人公，双方都带着自己的视野，带着一颗向真理敞开的真诚之心进入对话，在对话的问答逻辑的推动下，双方克服各自的视野局限，使一种新视野建立起来。

新视野的建立是视野融合的结果，而视野交融是语言的成就。解释者向文本提问用语言，文本也用语言向解释者敞开自己。正像二人谈话建立在一种共同语言的基础上一样，解释学的问答逻辑不是两个主体各自的自我表现，而是进入一种使两方都有所改变的共同语言之中。

总之，解释学的真理不同于以往的真理之处在于，它一定要把解释者作为形成真理的一个必要组成部分。

第三节　解释—接受美学的种种模式

解释—接受美学虽然包括两大主干（德国的接受美学和美学的读者反应批评），而且还与其他学派（如后结构、女权主义、现象学、后殖民理论等）有理论上的关联、交叠，但其基本的关注点是：第一，文学阅读活动本身；第二，构成文学阅读活动的两大要素，即读者与文本；第三，文学阅读活动的美学和文化意义。因此，对于一个庞大的解释—接受美学资料群，我们围绕这三大问题，选取最典型的言说，构建其一般理论结构。

一　阅读活动论种种

与其他理论不同，解释—接受美学关注的是以解释为中心的阅读过程。西方美学从作者中心到作品中心再到读者中心的转移，是从一到多的转移。作者只有一个，作品也是唯一的，读者却有千千万万，分布在广大的空间和悠长的时间上，所谓"作者以一致之思，读者各以其情而自得"（王夫之）。把阅读活动理论化，执一以驭万，就是解释—接受美学的理论抱负。但与其他理论不同，解释—接受美学不仅要执"一"，更要使"一"具有后现代的开放性质。只有抓住了这一点，我们才能深刻理解以这样一种方式去执"一"的意蕴。

（一）姚斯的三级阅读论

姚斯（Hans Robert Jauss，1921—1997）在《走向接受美学》（1970）中根据伽达默尔理解、解释、运用三位一体的理论，提出了一种理论形态的阅读模式。所谓理论形态，也就是追求一种具有普遍规律的形态，其阅读对象是经典文学作品，或者说，是具有普遍解释价值的文本。对文本的阅读过程为完整的过程，不是个别人阅读时的任意行为，而不考虑各种主观感受，而是在阅读过程中让经典作品本身得到公理性的呈现，而这种公理性的呈现不是文本始终如一绝不改变的公理，而是阅读过程本质上应该呈现出来的公理；这就是三级阅读模式。它是阅读的三个步骤，既表现为三种连续的阅读，又表现为三个不同层级的阅读。根据伽达默尔的解释学来说，阅读是在以前理解为基础的视野的前提下开始的和进行的，因此三种层级不同的阅读又表现为三种不同的视野，由于姚斯讨论的是阅读的一般规律，因此视野不从历史变化上着眼，而从理论的分层上立论。三级阅读的视域分别是审美感觉视野、反思解释视野、接受史视野。这三级视野是连续的，由浅入深，是具有质的飞跃的过程。姚斯对三级阅读模式的分析是以波德莱尔的诗《烦厌》为例进行的，这里我们略去对具体诗歌的分析，只将它的理论结构转述出来。

文学文本是感性的，对其阅读的开始阶段，也就是初级阅读，是在审美感觉的视野中进行的。初级阅读从诗歌的第一个词开始，对诗歌的词汇、句段、节奏、韵律，对词句所包含的意义，对节奏、韵律、长短、起伏所蕴含的感情，对由词句意义和句式情感所形成的意象等进行审美感受。第一句读完后，读者对其内容（词句、节奏、情感、意象）总体有一个印象，由此印象产生对第二句的期待。文学中的期待，有与逻辑推理和数学公式性质相似的一面，读者总会对即将到来的内容，有一个似应如此的期待。

　　然而，文学犹如生活与历史，又不同于逻辑和教学，似乎理应如此，又往往不是如此；已知不是如此，读者回首其由来，仍有理可寻。因此审美感受的时间进行，在词与词、句与句、段与段的流动中，一会儿表现为期待的实现，一会儿表现为期待的落空，一会儿又出现了期待的转变。读者进入文学阅读中就像进入现实生活中一样，由期待所主宰，由期待的不断变化所推动，期待的实现、落空、转变是不定的，因此，阅读文学好像一种生命历险。读者直到读完最后一个字，第一级的审美感受阅读才算完成。审美感受阅读的结果是文本的完整形式在读者意识中形成。但形式的完成并非意义的完成，因为在一级阅读中读者虽然在对形式的把握上信心十足，而且也从完成的形式中悟到意义，但文本的意义确实是这样的吗？这里还需要证明，得出的意义是否与形式中的一切因素相符合。

　　最主要的是形式中确实有好些因素是模糊含混的，有些地方本来就有空白，有断裂，有跳跃。因此，确定意义就需要二级阅读。由于二级阅读的目标是确定意义，因此它是在反思和解释的视野里进行的。它是在已经完成的形式中去寻找，或者说去建立一个潜在的、能够说明和统率所有形式因素的意义。这次阅读着重思考在初级阅读中遗留下来的各种问题，让模糊处清晰，让空白处充实，在断裂处补足，在跳跃处填上演进的步骤，在这些遗留得到解决之后，再联系这些新有结论，对初级阅读已经清楚的部分进行一次再思考。因为一个文本整体中的一个部分起了变化，必然会引起另一些部分的变化。如果说，初级阅读的主体是围绕感性细节进行阅读而致使期待不断地实现、落空、转变的，那么，二级阅读的主体则围绕文本的统一性进行着部分与整体、部分与部分的意义关系的调整，直到找到一个确实可以给整个文本以统一意义的潜在原则，即达到与形式相一致的意义的完成。但是，在二级阅读中完成的整体意义，并不是文本的意义整体，而仅是文本进入某一阅读关联域所获得的意义，即文本加上这一具体读者而形成的意义。文本加上这一读者构成限定文本整体意义中的"整体"一词的内涵。姚斯认为，文本的意义整体是文本在历史流传中不断变化着的各种意义的总和。文本不仅与它所产生的包括作者和环境于其中的年代有一种基本关联，也对在以后各种境遇中可能具有的解释采取一种开放态度，由于历史是未完成的，因此"作品的意义整体要被理解成有待实现的意义"①。因此，文本的整体意义，仍然只呈现了读者是受具体时空所制约的此在。而只有朝向文本意义整体，读者才能走向对自身的超越。要走向文本的意义整体，读者必须变换视点，冲破自身的局限，进入文本的效果历史中，即进入第三级阅读亦即历史理论阅读。这时阅读活动在接受史的视域中进行。读者要弄清文本产生的关联域是什么，这种关联域可以满足哪种期待，又可以否定哪种期待，与这种关联域可能发生关联的文学传统是什么，它产生的社会条件是什么，作者本人是如何理解自己的文本的，第一次接受文本时赋予文本的意义是什么，在以后的接受中，对文本的理解有什么变化……在第三级阅读中，读者突破了自己的时空局限，使阅读从读者与文本的单一关系所形成的整体意义走向文本的意义整体。虽然历史是未完成的，从而意义整体之整体也是不可能得到的，但读者却进入了走向意义整体的路中，其意义不在于读者是否能获得意义整体，而在于：第一，读者因进入意义整体而得知自己在前两级阅读中获得的整体意义有局限，从而突破这一局限；第二，走向意义整体的感觉使读者意识到了自己所获得的整体意义在文本的意义整体中的地位，自己得出的整体意义以一个特殊的地位加到了文本延绵不断的意义整体中，使文本获得了新的意义，同时这种新意义又没有终结文本的意义，而是突出了文本曾有的其他意义和凸显了文本意义向未来的开放性。

姚斯的三级阅读模式是从阅读的全面性和本质性来阐述的，任何一个有意义的阅读都应该是这样的三级阅读模式。三级阅读模式表明了文本的意义是如何取得的，读者在意义的获得中具有怎样的地位，以及获得意义的局限和突破这种局限是怎样受制于读者的时代性的。

(二)伊泽尔的阅读活动论

在姚斯的三级阅读模式中，明显可见，第三级阅读已经不仅是对文本的阅读，更是以文本为核心，对扩散到的其他文本的阅读，这已非一般读者的阅读事实，

---

① ［联邦德国］H. R. 姚斯：《走向接受美学》，见［联邦德国］H. R. 姚斯、［美］R. C. 霍拉勃《接受美学与接受理论》，192 页，沈阳，辽宁人民出版社，1987。

而是研究者的必要做法了。因此解释学的精神在此是以大轮廓的方式出现的，是以三级阅读之间的断裂方式凸显出来的，这几乎不是一般性的接受阅读，而是专门化的研究精读。三级阅读虽然抓住了阅读的本质，但不是阅读的普遍现象。伊泽尔（Wolfgang Iser，1926—2007）的《阅读活动——审美响应理论》（1976）一书，将解释学精神运用于阅读活动的研究中，对阅读做了新的模式说明，其中最重要的是用四个概念，即文本语蕴（repertoire）、空白（blank）、阅读方略（reading strategy）、移动视点（the wandering viewpoint），来阐释自己的阅读模式。

文本语蕴是伊泽尔的专用概念。文学是以语言为载体的，文学语言自形式主义诸流派以来就区别于日常语言，它有自己的特殊性，形成了自己特有的语汇、句法、修辞、幻象。这些特殊的语言蕴含着社会规范内容和文学传统内容。但这两项内容进入文学之后，经过文本的组织而变了形，是作为文本的背景而存在的。当文本面对读者（特别是有时间距离的读者）的时候，读者有自己的社会环境和规范，他对文本所蕴含的社会规范和文学传统在知识形态和理解方式上都与原有文本有所不同。文本朝向读者时，就从一个旧的背景移向了新的背景。读者的新背景使文本语蕴的修辞、喻象、幻象重新组合。语蕴在伊泽尔的模式里强调文学文本与人的"一与多"的关系，文本为"一"，读者为"多"，作者与读者作为各个不同时空上的个体，含带着各自不同的社会规范与文化传统，并以一种差异性为基础，开始着文本意义的建立。语蕴在文本对读者的开放中重新组合，使文本产生出一些新的特征和功能，其中最重要的就是文本的空白。

英加登在《文学的艺术作品》中，用现象学的观点把作品分为四层：字音层、意义单位、图式化方面、被再现客体。被再现客体（简单地说，即作品中的形象）在文本中只能以图式化的方式出现，从而充满了空白和不定点。如"一个人沿河边走来"这句文字，描述的是怎样一个人：男或女，高或矮，穿着如何，体态如何等，对人的描述充满空白。河边的具体形状怎样：笔直或弯曲，沙滩或草地，开阔或狭窄等，对河边的描述充满空白。即便作者写得再细，也不可能巨细无遗，描述中必有空白。英加登认为，阅读过程就是读者把这些空白填充丰富起来的过程。伊泽尔明确地说，他的空白与英加登的空白在"性质上和功能上都是不同的"①。英加登的空白是整体轮廓确定下的空白，伊泽尔的"空白意指文本的整体系统的空缺"②；英加登的空白只是文学作品的性质造成的，伊泽尔的空白则是与作品关联的各时代、社会、文化、修养的差异造成的；英加登的空白只是要求读者把细部添满，是一个体系内的修饰完善活动，伊泽尔的空白则要对文本的各部分进行重新组合，是时代、文化、传统之间的一种对话行为。

体现不同时代、文化、传统之间的对话的阅读活动，即读者从根本上对文本各要素进行的重新组织的活动，就是阅读方略。一个具体的阅读方略会抬高一些因素和贬低一些因素，重新确定这一因素与那一因素的逻辑关联，否定一些因素以前认为的意义，给一些因素加上新的意义，文本原有的语蕴内涵与读者内含的时代传统在阅读方略的进行中得到合理的调和，使作品产生了新的言之成理的主题和意义。这样，文本语蕴中由时代、文化、传统之间的差异和冲突产生的空白，就在阅读方略的实现中填充完毕，作品的具有时代精神的新意义也在阅读活动中建立起来了。

文本语蕴、空白、阅读方略，是从阅读的总体上着眼的，是阅读活动的基本理论，移动视点则是这三者的具体化，它表明了时代、文化、传统的差异和冲突是如何具体地在阅读过程中得到重组、调和的，以及文本的新意义又是如何具体地建立起来的。阅读是一个时间过程，读者的视点随着文字一行行地向前移动。当文本中的文字在读者的视野中出现的时候，阅读行为就对文字进行三个层次的综合，在词汇与词义、句子与句义、段落与段义中进行综合，同时也在词、句、段与所蕴含的形象之间进行综合。句段与它的含义不是完全对等的，句段含义与其构成的形象也不是完全对等的。一方面，文字、含义、形象呈现在读者的视野中，被进行着一种综合；另一方面，由于文本尚未读完，阅读视点还在流向未读的文字，因此这种综合又是不确定的、未完成的、向未读文字敞开的。因此，在阅读途中，对业已综合来说，它获得了一个推断未来的基点；对综合的不确定来

---

① Wolfgang Iser，*The Act of Reading*，Baltimore，The Johns Hopkins Press，1978，p. 82.

② Ibid.，p. 82.

说，它充满了对未来的期待。阅读视点不断向前移动，呈现在视野内的文字就表现为前景（foreground），文字在被读到的同时被进行综合。随着阅读视点不断向前移动，呈现在视野内的文字又退出视野之外，但退出去的文字并不会消失，而是作为背景（background）存在着。从阅读者的角度来说，被综合的文字作为记忆物保留在头脑中。阅读视点不断前移，未来的文字不断进入视野，成为前景，并被综合，然后退为背景。在视点的不断前移中，前景和背景不断变换，被综合的文字退为背景，并不是永远作为背景，而是不断地进入前景。如前所述，综合意味着对未来的期待，而未来的来临有时肯定期待，有时偏离期待，有时则否定期待。期待的被否定，意味着一种新观点的出现。新观点不仅是对期待的否定，而且是对期待的基础——旧的综合的否定。因此新观点要求对旧的综合进行重新综合，这时背景就进入前景。细而言之，新的观点造成了读者：第一，其旧的综合记忆的变形；第二，对从开始以来的整体观点的修改；第三，对未来做出一种新的期待。

　　阅读活动既是文本不断地被综合，前景不断变换的过程，也是期待不断地被肯定或否定、证实或修正的过程。每当期待被否定一次，文本的整体势态就发生一次变化，过去被重新评价（记忆的东西发生改变），未来被重新规划（期待的修正），"这样，在阅读过程的时间流动中，过去和未来不断地在当下时刻汇聚。移动视点的综合运行，使文本通过读者的头脑作为一个不断扩展的联系网络"[①]。伊泽尔特别强调了为什么不能把移动视点称为变化视点，变化视点只涉及一幅幅图景在眼前的出现和消失，而这些图景本身是不变的；移动视点则指出现在、过去、未来的往还互动，以及各个图景在互动中的不断变化。文本是一个整体，而在阅读中，文本就意味着未完成，现在的每一个变化都必然使过去、记忆物、背景发生变化，同时也使未来被重新筹划，阅读视点的不断前移的过程，是一个旧的视野不断地被新的视野否定的过程。否定是阅读活动的一个特征，"否定过程必然使读者总是处在'再也不会'和'然而未必'的半道中"[②]。阅读中的否定是一个双向的

---

① 　Wolfgang Iser, *The Act of Reading*, Baltimore, The Johns Hopkins Press, 1978, p. 116.

② 　Ibid., p. 213.

否定，既是对文本已经出现过的综合和意义的否定，也是对读者主观期待的否定，否定的结果是新的综合的出现和新的期待的出现。阅读的微观过程，体现的是阅读的宏观意义，文本新意义的建立是在对文本原有的时代、文化、传统和读者依赖的时代、文化、传统的双重否定中实现的。否定实质上是不同时代、文化、传统之间的对话，以及在这种对话中对双方的超越。然而，对于接受美学来说，这种新意义的建立所表现出的双向超越，并不意味着这种新意义比其他意义更高级，而只表明其独有一种不可取代的特色。新意义以自己的特色加入未完成的意义整体的过程之中。

（三）费什的阅读事件论

读者反应批评的代表人物费什（Stanley Fish）使阅读活动有了一种更彻底的"动态"。这种彻底体现在他把阅读看成是一个事件。从一定的意义上说，古典西方哲学向现代西方哲学的转变，可以体现出客观世界的重要变化：古典哲学重视的是物（thing），而现代哲学重视的是事（event）。研究者关注于物，进入的是实体研究，是对静的崇尚；研究者着眼于事，进入的是状态研究，是对动的敬仰。对物的研究，走向的是定义；对事的追寻，走向的是意境。而对事的关注，引出了各个哲学流派都重视的"语言游戏"的理论，游戏突出的是"动态"，让事件自由无约束地展现自己，从而达到一种后现代的高度。因此费什把阅读看成是事件，使解释—接受美学的后现代精神得到了极大的高扬。

从事件的角度看阅读，文本由静变成了动。文学文本由字、词、句、段、页、册组成，呈现出一种静体，显现出物的形状。但文学文本并不是静态的字、词、句、段、页、册，而是由它们生出来的动的形象和意义，因此，文学文本的本质不是静的，而是动的。现代艺术为了反对把艺术归结为形与色的图画静态而创造出了行为艺术，行为艺术是活动的，其存在方式就是活动过程本身，而不凝结为一种画面静态。行为艺术以一种醒目的方式让人们重新思考艺术的本质，同时也使人们对文学重思，文学不在于躺在书架上的文本静态，而在于阅读活动中的动态。

从事件的观点出发，文学文本的字、词、段、章，并不是天然地拥有一种固定的形象和意义，然后通过阅读把这种固定的形象和意义借助隐含的文字凸显在读者的眼前，与之相反，文学文本没有一种固定的形象和意义，而是在阅读中与读者相遇，在阅读的对话中以事件的方式，生成一种形象和意义。为了说明这一理论，费什提出了几个要点：首先，作为文学基本构件的词就是一个事件。一个词"不是简单地存在，它在那儿活动着，做着某件事，而且只要提出'它做什么?'这个问题，其所做的事或者说其作用就会被发现"①。为了说明词在"做什么"的活动性，我们像费什一样，以诗为例来说明：

> 玉阶生白露，夜久侵罗袜。
> 却下水晶帘，玲珑望秋月。
> ——李白《玉阶怨》

　　词作为事件有几个基本点。第一，词本身是多义的，《玉阶怨》的头一字"玉"，就其本身来说，至少有五种含义：一是美石，二是比喻白色，三是尊敬之辞，四是相爱或相助，五是姓。因此从本源上说，词无单义，这使词在进入词组或句子时形成一个事件，使其他含义离去，使一个含义独显。第二，词在与另一些词的关联中，一方面确定了自己多义中的一义，另一方面确定了这一义又因其他词的关联进入一种新的多义之中。"玉"字与阶相连，成为对美好房屋的一种借喻；与夜相连产生了一种色彩；与白露相连而生出一种寒气；与罗袜相关而成为美人心灵纯洁的象征；由"玉"所生出的，并不是"玉"本身所具有的，而是从一系列的关联事件中产生出来的。"玉"在文本中不断地使自己成为事件，生出本身所未曾前定的新义，这正是词在文学文本中的特征：词是事件，词在做事。第三，词之所以成为事件，是在读者的阅读中才发生的，由于读者的阅读活动，"玉"开始与其他词发生关联，而读者的性质(时代、文化、传统)使某些关联得以发生或者不发生，发生这种关联或者发生那种关联。词所发生的事件的特殊性质是与读者本身成为事件相关的。比如，玉成为女人纯洁心灵的象征，这是中国读者在阅读中产

---

① ［美］斯坦利·费什：《读者反应批评：理论与实践》，142 页，北京，中国社会科学出版社，1998。

生的事件，而其他文化系统中的读者大概一般会将这仅仅看成是女人容貌和身体的喻体。因此，词成为事件在很大程度上是指词与读者的关系是一种事件关系。词会有怎样的效果，被做怎样的理解，生出何种意义，是由读者介入而在具体的阅读活动中产生的，其产生，不是一种物的属质，而是一种事的性质。词是事件的第三点，又是费什理论要点的第二点。

读者的阅读是一个事件。从阅读与文本的关系来说，以词为视点，由词联系到读者，属于第一点；从阅读与读者的关系来说，以读者为视点，由读者联系到词，属于第二点。读者所处的时代有差异，文化有不同，地域有别，读者是男是女和其阶级区别等，都使读者成为一个事件。对于《水浒传》，李贽读宋江，读出个真英雄；金圣叹看宋江，看出个伪君子。一部《红楼梦》，如鲁迅所说，经学家读出《易》，道学家读出淫，才子读出缠绵，革命家读出不满等。

费什理论要点的第三点对于其理论是必需的：意义是一个事件。这是由词是一个事件和读者的阅读是一个事件必然要引导出来的结论。文本的意义首先是与词义、句义、段义、章义相关的，是在对之进入综合后得出的，词的事件性决定了意义生成的事件性。其次，文本的意义与阅读活动相关，是在阅读的期待实现与落空、否定与转变中生出来的。阅读的事件性决定了作为阅读结果的文本意义的事件性。最后，解释—接受美学的根本原理是文本的开放性和读者接受的多样性，从而具体阅读中的意义生成没有一个前定的结果，不存在一个先在答案，因此，文本在阅读中生成何种意义，是一个事件。意义是一个事件，从根本上显现出解释—接受美学的精神，它呈现出了阅读的具体性、独特性、局限性，也显示了阅读的开放性、自由性、创造性。

二 读者理论种种

解释—接受美学代表了西方美学史从作品中心到读者中心的转移。作品中心是符合研究规范的，因为作品只有一个，是任何理论的验证处所；读者中心却有很多问题，因为读者有千千万万个，以谁为标准呢？作品可以始终被研究者摆在案前，而我们所见的读者仅是万千读者中的极少部分。对于解释—接受美学来说，读者是重要的，但怎样以读者来建立一个具有普遍性的理论呢？这要细究起来，却是复杂的。因此，读者问题成为基础理论问题。在众多的讨论中，从如下三个方面我们大致可以清楚地理解解释—接受美学关于读者的思路。

(一)真实读者与理想读者

真实读者就是实际上存在的任何一个读者，只要某人读书，他就是读者。这样的读者千差万别，是无法成为理论上的研究对象的，若将真实读者作为研究对象，我们便得不出普遍性的理论结论。因此，理论家们认为，作为解释—接受美学理论中的读者，不应是真实读者，而应是理想读者。理想读者也就是一个标准的读者。通过对标准读者的揭示，我们可以了解、研究各色各样的读者。对理想读者的研究，理论家们提出了各自的看法，下面选三种进行介绍。

里法特尔(Michael Riffaterre，1924—2006)提出了超级读者(super reader)概念，超级读者超越了各个具体读者的局限性，偏离文本的主观性在超级读者这里消失了，各个读者的精华和优点在这里集中起来。通过对文本的语义学和语用学的正确把握，里法特尔将文中的关节点汇聚起来，直到建立起文本的"文体事实"。

费什提出了资深读者(informed reader)概念。资深读者不是才疏学浅、经验贫乏之辈，后者由于自身条件的限制而不能正确阅读文本，前者则具备了正确阅读文本的基本条件，这就是：能讲把文本建立起来的那种语言，具有丰富的语义学知识，具有文学能力。

沃尔夫(Erwin Wolff)提出了意向读者(intended reader)概念。作者在创作文学时，心中存在着一个读者观念，为谁写作在很大程度上决定了作者的文学形态。意向读者就是能够重建作者心灵中的读者观念的读者。这种读者既能体会作者的愿望，还能洞悉时代读者群的概念和惯例。

与真实读者不同的超级读者、资深读者、意向读者等理想读者的提出，是要解决两个问题。一是让读者概念超越读者的个别性、主观性、非本质性，而达到一种标准化和普遍化的理想读者，只有这样一种理想化的读者，才能够建立起一套理论系统。这样的理想读者才能在阅读过程中按照阅读理论所揭示的程序进行。不管这种程序是三级的，是活动的，还是事件性的。但是解释—接受美学的标准化和普遍化不是本质主义的，不是实体性的；因此，理想读者要解决的第二个问题，就是普遍性与具体性的问题。一方面，理想读者的理想性是普遍适用的，具有超越真实读者的标准能力；另一方面，理想读者的理想性不是在阅读活动中达到一个标准的结构，而是显现出自己的具体性，达到具有自己特色的阅读结果。只有理解了后一点，理想读者的理想性和普遍性才在解释—接受美学精神中凸显出来。

(二)隐含读者与非中心读者

超级读者、资深读者、意向读者虽然也是紧紧抓住文本与读者两个方面，但更多的是以读者本身为主来探讨读者概念的，它们强调的是如何得出一个最能体现读者特点，又最能突出文本性质的理想读者，或者说是具有理论意义的读者。但这个读者主要是针对如何统合众多真实读者来立论的。伊泽尔却从另一种角度提出了隐含读者(implied reader)的概念。

隐含读者是一种文本结构，作者的创作总要预设一类读者，文本中的一切都以这一读者的存在为基础而组织起来，但这个"读者"又是看不见的，因而是"隐含"的。文学文本总是要提供一种世界观，它由各种视野组成，比如，小说中，就有叙述者的视野、人物的视野、情节的视野、隐含读者的视野等。这些视野为具体的阅读提供不同的理解文本的指南，它们具有各自的位置和行进方式，并且结构相互交叉，这些视野相遇后汇聚在一起，就形成文本的意义。对于诸多视野，按照伊泽尔自己的逻辑来说，我们应该做一下分类。叙述者、人物、情节等为一类，隐含读者则为另一类，因为隐含读者作为作者预设的统读全文本的角色，具有超级读者的功能。这种超级不仅代表着读者和读者所在的时代，而且还超越读者的时代。对于前一种超级来说，超级读者与其他时代的读者有平等的对话功能；对于后一种超级来说，他对其他时代的读者有更高更大的力量。隐含读者作为一种结构内在于文本中，他要发挥的也是这种超级功能。隐含读者是隐，却对真实读者之实发挥作用，是真实读者把"隐"化为"实"的。伊泽尔认为，在现实的阅读中，文本的每一个具体化，都表现了真实读者对隐含读者的有选择的实现。这里指出了两个方面：一方面隐含读者决定，至少影响着真实读者，因为后者是在前者的引力场中选择的；另一方面，隐含读者又不能完全决定或影响真实读者，因为真实读者实现的阅读结果与隐含读者应有的阅读结果是不一样的甚至是相反的。对这两个方面的进一步理论解说是这样的：读者要从现实中的多样性自我转到阅读中的隐含读者上来，读者要感受文本的魅力，必须变成与文本信念相同的自我，从而受控于隐含读者，使自己成为文本的一部分。但读者毕竟不同于作者，有着自己的经验和信念，从而又不同于隐含读者，而用自己的经验去体会和实现文本的具体化。这样，真实读者在具体化的过程中对隐含读者的选择、变异和加进新质的阅读过程共同形成了具体化的结果，使文本又变成了读者心中的东西，成为读者的一部分。在对阅读作如是的描述时，真实读者作为研究对象是不好把握的，而隐含读者是可以把握的。伊泽尔用隐含读者概念使读者理论具有了普遍性。

　　但如上所述，这一概念也有难以自圆其说之处，虽然伊泽尔指出了真实读者在实际阅读中有变异的一面，但是他更强调隐含读者对真实读者统率的一面。正是这一面，使这一概念具有了理论性和普遍性，又使它容易过于强调隐含读者所在的文本的力量，有些贬低真实读者的性质。不妨说，伊泽尔以隐含读者概念建立了一个读者中心理论，隐含读者虽然可以被说成是中心读者，但同时也包含反中心的成分。如果增大这一成分，使之占主导地位，反中心成分就会变成罗兰·巴尔特的非中心读者。从流派性质来说，巴尔特所属的后结构主义比伊泽尔所属的接受美学具有更激进的色彩，因此巴尔特的读者概念朝向更自由自主的方向。在《快乐的文本》中，巴尔特把一切文本分为两类：可读的文本和可写的文本。可读的文本呈现的是一个自足而统一的世界，其中时间是线型的，空间是确定的，人物性格是统一的，事件是有逻辑的，描绘也是明晰清楚的，很少有空白、断裂、矛盾，读者可以完全不费心地跟着文本行进，欣赏和享受文本的世界。可写的文本呈现的则是一个非自足和不统一的世界，其中时间是交错的，空间是变换的，人物性格是矛盾的，事件是非逻辑的和反逻辑的，描绘也是模糊不清的，充满空白、断裂、含混。读者得一边读一边想，去填写空白，连接断裂，这样阅读就像写作一样，充满了创造性。从文学史来说，古典文本大致是可读的，现代文本一般是可写的。就某一作品而论，它既有可读的部分，又有可写的部分。从可读可写立论，隐含读者应从较多控制的可读文本到控制较少甚至没有控制的可写文本来把握，但在可写文本中，读者已充满创造行为。伊泽尔的隐含读者已经难于控制而无甚意义。由此问题就变成了：可写的文本使读者获得了完全的自主和自由。读者不是以文本结构中的隐含读者为背景，去有选择地将某一方面具体化的，而是完全按自己的思想自由地理解和处置文本。由于离开了隐含读者这一中心的制约，读者成了完全非中心的读者。

对这一非中心阅读的阐发，巴尔特在《S/Z》一书中以巴尔扎克的小说《萨拉辛》为例进行了详细的解说。巴尔特选择这样一个实例，包含了对自己思想的一种推进，当一部古典小说被作为解构方式阅读时，似乎可以说，一切小说都可以被看成是可写文本。对于巴尔特来说，文本没有一个整体性，没有统率一切的叙述结构、统一语法、严整逻辑。文本之所以成为一个整体，是由于它由一套编织方式，以四种代码(code)组成：一是阐释性代码，即以各种方式提出问题，然后又说明或回答问题；二是内涵代码，它如微尘附在人物、事物、地点、关系或某种秩序之中，如"波旁王朝爱丽舍宫的大钟把子夜唤醒"是关于不义之财的闪现；三是象征代码，文学传统和修辞传统形成了无数固定意象，构成了一个象征系统，这是象征代码的基础；四是行动代码，即关于文本中行为的代码，如"我沉浸在一个白日梦中"，"沉浸在"形成的行为序列是阅读技巧的展现，序列只有当它被，或者因为能被给予一个名称的时候才存在，一旦命名过程开始，一旦标题被追求，继而被确定，序列就显现出来了。序列的基础与其说是理性的，不如说是经验的；因此想给行动序列一个法定的秩序是无用的，它的唯一逻辑就是，"已经这样做了"，"已经这样读了"；五是文化代码，即文中涉及文化所规定的常识或科学的部分。虽然文本的因子都可以归结为这五种代码，但文本本身并不是以统一整体的形式出现的，而是像星星那样散布开来，以一种随意而破碎的位置状态向读者敞开的。读者在跟随文本线型发展的渐进中，可以划分为很多小的单元或者语义单位，即一个词组、一个句子或几个句子。但这种划分与作品的结构无关，完全由读者自己决定。之所以如此，是因为文本没有了结构，而是由各种散片交织起来的网构成，文本之网有千百个入口，读者可以任选一个入口，任意确定阅读单位。但选

"这个入口，并不是为要获得标准的合法结构和出发点，也不是为获得一种叙事或诗学法则，而是为了获得一种景观（由各种片断组成的景观，由来自其他文本的声音组成的景观）"①。用一个通俗的比喻来说，文本像一个万花筒，读者摇一下，它变幻一种景观。这样，由于文本没有了中心，读者也没有了中心。

伊泽尔的隐含读者是想建立一种普遍性的读者理论，巴尔特的非中心读者也是为了建立一个普遍性的读者理论。就其普遍性来说，它们都达到了目的，但是这两种理论都没有充分说明一个对于解释—接受美学来说的重要问题：解释者的特殊性的一般意义，或者说具体性的普遍意义。

(三)作为解释共同体的读者

解释—接受美学的一个主要功绩是提出了读者的特殊性的意义问题。文本的开放性是由不同读者的特殊性造成的。但特殊读者种类繁多，并不是每一个特殊读者都具有理论的意义。特殊读者就是解释学的前理解问题，虽然每一种前理解都会产生同文本的特殊对话，从而形成文本的一种特殊意义，但并不是每一种前理解都具有理论上的普遍意义。对于这一问题，费什提出了解释共同体(Interpretive communities)的概念。解释共同体既不具有超越一切时代特殊性的普遍性，也不具有毫无普遍性的特殊性，而具有一种特殊的普遍性或者说普遍的特殊性。解释共同体就是由解释学上的前理解的共同性构成的。费什认为，读者的思维活动由他们牢固生成的规范和习惯所制约，这些规范和习惯的存在，先于他们的思维行为，并决定了他们会如此做的思维。当读者打开一本书，把呈现在眼前的文字加以组织的时候，一种带有文化性和时代性的解释就会进入他的理解之中，这并不是说，读者有意要带着某一解释共同体的立场和观点去解读文本，而是他自己和这一解释共同体融为一体，在没有意识到这一点时就已经这样做了。有了解释共同体的概念，所有读者概念都可以在它的张力中得到恰当的理解。超级读者的超级是在一个共同体的意义上说的，它意味着克服共同体内的没有普遍意义的偏见，而达到自身所在的共同体的理想。与此相似，所谓理想读者的理想，也就是共同体的理想。资深读者的资深也是在共

---

① Roland Barthes：*S/Z*，Trans. Richard Miller，New York，Hill and Wang，1974，p. 12.

同体的标准上的资深。意向读者所达到的文本中作者的意向，也只是在解释共同体中所能够达到的最高水平。因此，我们把费什关于解释共同体的思想做进一步的推进，基本上可以得出一个具有解释—接受美学精神的读者概念：

第一，解释共同体是特殊读者获得普遍性的一个必要概念，同时也是理想读者的普遍性受到限定的必要概念；

第二，解释共同体是内在于读者心中的，读者在文化变动和时间之流中，可以改变、提升自己业已身在其中的解释共同体，正像读者处于不断的变动中一样，解释共同体也处于不断的变动中；

第三，解释共同体的变动是身处其中的读者进行阅读时，在文本的对话中达到的，读者在超越自己的局限时，也就超越了解释共同体的局限。

440

三　交流结构与范畴体系

美学文本的核心是形象体系。因此，审美接受理论的主要节点集中在形象上。读者与文本中美学形象的关系是怎样的呢？姚斯在《审美经验与文学解释学》中提出了读者在阅读中与文学文本中的主人公的互动模式。在西方现代美学中，弗莱提出了文学文本的形象体系，姚斯在参照弗莱理论的基础上，从接受的角度建立了自己的互动模式，可以说，这是一个审美的范畴体系。与弗莱的理论相对照，姚斯的理论有突出的特点。一是弗莱的范畴体系有一个历史结构，是历史与理论的统一；姚斯的范畴体系没有历史结构，从一个范畴到另一个范畴不表现为从历史的前一段向历史的后一段演进，这样就避免了历史的命定性，而强调了接受的主动性。二是弗莱从文本出发，其范畴是本质性的，有什么样的性质是固定的，不会改变；姚斯从接受出发，指出一个范畴可能会有多种结果，至少可以划分积极的、正面的和消极的、负面的两种结果。三是弗莱的范畴之间的界线是清楚的，一个与另一个绝不相同，如果说范畴之间有阶段的演进，也是逻辑严整的；而姚斯的范畴之间是互通的、关涉的，更具有相互转变性。四是弗莱的范畴是纯粹的美学的，姚斯的范畴则注意到了美学、宗教、政治、教育、社会之间的转换关系。

下面是姚斯的互动模式表。

表 9-1　姚斯的互动模式表

与主人公认同的互动模式			
认同模式	所涉对象	接受定位	行为或态度规范（＋表示进步、—表示倒退）
联想式	仪式游戏中的人物	置于所有参与者之中	＋自由生存的快感
			—逃脱现实的超越
钦慕式	完美人物	钦慕	＋竞赛，＋示范
			—模仿，—解脱
同情式	非完美人物	怜悯	＋道德兴趣，＋同情
			—伤感，—慰藉
净化式	受难人物	悲剧（心灵解放）	＋超利害的自由
			—忘情入迷
	受笑人物	喜剧（心灵喜悦）	＋自由的道德判断
			—嘲笑或仪式
反讽式	非人物或反人物	异化	＋反应性创造
			—唯我论
			＋感知提炼
			—教养厌倦
			＋批判性反思
			—漠然置之

　　读者与文学文本的互动模式，从根本上说是一种认同模式。首先读者要认同文学规范，其次读者在某一规范下进行感受，某一规范才会有相应的接受反映，接受理论需要的就是总结出其带有普遍性的规律，但接受理论不同于古典理论，它是在认识到文本具有多义性和接受具有多样性的基础上进行理论总结的。

　　联想式认同，从文学来说，关联到从仪式、节庆活动中演化出来的戏剧，但在性质上，仪式、节庆、戏剧是互通的。联想式认同特别强调的是一种节庆性质的人物。这种节庆人物与一种节庆气氛紧密相连。联想式认同首先在于读者承认仪式、节庆、戏剧的游戏规则，然后进入仪式、节庆、戏剧人物的角色之中，体验角色的心态，按照角色的方式行事。与联想式认同相关的社会和文学活动包含两个方面。一是读者完全加入社会生活之中，在历史演化中从古代仪式表演到娱乐性的戏剧，一直与生活密切相连。在社会生活中，从节庆活动到宫廷舞会，读者已嵌入社会生活之中。二是读者与日常生活有距离，这样通过不同于日常世界的节庆、仪式、戏剧、舞会，读者感到了一种超越日常世界的自由。这种自由可以表现为一种趋向理想的活动。这种理想又能够反过来对社会生活产生相当的影响。所谓"联想"就是在社会与超越社会二者之间的相互联想。认同于超越日常世界的仪式、节庆、戏剧世界，是联想式认同的积极方面，读者感到自己能够超越日常世界的生命自由。但联想式认同也能使读者沉溺在仪式、节庆、戏剧的形式中，使读者逃离现实社会，产生一种退回到过去仪式的趋向。这是联想认同的消极方面。

钦慕式认同关系到高大完美的人物，如圣贤、领袖、英雄。面对远远高于一般人的英雄，读者产生的是钦慕，所谓"高山仰止，景行行止"。但姚斯认为，钦慕包含两种不同的趋向：一是竞赛，即读者在英雄人物的激励下，心灵高扬，奋发向上，欲达到英雄的高度；二是模仿，即读者面对英雄人物，细察其言谈举止，通过对英雄外在形式的模仿使自己感到接近英雄。前者是积极的，后者是消极的。英雄的模范作用推动着社会同一性的形成，读者总是处在想发现自己是谁而又不能知道自己是谁的过程中。当文学英雄出现时，读者就在艺术形象上看见了自己。如基督教的圣者成为一般信徒仰慕和效法的榜样，法国大革命的革命者模仿罗马共和国的英雄。钦慕式认同使大规模的社会行为合法化。历史的变化反映在英雄形象的变化上，又反映在读者对英雄的钦慕式认同的内容变化上。在中世纪文学中，先有查理大帝时的十二武士的英雄模式，继而有亚瑟王的圆桌骑士型英雄模式，最后是十字军骑士英雄模式。亚瑟王圆桌骑士的英雄模式，较典型地呈现出了钦慕式认同的两个方面。圆桌英雄是宫廷骑士兼冒险家，他们一个个独自浪迹天涯，历尽艰险和磨难，最后赢得自己的淑女，把欢乐带回宫廷。读者对圆桌英雄的钦慕，既可以是对英雄的勇敢和功绩的崇敬，从而自己奋发向上，这是积极方面；也可以沉溺在英雄故事里，即在想象中得到冒险的快乐，而逃避现实中冒险的艰辛和危险，这是消极的一面。

同情式认同面对的是普通人物，读者在这类与自己一样的人身上能看到更多自己熟悉的东西。钦慕式认同中的英雄虽然令人敬仰，但又高不可攀，一方面读者希望学习英雄，另一方面读者又清楚地知道自己永远也达不到英雄的高度。因此高大的英雄往往蜕变为难以亲近的概念化人物。相反，普通人更能为读者所理解，能引起读者的同情。因此在启蒙思想的理论中，培养人的情性应从普通人出发。普通让人同情，同情使人善良，使人有道德。普通是一个方面，另一个方面是个性。英雄总会趋向共性，把所有好品质都集于一身，普通人则各具特点，是有个性的，也是有缺点的，从而个人与社会的矛盾，个人在社会上的艰辛，使同情式认同有了丰富的表现形式，这在巴尔扎克、司汤达、福楼拜、欧仁-苏、大仲马等人的作品里有很好的表现。同情式认同因其与一种道德关怀相联系，易令人产生一种悲天悯人的胸怀，使人心怀宽广，这是积极的一面，但普通人悲惨的命运也可能使人萌生一种兔死狐悲的感伤，使人心灰意懒，这是消极的一面。另外，读者与文学中的人物处在相同的水平上，但悲剧降临到文学人物身上，而自己却未曾遭遇，这也会使读者产生一种生命的慰藉，这种感激上苍和安于现状的心态，同样是同情式认同里的消极的一面。

净化式认同主要表现在悲剧和喜剧中，让观众从日常生活和切身利益中超脱出来，进入一种特殊的悲剧或喜剧情境之中。处在悲剧中的是遭受巨大苦难和困扰而处于一种特殊命运中的主人公，处在喜剧中的是永远看不清现实，弄错场景，处在人们的笑声中的主人公。这两种情境都与现实情境有相当大的不同，从而使读者或观众进入一个思维的新位。在悲剧中，读者在一种由故事引发的情感狂暴地破坏了自己的心灵自由之后，又因审美的距离感受到：一方面自己随人物进入悲剧，心情日益沉重；另一方面知道自己并不在悲剧之中，可以自由地审视悲剧，从而更高地感受到了自己的自由。在喜剧里，以喜剧人物的卑微和可笑让读者意识到自己的常位，从而感受到自己所具有的把握现象的自由。因此，悲剧和喜剧以两个不同的方式让人顿生自由之感。然而，悲剧和喜剧都是以一种特殊的形式构成的，这种形式本身就有一种吸引力，因此，完全可能产生这种情况：读者或观众并不注重悲剧和喜剧的内容，而只玩味它们的艺术形式，从而变为对形式本身的忘情入迷，这是消极的方面。悲剧和喜剧以特殊的形式使读者或观众不是从有限现实出发来进行道德判断，而是从悲剧和喜剧提供的境界来重新思考道德问题，从而显现出了道德判断的自由性，这是积极的一面。但悲剧和喜剧的特殊美学形式也容易使读者或观众进入另一种境地。在悲剧中，读者可能由对邪恶的恐惧转变为对因邪恶而受苦受难的同情；在喜剧中，对喜剧人物的同情的笑声可能转变为嘲讽之笑，而对喜剧的态度变换成了对仪式的态度。

反讽式认同针对的是英雄从正常中变形的境况。在已经不能成为英雄的时代，作品中的主人公还想当英雄，其结果就会变成可笑的。正如骑士时代业已结束而头脑仍想做骑士的唐·吉诃德；在社会已经失去常态的时代还要正常思考的卡夫卡小说中的人物。但他们的"想做"与喜剧中的人物不同，喜剧人物的违反时代是一种负面行为，如吝啬人、伪君子，而反讽人物的有悖于时代则是一种正面的行为。反讽人物有滑稽的一面，也有崇高的一面。就滑稽中呈现一种崇高来说，反讽表现为一种反映现实的创造；就崇高里呈现滑稽来说，反讽又表现为一种纯粹的主观主义。反常化在20世纪的小说里，有了一种特殊的形态，用侦探的眼光来看待犯罪，这是一部正常的、维护现存秩序的作品；用罪犯的眼光来看待犯罪，这是一部反常的、反讽性的作品。因为从一个新角度来看问题，结果表现为读者在感知上的提炼和创新，但这种创新是以如是角度来进行的，读者在感知创新的同时也感受到一种厌倦。如此创新是要让读者受到震惊而在抑制认同时激发他的思考，无论是从思考的角度，还是从所思考的内容来说，这种思考都是批判性的。但这种思考必须要求读者具备更强的承受能力，使读者在用罪犯心理看问题时不被这一心态压垮，从而使思考在承受反讽的心理磨炼中，走向一种心灵的冷漠。

姚斯虽然力图从接受的多样性来理解互动模式，但是从他的各种模式的二分上来看，他在寻找一种互动的规律的同时，又把丰富的阅读反应批评简单化了。不过姚斯本就把他的互动模式研究看成是一种初步的东西。而他的互动模式理论确实为研究美学的阅读过程提供了一种基础。

第三编

西方当代美学的全球化面相(1960—)

引　言　西方当代美学的全球化面相概要

自现代性从西方兴起并向全球扩张以来，世界就形成了一个统一的世界史，全球各种文化都被从这个统一的世界的总体性来进行思考和定位。在这一意义上，正如不少西方学者论述的，现代性的开始就是全球化的开始。但由现代性把世界联结为一个整体的全球化有自身的发展阶段，这就是（如绪论中所讲的）近代、现代、后现代。由于西方文化是主流文化，关于全球化的结构和体系基本上是从西方的角度来论述的，然后由各非西方文化以本土化的方式或多或少地加上一些本土的内容，对关于西方的总论述进行转述。因此，全球化的框架，首先体现为西方与非西方的关系，然后才在西方与非西方的总体框架下讲述各非西方文化的特色。整个全球化的框架是以西方中心论的解构为基础的。然而正是西方理论在自身的逻辑运行和与非西方文化的互动这两大方面的演进，使得西方思想从近代到现代再到后现代的演进，不断地突破西方中心论。西方中心论在西方思想中的解构过程，可以从如下三个方面来描述。

第一，从西方与非西方的价值等级来看西方中心论的解构。近代西方思想，以牛顿、达尔文、黑格尔、基督教神学为代表，伴随着西方文化的全球扩张，具有坚定的西方价值优越感，有清晰的西方/非西方二元对立的世界等级图式，坚定地认为西方是先进的、文明的、科学的、理性的、民主的，而非西方是落后的、野蛮的、愚昧的、迷信的、专制的。西方中心论认为，西方的扩张与殖民，就是给广大的非西方文化带去先进、文明、科学、理性、民主。现代西方思想，以爱因斯坦的现代物理学、海德格尔的存在主义、弗洛伊德的精神分析、列维-斯特劳斯的结构主义和现代神学为代表，更尊重各现象的复杂性和特殊性。西方文化的表现是一种现象，各非西方文化也是一种现象，从现象层面来看，西方与非西方是平等的，没有价值高下之分，然而在现代西方思想中，各种现象后面又有一个共同的本体，而这个统一的本体是通过西方思想思考出来的，为西方思想所定义，又与西方思想相通，是为西方人首先把握和运用的，并在西方思想中得到最好的表达。从而这个本体实际上是一个西方的本体，因而西方文化的价值在本体论上仍然高于非西方价值。后现代思想，以德里达和福柯的后结构主义、后期维特根斯坦的语言游戏理论、阿多诺反同一性的否定辩证法、伽达默尔否定原意的解释学、利奥塔反大一统的宏伟叙事，以及后殖民主义等为代表，彻底解构了本体论意义上的中心的观念。这时，西方文化与非西方文化不仅在现象上的价值是平等的，而且在本体论上也是平等的。这样后现代的西方文化为全球化的哲学突破提供了一个价值论平等起步和平等对话的平台。

第二，从知识求真的角度来看西方中心论的解构。在近代，西方认为自己的宇宙本体（物质、理念、上帝）是绝对真的，而一切非西方文化的宇宙本体（中国的气、印度的梵、伊斯兰的真主）都是假的。在现代，西方认识到，西方近代所认为的宇宙本体，并不是真正的本体，而只是本体的一种显现。同样，各非西方文化的宇宙本体，也是本体的一种表现。这样，在知识论的层面，西方与非西方是平等的，但是什么是真正的宇宙本体，怎样获得这一宇宙本体，虽然人们可以参照各非西方文化来研究本体，但终究是西方用了一套一套的理论去认识、归纳、把握本体，因此，最后的本体当然最能够被西方人理解，最容易从存在者后面的存在，从意识后面的无意识，从表层下面的深层，从隐匿在现象后面的上帝等这些西方角度去体悟。不过，在现代，毕竟非西方文化的知识已不再只是迷信、愚昧、野蛮、落后的，而已上升为真理的一种显现，这使非西方和西方在本体论上处在基本同等对话的水平上。到后现代，西方思维否定了本体的存在，存在者后面没有存在，意识下面没有无意识，表层下面没有深层，现象后面未隐匿一个上帝。这并不是说，不可以从存在者后面寻出一个存在，不可以从意识下面找出一个无意识，不可以从表层下面发现深层，不可以从现象后面窥见一个上帝；而是说，任何被找出来的存在、无意识、深层结构、上帝，并不是最后的本体，而是一定文化、民族、理论、时代因为具体的实践需要而建构起来的一个"本体"。由于世界中本不存在最后的本体，因而从真理上讲的这个本体是人虚构的。由于人在实践中和心理上需要这个本体，因而人可以从心理实用上理解这个本体，但从知识论上来说，人必须悬搁和拒绝这个本体。在以西方文化为主流文化的世界中，如果有一个宇宙本体，那么这个本体一定是由主流的西方文化所发现，所拥有，所定义的，这个宇宙本体在理论上和实践上都会"蜕变"为西方中心论的最后根据。而如果根本就不存在这样一个宇宙本体，那么，各种文化的实践，无论是西方的还是非西方的，都有了本体论上的真正的平等性。这是一种更适用于全球化的理论重建的思维方式和理论模式。从近代到现代再到后现代的思维演进，从西方文化自身来说，一步步接近客观的真实和理论的真实；从世界史整体来说，一步步使西方理论更适合全球沟通和对话，更适合各文化共同面向全球性的理论重建。

第三，从西方演进的实际路标来看西方中心论的解构。近代西方，在哲学上，以培根为起源的英国经验主义，以笛卡尔为代表的大陆理性主义，以黑格尔为顶峰的德国古典哲学，在思维方式上，具有鲜明的不同于其他文化的西方性；在文艺上，焦点透视、光影分层、色彩细腻的油画是不同于其他文化的西方独有的艺术。现代西方文化，在哲学上有存在主义的存在与存在者，精神分析中的无意识与意识，结构主义的表层现象与深层结构，在思维形式上与中国、印度和其他非西方文化的思想有了更为相似的形式。它类似于《老子》的"道可道，非常道，名可名，非常名"所表述的本体与现象的关系，相近于印度哲学中空与色之间的辩证关系，类同于伊斯兰哲学中真主自身的有无关系和真主与世界的有无关系。在艺术上，西方人放弃了最具西方特色的油画，而走向多视角、多时间的现代绘画，现代绘画的三平原则（平面构图、平面造型、平面色彩）正是各非西方艺术的主要绘画原则。因此，从思维方式和艺术形式上看，现代西方仿佛在离开自己的传统向非西方文化靠拢。现代西方虽然在哲学思维和艺术形式上与非西方有了更多的沟通，显现出了更多的相似，但在普遍的相似中，西方文化占据着主位，在更多的沟通里，西方文化扮演了主角。后现代文化，如以德里达、福柯、利奥塔、波德里亚为代表的哲学思维，以波普艺术、实验电影、口占诗、新小说、摇滚乐为代表的艺术形式，在外在形式上，与现代西方文化是一样的，但在内容上，却没有了决定形式的本体内容。因此，一方面，在外在形式上，后现代思维、后现代艺术与各非西方的思维和艺术有极大的相似性，这使得西方与非西方适合相互沟通；另一方面，在根本内容上它们又极不相同，各非西方的思维和艺术有文化本体论，而西方的思维和艺术则没有了本体论。但是考虑到全球关系中的西方主体和非西方边缘的现状，这里考虑到再加上现代性以来，非西方国家向西方国家努力学习，增加了非西方向西方沟通的信心，而西方的无本体进一步地把自己放在与非西方的平等对话上，因此，后现代西方与现代或前现代非西方的差异正好使西方与非西方进入一个更适宜全球对话的场地上。

可以说，17 世纪以来，世界史历程包含两个相反相成的方面：一方面非西方文化通过对传统的改革适应着世界的现代性历程；另一方面西方文化通过与非西方文化的对话不断地反省自身，走向与非西方文化的会通。这两方面的相互会通，到后现代时代进入了一个质的关节点，这就是一个新的全球化时代的到来。后现代思想为全新意义的全球化奠定了理论基础，全新意义上的全球化成为后现代时代的一个主色，同时开拓和提升了后现代思想的人类意义。

从全球化的角度来看，西方美学从近代到现代再到后现代的演化，表现出鲜明的不同于各非西方美学的西方特色，这体现在康德的《判断力批判》、黑格尔的《美学》中；同时，非西方的因素开始进入西方现代美学之中，一种不仅以西方的美学思想为内容而且力图把非西方的美学思想也纳入美学的理论建构之中的理论举动，成为一个较为普遍的现象。第一编里，形式主义美学的贝尔和沃林格的思想，精神分析中荣格的思想，象征符号学和格式塔心理学中关于各非西方文化艺术作品的举例，原型批评中对非西方文化艺术的论述，列维-斯特劳斯对美洲神话的结构分析等，体现出一种全球化美学的视野已经出现，并且这种全球化美学视野在一些流派里（如荣格思想）占了决定性的地位，在另一些流派里（如自然主义美学），其理论基本框架都有与非西方美学趋同之势。而到了后现代时期，非西方的美学更被普遍地纳入西方美学的运思之中，如德里达和拉康对庄子的喜爱，利奥塔对中国和日本禅宗思想的体会，德勒兹对游牧思想的推崇，詹明信对第三世界美学的关注等。因此，我们可以说，后现代时代同时也是全球化时代，后现代与全球化成为 20 世纪 60 年代西方当代美学的一体两面。从后现代看西方当代美学，西方当代美学呈现为一种西方特色；从全球化看西方当代美学，西方当代美学呈现为西方与全球的会通局面。

全球化在西方当代美学中的凸显，在后现代时代有突出的体现，这不仅体现在德里达、拉康、德勒兹、利奥塔、詹明信的思想中，更体现在后殖民美学里。后殖民美学主要以西方与东方的关系作为自己的中心，讲了东方文化如何在西方思想的观看中形成自己的形象，东方文化如何在西方文化的观看和规训中呈现出来。在后殖民美学中，从萨义德到斯皮瓦克再到霍米·巴巴，其思路的演进，闪现了全球思想的多样性光芒。有了全球化的眼光，人们审视后现代时代和回望后现代之前的现代的神学美学就开阔了。神学美学在自身的逻辑演进中，一方面把上帝与具体的各种教会区分开来，让上帝与教会，具有意识与无意识、存在者与存在、言语与语言一样的结构，进而呈现一个隐匿的上帝；另一方面这个隐匿的上帝，更接近印度文化中的梵和中国文化中不可说之道，因而神学美学在上帝与个人和世界的关系中，不断地把全球化的视域放进自己的美学思考之中，并在自身的逻辑演进中多方面地走向一种全球化美学构架，这主要在马利坦、巴尔塔萨、海德格尔的思想中体现出来。

后殖民美学和神学美学虽然有了全球化的朝向，但都还处在西方美学的基本框架之内，人们只是在这一框架里填充了丰厚的全球化内容。而在 20 世纪末期，特别是在 21 世纪初出现的生态型美学、生活型美学、身体美学，则在基本框架上，对西方以区分型为主的美学采用了批判的态度，从而汇进到非西方以关联型为主的美学之中。正是这三种美学与非西方美学的会通，使西方当代美学出现了质的变化，这主要体现在两个方面。一是美学以艺术美学为主，体系性地展开多面美学：生态型美学主要面对自然现象，从自然原则提出美学原理；生活型美学主要关注社会现象，从社会生活中推出美学原理；身体美学主要关注作为整体的人体，从身心一体中产生美学原理。这样西方当代美学展开为四大领域：艺术、自然、社会、人体。关键在于，以前，后面的三大领域不是被排斥在美学之外，就是被放到无足轻重的位置上；而现在，三种美学要入主美学的核心。这就关系到西方当代美学质的变化的另一面，即以艺术美学为代表的，近代以来一直占据主要地位的区分型美学，在后现代或全球化时代，受到了以生态型美学、生活型美学、身体美学为代表的关联型美学的挑战。区分型美学涉及从艺术美学到生态型美学、生活型美学、身体美学，好像是一种区分型的拓展，但实际上，后三种美学都把艺术美学包含其中，并且相互包含，因此，它们是在关联型的方式中成长起来的。从生态、生活、身体三大美学的成势来看，仿佛西方当代美学正在由区分型美学走向关联型美学。而且，从三大美学成势之后回头望去，以后结构和小后现代为主流的后现代美学，已经极大地突出了美学与文化的关系，呈现为一种关联型思维，但要把这一思维用在审美和艺术上，它才称为后现代美学。因此后现代美学还显现为一种从区分型到关联型的过渡。突出全球化意义的后殖民美学和神学美学，前者把美学与文化紧密地结合起来，后者把美学与上帝之光紧密地关联起来。后现代美学要突出关联型意蕴，还是要落实到具有区分型的审美和艺术上，因此，这也只能算是从区分型到关联型的居间状态。而当生态型美学、生活型美学、身体美学在 20 世纪末崛起，在 21 世纪成势之后，一方面，三大美学在与艺术美学的理论斗争中，显示出了西方当代美学自身的调整；另一方面，三大美学的关联型特征与各非西方美学的关联型特点，呈现出更大的美学共同点，暗示着全球化的互动浪潮在美学上的巨大回响。西方当代美学将在自身的调整中，以一种新的姿态进入全球化美学的互动中去。因此，这三种美学的出现，不仅意味着西方当代美学的新方向，而且暗喻着全球化美学的新方向。

关于宇宙形式美的话语，也进入了一种与中国的有无相生和印度的色空互换的会通点上，都使全球化美学对话进入了一个关键的节点。西方当代美学中在 21 世纪强势涌出、茁壮成长的新流派，如生态型美学、生活型美学、身体美学，不但给西方当代美学的走向提出值得深思的问题，而且也给整个世界美学的走向提出了值得深思的问题。而西方当代美学对于这一问题，是在西方当代美学经过近代、现代、后现代的丰富积累和曲折演进之后提出来的，这个问题不但对西方当代美学自身是一个大问题，而且对一直追随西方美学演进，进行着西方与本土结合的其他非西方文化的美学，也是一个大问题。

认识西方当代美学全球化的面相，理解和体悟西方当代美学全球化面相提出的大问题，正是全球各个文化，特别是具有悠长历史又阔步走在现代化道路上的各大文化中的美学应当面对的大问题。

第十章 后殖民美学——西方对非西方的书写

后殖民主义的出现把后现代以来的西方思想推到了一个新阶段，即把后现代关于本质的建构性、中心的人为性之思想运用于全球关系上，从理论上对作为世界主流文化的西方文化进行了根本的解构，后殖民主义颠覆了西方文化一直认为的自身理论的绝对真理性，从而不仅让人重新认识西方文化，而且也让人重新认识全球现实。后殖民理论这一称呼表明了它对西方和全球的重写是以现代性以来的历史过程为切入点和主要内容的。而它对现代性的全球扩展，又是从殖民的角度进行的。因此后殖民的理论活动是一种具有全球视野的历史重写活动，它通过重写历史来重写现实。

在后殖民主义狂潮已经沸沸扬扬了十多个春秋的 1991 年，学者们在纽约的学术会议上，对应该如何定义后殖民主义仍然莫衷一是，众说纷纭。也是在一这年，贾伊·米什拉（Vigay Mishra）和鲍伯·霍奇（Bob Hodge）发表《什么是后殖民主义》一文，对"后殖民"的概念史进行梳理。一旦学者们要以"后殖民"为旗帜去进行理论上的总结，学术上就会出现奇异现象：最先占有"后殖民"概念并形成"后殖民"话语的资料体的，是以澳大利亚学人比尔·阿希克洛夫特（Bill Ashcroft）为代表的学术阵营，他们以 1977 年发表在《新文学评论》上的《后殖民文学》专集，作为后殖民理论的起源，阿希克洛夫特、格瑞斯·格里菲斯（Gareths Grif-fiths）、海伦·蒂芬（Helen Tiffin）三人合著的《逆写帝国——后殖民文学的理论与实践》（1989）是代表性的著作，三人合编的《后殖民理论读本》（1995）和《后殖民研究关键词》（1998）是流派体系格局的实绩。这一阵营排斥萨义德作为后殖民的开创者，也并不以萨义德的后继者斯皮瓦克、霍米·巴巴作为后殖民主流。而斯皮瓦克以《后殖民批评家》（1987）一文和同名文集（1990）进入后殖民主义并进行话语争夺。在双方的学术征战和超越双方的其他各方学者的学术梳理中，特别是罗伯特·扬（Robert Young）的《白色神话——书写历史和西方》（1990）、《后殖民主义：历史的导引》（2001），威廉姆斯（Patrick Williams）和克里斯曼（Laura Chrisman）主编的《殖民话语与后殖民理论》（1993），穆尔-吉尔伯特（Bart Moore-Gibert）所著《后殖民理论：语境、实践、政治》（1997）及与他人合编的《后殖民批评》（1997），奠定了萨义德、斯皮瓦克、霍米·巴巴在后殖民理论群中的主流地位，这同时也充分肯定了阿希克洛夫特阵营的学术贡献。[①] 这一结果包含多方面的因素，也许关键因素在于后殖民理论涉及西方与非西方的关系，这样的话语能够点出西方与非西方关系的要害，并有利于生成一套西方与非西方互动的理论景观。因此，迄今为止，对于后殖民理论，无论是定义还是评价，都远不是一个业已了结的公案。鉴于后殖民理论本身的复杂性，我们对后殖民理论源流的考察，应从更宽广的视野，多角度地进行。

第一，思想史角度。我们在前面已经讲过，西方思想的演进，从近代、现代到后现代，从某种意义上说，是西方中心自我解构的历史。这里特别需要重新强调一遍的是后殖民理论对这一解构有重要意义，以及西方思想演进有两条线索。一是就西方思想的整体演进来说，从近代、现代到后现代，随着全球化的不断深入，西方思想一步步地解构西方思想的中心地位以适应世界发展的新形势。二是就后现代自身的发展而论，后结构主义标志着从现代到后现代的决定性转折，后现代理论使后现代思想扩展到整个西方文化，而后殖民主义则把后现代思想引申

到西方与非西方的关系上，它在一个最复杂的问题上，以一种最有深度的方式，使后现代思想全球化了。

第二，词汇关联域角度。后殖民主义的主词"殖民"，自然而然地使不少后殖民主义论者从伴随着资本主义扩张的全球化中的殖民主义来理出一条后殖民主义自身的发展逻辑。从这一角度来看，这一发展逻辑有两段论（殖民主义和后殖民主义）和三段论（殖民主义、新殖民主义、后殖民主义）之分。两段论背后是西方一以贯之的学术话语，是主流。三段论渗入了马克思主义和社会主义理论，是少数。但三段论讲得更清楚，因此我们用三段论的结构来叙述两段论的思想。三段论是一种用词汇史编织起来的西方殖民者与非西方被殖民者的关系史。殖民主义盛行于从西方的全球扩张到第二次世界大战后各殖民地国家纷纷独立时期，这时，西方对殖民地国家进行了政治、军事、经济、文化的全面占领和控制。新殖民主义开始于第二次世界大战后，特别是殖民地国家独立之后，西方用经济和文化方式继续对前殖民地国家进行统治。1961 年 3 月在开罗召开的第三届全非人民大会通过了一项关于新殖民主义的决议，1965 年克瓦米·恩克鲁玛（Kwame Nkruman）出版《新殖民主义：帝国主义的最后阶段》，也有学人把拉美的依附理论也算作新殖民主义的一种。[1] 后殖民主义话语是 20 世纪 80 年代开始从西方发端而流向全球的时髦话语。它对从殖民时期以来西方对殖民地影响和控制的合理性进行了本体论上的质疑。在分类学和方法论上，新殖民主义主要体现为政治话语，而后殖民主义主要呈现为学术话语，后殖民主义提出的问题切中了思想和文化的关键之处。可以说，后殖民理论是用一种新的观点和方法，去分析自资本主义殖民扩张以来，殖民者和被殖民者之间的关系，以及这种关系在殖民时期和后殖民时期（按两段论来说，后殖民主义包括新殖民主义）的演化过程。后殖民话语的重要性在于，其分析结果，像一座突发的火山，对西方传统观念和信念进行了彻底颠覆！

第三，思潮互动角度。在此伏彼起、流动斑斓、五色炫目的西方学术流派中，后殖民理论与不少流派有多种多样的关联和交叠。后殖民主义最具代表性的人物萨义德的最有代表性的著作《东方学（主义）》（1978）和《文化帝国主义》（1993）都有

---

① 参见赵稀方：《后殖民理论》，4—5 页，北京，北京大学出版社，2009。

要成"派"的趋向，但终被更合理地归结在后殖民的大伞下。后殖民理论的另一位最有代表性的人物斯皮瓦克就是一个三方面理论合一的大家：解构主义、马克思主义、女权主义。不过与后殖民理论最有交叠关系的是西方的四大流派：多元文化主义、第三世界理论、文化研究和全球化理论。多元文化主义在美国风风火火，一是因为西方 20 世纪以来的学术大背景，特别是人类学研究，强调各文化具有不能替代的独特性；二是美国有多民族移民国家的现实基础，美国精神不应只是欧洲移民带来和创造的西方理念，并以西方理念去归化其他文化移民群，而应该是多种文化，如非裔黑人的文化、亚裔黄人的文化等的共生。其核心思想，与后殖民批评一样，反对西方强势文化对真理的垄断和遮蔽。不难理解，后殖民主义与多元文化主义，在理论上和实践上都是既相互联结，又相互影响的。以美国为大本营的第三世界理论强调的是不同于第一世界的第三世界的特殊性，第三世界理论认为不能用西方的方式，而要用第三世界国家自己的方式去理解它们。从中文书刊中多次出现的詹明信《处于跨国资本主义时代中的第三世界文学》一文中，我们基本可以理解第三世界理论的旨趣。正是在强调非西方的第三世界的特殊性这一点上，后殖民主义理论与第三世界理论同声相应，多有交合。文化研究发端于 20 世纪 50 年代后期的英国，红火于 80—90 年代的西方，它对社会—文化各层面各单位的研究，扩散和覆盖了众多不同的领域，当然也覆盖到了后殖民主义的研究对象。目前被美国很多大学采用为课本的格拉斯堡（Lawrence Grossberg）等三人编的一大厚本《文化研究文选》（1992）就把后殖民主义作为一小部分列入书中。全球化理论有一个从分散的世界史到统一的世界史，时间悠长、时时更新的过程。不过，从"全球化"这一词汇本身，我们就可以感受到它与后殖民理论的关联和交叠。

第四，学派主干角度。后殖民理论的关涉重心是全球化以来西方与非西方的关系，因此它崛起和形成的基础有两个方面：一是第一世界中的学术思考；二是如罗伯特·扬指出，在第三世界的反殖民主义的写作中，范农为公认的代表。尽管后殖民理论有悠长的历史和现实的基础，但在 20 世纪 80 年代才兴盛起来，因为凭借萨义德 1978 年发表的《东方学（主义）》一书，后殖民理论才有了自成一派的思想方法。1978—1985 年，凭借美国、英国、印度的一系列学术活动和著作，后殖民理论在西方学术界从边缘进入中心。因此，学人一般讲后殖民理论，都从萨义德的这本经典著作开始。在这一意义上，第一世界中的学术思考，构成了后殖民主义的理论核心，使全球的后殖民理论从背景进入前景。与当代西方任何学派不同的是，后殖民主义的理论大家，特别是与阿希克洛夫特阵营不同的萨义德一线，都具有双重身份，他们既是西方学院里的知名教授，又是第三世界国家的后裔。萨义德，巴勒斯坦裔；斯皮瓦克，印度裔；霍米·巴巴，印度裔；霍尔（Stuart Hall），牙买加裔等。这种双重身份带来的双重关怀使后殖民理论显现出一种特殊性：既是西方思想传统的逻辑性继续，又跨出了单纯的西方思想演进路程，从而为全球性思考提供了一个新的出发点。也许正是这一点，使萨义德一线成为后殖民理论的核心。

第一节　萨义德与后殖民主义的理论基石

萨义德（Edwaed W. Said，1935—2003）作为后殖民理论最主要的人物，从本书的角度来说，主要在两个方面有重大贡献：一是《东方学（主义）》（1978）对西方殖民扩张的理论建构进行了深刻的揭示，从而奠定了后殖民理论的一般基础和方法论原则；二是《文化与帝国主义》（1993）指出了西方文学叙事与帝国主义事业之间的关系，从而为后殖民理论的美学分析提供了经典模式。我们理解前者，就可以得到后殖民理论的核心内容；知晓后者，就可以看到后殖民理论的美学主旨。

一　萨义德理论的核心

东方学是伴随着西方的全球扩张而形成的一种关于东方的学问。西方把自己区别于东方，让自己去认识东方，这并不始于现代。轴心时代以来，地中海文化就是一个诸文化争战之地，整个地中海文化的演进，展现了两个方向：一是克里特-迈锡尼-希腊-罗马方向，这一方向在古希腊时达到了质的突破，这个方向被称为"西方"；二是埃及-赫梯-亚述-希伯来-波斯方向，在波斯帝国时文化达到鼎盛，这个方向被称为"东方"。萨义德指出了在古希腊的荷马史诗《伊利亚特》里，东方和西方的区分就已经很清晰，而埃斯库罗斯的《波斯人》和欧里庇得斯的《酒神的女祭司们》，为西方人塑造了作为东方代表的波斯形象。尔后，随着历史的进一步演化，在地中海诸文化的进攻与退却、征服与反征服、分裂与重组的复杂多样的变动中，希腊和希伯来合成了以西欧为核心的西方，伊斯兰文化形成了以西方为对立面的东方。在东西方的冲突中，萨义德举证了，从《罗兰之歌》到但丁《神曲》的文献资料里，东方一直被书写成一种异质而不善的形象。现代性以前，西方中的东方还不是东方学的内容，而只是东方学的历史来源，任何人都可以看出，这时的西方中的东方形象只是一种文化对另一种文化的唯我所想的产物，并不是一种科学定义，不可能也不需要对东方的理解是完全客观和正确的。但萨义德对东方学进行历史的回溯，他要从历史中看出西方的思维惯性，从现代性以前对非学科型的东方形象的歪曲来暗喻现代性以来的以学科形式出现的东方形象仍然没有摆脱被歪曲的事实。西方文化中的东方形象包括本质不同的两个阶段，即以现代社会在西方兴起并向全球扩张为界线分前后两个阶段，东方学是后一个阶段的特征。所谓"学"，就是一种科学形式的知识形态。萨义德要做的，就是对这种以科学形式出现的东方学的真理性进行解构，还原其非真理的本来面目。

萨义德的理论，如果用最精练的词和有逻辑层次的言语总结出来，可以归纳为三点。

第一，东方知识：学还是主义。随着资本主义在西方兴起并向全球扩张，西方以政治、军事、经济、文化、民间等多种形式进行世界性的实践活动，开拓越来越大的地理空间，改变了越来越多的文化活动。西方的军人、殖民官员、外交家、科学家、新闻记者、旅游者，考察队、冒险家等各色人的亲身经历、见闻、感受、思考、言说、写作，构成了西方文化中人们在新的历史时期关于东方的话语，再加上政治家、思想家、学者、文化人的逻辑思考、理性想象和理论建构，配合西方教育机构和科研机构的学科建设和机构设置，形成了西方文化中的东方学。学，是对事物本质的理论性认识，也是对事物本质的科学性表述。由于西方文化成为世界的主流文化，因此西方的东方学也变成了关于东方的科学性定义。然而，萨义德认为，西方人对东方的认识，是以西方文化为知识背景和基础的，是以西方科学为标准的，是以西方思维为运思方式来进行总结的。因此，西方的东方学是西方对东方的"言说""书写""编造"，在这套话语中呈现出来的东方，只是西方人心中所认为的东方，并不是也绝不可能是真正的东方。进一步说，西方对东方的言说和书写，在认识东方的同时也遮蔽和歪曲了东方。在这一意义上，虽然西方的东方学是以一种"学"的形式出现的，但其实并不是"学"，而是一种"主义"。如果说"学"意味着一种科学，强调的是客观性，那么"主义"是一种主张，突出的是主观性。萨义德著作的名称，用 Orientalism 来指东方学，正是为了昭示其只代表西方认识的主义性质：东方学（Orientalism）并不是一种纯客观的学术话语，而是一种渗透着西方文化"偏见"的主观话语，是东方主义（Orientalism）。东方学与东方主义是二而一、一而二的东西。面对东方学，人们应该看到其主义实质，而东方主义又表现为学的形态。为什么"东方学"必然和只能变成"东方主义"？关键在于东方主义（是主观的）。

第二，东方主义：知识还是权力。西方人没有真正认识东方，也不可能认识真正的东方，这只是从认识论的角度来考虑问题。对萨义德来说，更重要的是，东方主义不是一个知识的问题，而是一个权力的问题。西方人关于东方的东方学（主义），并不是要达到一个关于什么是东方的带有真理性的知识成果，而是要通过一种关于东方的言说、书写，以真理的形式去定义一种有利于西方的西方与东方的关系。东方学（主义）本就是在西方扩张的殖民活动中建立起来的，并直接和间接地服务于这一殖民实践。因此，东方学（主义）的核心是西方的权力。东方学（主义）以知识的形式支持西方的扩张有理、侵略有理、殖民有理。这里，萨义德运用了后结构理论家福柯关于知识即权力的理论和马克思主义理论家葛兰西关于文化霸权的理论来说明这个问题。福柯认为以什么为知识，本身就包含权力的运作，一种观念被确定为知识，它就拥有了支配、排斥、打击那些被认为是非知识和反知识的观念和行为的权力。葛兰西认为某些文化形式可以取得支配另一些文化形式的权力，正如某些观念比另一些观念更有影响力，这种起支配作用的文化形式就是文化霸权，文化霸权不像国家机器那样以强制方式运行，而以被支配者自愿赞同来达到支配目的。因此体现文化霸权的东方学（主义）是学术服务于现实政治的典范。这里的关键，已经不在于，从知识蜕变为权力是西方人的主观追求还是客观结果，而在于，知识本身就是与权力连在一起的。把什么东西定为知识，以什么作为检验知识或非知识或反知识的标准，背后都包含着文化的理想和权力的运作。西方人在认识东方，形成东方学（主义）的同时，就把包含价值观、运思方式、检验标准于其中的科学形式扩展到东方了。因此，东方学（主义）不是东方的一部分，而是西方的一部分。作为西方的一部分，东方学是使西方全球扩张合理化的知识论证明，从而东方学是一种文化帝国主义。

第三，文化帝国主义。西方向全球进行经济、军事、政治、文化扩张的一个基本信念就是西方文化不仅是西方文化，而且具有全人类的普遍性。西方文化本身就是一种全人类的标准。它给全人类带去的是现代性的福音。作为西方文化一部分的东方学（主义）就是以西方文化作为普遍标准去看待、分析、定义东方的，但我们发现东方学在各个方面、各种指标上低于西方（即全人类）的标准。19世纪的东方书写者，从历史学家赫南到思想家马克思，从最严谨的学者雷恩和萨西等到最有想象力的作家福楼拜（G. Flaubert）和内瓦尔之辈，都看到了东方的异质性、落后性、柔弱性、懒惰性，都认为东方需要西方的关注、重构和拯救。[①] 东方学（主义）在本质上是西学，为西方文化的全球传播提供了科学和道义的支持；在形式上的东方学（主义），为西方人如何"提高"东方提供了理论指南；它集东西方为一体，从而在理论上述说了全球（包括东方在内）关于"东方如何""东方应如何"的理论结构、学术研究和日常话语。

二　东方学：历史与演进

从学到主义，从知识到权力，都呈现为一种从现象到本质的逻辑推理过程，但它们来源于一种动态的历史活动，即西方向全球扩张的殖民主义活动，或者用萨义德更喜欢的词即帝国主义活动。东方学（主义）诞生于西方的全球扩张，并随着这种殖民主义的发展而发展、完善、定型、丰富。因此，我们只有抓住帝国主义的殖民活动这一核心，才能理解东方学（主义）的真正意义。资本主义向外扩张是欧洲列强的共同活动，但几个世纪以来，英国和法国成为最大势力的殖民帝国，因此，英法主导了东方学（主义）的发展，两次世界大战以后，英法地位下降而美国地位上升，

---

① 参见［美］爱德华・W. 萨义德：《东方学》，北京，生活・读书・新知三联书店，1999。

美国又成了东方学(主义)的老大。随着西方殖民的扩张，东方不再是一个主要指涉伊斯兰地域的概念，而是内涵不断扩大的概念。印度文化大量进入东方学(主义)，中国文化源源不断地进入东方学(主义)，从伊斯兰文化的近东到中国文化的远东再到一切帝国主义的强力所及之处，无不为东方学(主义)所进入、所影响。从纯地理的角度来看，研究领域有非洲学、有美洲学，但非洲和美洲的文化还未进入高级文明阶段，而伊斯兰、印度、中国文化圈却有千年的辉煌史，实际上，与西方文化进行文化较量的，是这些可以真正称为东方的历史悠久的文明。西方对真正的东方进行科学抽象和形象定位，用东方学(主义)的方式把东方知识化和范型化，这种东方知识和东方范型也适用于所有非西方文化。因此，东方学(主义)不仅是一个关于东方的东方之学(主义)，从本质上说，它也是一个关于一切非西方的非西方之学(主义)。正因此，萨义德《东方学(主义)》实质上是揭示一切帝国主义、殖民主义的理论话语究竟为何物的理论，从而《东方学(主义)》成为后殖民理论的基础。

东方主义有很多表现形式，有雷恩那样的科学形式的写作，有夏多布里昂那样的个人性写作，前者用的是逻辑和论述的方式，各个学科关于东方的知识(语言、词典、种族、历史、宗教、仪式等)都可以归于这一类型；后者用的是体验和想象的方式，各种文学、艺术、游记、印象等都可以归于这一类型。前一种方式多为英国人所采用，因此也可以称为英国风格；后一种类型多为法国人所运用，因此也可以称为法国风格。前一种写作类型是通过各种事实材料得出的一种总体性描述，即给东方进行一种超越个别而又适用于个别的普遍性定位；后一种写作类型以个人的经历、感受、体验为基础，进行艺术的典型化，从而塑造出一种看似个别而其实包含着一种普遍性的东方形象。这两种书写东方的方式互为补充，相互支持。东方学(主义)作为一门学科的知识积累，基本上是以这两种相互作用的方式来进行的。启蒙时代以后的学术，不是依靠宗教权威，而是对以前的权威进行引证，并在科学的名义下对权威进行评论，从而使学术得到进一步发展。正如学术研究是在一定的研究成规之内进行选择性的集聚、移置、滤除、重排、固持的过程，形象塑造同样是在一套已有的形象体系内进行继承、添加、变异、置换。因此，在前一个方面，我们看到，伯顿(R. Burton)在论及《天方夜谭》和讲述埃及时，引证雷恩，又上溯到雷恩的前辈；在后一个方面，内瓦尔的《东方之旅》

通过拉马丁(Lamartine)，又走向夏多布里昂(Chateaubriand)。历史的累积与演进形成了东方学(主义)的学统。这个学统为西方的扩张与殖民活动所暗中主宰，东西方的文化差异在现实的权力弱与强对比的背景中，已经前定地决定了东方学(主义)的结论。而每个具体的书写者只是用自己的特点、才华、智慧去印证和丰富这一结论，并让这个结论与时俱进。在 20 世纪，英国派的代表人物是吉勃(H. A. R. Gibb)，他把英国东方学(主义)关注一致性、正统性、权威性的特点发挥到时代的高度；法国派的代表人物是路易·马西农(Louis Massignon)，他突出了法国东方学(主义)在两次世界大战时期关注异端性、怪异性、精神性的特点。最主要的是，吉勃和马西农的风格独特的著作重新概括了东方学(主义)写作的历史，把具有众多风格的学科历史总结成了一种具有专业规范的学术形态。从第一次世界大战到 20 世纪 60 年代早期，东方学(主义)写作的三种形式，百科全书式、文选式、个人札记式，在这两位东方学大家的运作中向三个方向推进：一是专业领域，如针对专家的《剑桥伊斯兰史》之类；二是非专业机构，如面向初级语言训练的《阿拉伯文选》之类；三是能够制造轰动效应的新闻界。两位大师的权威性也在这三方面的推进中得到了确立。之后，随着英国和法国在世界政治舞台上的中心地位被美国取代，东方学(主义)的领先地位也由欧洲转移到了美国。一个巨大的利益网将所有前殖民地国家与美国联系在一起，东方学(主义)在美国有了一个新名称：区域研究。日本、印度支那、中国、印度、巴基斯坦、伊斯兰和阿拉伯等众多非西方的区域，因各种原因被讨论，被讲述，被表达。各路专家拥有关于自己所研究区域的知识，并对这些区域具有发言权。他们被用来服务于政府或商业。尽管美国的东方学(主义)有不少新的特点，它吸收欧洲东方学(主义)的研究传统，并将之规范化、本土化、大众化。大部分美国学者、研究机构、话语风格和研究走向都与欧洲传统具有内在的一致性，即呈现出一个西方人的东方。

三　东方学的实质与美学叙事

东方学(主义)发展的不同阶段及其外在变化，一是与对东方社会、语言、文学、历史所做的明确陈述相联系，二是与各个言说者和书写者在谈到这些东方客体时的体裁、风格、方式相联系，从而呈现出一种东方学（主义），即显在的东方学（主义），它是根据时代、局势、境况的变化而变化的。在显在的东方学（主义）的下面，存在着一个隐在的东方学（主义），这是一个不变的、稳定的、持续的、堕性的东方。这个隐在的东方是东方学（主义）所认识到的关于东方的深层结构。整个东方学（主义）关于东方的话语，是从各个西方学科，如语言学、词汇学、生物学、人类学、历史学、政治经济理论、文学创作等中建构起来的，并且是在西方历史发展中的确建构成了的，这就是关于东方的本质。这个本质一旦形成，就左右了所有西方人，包括最有思想和智慧的理论家和最有创造力的文艺家对东方的思考。

因此，东方学（主义）是一个多面物。首先，它是一个学科，拥有源远流长的学术传统、相当规模的学术机构、名扬四海的著名专家；其次，它是一种思维方式，当有人需要思考东方的时候，它就会让这个人知道如何思考；第三，它是一种处理东方的机制，这种处理是通过做出对东方相关的陈述，对东方的观念进行权威裁决，对东方进行描述、教授、殖民、统治等方式来进行的。总之，东方学（主义）服务于西方对非西方的霸权，它以科学的形式左右人们的思维，以科学的名义对非西方进行有利于西方的处理。

在西方的各学科各领域同心协力为西方的殖民扩张共创东方学的过程中，美学叙事占有重要的地位。萨义德（又译为赛义德）说："叙事在帝国事业中发挥了重大作用，所以毫不奇怪，法国，尤其是英国，有着一脉相承的小说传统。"[①] "因此，我说，如果没有帝国，不会有我们所了解的欧洲小说，的确，如果仔细研究欧洲小说的发展动力，就会发现一种绝非偶然的聚合。一方是小说的叙事权威模式，另一方是潜存于帝国主义倾向里的复杂的意识结构。"[②] 从帝国主义的殖民扩张活动，即从西方与非西方的现代关系来看待西方小说的历史，是萨义德从东方学（主义）出发给美学带来的一个新视点。英国从 16 世纪开始到第一次世界大战时

---

① 《赛义德自选集》，176 页，北京，中国社会科学出版社，1999。

② 同上书，229 页。

期，成为世界的主宰，与之相应，英国产生并维持了在欧洲无可匹敌的小说制度。笛福(Daniel De-Foe)的《鲁滨逊漂流记》开英国小说的先河，这部小说的叙事风格与形式都与16—17世纪的旅行探险这一殖民帝国的活动有关，鲁滨逊作为一个新世界的开创者，使一种海外扩张的思想明晰化了。虽然乍一看来，在17世纪到19世纪中期的小说中，英帝国的海外活动，并没有作为一种主调出现，但萨义德告说，只要用一种对位解读方式，就可以看出文本与文本外的关系，同时通过解读这种关系，我们就会理解文本中表面看来不起眼只起暗示作用的相关部分在文中(决定文中的主要基调)和文外(决定文本如此的帝国主义背景)的重要意义。

关于对位阅读，萨义德归纳为三点。一是必须理解作者在表现一些内容时所包容的东西，比如，一个生产糖的殖民地庄园，对保持英国特殊生活方式的过程是重要的。二是考虑双向过程，即帝国主义过程和反帝国主义过程，并进而扩展到文本中反对的东西。如在加缪的《局外人》中，有法国在阿尔及利亚的殖民过程，也有阿尔及利亚的独立过程，后一过程是作者反对的。三是读一个文本时，我们必须把文本中作者写到的和没有写到的都展开。三点总结起来，就是用后殖民理论的眼光去读小说，把小说文本中的内容与帝国主义的大背景有机地结合起来。我们以这一方式读下去，以前不起眼的地方突然成了理解文本的关键点。

简·奥斯汀(Jane Austen)在《曼斯菲尔德庄园》从始至终提到托马斯·伯特伦爵士的海外资产。正是这些资产使他富裕，使他有偶尔缺席的机会，奠定了他在国内外的地位，并使他终于获得心爱之人范妮的认同。在《简·爱》中，罗切斯特精神错乱的妻子伯莎·梅森不仅是西印度群岛人，而且是个被禁闭在阁楼中的具有威胁性的存在。萨克雷(R. Sacre)的《名利场》中，约瑟夫·赛得利这个粗鲁的印度地方长官有万贯家财变得可疑起来，在小说的结尾，约瑟夫·多宾安详地写着旁遮省的历史。金斯莱(C. Kingsley)的《向西方》里，那艘称为玫瑰号的漂亮轮船，在加勒比海和南美之间漫游。在狄更斯的《远大前程》中，艾贝特-马格威是流放到澳大利亚的囚犯。正是这位囚犯的财富使匹普的远大前程成为可能。在狄更斯的不少小说中，商人都与帝国相关，如董贝和奎尔普。在《艰难时世》的结尾，汤姆坐船去了殖民地等。总之，对于萨义德来说，不理解帝国，不理解海外扩张和殖民，就不能使英国小说得到完全的说明，其内在精神就难以体现。

如果说，19 世纪中期以前，帝国和殖民在小说中还只是表现得时现时隐，那么，在这之后，帝国就从背景似的存在进入前台，成为哈加达、吉卜林（J. R. Kipling）、多伊尔、康拉德（J. Conrad）等人的作品主题。对帝国的自觉意识在英国小说中的从隐到显，从少到多的过程，是一个具有内在逻辑的发展过程，一个有机的连续过程。"可以说，吉卜林和康拉德是由奥斯汀、萨克雷、笛福、司各特以及狄更斯准备出来的。"①通过对以英国小说为代表的欧洲小说的考察，萨义德从后殖民观点出发，得出了如下结论：19 世纪的欧洲小说不但是一种强化现存权力的文化形式，而且使这一权力得到完善和表达。在每一篇小说中，海外经验都是具体的、独特的，但正是这种个体的经验激活、表达、体现了帝国本土与海外的关系。小说家们把掌握海外权力和特权，与国内的相应活动联结在一起。小说以文学形式实现了对海外领土的美学控制，从而形成了帝国的一体化景观。当奥斯汀把伯特姆的海外财富视为合法的，把平静、有序、美丽的曼斯菲尔德庄园看成它的自然延伸，看作边缘资产对中心资产的一种经济支持时，小说维持着帝国广大空间中的道德秩序。

萨义德正是这样，以自己特有的方法，对经典欧洲小说进行了后殖民主义的细读，形成了后殖民理论的美学分析典范。

第二节 斯皮瓦克与后殖民理论的扩展

萨义德理论里，有一个重要的思想贯穿始终，这就是，在西方强权的笼罩下，东方没有了说话的权利，东方不能言说自己，而只能让西方代言。东方学就是东方的代言者，虽然东方在东方学那里找到了自己的定义，但这一定义并不是自己真正的定义。斯皮瓦克（Gayatri Chakravorty Spivak）把西方（主流、中心、支配）与非西方（非主流、边缘、被支配）这一关系中的"非西方不能说话"这一后殖民理论的基本原理，运用到人类文化的所有方面，把后殖民的问题变成人类性的问题，

---

① 《赛义德自选集》，235 页，北京，中国社会科学出版社，1999。

同时使人类性的问题进入后殖民领域，提示了后殖民理论中的另一个核心问题，即失语的被压迫者。

一　失语的被压迫者

后殖民主义主要涉及的是由帝国主义殖民所带来的种族问题：欧洲人（白人）与非欧洲人（有色人种）。除了这一分类之外，还有一个阶级问题，斯皮瓦克也是个马克思主义者，马克思在《路易·波拿巴的雾月十八日》一书中，讲了法国的农民不能自己代表自己，只能让一个叫波拿巴的国王来代表他们。而这个在本质上异于农民的代表并不能真正地理解农民，从而也不会说出农民们想说的话。斯皮瓦克是印度裔，印度社会自古以来是一个种姓社会，该社会分为四大种姓：首先是婆罗门，主持宗教事务的种姓，地位最高；其次是刹帝利，国王和武士属此种姓；再次是吠舍，从事农业和商业等经济活动的种姓；最后是首陀罗，从事工匠一类事务的种性，为上述三个种姓服务。种姓制度讲究纯洁，是哪一种姓的人便永远为这一种姓，同种姓才能通婚，不同种姓的交合所生的子女，成为非种姓的人，被列为最低贱的一类，称为贱民（The Subaltern）。贱民被社会和文化定义为"贱"后，就永永远远地"贱"了下去，贱民自己是不能说话的。因此，从阶级的角度来看，"贱民能否说话"就是一个典型性的问题。从有说话权与无说话权的角度来看，除了种族问题、阶级问题外，还有一个性别问题。斯皮瓦克是一个女权主义者，特别关心妇女问题。自父系氏族社会以来，印度社会都是一个男权社会，一切都被男人所支配。男人书写着女人，男人主宰了关于女人是什么和女人应当是什么的话语。从萨义德的理论原点出发，我们可以看到，一切弱势群体都被剥夺了话语权，都不能自己表现自己、言说自己、书写自己，都在被他人表现、言说、书写。但在斯皮瓦克看来，所有失语者总归起来，无非三类：种族、阶级、性别。被压迫种族（如黑人）、被压迫阶级（穷人）、被压迫性别（女人），都是不能说话的，都是哑言群体。正像萨义德揭示了不像西方话语所言说的那样，东方人产生对东方真相的关怀一样，斯皮瓦克指出，被压迫种族、阶级、性别并不如人们以前所书写、所言说、所认为的那样，从而使人们对这些被压迫者的真相有了一种关怀。

斯皮瓦克在《贱民能说话吗？》（1981）一文中，用印度文化中"寡妇自焚"的例子较深刻地说明了这一问题。寡妇是女人，印度寡妇是殖民地中的女人，如果她还是低等种姓中的寡妇，她就具有了三重意义。斯皮瓦克说过，在当今文化中，如果你是一个黑人，这是一重不幸，同时你又是一个穷人，这是两重不幸，同时你还是一个女人，这是三重不幸。印度寡妇自焚正是这种三重不幸中的典型事例。印度妇女在丈夫死亡后，登上丈夫的火葬堆以身殉夫是印度某些地方的一种习俗。这种习俗在西方人看来是如此的不人道。白人从褐色人手中救出褐色妇女，这是我们在凡尔纳小说及其电影《环绕地球八十天》中看到的一个情节，同样也成为白人在印度立法实践中的一部分。但是印度土著保护主义者的观点认为，白人的观念是错的，白人的"救"并不具有白人所想象的那种道义性。因为那些以身殉夫的妇女实际上自己甘愿走向死亡，以实现自己的人生理想，这种理想是与传统和宗教的观念相一致的。斯皮瓦克对各种典籍的相关论述和实际存在的状况进行分析，指出这一问题的复杂性。总而言之，西方人仅从白人的眼光去看这一现象，遮蔽了妇女实际的处境和心境。这里并不是说"救"没有一种道义，而是说这种道义究竟在多大程度上符合殉身妇女的实际，是有疑问的。同时，印度土著保护主义的观点也是对妇女真实的处境和心理的一种遮蔽。他们是从传统和习惯的崇高性上来看待这一问题的。这种传统也确有其崇高性的一面。但这种传统和习惯本身就是对妇女的一种压迫。这里问题的关键在于：以身殉夫的妇女能说话吗？她们不能说话！白人的话语有一整套西方传统、权力、观念体系来支持，他们一说话，就有整个文化在响应，他们可以一下就占据话语的高位。同样，印度土著保护主义者也有一整套传统作为后盾，他们一说话，也有整个传统和习惯发出共鸣，同样占有一个有利的话语位置。而以身殉夫的妇女呢？她们从来就被剥夺了说话的权利。传统从来没有为她们的真实处境和心境提供一套与之相适应的话语，她们找不到表达自己真实处境和真实地表达自己的语言。她们偶尔找到了，这种语言也不会被认为是她们真实的表达或表达了真实的她们。人们相信的只是主流话语和传统话语。在主流话语和传统话语的重压下，以身殉夫的妇女说不出话，也无话可说，只有任凭别人代表她们说话，尽管这种代表只是对她们真实情况的遮蔽。萨义德呈现出了"东方不能说话"的现实和理论逻辑，为后殖民理论奠定了理论基础。当斯皮瓦克把后殖民理论扩大为"贱民（受压迫的种族、阶级、性别）不能说话"时，后殖民理论已经有了一种天下情怀。一旦受压迫的阶级和性别进入后殖民理论，受压迫的阶级和性别便在某种程度上纠正着后殖民理论的某种不足。当我们问什么是真实的东方时，一些东方人容易走入东方人自身言说的东方就是真实的东方的误区。当问什么是受压迫阶级的真实想法和什么是受压迫妇女的真实心态时，我们就明白了，真实的东方不等于东方自身的言说。西方人说的东方当然会遮蔽真实的东方，东方人说的东方也不见得不会遮蔽真实的东方。

二　《简·爱》故事的后面

从贱民不能说话可以知道，没有说出的才是真正重要的。这给了斯皮瓦克一种研究方法，观看文学文本，这典型地体现在她的代表性论文《三个女性文本和一种帝国主义批评》（1985）之中。作为后殖民理论家，斯皮瓦克与萨义德一样，把现代小说与帝国主义联系在一起；作为女权主义者，斯皮瓦克又揭示了女性的命运与帝国主义的内在联系。斯皮瓦克把三个小说，勃朗特（C. Brontë）的《简·爱》、简·里斯（Jean Rhys）的《藻海无边》、玛丽·雪莱的《弗兰肯斯坦》，并置在一起，要通过三个文本的互文性比较看出每一文本中没有说出的东西。斯皮瓦克认为，在帝国主义时期，帝国主义构成了所有小说的话语场，只有联系这个话语场，我们才能突出小说的文化实践和文化意义。第三世界构成了帝国主义不可分割的一部分，帝国主义的殖民过程，同时也就是使第三世界"世界化"的过程。所谓世界化，就是以前世界上分散的各文化进入了统一的世界文化，这个世界文化是由作为帝国主义的西方文化领导的。殖民地作为第三世界本属于另一个遥远的世界，具有另一种文化，因此，第三世界作为西方的他者，既是帝国主义殖民和剥削的对象，又有需要发现和阐释的丰富的文化遗产。正是由于这种二重性，现代西方小说一方面言说着帝国主义的殖民公理，另一方面又必然存在着这一公理在指涉第三世界时的不完全性。这里有疑窦和空白。这疑窦和空白是由受压迫文化和受压迫的人不能说话形成的。

斯皮瓦克从《简·爱》开始谈起。这部西方经典历来被看作妇女个人奋斗的历程。这仅从西方文化内部来看，并把西方文化内部的主题作为人类的普遍性主题来看。这一主题包含两个方面：性（的繁殖）与灵魂（的塑造）。在斯皮瓦克看来，内蕴着这两个方面的主题，既有西方文化的主题，又有关系到第三世界的帝国主义的主题。从后一角度来看，《简·爱》的真正意义才暴露出来。在《简·爱》里，首先，有一个家庭/反家庭的结构组合，这表现在作为合法家庭的里德一家和简，简这个后来的里德的外甥女代表着一种近乎乱伦的反家庭角色；也表现在布罗克赫斯一家，他们经营着简被寄送去的那个学校，是合法家庭；而简、坦普尔小姐、海伦·彭斯，都是不合学校规范的反家庭人物。随后，罗切斯特及其已疯的夫人，是合法家庭；而罗切斯特和简则是非法的反家庭组合。可以加在这条主题链上的还有，罗切斯特与塞琳·瓦伦斯是结构上的反家庭因素，罗切斯特与布兰奇·英格兰姆是合法关系的掩饰，依此类推。根据故事的发展，简从反家庭的位置移到了合法家庭的位置。紧接着，简将一个完整的家庭变成了不完整的兄弟姐妹群体，这就是里弗斯一家。最后简、罗切斯特及其孩子构成了完整的合法家庭。这是一个关于性与种族的主题。但是在整个叙事中，简是如何从反家庭的位置进入合法家庭的呢？这里关键的就是罗切斯特的疯夫人伯莎·梅森，她是牙买加的克里澳人（非西方）。在简的眼中，梅森是这样的：

> 在屋子的最远一头，很深的阴影里，有一个形体跑来跑去。那是兽还是人，第一眼我们是说不清楚的：它似乎爬行着，它像奇怪的野兽一样，急抓咆哮。但它却穿着衣服，有许多深灰色的头发，像马鬃一般蓬乱，遮住头和脸。

梅森这个来自非西方的女人只有人的外在符号（夫人），没有人的灵魂（疯子）。因为她没有正常心理，形体也显得像兽。西方主题变成了帝国主义的主题，康德说过，只有人这样的理性动物才以自身为目的。西方殖民的宗旨就是"使异教徒变成人"。在《简·爱》中，约翰·里弗斯的故事起了点题的作用。他的雄心和使命，就是在殖民地中"要改善他们的种族，要向无知的领域传播知识，要以和平代替战争，以自由代替束缚，以宗教代替迷信，以天国的希望代替地狱的恐惧"。因此，性的生殖与灵魂的塑造在西方女人简身上的成功与在非西方女人梅森身上的失败是联系在一起的。梅森，一个非西方女人，在帝国主义话语场中被做了如是的书写。关键在于，她不能说话，既使她说话，说的也是"疯话"。

里弗斯被《简·爱》中的梅森所感动，决定要对她进行重新书写。于是梅森在其小说《藻海无边》中重新出场。《简·爱》的空白处得到了填充。梅森是在牙买加解放时期成长起来的克里奥的白人孩子，名叫安托内特。在帝国主义的殖民语境中，安托内特处于帝国主义和黑人本土文化之间的矛盾冲突中。在成长过程中，她与黑人小女仆是亲密伙伴，这位黑姑娘像一面镜子一样映出她自己，暗喻着黑人本土文化对她的熏陶。当她长大之后，在帝国主义的大背景下，她遇上了英国白人的爱情，这并不是真正的爱情，而是以合法婚姻为假面的牢狱。罗切斯特把安托内特粗暴地改名为伯莎，暗示着即使个人或人的身份这样隐秘的事情，也能由帝国主义的政治来决定。在斯皮瓦克对《藻海无边》的读解中，安托内特的悲剧在于，她把在一个特殊的文化冲突语境下成长的自我（牙买加的白人后裔），认作一个他者（罗切斯特的伯莎）。在《藻海无边》的最后，安托内特重演了《简·爱》的结局，将自己认作桑菲尔德庄园里的鬼魂。因此，安托内特在多重的矛盾中煎熬。在现实中，她是罗切斯特的伯莎，即她努力想成为的他者；在梦境中，她挂念的是童年的黑仆女伴，这表现出她对原来自我的固执。在安托内特努力将自己他者化又不可能完全他者化的过程中，她不由自主地走进了一种由现实给予她的生命逻辑：她必须放弃自己的权力，将自我演化成那个假想的他者，放火烧掉房屋，烧死自己。这样，简才可能成为英国小说中女权主义和个体主义的英雄。正像《简·爱》中，里弗斯显得外在于主故事，但又确实对主故事起了点睛的作用。在《藻海无边》中，克里斯托芬的故事有些外在于主故事，但对主故事却至关重要。克里斯托芬，这个安托内特的黑保姆，不是牙买加土著居民，而是从马丁尼去的，她是安托内特的父亲送给她母亲的礼物之一。正像《简·爱》中里弗斯的话表明了帝国主义的公理一样，在《藻海无边》中克里斯托芬对罗切斯特说的话呈现出了罗切斯特与安托内特关系中曾被遮蔽的东西：

> 她是一个克里奥姑娘，她心中有阳光。实话告诉你吧，并不是像他们告诉我的那样，是她跑到你的美丽的房子当中求你娶她。不是的。是你，千里迢迢地来到她的房子里——是你，求她跟随你结婚。她爱你，她把自己的一切都给了你。现在，你说你不爱她了，你把她毁了。你拿她的钱干什么去了，嗯？

但是，这个罗切斯特所说的揭示了某种东西的克里斯托芬，很快地就被作者逐出了故事之外，既无叙事上的交代，也无人物性格上的解释。因此，虽然她揭示了某种东西，但由她这样一个外在于主故事的人物来揭示的东西本身就包含着某种东西，此其一。其二，她揭示的东西难以被证实就是安托内特自己要说和能说的东西。

三 《弗兰肯斯坦》中的怪物

现在我们来看《弗兰肯斯坦》。这部过于说教的小说，明显地表现了帝国主义的观点。第一部分的三个人物，可以说是康德关于人类主体三部分的象征。维克多·弗兰肯斯坦象征纯粹理性或自然哲学的力量，他痴迷于科学研究。亨利·克勒弗象征实践理性或事物的道德关系的力量，他计划游历世界，学习波斯语、梵语、阿拉伯语，熟悉那里的社会，以便为欧洲殖民主义和贸易事业尽力。伊丽莎白·拉文萨代表审美判断，是诗人的虚幻创造。小说复述了康德的思想：审美判断是联系自然概念王国和自由概念王国之间的最合适的纽带。对斯皮瓦克来说，小说最重要的是在帝国主义思想框架下，出现了两个意味深长的人物：一是莎菲，二是怪物。

莎菲是受到基督教教化的阿拉伯人。她的母亲是基督徒，在她母亲眼中的世界显得美好而又道德。她的穆斯林父亲则既狡诈又卑贱。她自己认为住在土耳其是一件可怕的事情。已经尝到了妇女解放滋味的莎菲是不可能再回到原来的家庭中去了。《弗兰肯斯坦》里的莎菲，与《藻海无边》中的安托内特·梅森一样，处在两种背景之中，两种观念之中。这里使我们看到安托内特·伯莎形象在帝国主义文学中的普遍性，同时也显现出了这一形象的多重向度。处在两种背景、文化、观念的影响和冲突之中，是这两个人物的共性。但莎菲把这种冲突表现得激动人心，这是由弗兰肯斯坦怪物般的同性恋儿子来深化的，怪物是痴迷于科学的维克多·弗兰肯斯坦在实验室中用科学原则创造出来的。当西方步入和面对广大第三世界殖民地文化时，这些文化在西方的科学面前不都显现出"怪"吗？因此，在某种意义上说，"怪"是由西方科学"创造"的。那个怪物只是一个有形的躯体，而非自然的创造物。在怪物的记忆中，弗兰肯斯坦没有确定的童年，所有过去和现在都成了一个黑点，既暗黑又空洞，他无法从中辨认出任何东西。《弗兰肯斯坦》是以多重结构的书信体形式书写的。关于怪物的叙事，就是弗兰肯斯坦偷偷地学着做人的过程。他读弥尔顿的《失乐园》，认为书中写的是真实的，读普鲁塔克的《名人传》也认为其内容是真实的，他分不清虚构与真实。可见他受西方教育却学不会西方文化最基本的东西：分辨真与假。他读冯尼的《帝国的没落》，希望自己能写一部启蒙以后的普遍的世俗历史，而不是欧洲中心的基督教历史。西方的影响总不能产生应有的效果。他偷听莎菲的教诲，却没有像莎菲那样心向基督。弗兰肯斯坦试图驯化怪物，用法则对他进行教化，但这位科学家终于明白，科学在他身上毫无效果。弗兰肯斯坦说：

> 我会尽我的全力。如果我能够抓住那个怪物，我一定要让他忍受相当于他罪孽的惩罚。但是我害怕，根据自己对那个怪物特征的描述，这种惩罚将是不可能的。因此，如果我们用常规的方法来处理他，就要做好失望的准备。

怪物不能够为西方科学、知识、文化所把握。因此，怪物之"怪"敞开了由莎菲的"疯"所隐藏的问题。作品是这样来处理三个主要人物的：弗兰肯斯坦的结局是死亡；华顿以写信人的身份结束了自己的故事；在作品的结尾，那个怪物，承认了自己对于自己的创造者的罪过之后，决心自绝，隐匿到冰川当中去了。怪物的自绝没有在文中得到表现，从叙述逻辑来看，他消失在黑暗的远方，不能为科学所认识的"怪"是隐匿起来的。

"怪物"有自身的逻辑，但他并不能清楚地说出自己的逻辑，而具有"普遍性"的科学和知识也把握不住他的逻辑。当"怪物"自己不能说话，而为他代言的话语又不能真实地反映他的本真的时候，作品怎样才能呈现"怪物—贱民"们的真实呢？自西方殖民以来历史是一个需要重新反思的历史。

第三节　霍米·巴巴与后殖民理论的深入

萨义德的理论，容易使人问，东方本来是怎样的？斯皮瓦克的理论，容易使人问，如果贱民说话，这话是什么？这样的推论虽然能揭露为东方的代言和为贱民的代言所遮蔽的东西。但后殖民理论不会这样提问，这样提问是一种被后现代思想所批评过的本质主义和还原主义。如果他们要揭露这一遮蔽，进一步就是对遮蔽这一现象本身在整个世界现代性进程中实际是怎样的进行探讨。对于后殖民理论来说，世界现代性进程是以殖民化进程这一形式体现出来的，在世界的殖民化进程中，殖民话语的本质是怎样的？这一话语对于同时进入殖民过程的西方（殖民者或殖民地的统治者）和非西方（被殖民者或殖民地的被统治者）两者来说是怎样的？后殖民理论的另一代表人物霍米·巴巴使后殖民理论的演进朝向这一方向。在20世纪80年代，他发表了《差异、辨别和殖民主义话语》(1983)、《表征与殖民话语》(1984)、《狡诈的文明》(1985)、《奇迹的符号：1871年5月德里城外一棵树下的威权与矛盾》，显示了思维的独特路向，到90年代则以编著的《民族与叙事》(Nation and Narration，1990)和论文集《文化的定位》(1994)奠定了自己在后殖民理论中的学术声望。霍米·巴巴的理论特色，在于把西方与非西方在殖民化过程中所进行的理论建构的方式的复杂性呈现了出来，其基本原理，有利于理解在全球化过程里不同文化的互动中，特别是在异质文化之间的互动中，思想、理论、话语是怎样被建构的和怎样运行的。

一　文化互动过程中理论的混杂本性

霍米·巴巴(Homi K. Bhabha)在《民族与叙事》①一开始讲了，民族或国家

---

① Homi Bhabha (ed), *Nation and Narration*, New York, Routledge, 1990, p.1.

(nation)与叙事一样，不可能找到自己的本质性起源，只有在具体的时间中通过叙事活动和形象塑造将自己建构起来。世界现代性的历史就是由西方殖民扩张开始的众彩纷呈的全球化的新型叙事，《民族与叙事》以一篇论文的片断的方式呈现了两个世纪和四大洲的西方殖民史的活剧，不妨将它看作全球化新叙事的象征。从一种旧的观点来看，西方的殖民扩张史，就是西方给非西方带去现代化的福音史，是用西方的文明、理性、科学、基督、机器去启蒙和规训非西方的野蛮、愚昧、迷信、异教、手艺的历史，然而，霍米·巴巴在《文化的定位》中的第八篇《时间、叙述和现代民族的边缘性》，用了德里达的播散(dissemination)概念①。德里达的播散理论是从语言上讲的，一个词进入新的语境后，与语境的相互作用就会产生词义的变异，而霍米·巴巴把"播散"一词中的 n 改成大写的 DissemiNation，此词的后半部成为 nation(民族或国家)，强调了殖民主义的理论话语在被殖民的民族(国家)中的播散，同时其理论话语在与殖民地的具体环境和殖民地人民的互动中产生了变异。这里霍米·巴巴的理论特色得到了彰显：后殖民理论不仅从强大的一方遮蔽弱小的一方着眼，更从二者的互动入手，从西方殖民者与非西方的被殖民者之间的文化互动中看究竟发生了什么。这里的互动，不是现代型的——讲西方(的本质)是什么，非西方(的本质)是什么，二者如何在西方的殖民扩张中进行二元对立的斗争；而是后现代型的——讲不同文化在德里达型的差异与播散中互动，生成更为复杂的作用和反作用，从而达到(如霍米·巴巴著作的书名所标示的)新型的伴随着多种多样的位移和居间而来的"文化定位"(the location of culture)。后殖民理论所强调的自世界现代性以来的帝国主义是一个过程，是在西方列强的殖民活动中形成和发展的，帝国主义话语也是一个过程，这一过程在萨义德的《东方学(主义)》中已经呈现出来。对于霍米·巴巴来说，重要的是从帝国主义及其话语的建构过程来看自殖民主义和帝国主义以来的理论和话语的本质。

我们不妨把霍米·巴巴的提问归结为对理论本身的追问：理论是什么？在霍米·巴巴看来，理论并不是从某一原理出发推导出来的，而是从活生生的现实中建构起来的。因此，理论不是完美的、纯粹的(如同柏拉图方式、黑格尔方式、列

---

① Homi Bhabha，*The Location of Culture*，New York，Routledge，1994，p. 139.

维-斯特劳斯方式的共同精神），由逻辑原点形成公理，进而推出范畴，然后形成体系，而是理论在产生的时候和生成的过程中，像在现实中一样，包含着它的对立面。正如帝国主义的殖民理论总是包含着被殖民的他者一样。西方的东方学如果没有西方的他者——东方，就一定不完全。因此，东方学总是包含着东方于其中。因此，理论不是一个逻辑严整的总体，而是一个包含差异、矛盾、歧义、悖论的综合体。可以说，任何理论无论在表面上看起来有多么纯粹的形式，在同一性（identity）的骨子里都意味着混杂（hybridity）①。

理论是从实践中生出来的，如果理论不包含现实中的混杂，就没有影响现实和作用现实的威力。混杂是霍米·巴巴的一个重要概念，它通过指出任何理论都包含着自身的异质性于其中来反对已经为各种后现代理论所反对的总体性和同一性。后殖民理论更强调同一性，因为英文中的 identity 这个词同时就是身份和认同的意思，人、集体、民族、国家，认同某一身份，就与总体性具有了同一性。而霍米·巴巴着力要提示的就是，同一性内蕴着混杂。由于理论的结构基础是混杂，因此同一性的同一在本质上是不可能的，那些具有同一性特征的理论并不因为具有内在的同一性，而因为拥有外在的 identity（同一和身份）才显出同一性，而包含在这 identity（同一和身份）里面的同一也可以在外在上显现出来的，是由混杂而来的 ambivalence（矛盾、悖论、歧义的绞缠状态）。霍米·巴巴说：这一混杂中的矛盾状态，就其作为一个整体而言，并没有一种起源，而只是多种因素产生的复合效果（这与福柯和德里达同调），因此，不能用理论的深层模式（现象或本质，表层或深层）去认识，也不能将它们看作两个文化产生的张力而进行的辩证游戏，而应当用精神分析的置换（displacement）和镜像（mirror）来看待。② 在弗洛伊德的置换中，一个因素所包含的内容恰恰与这一因素看来的模样相反，在拉康的镜像中，主体所看到的自我，像是一个统一的我，其实是一个内含着多重性和分裂性的我。因此，理论的实质在于找到一种能够再现差异内容和对立立场于其中的"修辞形式"。或者换句话说，理论就是寻找一套术语，各种不同的和对立的内容都可通过"转

---

① Homi Bhabha，*The Location of Culture*，New York，Routledge，1994，p. 112.

② Ibid. ，pp. 113-114.

译"进入这一套术语之中，并且通过"转译"把不同的内容按照自己的需要进行对自己有利的处置，从而使理论的形成有利于自己的话语霸权的产生。不过，霸权话语必须包括被支配的内容于其中，这一理论的形成在实际上并不总如其主观所想象的那么美好。

后殖民理论面对和处理的是帝国主义和殖民地、第一世界和第三世界之间的关系，这是不同文化、不同语言之间的互动关系，在这种关系中形成的理论，在包含对立面于其中的时候，首先面对的是话语交换中的语言转译问题。把一种语言译为另一种语言，意味着把一个语言的内在特质去掉而让它变成与翻译语言所拥有的特质一样的东西，变成翻译语言的延长物，但是被译语言在成为附属的延长物时，又不可避免地还带着原来文化的印迹。在这一意义上，帝国主义为霸权而进行的语言翻译可以说是一种混杂物。因此，帝国主义的语言翻译本来是要形成与帝国主义统治相一致的总体，但它实际上能够得到的只能是一种非总体性的混杂。正如殖民地的混杂包含着颠覆帝国主义的因素一样，翻译语言的混杂内在地包含着颠覆总体性的因素。

二　文化互动中的强势话语与弱势话语

按照霍米·巴巴的混杂理论，帝国主义的话语霸权本身就包含着殖民者和被殖民者两个方面的矛盾混合（ambivalence）内容。那么，包含着弱势的被殖民内容于其中的强势殖民话语有什么样的特征呢？而被殖民的弱势内容对殖民者的强势话语又有怎样的反应并被体现为一种什么样的状态呢？对于前者，我们姑且运用霍米·巴巴的成规（stereotype）来进行解说；对于后者，我们不妨运用霍米·巴巴的模拟（mimicry）来进行解说。

（一）殖民者的强势话语

霍米·巴巴在《他者问题：成规、区分与殖民话语》这篇文章的开头处说："殖民话语的一个重要特征，是对他者进行意识形态的建构，并将之固定。固定（fixity)作为殖民话语中关于文化、历史、种族差异的符号，是一种矛盾的表征模式，这一模式隐含着严格不变的秩序和堕落、邪恶的失序，但以一种散落性谋略形成一种知识形式和认同机制，从而呈现为一种成规（stereotype），这个成规一方面总是在那里，已经被知晓，但又总感到有令人担心的东西存在着。"①在殖民者与被殖者的互动中形成的殖民话语有三点理论特征。

一是它的发布性。殖民者话语从本质上讲不是为理论而构建理论，而是为实践而构建理论，实践性是殖民者强势话语的本质。殖民者话语不是从文化间的平等对话产生出来的，而是从强势文化对弱势文化的宣布中产生出来的。"宣布"意味着不讨论什么是真理，不讨论应当怎样才能形成具有真理性的理论，而让所有人都清楚这是真理，因此对强势的一方有利的就是真理，我们必须让弱势的一方承认强权所说的是真理。强权的理论要成为真理，最好的方式就是通过不断地发布、反复地申述而对所有人特别是对弱势方的所有人建立一种条件反射，经过反复灌输使之成为一种意识，从而产生理论效果，维持其话语霸权。

二是区别性。霍米·巴巴说，霸权话语不应该用马克思的主奴辩证关系理论来解读，而应该用拉康的"他者"方式来理解。在拉康的镜像理论中，婴儿不知不觉地按照父母的理想来认知自己的形象，并在这一理想中摆正自己与世界的关系，在拉康的实在界、想象界、象征界的三重结构中，实在界的主体之原欲倒转成了象征界的语言之欲望，语言按照自己的方式来处置欲望，主体的欲望便被纳入象征秩序之中，并按其规律动转。殖民者话语的霸权总是要制造出自己的对立形象，这一他者形象在霸权话语内出现，不但显现出与霸权者话语有一种内在的关系，而且要定出一个有利于殖民话语占有者霸权的位置。

三是规训性。霸权者话语包含他者于其中，并给予定位，目的是要把这种定位通过规训转换成真理，显现出他者的形象仿佛就是他者的本质。"孟德斯鸠的土耳其暴君，巴尔特的日本，克里斯蒂娃的中国，德里达的印度人，利奥塔的异教徒，统统成了这种包含战略的一部分。他者永远是注解差异的一部分，从来不是主动的表达者。'他者'在一种拍摄——倒卷——拍摄的系列启蒙策略中被征引，被

---

① Homi Bhabha，*The Location of Culture*，New York，Routledge，1994，p.66.

利用，被框定，被曝光，被打包。关于差异的叙述和文化政治成了封闭的阐释循环，他者失去了表意、否定、生发自己历史的欲望，没有建立自己制度性对立话语的权利。不管对他者的文化内容了解得如何全面，不管再现时的反种族中心论的态度如何坚决，堂皇理论的这种封闭制造了知识的好的对象、差异的温顺体。"①通过这三个特征，殖民者的强势话语以一种知识和真理的成规方式呈现出来。

(二)被殖民者的弱势话语

被殖民者的弱势话语在殖民者的强势话语的规训下，在现实互动的实践理性中，认同殖民者话语的成规，而这一认同是通过模拟(mimicry)实现的。这一模拟包括两个方面：一是被殖民者追求殖民者所要求的结果，二是现实处境中的被殖民者主动做出某种行为。然而，模拟毕竟是被殖民者模拟殖民者所建立的成规，因此，我们可以把模拟看成主要是由弱势的被殖民者进行的行为。后殖民的模拟(mimicry)不同于柏拉图以来的模仿(imitation)的地方，在于西方古典的模仿理论是现实中这样那样的个体对理想性的范本的模仿，是把具体提升到本质的活动，而后殖民的模拟是两种本质上不同的东西，在现实互动的作用下形成的从表面上看是一个对另一个的认同，而实则内蕴着矛盾状态(ambivalence)的模拟，霍米·巴巴说："模拟的话语是围绕着 ambivalence(含混)而建构起来的，为了达到效果，它一定会不断地产生滑漏、过火、差异。"②因此，模拟类似于拉康的镜像，主体看着自己镜中的理想形象，这一形象一方面是主体在无意识中按照象征界的要求产生出来的；它又不完全等于象征界要求的本质，因为主体在符合象征界要求的同时，又把主体自身的无意识欲望带了进去。就模拟内蕴着不符合象征界要求的这一点来说，"模拟显示为差异的表征，而差异本身就是一个否认的过程"③。就模拟又是按照象征界的要求来进行这一点来说，"模拟体现了要改变他者、重识他者的欲望"④。正因为后殖民语境中的模拟包含了这两方面的内容，因此，模拟呈

① 罗钢、刘象愚主编:《后殖民主义文化理论》，198 页，北京，中国社会科学出版社，1999。

② Homi Bhabha，*The Location of Culture*，New York，Routledge，1994，p. 86.

③ Ibid.，p. 86.

④ Ibid.，p. 86.

现为一种本质上的含混（ambivalence），霍米·巴巴对之总结为：模拟所包含的这两方面，从同的一面来讲，"总是相同而又未必相同"；从异的一面来讲，"总是不同而又未必不同"。①霍米·巴巴举实例说，印度新德里附近的人接受了基督教的《圣经》，而且也聚在一起读《圣经》，并且喜爱《圣经》中的圣言，好像他们完全符合殖民传教者的要求一样，然而，他们是按印度教的方式去接受《圣经》的，印度教认为：真理（梵）只有一个，但有不同的表现方式，因此基督教也是真理的一种表达。再进一步看，他们按照印度教的方式，不参加殖民传教者的教会，因为他们不相信吃肉的传教士能够真正接近真理（梵）。② 这样，印度人接受《圣经》，聚读《圣经》，喜爱《圣经》看起来是通过模拟接受了殖民传教士的规训，实际上这一模拟内含着对殖民者规训的反抗。在后殖民的语境中，模拟转变成了后现代所内蕴的具有反讽内容的戏拟。因而，在后殖民话语中，模拟一旦进行，就已经不再是殖民规训者希望看到的话语的原意，而是后现代的隐喻和换喻。

三　文化差异与交往叙述

为了进一步说明帝国主义的话语霸权在殖民过程中的建构性，霍米·巴巴提出了文化差异（cultural difference）的概念。文化差异不同于文化多样性（cultural diversity）。文化多样性是一个知识论的问题，这里有这种文化，那里有那种文化，过去有什么文化，现在有什么文化，文化的不同呈现为一种静态。文化多样性包含了对已有文化内容、习俗的认可和对文化的相对独立性的定性；它以一种总体的观念将各文化分离，而不让其受到文本间的浸染，因此文化多样性让各种文化安然无恙地保存在一种集体意识和记忆之中。文化差异则强调动的过程，强调一个文化主体在面临文化间的交往时，在言说自己文化和叙述其他文化时所产生的效果。在文化交往中，叙述已经不是一种单纯的自我叙述或叙述他者，而是把二

---

① Homi Bhabha, *The Location of Culture*, New York, Routledge, 1994, p. 86, p. 91.
② Ibid. , p. 86, pp. 102-103.

者都包括在一起进行叙述。这种叙述引进了一个他者，叙述本身就是由于存在一个他者而产生的，因此，叙述出现了一种差异，这个差异既有自己与自己的差异（即自己只讲自己和自己面对他者讲自己的差异），也有自己与他者的差异（即自己对他者的讲述与他者本身的差异）。从文化间互动的角度来看，叙述就是这样一种活动，即把话语的指涉对象进行区分、辨析、签准。在话语实践中，区分与区分对象、辨析与辨析对象、签准与签准对象之间不完全是谁说了算，还存在着叙述者与被叙述者之间的作用和反作用。这是一个包含了境遇在内的辩证过程。因此，文化差异讲的是文化交往中的此在—互认—生成—互变的新意义的生成过程。

　　文化差异首先呈现出了在诸文化之间，特别是在有冲突的文化之间，占主导地位的文化进行叙述时在树立文化权威时的矛盾性。一方面，主流文化企图以文化至上的名义占据主导地位；另一方面，这种文化至上的地位只有在表现了差异的时候才产生出来。真理只有在发布时才呈现出权威，但发布的时刻又正好使文化认同发生分裂。这就意味着扩张的资本主义一定会演变为殖民的帝国主义，西方现代文明的真理启蒙一定会转变为殖民主义的真理遮蔽，资本主义的自由、平等、博爱一定会蜕变为帝国主义的侵略、掠夺、压迫。文化差异造成了西方自我与原初自我的分裂。同样，文化差异也意味着殖民地本土文化的变异。从理论的实践本性来说，文化文本和意义系统不是自足之物，它们不断地被文化的发布行为所重书或涂画。文化不是一个本体结构，而是一个过程结构。当殖民地本土文化面对西方文化扩张时，它已经不是在一个自足的封闭的时空中演化和自我定义的，而是处在一个与西方文化互动的开放场地之中。这就是范农所说的"人民处在一个神秘的不稳定地带"。现在殖民地的思想形式已经完全不同于过去，人们是在文化互动的背景中，在现代信息技术、语言、服饰的土壤中，去看过去、现在、未来的。被殖民者可能也可以用传统的名义和过去的光荣，去述说、转译、重新定位一些东西，但在这样做的时候，他们已经是一种从现在出发对过去进行的包括过去和现在的综合，把过去和现在进行了一种混杂。正因为他们从现在出发，因此，在重述过去的时候，他们也可能对曾经归诸文化统一体或总体性的那些政治、伦理、美学价值进行一种批判。在这一意义上，文化差异改变了人们关于传统/现代，自我/他者等二元对立的观念，而强调一个以文化互动为现在的基础去看、去想、去做的第三度空间。文化差异打开的是一个辩证重组的空间。

霍米·巴巴把后殖民理论带进了"现在性"强光的照射之中，由现在性聚焦各种对立，从而产生人类性问题。他把"他者"概念带进了理论的建构过程之中，从而把西方的矛盾规律从可以把握的总体性（对立统一）带进了突出差异，强调分裂，重视互动的非总体性中。他用"并置"概念把不同文化的冲撞拉进同一视域，把过去与现在并置起来思考，从而使同一性的思考方式变为非同一性的同一思考。他用"移置"概念打破了以前的整一性逻辑秩序，呈现出跳跃性和互动性逻辑，他既以现在去突破过去的整体性，又以过去来突破现在的整体性，既以殖民者去粉碎被殖民者的整体性，又以被殖民者去颠覆殖民者的统一性。他以"混杂"的概念把在全球化大背景下的文化影响和文化互动相对于某一文化的自我认同中的问题暴露出来。这样，后殖民理论主要不是去追问一个认识对象的性质（如"东方究竟是怎样的"），而是去细看一个对象在实践活动中的"现在"，这个现在是在文化互动中的"现在"，这个现在是在现实运动过程中还在运动着的"现在"，它在被叙述，被移置，被解释，并在被叙述、被移置、被解释时内化为自我叙述、自我移置、自我解释，又把这种自我叙述、自我移置、自我解释反馈给叙述、移置、解释它的文化。因此，霍米·巴巴把帝国主义的历史变成了一个让人类各种文化"动"起来的历史。

"反殖民压迫的斗争不仅改变了西方历史的方向，而且也向西方把时间作为进步的、有序的整体的历史主义'观念'提出了挑战。对殖民地非人格化的分析所展现出的异化不仅仅是启蒙时代关于'人'的观念的异化，而且也向事先给予人类以知识意象的社会现实的透明度提出挑战。如果在殖民地的紧急状况下西方的历史主义受到干扰，那么，受到更大干扰的将是人类主体的社会和心理再现。因为人类的本性在殖民的情况下变得生疏了，它从那片'寸草不生的斜坡'上出现，不是意志的显示，也不是对自由的召唤，而是谜一样的质疑。"①因此，帝国主义激发着两个方面的思考：一方面是关于西方文化的思考，殖民者贯彻自己的文化原

---

① 罗钢、刘象愚主编：《后殖民主义文化理论》，205 页，北京，中国社会科学出版社，1999。

则，同时也歪曲了这些原则；另一方面是关于受压迫的被殖民者的思考，正如范农说的，黑人的身体把自身制造成了一个总是提问的人。但对于存在于"现在"语境中的问题的回答，我们不是去回溯"过去是什么"，因为"过去"已经逝去，再不可能回来，能回来的只是现在对过去的一种记忆和叙述；也不是去肯定"现在是什么"，因为现在的处境是在一种不公正的条件下形成的，现在的所是正是需要现在去改变的；而是去追问，现在的实践活动会建构起什么？

在这一意义上可以说，霍米·巴巴用后殖民理论对过去总体性和现在总体性的解构，为重新思考全球的文化互动，提供了一个理论讨论的场地。

第十一章　神学美学——全球化的宗教之维

西方文化，是希腊精神与希伯来精神交融的产物，也可以说，是科学理性与宗教思维互相影响的结晶。因此基督教文化一直有着重要的意义。自1990年以来西方思想的多重合声中，我们仍然可以听到神学美学那具有特色的乐音。这里，我们从神学美学与整个西方当代美学的对话和参与全球文化对话的角度，选取三种具有代表性的思想来介绍。

首先是马利坦的美学思想。从其美学中我们可以看到神学美学如何重新树立上帝作为美学之源的理论，并且能够运用这一理论来说明艺术美进行创造的特质，进一步从全球文化的视野和艺术史的发展角度来看待美学问题。以基督教为核心，将跨文化美学对话与宗教对话结合起来，这显示了现代神学美学在四个方面的努力：第一，对从柏拉图、亚里士多德到托马斯·阿奎那美学的总结；第二，对从笛卡尔到黑格尔美学的批判；第三，从神学角度对现代艺术的理论说明；第四，神学思想对世界艺术类型的新解。

其次是巴尔塔萨的美学思想。他代表了基督教神学美学的体系性成果。第一，他从神学的角度对美学进行了重新解释。对美学自鲍姆加登以来的学科定位进行了神学批判；第二，他厘出了一种基督教神学美学的学统，用基督教神学对美学史进行重新书写；第三，他对神学美学从在理性美学思想的主导下的美学神学走向神学美学的历史进行了梳理，并在这一梳理中阐明了神学美学的根本立场；第四，他对神学美学的具体内容进行了具体的阐述。如果说，在马利坦那里，基本上要用一种神学美学去统一所有美学，也就是要用一种神学的观点去解释美学，那么，在巴尔塔萨这里，神学美学有了完全与理性美学不同的形态。

最后是海德格尔美学思想中的神学内容。海德格尔的运思方式，拒斥逻辑推理，批判工具理性，使最高的存在类似于现代神学隐匿的上帝。这个隐匿的上帝有了一种跨文化的意义。海德格尔思想从前期转入后期，他关于思、言、诗的理论更像在述说一种神学的话语。因此，我们把海德格尔的思想放到神学美学中来讲，或者说，把他的思想作为神学美学思想来讲，更容易呈现出神学美学与西方思想的会通。正如黑格尔的绝对理念就是上帝一样，海德格尔的"存在"也类似于上帝，只是在黑格尔那里，逻辑的理念压过了神性的上帝，而在海德格尔这里，非逻辑的上帝压过了理性化的存在。虽然可以说海德格尔心中有一个上帝，但这个上帝并不是基督教的上帝，当西方历史转变成世界历史之后，对非逻辑的上帝的思考应该超越对基督教的上帝的思考，这具有一种跨文化的性质。因此，海德格尔的上帝确实存在，又隐而不显，在全球化的视野中，以一种曲线救教的方式显现出了神学美学的新路。

第一节　马利坦的神学美学思想

雅克·马利坦(Jacques Maritain，1882—1973)作为新托马斯主义的代表人物，对神学理论进行了全面重整，写了 60 多部论著。他的神学美学摆出了要全面参与西方美学的理论竞争的架势，以神学理论来统率整个美学理论。其与美学相关的论著有《艺术与经院哲学》(1920)、《诗的境界及其他》(1935)、《诗的现状》(1938，与其妻拉依撒合著)、《艺术家的责任》(1960)，而《艺术与诗中的创造性直觉》(1953)是其理论代表。这本写于 20 世纪 50 年代体系建造时代的著作，典型地显现出了神学美学的宏大叙事胸怀，论述了美学领域的重要问题。从书名可知，马利坦把创造性直觉作为理解美和艺术的最重要的中心，掌握了它，一切美学的问题都可迎刃而解。因此马利坦的叙述是围绕创造性直觉展开的，但从理论体系的角度和美学的时代课题来看，马利坦的内在逻辑思路有四条。第一，马利坦考虑到20世纪的理论思维从现象入手的特点，其神学美学也从现象进入，即当人们感到美的时候，美究竟是怎样的？第二，马利坦从理论上总结柏拉图、亚里士多德的成果，以托马斯理论为基础，加上自己的现代诠释，提出了美的理论新释。第三，马利坦按照西方美学中的艺术是美的典型代表的思路，把艺术作为自己的研究重心。他把诗与其他艺术区分开来，认为诗是艺术的灵魂，从而诗性是艺术的核心。诗性关系到灵魂，各门艺术都来自灵魂，创造性直觉是灵魂的本质，灵魂与上帝相关联，隐匿的上帝实际上成了艺术成功与否的标准。第四，从神学美学的观点看，一个宏大的美学理论可以如是展开：首先，西方艺术从基督教开始，经历了四个阶段，其历程为一步步按照西方的方式走向神学的呈示；其次，西方的艺术发展，以文学为例，从诗到戏剧再到小说，一步步进入神学的深邃之处；最后，非西方艺术，如印度艺术、中国艺术、伊斯兰艺术，甚至前基督教的希腊艺术，以另一种方式表现为神学美学的呈现，从而，神以及由神而来的人的灵魂是一切美与艺术的核心。下面我们就从马利坦的内在思路来展现其神学美学思想。

一　美：从现象到本体

对于一般人来说，美是由审美现象引起的。现实中的美首先表现为人（主体）与自然（客体）的一种关联。这是19世纪末20世纪初的审美心理学派讲得很多的故事。但审美心理理学派如距离、直觉、内模仿、移情等都是从理性立场去看人（主体）与自然（客体）的关系的，而马利坦却是从神学的观点去看的。他认为，在审美中，人与自然相互渗透，即人遭到自然的侵入，自然也遭到人的侵入。在审美的相互渗入中，一方面人与自然都是独立的存在；另一方面，二者又神秘地混合在一起。美就表现在这种"神秘的混合"中，审美对象里面始终有人的尺度存在。马利坦区分了三类审美对象：一是明显的人工美，如科学中一道绝妙的证明题，艺术品中一种美的抽象安排，一件阿拉伯镶嵌的工艺品；二是自然中的优美，如鲜艳的小花，热带的小鸟，朦胧的夕阳；三是自然中的壮美，如崇山峻岭，原始森林，无垠的沙漠，喧腾的瀑布，浩瀚的大海。这三种美都有人的精神隐藏于其中，都因人而成为美的。在面对人工美时，对象把智性的协调与连贯归还给人；在自然美中，自然物的形色符合眼睛的有节奏的注视和放松的需要；在自然的壮美中，美吸引了人心的畏惧。就美的分类和对美的感受而言，马利坦讲的都是自柏克以来已经被历代美学家讲得很清楚很丰富的老生常谈。对于马利坦来说，他面对这些大家熟知的现象，不仅讲出了人与自然在审美中的相互侵入，而且还要追问这种相互侵入的终极原因，点出相互侵入对人的"冲击"和"唤醒"：美何以产生冲击性？唤醒感的意义何在？要回答这些问题，马利坦就得从美的现象转入美的本体来进行论述。

作为一个托马斯主义神学家，马利坦着重讲了两位在美的本体论上对托马斯的美学理论有决定性影响的人物：一是柏拉图，他使美成为形而上学的沉思，也可以说是美学的开创者；二是亚里士多德，亚氏关于形式即本体的概念，对美学的思考方式也有重要影响。对于马利坦来说，重要的不是讲清柏拉图和亚里士多德的美学，而是通过两位古希腊的巨人带给托马斯一种历史厚度感。马利坦从托马斯的美学定义开始自己的美学本体论论证。托马斯说，美有三个基本特征或三个组成部分：第一，完整；第二，比例或和谐；第三，光彩或明晰。这里，第一和第二个特征都可以既从本体上又从现象上得到解释。从本体上，这两点是存在的性质；从现象上，这两点又是审美的性质。当事物使我们愉悦时，我们既感到完整，又感到秩序。但对于第三个性质，人们容易错解，在马利坦看来，光是本体的照耀，它不但使前两个特征有了本体的意义，也把前两个特征在现象上的体认提升到本体的高度。当人们感受到形式的光彩时，观照的是神秘的光彩。完整、比例或和谐因为光彩而显现出了本体的超然的性质。我们之所以对各种性质不同的事物感到美，并可以用美去言说各种性质不同的事物，就在于美在本体论上有统一性。因此，马利坦下定义说："美是所有统一的超然物的光彩。"①这使我们想起普罗丁（Plotinos）关于美的定义，

---

① ［法］雅克·马利坦：《艺术与诗中的创造性直觉》，137 页，北京，生活·读书·新知三联书店，1991。

"美是太一的光辉"。马利坦的定义基本上与之相同，只是更强调"超然"，但正因有了这一强调，马利坦对美的本体和现象才有了不同于前人的神学言说。超然就是第一，超越各种分类；第二，渗入一切事物。因此，美处处涌出，四下蔓延，富于变化。这里产生了一个观点，理性美学家在对美进行分类时，只是对美所在的事物进行分类，而不是对美分类，但他们错把这种对事物的分类当成对美的分类，从而看不到美的真正本体。对于马利坦的神学美学来说，所有事物的存在皆源于上帝的美。

从美的本体的超然性出发，马利坦演绎出了一种有趣的神学美学理论。在上帝的眼中，存在着的一切都是美的。但是对于人来说，并不是存在的一切都是美的。因为人要感到美，得运用肉体感官，事物适合人的感觉，才被觉得是美的，反之，就是丑的。丑是什么，是被人感受后的不快。这种不快在很多情况下，并不是事物的性质对人有害，而是它们与人的感觉的内在比例或和谐度不相容。如果不从感觉，而从纯粹的智性出发，正如毕达哥拉斯早就意识到的一样，一切事物都是一种时空中的存在，人的智性如以数字、尺度、位置、物理能量、物理性能这些角度去认识事物，美丑皆不存在。之所以这样，是因为前面的神学美学有基本设定。在上帝眼中，万物皆美；在人眼中，物有美丑。哲学美学当然不会同意马利坦用一种科学认识与审美观照之间的差异来证明神学美学的基本观点，但是马利坦由此引出的另一个重要美学问题却是值得重视的。正因为在上帝的眼中万物皆美，人才可以通过艺术从丑的事物和其他非美的事物中发现美，化丑为美，转怪为美，变悲为美。因此，艺术对美学的重要性和对人类的重要性呈现了出来：第一，艺术使人从本来不觉美的事物中发现美；第二，艺术把人的美感从人的美提升到神的美；第三，艺术使人趋向神圣。"我们只是在乔托以重峦叠嶂取代中世纪早期艺术的金色背景之后，才意识到山岳之美。当你漫步罗马时，你的愉悦部分地取决于皮拉西尼……当纽约地铁灯火齐明时，一个在那儿作艺术旅行的享乐主义者便能欣赏一幅幅塞尚和贺加斯的绘画展品，或者凡·高和修拉的绘画展品。"①正是从这种神学美的超然性出发，马利坦得出了一个富有思辨意味的观点，即美不简单地意味着完美，因为世俗意义

---

① ［法］雅克·马利坦：《艺术与诗中的创造性直觉》，20页，北京，生活·读书·新知三联书店，1991。

的完美意味着人故步自封，美是一种现实的"匮乏意识"，匮乏和不足使人趋向对现世的超越，使人趋向神圣。真正的美在匮乏中闪现。从这一观点来看，我们更能理解西方现代艺术的努力和意义。也因此，我们可以理解，在马利坦的神学美学里，不是美的本体论而是艺术的本质论成为论述的中心。

二　作为艺术核心的诗性直觉

艺术是神学美学的核心，艺术中最重要的是诗。诗这一概念在这里不是指与绘画、音乐等相并列作为一种艺术体裁的诗歌，而是指贯穿在一切艺术和审美中的决定艺术之为艺术的东西，对于神学美学来说，诗就是艺术趋向神性的性质。为什么要用"诗"这个词来指艺术中的根本性质呢？因为，第一，在诗这种形式里，诗性最明显地呈现了出来。象征主义在寻找宇宙的秘密时，用的是诗；海德格尔从在场的存在者思考不在场的存在时，用了荷尔德林的诗。第二，从原始时代起，诗人就与神紧密相关。在拉丁文这一基督教的普遍语言中，vates 既指诗人，又指占卜者，这就暗示了诗内蕴的神性。马利坦用诗来统率艺术，就是要敞开艺术的神性。他说，"诗是艺术的神秘生命"[①]。马利坦不仅要通过诗来揭示艺术的神性，而且还要通过诗来说明艺术的一般规律，因此，他要建立的不仅是一种一般的神学美学，而且是一种可以与哲学美学进行对话并战而胜之的神学美学。

前面说过，艺术创造使人在凡、俗、丑、怪中发现美，使人趋向和上升到神。人作为现世的、有限的存在，是怎么达到这一点的呢？是通过灵魂。人是有灵魂的存在。人能创造艺术因为人内在地具有诗性，人具有诗性因为人有灵魂，诗性与灵魂相关联，灵魂的本质就是与上帝的关系。来源于上帝的灵魂内在地具有诗性，能创造艺术，意味着超越现世和超越自身。如果说，对现世的掌握是理智，那么，对现世的超越就是直觉；如果说与理智相关的是明晰的科学，那么，超越

[①]　［法］雅克·马利坦：《艺术与诗中的创造性直觉》，15 页，北京，生活·读书·新知三联书店，1991。

科学的就是神秘的诗性；如果说，科学揭示出的是现世的规律，那么，诗性产生的则是超越现世规律的艺术；如果说，科学规律让人感觉到受限，那么，艺术创造则使人体会到自由。马利坦把这种灵魂超越现世、科学、规律、限制的创造艺术的本质称为诗性直觉或者创造性直觉。

诗性直觉的超越理性的性质一直是美学史的研究对象，其中最有影响的理论有两个：一是灵感的迷狂，二是无意识理论。在美学史上，很多文艺家和美学家都把艺术家的创作描述为一种疯狂，马利坦对此进行了典型举证：布莱克说，用意义和思想描绘的图画全是疯子所画的。诺瓦利斯（Novalis）说，诗人确确实实疯了，这种疯狂换来的是一切都在他内心发生。还有屈莱顿（W. Dryden）、莎士比亚、本·琼生等都在说相类似的话。但马利坦最欣赏的是柏拉图和亚里士多德，二人指出了迷狂的真正性质。柏拉图指出，艺术创造的迷狂，不是来自下面（即来自人本身）而成为一个病理学上的疯子，而是来自上面（即来自神），神赋予人的非理性以灵感，这样诗人被带到与超然的神性相接触之中；通过迷狂，人与神交往，瞥见了神圣。亚里士多德说，诗是灵感所赋予的，灵魂中的神像宇宙中的神那样推动一切。推理的出发点不是推理，而是某种更伟大的东西。如果不是神，那么，什么能比知识和智性更伟大呢？这说明，很多理论家们都正确地认识到，诗性直觉的灵感性特征，并深知这种迷狂来源于神，因此他们也要把人提升到神的高度。

另一个与诗性直觉相关的理论是无意识理论。在这里，马利坦要区分两种无意识理论：一种是弗洛伊德的无意识理论，这是肉体、本能、倾向、情结、被压抑的愿望、创伤性回忆等属于现世心理的物力论的无意识；另一种是柏拉图和古代智者所论述的无意识，它不是与肉体和现世心理相关的，而是与灵魂和上帝相连的，马利坦将之总结为精神无意识或音乐无意识。在马利坦看来，只有从与灵魂相关的精神无意识去思考，人们才能得到诗性直觉的真正本质。精神无意识从神学界到非神学界都有广泛论述，如基督教中的有关圣保罗和马内斯的一些观点，前基督时期的普罗丁的洞见，印度智者的经验，哲学家柏格森的理论……然而，马利坦认为，对我们理解诗性直觉最有用的是托马斯，他的著作让我们理解了，精神无意识虽然是非概念的，但却是智性的；虽然它外显为非理性，但内在是理性的。精神无意识是一种非概念的智性活动，是一种非理性的理性活动，正是它，在诗的起源和诗性灵感中起基本作用。"圣托马斯的著作显示并坚持,由于人在本体上是完美的,或人完全被装备了动因即其行动的主子……一种参与了神的创造之光的内在精神之光,通过不断移动着的纯精神性而存在于每一个人之中,成为每一个人的全部智性活动的原始活跃之源。"①马利坦也承认,诗性的直觉中有心理无意识的内容,但是精神无意识才是主导方面。强调心理无意识还是精神无意识是区分神学与非神学的界标。

让诗性直觉有了历史的厚度之后,马利坦就开始了对诗性直觉的正面阐述。他以托马斯的理论为基础,用图表的形式画出了诗性直觉的整体,用逻辑和语言来说这个整体。

首先是灵魂,这是顶层(第一层);从灵魂中产生智性或理性,这是第二层,形成一个圆锥;然后是想象,它通过智性从灵魂中产生,这是第三层,形成第二个圆锥;最后是外部感觉,它通过想象从灵魂中产生,这是第四层,形成第三个圆锥。第一个圆锥形成的圆圈代表理性世界,即由概念和观念组成的理性的概念化外形。第二个圆锥形成的圆圈代表意象世界,即由清晰的意象组成的想象的组合外形。第三个圆锥形成的圆圈代表外部感觉提供的直觉性材料,形成感觉世界。"现在,这三个圆锥都不是空虚的了:每一个圆锥都应设想为充满着它所象征的力量的生命和活动性。智性和理性的生命力和活动性不应仅仅在理性的概念化外形的圆圈内被考虑。它们是一种巨大的推动力,这种推动力萌发于灵魂的深处,而终止于这个圆圈的外部。想象的生命和活动性不仅仅应在想象的组合的外形的圆圈内被考虑。它们是在灵魂深处上下运动的一种巨大的推动力,终止于这个圆圈的外部。至于外部感觉的生命和活动性,毫无疑问,发生在感觉所提供的直觉性材料的水平上——在那儿,心灵与外部世界发生联系。但是,它向灵魂深处发射出迷人的光芒;外部感觉的生命和活动性从外部世界接受的一切东西,感知所攫获的一切事物,那令人惬意的、富丽堂皇的埃及所拥有的一切财宝,开始进入并径直奔向灵魂的中心区域。"②由灵魂与三个圆锥围成的空间,是精神无意识区域;

---

① [法]雅克·马利坦:《艺术与诗中的创造性直觉》,82页,北京,生活·读书·新知三联书店,1991。

② 同上书,89页。

由三个圆锥与圆圈围成的空间，是心理无意识的内容。

到此，马利坦的理论结构已经比较清楚了：美来源于艺术，艺术不但使现实的美成为美的，而且使现实的丑也成为美的。艺术来源于诗性直觉，诗性直觉的核心和本源是灵魂，灵魂来源于上帝。这里的关键是诗性直觉，如果把诗性直觉与灵魂，进而与上帝联系起来，艺术就走向神学美学；如果诗性直觉不与灵魂，不与上帝联系，而从人本身解释，艺术就是理性美学。然而，把诗性直觉与灵魂和上帝联系起来，有助于马利坦对诗性直觉进行一种神学新解。第一，诗性直觉与灵魂和上帝相联系，呈现了具有灵魂的人的创造性精神自由。这个自由就是超越现世、科学、理性、规律、限制的自由。第二，以上帝为基础，以灵魂为统率的诗性直觉，具有一种整体的动力性质。"由于诗源于这种灵魂的诸力量皆处于活跃之中的本源生命中，因而诗意味着一种对于整体或完整的基本要求。诗不是智性单独的产物，也不是想象单独的产物。不，诗不仅仅是它们的产物，它出自人的整体，即感觉、想象、智性、爱欲、欲望、本能、活力和精神的大汇合。"①有了诗性直觉的结构（灵魂、智性、想象、感觉的整体动力型）和本质（灵魂与上帝），接下来就是诗性直觉的创造过程。

马利坦通过把诗人与上帝做比较来揭示这一过程："上帝创造的观念出自这一事实：它是创造性的，不从事物中接受什么，因为事物尚未存在。这个观念绝不是由它自己所创造的对象形成的，它只是，而且纯粹是，形成性的和形成着的。那被表达或表现在创造性的事物中的东西不是别的，正是创造者自身，其超然的本质，通过扩散的、传播的或分配的方式被不可思议地表现出来。上帝的智性不是由别的什么东西，而是由它自身的本质所决定或规定的。上帝正是通过认识智力活动即它的本质和它的存在中的自我才认识它的作品。它的作品存在于时间中，并在时间中开始，但它在时间中永恒地处在创造的自由行动中。"②诗人的创造在本质上与上帝的创造相同，在现实上与上帝的创造不同。说本质相同，是说诗人也有一种精神的自由创造，诗人应该认识自己的主体性，认识自己的本质，即由

---

① ［法］雅克·马利坦：《艺术与诗中的创造性直觉》，90页，北京，生活·读书·新知三联书店，1991。

② 同上书，92—93页。

灵魂上升到上帝。他们在现象上不同，因为现世的诗人不是上帝，并不能直接地认识自己，不得不依靠外部世界，前辈创造出来的典范，被历代人使用的工具和符码。这三个方面在与上帝的关联上包含着一种大美，在现世上，这种大美又是不明晰的，表现为一种象外之象、韵外之致。这样诗处于多重性困境之中：作为创造者，诗要达到创造的本质，认清自己的主体目的；作为与上帝相隔的诗人，又不可能明晰认清自己的本质和目的，而只在一种精神无意识中感受到自己的本质，一方面要让外在事物服从他的主体创造目的，另一方面他又需要从外在事物中体会象外之象。因此，对于诗人的创造来说，无论在主体方面还是在客体方面，诗人都面临着一个隐幽的地带。诗人既要体会自己无意识中的直觉感受，又要倾听事物中断断续续跳出来的秘语。因此，诗人创造的展现，不像理性美学所说的是一种超人的展现，而如神学美学所讲的是一种谦卑的展现。在艺术的创造中，创造者对自我（主体）、对事物（客体）都不是一种明晰的把握，而是一种隐约的把握。创造者对事物的奥秘体会得越深，对自己的心灵也感受得越深，反之亦然。因此，在创造的过程中，"事物和自我一道被隐约地把握"。①而把握住这种自我和隐约的事物，就是一种神境的呈现：

> 一沙观世界，
> 一花悟天国。

这观这悟，既是对事物之观与悟，让事物呈现神境，又是自我在观悟中自悟，使灵魂得到提升。当艺术让世界呈现美时，心灵也向上帝接近。

三 西方艺术史的神学目标

正像黑格尔的美学，提出了自己的关于美的本质定义（美是理念的感性显现）

---

① ［法］雅克·马利坦：《艺术与诗中的创造性直觉》，95 页，北京，生活·读书·新知三联书店，1991。

之后，用全球艺术史和艺术门类来证明和丰富自己的论断一样，马利坦也用西方史和全球艺术史的知识来证明和丰富自己的理论。他把自己的神学美学主题贯穿到三个方面：一是西方艺术发展史的主线，二是西方艺术门类史的举例，三是在全球艺术的背景中谈东西艺术不同的表现形式和共同的深层意义。这一节先讲属于西方艺术的头两个方面。

与以前西方艺术史的叙述方式不一样，马利坦从基督教的诞生开始讲西方艺术史。这可以把西方艺术史完全变成一种他所认为的神学美学的发展史，而这样一个发展史既符合他在比较东西艺术时对西方艺术特征的概括，又显现出神学美学的主题在西方的艺术发展史中的逻辑。马利坦认为西方艺术的特点是人的自我的突出。而基督教最先以三位一体的教义形式和满是荆棘的人子的艺术形式提出了关于人的新观念。正是在基督教里，具有西方文化特点的最深邃、最神秘而又最有生气的人出现了。自基督诞生以后，西方艺术在几个世纪中经历了四个阶段，呈现了人类自我从最初被理解为客体到最后被理解为主体的变化。

第一阶段是为基督教思想所主导的拜占庭艺术、野蛮世纪中的罗马王宫和王宫中巨型的镶嵌工艺品、罗马式艺术，也就是基督初期艺术。在这一阶段里，基督的三位一体笼罩一切，人的巨大的灵魂不是以一种客体的方式呈现出的，而是被遮掩在贯穿着基督教教义的祭祀象征和祭祀形象后面，人的神秘只作为客体出现在超越事物的世界中。

第二阶段是哥特式建筑和中世纪后期的基督教艺术，如以杜乔（Duccio di Buoninsegna）、托乔、安哲利科（Fra Angelice）为代表的意大利绘画，以格吕内瓦尔德（Mathis Grunewald）为代表的法国绘画。[①] 在这一阶段，人的神秘仍然只作为客体出现在超越事物的世界中，但人类的深奥性得到了突出。耶稣仍然处于形象的中心，但其人性的一面得到了强调，这表现在基督形象的痛苦、忏悔、感化的表情之中，围绕基督，圣母的怜悯、圣徒的个性也呈现出人性的光辉。人的自我开始在基督教的主题中涌现。

第三阶段是文艺复兴艺术、巴洛克艺术、古典艺术时代。马利坦不像哲学美

---

① 参见［美］爱德华·W. 萨义德：《东方学》，北京，生活·读书·新知三联书店，1999。

学那样把这一时代描述为一个发现客观世界，提倡科学精神，认真模仿自然的时代，而从神学美学的角度把它看成是注重创作方式和体现艺术家个性的时代。于是，科学、解剖知识、形而上学、透视画法，立体表现，等等，都只意味着一种创作作品的方式，而在这种方式的后面则是艺术家的个性。米开朗琪罗说，给感人的形象以火焰般的形式；保罗·委罗内塞(Paolo Veronese)说，我们的画家像诗人和疯子那样放肆。提香·韦切利奥(Tiziano Vecellio)和丁托莱托(Tintoretto)在创作的激情中，幻觉到自己与天堂的灵魂合一。这一阶段，一方面艺术从神的灵感中解放出来，成为真正的人的艺术，艺术形式从神学的模式中解放出来，突出了客体的自然性、科学性、客观性；另一方面，这种自然性、客观性、科学性又受制于艺术家个人的主观性。艺术家对风格和个性的强调，使人的艺术向精神开启。马利坦认为，伦勃朗·莱因(Rembrandt Rijn)、苏巴朗(Zurbarán)、拉杜的画是如此，委拉斯凯兹(Velázquez)的肖像画和维米尔(J. Vermeer)的人物画是如此，尼古拉斯·普桑(Nicolas Poussin)、克苏德的风景画也是如此，华多(Watteau)的悲剧性游戏画和芭蕾舞女画还是如此。①

　　第四阶段是19世纪下半叶以来的现代艺术。其标志是内在化的凸显，即从人的概念过渡到主体性经验。这一方面表现为画家们用纯个性化的方法呈现自己的个性，如塞尚的线条，梵·高的色彩，马斯蒂的平面，毕加索的立体造型等，这是一种创造性的主观性，这些个性把自我完全解放了出来，让直觉自由地挥洒，让生命尽情地奔放迸射。这种解放从画面上来说，表现为个性从事物外在形式的客观的、理性的、和谐的要求中解放出来，然而个性超越于事物的外形是为了更好地认识事物内在的深奥程度，更本质地与世界交流。因此画家在用线条、色彩、块面、结构突显自己的主观个性时，直觉地进入灵魂的深邃地带，同时也直觉地进入了事物的奥秘之内和事物的限制之外，突出了事物的韵外之致。这是一个最富韵味的时代，从一个角度来看，事物和自我均处在黑暗之中，在一幅现代画中自我看不到眼睛本身看到的事物，也看不到一个意向明晰的自我；从另一个角度来看，现代画更深入地观察到了事物的内部，直觉到了物质世界奥秘的一个方面

---

　　①　参见[美]爱德华·W. 萨义德：《东方学》，北京，生活·读书·新知三联书店，1999。

或一种成分，更深入灵魂内部无穷隐秘的某一处所，并由此生成画中独特的线条结构。一方面，现代绘画成了一种纯粹的绘画；另一方面，人的主观性又从未这样强有力地与画中的线和色结合在一起。马利坦神学美学的理论和灵魂的创造性直觉在这一阶段得到了经典的体现。现代绘画以纯粹的形式，超越了外在物质世界，从外在世界中看出了内在的美，又使灵魂得到了纯粹的呈现，并趋向上帝。

西方艺术史的历时发展，显现了神学美学的理论逻辑。艺术的类型划分，同样体现了神学美学的理论逻辑。马利坦以诗为例说明了这一点。作为一种艺术类型的诗，被马利坦分为三个亚类：韵文和歌曲的诗，戏剧的诗，小说的诗。为什么不说文学而说诗呢？因为诗意是文学的本质，没有诗意的戏剧和小说，只能是无生命的匠人的做作，而有诗意才是名副其实的艺术。韵文和歌曲的诗是一种内在音乐的诗，这种诗的涌现，是创造性直觉的第一次顿悟，包含着诗歌结构最初的和基本的理念价值。通过涌现，诗以直接的方式接受了创造性源泉的有意识的流注。在一种音乐的律动中，韵文和歌曲的诗涌起了触动灵魂的情感，可以说，韵文和歌曲的诗是诗的本质的开启。戏剧诗是行动的诗，是创造性直觉的第二次顿悟。在戏剧中，诗性直觉将诗的本质以行动的方式客观化，让本质实际化，使诗性进入事物世界。但在这个活生生的世界里，动作是核心，因此，戏剧主要要求的是人的行动，由行动构成的戏剧的情节结构占据了戏剧的中心。整个戏剧的节奏、场幕、演进、高潮都由行动串起来。小说的诗，是人类图景。这是创造性直觉的第三次顿悟。戏剧的行动在小说中，展开了人物的世界。小说的各部分表现为性格角色或自由行动者。在小说中，直觉之流进入现在作品中人物的内在心灵的隐幽处。如果说戏剧中的行动具有不可变更的必然性，那么在小说中，人物凭着自己的意愿而不是凭着作者的意愿行动。这鲜明地呈现出了小说的目的：对人类心灵的认识。从文学类型来说，小说是叙事的极致，而西方文学的叙事，从希腊史诗到中古传奇，都仅局限在"故事"中，再到现代小说，叙事中的自我开始突出。在这一意义上，小说是"自我"揭示的一种缓慢过程的结果。如果说，韵文是灵魂的本质涌动，戏剧是本质的外在化，那么小说在外在化的形式中深入了内在，一种更丰富更幽深的内在。小说使人在对外在世界丰富的感悟中直觉到内在的无穷深邃。正像黑格尔用他的哲学体系让我们体会到各个艺术门类因与绝对理念在历史中的辩证发展关系而获得定位一样，马利坦用他的神学美学让我们理解各个艺术门类因与创造性直觉的关系而获得自身的定位。

四 东西艺术与神学内容的呈现方式

黑格尔的美学也有一种世界性眼光，只是这种世界性眼光是西方中心主义的。他把东方艺术看成是整个人类艺术发展的第一阶段，从而把它作为西方艺术的前导。他以东方低级或西方高级这样的观点来看待东方艺术，实质上等于取消了东方艺术。马利坦处于现代时代，否定西方中心主义，他平等地看待东西方艺术，东西方艺术对于他来说，只是类型和特点的不同，但这种类型和特点的不同却要被用来证明其神学美学的普遍真理性。

就马利坦的胸怀来说，他应该观察人类主要的艺术类型。他在论述中也提到了与西方基督教艺术不同的印度艺术、中国艺术、伊斯兰艺术、希腊艺术，但对于希腊艺术和伊斯兰艺术，要把握其特点并将之归入他的神学美学不甚容易，因此马利坦主要讲了印度的和中国的艺术，并把这两种艺术作为东方艺术而与西方艺术进行比较。

马利坦神学美学的两个基本因素是自我和事物，以这一框架去看，西方艺术强调自我，而东方艺术强调的是事物。马利坦说："东方艺术家总是羞于想到他的自我，羞于在他的作品中表现他自己的主观性。他的首要责任是忘却他自己。他观察事物，对它们外在形体的奥秘以及隐藏着的生命力的奥秘进行沉思；他或者为着人的喜悦和人生的修饰，或者为着祈祷和礼拜的祭礼，而在作品中揭示这两种奥秘。"[1]由此，马利坦认为东方艺术有三大特点。第一，东方艺术是与事物交流，但在与事物交流时不是为了事物而与事物交流，而是为了事物后面的实在才与事物交流，事物只是这实在的象征。因此东方艺术在与事物交流中把事物与实在一同呈现出来了。

---

① ［法］雅克·马利坦：《艺术与诗中的创造性直觉》，22页，北京，生活·读书·新知三联书店，1991。

第二，东方艺术之所以离开人而专注事物及其暗示，关键在于东方人的上帝没有像基督教那样以凡身呈现，还停留在"无"的状态，只要这种无形之"无"还未显形，东方人就会倾向于关注那作为象征的事物。第三，东方艺术只作为实际交流工具而存在，因此东方艺术并不停留在作品的完成上，而汇聚在被人观看作品的过程中。在这一意义上，艺术家不注重事物，而注重通过艺术中表现的事物与他人交流。

东方艺术的共同特点是完全关注事物，但印度艺术和中国艺术在关注事物的方式上又是不同的。马利坦认为，印度艺术带有一种宗教的实用性，印度人创造艺术不是为了艺术，而是为了一种宗教目的。各种图表图形，是与迷狂的瑜伽实践联系在一起的；多样的佛像，是教徒和信众静观和默祷的对象。在印度思想中，现实世界的一切"色"，从本质上说都是"空"，而"空"作为本质，又表现为世界千万之"色"，从而"色"本身就具有了一种神圣性。因此，印度艺术不存在感官禁欲的净化，而只是灵肉合一的生命力的勃发，并在这种生命的勃发中与事物打成一片，印度观赏者在沉浸于事物之中而超越事物时，逻辑地表现为形象的大量滋生和爱欲的昂扬奔放。因此，印度艺术呈现了大量多姿感人的、愉快的、雄壮的、哀婉的，有时挑逗有时粗野的形式，这些形式或富有精巧的细节，或拥有大量的植物性制成品，而这些制成品内部似乎是由热带藤本植物和林木的精髓所构成的，这些植物精髓提供了丰富的礼拜用品或装饰品。印度艺术显现出的是，印度人为事物所俘获，他们那献身于事物的狂热的内在生命和丰饶的外在生命。

在转述马利坦关于中国艺术的观点前，笔者先说明一下，马利坦用西方语言表述中国思想总是显得费力而又难以妥帖，我们用中文重述他的思想时更容易把他想说的意思说到点子上。

与印度方式不同，中国艺术没有成为事物的俘房，相反它努力去俘房事物，即潜心于事物之中，去发现事物本身存在的生命气韵，去体悟隐含在事物之中的道。在中国思想中，"天"是宇宙自然，天道自然运转，历史有序演化；"道"是宇宙的根本，无物不有道，更重要的是，中国的宇宙是一个气的宇宙，天与道皆因气而有既虚灵又实在的形体。因此，马利坦说，在中国，事物不是空的，而有自己的实在，这实在既是虚的，又是实的，就在事物之中，因此中国人观事，既体会其生命的气韵，又能够从艺术上把握这一气韵。这就是谢赫绘画六法中第一是

"气韵生动"，第二是"骨法用笔"的原因。在马利坦看来，中国艺术有三个特征。第一，中国艺术与事物融为一体。马利坦说："中国好沉思的画家与事物融为一体，他非但没有被事物汹涌的激流所冲走，反倒抓住了事物自身的内在精神。他引入事物，指出它们精神上的含义，而对那许许多多感觉厌烦的血肉般的形式和色彩、丰富的细节或装饰不予考虑；他力求使事物本身在他的布帛或画纸上留下比它们自身更深刻的印象，同时还要揭示出它们与人的心灵的密切联系；他领略到它们内在的美，引导观看者去认识它。"①这是马利坦对中国美学中作者之神与物之神契合无间的正确理解。第二，中国画对西方时空表现出淡漠，而特别接近于音乐。这基本上是正确的，如果马利坦读了宗白华先生关于中国的宇宙本就是一个音乐的宇宙，而中国山水画的三远法要呈现出的就是一个音乐空间的观点，那么他对此就会有更到位的理解。第三，中国艺术由于被事物那高于自我的一般特点所支配，因此有一种公式化的倾向：竹总有优姿韧态，梅是高洁纯雅的，菊总与隐逸相连，山总是春笑而冬睡，农夫们纯朴，贵妇们文静，武将则骁勇等。

　　东方艺术虽然关注事物，与西方艺术强调自我相对立，但从内在本质来说，二者又是辩证的。就显现事物的奥妙而言，东方艺术不得不隐约地显现艺术家的创造的主观性，因为表现事物的内在方面越有深度，对人的自我揭示越会达到相应的深度。因此，东方艺术和西方艺术虽然后者更强调自我，前者更关注事物，但对于神学美学的真理来说，却殊途同归。尽管东方艺术只关注事物，但它必然与事物一道隐约地展现艺术家创造的主观性；尽管西方艺术专注于艺术家的自我，但它必然与这个自我一道隐约地展现出事物的表面实在。这是因为在人类创造性的直觉的运行中，事物和自我是一道被隐约地把握的。

　　因此，在马利坦看来，东西方艺术无论在表面上有多少不同，都是以不同的方式呈现出共同的神学美学规律。

---

　　①　［法］雅克·马利坦：《艺术与诗中的创造性直觉》，26 页，北京，生活·读书·新知三联书店，1991。

第二节　巴尔塔萨的神学美学

　　瑞士神学家巴尔塔萨（Hans Urs Von Balthasar，1905—1988）是一个百科全书式的奇才。他有独著 90 部，论文 450 篇，文集论文 100 篇，书评约 100 篇，选集 15 卷，主编丛书 13 部。在他以随意的方式所表达的神学深思中，最为有名的就是他对神学思想体系的构筑，其代表就是神学三部曲，即 1961—1969 年完成的多卷本《荣耀：神学美学》，1973—1983 年写出的四卷五册的《神学戏剧学》，1985—1987 年在其先前的著作《论真理》的基础上重写的《神学逻辑学》。从形式上看，三部曲有一种学院式的学科分类；从内容上看，三部曲却有一种超学科的整合精神。在神学美学中飘荡着神学戏剧学的善和神学逻辑学的真，在神学戏剧学和神学逻辑学中四溢着美学的芬芳。巴尔塔萨神学最大的特点就是，美学在其中有重要地位。因此，对于巴尔塔萨来说，美学使他的神学体系放出别样的光芒，他的神学体系必然形成一种神学美学。而且，他的神学美学不是与各种非神学美学区别开来的一种美学，而是要从神学的高处，去俯瞰、统率一切美学的神学美学。巴尔塔萨的神学美学，从形式上看，是体系性的；实际上读起来，是反体系的。其美学精神，不与西方美学的主流思想同调，反而与东方美学的运思契合。正是这一意义，透出了巴尔塔萨神学美学的后现代意味和全球化意味。

一　美学的重新定位

　　巴尔塔萨从神学的立场出发对美进行了重新定义，用简单的话来说，就是：美不是独立于真与善的，而是与真和善融合在一起的，因为上帝是真、善、美的统一。乍一听来这是在重复很多人说过的话，若在细看巴尔塔萨对此的展开之后，其意义就显现出来。这一节我们要着重讲的，是巴尔塔萨以这一理论为根据，对美学的历史进行了重新梳理。而这种梳理对于我们重新认识美作为"学"的展开史，更有启发性意义。

在巴尔塔萨看来，要从三个角度去考察西方美学史。一是大美学史，它表现为走向神学美学的美学史。二是走向神学美学的转折史，它呈现了在近代科学精神的影响下，在神学真理的启示下，美学是怎样从反美神学和审美神学走向神学美学的。反美神学表现为新教反对把客观化的审美客体当作美的，认为这种美不能够通向神学的启示。审美神学是从美学的角度来看神学，把神学作为一种审美对象。而神学美学则从神学的角度来看美学，把美学视为与神学浑然一体的。三是神学美学自身的呈现，表现为在神恩感召下的神学美学自身的发展史。在对美学史做出这三个视角的观照之后，什么是神学美学，进而什么是美学，也一道敞亮出来了。

先讲第一点。大美学史主要分为三个阶段。第一阶段是从希腊到近代时期，在这一阶段，真、善、美是不分的，哲学与神学是一回事；神的美，理念世界，宇宙逻辑，太一的光是一回事。这里，柏拉图虽然开创了西方的哲学美学，但是并没有，也无意将之发展为一门学科，因为真、善、美在本体论上是同一的。巴尔塔萨还认识到，从埃及到中国，所有高级文明的智慧传统都以各种方式体现了由真、善、美的统一所具体化的政治、宗教、艺术的统一性。在这一意义上，古希腊美学又代表着整个世界美学的辉煌成就。第二阶段始于启蒙运动后期终于德国唯心主义时期，这时美学成为一门独立的科学。这标志着在笛卡尔的理性思维的影响下，真、善、美分离了。这一时期美学在德国古典哲学和浪漫主义时代达到高潮，即由施莱尔马赫、康德、谢林、黑格尔、叔本华所代表的时代。正是这个美学时代，使美学成为一门学科，成为一个系统的研究对象，此时的美学展现了西方美学的真正特色。第三阶段是从理性美学返回神学美学的时代。这一阶段的美学一方面表现为哲学美学在否定了美的本质后出现了分解，另一方面表现为它逐渐脱离哲学美学朝向神学美学不断运动。巴尔塔萨大概认为，自己的神学美学应是走向神学美学的重要的里程碑。具有意味的是，巴尔塔萨神学美学描绘的美学历史的三阶段，正好是哲学美学家黑格尔的正、反、合的过程。最初真、善、美合一；然后真、善、美分离；最后真、善、美合一。最后的合一是对第二阶段的分离的扬弃和向第一阶段的合一的复归，是一种更高程度（神学程度）的复归。

再讲第二点。从哲学美学怎样复归到神学美学，巴尔塔萨指出了两条道路。一条是神学美学在时代压力下因反对审美蜕化和异化而产生的进路，以新教神学为代表。这是一条从反美到返美之路。我们可以替巴尔塔萨将之命名为反美神学。另一条是巴尔塔萨在时代的影响下力图突破时代的局限，从而强调美学与神学的关系之路。以审美神学为代表，他通过对美学特征的强调而超越时代，一步步进入神学美学。第一条路的发展轨迹是哈曼（J. G. Hamann）—克尔凯郭尔—巴特（K. Barth）—内贝尔（G. Nebel）。第二条路的演化逻辑虽然也要从哈曼讲起，但主要关节点是赫尔德（J. G. Herder）—夏多布里昂—屈格勒（A. Guegler）—谢本（M. J. Scheeben）。对于从哲学美学向神学美学的转折，哈曼具有重要意义。在古典文化中，路德新教与天主教在现代交汇，世俗之美、异教之美、神学之美相互碰撞，此时哈曼是唯一认识到建构一种综合性的神学美学的重要意义的人。哈曼在美学上的对立面，是一批正在建构各种美学理论的当代英雄：夏夫兹博里、休谟、莱辛（G. E. Lessing）、门德尔松、康德、施达克（J. A. Starck）、赫尔德、雅可比（F. H. Jacobi）。从这个名单中，我们就可以知道建构神学美学的艰巨任务。在以上两条逻辑进路中，神学美学不但要反对笛卡尔的理性主义，狄尔泰的启蒙思想，从康德到黑格尔的哲学，从温克尔曼的古典主义到施莱格尔（K. W. F. Schlegel）的浪漫主义；还要克服神学内部从克尔凯郭尔到赫尔德的非正确路线。在这多边战线中，神学美学要反对的，有把美归于概念系统的理性主义和形式主义，有把美等同于艺术成品的客观主义，有把美归于自然或上帝的泛神论，有把美泛化为异教诸神而消泯了上帝本性的综合论者，如此等等，不一而足。然而这两条进路终归走向了正途，新教神学在内贝尔那儿，审美神学在谢本那儿已经进入了神学美学的正门。由此，神学美学富丽堂皇的院、堂、室就向人们呈现出来。

现在讲第三点。当美学史将神学美学展开的时候，以前不为人们所看到的神学美学自身的历史就豁然开朗起来。巴尔塔萨认为基督教史上有 12 位思想家：古代教会神学奠基者伊里奈乌斯，教父学的集大成者奥古斯丁，神秘主义思想家狄奥西尼，中世纪理论家安瑟伦（Anselmus），方济各会的神学家波那文图拉，文艺复兴时期意大利的诗人神学家但丁，加尔默罗会改革家、具有神秘激情的西班牙人胡安，法国思想家帕斯卡尔（B. Pascal），以及前面讲过的德国神学家哈曼，俄罗斯宗教哲学家索罗维约夫，英国耶稣会诗人霍普金斯，法国思想家佩吉。① 耶稣基督有 12 位门徒，对应着神学美学有 12 位思想家。他们在构成上，既考虑到历史时间的跨度，又照顾了国别空间的分布。

通过美学史的三条线索，神学美学完全改写了美学史。具有学术正统地位的以美学独立为核心来书写的西方美学史反而成了一种例外，而神学美学才是西方美学史的正宗。神学美学统合了哲学理性美学和希腊美学。如此统合，西方美学的主要面貌呈现出了一种与各非西方文化的美学更为接近的形态。这使世界美学的总体面貌发生了一种变化。

二 神学美学的特点

神学美学不是从"美"字出发去研究美的，"美"这个词在《圣经》中只用了一次，而且还是用于否定的意义。"美"字只是一种现象表达，而"学"要研究的不是现象，而是本体，是使现象成为现象的始源。因此，美学是从宇宙的本原即上帝出发的。这里我们看到了神学美学与哲学美学在出发点上的根本差异。哲学美学的建立者柏拉图是从美的现象和美如何被使用得出美的本质的，"美"不是一种本体，哲学美学在近代最有影响的大家康德，从区分美是什么（一种快感）和美不是什么（这种快感不是感官和理性的快感）来建立自己的美学体系。哲学美学在现代的解构和拒斥，也是经过对"美"字的分析而达到的。神学美学不从"美"字出发，正好与各非西方文化的美学研究思路相一致。中国美学首先讲审美对象与道（气、理、无）的关系，伊斯兰美学讲审美与真主的关系，印度美学讲审美与梵（佛、大雄）的关系。就是古希腊时期，在前苏格拉底时代，赫拉克利特就说过，最美的猴子在人看来

---

① 参见［瑞士］巴尔塔萨：《神学美学导论》，香港，生活·读书·新知三联书店（香港）有限公司，1998。

是丑的，最美的人在神看来是丑的。因此，美学从本体出发是各种文化的共同现象。但是神学美学从本体出发与其他文化的美学从本体出发有什么不同呢？这个不同就是神学美学的本体不同，基督教上帝有特殊性。其他文化的本体，如真主、梵、道、神，都有各自本体的特殊塑形，本体与人、世界有特殊的创化关系和联系方式。基督教的上帝作为一个实体，与印度的梵作为一个虚体是不同的，与中国之道的虚实合一也有区别。基督教的上帝创造世界与其他文化大致同一，但上帝按照自己的形象创造人类与中国型和印度型的本体区别开来。基督教的上帝与其他文化不同的特点是，上帝下降为基督，道成肉身，构成了人神之间的沟通关系，呈现了基督教特有的爱的精神。创造人且高于人的上帝本是人不能认识的，但它通过具有肉身的圣子（基督）和圣灵而示爱于人，使人能够认识它，趋向它。基督教的圣父、圣子、圣灵三位一体构成了神学美学不同于其他文化美学的本体。

与哲学美学通过真、善、美的区别来展开自己的美学相反，神学美学强调的是真、善、美的合一。这是与各大文化相同的。中国的气，既是宇宙的本体，又是具体事物之美，文以气为主，画以气韵生动为第一，书法要"棱棱凛凛，常有生气"。但中国强调天人合一，因此本体之气与具体事物之气水乳交融。而基督教的上帝与人是既统一又对立的。因此，神学美学以上帝为本源，从三个层面表现出来：一是道成肉身的基督，二是《圣经》，三是上帝创造的人和世界。基督呈现了上帝的核心（它本就是上帝），又呈现了上帝的新意（降世爱人）；《圣经》展现了上帝在时空上的全面展开；人和世界则是上帝创造的，并在上帝的注视下自我演化。这种以本体为核心的展开也是其他文化论述美学的大框架。中国的《文心雕龙》就是以道之文展开为人之文，以明道（道类似于上帝）、征圣（孔子类似于基督）、宗经（五经类似于《圣经》）展开为各种文体。虽然上帝的呈现本身是美的，但是基督教的上帝本身又是不可见的，是高于人的，因此，神学美学的三个层面作为上帝的荣耀在直接呈现时，没有从世俗角度来说的直接性，基督出生地点和出生居所在现象上的卑微同圣诞在本质上的神圣之美形成一个鲜明的对照。神学美学既是从神学本身而来的美学，又是人能够从现世出发体会到上帝之美的美学。因此神学美学是从上帝（圣父）高于或同于人和上帝（圣子），和人（在本质上）能体会上帝或人（在现象上）不易体悟上帝这两个方面的辩证性来展开的。在结构上，神学美学同样体现为哲学美学所安排的两个方面：一是具有美的客观存在形态，以及这种客观存在的内在结构；二是人如何从这种客观的存在结构中体会到美。用巴尔塔萨的术语来说，这是神学美学的两个阶段：一是直观论，也称基础神学，指出美学是感知上帝的启示形象的学说；二是心醉论，也称教义神学，指出美学是荣耀的上帝鼓舞人分享的学说。前者主要联系到上帝形象，偏于客观；后者主要涉及主体的感受，偏于主观。正是人体会到美这一时刻，人才感受到了上帝的荣耀，同时上帝的荣耀也向人呈现出来。

三　神学美学的客体结构

哲学美学是以美的本质为中心的，是美的本质的集中体现，也是现实中以审美对象的典型形态——艺术——为主体来建构审美对象体系的。神学美学以上帝为美的本体，以上帝的荣耀和启示为美的对象来展开。神学美学不是以现世的美，如艺术、人体、自然等为典型和标准，而是以真、善、美相统一的上帝的恩宠为核心来展开审美对象的。正如上节所说，神学美学是以与上帝关系的直接程度来认识和展开审美对象的，这就是第一，道成肉身的基督形象；第二，《圣经》中的形象系列，如亚伯拉罕、以撒、雅各、约瑟、摩西，以及卡里斯马型的法官、先知、殉教者、先驱和主的童贞女等形象；第三，在形式上与上帝的荣耀有直接关系的事物，包括明显的美，如基督教文学艺术，展现在教堂、圣画、雕塑、圣传、圣歌上，也包括看似非美实则有美的其他事物，如俄利根（Origen）透过字里行间看到了精神，伊里奈乌从救赎史的内在逻辑中看到上帝最高的艺术，居里良和奚拉里通过教会机制看到美的荣耀，利奥一世（Leo Ⅰ）从周而复始的宗教节日中看到最高的和谐，埃瓦格里乌斯从获得净化的信仰之灵魂中看到了永恒之光；① 第四，看似非神学实则与神学暗暗关联的各种艺术，表现为《圣经》与希腊神话、人

---

① 参见［瑞士］巴尔塔萨：《神学美学导论》，香港，生活·读书·新知三联书店（香港）有限公司，1998。

文思潮、浪漫主义，以及与其他非西方文艺的复杂关联；第五，作为上帝创造物的人和世界。

这一神学美学的审美对象结构，是以美的本体上帝为核心衍射开来的，它与哲学美学的结构形成一种对照，也与其他文化的结构形成一种比较。由于它的核心是高于人的上帝，因此美不是以形式之美为根据的，而是以与上帝的关系为宗旨，以能否显出上帝的荣耀为基础的，并以此来判定美的高下，这有点类似于普罗丁的流溢说，离太一越近，美越多，离太一越远，美越少。也有点像庄子美学，庄子以宇宙之道为根本，庄子的美的对象不是社会朝廷的文饰典章，旌旗车马，也不是文质彬彬的君子，而是超越社会的神人、真人、至人和德有所长的畸人、丑人。上帝的荣耀同样可以体现在各种卑微的、畸形的、低贱的、贫穷的形象之上，因此神学美学对于美的客体系列有自己的结构方式。但是我们仅仅知道这样一个由与上帝关系的远近而来的客体结构，是不完全的，甚至对于理解神学美学会有偏差。对于神学美学来说，同样重要的是知道，美存在于一个三层结构之中，只有理解了这个三层结构，上面的五个客体系列才会真正呈现出美来。这个三层结构就是：言、象、光。

在神学美学的框架中，上帝首先表现为上帝之言，《圣经》就包含上帝之言，上帝之美和荣耀直接地从《圣经》这一上帝之言中涌现出来。《圣经》虽然包含上帝之言，却又表现为现世之言（希伯来文，希腊文，拉丁文，以及英、法、德文）。人们是通过现世之言来理解上帝之言的。《圣经》之言的二重性是读者在求真、悟善、观美中一定会面对的。神学美学要求读者一定要由言入象，即从《圣经》的语言进入由语言所呈现的形象。基督的存在恰恰就在形象，《旧约》和《新约》共同完成了基督教的形象。这个形象，不是任何人从《圣经》阅读中得出的各解所解、各是所是的形象，而是神学的本质应该如是、必然如是的形象，是具有神学象征意义和本质意义的形象。在比喻的意义上，自然现象、社会现象、艺术现象都是一种与现世相关联的"言"，而对自然、社会、艺术语言的理解也应该由"言"入"象"，形成具有神学象征意义和本质意义的形象。只有从自然风景、社会场景、绘画的形色、文学的言语、建筑的立面、音乐的音响等一切中看出这种形象，这种按照神学原则所呈现的形象，我们才进入了审美之维。

所谓神学所呈现的形象，已经不是一种世俗中的客观形象，而是神学中的精神形象。巴尔塔萨说："只有在精神空间——不管该空间已经敞开，还是刚刚开启——之中的形象，才是真正的形象，才有权获得美的名称。而且由于这个世界中的精神总是处在天堂与深渊的断决之中，所以一切形象美都会处在这样一个问题的阴影之中：即哪一位主的荣耀照射着形象。当然，即使是悄无声息地观照物的精神达到共通的观照者的精神，将来不是表现为个人的精神，就是表现为对美的现实生命并没有影响的时代精神和时代野蛮思想，艺术作品如果被过多无聊的目光所触及，就会失去活力。"①这段话比较清楚地区分了由言入象的过程中，神学美学"形象"与哲学美学"形象"的不同规定和不同向路。正是这一差别，使神学美学的形象在进一步深入中显现出了自己的特色。巴尔塔萨说："那些努力将表达出来的言辞，围绕着的首先是形象或形体（美总是形式之美和形象之美），然而，美的形式或形象之所以美，是因为'从其内在放射出巨大的光泽'，这光泽使形象成为美的形象。"②

"光"是神学美学的一大特色，上帝说要有光，于是就有了光。正像《创世记》中光把白天与黑暗区分开来一样，在美学中，光把美与非美区别开来。哲学美学总是倾向于概念化的理式、理念、意义，而神学美学的光则是虚体的，可看见，可感觉，但抓不住，摸不着，不与逻辑推理相连，而与上帝相通。光类似于中国美学的"气"。气化万物，使具体之物有了生气；光照万物，使具体之物明亮闪烁。光把形象与上帝联系起来，形象之光意味着在形象上有了上帝之美，光之形象昭示着上帝之美照耀到了具体之形。但光作为最高层之根本，使形象的神学解释有了依据，形象之美不在形象本身的美与丑、贵与贱、富与穷、整与缺，而在于有无"光"。在言、象、光三层中，神学美学的意韵显现了出来。言是具有二重性的，上帝之言与人世之言叠合在一起；象也是二重性的，世俗意义的形象与神学意义的形象重合为一。使人世之言通向神学之象，使世俗之象闪出神学之光，就是美的神学向路。这一向路使神学美学区别于哲学美学，也澄明了神学美学，很多复杂的问题在这一向路的奥秘中得到了理论的清理。因此我们可以说言、象、光结

---

① ［瑞士］巴尔塔萨：《神学美学导论》，57页，香港，生活·读书·新知三联书店（香港）有限公司，1998。引文有改动，后同。

② 同上书，53页。

构是神学美学审美客体论的核心。前面所讲的神学美学客体的五个层级，正是依照得到上帝之光的厚薄、多少、明暗而排列的。审美客体的五个层级虽然有一个较明显的与上帝的远近关系，但这只是大致的，其能否真的呈现为美，要按照言、象、光的层层递进才能显现出来。因此，言、象、光与五个层级构成了神学美学关于审美客体理论的结构。

四　神学美学的审美过程

审美客体的言、象、光结构已经暗含了神学美学关于审美过程的特殊性。从巴尔塔萨的言说中，我们可以把审美过程的特殊性总结为三点：一是直观，二是相遇，三是入迷。

直观是审美过程的第一阶段，也就是由言入象的阶段，从现象到形象的阶段。任何现象通过神学的审美直观都会变成具有神学意义的形象。这里突出了在直观中神学渗入的主动性，其实我们可以将之理解为观者的前理解。把客观现象转变为具有与观者的前理解相适合的形象，其实是在任何一种审美直观中都存在的。面对客观现象，中国文化的观者将之转化为中国式的形象，印度文化的观者将之转化为印度式的形象，伊斯兰文化的观者将之转化为伊斯兰式的形象等。这就好比面对一片风景，让中国画家、印度画家、伊斯兰画家、基督教画家来作画，他们画出来的画，一定各不相同，但他们手之所画，正是其眼之所观。他们的眼之所以把风景看成如此这样一种风景，正是因为在审美直观中，他们把客观风景变成了与自己的文化意义一致的审美形象。可见，神学美学的直观把客观现象变成神学形象是一种建立在审美过程普遍性上的特殊性。由此我们可以理解巴尔塔萨把神学美学的直观看作基本神学的做法，这点出了审美发生的神学进路。神学美学的直观虽然已经呈现了神学特点，但还是被规范在一种普遍的审美规律中，其神学的特殊性尚未大显。而"相遇"这一概念则把神学特性彰显了出来。

相遇是神学审美的一种特质，严格地说，它并不构成一个阶段，却闪耀在直观和陶醉的过程中，是相遇使直观成为可能，使直观成为神学的直观，使现象变成神学的形象，同样只有在相遇的前提条件下，神学审美第二阶段的陶醉才是可能的，陶醉才成为神学的陶醉。因此，把相遇放在直观与陶醉之间来讲是最合适的。相遇的核心是观者与上帝之光相遇，这一相遇包含两个相互关联的内容，一是观者在客体上相遇了上帝之光，二是上帝之光（圣灵）进入了观者之心。就第一种情况而言，观者在现象中瞥见了上帝之光，观者与光相遇，通过光，所观的现象具有了意义，现象成了美，成了具有神学意义的形象。观者在形象中感受到了光，形象成了美的形象，形象闪烁着上帝的荣耀。在上帝之光的照耀中，观者跌进审美的陶醉里。就第二种情况来说，在观者直观现象的时候，上帝之光（圣灵）进入观者的心中，从而使观者能够从现象中看出具有神学意义的形象，使现象呈现光彩，成为美的形象，形象中闪烁着上帝的荣耀，内外之光相互辉映，在一片光耀之中，观者落进审美的陶醉里。相遇的两个方向：一是上帝之光由外（现象世界）而内（观者心灵）；二是上帝之光由内（圣灵入观者之心）而外（现象世界）。无论上帝之光是由外而内，还是由内而外，都会发展演进为内外互照，物我两融，一片光明的结果。借中国美学的话来说，就是"目既往还，心亦吐纳"，"情往似赠，兴来如答"（刘勰），就是"目亦同应，心亦俱会，会应感神，神超理得"（宗炳）。但是神学美学中的相遇的最大的特点就是，作为上帝显现的相遇是以突破、截断、冲击、变形的方式出现的。对于美学来说，相遇解说了人为什么会感到美的问题。美不在于客体，客体相同，有的人感受到美，有的人感受不到美，同一客体，同一观者，今天感受到了美，明天感受不到美；美也不在于主体，人自己也不能保证，对什么现象会感受到美，在什么时候会感受到美。美也不是哲学意义上的主客体的统一，因为美的出现不是法则性和规律性的，不是可以用理性和逻辑去推导的。美是一种相遇，人之所以不能说明这一相遇，正是因为上帝是在人之外的，是高于人的，而人能与美相遇又因为上帝之爱。与美相遇就是与上帝之光相遇。相遇使神学美学的特点得以彰显，但神学美学在突出相遇的同时，又使美学的一些奥秘得到了有益的呈现。相遇使神学美学关于审美客体的五个层级的理论得到了较好的说明，同时也使什么是美的对象这个一般的理论问题有所澄清。

审美的第二阶段是陶醉。观者在形象中与上帝之光相遇，这种相遇的结果就是陶醉。陶醉就是人与光合为一体，光照耀人，人在光中。巴尔塔萨注视到了谢本的言说，并将之总结为："（1）'我们精神的双目'，它们和来自上帝的新颖之光相遇，因而能够'通过观照清楚地'认识客体；这个客体实际上就是上帝，而上帝则是以'成为肉身之道'的'神圣的形象奥秘'为中介的。（2）由于这种中介性的观照而引发的对于'隐蔽性'之爱欲与'陶醉'和'迷恋'，而隐蔽性正是显露在那种可见和公开之中。"①陶醉也就是古今美学理论中讲的迷狂、入迷、幻觉、梦境，与物冥通，神与物游，物我两忘，物我同一，等等。神学的陶醉，虽有迷狂，但这迷狂不是希腊的异教之神的神赐，而是基督教上帝三位一体中的圣灵的昭示；虽如梦幻，但这梦幻不仅是人的审美心理的反映，而且与上帝之光相连；虽在其中神与物游，物我交融，但这物不是纯客观世界之物，也非艺术世界之象，而是神学中具有奥秘的形象。因此，神学审美中陶醉的特点，第一点是满腔热情地参与其中，并感受到圣恩，正如圣保罗（St. Paul）在销魂的陶醉中，张开充满神性的嘴喊出的：我活着，但不再是我，而是基督活在我身上！这已经描述出了陶醉的第二点：合一式的分享。在那陶然迷醉的时刻，好像神进入了人，人成为神。既是神我两忘，也是神我合一。陶醉的第三点就是人神在合一中提升。审美陶醉的深刻之处就是，人的思想、情感、心灵得到了神化。正如神说的：你必须改变你的生命！这生命的改变就是在上帝之光照耀下的陶醉中实现的。

　　直观、相遇、陶醉，这个神学美学的审美过程，既突出了神学美学的特殊性，也呈现出了与其他审美过程的联系。

五　神学戏剧学

　　对于巴尔塔萨的体系来说，神学美学要进入神学戏剧学，就要从美（显示与观照）进入善（实践与行动），因为神学不把基督的故事看成是思想的编造，而看作一

---

　　①　［瑞士］巴尔塔萨：《神学美学导论》，170页，香港，生活·读书·新知三联书店（香港）有限公司，1998。

个真实的故事。理性美学在把基督的故事看成艺术性的戏剧时，就将之定位在虚构上，从而我们对基督故事采用静观方法，就像在剧场看戏一样。而神学美学将之看成一个真实的上帝救世的行动，基督故事就是善。而上帝的行动要求人不是静观的，而要参与其中。因为作为上帝下降的基督是上帝在世界之中和作用于世界的行动，世界和人只能在行动中应答和理解上帝的行动。由于这一视觉的转变，神学戏剧学成了实践的善，但对于巴尔塔萨来说，一方面，戏剧学是美学的展开，它并没有离开美；另一方面，真善美一体而互通。因此，神学戏剧学虽然属于实践的善，但又与美紧密相连。巴尔塔萨认为，属于善的戏剧学在理性美学中是地地道道的美学，在古代美学的集大成者亚里士多德的《诗学》里，戏剧是主要内容；在近代美学的顶峰黑格尔的《美学》里，戏剧是美的发展的顶峰；在现代弗莱的《批评的解剖》中，戏剧占有重要的地位。这样，巴尔塔萨从美学到戏剧学是从美到善的转变，在西方的美学主潮中却表现为从美学的一方面到美学的另一方面，而且是更重要的一方面的转变。因此，从正统的美学角度来看，巴尔塔萨的戏剧学，从性质到内容，都是一个美学问题，是美学的进一步深入。

戏剧的核心是悲剧。西方的悲剧，从古到今的定论都是，希腊悲剧奠定了西方悲剧的核心，然后在西方文化的时间和空间上扩展和深化。而巴尔塔萨却把悲剧的核心定位在基督悲剧上。他认为，基督悲剧是希腊悲剧和犹太悲剧的综合与提高，并且内在地决定了以后一切悲剧的精神。因此，理解基督悲剧就能更深地理解希腊悲剧，从这一理论来看，巴尔塔萨对希腊悲剧进行了一种新的读解。让希腊悲剧做了一次既符合希腊精神又契合基督教精神的呈现。这将在下面对悲剧内容的解说中再论。同样，不理解基督悲剧就不理解以《旧约》为代表的犹太悲剧。在西方美学的悲剧理论史中，《旧约》中的故事并不被认为是悲剧。巴尔塔萨从神学戏剧学出发，使《旧约》故事的悲剧性呈现了出来。巴尔塔萨如此做，除了有自己理论上的思考外，也有学术上的资源的思考。拉辛对希腊悲剧和犹太悲剧的互用，为他提出犹太悲剧提供了证明。克尔凯郭尔对亚伯拉罕杀子祭神时的心态进行深刻的追问，已蕴含着引出犹太悲剧主题的可能。而巴尔塔萨以基督悲剧的核心对犹太悲剧的叙述，使犹太悲剧精神闪耀着光辉。在希腊悲剧和希伯来悲剧这两大西方文化资源的深厚基础上建立起来的基督悲剧，成为理解一切悲剧的核心，如塞内加（L. A. Seneca）的悲剧，高乃依（P. Corneille）的悲剧，拉辛的悲剧，日耳曼和北欧故事中的悲剧，莎士比亚、席勒、赫尔贝①的悲剧等。对于巴尔塔萨来说，最主要的是，基督悲剧呈现的，不仅是艺术形式在舞台上表现出来的行动，而且是人类在历史和现实的人生舞台上进行的真实的行动。只有理解了这一点，神学戏剧学才既可以包括艺术戏剧学，又超越了艺术戏剧学，而显现为一卷神学启示录。上帝的启示不仅是观照，而且是在世界之中并作用于世界的行动。

自古希腊和《旧约》以来，悲剧就一幕幕地出现，从过去伸向未来，其真正的内容和意义是什么？或者换句话说，神学戏剧学的内容和意义是什么？巴尔塔萨认为：悲剧呈现出了人类的生命和行动的意义。这表现为三种辩证关系。一是破与全的辩证关系。悲剧显现了人生的破碎，指出这一破碎的事实，但是悲剧要进入这一破碎，展现这一破碎，又是以一个不破的大全整体为前提的。人们有了对"全"的信仰，才有呈现"破"的勇气，而呈现"破"的行动，就是敞开"全"的行动。二是肯定与否定的辩证关系。悲剧呈现了人的有限性：人生之有限，幸福之有限，美好之有限。有限性把人存在中的命运问题尖锐地显现了出来，悲剧的"破碎"展示人的有限性从而形成对人的一种否定。但是人的有限性又在尖锐的展示中得到了肯定。这就是，人的有限的存在，将在神的空间中得到解释，人因自身有限而必然地与无限的神联系起来，正是人与神的联系使人的有限存在显得伟大崇高。人在通过悲剧对自己进行最大的否定中获得了一种最大的肯定。三是死与生的辩证关系。死是悲剧的基础。但人的死之所以被突出，恰恰在于人对有限存在的生的高度重视。人对生越看重，人的死越得到突出；死越成为醒目的悲剧，生的意义越得到最高的张扬。苏格拉底之死开始了希腊哲学，塞内加之死，揭开了中世纪的序幕，克尔凯郭尔是近代真理的见证人，因此惨死是他的必然结局。正是在生死的悲剧中，真理得以无蔽的呈现。

以上三种辩证关系是悲剧普遍性的内容框架，当这种框架具体地集中在基

---

① 参见［瑞士］巴尔塔萨：《神学美学导论》，香港，生活·读书·新知三联书店（香港）有限公司，1998。

督悲剧身上，并由基督悲剧而观望其他悲剧类型的时候，悲剧的核心内容就呈现出来了。在悲剧中，人被放置在一个黑暗之处，这黑暗并不是没有上帝在场的黑暗，而是无法辨认在场的上帝的黑暗。上帝一直都主宰着人的存在意义，但人无法认清这一意义。因此，悲剧表现为三个方面。一是人生多不测。男女有情爱，可到婚宴时，阿德墨托斯就命赴黄泉；人生有尊严，可特洛伊陷落后，女王赫卡柏和她的女儿们一道成了胜利者的战利品；天下有忠诚，可德伊阿尼拉却给丈夫赫拉克勒斯送了涂有涅索斯血的衬衣。人有不测命运，有旦夕祸福，既是舞台上悲剧的内容，也是现世中人生的常态。二是好坏难预料。俄瑞斯忒斯为向阿波罗表忠心，杀了谋害丈夫的母亲，结果却被送到了复仇女神面前；希波吕托斯为了忠于自己的女神阿耳忒弥斯而终身不娶，谁知却得罪了爱神阿芙罗蒂特；普罗米修斯盗火，虽成了人类的朋友，但却成了宙斯的敌人；约伯一心一意信奉上帝，得到的却是一个接一个的灾祸……在天地间的矛盾复杂性中，人的行动因好而反坏，向善而得恶，趋福而成祸，动机与效果的反讽，希望与结局的悖谬，使人的存在成了永恒的痛苦。三是罪责难分清。悲剧，到处都有一种看似清楚，实则不清的罪责。虽然人们可以把罪揭示出来，但却不能肯定罪者为谁。俄狄浦斯杀父娶母，说他没罪，难；说他有罪，也难。从神学的观点看，人一旦认真行事就会有罪，可是人的行动是与神相联系的，神在想什么，人无法猜透，也不应猜透，这样，人就被卷进了茫茫无边的罪恶之中，除了死，别无出路。悲剧的表现，总结起来就是，在作为神学戏剧学的现世中，很多东西，乍一看来，一目了然，人知道应该怎样做，因为人是自由的；但进而察之，人对于怎么做却模糊得很，人举步维艰，是受束缚的；人以为顺从就可以接近上帝，但很多时候，这种顺从却使你远离上帝，进入罪恶。在无法认清在场的上帝的茫茫黑暗中，为了表示对上帝的敬畏，人对自身的悲剧不予回避，正是这里，闪出了悲剧的意义。

基督走向十字架的悲剧，集希腊和犹太悲剧于一身，这个大悲剧传统得到了决定性的提升，不是因为基督要消除悲剧的矛盾，而是因为他使这种矛盾更为深刻，他不是使在场上帝以缺场形式表现出来的模糊得以清晰，而是使缺场形式的黑暗更加严酷。在基督悲剧中，他越是爱人，越是得人的恨；他越是为人效劳，人就越陷害他，背叛他，谋害他；于是，替人受难成了罪过。

基督悲剧的特点在于，上帝下降为人进入悲剧。在道成肉身中，上帝的全能以最柔弱的无能体现出来，上帝的自由以人世的受束缚呈现出来，天堂的光明以现世的模糊展现开来。这样基督使悲剧的真正意义得以彰显：基督在十字架上替人受难，人的生存矛盾被上帝担当了过去，体现了上帝对人类之爱，人也在上帝之爱或基督之罪中体会到人之悲剧的两重意义，即对上帝的信仰和对在世的承当。基督的悲剧使人不能静坐在观众席上，而是进入舞台，追随基督。上帝把人领入戏剧之中。上帝针对人来行动，为人行动，然后又与人一道行动。十字架上的罪使世人更深地体会到自己之罪，基督之后的人的处境变得比希腊人和犹太人还要神秘莫测。一方面，上帝对人所做的事，只有一个意义，即明晰的善；另一方面，人在此世舞台上的行动充满多义和歧义。这样上帝救世行动的单义性与此世剧场的歧义性形成了悲剧的真正意味。这种单义与歧义的结构显现出了神学的戏剧观，由此，我们可以体会各种艺术中的悲剧，各种悲剧以自己独特的方式和方面呈现了人的在世境况；我们可以体会人世的悲剧，比如，犹太人与异邦人在同上帝关系中的悲剧因素；我们可以体会教会本身的悲剧因素，教会虽然代表上帝，但并不是上帝，这构成了它的悲剧性。艺术、人生、教会的悲剧性使神学戏剧学的主题得到了突出。

在神学戏剧学中，人的行动，在上帝之光的环绕中，无论怎样朝向绝对的善，也不管上帝的行动是怎样的绝对单义，只要人的行动处于上帝的光亮与黑暗相交的扑朔迷离中，现世的人（包括教会）的行动都只能是歧义的。虽然巴尔塔萨让我们信仰一个单义的上帝，但他也极为清楚地告诉了我们人类所能得到的唯一结果是歧义，这一结果是所有后现代的结论，而这一结果中的后现代思维对于多元文化的互动，也有一种契合和启示。

第三节　海德格尔与神学美学

海德格尔（Martin Heidegger，1889—1976）的哲学和美学在西方处于一种特别的位置。他用本质论的方式最彻底地否定了本质论，也可以说，他用转换本质论定义的方式来反对古典的本质论。而这种方式实际上使他从哲学领域走向了神学空间，但他走向神学是为了改变哲学，只有引入神学，他才能守住哲学的本体论，要守住哲学本体论，他必须引入神学，从而他的哲学弥漫着神学的气味。因此，我们不仅从美学的逻辑理路，还从神学的思考方式来看海德格尔的美学，也许更能显现出其美学的特点。其实，神学一直对海德格尔产生重要的影响。进入大学，海德格尔学的是神学(1909—1911)，在20世纪50年代，他说，"没有这一神学的来源，我绝不会踏上思想之路"①。在最后岁月的1966年，海德格尔在一个希望自己去世后才发表的访谈里说："只有一个上帝能救渡我们。"②因此，我们从哲学与神学的会通中来看海德格尔的美学，其思想会更加彰显。海德格尔的美学可以说包括三个部分。一是从其对存在的论述中引出其对美的本质的一种理解。这一理解正好与神学的思路相似。二是把存在和真理的本质定位在言、诗、思这个三位一体的林中路里，这使美的本质得到了进一步说明，这一说明类似于神学的说明。三是论艺术作品的本质，可以说这是对美的一种专论，进一步呈现了美学的神学走向。

一　美的本质存在而不可言说

现代美学是从对古典美学的基础和核心的"美的本质"的批判中产生的。在这一古今转换中，海德格尔与分析哲学，或其他学派都不一样，他用肯定美的本质的方式来否定美的本质，在否定美的本质中坚持了美的本质。海德格尔的批判不是专门针对美的本质的，而是专门谈存在的本质的，正是在存在何以存在这一根本的问题中，美的本质存在呈现了出来。将其方法论直接运用于美学，一个关于美的本质的理论就敞亮出来了。

西方文化的本体论问题，就是存在的问题，这是由西方语言和思维方式决定

---

① 孙周兴选编：《海德格尔选集》(下)，1013页，上海，上海三联书店，1996。
② 同上书，1289页。

的。只要有物存在，西方语言就用 to be(可译为"存在"，或"是"，或"有")来描述，这是(is)一个人，那是(are)几棵树，这里曾有(was)一间房，那里将来会有(will be)两座桥等。只要一讲到 to be，就是有某物存在(to be something)。这些物总是有具体的时态和数目的；这些物无论是单数的一个，还是复数的一些；也无论是过去存在、现在存在，还是将来存在，都只是现象界的具体事物。而具体事物有生就有灭，注定是有时间性的，是暂时性的。但哲学追求的是永恒。英文中只有说出 to be(是、存在、有)，但又不是 to be something(是、有、存在某物)，某物才是永恒的。因此让 be(是)后面不出现具体的事物，而加上 ing，使之名词化，就成了区别于现象的具有本体含义的 being(存在)。存在不是任何一种存在物，而是超越一切物的存在本身。正因如此，亚里士多德说，being(存在)的问题，是一个过去问过，现在在问，将来还会不断问下去的问题。西方哲学的核心问题，本体的存在(being)、现象的存在者(beings)与是(to be)是什么(beings)，都以相同的语言形式表现出来。在苏格拉底、柏拉图、亚里士多德以"X 是什么"的语句形式进行形而上的追问时，诸如，什么是美？什么是善？什么是知识？什么是自然？他们就创造了代表西方传统哲学的问与答的形式。在海德格尔看来，正是这种统治了西方哲人头脑两千年的问与答的形式把真正的本体论问题遮蔽了，使人类最根本的东西失落了。

在"美是什么"的提问中，我们不仅要为"美是什么"找一个精确的界定，同时还要对"什么"给出一个解释。本来人是在有限的现世去追问超现世的永恒本体的问题，但这种问法却要求在有限的现世的人对超现世的永恒本体给出一个现世的明晰回答。这里的矛盾明显地意味着，当我们说出"是什么"的时候，这只是"是"(being)的一种特殊表达；我们获得的只是存在者(beings)，而非存在(being)；这只是美在一定时期的一定规定，而非美本身。然而人们往往把存在者当成存在的答案，把美的具体规定当成了美的本质的答案。根本性的问题就在这种问答形式中被遮蔽了。幸而历史本身在遮蔽问题的同时又把这种遮蔽暴露了出来，对于"美是什么？"柏拉图有一种回答，亚里士多德有另一种回答，康德有一个解释，黑格尔有另一个解释……每当人们按"美是什么"的方式进行提问时，这个"什么"都要被重新确定，但新的决定无非是以一个新的存在者来代替旧的存在者，以一个对美的新的规定来代替旧的规定。只要人们沿着"是什么"的问题前进，结果只能是存在者在而存在却不在，美的具体规定在而美不在。我们必须对"是什么"本身进行审问！

正是按照存在与存在者，永恒与现世，无限与有限，美的本质与关于美的本质的定义这一基本关系和思路，海德格尔让我们明显地想到：美的本质是存在的，但又是不能言说的，特别是不能给出定义的。因为如果没有美的本质，世界上各种各样的美的事物就失去了根据。这样的话，一方面，具体事物之美就无法从美的角度予以说明，而只能从美之外的东西来说明，这一点在柏拉图提出"美是什么"的时候就已经说得很清楚了；另一方面，如果只把事物是美的归于一些现世的、现象的、有限的原因，那么结果，一是我们虽然说明了事物的美，但却贬低了事物的美；二是我们只能揭示事物浅层次的美，不能体悟到事物深层次的美。美的本质是不能定义的，美的本质之作为本质，就在于它的绝对性，它对一切时代，一切文化都是适用的，它是超越任何时代、任何文化之上的；而关于美的本质的定义和言说，只能是由具体时代、具体文化给出的，它是来自一定时代、一定文化的，是受具体时代和文化的局限限制的。因此任何关于美的本质的定义，都不是美的本质的真正定义，而只能是关于美在具体时代具体文化中有限显现的美的定义。因此，给美的本质下定义，其错误不在于下了定义，而在于把这些定义当作美的本质来定义。美的本质是什么，这一问题其实相当于一个神学上的问题，即让只能处于某一现世的人成为超越上帝的人。人不可能成为上帝，美的本质也是不可以定义和言说的，这正像东方智慧："道，可道，非常道。名，可名，非常名。"(《老子》第一章)

海德格尔既反对传统美学给美的本质下了定义，也反对分析美学等现代美学因为美不能被下定义就否定了美的本质。因此，关于海德格尔的观点，我们可以简要概括为，必须坚信美的本质，只有如此，人的审美追求才有意义；必须反对用名言来定义美的本质，只有如此，人才能从定义的遮蔽中解脱出来，真正朝向美的本质。这又完全相同于现代神学的观点，即必须相信有一个上帝，不然宇宙中的一切就得不到最后的说明，但又不能给上帝下一个定义，连教会也不能，教会并不是上帝，而只是上帝的一种有限表现，一旦人们给上帝下了定义，就遮蔽了上帝。因此，在海德格尔的思路中，存在、上帝、美都具有相同的性质，都可以用同一种方法和思路去言说。

二　言、诗、思的神学进路

　　海德格尔的思想往往以 1930 年为界被分为前期、后期，不管分期在多大程度上成立，海德格尔的思想变化却是可以看到的。这就是，存在这一哲学的本体概念在后来逐渐增多了神的意味，甚至可以说存在变成了隐匿的上帝本身。在前期，存在是存在的，但又不可言说；在后期，"神是不可知的，却又是尺度。不仅如此，而且保持不可知的神也必须通过显示不自身为它所是的神而作为始终不可知的东西显现出来"①。在前期，由于存在主要具有哲学性质，因此海德格尔注重从此在在世中去体验存在，大讲沉沦、无聊、畏、死，总之，重视主体的在世体验；在后期，其哲学理论中存在更多的与神同一，因此海德格尔重视神、存在、真理是以何种方式向人显启的。这时，重要的不是人的在世体验，而是神（存在或真理）的存在方式。只有理解了神（存在或真理）的存在方式，人才能体悟、领会，走向自己的本质。而对此时的海德格尔来说，人的本质就是人的神性。他说："神性乃人借以度量人在大地之上、天空之下的栖居的'尺度'。唯当人以此方式测度他的栖居，他才能够按其本质存在。"②当人获得自己的本质，海德格尔的问题由存在与存在者的关系转变为神与人的关系之后，神究竟是如何显启自己的，人要怎样才能体验到神就成为重要的了。在海德格尔看来，神，对于人来说，存在于三种形式之中；人，要体悟神，需进入三种形式之中。这三种形式就是：语言、诗歌、思想。

　　乍一看来，（语）言、诗（歌）、思（想）是人人皆知的，随处可见的，但海德格尔认为，作为人神通道的言、诗、思，不是一般的言、诗、思，而是存在于一般的言、诗、思之中的，以特殊的方式才能体悟的东西。沉沦于俗世的人虽然看见

---

　　①　孙周兴选编：《海德格尔选集》（上），473 页，上海，上海三联书店，1996。引文有改动，后同。

　　②　同上书，471 页。

了，接触着，甚至思想着言、诗、思，但却看不见飘荡在言、思、诗之中的东西。更重要的是，言、诗、思在西方文化的现代发展中被异化了。本真的(与神或存在或真理相连的)言、诗、思与异化的(与人或现世或具象相连的)言、诗、思采取了同一外在形式，后一方面把前一方面遮蔽了。对于海德格尔来说，重要的就是把现代社会带来的遮蔽与被遮蔽的东西进行清理。

言、诗、思是三位一体的。先说语言，与神相连的语言，不是科学、哲学、逻辑上的命名、范畴、概念，也不是日常文化中的说话、传播、写字，而是一种不同于这些知识之言与日常之语的"道说"，是不可名言之言。要用言来表达这种不可言之言，最好的形式就是诗。与神、存在、真理相连的诗，不是一般的诗，而是"诗化地表达了语言中令人激动的东西"①的那种诗，是格奥尔格(S. A. George)、里尔克(R. M. Rike)、荷尔德林(J. C. F. Hölderlin)这一档次的诗。在这样的诗中，"诗人学会了[对日常语言的]弃绝，他从而就在语词的最高权能上取得了经验，诗人获悉那种东西的原始消息，这种东西降大任于诗人的道说，而又向诗人的道说隐瞒起来"②。说得如此神秘，无非是讲，诗人运用语言而又超越语言，超越语言而又不离语言。诗在形式上就是对日常语言和日常逻辑的一种违反，正是这种违反，使诗人进入一种边缘，正如荷尔德林的诗《词语》所呈现的，命运女神就居住在这边缘之中，"远古女神守护着她的渊源，亦即源泉；女神在渊源深处寻找着名称，以便从中把名称汲取出来。语词、语言归属于这片神秘的旖旎风光的领域；在那里，诗人之道说毗邻于语言的天命般的源泉"③。简而言之，正是诗对日常语言和日常逻辑的违反，使自身接近于"道说"，成为"道说"。这种诗，呈现的是通往神、存在、真理的思。西方社会"几千年来养成了一种偏见，认为思想乃是理性，广义的计算的事情"④，从而把思完全变成了逻辑、科学、知识，一句话，变成了计算性之思，工具性之思。在海德格尔看来，这种计算性的思，虽然思想了，也只是朝向现世的，是工具性的，是功利性的。而真正的思是

---

① 孙周兴选编：《海德格尔选集》(下)，1088 页，上海，上海三联书店，1996。

② 同上书，1072 页。

③ 同上书，1073 页。

④ 同上书，1076 页。

不同于计算性之思的沉思之思，这种思超越科学、逻辑、知识，超越功利、计算、现世，直接通向神、存在、真理。"在思中既没有方法，也没有论题"①，思当然与语言相关，"我们说，并且说语言。我们所说的语言已经在我们之先了。我们只是一味地跟随语言而说。从而，我们不断地滞后于那个必定先行超过和占领我们的东西，才能对它有所说。据此看来，说语言的我们总是被纠缠到一种永远不充分的说中了"②。明白了人与语言的这一层关系，我们就可以知道，"思首先是一种倾听，是一种让其自行道说"③。前面说过，让语言自身道说的最好形式就是诗，因此，与思相关的就是诗。海德格尔一再说"诗与思相互面对而居住"，"诗与思两者相互需要"，诗与思"是道说的两个突出方式"，其实讲的都是一个道理：如果说，现代社会是一座令人茫然的巨大森林，那么，言、诗、思就是一条通向神、存在、真理的林中路。

海德格尔不但提出了言、诗、思三位一体的理论，还认为这一理论是西方文化的本源。正如他的存在主义是从对存在一词的古代溯源而来一样，在论述言、诗、思的三位一体时，他仍然回到古希腊，这就是西方文化最为关键的词——逻各斯（logos）。逻各斯是西方文化之道，这是无人怀疑的，但历来的思想史家都把逻各斯等同于逻辑，由此逻各斯就变成了科学、理性、知识，成为西方文化所能发展至今的基础。海德格尔正本清源地说，逻各斯不是逻辑，而是神话。由此，逻各斯一词所具的三层含义，道（存在），说，逻辑，就成了道、说、神话。用神话来诠释道与说，这样道（存在）就有了神的性质，同样，说也成了神的言说，而神话就是故事，就是诗，是对神之思。古希腊历史中曾有一个哲学家与诗人的争论，结果是哲学家打败了诗人，从而逻各斯变成了逻辑，为西方文化的理性主义奠定了基础，现在，海德格尔把逻辑还原为神话，从而逻各斯复辟为神，而言、诗、思再一次复辟为真理的最真、最好、最对的形式的呈现。

当存在、真理可以置换为神，而言与思都可以典型地体现为诗时，诗是神、存在、真理的呈现方式，也是人接近神、存在、真理的方式，海德格尔已经完成

---

① 孙周兴选编：《海德格尔选集》（下），1081 页，上海，上海三联书店，1996。

② 同上书，1082 页。

③ 同上书，1083 页。

了由存在论美学向神学美学的转换。

诗与言、思既有一致性，即都通向神、存在、真理，又是神、存在、真理的呈现。诗与言、思又有不同的一面。诗代表的是艺术。一方面，诗是一种艺术的特殊体裁；另一方面，诗这种特殊体裁又是艺术的代表。在《艺术作品的本源》(1935—1936)中，海德格尔一再重复地说，"艺术就是诗"，"艺术的本质是诗"，"一切艺术在本质上都是诗"①，因此，对于海德格尔来说，诗、言、思是一个层次，作为艺术代表的诗是另一个层次，如果说诗、言、思代表了海德格尔后期体系的基本结构，那么，诗，也就是艺术的专论是这个基本结构的一个重要方面。《艺术作品的本源》就是这一方面的集中论述，从而也是海德格尔后期美学的集中表现。

三 何为艺术与艺术何为

如果说，宇宙间的一切都可以分为存在与存在者，那么，我们看见的、所遇的只是存在者而非存在，虽然存在者如是的在是由存在来决定的。这样的开始是典型的海德格尔式的言说方式，一切存在者可以分为物与人，前期的海德格尔由存在与存在者转入作为存在者的人；后期的海德格尔则进入作为存在者的物。物包括自然物(石头、土块、树木等与人的制造无关的物)和器具(为人所制造的物)。如果问什么是自然物的物性而什么是器具的器具性，这个问题的答案不是用任何现象的、计算的、分析的、实验的方式所能得出来的，因为石头的本质不在于石头的面积、重量、颜色、硬度，器具的本质不在于器具的一切现象特征。怎样才能得到自然物的物性和器具的器具性呢？或者说，自然物的物性和器具的器具性怎样才呈现出来呢？这就进入艺术问题了。

按照存在与存在者的思路模式，我们能相遇的只是艺术作品，我在问什么是艺术时，得到的回答一定是一个艺术作品。我们要以科学、逻辑、计算的方式从

————————

① 参见孙周兴选编：《海德格尔选集》(上)，292—295页，上海，上海三联书店，1996。

艺术作品中总结艺术的本质，其结果只能是：(1)艺术作品是艺术家创造的，我们找到了艺术家；(2)艺术家是因为创造了艺术作品才成为艺术家的，这又回到艺术作品。这是一个循环的怪圈。这样做是找不到艺术(本质)的。究竟什么是艺术(的本质)呢？海德格尔用了三个艺术门类(绘画、建筑、诗)的例子来引导我们走向艺术(的本质)。这里举其中的两个。

一是梵·高的绘画《鞋》：

> 从凡·高的画上，我们甚至无法辨认这双鞋是放在什么地方的。除了一个不确定的空间外，这双农鞋的用处和所属只能归于无。鞋子上甚至连地里的土块或田陌的泥浆也没有黏带一点，这些东西本可以多少为我们暗示它们的用途的。只是一双农鞋，再无别的。然而——从鞋具磨损的内部那黑洞洞的敞口中，凝聚着劳动步履的艰辛。那硬邦邦、沉甸甸的破旧农鞋里，聚集着那寒风陡峭中迈动在一望无际的永远单调的田陇上步履的坚韧和滞缓。鞋皮上黏着的湿润而肥沃的泥土。暮色降临，这双鞋底在田野小径中踽踽而行。在这鞋具里，回响着大地无声的召唤，显示着大地对成熟的谷物的宁静的馈赠，表征着大地的冬闲的荒芜田野里朦胧的冬冥。这器具浸透着对面包的稳靠性的无怨无艾的焦虑，以及战胜了贫困的无言的喜悦，隐含着分娩阵痛时的哆嗦，死亡逼近时的战栗。这器具属于大地，它在农妇的世界里得到保存。[①]

先不忙解说这番海德格尔式的言说，我们只需记住，在这里海德格尔提出与艺术本质最紧密相关的两个基本概念：世界和大地。在下面的例子中，海德格尔仍然紧扣着世界和大地。这个段落虽然长一点，我们还是照录如下，以便体会：

> 一座希腊神庙，它单纯朴素地置身于巨石满布的岩谷中。这个建筑作品包含着神的形象，并在这种隐蔽状态中，通过敞开圆柱式门厅让神的形象进

---

① 孙周兴选编：《海德格尔选集》(上)，253—254页，上海，上海三联书店，1996。

入神圣的领域。贯通这座神庙，神在神庙中在场。神的这种现身在场是在自身中对一个神圣领域的扩展和勾勒。但神庙及其领域却并非飘浮于不确定性中。正是神庙作品才嵌合那些道路和关联的统一体，同时使这个统一体聚集于自身周围；在这些道路和关联中，诞生和死亡，灾祸和福祉，胜利和耻辱，忍耐和堕落——从人类存在那里获得了人类命运的形态。这些敞开的关联所作用的范围，正是这个历史性民族的世界，从而实现了它的使命。

这个建筑作品阒然无声地屹立于岩地上。作品的这一屹立道出了岩石那种笨拙而无所促迫的承受的幽秘。建筑作品阒然无声地承受着席卷而来的猛烈风暴，因此才证明了风暴本身的强力。岩石的璀璨光芒看来只是太阳的恩赐，然而它却使得白昼的光明、天空的辽阔、夜的幽暗显露出来。神庙的坚固的耸立使得不可见的大气空间昭然可睹了。作品的坚固性遥遥面对海潮的波涛起伏，由于它泰然宁静才显出了海潮的凶猛。树木和草地，兀鹰和公牛，蛇和蟋蟀才进入它们鲜明的形象之中，从而显示为它们所是的东西。希腊人早就把这种露面、涌现本身和整体叫作自呈，自呈同时也照亮了人赖以筑居的东西，我们称之为大地。①

海德格尔通过具体实例要说明的是，艺术作品之为艺术作品，主要在于这两个基本特征，"建立一个世界和制造大地"②。艺术作品建立起一个世界，用美学的术语来说，就是艺术作品展现出一个艺术之境。按照理性美学来理解，艺术之境不同于现实之景，它是主观（艺术家）与客观（现实）相结合的产物。按照海德格尔的理论来说，艺术之境（世界）不同于现实之景（存在者）。现实之景（存在者）往往被各种现象或事物所遮蔽，被现象事件所纠缠，从而处于非本质的存在状态中，而艺术之境（世界）则使存在者去掉遮蔽，处于敞开的状态之中，因此，艺术之境（世界）不在于主客观的合一，而在于存在者自身本质的呈现，从而也就是存在者与存在、真理、神的合一。因此，艺术作品创建一个世界，也就是开启了一个澄

① 孙周兴选编：《海德格尔选集》（上），262—263 页，上海，上海三联书店，1996。

② 同上书，268 页。

明的空间，存在者在其中得到了去蔽的呈现，得到了本真的存在，得到了本质性的存在。在梵·高的画中，农鞋这一器具的器具性得到了本质的呈现；在希腊神庙中，岩石、风暴、阳光的物性获得了本质的存在，植物的植物性和动物的动物性也得到了本质的呈现。因此，艺术世界中的存在者，按照美学的惯例来说，不妨称为境（世界）中之物。境中之物，无论是自然物、器物还是人物，都不同于现实中的物、器、人，也不同于艺术家主观中的物、器、人，它们是按照物、器、人自身的性质呈现出来的物、器、人。这种艺术世界中的存在者如是地存在的意味或氛围就是大地。海德格尔说："大地一词所说的，既与关于堆集在那里的质料体的观念相去甚远，也与关于一个行星［地球］的宇宙观念格格不入。大地是一切涌现者的返身隐匿之所，并且是作为这样一种涌现把涌现者隐匿起来，在涌现者中，大地现身而为庇护者。"①从美学的语言来说，我们不妨把大地理解为境（世界）中之象。世界（境）使物（存在者）处于敞开状态，而大地（象）则使物（存在者）的存在有了一个深厚的根基。物（存在者）在艺术世界（境）中不是漂浮的，不是无根的，不是偶现的，而是有归依的，是能自持的，是有意味的。海德格尔反反复复地讲世界与大地的辩证关系，要说的都是一个道理：世界使存在者（物、器、人）去掉现实时空之蔽而敞开，呈现在自身本质的澄明之中，大地使这种本质的敞开和澄明有了一种基础和深度，从而使艺术世界中的存在者（物、器、人）与本体（存在）一样让人有一种长于大地的感受。这样存在者（物、器、人）在世界（境）与大地（像）之中呈现，类似于中国美学理论上反复讲的景外之景，象外之象，味外之旨，韵外之致。这种韵外之致当然不是现实中的，也不是艺术家头脑中的，而是一种宇宙本体论的东西，也就是海德格尔的存在、真理、神。

因为艺术中的存在者（物、器、人），特别是存在者之为存在者的本质（物性、器性、人性）不能在现实中得到，也不能在艺术家的头脑中得到，因此，海德格尔说，在艺术作品中，真理是自行置入的。一旦（艺术的）世界"建立"起来，（艺术世界中的）大地"制造"出来，真理就自行置入其中了。海德格尔说："在神庙的矗立中发生着真理……［凡·高画中］鞋具愈单朴、愈根本地在其本质中出现，［迈耶尔

---

① 孙周兴选编：《海德格尔选集》（上），263页，上海，上海三联书店，1996。

诗中]喷泉愈不加修饰愈纯粹地以其本质出现，则伴随它们的所有存在者就愈直接愈有力地变得更具存在者特性，于是自行遮蔽着的存在便被澄亮了。"①由此，艺术何为也就清楚了，"艺术就是真理的生成和发生……[艺术]作品的作用并不在于某种[像理性/科学/逻辑那样]制造因果的活动；它在于存在者之无蔽状态(亦即存在)的一种源于作品而发生的转变"②。艺术与真理相关，与存在相连，是本体的显现。对于海德格尔来说，艺术不但区别于现实，还区别于历史，历史充满了偶然、曲折、遮蔽，而艺术与真理相连，"每当艺术发生，亦即有一种开端存在之际，就有一种冲力进入历史，历史才开始或重新开始"，在这一意义上，"艺术乃根本性意义上的历史"③。历史的本质只有在艺术中才显现出来，因为真理只投入艺术之中。在对艺术做了如此的定性之后，美是什么也随之而出了。当艺术世界被建立时，当大地被制造时，真理就置入作品中，而真理嵌入艺术作品时的闪耀，就是美。"美是作为无蔽的真理的一种现身方式"，④也可以说，美是真理的光辉。在此，我们又一次看到了海德格尔与神学美学的一致。

《艺术作品的本源》写于20世纪30年代，海德格尔在1956年又对该文作了"附录"，可见海德格尔对该作品的重视。联系到后期的相关论述，海德格尔的美学在主要之点上多方面地与神学美学相通：(1)诗是艺术的核心，诗通向神、存在、真理；(2)美是神、存在、真理的光辉；(3)在艺术的美中，我们与神、存在、真理相遇。当然，除了有这三方面的会通，海德格尔的神学美学还有自己的特色，一言以蔽之：人，诗意地栖居。所谓诗意，就是处在自身的无蔽的澄明中，居住在与神、存在、真理的关联中。否定了现实、历史、逻辑、理性、知识，海德格尔的无蔽和澄明就栖居在现象直觉的世界中，一种他所谓天、地、神、人的统一体中。他的大地，不是科学体系中的地质学、地理学、地形学的大地，而是直观中的岩石和水流，植物和动物；他的天空，不是天文学中的天空，而是直观中的日月运行，群星闪烁，蓝天白云，昼夜交替，寒暑变化；他的神，既是神性在各

---

① 孙周兴选编：《海德格尔选集》(上)，276页，上海，上海三联书店，1996。
② 同上书，292—293页。
③ 同上书，298页。
④ 同上书，276页。

种神话中体现出来的诸神，又是在现代科学或理性氛围中隐匿起来的上帝；他的人就是存在主义意义上的终有一死者。人自觉到终有一死，能够领会死，从而就能自觉地走向领悟自身的本质的去蔽之路，而诗意地栖居在天、地、神、人的四重统一性之中。

由于海德格尔的神，不是西方文化中的基督教的上帝，而是虽由基督上帝体现，但非基督上帝所能穷尽的一个隐匿在各个文化之后的上帝，因此，他的神是一个各文化可以互动和互通的上帝。在这一意义上，海德格尔的神学美学闪耀着全球化时代的光芒。

第十二章　生态型美学——全球化的生态之维

在西方文化里，与美学相关的三个流派，环境美学、生态批评、景观学科，各自不同又相互交叠地讲述着相同的主题，因此，我们将之并置在一起，用生态型美学这一标题统而称之。从美学和文化的角度来看，这三大流派都围绕着四大基本概念如环境、景观、自然、生态来展开。这四大基本概念既是西方美学和文化的主题，又是世界美学和文化的主题。三大流派，虽然各有自己的缘起，但也有相互关联的视野，以同中有异和异中有同的方法和目标，卷进了四大概念之中。环境美学直接从美学的演进中来，并且以革新西方美学为使命，体现在直接对西方美学的基本问题和基本面貌，发出批判性和变革性的呼声上。生态批评，从文学理论中产生出来，受全球生态危机所激励，从文化和哲学的高度把生态恶化归于西方传统的价值观念和思维模式。生态批评虽然从对具体文学作品的批评切入，却站在文化和哲学的高度上讲话。景观学科则从对关于城市、乡村、森林、荒野的工程、建筑、设计、规划的实践，进入关于整个地球的景观理论。而景观学科的学人在用生态观点来看待景观的时候，也写出了以"生态美学"为标题的文章，但这些言说属于景观学科的大范围之内，并非一个自立的生态美学。因此，在西方美学中，环境美学、生态批评、景观学科这三者一道汇聚和呈现了西方美学中的生态型美学的整体面貌。

第一节　生态型美学的缘起与演进

在生态型美学的三大流派中，景观学科不但具有悠长的历史，而且自身甚为复杂，其主要观念也与时俱进而多有新变。同时，环境美学与生态批评理论都不时地被纠缠到景观学科的文献和历史之中，用中文的景观能否正确地表达这一西方学科的内涵，至今还是一个未了的公案，因此，我们先介绍景观学科。景观学科的基本概念和历史演进，与西方美学和西方文化的重大思想演变结合在一起，在一定意义上，这一学科也可以成为环境美学和生态批评的前史。

一　景观学科：一个关键词与两种形态

景观学科的核心是 Landscape，在西方文化中有两个传统。一是作为闪语文化的希伯来传统，在《旧约》里，希伯来文为 noff，从词源上与 yafe（即美，beautiful）有关，用来指所罗门王的都城耶路撒冷以王宫为中心的壮丽景色，区别于城外的荒野[①]，这里的景观相当于英语的 scenery。二是印欧语文化的西欧传统。由古印欧语进入西方，古英语变体 Landscipe、landskipe、landscaef，高地德语的 landschaft，荷兰语的 landscap，古挪威语 Landskapr 等都属于同根词。在英语中，land 的最初含义是指地球表面的一部分，与 earth 和 soil 相似；在更早的哥特语中，land 指代某一整体面积的耕地，一小块或整个地域，在苏格兰，land 甚至可以用来指某种建筑空间。land 总体来看，似乎意味着一个由人划定的可以用法定术语来界定的空间。scape 作为词根，最初含义与"sheaf"相似，表示相似事物的

---

① Z. Naveh and A. S. Lieberman, *Landscape Ecology：Theory and Application*，Michigan，Springer-Verlag，1984，p. 356.

集合。古代词语 housescape 与现代词语 household（家族）同义。① Landscape 是某一土地单位及其上面的相关物形成的整体。这一整体中有人的劳作，Landscape 因为有人在其中，从而与美的自然风景（scenery）无关。但考虑到希伯来语的语义是随着基督教而深入西方的，也会以一种深层方式渗入 Landscape 之中，即含有城市美景意义的希伯来语义与含有土地整体意义的印欧语合成西方中世纪的具有人工努力的城市、城堡、乡村的地域整体。不过，由于印欧语的 Landscape 本不含美景之意，因而，它与美无关的含义占了主导地位。然而 16 世纪荷兰画派兴起，荷兰人首先把希伯来语风景中的美的含义在荷兰语中凸显出来，用 landschap 来指称荷兰风景画。这一荷兰语传入英国成为英语的 Landscape。此美学新风在英国不但带出了英式的风景画和田园诗人，还催生了英国的风景园林。由于英语词汇中出现 Landscape-Gardening（造园）和 Landscape-Gardener（造园家），Landscape 由一般的某一土地整体，变成了某一土地整体上的美化之园，于是作为土地整体的 Landscape 具有了视觉美学上的 scenery（景色）含义。

　　这时正是西方美学对整个世界进行美学把握的时期。柏克和康德都把美学类型分为两种：优美与崇高。优美是形容人把握了的对象，特别是玲珑的、小巧的、优雅的，令人喜爱的对象；崇高是形容人还未曾把握的对象，是巨大的、可怖的、黑暗的，令人产生痛感的对象。前者特别用来指美女与花朵，后者特别用来指狂风暴雨、无边大海、入云高山。而这时业已兴起的田园诗、风景画、自然园，构成了第三种美学类型，这一类型是人用自己的美学法则去看待自然而形成的，人类的美学法则典型地体现在绘画上，自然之美正符合这一绘画美学法则，因此，正如海柏（Walter John Hipple）在《美、崇高、如画：18 世纪的英国美学理论》（1957）中对那时的美学进行的总结："如画"（picturesque）成为自然美的欣赏法则。在西方美学中，自然之为美，是由艺术来的，scenery 来自舞台艺术的美学组织，picturesque 来自风景画中的美学法则。英国造园艺术在美国得到了进一步发展，奥尔姆斯德（Ferederic Law Olmasted）自 1860 年以来，把英语世界的在风景园林中的规划设计营造法则成功地扩展到城市公园绿地、广场、校园、居住区及自然

---

　　①　参见黄昕珊：《论"景观"的本质——从概念分裂到内涵统一》，载《中国园林》，2009 年第 4 期。

保护区的规划设计中，同时把风景园林以设计营造为主的 landscape gardening 变成了具有广泛意义的 landscape architecture，其子（F. L. Olmasted Jr.）在父亲的成功实践的基础上，与夏克利夫（A. A. Sharcliff）一道在哈佛大学开设了美国第一门 landscape architecture 课程，并在美国首创了四年制的 LA 专业学士学位，与从1895 年开始的建筑学理学学位的教育并行发展。美国的 LA 之父，老奥尔姆斯德，于 1906 年主持 LA 专业，并在 1908—1909 学年开始系统地进行 LA 研究生教育体系①，带动了整个美国 LA 学科的蓬勃发展。Landscape architecture 的含义不能按字面翻译成景观建筑学（虽然这样的中译时有所见）。以孙筱祥为代表的老一代学人将之译为"风景园林"，以俞孔坚为代表的新一代学人（包括台湾学界）将之译为"景观规划设计"，孙筱祥认为按理想来说应译为"大地规划"。中译怎样为好，至今仍是未了公案，一般称 LA 学科。我们只要知道了 landscape architecture 来源于 landscape gardening，进而来源于内蕴着美学法则的荷兰风景画，就可以知道与 landscape 相关的在西方影响甚广的 LA 学科及非常广泛的社会实践，这更突出 landscape 的审美一面。

然而，landscape 作为印欧语本没有 scenery 的美学含义而只是突出 land（土地）具有立体性的整体性质。这一印欧语的主流在德国学界得到发展。19 世纪中叶，德国地理学家洪堡（A. Humboldt，1769—1859）将"景观"作为"某个地理区域的总体特征"引入地理学，并提出将之作为地理学的中心问题。施吕特尔（O. Schlüter，1872—1959）的《人的地理学目标》（1906）一文，沿着洪堡的地理学思路，在置景观于地理学的中心从而强调其综合性的同时，还探索由原始景观变成人类文化景观的过程。帕萨格（S. Passarge）在 1913 年创造景观地理学一词，并引领以制图分析为主要研究方法的景观地理学研究。他在 20 世纪 20 年代出版了《景观学基础》《比较景观学》等著作，推进景观形态和分类，提出城市景观、空间景观等概念。特罗尔（C. Troll）在 1939 年创造景观生态学（德文为 landschaftso-ecologie，英文为 landscape ecology）一词，形成航空摄影测量学、地理学和生态学合一的综合研究。这样，与美国的 LA 学科以偏于艺术和工程的方式切入"大地"，让 landscape 洋溢着所罗门城市、荷兰画派、英国园艺的美学气韵不同，德国的

---

① 参见俞孔坚：《哈佛大学景观规划设计专业教学体系》，载《建筑学报》，1998 年第 2 期。

LE 学科以地理学和科学的方式切入"大地"，让 landscape 流动着这一印欧语词本有的整体性和科学性。LE 的基础课程由一系列的地理学课程（自然地理、人类地理、区域地理等）和生态学课程（生态系统、植被、土壤、自然保护等）所构成。[①]

当 20 世纪 60 年代整个西方世界被生态恶化的危机所唤醒并开始全面反思环境问题之时，以美国的 LA 学科和德国的 LE 学科为两大亮点的西方景观学科和景观理论，有了一种新的交汇和发展。首先，景观生态学掀起了新的势头，具有了国际性的影响，如 1981 年在荷兰召开了第一届国际景观生态学学术讨论会；1982年在捷克斯洛伐克召开国际景观学专题讨论会，会上成立了"国际景观生态学协会"（IALE）。其次，景观生态学传入美国。1983 年 4 月在伊利诺伊州举行了美国第一次景观生态学讨论会，会后出版了《景观生态学——方向和方法》；1986 年成立美国景观生态学会。尽管纳维（Z. Naveh）、赖布曼（A. S. Lieberman）合著的《景观生态学：理论与运用》（1984）和福曼（R. T. T. Forman）、戈瑞（M. Godron）合著的《景观生态学》（1986）显现出了欧洲与北美的不同的学派特点，[②] 却呈现了景观生态学的巨大声势。[③] 再次，20 世纪 70 年代，景观规划（landscape planning）成了一个大众词汇，并以纳韦埃（Derek Lovejoy）主编的《土地使用和景观规划》（1973）一书为标志进入学术话语；1974 年，国际性学术刊物《景观规划》出版，景观规划从此奠定了其学术上的地位。[④] 最后，北美 LA 更加引人注目，而欧洲各国虽不以 LA 名称出现但实际存在的景观规划，也从一个新的角度进入了人们的视野。[⑤] 总

[①] 参见陈芳、冯革群：《德国大学的景观生态教学》，载《世界地理研究》，2005 年第 3 期。

[②] Z. Naveh, A. S. Lieberman, *Landscape Ecology：Theory and Application*, New York, Spwageringer Verlag, 1984, 1993；R. T. T. Forman, M. Godron, *Landscape Ecology*, New York, John Wiley & Sons, 1986.

[③] 20 世纪 70 年代末，中国科学院长白山吉林生态系统定位试验站建立，并纳入联合国教科文组织的"人与生物圈"委员会。80 年代末，国家自然科学基金会批准了景观生态学的研究项目四项，与景观生态学有关的项目十余项。1988 年在中国科学院应用生态研究所成立了景观生态学研究会。1989年 10 月中国景观生态学的第一次学术讨论会在沈阳召开。

[④] George Seddon, *Landscape Planning：A conceptual Perspective*, Landscape and Urban Planning, 13, pp. 335-347.

[⑤] 参见周向频：《欧洲现代景观规划设计的发展历程与当代特征》，载《城市规划汇刊》，2003 年第 4 期。

之，在 20 世纪 60 年代以来的西方思想巨变中，景观学科的重要性凸显出来，这主要体现为两点：一是以 LE 学科为代表的大地（landscape）整体观对人们用新观念来看环境给以理论支持；二是面对新的思想转变，LA 学科开始重新思考自己的规划和设计大地（landscape）的美学原则。环境美学在美学上对西方传统自然观发起冲锋，景观学科与之相会，并在这一相会中以自身独特的优势以"生态美学"这一词汇来聚焦、反思、改进、提升整个 landscape 的美学思考。

二 生态批评的演进与主要著述

生态批评，由约瑟夫·米克（Joseph W. Meeker）的著作《生存的喜剧：文学生态学研究》（1972）和鲁克特（William Rueckert）的文章《文学与生态学：生态批评的试验》（1978）开其端，后者的文章第一次使用生态批评（Ecocriticism）一词。瓦格（Frederick O. Waage）编的《讲授环境文学：资料、方法和文献资源》（1985）显其长，有力地推动了生态批评进入大学课程。1989 年的美国西部文学研究会上，格罗费尔蒂斯（Cheryll Glotfelty）提议用"生态批评"取代"自然文学研究"，得到与会者的赞同，使"生态批评"成为文学理论圈中的一种话语潮流。1992 年以洛维克（Scott Slovic）为创会会长的"文学与环境研究会"的成立和 1993 年以默菲（Patrick D. Murphy）为首任主编的《文学与环境跨学科研究》杂志发行，标志生态批评具有了体制化的形态。1995 年布伊尔（Lawrence Buell）出版了专著《环境的想象：梭罗，自然写作与美国文化的形成》，为各种以生态为中心的文学写作给出了定义。1996 年格罗费尔蒂斯和弗洛姆主编的《生态批评读本》（1996），呈现出了生态批评的整体构架，形成了生态批评之大势。生态批评迅速乘势四面推波而进，使自己的理论不断回溯，麦泽尔（David Mazel）推出了其主编的《早期生态批评一百年》（2001）。生态批评还要在文学领域之外开疆拓土。安布拉斯特（Karla Armbruster）和华莱士（Kathleen R. Wallace）出版了其主编的《超越自然的书写：扩大生态批评的边界》（2001），并在这一生态批评的浩浩推进中与景观学科和环境美学相会，这从一系列生态批评家的著作的书名上体现出来：拉森（Sevend Frik Larsen）等主编

《自然：文学与他者性》(1997)、默菲主编《自然文学：一部国际性的资料汇编》(1998)、洛夫(Glen A. Love)的《实用生态批评：文学、生态学与环境》(2003)、布伊尔的《环境批评的未来：环境危机与文学想象》(2005)等。①

三　环境美学的演进与主要著述

　　如果说，景观学科从大地的整体性和都市土地的规划与营建，以及自然景观的开发和管理中产生出来，生态批评从语言中的景物描写、人物态度、文学叙事中产生出来，那么，环境美学则直接从美学的主流演进中崛起。1966 年，赫伯恩(Ronald W. Hepburn)发表《当代美学及其对自然美的忽视》一文，对西方美学一直主要关注于艺术问题表达了自己的不满，并要求其改变关注的方向。这正是人类生态和地球环境问题被凸显出来的 20 世纪 60 年代，因此，60 年代赫伯恩文章引起的讨论如投进水中的石头，在 70 年代激起层层浪花：斯巴索特(F. Sparshott)的《大地图解：环境美学札记》(1972)、莎科夫(M. Sagoff)的《自然环境保护论》(1974)，艾布里顿(J. Appleton)的《景观演化：理论空白》(1975)和《景观经验》(1975)，以及卡尔松(A. Carlson)的三篇文章《环境美学与审美教育的窘境》(1976)、《论提升风景美品质的可能》(1977)，同时交叠《欣赏自然环境》(1979)等。正是在这浪花飞溅的年代里，芬兰美学会组织了关于环境美学的多学科系列讲座(1975)。20 世纪 70 年代的朵朵浪花在 80 年代汇成环境美学的波澜壮阔的景观：卡尔松发表了《农业景观欣赏论》(1985)等五篇文章，瑟帕玛(Y. Sepänmaa)独著的《环境美学》(1986)以及和赖撒(J. L. Nasar)合编的《环境美学：理论、探索与运用》(1988)出版，还有罗尔斯顿(H. Rolston)的专著《环境伦理：自然世界的价值和对之的责任》(1988)，安德斯(M. Andrews)的《追求"如画"》(1989)等。自此以后，环境美学蔚为大观，澎湃至今。伯林特(A. Berleant)和卡尔松可算为领潮者，两人都有名为《环境美学》的专著，前者的著作于 1995 年出版，后者的著作于 1998 年问世，两

①　参见王诺：《欧美生态批评——生态学研究概论》，11—23 页，上海，学林出版社，2008。

人还合编了《人类环境美学》(2004)。

环境美学要求 1900 年以来主要在艺术、社会、文化上演进的西方美学回归自然主题，而一旦回到自然问题，并且用新时代的生态观去重新审视自然，重新审视西方传统美学看待自然的方式，问题就浮现出来了。首先，19 世纪诞生于荷兰风景画和英国风景画中的"如画"的观念受到质疑，如前所引艾布里顿《景观经验》(1975)和安德斯《追求"如画"》(1989)以及卡尔松、伯林特的《环境美学》专著，都讨论过这一问题。与"如画"原理相联系的康德和布洛的审美原则遭到质疑。更进一步来说，由传统美学对自然的审美方式和审美定性，得到重思。由于直面美的根本问题，环境美学要建立一整套完全不同于以往美学的新型范式，这种新型范式的建立基于 20 世纪 60 年代以来的生态宇宙观念，因此，环境美学一方面和生态批评与从生态学而来的哲学思想相会通，与对自然的文学表达立场相同，另一方面与景观学科在现实中对自然本质的重新审视、对自然审美的观念转变、对景观管理的理念更新上，相互呼应和交汇。因此，从三个流派的共同点出发，我们可以将之合称为生态、环境、景观美学，或更简洁地称其为生态型美学。

第二节　从传统模式到生态模式

环境美学、生态批评、景观学科，虽然有不同的缘起、演进、传承，有各自学术理路或学院区划，但都是对环境、景观、生态进行的言说，且都是在 20 世纪 60 年代的环境、资源、人口危机意识凸显之后，在对西方传统的反思和对生态观念的弘扬中显出新貌的。因此，三派的内容又可以被统一地归纳。生态批评有三大特点：一是在根本上对导致生态危机的西方传统价值观进行批判；二是在文学门类里以生态之美作为第一标准去改变文学的美感模式；三是以生态之美作为对象，把梭罗(H. D. Thoreau)的《瓦尔登湖》作为标准，改变了文学的基本特征必定是虚构的传统观念的现象。景观学科则以生态原则重新审视环境设计的历史与当下，一方面形成景观设计的生态学技术程序，另一方面对于从城市景观到田园景色，从市区公园到森林管理，从生态学的角度形成新的美学模式。而环境美学以环境为对象，把文学领域和景观领域所提出的问题都放在手上，但更主要的是面对美学的历史和现在，既要通过生态原则来改变美学的传统模式，又要通过新的美学模式来改变人们对环境的审美态度。因此，对于三派所共同形成的环境、生态、景观美学，我们可以做如下四个方面的归纳：首先，生态型美学三派有共同的世界观背景；其次，以环境美学为主，也关联着生态批评和景观学科的生态型美学对美学史的反思；再次，通过对传统美学基本原则的区分而提出生态型美学的基本原则；最后，以生态型美学的新型原则去重建整个美学体系。

一　生态世界观的出现

生态学(ecology)在德国博物学家海克尔(E. Haeckel)于 1866 年出版的《普通生物形态学》中率先被提出，指生物在生命过程中与环境的关系，尤其指动物有机体与其他动物、植物之间的互惠或敌对关系。演进到 20 世纪 50 年代，生态学已经成了如美国生态学家奥登(E. P. Odum)于 1956 年定义的"研究生态系统的结构和功能的科学"。正是在这一年代，由西方引领的世界现代化进程经过几百年的演进，把地球推进了生态危机的快速道。卡逊(Rachel Carson)的《寂静的春天》(1962)、梅多斯(Dennis L. Meadows)等的《增长的极限》(1972)等著作，把生态问题提升到一个世界观层面。如奥登在 1997 年出版的《生态学》中，其生态学已经远离了单纯的生物学，而是"研究综合有机体、物理环境和人类社会的科学"。生态世界观，不把世界作为具体的个体来看，而作为整体系统来看，这一整体系统不是个别相加而成的整体(whole)，而是各部分相互作用和每个个体相互关联缠绕的整体(integrity)。这一整体系统不把生物与非生物截然区分开，而是将二者置于一个整体中，使一方与另一方相互依存和共同演进。怀特(Jr. Lynn White)发表的《我们生态危机的历史根源》(1967)，直接把生态危机归因到作为西方文化基础的希腊哲学和基督教神学上。

在这一从自然到人文的跨学科反思中，从雷根(Tom Regna)的"动物权利主义"到施韦兹(A. Schweitzer)的自然中心主义，从自然中心主义的生态伦理学到利奥波德(A. Leopold)的"大地伦理"，再到罗尔斯顿的"环境伦理"，最后到奈斯(A. Naess)

的"深层生态学"，交叠关联地合奏了宏伟的生态世界观的思想交响曲。

生态理论作为一种新范式出现，从学科演进的角度来说，就是由生物学进入生态学；从思想演进来说，就是从培根、洛克、笛卡尔型的对事物进行实验室型的隔离研究的科学观，进入超越实验室型的整体研究的科学观。在这一点上，西方思想产生了根本性的转变。以生命为中心的生态学的整体论，相较于由物质性和数理性而来的系统论，有一个显著的不同，就是从以物质为中心的思维转变成了以生命为中心的思维（这是新世界观中非常重要的一点，物质哲学开始转向到生命哲学）。以生命为中心"研究生物与非生物环境之间相互关系"的生态学有两个重要的内容：一是自然中一切物质与生命形成了内在关联（在这一点上，西方与非西方思想也进入本质层面的会通中）；二是人与其他生物同质化，在人所生存的生态系统中，如果该系统的其他生物和非生物（如温室气体）发生了变化，人也随之发生变化（这也是新世界观中非常重要的一点，生命哲学不是以人为中心的，而是万物平等的和万物一体的）。

这样西方科学—理性世界观的基础有三个。第一是实验型真理论就是实验室型世界模型。世界万物只有进入实验室才有真正的真理，只有纳入与实验室相一致的逻辑才能成为真理。第二是主客二分论。真理是创造了实验室又外在于实验室、创造了逻辑又外在于逻辑的人，是在与人分开的实验室里发现的，由此产生了西方型的主客二分的思维模式。第三是物质还原论。世界万物，要在实验室中才被证明为真理，实验室的基本方式就是把一个整体解剖成为部分，把生命的整体分解成非生命的最小单位，分解为物质。物理之物可以进行本质还原，生命之物是不能进行本质还原的。人用实验室的还原代替了生命在宇宙中的不可分割的整体性，这在生态世界观中遭到质疑。生态危机的现实提问促进了生态世界观的产生，进而促进三个学派（特别是环境美学）的生态型美学的产生。

二　环境美学的美学史反思与重建

环境美学是直接从美学演进中产生的，因此对美学史的反思和批判是环境美学得以产生并发展的一个重要内容。环境美学对美学史的反思主要集中在三点上：

第一，自然问题一直没有被美学主流看成是重要问题。自夏夫兹博里、鲍姆加登、康德以来的美学家，除了少数美学家（如伯林特提到的康德、谢林、罗金斯①、桑塔耶纳）外，其他都基本上对自然问题是忽视的，特别是康德之后的黑格尔，抬高艺术而贬低自然，以及20世纪的分析美学只关注艺术哲学，自然问题一直在美学主流的视野之外。② 面对这样的重艺术轻自然的美学史，环境美学要大声一问：难道自然问题对美学不重要吗？

第二，自然问题被忽视这一现象在环境美学看来，其关键可从正反两个方面看：从正面来说，自然问题没有按照自然的本来面貌进行研究，即没有从生态世界观的方式去研究，正是在这里，环境美学高扬起了自己的理论大旗；从反面来说，自然一直被认为美学中出现自然美，而美学史上所谓自然美，实际上是用艺术的原则去看待自然，这就是18世纪以来的"如画"（Picturesque）理论。这一概念最初出现在格尔品（William Gilpin）的一本名字很长的书中（1782），该书向休闲的旅游者介绍，如何用绘画的艺术原则去观看和欣赏南威尔士的自然美。又经普莱士（Uvedale Price）和赖特（Richard Payne Knight）等人进一步理论化和普及化，"如画"成为英国游客游览、欣赏昆布兰湖区、苏格兰高地、阿尔卑斯山的美学原则。"如画"理论与科技结合，在旅游中还创造出了一种"克劳德镜"（一种着了色的凸面镜，通常为圆形或椭圆形），人们可以观看框定在镜中的景色，从而可以创作出一幅"画"来。"如画"进一步扩大，成为与优美和崇高鼎足而立的美学基本类型。在北美地区，"如画"理念最早于19世纪初在戈尔（Thomas Cole）及其学生丘奇（Frederic Edwin Church）的画作中表现出来，然后在19世纪中期在地理学家马希（George Perkins Marsh）和19世纪末期博物学家穆尔（John Muir）及风景画家斯尔纳（High Sierra）等人的巨大影响下，进行自然美欣赏的如画理念得到了普及。总而言之，在19世纪和20世纪，"如画"理念统治了西方文化中的旅游小册子、日

---

① 参见［美］阿诺德·伯林特：《环境美学》，52页，长沙，湖南科学技术出版社，2006。

② 同上书，52页。Carlson, Allen, "Environmental Aesthetics", *The Stanford Encyclopedia of Philosophy（Winter 2010 Edition）*, Edward N. Zalta（ed.）.

历风景画、风景明信片等大众文化的审美趣味，并成为带有普遍性的大众审美经验。① 当西方艺术由焦点透视的油画进行现代派转向，并与各种流派的绘画对接，从重光的效应转变为重形、线、色的形式本身，已经与摄影型的风景拉开距离的时候，如画的观念仍然强势地主导着自然美的欣赏观念。20 世纪初的形式主义美学家克莱夫·贝尔就认为：欣赏自然环境就是像欣赏塞尚的风景画那样去欣赏。② 当生态型美学，特别是环境美学和景观学科要进行新的美学变革时，环境美学家发现由"如画"带来的美学模式成为美学变革的巨大阻碍。面对这样一个被"如画"所主持着的自然美的欣赏趣味，生态型美学大吼一声：用"如画"方式去欣赏自然是正确的吗？

第三，环境美学为了建立美学的新范式，广泛地从美学和艺术中寻找自己的理论资源。在美学理论方面的资源有美国的桑塔耶纳和杜威，英国的科林伍德，欧洲大陆的现象学美学，特别是梅洛-庞蒂的身体理论，存在主义美学，特别是萨特的想象理论，格式塔美学的完形理论等；在艺术方面的资源有：新艺术运动中的集合艺术（assemblages）、环境艺术（environments）、偶发艺术（happenings）、大地雕塑（earth sculpture）、极简主义（minimalism）等，都被生态型美学组织起来，发现与自己相同的东西，以增加自身美学新范式的历史厚度和逻辑深度。从整个生态型美学来看，生态批评所关注的文学中的自然书写可汇集其中，景观学科中从英国园林风景开始的西方如画思想和中国园林中的自然观念也可汇聚其中。

三 "如画"批判：生态型美学与艺术美学的根本差异

生态型美学的新范式是在与传统美学的旧范式的对立和比较之中，通过对传统

---

① Carlson, Allen, "Environmental Aesthetics", *The Stanford Encyclopedia of Philosophy* (*Winter* 2010 *Edition*), Edward N. Zalta (ed.).

② 卡尔松专门指出此点来进行批判，参见［加］艾伦·卡尔松：《自然欣赏和审美相关性问题》，见［美］阿诺德·伯林特主编：《环境与艺术：环境美学的多维视角》，76—77 页，重庆，重庆出版社，2007。

美学进行批判而建立起来的。生态型美学以传统美学的一个弱项——自然美——作为突破口，通过对自然美的新原则，而否定传统美学关于自然美的"如画"模式，进而否定作为"如画"模式基础的艺术美原则。而艺术美原则的根本，又在于由传统哲学、科学、文化模式去看世界而形成物理世界。因此，生态型美学，从现象上看，是用自然美新原则去批判传统美学的艺术美旧原则（以及旧原则在自然美基础上延伸出的"如画"原则）；从本质上看，是用新型的生态世界观否定传统的物质世界观。

"如画"原则来自美学的三大原则：一是非功利，二是审美静观，三是形式审美。面对自然对象（比如一棵树），一个人只有从日常意识的功利念和认知之思中摆脱出来，不起功利之念（这棵树有什么用，值多少钱），也不作认知之思（它是什么树，在植物学上叫什么名），对象才会作为审美对象呈现出来，人才会进入审美之维。主体排除了功利和认识，就进入了审美的静观。这"静"是人不起他念，唯有审美之"静"。人以审美之静去观对象，对象之美就会呈现出来。自然对象，比如一棵树，是多种属性的统一，有功利属性的一面（树可以用来做日常器具、工业材料或其他物品，有市场价格）和认识属性（有一个名称，在植物学体系中有自己的位置，有生物分子结构）的一面，当这些属性在主体的审美静观中被暂时悬置后，对象只以自己的形象（形、色、声、味）呈现出来。正是在这三大原则的作用下，自然对象才成为审美对象，才成为美景。但美学三原则是由绘画创作所产生出来，而且是由西方绘画的特定方式产生出来。一个画家用一个工具型的取景框（或用双手形成取景框，把这一取景框内化为肉眼所见的功能，名为"人化"或"传统美学型"的眼睛），对自然对象进行非功利的排除，从而让自然对象以绘画之"景"的方式出现。这时的自然，都被按照绘画的方式呈现出来了。这一绘画方式，是西方型的焦点透视方式和油画型的光效应方式的结合。它一方面让本来具有多种属性相统一的自然对象成为如画一般的美景，另一方面让本身丰富的自然成为西方古典画样式的美景。西方传统美学重视第一个方面，认为正是这一方式让自然对象成为美的。当代环境美学重视第二个方面，认为正是这一方式歪曲了自然对象的美。

环境美学已经敏锐地感觉到，西方绘画是建立在西方科学实验室型的世界观基础上的。正像科学家用实验室把实验对象与外界截然分离开一样，绘画用画框把一片自然与整个自然分离开来。就像科学实验室是按照时空性的科学原则对实验对象进行选取一样，画家是用时空性的古典几何美的方式对自然进行选取，并视千变万化的自然所呈现的面貌为最美，而在环境美学看来，这正是脱离自然最本质的东西——生态——的方式。环境美学用生态世界观对自然审美的三个基本方面，自然对象、看自然的主体、自然审美活动，重新做了界定。

当我们以生态世界观去看自然对象时，一棵树并不像古典型科学家所观察的那样，是从环境中分离出来，仅与植物学上有种、属、差的知识体系相连的一棵树，而是鲜活的生态系统中的一分子，联系着各种功能、各种关系、植物链以及使任一分子得以生长其中的整体生态环境，联系着它在这一环境中的生存方式。同样，一个具有环境美学思想的人在去观看这一棵树的时候，不是把这棵树从其生态环境中抽离出来，像一个画家或摄影师那样去捕捉树的视觉之美（怎样的形、怎样的色、怎样的光、怎样的姿），而是尊重这棵树的整体性，其形、其色、其光、其姿是相互关联着不可分割地作为一个整体存在的，树与它的环境，从周围的近环境和逐渐扩大的大环境，乃至苍天与大地，以及充溢在天地之间的生动气韵，都以一种生态的方式紧密地联系在一起。这里不是形式型的审美，为达到形式审美的目的所必需的审美原则（为了排除功利杂念的非功利性努力和为了达到虚静而观的心理距离）都没有了存在的必要。这里是一种生命型的审美，需要的是另一套方式。

在传统美学中，主体通过心理距离，一方面让主体成为审美主体（摆脱了功利之念和认知之思），另一方面让对象成为审美对象（悬置了功利属性和认知属性）。这就形成了与科学实验相似的让主体与对象从环境中孤立出来的关系。而在具有生态世界观的环境美学看来，第一，在自然审美中，主体不是把自己从环境中孤立出来，而是感到自己与环境具有本质性的关联。主体本身是被包围在一个"场景"中的，不是自然对象处于"主体的视野"中，而是主体本身被置于一个同心圆式的场景中，主体的观看，本身就是一个自然事件。主体的观看不仅是主体对自然的观看，更是主体在自然中进行观看。① 正是在这样一个生态世界观的环境感中，主体不是要成为一个获得对象形式美的静观的主体，而是要成为一个获得对象的整体性的生态主体。第二，生态型的主体，与传统美学中艺术型的主体在感知模

---

① 参见［美］霍尔姆斯·罗尔斯顿Ⅲ：《哲学走向荒野》，170 页，长春，吉林人民出版社，2000。

式上是不同的。艺术型的感知，强调各感官的专门性，然后再将之综合，总的特征是强调各感官的分感；生态型的感知，强调感官作为一个整体的综合作用，各个感官不是分开来感受的，而是互渗互动的，从开始到完成都以一种通感的节奏进行，总的特征是强调整体的通感。正是在重视分感还是重视通感的区别里，艺术审美与自然审美的区别显现了出来。

艺术总是通过特定的媒介强调某一感官，因此艺术分类基本分为视觉艺术和听觉艺术。自然审美则要求全部感官都投入进去，如果不是全部感官的投入，则表现为艺术审美的方式；只有全部感官都投入审美对象中，才超越了艺术审美的"精致的片面"性，而进入自然审美的整体性本质的审美层次。艺术审美为了达到一种纯粹的形式而要求主体静观，静观的目的一是让个别感官得到突出，二是让对象离开现实成为虚构的形象，成为真实的幻象，在幻象中突出艺术媒介本身，同时也通过艺术媒介让个别感官精致化。某一感官的精致化与某一门类艺术的形式化是同时进行的。

自然审美放弃静观提倡参与，要发挥所有感官的作用，不但要求视觉和听觉，还要求味觉、嗅觉、触觉、肤觉（皮下组织）、体觉（内脏器官）等同时发挥作用。之所以全部感官能发挥作用，是因为自然审美面对的，不是艺术的虚构，而是活生生的现实，只有所有感官都发挥作用，审美才能达到现实的真实和生命的深度。伯林特说，视觉、听觉是远感受器，味觉、嗅觉、触觉、肤觉（皮下）、体觉（内脏）等是近感受器。艺术审美因为强调心理距离，因此只以视觉、听觉为审美感官。自然审美强调参与，因此一切感官都是审美感官。[①] 艺术审美只承认视听二觉是审美感官，与要求艺术达到超越现实功利的净化目的相关。自然审美把审美赋予所有感官，与其要求所有感官进入对自然对象的生命整体和生态深度的目的相关联。

总之，环境美学要求，在自然审美中，主体应由艺术欣赏时实验室型的、分析型的、超现实的主体，变为欣赏自然时的生态型的、现实型的、综合型的主体。艺术美学要求只有不占有对象，主体才能与对象拉开日常距离而审美地欣赏对象，这是主体客体二分在美学上的反映。环境美学正是要进入自然之中，把自然看成

---

① 参见［美］阿诺德·伯林特：《环境美学》，28页，长沙，湖南科学技术出版社，2006。

自然（而不是看成艺术），才能按照自然本身的方式，全面地欣赏对象，这是人在生态中的万物一体思想在美学上的体现。

自然审美活动，是在世界中而非在实验室或博物馆中展开的，其对象是生态世界中的对象，其主体是生态世界中的主体，从而有自己的新原则。在自然审美中，第一，全部感官直接"参与"到对象之中，对象也全部"参与"到主体感官之中，这时，"环境不仅由视觉组成，还能被脚感觉到，存在于身体的肌肉动觉，树枝拖曳外套的触觉，皮肤被风和阳光抚摩的感觉，以及从四面八方传来，吸引注意力的听觉等等……从脚底感受到土地质感，松针的清香、潮湿河岸发出的肥沃气息、踩着土地传来的舒适感、走过小路时的肌肉感受和伐木场、田地的空旷感等等……体会到当自己的身体与环境深深地融为一体时，那种虽然短暂却活生生的感觉。这正是审美参与"①。

第二，主客互动，不像艺术欣赏必须发生在美术馆、电影院、阅览室中那样有一个固定范围的环境，而发生在一个本来就没有边界，而且要排斥边界意识的环境中。人要有在天地之中的自觉，虽然人会有一个视野范围，每一次自然审美活动也有一定的边界，但人在意识上不是把这一视野像绘画和摄影那样空间化为艺术型的有边框的"画面"，而是始终置身于世界之中。如"乾坤千里眼，时序百年心"（杜甫），主体所看到的是没有边界的美景，王维的"江流天地外，山色有无中"，李白的"黄河之水天上来，奔流到海不复回"，其审美活动都是没有边界的。

第三，整个活动过程不是固定的，而是移动的。艺术审美总是要把动的东西归为静的东西，不但绘画、雕塑、建筑，要求在一个点上静观，音乐和电影本是动的，也要让人静静地坐在音乐厅和电影院里化动为静。艺术美学让人在面对自然时，把移动的景色看成是一幅幅画面，让动态变成静止的。而真正的自然审美，是要让自然之动回归到自己的本质。自然审美不是把移动分解为一个个静止画面的相加，而是如行云流水那样连绵不断。自然审美的移动，是自然的移动，移动得自然，自然物做自然之呈现，主体怀自然之心，随自然之缘，有游目之趣，如王维之游："白云回望合，青霭入看无。分野中峰变，阴晴众壑殊。""不知香积寺，

---

① ［美］阿诺德·伯林特：《环境美学》，27—28 页，长沙，湖南科学技术出版社，2006。

数里入云峰，古木无人径，深山何处钟。"人在移动中仰观俯察、远近往还，自然中的一切，形、色、声、气、味，都显出了本有的生动气韵。

在这样的审美中，人并不被绘画的画框所影响、框住，自然之景也不被看成是一幅幅的画面所拼凑成的整体，而是一个不能切割的内在相连的整体；不被看成只如画一般的形状、线条、色彩，而具有鲜活的自然的质感，带着自身的物性、气息、味道，是一种自然本真的审美。

四　生态型美学的基本原则

生态型美学主要是用生态世界观去看自然，否定传统美学的自然美观念，在大破中建立一套新的自然审美观，并以此为基础，建立起一整套生态型的审美观。西方传统美学在对待自然的态度上，主要体现两点：一是以人为中心，用人的标准和喜恶来看自然；二是用艺术美的"如画"方式去看自然，自然符合绘画的形式美的标准就是美的，不符合就不是美的。关于生态型美学通过对"如画"的批判建立自己新型审美的一面，前面已讲，这里仅论述生态型美学从批判以人为中心欣赏自然而建立自己新型审美的一面。此处，生态型美学有着在方式多样的破立中复杂地演进的特点，卡尔松在《自然与景观》中将之简要地总汇为五点。[①]　这里，按本章的理论逻辑对卡尔松的言说进行重新组织，将其言说分为相互关联的两个方面：一为此节讲的生态型美学的基本要点，二为下节讲的生态型美学的理论难题。生态型美学的基本要点可分为五步。

第一步，兹夫（Paul Ziff）提出"万物皆可欣赏"理论。这一命题，不仅要拓展人们的审美视野，让人们去欣赏自然中以前并不觉得美的事物，还体现着生态型美学的一个根本立场。传统美学实际上也认为万物皆可作审美性的欣赏，但不是把事物作为美的来欣赏，而是把事物既可作为美的进行欣赏，也可作为不美的乃至丑的、渺小的、滑稽的等进行审美欣赏。方法就是采用心理距离，把现实之物

---

①　参见［加］艾伦·卡尔松：《自然与景观》，40—50页，长沙，湖南科学技术出版社，2006。

转化为脱离现实的虚构，转化成艺术的形象来进行欣赏。而现实之物之所以为丑的、渺小的、滑稽的，又是以人为中心，用人的尺度去看的。而生态型美学的"万物皆可欣赏"，首先是要放弃人的标准和眼光，物就是物本身，来自自然的造化。它把标准和视野从人移到物自身，移到自然造化上。有了如此移位，生态型审美就达到了类似于庄子的以道观物，屎尿中也有自身之道，鱼和雁当有自身之美的境界，达到了类似于禅宗的"青青翠竹，皆是法身；郁郁黄花，无非般若"的境界。这里，道、法身、般若，都不是人的尺度，而是宇宙本然。这时的审美就不需要审美距离，不需要让物从现实自然中孤立出来，显现出按人的标准塑造的审美对象，或为美的，或为丑的，或为渺小的，或为滑稽的。这时的审美对象就在自然本身之中，就是天地大化中的活生生的存在。在这样的审美活动中，万物皆可欣赏，从生态的标准来进行欣赏。

第二步，布德（Malcolm Budd）提出，"将自然如其所是地进行欣赏"。所谓"如其所是"，就是放弃以人为中心和以人为标准的"以我观物"，而按照物自身的标准，按照自然造化的标准，进行"以物观物"。按传统美学的"以我观物"，人好像欣赏了自然，但自然并没有真正地被欣赏。只有以"如其所是"的方式"以物观物"，人才能在落花中感受到落花的自性，在流水里体味到流水的本然。细软的沙滩呈现自然之沙的世界，嶙峋的岩石显现自然之石的景观。

第三步，赫伯恩提出"本真的直觉美"①。在生态型美学看来，自然事物之为美的，不像传统美学那样，由人的标准而得出：对于人是可爱的或可怖的自然事物，才成为优美的客体或丑恶的客体，因为人对之采用了移情方式或抽象方式，而显现为情感之物或纯形式的美。生态型美学中的自然事物是按照物自身的方式，按照自然的本真方式呈现出来的。比如，传统美学中，人面对蓝天中的云，把云的轮廓想象成一篮洗涤的衣物，这是由与人相关的审美愉悦产生的，人也可以把心境移情于云，因想象云的悠然而获得审美愉悦，还可以采用抽象态度，把活生生的云朵从蓝天中抽象出来，仅见其线条、色彩、轮廓，感受到云作为抽象美的性质等。在

---

① 赫伯恩用的是庄重的直觉美（serious beauty intuition），以区别于偏离自然的、加上人为的"肤浅"美感。这里离形似得地将之称为"本真"。

例子中，云作为审美对象虽各有不同，但都是从人的角度依人的情感而形成的。赫伯恩说，如果撇开从人的主观感受出发进行的欣赏，而从云自身的角度，即从云的自然角度去审美，一方面了解积云中气体的紊乱状态，以及在云的内部和周边决定着积云结构和可见形式的气流，另一方面知晓云的自然形态及其与天地之间的生态关联，我们就会形成"如其自然"的本真直觉，由此而来的美感是具有自然本真的美感。这里的关键，不在于云此时形成了怎样具体的形象和人产生了怎样具体的美感，而在于，人以什么方式去形成对云的美感。是从人的角度还是从云的角度来审美，在于美和美感是源于以人的偏好中为心的美感，还是由云的自然状态而来的本然美，以及由云本有的生态关联而体味到云在天地间这一生态型的象外之象和韵外之致。从表层上看，这一以物观物的自然审美呈现为"本真直觉"的审美方式。

第四步，汤普逊（Janna Thompson）提出"客观化诉求"。它显现出了环境美学通过批判传统美学这一相互冲突的方式而彰显自己所带来的困扰。按照环境美学的逻辑，由客观化诉求而来的对自然的观赏，其出现的本真直觉同时也符合自然物内在的生态本质，从而体现出一种从外在到本质合于自然的美感。然而，由于传统美学的巨大影响，人面对自然出现的本真直觉，由于不符合艺术美学的原则，产生不出美感。这是包括环境美学、生态批评、景观美学在内的生态型美学家们经常面临的现实，特别在景观美学中更为常见，这一现象被戈比斯特（Paul Gobster）称为"审美与生态冲突"①。生态型美学为了让本真直觉产生出美感，生出"客观化诉求"，它通过理性干预，让生态型的知识、功利进入本真直觉之中，使那些从艺术美学观点来看不美的自然物呈现出美来，同时使那些从艺术美学观点看来具有美的形式，但实际上与自然生态不合的自然物感觉到不美。因此，客观化诉求的目的，是通过理性、知识、功利的心理努力，让人们放弃传统的以艺术原则为基础的美感模式，建立起新的以生态原则为基础的美感模式。

这一在生态型美学与艺术型美学的对立和冲突中彰显出来的美学原则，涉及一个由来已久的美学争论，理性、知识、功利在审美中究竟具有什么样的作用？

---

① ［美］保罗·戈比斯特：《西方生态美学的进展：从景观感知与评估的视角看》，载《学术研究》，2010 年第 4 期。

这是一个非常复杂的问题。一般说来，人要进入审美活动，需要排除理性、知识、功利的影响，但要变更一种美感模式（去除旧的美感模式建立新的美感模式），却需要理性、知识、功利的助力。自然审美是在与艺术审美的对立中出现的，需要克服艺术审美的阻力来形成自己的理论形态和感知模式。赫伯恩论述过，当人摆脱了对"如画"之类的美学原则的依托之后，一方面，人自由了，具有了用各种方式去欣赏自然的可能性；另一方面，人又不时陷入不知如何欣赏的困惑之中，比如，关注什么，在多大范围、多深程度上进行关注；注目于一个贝壳、一片沙滩，还是整个海岸；又比如，主体是进入与自然同步的动感，乃至剧烈的动态，还是保持一种超然性的静态；再比如，人认识的各种元素，包括历史的、科学的、生态的元素，怎样与审美组合在一起等。赫伯恩发现，很多时候会出现"矛盾同时在场"的现象。因而，在自然审美中，主体的和客体的各种元素如何构成"一种审美的感知统一性"，就成了环境美学应当认真思考的问题。① 在为自然审美建立自己的感知模式的复杂形势中，生态型美学家究竟应不应该进入对理性、知识、功利这类因素的认知，按结果分成了两派。按布雷迪（Emily Brady）的分法，卡尔松、罗尔斯顿、伊顿等人是强调理性、知识、功利在自然审美中起巨大作用的认知派，赫伯恩、伯林特、卡罗尔、伽德洛维奇、福斯特等人是不主张理性、知识、功利渗入进来的非认知派。而"客观化诉求"这一原则，从逻辑上讲，既可做认知派的处置（即通过引入生态世界观，本真直觉转化成美感），也可以做非认知派的处置（即观者心中已经有了生态世界观，而且这一世界观已经内化在审美感知模式中，无须通过认识理性就已经感知到了本真直觉与生态本质的一致性，进而直觉地感受到了美）。生态型美学的认知派与非认知派的差异，实际上已经走到不仅对生态型美学来说，而且对整个美学来说都至为重要的关口：生态型美学的美学原则只适合于生态型美学（如果是这样的话，就有两个不同的美学系统，生态型美学和艺术型美学）呢，还是适用于包括艺术型美学在内的整个美学呢？

第五步，伯林特提出"一元化美学要求"。伯林特主张的一元化，不是让自然欣

---

① 参见罗纳德·赫伯恩的《美学的论据和理论：基于哲学的理解和误解》中的"美学和自然欣赏"，见［美］阿诺德·伯林特主编：《环境与艺术：环境美学的多维视角》，34—38页，重庆，重庆出版社，2007。

赏去适应艺术欣赏的原则，而是让对自然的欣赏"作为欣赏艺术的模式"。① 他说："通过相似的方式，艺术和自然都展现出一定程序的秩序……在我们的关系和反应中的一些共性使得自然美和艺术可以放在一处：两者都能通过感知方式被体验；两者都能被审美地欣赏；并且更独特的地方是，两者都能起到与欣赏者相互交流的作用，引导参与者进入一种整体的感知情境中。"紧接着，关键的话出现了："这种欣赏需要与18世纪的无利害说完全不同的审美理论。这是一种参与的美学。环境的欣赏尤其需要鼓励这种美学模式。如果把这种审美参与的模式运用到艺术欣赏之中，会导致艺术研究途径的重建。它同样有助于解决采取分离的欣赏模式所带来的问题。"②

生态型美学就是要用自己建立起来的美学新范式去统一整体美学。也许正因为生态型美学有着成为整个美学的志向，因此，西方的生态型美学学人从美学的角度进入论域不把自己叫作生态美学，而叫作环境美学。环境不仅包括自然环境，也包括社会环境，而艺术正是在社会之中的。因此，用卡尔松的话来说，"环境美学从围绕我们的那些大尺度环境——茂密丛林、远边麦田、大都市的中心区，延伸到那些细小的、亲密的环境——我们的后院、办公室、起居室……（因此）环境美学就是日常生活美学"③。因此，伯林特在自己《环境美学》专著里，花两章来写城市："培植一种城市美学"（第六章），"建立城市生态的审美范式"（第五章），而且对于伯林特来说，环境美学不仅指自然山水、乡间田野、城镇社区，而是从美学的整体性上，分成功能性的环境、想象性的环境、宗教性的环境、宇宙性的环境。正是在这一宇宙性的胸怀中，卡尔松建立了自然欣赏的感知模式，其所需的信息元素，由8个事项组成，其中5个事项：形式、常识、科学、历史、当代应用，作为主干；另外3项神话、符号、艺术，作为补充。④ 不难看出，这一感知模式，对于欣赏城市和欣赏艺术也同样适用。莱哈里（Kaia Lehari）⑤则把城市、乡

① ［美］阿诺德·伯林特：《环境美学》，155页，长沙，湖南科学技术出版社，2006。
② 同上书，155页。
③ ［加］艾伦·卡尔松：《自然与景观》，12页，长沙，湖南科学技术出版社，2006。
④ 参见［加］艾伦·卡尔松：《自然欣赏和审美相关性问题》，见［美］阿诺德·伯林特主编：《环境与艺术：环境美学的多维视角》，87—88页，重庆，重庆出版社，2007。
⑤ 参见［美］卡娅·莱哈里：《显现的隐喻》，见［美］阿诺德·伯林特主编：《环境与艺术：环境美学的多维视角》，89—104页，重庆，重庆出版社，2007。

村、荒野，用原型的变幻方式和隐喻形式统一起来，城市与自然在深层中具有同构性，城市的房屋与自然的岩穴，城市的街道与自然的河流，具有功能上的同构性，城市的道路网格和荒野的水体网络，具有结构上的同构性，各种形式的遮盖与各样形状的容器，相遇的交叉型和平衡的圆形，存在于社会和自然的各种形式中。当然，伯林特、卡尔松、莱哈里在呈现可以适用于包括自然、社会、艺术在内的统一的美学原则时，都把生态原则灌注进去了。

以上提到的这些美学原则，有一个总的特点：人在环境之中并与环境互动，是环境不可分割的一个组成部分，环境应该成为人类的一种生态系统。然而，环境美学对于建立一个怎样的生态型美学原则体系，使之从生态立场出发建立起既适合于自然又适合于艺术的新美学体系，还处在各种思想和不同观念的斗争之中。

第三节　生态型美学的多样演进与全球会通

生态型美学在西方主要呈现为三个面相：环境美学、生态批评、景观学科。这三个面相各有自己的演进路径。

一　生态型美学的不同路径与基本要点

环境美学的进路，是从生态理论的框架出发去重新论述审美对象、审美主体、审美过程。这三个方面都是以生态型的自然为立论的出发点的，然后把由此得出的美学原则推广到日常生活和艺术中去。与此同时，环境美学还要用这一新的美学原则对美学史进行重新论述，进而书写出一种新的美学史。然而，环境美学在由发源地、自然美感、向其他领域推进的时候，会遇上一系列困难。这些困难不但在环境美学自身的学术路径中已经有所呈现，而且也与生态批评和景观学科有一些共性。我们在此仅以生态批评和景观学科的问题去透露其难题所在。

生态批评的进路，主要表现在文学上，从文学中的自然书写（可称为纯自然）

进入，然后扩大到自然与社会交织在一起的环境（可称为半自然），最后扩大到以社会—文化为主的文学（可称为非自然）中，无论哪一类，都关注文学是如何安排"人"和"世界"的，其核心，一是看作品中的人对自然的态度，二是看作品怎样看待人与自然的关系。正是这一基本立场，决定了生态批评对西方文化传统要进行生态型批判，并以生态世界观的原则来重新梳理文学史，从而确立新的文学经典。为了进行这一大破大立，与环境美学要依靠认知理性干预主体的感知模式一样，生态批评也要靠文学之外的生态话语来开拓自己的新路，这就是拉夫（Glen A. Love）所提倡的生态批评话语应该在一个"联合领域"中展开。有的生态批评家要用生物进化学的模式，如拉夫和卡罗尔（Joseph Carroll）；有的生态批评家认为与生命科学同等重要的还有地质史，如霍华斯（William Howarth）；有的生态批评家还要把鸟类学加进来，如罗莱特（John Rowlet）等。这当然壮大了生态批评的声势，不过，生态批评在跨学科的助力下，十分有利于形成以文学的方式出现的文化批评，以促进整个西方世界转向生态世界观。

　　然而，人们要从生态批评进入生态型文学理论（用西方人的术语来讲是生态诗学），其进路却还在拓展的过程中。首先，如何形成一种生态型的文学模式，也就是在各类文体中，怎样的人物塑造、景物描写、叙事模式才是生态的，至今还没有形成文学型的理论。其次，用生态型世界观和文学观去看文学史，会得到怎样的文学史图景，尚在探索之中。由于西方文学是从非生态型文学转向生态型文学的，整个文学史对自然的感知和对人与自然关系的安排，是非常复杂的，人们不能用简单的肯定或否定来完成。最后，西方文学史的主流是写人物、社会、故事，这本就不是从一个预设了生态观/非生态观这样的角度涌现出来的。当用生态观切入之后，生态型美学家要重新安置整个西方文学丰富的元素，使生态观美学与各种美学之间进行多种多样的对话与调适。因此，生态批评要从改变人们的思想观念（从非生态世界观到生态世界观）来说是容易的，但要想把人们的文学感知和文学体验完全塑造成生态型的，却较为困难。因为文学的美感本就不是只有一个生态维度。相当一部分文学本就谈不上是生态的还是非生态的。在这一意义上，生态批评只是文学理论和文学审美的一个方面。而只有确定了如何定位这一方面以及与文学理论和文学审美的其他方面的关系，生态批评从美学和文学理论的角度看才算具有了成熟的形态。

　　景观学科，以美国为代表的景观设计学（LA）和以德国为代表的景观生态学，都有既包含自身学科性质又与时代思潮共进的丰富的演进历史。① 景观学科与生态型美学其他方面（生态批评和环境美学）的交汇，主要体现在以下方面。一是两者在"人与自然关系"这一根本思想的基础上走向生态世界观，拥有共同的思想立场。在观念上都从"以人为本"转变为"以自然为本"，以"天人合一"作为最高境界。二是两者在景观设计上具有互补性，景观学科具有非常强的科学性（在进行景观设计的时候，需要具体测量掌握地域的气候条件、地形地貌、水文地质、动植物资源）、场所性（需要了解地域的历史、文化资源和人的活动特点、行为方式，等等）、艺术性（需要丰富的景观设计知识、艺术美法则和文化模式，从中找到相关借鉴并加以创造性地运用，以匹配与科学性或场所性相适应的艺术形式），这三个方面最后都要落实为具体的技术性操作。而环境美学关注的是景观作为审美场，提供了怎样一种景观，这种景观又让人以怎样一种方式去进行审美欣赏，欣赏的结果对人会有怎样的审美影响、人性塑形影响和世界观塑形影响。而生态批评则把这一景观和人对景观的感受转化为一种文学性的情感形式和文字表现，用内含人的性情的文学表达来与景观进行美学互动乃至相互的嵌入，使融合文学与景观成为一个审美的整体。景观学科、生态批评、环境美学都面对一个共同的困难，体现在对荒野型的景观管理上。正是在这里，三者有了切实的交汇。

　　整个生态型美学在历史或文化的进程中，都经历着生态世界观的转变。这一转变是在自然观念改变的带动下进行环境观的转变的。在人类文化的发展中，自然与文化相互交织，在以人工为主的城市里，自然以城市公园、私人园林、街道绿化的方式进入其中。在以自然为主的城市外，乡村、田野、湿地、溪河、江海、丘陵、山岳、雪峰，通过知识体系、国土管理、行业实践、旅游活动等方式向人

---

　　① 关于景观学科的具体性，可参见［斯洛文尼亚］伊凡·玛卢斯科：《欧洲景观规划的理论与实践》，载《城市环境设计》，2007年第1期；肖笃宁、曹宇：《欧洲景观条约与景观生态学研究》，载《生态学杂志》，2000年第6期；朱建宁、丁珂：《法国现代园林景观设计理念及其启示》，载《中国园林》，2004年第3期；俞孔坚、刘东云：《美国的景观设计专业》，载《国外城市规划》，1999年第2期；邬建国：《景观生态学——格局、过程、尺度与等级》（第二版），北京，高等教育出版社，2007，等等。

呈现。生态型美学在以自然为突破点转变人们思想的时候，对自然进行了一系列划分。比如巴里（Peter Barry）《理论入门》（2002）的"生态批评"一章将自然环境分为四个区域：一是荒野（the wilderness），包括沙漠、海洋、无人居住的陆地等；二是自然壮景（the scenic sublime），包括森林、湖泊、山脉、悬崖、瀑布等；三是乡村景色（the countryside），包括田野、山丘、林地；四是人工美景（the domestic picturesque），包括公园、花园、小径等。又比如，布伊尔在其《为已入危险的世界而写作》（2001）中，把人面对的景观，分为绿色景观（green landscape）和褐色景观（brown landscape）。景观中自然的成分越多就越呈现很多绿色（如荒野），人工的成分越多就越呈现很多褐色（如城市）。在生态世界观的转型中，景观学科在三个方面与环境美学相遇，并且在这一相遇中碰上了相同的难题。戈比斯特（Paul Gobster）把这三个方面称为荒地森林区（荒野管理）、乡村农业区（乡村景观）、城市森林区（即城市园林）。这里只列举城市园林和荒野森林两个学科的相遇所引出的生态型美学问题。

在城市园林里，麦克哈格（Lan McHarg）《设计结合自然》（1969）掀起了景观学科的生态转向，斯皮策（Klaus Spitzer）的《城市中的绿色》（1981）等论著则是这一转向的深入。这一转向在攻击景观学科的形式美学原则，而提倡生态理论的"顺其自然"新美学原则时，出现了不少"肤浅的生态设计"："随处可见对于原始自然的仿造的、陈腐的形象……甚至盲目地将一个田园诗般的湿润的生活群落搁置在市中心的地下停车场边上。由此形成的生态学符号，与这个地方实际的生态价值形成强烈的反差。"①这种 20 世纪 70—80 年代在城市中出现的原始田园风光型的生态审美设计潮，在景观学科的生态走向中引起了反思和追问：什么是真正的生态审美？威拉克（Udo Weilacher）的《当今景观设计中的生态美学？》（2004）就呼吁一种"新的环境美学"，"一种全面的环境审美观"。

景观美学与环境美学在此相遇。人类在开采矿藏、砍伐森林、修筑水坝时对自然机体和自然景观的入侵，让政府管理把景观美学与环境美学这两个

---

① ［德］奥都·威拉克：《当今景观营造学中的生态美学？》，见李庆本主编：《国外生态美学读本》，157 页，长春，长春出版社，2010。

知识领域联系在了一起。美国在 20 世纪 60 年代以后，出台了一系列法律文件：如《国家环境政策法案》(1969)、美国农业部林务局的《视觉管理系统》(1974)、《风景美评估方法》(1976)。在欧洲，欧洲地方和地区政府机构常务委员会讨论在《地中海协定》的基础上起草一份将欧洲自然与文化的管理与保护作为一个整体的框架协议(1994)，世界自然保护联盟(IUCN)出版了《生命的公园：欧洲被保护地区的行动》(1995)等。这里且讲理论问题突出的美国的三个法案文件。前两个法案可以说是由奥姆斯特德，于 1857 年规划纽约中央公园时，以其如画为核心的自然主义景观的设计理念和原则发展而来，后一个文件主要来自心理学方法，通过研究观众对风景美的偏好而对风景进行评级。这两个学术传统，都没有生态学的有力加入。而 20 世纪 60 年代以来在从非生态世界观到生态世界观的普遍转型之后，景观美学和环境美学在这里汇合。

从景观设计(LA)学科中成长起来的科欧(Jusuck Koh)1982 年发表了《生态设计：整体哲学与进化伦理的后现代设计范式》文章，已经用"生态美学"一词，1988 年又发表《生态美学》一文，用"生态美学"一词去强化"环境美学"中的生态意识，他认为在环境美学这一名称下还存在如画型的风景美学。因此，他说有两种环境美学，而主张的是生态型的环境美学。如画型美学是一种传统的形式美观念，可以说就是形式美学；而由心理学而来的风景美学做到了实事求是，也就是把审美主体面对景观的实际感受描述出来的现象学美学。而生态观在这两种美学中都被忽略了。因此，科欧将形式美学、现象学美学、生态美学三者在哲学基础、思想观念的本质、研究方式、原始数据等方面进行了对比，如表12-1 所示。

这一比较把生态美学的特性凸显了出来，形式美学是以如画的美来看待风景的，如画的美是由传统美学的形式美而来的，现象学美学是以直接面对风景本身时得到的美感经验来确证这一风景是美的还是不美的，但其直接面对风景时的前理解是被如画观念所渗透进去而形成的。尽管二者的切入和观赏方式有所不同，但在根本上，都或多或少地是与生态世界观对立的。

表 12-1

方面	形式美学	现象学美学	生态美学
1. 哲学基础	二元论的、科学的、实证的、客体的	整体的、现象学的、人文的、主体的	整体的、生态的、演化的、主客体统一的
2. 焦点	形貌美学	体验美学	自然与艺术中的创造力美学
3. 原始数据	审美概念	审美事实	创造性事实
4. 研究方式	依赖内省	考察艺术美的审美体验	对自然与艺术创造力进行经验(实验)性研究
5. 思想观念的本质	排外的、形式的、静态的	包括性的、描述性的、动态的	包括性的、描述性的、演化的
6. 与设计的关系	与秩序原理相关	不一定与秩序原理相关	与秩序原理相关
7. 观者与艺术品的关系	距离增大了	距离减小了	距离减小了
8. 艺术家对艺术工作的理解	倾向于创造以客体为中心的艺术	倾向于创造以体验为中心的艺术	倾向于创造以体验或环境为中心的艺术
9. 与大众传媒的关系	易吸引大众传媒的注意力	不容易吸引大众传媒	不容易吸引大众传媒
10. 艺术家的形象	英雄、天才、大师	体验者或表演者，参与创造和鉴赏体验	体验者或表演者，参与设计和鉴赏创造过程
11. 焦点的宽幅	强调视听感官	强调积极的感知和体验	强调整体的意识、无意识体验与创造力

　　如果说，作为景观设计师的科欧更多的是把景观作为一种艺术创造活动来看待。那么，戈比斯特作为美国农业部林务局北方研究站的社会科学家，更多地思考如何才能从生态的角度进行自然景观的维护，而要让自然以生态方式呈现，就必须改变人们的景观感知模式。戈比斯特自 20 世纪 90 年代以来的著述，基本上都是围绕这两点进行的：《景观审美体验的本质与生态》(1990)、《〈森林与景观：生态、可持续性与美学〉前言》(2001)、《共享景观：美学与生态学的关系》(四人合著，2007)等。在时代潮流把生态管理系统引入森林管理之后，戈比斯特敏锐地看到了生态原则与原有的景观美学原则的冲突。比如，"生态学家强调在林木采伐之后把小树枝小碎片留下，目的是有助于森林再生。然而，景观设计师通常要求将那些树枝和碎片清除，因为游客不愿看到杂乱或肮脏的景象"。再比如，在河道和陡坡上种植野草这样的生

态管理措施就可以减轻水土流失和水质污染，但众多农民和游客却认为这是缺乏管理的表现。"从事视觉管理实践的景观设计师经常采用形式设计概念，比如，线条、形式、颜色的变化以及肌理来描绘和处理森林景观的变化……关注'风景美'（scenic beauty）或'视觉质量'（visual quality）。这种审美观念忽视了景观的生态价值。"①而且，如果只从视觉美出发，我们不会发现景观中的"微小性的特征（例如，地被植物）、暂时性的特征（例如，野生动物和空气的影响）和非视觉性的感知维度（例如，听觉和味觉）"②。更为重要的是："整洁有序的乡村与大都市的景观都能被感知为美好的事物，但田野的深绿色以及草地有时候则表明了生态系统健康状况的糟糕。相反，生态上健康的景观不一定会是审美愉悦的。如湿地和大草原，这些景观并无吸引力，人们也不可能会直接发现其中的生态多样性。"③只有具备生态系统的知识框架，这些东西的重要性才能显现出来。在这里，一个环境美学中一直争论的问题出现了。对景观的正确感知（即按生态方式或按自然本身的方式去感知）需要理性干预，需要生态知识的介入。为了让人们知道生态型的景观感知，戈比斯特同样把景观学科的风景美学和生态转向后的生态美学做了一个整体的比较，如表 12-2 所示。

通过对比，生态美学在与风景美学的区别中呈现了出来，这一呈现要强调的，是生态感知需要知识的介入才能形成。

总而言之，生态型美学在与传统美学的一系列对立中开辟了自己的道路，而这一对立让人们从一个更宽广的角度来思考美学本身。生态型美学在自己众多的言说，以及言说的历史和理论关联中，让人从美学的理论性本身来思考问题。

---

① 程相占：《美国生态美学的思想基础与理论进展》，载《文学评论》，2009 年第 1 期。

② ［美］保罗·戈比斯特：《西方生态美学的进展：从景观感知与评估的视角看》，载《学术研究》，2010 年第 4 期。

③ ［美］保罗·H. 高博斯特等：《共享景观：美学与生态学的关系》，见李庆本主编：《国外生态美学读本》，290 页，长春，长春出版社，2010。

表 12-2　风景美学与生态美学主要区别①

方面	风景美学	生态美学
人	直接的、感受的、情感的	间接的、认识的、知识的
	感官的、印象的	体验的、暂时的
	视觉的	多感官的、行动的
	喜好	欣赏
	风景美学	生态美学
景观	视觉的、静态的、无生命的	多模式的、动态的、有生命的
	生动的、正式的、复杂的	地方的、象征的、指示种的
	有限的、混合的、结构的、具体的	环境的、整体的
	自然主义的、引人注目的、生动的、景色的、整洁的景色	自然的、精细的、难辨别的、非景色的、散乱的生态过程
相互作用	感知的	体验的
	被动的、目标中心的	主动的、参与的、动人的、复杂的
	直接接受的	引发对话的
	外部的、独立的视察	内部的、整体的观察
结果	愉悦	理解的愉悦
	短期的、心情的改变	持久的、保护的、利用的
	描述的、偏好的	规范的、与伦理相关的、更优越的
	现状	内在与外在的催化剂

二　生态型美学的理论逻辑与全球会通

　　由生态批评、环境美学、景观学科形成的生态型美学，显现了西方美学的一次巨大转变，包括西方文化对美的新的建构浪潮和解构浪潮。而这一建构和解构，又正好走向了与非西方美学的会通。因此，生态型美学不仅对于西方美学的更新，而且对于世界美学的演进，都具有重要意义。

　　所谓生态型美学的建构，就是以生态世界观来重新审视美，把在传统美学

① ［美］保罗·戈比斯特：《西方生态美学的进展：从景观感知与评估的视角看》，载《学术研究》，2010 年第 4 期。

观念中不美而又适合生态的事物，建构成为美的事物。所谓生态美学的解构，就是把在传统美学观念看来是美的，而又不符合生态要求的事物，解构其美，使之成为非美。这一场正在进行的建构和解构的美学运动，其深厚的内蕴，还不是"建构"与"解构"这两个词可以完全表达出来的，其具体体现为如下几个方面。

首先，以生态世界观来决定整个世界的审美观。生态世界观虽然有其生态学的基础，但并不是生态学本身，而是生态学引出来的一种哲学话语。从西方思想受科学发展的影响而不断地产生变化来讲，我们可以大致将其变化分为几个阶段：先是进行分割的物理实体，由此引出了原子论和还原论的哲学思想；然后有不能进行分割的生命机体，由此引出了有机论和系统论的哲学思想；进而生态系统中的有机体不断与环境分离，由之引出了生态世界观。布伊尔说，生态批评家大都不懂生态学，要进行生态批评，运用的并不是生态学科学上的具体概念，而是从生态学上升到生态思想的一般观念。生态世界观与作为科学的生态学有重要关系，但又不仅局限于生态学，不但生态世界观生发出生态批评、环境美学、景观学科三种主要的形态，就是这三种形态，也产生出多种多样的思想争鸣。有环境美学与生态美学之争（布伊尔认为，用"环境"比用"生态"更好，格罗费尔蒂斯却认为，用"生态"比用"环境"更好①）。科欧认为有两种环境美学，一种是仍带有传统美学痕迹的环境美学，一种则具有了全新意义的环境美学。威拉克说，有两种生态美学，一种是肤浅的生搬硬套的生态美学，一种是真正地体现了生态精神的生态美学等。这些争论和言说，都朝向一个方向，即如何形成一种与新的生态世界观相适应的生态审美观。

其次，用生态世界观来建立生态审美观，意味着要以生态审美观去改变以前的审美观，以前的审美观主要体现为艺术美学，这种艺术美学形成了一整套对待艺术和看待包括艺术和自然在内的整个世界的形式美法则。具体到自然上，

① Lawrence Buell, *The Future of Environmental Criticism*, *Environmental Crisis and Literary Imagination*, Malden, MA, Blackwell Publishing, 2005, p. viii; Cheryll Glotfelty & Harold Fromm ed, *The Ecocricism Reader: Landmarks in Literary Ecology*, Athens, The University of Georgia Press, 1996, p. xx.

就是如画思想。生态型美学在新与旧的对决中的建构和解构的主要任务就是：传统美学认为美的，从生态的观点来看是不美的，就不应重新定义为美，此解构也；传统美学认为丑的，从生态的观点来看是美的，就应重新定义为美，此建构也。

再次，美学是感性之学而不是理性之学，定义为美和定义为不美，最后必须落实到人的感知模式上。而生态型的感知模式的形成，需要理性干预。正如很多生态型美学家所认为的那样，没有一整套的生态学科的知识，"我们根本就不知道如何就其本然地去欣赏自然"①。这里的理性干预，实际上是通过知识强力而进行的审美感知模式的变革。在建立生态型的审美感知模式的过程中，美学家要不断地借助理性的生态知识，而一旦生态型的感知模式建立起来，生态型的知识就内化在主体的直觉中。在达到这一步后，人在面对审美对象的时候，就会以符合生态的事物为美，以不符合生态的事物为不美。

最后，生态美学的转变，其内容远不止重新定义何物为美与何物为丑这么简单，它是一整套审美范式的转变。这一新的审美范式包括三个特点。

（1）对事物的欣赏，不是从"物"的方面即静态实体来进行欣赏的，而是从"事"的方面即动态进程来欣赏的。用希姆斯（Jason Simus）的话来说，审美不重"自然事物"，而重"自然进程"。前者是某一物本身，是把一事物与系统分离开的物；后者强调物在运行中的状态与系统的关系，是处于生态系统中的事物。正如前面所讲，分离开的物是有边界的，生态系统中的物是无边界的，存在于天地之间的大系统中，因此，生态型美学是一种强调"流动"的美学（fluxing aesthetics）。

（2）一旦从动态的系统中观察，物所在的系统的整体特征就显现出来了。物的动态显现为两种形态，一是呈现为自然的平衡（balance of nature），体现为平衡、有序、规律等；二是呈现为自然的流变（flux of nature），体现为失衡、无序、混乱等。在传统美学看来，前者为美，后者为丑；在生态美学看来，流变和侵扰是自然系统中必不可少的一部分，具有重大的生态意义，因而具有了美的性质；在

---

① ［美］贾森·希姆斯：《生态学新范式中的美学意蕴》，见李庆本主编：《国外生态美学读本》，184页，长春，长春出版社，2010。

生态审美观这里，二者都是美的，在这一意义上，生态审美观扩大了美，而且用新的观念包容了传统的美，传统的美仍然是美的，但要用一种新的观念去看。平衡、有序、规律之美，不是形式，而是形式后面的生态意义。这些形式的美，是从生态系统的整体性这一角度得出的。因此，生态美学是一种强调整体性关联性的美学（integrative aesthetics）。

（3）生态美学是从系统整体去观物，有了这一系统整体观，物不再呈现为物本身，而呈现为物在系统中的关系，物与相邻的他物构成一种系统关系，可以说是"景"中之物，物以"景"的方式呈现出来。从生态的角度去看，眼前之景与一个更大的生态系统相连，而景中之景又与景外之景紧密相连。从这一生态系统的观点去看，在齐藤百合子（Yyruko Saito）的言说里，自然物之美成了自然生态系统在时间之动中呈现出来的"讲述技巧"；在福斯特（Cheryl Foster）的言说里，自然物之美成了自然生态系统在"叙事"中呈现出来的动的指征（index）；希姆斯也同意从"动"的角度看生态系统的呈现所带来的新型美感："自然环境中的变化或者波动经常可能诉诸感官，因此可从审美角度进行欣赏。例如，奥斯丁附近的得克萨斯山庄的每个春天，雪松花粉所形成的巨大的黄绿色云层在这片地区自由地飘荡，看起来十分混乱。首先，只要不对花粉过敏，我们便可以看到，这些花粉云不仅显示了自然进程，而且也极其美丽。其次，这些花粉不仅讲述了一个关于德克萨斯山庄自然或者历史的故事，而且也显示了现实时间中的生态关系。"[1]生态型审美把事物与系统相连，系统又不可全见，则事物成为系统的指征，因此，生态美学通过强调景外之景和韵外之致而呈现了一种新的境界。

从生态美学的理论逻辑中梳理出来的三个关键词，即流动（在时空合一的世界里，视觉审美突出时间性），整体（在生态世界中突出系统间的不可分割），境界（在人面对生态世界进行审美的虚实合一的实践中，通过突出生态系统的整体意识而呈现对景外之景的感受），可以用来概括生态美学在审美对象、审美主体、审美过程中的共同特点。而这些特点，也是生态美学转型中进行审美建构和解构的美

---

[1] ［美］贾森·希姆斯：《生态学新范式中的美学意蕴》，见李庆本主编：《国外生态美学读本》，190页，长春，长春出版社，2010。

学理论要点，就是说生态美学在通过理性干预来转变人们的审美观的时候，不仅要对照生态科学提供的生态系统知识，而且要对照生态系统凝结成的生态美学的三大特点：是否感受到对象和主体在天地中的流动性；是否把对象当作一个不可分割的整体来感受，而且主体本就在系统之中，且参与了系统的互动；是否把可见的面前之景与不可见但却存在的生态系统联系起来，形成一个有韵外之致的整体。因此，为建构生态型审美感知而进行的理性干预实际上包括两个层面：知识的理性干预和美学的理论干预，美学理论建立在生态知识的基础上，又将之内蕴于自身之中。

　　生态美学饱受争议的就是认知干预。认知干预意味着我们已经知道生态系统，它体现为生态学这一知识形态和通过生态学知识在具体运用中得到的各个地区的生态知识。然而，从生态的基本原则来说，在生态之中的人，对宇宙的生态系统是非全知的。也就是说，生态系统到最后，要求对一个整体进行认识，而这一整体是人无法认识的，特别是从西方科学的进路无法认识的。换句话说，生态学发展到今天，把电子力学、非线型理论等一系列困惑西方智者的问题，在生态系统的层面上，又一次呈现出来。在这里生态美学其实已经出现了两种倾向：一种是用西方科学的一贯信念和方法来看待生态美学，要把生态美学总结成一套法则，并以之进行理性干预，以实现新的审美感知的建构和解构；另一种是在对西方科学新进展的哲学反思中，认识到西方科学发展到今必须超越西方科学的一贯信念和方式。本质上说，西方科学认识的世界始终是部分而非整体，在生态学上也是如此。正是在这一条理路中，生态美学出现了对贝特森（Gregory Bateson）思想的重视。贝特森认为，科学是专门研究"部分"和各学科的形成的，是从真正的整体中切割一个部分（或一个方面）出来，形成一个学科的整体，这一学科对于真正的整体来说仍然是一个部分。科学自 16 世纪诞生以来，是用机械装置的方法来看待每门学科，也以此来看待一门学科与整体的关系。当生态科学让整体以一种非机械装置的方式出现之后，现代系统论中的部分离不开整体的结构和功能的理论，现代物理学中的观察对象离不开观察者的理论得到了进一步深化，把系统的整体性从物质性转型到生命性，这时，一种生态型的整体观出现了：

生态系统呈现的是物种的复杂性。物种之间的协调依赖一个普遍的模式——反馈。反过来，反馈展现出有感觉的形式之间的无数耦合。每一个耦合都有隐而不见的意义。另外，造成生物界变化的接合模式，使任何观察都难以建立任何一个单一的参照点，也难以依赖这样的参照点以评价自然界中的统一性和相互作用。不仅任何一个生态系统存在着多层次的联结（这必须纳入考虑之中），而且没有哪一个观察者能够步出一个生态系统，然后高高在上的回头俯视它，以期成就某种对它的统一性的整体面貌。①

这显示了，生态系统有两个层面：一是具体时空中的生态系统，这可以通过生态学知识来予以把握；二是与具体时空中的生态系统紧密相连的地球乃至宇宙的生态系统。如果把前一种生态系统称为"小全"，那么，后一种生态系统则称为"大全"。具体的景观学科面对的都是一个一个的小全。大全则是科学的盲点，用旧理论的话来说，人是在有限时空中的存在，用新理论的话来说，人类是被限定在自己生态系统的内在条件之中的。用贝特森的话来说，生态学家与伞兵跳出飞机时的状况相同，"在没有任何记录或参照标准的情况下伞兵跳出飞机，没有仪器能使他们与地面建立关系，他们在自由降落中飘浮，不知道与地球的正确方位"②。同样，我们对有关生态的整体论的"大全"知之甚少，而小全从根本上又是由大全决定的。

由此，我们可以看到两种生态美学：一是景观美学、环境美学、生态批评在面对具体景观、环境、自然时，运用的小全生态学知识，并以这种小全生态学知识来进行认知干预，建立新的生态型审美感知模式，这样的模式，还是一种西方式的实体型的美感模式；二是认识到大全是人类尚未认识到也不可能以科学的方式去认识的系统，大全呈现为一种"无"，而"小全"的生态系统又是由"大全"的生态系统所决定的，并与之紧密相连，由于大全是未知的，从而小全也充满了空白。

因此，贝特森认为，在这一意义上，美学与宗教一样，审美是对大全的一瞥，使人在无意识中觉察到这一大全的整体。从这一角度看，生态美学不仅是实体性

---

① ［加］彼得·哈里斯-琼斯：《理解生态美学：贝特森的挑战》，见李庆本主编：《国外生态美学读本》，217—218页，长春，长春出版社，2010。

② 同上书，174—175页。

的感知模式，也是对整体大全的"无"的体悟，以及对小全因为与大全相关联，而产生类似于"二阶偏向"的空白的体悟。一方面生态感知的客体充满着"无"："我们设计的任何系统的结构都是不完整的，有许多明显的漏洞。不完整性存在于我们试图加以描述的有机体的关系中，即从外部观察中获得的结构关系，不完整性也出现在生物体自身结构信息的各个方面，即相互联系的信息总和。因此，与物质世界不同，出错和行为异常都是可能的：地图总是不同于领土。"①另一方面，生态型感知的过程也充满了无："不了解感觉图像形成的过程对于我们感知图像的形成是必需的，因为在我们视线中，感知的连续性是差异的'瞬间细节'的首要环节；我们不能为了研究看见某物的过程而使将这置于中止状态，这样就不可能看见某物，眨眼的瞬间存在着间隙，这种间隙存在于试图在各种信息充斥的视觉领域里形成一个不变的形象的过程。"②如果小全的生态美学给出了一个新的审美感知虽是动态但仍为实体的结构，那么大全生态美学则看到了这一实体结构中充满了不确定性和空白；如果小全型的生态美学对与具体的生态系统相关联的更大生态系统怀有科学型的实体想象，使其在审美感知的景外之景呈现为科学型的大系统，那么大全型的生态美学对与具体生态系统相关联的更大的生态系统则怀着一种哲学型的空无的想象，从而使其审美感知时的景外之景充满"是有真迹，如不可知"的空灵。

正是大全型的生态美学，让整个西方的生态型美学与非西方美学，比如，中国古代美学，会通了起来。而且，从全球的视野来看，在引入非西方美学（比如中国美学）以后，西方生态美学就更好理解了。如果说，自现代以降的西方世界观是一个物质的世界，一个由还原论和原子论构成的世界，那么，中国古代的世界观正是一个生命的世界，这一生命世界是以"气"的方式呈现出来的。反映在语言上，西方的物（thing）是物质的，而中国的"物"则是有生命的，是内蕴着宇宙的气于其中的。生态世界观的四个基本点：第一，生命性，即以生命为基点，在中国体现为宇宙的本质是气；第二，整体性，即生命是一种不可分割的有机组织，在中国

---

① ［加］彼得·哈里斯-琼斯：《重访〈天使之惧〉：递归、生态学和美学》，见李庆本主编：《国外生态美学读本》，171页，长春，长春出版社，2010。

② 同上书，173页。

古代思想中体现为，"万物负阴而抱阳，冲气以为和"（《老子》）；第三，系统性，即生命万物皆存活于一个统一不可分的生态系统里，在中国古代思想中体现为"通天下一气"（《庄子》）；第四，动态性，即以事而不以物作为基本视点而把"自然进程"体现出来，在中国思想中体现为"气化万物"，日往月来，昼往夜来，四时循环。更为重要的是，西方生态美学中的生态大全系统的不可认识性，在中国一方面体现为"似有真迹，如不可知"的"无"，另一方面又体现为人可具体感受到的天地流行之"气"。因此，中国的生态宇宙观是一个虚实合一、有无相生的宇宙，从而完全可以把西方两种生态美学（小全型和大全型）统一起来。气是一种生命，个体之气与宇宙之气是不能分开来的，气化万物之后，万物皆是形气合一、虚实合一之物。从这一气的宇宙的生态世界观去看前面讲的生态美学的所有难点，无不豁然贯通。

以前面的生态审美感知模式的基本点对照来看，第一，对事物的欣赏，不是对静态的实体的物的欣赏，而是对动态的事的欣赏，对照中国文化，就成了不是对事物的"形"的欣赏，而是对事物的"神"的欣赏。

第二，物的动态显现了两种形态：一方面呈现为自然的平衡（balance of nature），体现为平衡、有序、规律等；另一方面呈现为自然的流变（flux of nature），体现为失衡、无序、混乱等。对照中国文化，近似于阴柔和阳刚的两种形态，"其得于阳与刚之美者，则其文如霆，如电，如长风之出谷，如崇山峻崖，如决大川，如奔骐骥；其光也，如杲日，如火，如金镠铁；其于人也，如冯（凭）高视远，如君而朝万众，如鼓万勇士而战之。其得于阴与柔之美者，则其文如升初日，如清风，如云，如霞，如烟，如幽林曲涧，如沦，如漾，如珠玉之辉，如鸿鹄之鸣而入寥廓；其于人也，漻乎其如叹，邈乎其如有思，暖乎其如喜，愀乎其如悲"（姚鼐《复鲁絜非书》）。当然，阳刚之美有很多形态，其中只有"长风出谷""如决大川"与失衡、无序、混乱相近，廖燕讲"山水之愤"则与之更相近了，"天下之最能愤者莫如山水。山则巉峭巃嵸，蜿蟺磅礴，其高之最者，则拔地插天，日月为之亏蔽，虽猿鸟莫得而逾焉。水则汪洋巨浸，波涛怒飞，顷刻数十百里，甚至溃决奔放，蛟龙出没其间，夷城郭宫室，而不可阻遏。故吾以为山水者，天地之愤气所结撰而成者也。天地未辟，此气尚蕴于中，迨蕴蓄既久，一旦奋迅而发，似非寻常小器足以当之，必极天下之岳峙潮回海涵地负之观，而后得以尽其怪奇焉"（廖燕《刘五原诗集序》）。当然，两种形态主要是指事物之间的关联性，而这一关联性，通过中国的阴阳五行理论解释得更好。

第三，生态感知之景的具体指征性，对照中国美学，就是虚实相生之中，通过实而体悟虚。这虚，不但包含空间中视而不见的实体之虚，时间中已逝的过去和将至的未来在眼前之虚，还包含小全系统之外而又与之关联的大全之无。中国美学的景外之景、象外之象、韵外之致，就是把这两种虚都合为一体的审美之虚。在西方的实体世界观里不得不加以区别又难以分清的东西，在中国气的世界观中被处理得恰到好处。西方实体世界观在向生态世界观转型时很难讲清和讲好的"部分与整体"的关联问题，在引入了中国哲学和美学的有无相成、虚实相生之后，就豁然而解了。

一方面，西方美学的生态转型把西方思想引向了与非西方思想的会通，另一方面，非西方思想在与西方的会通中，又极大地推进了西方思想的转型。

第十三章　生活型美学——全球化的生活之维

　　用"生活型美学"来指西方美学进入后现代以来的一种超越艺术美学来重新定义美学的理论话语，它包括两个部分：日常美学和身体美学。也可以说身体美学是日常生活美学的一部分，也可以说，日常美学的一部分是围绕身体美学而进行组织的。两者相互包容，相互渗入，相互支持，而又各有自己的特点。因此，本章将之合成为生活型美学，但在具体讲的时候，本章又将之分为两个部分：日常美学与身体美学。

第一节　日常美学

　　日常美学以日常生活经验为基础来重新筑构美学体系。这一理论话语由不同流派的学人所共汇，韦尔施（Wolfgang Welsch）、波德里亚、费瑟斯通（Mike Featherstone）、舒斯特曼（Pichard Shusterman）、曼德卡（Katya Mandoki）五人的相关理论可为代表。韦尔施在其《重构美学》（1997）中主要论述了，日常美学的出现是 20 世纪 60 年代以来整个文化围绕着日常生活而全面审美化的结果，在这一基础上，由艺术美学而来的美学基本原则开始失效，美学需要进行重新建构。波德里亚在《消费社会》(1970)、《仿真与拟象》(1981)等一系列论著中，描述了后现代时期生活审美化与生活仿真化的复杂关系，让文化的新变化触目惊心且耐人寻味。费瑟斯通在《消费文化与后现代主义》(1990)中则把这一后现代的生活型美学，追溯到 19 世纪末和 20 世纪初以来的一系列相互关联的复杂演进过程，艺术怎样打破与生活的间隔而走进生活，生活怎样以多种方式进入和成为艺术，后现代的图像潮流和符号浪涛怎样把艺术与生活交汇起来，形成一种新美学，而且在这一过程中描绘了不同于艺术美学的新型审美经验在现代都市文化中的成长。舒斯特曼在《实用主义美学》(1992)中从理论的角度突出日常经验的重要性，并把这一理论回溯到杜威，并通过实用主义美学和分析美学的对立的方式，论述了日常生活美学与艺术美学的对立，从理论原则和学科演进的角度，勾画了生活型美学的主要特点，特别讲到了日常经验的完整性在美学原理的建构中的重要意义。曼德卡在《日常美学》(2007)中从美学体系的角度，逐条批判了把美学与日常生活隔离开的传统美学预设，把美学全面地推向日常生活。五人在讲理论时，都涉及众多人物、论著、话语系列，呈现出托起这五朵浪花的山丘之深和河系之广。这里把五人以及其他相关话语，围绕着对传统美学的突破这一中心，从理论上进行梳理、重组、归纳。

美学于 18 世纪建立，由从区分性而来，美学把审美经验从其他经验(包括理性的概念活动和感性的日常经验)中区分出来，这样审美经验就落实在艺术上。因此，审美经验就是艺术经验，是通过艺术的创造和欣赏而来的经验。从而，传统美学实际上是艺术美学。这样的美学就是要把艺术的审美经验与生活的日常经验区别开来。在这样的区别中而得出的美学的基本原则有如下几点。一是审美经验不同于日常经验，要达到审美经验必须与日常经验拉开距离，这就是审美或艺术的距离说和孤立说。二是审美是感性的，但又是超越日常经验中的欲望和功利的，这就是审美或艺术的非欲望论和超功利论。三是因为审美超越日常经验和现实功利，因此，与受日常经验中心理活动、现实欲望和现实功利的限制不同，审美经验是自由的和想象的，而这种自由的想象不同于日常经验但却符合现实生活的本质，这就是审美或艺术的自由论、想象论、本质论。四是因为审美不同于现实，超越欲望和功利，因此，审美的欣赏是一种形式的欣赏。艺术提供了一种不同于现实的美感形式，形成了专门的审美欣赏，而人正是在这一纯形式的欣赏中，超越了日常经验，既获得了美感又达到了现实的本质。这就是审美的形式论、自律论、目的论（超越现实、欲望、功利目的，而达到了人和宇宙的本质目的）。以上由艺术美学而来的美学原理的四大基本原则，一直主导着西方美学从近代到现代再到后现代的演进，但在日常型美学的兴起之中，以上原则受到了根本性的批判。在这一批判中，新的以日常生活为基础的美学范式开始浮出水面。为了在讲日常生活美学崛起的时候，凸显其理论的特点以及与美学史演进的关系，因此，我们围绕着美学原理的四大基本原则，组织生活美学的理论言说。

一 日常生活审美化：艺术与生活向对方交汇

美学的基本原则之一，是艺术与日常生活拉开距离而成为审美对象。后现代以来，这一距离因素消失了。费瑟斯通站在日常生活已经审美化了的后现代视点上观察两条历史风景线：一是艺术不断地走向生活，二是生活不断地走向艺术。两者的不断交汇，终在后现代或全球化时代形成了日常生活审美化的壮丽景观。

在艺术走向生活方面，20 世纪初期出现的前卫艺术潮流，达达主义和超现实主义等流派，就显示了这一趋向。1916 年，一帮标新立异的艺术家在苏黎世集会，要为其组织取个名字。他们随便翻开一本法德词典，"dada"一词冒了出来。"dada"法文原意为"木马"，这是婴儿最初的发音，表示婴儿牙牙学语期间对周围事物的纯生理反应。这正合于达达艺术家的美学主张，艺术创作也应像婴儿学语那样，排除思想干扰，只表现官能感触到的印象。"dada"，又意为空灵、糊涂、无所谓，这又契合于达达艺术家对艺术传统的经典形式和美学教条的轻蔑，而强调眼之所见、耳之所闻的直接感知。特里斯唐·查拉（Tristan Eara）在草拟的《宣言》中，这样定义达达艺术，"自由：达达、达达、达达，这是忍耐不住地痛苦地嗥叫，这是各种束缚、矛盾、荒诞东西和不合逻辑事物的交织；这就是生活"。这是查拉抛弃艺术陈规、直接走向生活的理论表达。查拉是罗马尼亚人，"da. da"在罗马尼亚语中意为"是的，是的"。因此，"达达"又是对艺术走向生活的坚决肯定。如果说达达主义要求在排除了艺术教条和形式后对生活进行直接感知，那么超现实主义则坚决地弃绝思想教条和艺术教条而强调内在心灵的直接感知。安德烈·布勒东（André Breton）在《超现实主义宣言》中宣告："超现实主义建立在相信现实，相信梦幻全能，相信思想客观活动的基础之上"，"排除所有美学或道德偏见"，"不受理智控制"，是"纯粹的精神无意识活动，通过这种活动，人们以口头或书面形式，或以其他方式来表达思想的真正作用"①。这里，思想和艺术不与思想史和艺术史相连，也不与思想和艺术的法则相连，而只与现实生活相连，与现实中活生生的感、触、想、无意识、白日梦相连，由现实而产生出心灵的自由活动，由心灵的自由活动而生出新的艺术。

　　20 世纪初期的形形色色的艺术先锋，在传统压力下为艺术创新而各出新招，产生了多种流派，其中的一支就是如达达主义和超现实主义那样，通过抹去艺术与生活的界线而运行，这一支派在后现代艺术中，特别是在杜尚、沃霍尔（A. Warhol）、劳生伯（Robert Rauschenberg，1925—2008）的现成品艺术中，达到了一个质的变化。杜尚把工厂生产的一个普通便池送到美术馆里去展览，成了艺术作品《泉》；沃霍尔把普通的盒子送到展览会上去陈列，成为艺术作品《布利洛盒子》；劳生伯把纸箱、轮胎、绳索等日常用品放到美术馆里摆放起来，这些日常用品全都成了艺术品。这些现成品艺术家想人之所不敢想，做出了让人们大吃一惊的艺术行为，产生了巨大的艺术、社会、思想的轰动，其中一个最大的效应，就是在本质上抹去了艺术品和日常生活用品之间的物理界线。同一个纸箱，放在家里是日用品，放在艺术馆里是艺术品。这虽然引出了很多新的思想，但在艺术的物理界线被破除这一点上，迫使人重新思考艺术与生活之间的关系，重新思考艺术的美学原则。

　　在生活走向艺术方面，首先一些特殊群体力图把生活艺术化。19 世纪初期英格兰的博·布鲁梅尔（Beau Brummel）倡导一种浮华的生活方式（Daydyism）。20 世纪初期在伦敦传统街区的文化艺术中心里，以布鲁姆斯伯里（Bloomsbury）为首形成了一个文人圈子，这些小团体在服饰、行为举止、偏爱嗜好、居室装饰上，都讲究精美化和艺术化，以此来突出高贵出身或高雅趣味。真正使生活走向审美化

---

　　①　［法］安德烈·布勒东：《超现实主义宣言》，32 页，重庆，重庆大学出版社，2010。

的是波德莱尔关注的与都市空间一道繁华成长的人群。波德莱尔认为，都市人实际上形成了"花花公子"形象，力图把身体、行为、感觉、激情等，总之把自己的整个存在都变成艺术品。而都市人的商品的审美化和安置商品的空间的审美化，在后现代以来的巨变，扮演了日常生活审美化的演进主流。这不但是日常生活审美化的要点，还关系到美学原则的另一要点，这里只点一下，该要点主要放到下一节去展开。与都市空间里人与环境的审美化相对应的是伦理学受其影响而出现的审美化，构成了日常生活心理的审美化。19 世纪后期王尔德（Oscar Wilde）的唯美主义，要人们在日常生活中去发现美、鉴别美、享受美，对生活中的一切抱有好奇心，以多种方式和多样形式来实现自己。20 世纪初期像摩尔这样的伦理学家，强调日常生活应当是审美型的生活，应具有个人情怀和审美享受。这一理论发展到 20 世纪后期的后现代思想家罗蒂那里，提出善的生活标准就是扩张自我，实现欲望，追求新感觉，享受新品味，探求人生和生活的各种可能性。① 生活的原则已经与艺术的原则多方面地趋同。

在艺术走向日常生活，日常生活成为艺术，特别在后现代的消费社会中，两者多方面地关联、交织在一起，甚至很难分清何为艺术，何为日常生活。艺术体验却让人感到如在日常生活中一样，艺术成了日常生活的组成部分，而不是从中分离或孤立出来的一个独立系统。同样，人们在日常生活中时刻都感受到了艺术和审美的乐趣，日常生活已经审美化了。以前建立在艺术美学原理上的美学理论，即审美必须从日常生活中抽离出来、孤立出来的理论得到反思，距离产生美的原则也被重新思考。艺术与日常生活的交织，使得审美化的日常生活成了美学的思考基础。由此而生的美学，不应以审美距离作为美学的本质去否定其他审美实践，而应以日常生活的美学为本质，去解说其他方面的美学变体，包括艺术美学变体。

在后现代之前，艺术为美与日常生活为非美所形成的艺术与生活的基本区别是一种现实；后现代之后，艺术与现实在美与非美的边界上模糊起来。艺术不断地趋同于现实，在趋同的过程中还要坚持自己就是艺术；现实不断地趋同于艺术，同时坚持自己仍是现实。在双向的趋同中，艺术和现实相互渗透、换位、嵌入、

---

① 参见［英］迈克·费瑟斯通：《消费文化与后现代主义》，67 页，南京，译林出版社，2000。

纠缠等。在现象上，就具体的现实个体和艺术个体而言，日常生活与艺术交汇着、互嵌着、换位着；在本质上，就现实整体和艺术整体来说，日常生活与艺术还是两个领域，仍存在两个概念，被人区别运用。但有一点是清楚的，艺术与日常生活的各自独立的定义，已经不适用了，正是在这一改变了的现实中，曼德卡把这种"艺术与现实，美学与日常生活对立"的现象称为传统美学讲述的"神话"①。应当针对新的现实总结出新的美学原则，无论这新的美学原则是什么。从本节的角度来看，有三点是肯定的：第一，艺术必须与现实拉开距离而成为审美对象，这一古典美学原则要被从新予以思考；第二，美学原则不可能排除日常生活现象而仅从艺术现象中总结出来；第三，美学原则必须在艺术与日常生活趋同的现实中总结出来。

二　日常生活审美化：形式欣赏与功利欲望内容

美学的基本原则之一，是艺术之为美，在于其与日常生活拉开距离，从而与日常生活中的功利和欲望拉开距离，摆脱日常生活中功利和欲望的束缚，因而对美的欣赏就变成对艺术的形式的欣赏，同样主体欣赏成为摆脱日常意识之后的一种审美静观，并在形式的静观中走进区别于日常意识的美学深度。然而，在后现代消费社会的日常生活审美化的演进和成型之后，古典美学原则在三个方面都发生了变化。

首先，艺术的形式法则进入日常生活的一切方面，形式美成为日常生活的美学外观，但这一美学外观又与日常功利和欲望紧密地结合在一起。消费社会通过美观包装和品牌设计，把全部商品的外观都美学化了，而这一形式美的外观与消费商品紧密相连，购买是因消费欲望而进行，最后落实到商品的消费上，功利和欲望主导了商品的购买。消费社会中的购物场所，由店（购物中心）到街（步行街）在外观上都

---

① Katya Mandoki, *Everyday Aesthetics*: *Prosaics*, *the Play of Culture and Social Identities*, Burlington, Ashgate Publishing Company, 2007, p. 15.

进行了精心的美学设计，完全审美化了。购物的过程变成了充满美学因素的逛店和逛街，但逛店和逛街又与购买商品或通过逛而发现自己需要的商品这一现实功利欲望紧密相连，可以说，逛是由功利欲望启动的，并由之主导的。这里充满了审美的因素，从开始到结束都有审美飘浮在其间，而且不断地得到强化和突出，但同时从开始到结束也都明显地有功利欲望参与其中。

消费社会（商品丰裕）是富裕社会（福利社会），也是休闲社会（劳动时间较少而休闲增多），居室在日常生活中变得重要起来，居室的布置被美学化了，这是由装修行业的出现和居家用品的行业化和美学化带来的，居室前后的花园也被美学化了，这是由园艺花卉产业的出现和园艺用品的行业化和美学化带来的。居室在美学化，同时，办公场所和公共空间也在美学化。在消费社会中，人在购买商品的过程中目之所接的是美学化的景观；回到居室中，身之所触的还是美学化的布置；工作地点，仍是美学化的场域。

无论在家还是工作，美学形式都与功利欲望联系在一起。这里审美已经不与功利欲望拉开距离，而与之互嵌乃至交融。在休闲和消费社会中，人可以在家休闲，也可以在外休闲。在传统社会中，旅游是一种奢侈活动，也是一种审美的过程，自然胜景、历史古迹、异地奇观，本来是与日常生活区别开来的。但在富裕、消费、休闲社会中，旅游既是一个巨大的产业，旅游景观成为商品；又是人们的一种常态，旅游成为日常生活的一个组成部分。这样，旅游和休闲，无论在理论上还是在现实中，都与功利欲望紧密地交汇在一起。正是在这一现实中，曼德卡把"非功利性"视为传统美学的一种"神话"。①

其次，由于日常用品、购物场所、居室内外、休闲方式的全面审美化，这些日常生活领域的美学形式（外观设计）与生活内容（功利欲望）紧密地结合在一起，随之审美主体也产生了相应的变化。

第一，日常生活中的审美欣赏是一种全感官的自由运行。面对日常生活中内蕴着功利欲望的审美对象，主体不需要排除内心的功利欲望，而是带着功利欲望对审

---

① Katya Mandoki, *Everyday Aesthetics: Prosaics, the Play of Culture and Social Identities*, Burlington, Ashgate Publishing Company, 2007, p.17.

美对象进行欣赏，既对外观的美进行欣赏，又对外观下面的实用内容感到心动，在这里，人排除掉功利欲望，既不符合对象的要求，也不符合主体的要求。正因为人在欣赏中不排除功利欲望，才不像艺术欣赏那样，只强调视听感官，降低其他感官的参与，而是全部感官一律平等。人按照对象的性质自由地运用感官：在欣赏对象时触觉是主要的，人就运用触觉；味觉是主要的，人就运用味觉；嗅觉是主要的，人就运用嗅觉等。人运用某一感官，也并不排斥其他感官的协同，而是按照对象的性质形成相应的感受动力完型，各个感官按照客体的属性发挥作用，同时也是主体的需要，形成一种最自由且最佳的组合。从这一角度看，艺术欣赏看起来是自由的，但由于强调摆脱功利欲望，类似于禅宗批评的"由凡入圣"，其实是不自由的，而日常审美既有美学的形式欣赏又不压抑内心的功利欲望，类似于禅宗主张的"由圣入凡"，既是最日常的又是最自由的。日常审美不是像艺术审美那样，花不是花（真实的花），物不是物（真实的物），而是日常生活之中的，花还是花，物还是物。

第二，日常生活中的审美欣赏不是审美静观，而是动静自由的欣赏。由于审美在日常生活中，不是像艺术欣赏那样专门在博物馆、展览厅、电影院、阅览室这样与日常生活分隔开来的地方进行专门性的欣赏，是不动的、静观的，而是根据日常环境的具体情况，需动观则动态欣赏——在购物中心漫游，在步行街缓步，在居室中来回走动，在自然中沿曲径而行；需静观则静态欣赏——在喜爱的商品前停下，在美丽的橱窗前留步，在临江亭台里仰观俯察等。总之，日常生活中的审美，破除了艺术审美中的静观模式，而得到了日常生活本有的自然和自由。

第三，日常生活中的审美欣赏，达到的不是与现实不同甚至对立的思想深度，而是与现实和谐，认同现实，并与生活方式融为一体的审美形式。艺术欣赏只静观形式，通过欣赏与现实不同的艺术形式，而达到一种思想的深度。但由于这种思想深度是排斥现实的，因此，加深了思想与现实的隔阂和矛盾，或让人进入虚幻的理想世界之中，或由于与现实矛盾的增强而产生改造现实的愿望。而日常生活审美不离开现实，不排斥功利欲望，由此，在现实中就达到了艺术性的感受，还实现了功利和欲望。欲望得到满足，且与现实交汇，达到了一种功利欲望与审美双赢的审美感受。但在日常生活审美化的理论家那里，这种日常生活审美化的感受，有没有一种审美深度，看法不一，褒贬皆有。

最后，日常生活审美化把艺术审美的思想深度转变为日常生活中的关联结构。日常生活审美中的审美形式内含了功利欲望的外观，而这一外观，不仅带有商品的欲望内容，还代表着一种生活方式，而美学外观与欲望内容又是结合在一起的。在温饱不愁的富裕社会，美学形式及其所代表的生活方式往往占据主导地位。正如韦尔施专门指出的两个实例。烟草本是被禁止做广告的，然而烟草公司仍做烟草广告，不过广告中"既不提及产品的名称，也不提及公司的名称"，而通过广告的美学形式，人们已经知道宣传的是香烟，而这一审美上的装点对观众产生了诱惑。①"德国的火车站不再叫火车站，而是根据其艺术装饰，命名为'由铁道连接的经验世界'。"②在香烟广告和火车站两个实例里，美学形式下面的功利欲望虽然还存在，有自己的地位，但已经不占主要地位，美学形式把功利欲望与一种生活方式联系起来，使人们从中看到一种生活方式。在一定的意义上，这就是日常生活审美的思想深度。人们在审美中，认同现实中出现的生活方式。最主要的是，后现代以前的美学，是从区分性来看世界整体的，因此，由艺术审美而来的思想深度，是加以区分后的深度，再由区分而来的深度汇进世界整体之中，具有推动社会前进的意义。而后现代的美学，是从关联性来看世界整体的，日常生活与审美已经关联到一起，以前艺术审美的深度，就由现在的日常生活审美对象所象征的生活方式予以替代。但所谓深度，是由现代性思想的深度模式而来，后现代思想就是要拆解这一深度模式，从这一角度看，日常生活审美不是引向一种深度，而是引向一种关联。特定的审美对象与特定的生活方式相关联。正是从由深度模式而来的现代美学到由关联性而来的后现代美学的转变，让日常生活审美化进入真正的后现代美学范畴。这就是波德里亚提出的仿像美学。

三　日常生活审美化与仿像美学

日常生活审美化，意味着日常生活中的一切都成为审美对象。这是一种与现

---

① 参见［德］沃尔夫冈·韦尔施：《重构美学》，7 页，上海，上海译文出版社，2002。

② 同上书，5 页。

代性以来的美学设定在本质上完全不同的新型设定。这一后现代的新设定是在现代的旧设定背景中产生的。因此，它完全改变了传统美学中艺术与现实的关系。在传统美学中，日常生活是现象性的真实，艺术则要从现象中经过美学加工达到现象后面的本质真实，这一美学加工就是以一种自由想象的方式让人超越现象而达到本质。这里包含三点：艺术不是日常现实；日常现实不是现实的本质；艺术可以达到现实的本质，从而艺术等同于现实的本质。围绕这三点，在后现代的演进中，从哲学上看，现象后面没有本质，而只有现象与现象之间的联系。从现象上看，日常生活本身成了审美对象，这一审美对象不仅不能从现象与本质这一深度模式的区分上去理解，而且这一审美对象等于现象（日常生活）。而日常生活成为审美对象，不仅所有商品、购物场所、居室内外、办公空间都具有了一种艺术外观，而且其内容已经具有了审美结构。这主要是由电子文化，特别是由电视和电脑的产生和普及带来的变化。

电视作为一种大众传媒，与电影不同。如果说电影以艺术的方式出现，讲虚构的故事，那么电视节目则以生活的方式出现，呈现的是日常现实。但电视节目在编辑方式和构成法则上又与电影相同，都是蒙太奇型的拼贴法则。电影的蒙太奇法则直接来源于小说和绘画的自由想象，是一种艺术法则。当电视节目以蒙太奇的艺术法则去组织日常生活，并以新闻、直播、录像、访谈等方式呈现出来的时候，电视图像成为一种审美对象。这一审美对象在内容上是日常生活中的现实，在结构法则上却是艺术的自由法则。这里，电视具有了外观上的美学性，具有了内容上的现实、功利、欲望性，具有了结构上的艺术性。

在电视时代，时空距离大大缩短，人们通过电视媒介来看现实世界，现实通过电视媒介呈现在人们面前。这样一来，首先，现实变成了电视媒介中的现实，现实因为电视的介入而被非现实化了；其次，电视中由美的法则而来的画面嵌入现实之中，因而成为审美化的现实；最后，在电视时代人们不能亲身经历的现实通过电视媒介才能再次呈现，现实会主动按照电子媒介的方式进行组织和呈现。这就是韦尔施所说的"日常现实日益按传媒图式被构造、表述和感知"①。从这一

① ［德］沃尔夫冈·韦尔施：《重构美学》，116 页，上海，上海译文出版社，2002。

角度看，人们对日常生活的感知和审美变成了一种电视型的感知和审美。当电脑出现并普及之后，电脑不但把电视、电影、广播、文字都纳入其中，而且让现实中的任何事物都可放到数字空间里进行虚拟、变形、游戏、塑造，并可以把这一虚拟中的预设、改变、塑造放进现实之中，这样一来，日常现实被电脑中的虚拟原则和可塑原则所决定。从这一角度看，日常生活的感知和审美变成一种电脑型的感知和审美。

韦尔施说，日常生活审美化不仅是外在的美的感觉，更"是指虚拟性和可塑性"。[①]在由电视和电脑媒介主导的后现代社会，"日常世界便愈根据传媒的法则来框架自身。比如，它正在适应快速切割、图像化和高节奏系列化的需要。这导致了传媒和日常逻辑的混合，至少是在那些唯有通过其传媒表征才被认识的现实之中"。"今天，许多真实事件从一开始出场就着眼于传媒表达的可能性。"[②]这样一来，活的日常现实转化为活的电子画面而被定格下来和传播开去。在古希腊哲学里，人不能两次走进同一条河流，在电子时代，人一次性地走进河流却可以被长时间地保存和被无数次地播放，而且被作为一种"现实"而留存。人们需要现实的时候不是回到人在现实中进入河流的事实本身，而是回到人进入河流的影像。现实以电子媒介的方式存在、举证、转述、模仿，现实只有通过电子媒介才能成为现实，这同时意味着电子媒介本身成了现实。

这样一来，现实就变成了波德里亚所说的仿像（simulacrum）。仿像就是看起来好像是现实，而实际上不是现实。波德里亚又是后结构主义者，从符号学的观点来看，仿像是一种符号，符号与现实无关，而只与符号自身有关。"仿像的意思是，符号只进行内部交换，不会与真实相互作用。"[③]这样一来，仿像作为一种超真实代替了现实的真实。仿像不但成为电子媒介中的形象主体，而且也成为日常生活审美化的形象主体。波德里亚在《类像先行》中讲形象（image）在西方文化的发展中存在着前后相继的四个历史阶段：第一个历史阶段，形象是对某种基

---

① ［德］沃尔夫冈·韦尔施：《重构美学》，10 页，上海，上海译文出版社，2002。

② 同上书，250 页。

③ ［法］让·鲍德里亚：《象征交换与死亡》，见汪民安、陈永国、马海良主编：《后现代性的哲学话语——从福柯到赛义德》，308 页，杭州，浙江人民出版社，2000。

本真实的反映，这里形象是现实的一种符号；第二个历史阶段，形象成了歪曲和篡改某种基本真实的工具，这里强调形象不等于其所反映的现实；第三个历史阶段，形象掩盖某种基本真实的缺席，这里，形象后面已经没有了现实根据；这就进入了最后阶段，形象与任何真实都没有关系，而只在各种形象之间运行。这种没有现实根据的形象，成为纯粹的仿像。对这四个阶段，波德里亚说，形象在第一阶段有善的外表，因其与现实对应，属于圣事序列；形象在第二阶段有恶的外表，因其歪曲现实，属于恶行序列；形象在第三阶段呈现为游戏外表，因与现实无关，属于巫术序列；形象在最后阶段进入仿像作为外表而游戏着，不再从属于外表序列，而进入仿像序列，因其全无现实基础，已经不存在作为现实的外表，而形象自身就是现实，这形成了一个独立于现实的形象世界，并按照形象世界自身的法则运行[①]。而仿像与日常现实交汇。

因此，日常生活审美化实际上成了日常生活仿像化，审美化了的日常生活变成了仿像型的日常生活。而在后现代哲学看来，现实本质就是一种建构，从本质上，现实就是以美学法则建立起来的。现实世界其实是一个符号世界。仿像、模像、超真实，都建立在这一点之上。而这一点，给了日常生活的美学以理论支持，显现出了后现代演化出来的生活型美学的特点。

四　日常生活审美化的三种视域

后现代以来，日常生活审美化成为一种普遍的现象，理论家们对此有多种多样的理解和言说，其中三种框架较为重要：一是波德里亚从后结构主义而来的符号本位的理论，二是韦尔施从美学史和社会史而来的社会本位的转型描述，三是舒斯特曼从自然—经验立场而来的实用美学。

在波德里亚那里，世界变成了符号，符号的审美化成为仿像，作为仿像的日

---

① 参见赵一凡等主编：《西方文论关键词》，"类像"词条，323 页，北京，外语教学与研究出版社，2006。

常生活审美化实质上是日常生活的变质，美学进入仿像完全成为非美学，人类走到了这一步，不是人在活动中运用符号和仿像，而是符号和仿像操纵了人的活动。从更广的角度看，是工具世界和符号世界完全代替或遮蔽了真实世界。因此，日常生活审美化是应当大力批判的。

韦尔施，把日常生活审美化分为浅表和深层两个方面，所谓"浅表"即生活的一切方面（从购物场所到公共空间再到个人居室，从都市中心区到郊外再到乡村田野，从每一块铺路石到每一个门把手）在外观上美化，在美的外观里，由美的形式而来的经验快感被看成具有重于功利欲望的使用价值。所谓"深层"来自电子时代的技术进步。首先"深层"表现为，由生产设计数字化而来的物质审美化。由新材料新技术而来的产品，经电脑模拟而在显示器上呈现为审美过程，这里审美想象无穷变幻，从而整个生产过程都进入了美学之中，这就是物质的审美化。其次"深层"表现为，由电脑设计放大而来的现实审美化。电子过程与日常生活的相互作用，导致对现实的整体观的审美化。电脑的虚拟性和可操纵性被移到现实之中，现实不是一个人应予正确反映的对象，而变成了可以虚拟和操纵的对象，形成了现实性质的审美对象。最后，电子传媒作为现实的呈现框架，让传媒变成了现实。传媒的审美性质成了现实图景。电视是可选择的，电视在反映现实时是有选择的（不但体现在拍摄的选择上，还体现在制作过程的剪辑上），人在通过电视看现实时也是可以选择的（更换频道），因此，电视不是见证现实，而是安排现实。现实紧跟电子技术进入了一个审美化过程，这主要表现为电视的虚拟性和可塑性成为现实本身。

对于日常生活审美化的这两个方面，韦尔施认为，浅表方面是应该被批判的，因为美学的演进只是成了对日常现实的美学包装。美学本来应该改进生活的内容（实质），结果却变成了只改变生活的外貌（表面）。韦尔施说："迄今为止我们只是从艺术当中抽取了最肤浅的成分，然后用一种粗滥的形式把它表征出来。美的整体充其量变成了漂亮，崇高降格成了滑稽。"[①]在深层方面，韦尔施从技术角度进行的论述略同于波德利亚从符号学角度进行的概括，因此后者关于仿像的理论基

①　［德］沃尔夫冈·韦尔施：《重构美学》，6页，上海，上海译文出版社，2002。

本上可以用于前者。于是仿像理论和技术理论都具有了负面性。但韦尔施又指出，在后现代的日常生活审美化中，电子媒介只是人们看世界的一种方式，除此之外，人们看世界的方式中还有非电子方式。如果说电子媒介走向了现实的消逝（这一结果对人类而言具有一种恐怖效果），那么，非电子经验则可以让人们切实地感受到现实，因此，韦尔施特别强调"非电子经验的再确认"。"与传媒现实（或传媒—非现实化）特征相对，出现了对非电子现实及体验方式的新的评价，它特别强调那些无法被传媒经验模仿和替代的特征。我们可以看到，电子世界的高度发展，并不像一些传媒狂热者要我们相信的那样，简单地超越或吸收了传统形式的经验，而是重新确认日常生活的经验，以补充传媒经验的不足……今天我们正在学会重新估价自然的抵抗性与不变性。以对抗传媒世界的普遍流动性和可变性，估价具体事物的执着性，以抵抗信息的自由游戏；估价物质的厚重性以别于形象的漂浮性。针对漫无目的的重复性，独特性重振雄风。电子化的无处不在唤醒了对另一种存在的渴望，渴望那不可重复的此时此地的存在，以及独一无二的事件。针对社会共享的电子形象，我们又重新开始高度珍视我们自己的、他人无法达到的想象。"①这样，韦尔施的日常生活审美化包含了两种基本类型。日常生活中的一切都有美的外观，而且美的外观都与功利欲望相连，而这样的日常生活却分为两种类型：一是电子经验的类型，二是非电子经验的类型。韦尔施认为两种类型既相关联，又有区别，还可互渗。可以看到，电子经验类型通向波德里亚的仿像美学，而非电子经验类型则走向了舒斯特曼的实用主义美学。

　　舒斯特曼把自己的理论主要看成是对杜威实用主义美学的发展，从理论上看，其理论还可以关联到更早的桑塔耶纳的自然主义美学，还可以会通于怀特海的过程哲学。舒斯特曼的关注点，不是由主流媒介（从文字媒介到电子媒介）的变化而来的美学变化，而是由怀特海的哲学和桑塔耶纳、杜威的哲学和美学而来的（欧洲型或康德型的）区分型美学与（美国型或杜威型的）整合型美学的本质差异。从社会类型来看，在现代社会中区分是主流，在后现代社会中整合是主流，因此，后现代美学与实用主义美学在这一点上是一致的。从媒介类型来说，西方现代性中的

---

　　① ［德］沃尔夫冈·韦尔施：《重构美学》，119页，上海，上海译文出版社，2002。

文字媒介主要讲区分，后现代的电子媒介主要讲整合，因此，后现代美学与实用主义美学在这一点上也有共同性。但舒斯特曼不从波德里亚的电子经验所带来的仿像美学这一点去观察，而从桑塔耶纳和杜威的自然和经验出发，用自然和经验去看待（包括过往时代和后现代当下的）日常生活审美化，从而与韦尔施的非电子经验下的日常生活审美化有一种契合。从这一角度看，我们也可以认为，舒斯特曼把非电子经验的日常生活审美化进行了理论总结，正如波德里亚把电子经验的日常生活审美化进行了理论总结。但舒斯特曼的理论是抛开电子经验与非电子经验这样的区分，仅从以康德为代表的现代性区分型美学和以实用主义美学为代表的整合型美学的差异中得出自己的理论。

当实用主义美学不从电子经验和非电子经验的角度，而从日常生活审美化的角度予以呈现时，我们将之看成是杜威强调的"经验内在的整合与完满"。如果说，后现代思想是从符号世界的角度来看经验在实践中的建构性的，那么，实用主义则从自然主义的角度来看经验的自然完整性。经验的自然完整性，在艺术美学的主导下，被压抑而且被排除在美学之外，在后现代的思想中，又变成了一种无本质的建构，变成了范式的选择。而舒斯特曼从自然主义出发，在生活艺术化和艺术生活化的双向运动之中，揭示出了日常经验自身特有的性质。在舒斯特曼那里，日常生活审美化，不仅在于日常事物的美学外观，也不仅在于日常事物内部的组织方式和结构方式，而在于人的经验，因此，日常生活审美化不是由日常外观所呈现的美学形式法则所决定的，也不是由工具（无论文字媒介还是电子媒介）的结构法则所决定的，相反地，这两者要由人的经验来决定，日常生活审美化在人、工具、世界的互动的经验之流中让人自身、生活、社会趋向完善。舒斯特曼说：审美，作为"具有人类价值的东西，必须以某种方式满足人在应付他的环境世界中的机体需要，增进机体的生命和发展"[1]。经验成为日常生活审美化的主题，美就在日常生活经验之中，艺术也因为反映了日常生活经验而成为美的。从经验的角度看，日常生活经验与艺术经验没有本质上的区别，而且日常生活经验有更基础、更本质的特征。日常生活

---

[1] ［美］理查德·舒斯特曼：《实用主义美学——生活之美，艺术之思》，24 页，北京，商务印书馆，2002。

经验可以演进为艺术，无论是进入艺术之中，还是在日常生活之中，要成为美的，就要有经验的完整性。

什么是经验的完整性呢？我们综合舒斯特曼的理论可以得到三个要点。第一，完整经验本就存在于日常生活之中，显示为自然现象和社会现象中的经验之流，这里内在地存在着美，但还没有显现为美。第二，人在经验之流中，形成一个经验整体。用杜威的话讲是形成"一个经验"。"构成杜威审美经验核心的东西，是另一种通常意义的经验——它指的是一种令人难忘的或绝对令人满意的生活事件，一种由其'内在的整合与完满'，从无数生活之流中突显为'一个经验'的东西。这种'内在的整合与完满'，是通过对意义与活力的进一步组织，以提供某种类型的令人满意的情感性质而达到的。"①第三，人在经验之流中形成的"一个经验"具有独特性（从一般经验中体会到特殊，相当于艺术中的陌生化）、内含能量（经验的动态性，相当于艺术中的生动气韵）、情感性（经验的深刻性和与事物的互动性）。这样一来，实用主义实际上把日常经验分为两种：一是自然和社会现象中的经验之流（一种没有完整性的经验）；二是对经验之流的审美"组织"，这个组织不是按照外在的艺术形式原则进行的，也不是按照由工具（文字媒介或电子媒介）而来的结构原则进行的，而是按照经验自身的内在原则进行的，体现为人在实践上随缘而感受到的自然原则和实用原则。由经验的"组织"而达到完整性就获得美，没有完整性就不是美，而完整的经验进一步呈现为各种生活形式和艺术形式。无论在生活之中，还是在艺术之中，完整的经验都因这经验的流动而成为美的，都因为美而提升了人的经验感和生命感。在这一意义上，生活即艺术，即经验，即美。因此，实用主义美学的日常生活审美化，是从整合性的角度来超越康德型的区分美学的。为了进一步理解实用主义美学的内容，我们不妨也将之与康德型美学进行对比。

实用主义美学认为：第一，审美不是超越现实功利，而是有利于现实功利，这是把日常生活与艺术统一起来的必然结果；第二，审美不是与现实绝缘而实现自己，而是把人面对现实的感知变得更好和更敏锐。感知变得"更好"和"更敏锐"，在康德

①　［美］理查德·舒斯特曼：《实用主义美学——生活之美，艺术之思》，47页，北京，商务印书馆，2002。

美学看来，与一般现实感知有质的不同，这使感知由现实变成了艺术。而在实用主义美学看来，这两个"更"则仍在现实感知的范围之内，没有质的不同，只是把感知做了审美的提升，这一提升既可变成艺术，也可留在现实之中，因此，感知区别不是现实与艺术的区别，而是人的经验程度和层次的区别，也是现实和艺术中的非美（一般感知）与美（审美感知）的区别。在康德看来，审美是不同于现实的活动，通过与现实不同的审美，人把自己全面化了。因此，人的全面化是各个不同活动（真、善、美）区分开来、各自演进，最后把各个方面综合起来的结果。在实用主义看来，审美不是与现实区分开来的活动（形成一种专门的艺术活动），而是在现实之中的活动，因此，各种区分只有相对的独立性。这相当于感知中的"注意"，面对多样的景观，"注意"有一个中心（或焦点），但并不完全排除未注意的其他事物。因此，在审美中，审美与周围的其他事物仍有关联。审美在进行中和进行后，都会"溢出自身并与我们的其他行为结成一体"①。

审美作用于主体，让主体完善，从本质上说，是在现实中进行的。审美与其他活动相关联，并在这种关联中进行，也是在这一关联中达到审美的本质的。所谓"达到"，一是主体从艺术的形式中体会到现实事物的丰满与活力，二是加深现实中本有的统一感。这两方面的获得"使得世界和我们在世界中的存在显得更有意义和更可承受"②。因此，实用主义美学提倡不脱离现实，不脱离实用，强调审美在进行中与现实和实用的关联（功利欲望名正言顺地进入其中，虽然因情境不同有多样的主从关系和动态结构），因此审美成为一种生活之中的活生生的经验，而不是远离于生活的孤立的艺术经验。与之相应，实用主义美学强调审美进行中身体各部分的关联，这里，人的各种感官都加入审美之中，日常生活中的审美是如此，艺术中的审美也是如此，"艺术以更有意义和更直接满足的方式，使人的有机体中更多的部分参与其中"③。因此审美成为人的全部身心投入而获得全面快感的经验，不是只有高级感官感到快感而低级感官感到压抑的不全面的快感。因为审美是在日常现实中进行的，因

---

① ［美］理查德·舒斯特曼：《实用主义美学——生活之美，艺术之思》，25页，北京，商务印书馆，2002。

② 同上书，25页。

③ 同上书，26页。

此审美达到的效果也不是与其他方面区隔开来的，而是与一切存在的相关项（包括功利欲望等）关联着的，从而让人的感官和经验得到了全面的提升。

最后，具体的审美经验在目的上与现实和实用关联在一起（是真、善、美的同时实现）。因此，实用主义不通过区分性而通过整合性来看待审美，通过整合性而达到康德美学在区分性中达到的目的。

五 日常生活审美化与美学的全球对话

无论日常生活审美化的各种理论有多么不同，有一点是共同的，就是走向了一种关联型美学。从整个西方美学史和世界美学史来看，一切美学都可以分为两类：区分型美学与关联型美学。在这一视点上，生活美学（桑塔耶纳、杜威、舒斯特曼）与古典美学（鲍姆加登、康德、克罗齐）不同，可以说是关联型美学与区分型美学有区别。在现代之初，只有区分才能把美学的实质凸显出来；在后现代之后，强调关联才能达到对美学的全面理解。有了关联型和区分型这一标准，前现代的美学都被视为关联型的。虽然古希腊已经出现了一种区分型的基础（柏拉图的美的本质），但主要还是关联型的（柏拉图在美的层级中由个别形体之美，到人类形体之美，到人的行为之美，到制度之美，到知识之美，直至美本身，这里，形体、行为、制度、知识等，都是关联型的）。关联型在非西方文化的美学体系中特别突出，可以说，中国美学、印度美学、伊斯兰美学都是关联型的。当西方美学从现代性的区分美学走向了后现代、全球化阶段的关联型美学时，西方美学与非西方文化有了一种契合。西方美学的这一演进结果，也可以看成西方美学与非西方美学自现代性进程以来对话数百年的结果。后现代、全球化阶段的关联型美学与非西方关联型美学的契合，对走向全球化时代的世界美学整合，提供了一种新的可能性。

区分型美学和关联型美学的差异，在美学的理论上，可以做如下区分。

区分型美学和关联型美学，可以看成面对同一现象，根据不同模式看到不同的方面，各自采用了不同的表述，这一不同表述又形成了不同的理论，进而影响了现实中的审美实践。因模式不同而对同一现象强调的重点不同。西方的区分型美学和关联型美学都是建立在实体世界的观念上的，因此，二者的差别主要体现为：区分型美学强调区分，关联型美学强调联系。从非西方美学特别是中国美学虚实相生的观念来看，西方的区分型美学强调虚实分离，而中国的关联型美学强调虚实相生。因此，引入中国的虚实相生理论，区分型美学和关联型美学在理论上的差异能够得到更好的梳理。

审美现象包含着一种虚实相生的结构，区分型美学在审美知觉的完形转换中，看重实而排斥虚；关联型美学在这一完形中，重新把虚处置成隐，这隐看似无，却一直存在，并影响着乃至隐秘地作用于表面上的实。这里审美之实与非审美之虚的关系，正如精神分析美学中意识与无意识的关系。审美之实（意识层面），是非功利非欲望的，非审美之虚（无意识层面），是功利的欲望的。从这一角度看，有两点要注意。一是超功利超欲望内含着功利和欲望，区分型美学对之视而不见（现代性逻辑也要求排斥使之不见），关联型美学则深知其下的虚存在着并对上面的实产生影响。因此，看似非功利的美其实有着功利性，形成了关联型美学对区分型美学批判的基础。然而，在非功利的功利性中，由于非功利有主导作用，因此非功利中的功利性与意识层面的功利性有本质区别。区分型美学看到了这一本质区别。如果关联型美学只看到非功利下面的功利性，而看不到这种功利性与意识层面的功利性的本质区别，在理论价值上，就低于区分型美学（而这一点为目前的日常生活审美化和生活美学论者所忽略）。二是在非功利和功利的虚实结构中，由于非功利的主导和意识层面非功利与无意识层面功利的互动，功利欲望得到了审美的升华。功利欲望仍存在，但被整体的审美性质升华了，这才是日常生活审美化的本质。这一升华包括审美对象（美的形式与欲望内容在升华中得到新的定性）和审美主体（视听感官与其他内外感官在升华中得到新的定性，身体美学的真正意义，就是在这一关联中的交汇和整合）两个方面。舒斯特曼说："审美经验的愉快同理解和认识不可分割，但它那基于冲动的情感价值，在对审美经验的估价中，是不能不予理会的，因而审美经验的价值不能还原为认识价值（像纳尔逊·古德曼建议的那样）或实际效用。"①

---

① ［美］理查德·舒斯特曼：《实用主义美学——生活之美，艺术之思》，49页，北京，商务印书馆，2002。

如果把康德型美学中审美的非功利欲望与非审美的功利欲望，做东方思想的虚实结构安排，那么康德美学与后现代或全球化阶段的美学在日常生活审美化中的对立，以及区分型美学和关联美学的一系列分歧可以得到较好的解决。

第一，审美态度（心理距离）中的"拉开距离"的真正含义，是一种客体和主体的结构转化（两个方面的转化）。从客体来讲，对象与环境成为虚实结构的两个方面，对象成为实，环境成为虚；对象的多方面（知识、功利、审美）属性成为虚实结构的两个方面，形象成为实，知识和功利成为虚。主体与环境成为虚实结构的两个方面，主体成为实，环境作为虚；主体自身成为虚实结构的两个方面，审美态度成为实，其他态度成为虚。环境的作用，其他属性的作用对于客体和主体都存在（作为无意识），但也似乎不存在（作为意识）。

第二，在审美之境，主体与客体的相互依存，内模仿、移情、同构，都是从实体的区分框架去描述，用虚实结构去描述，描述结果表现为两点：一是"境"造成新型的统一，二是客体还原到最初的宇宙同一或与道同化（生命性、气、能、力）。因此，审美之境产生了主客之间的精的互渗、气的互动、神的交汇。

第三，在"境"的（主客）新型合一中，客体全方位的本真呈现（各种形、色、声），主体全身心的本真呈现，低级感官，功利欲望，都得到了升华。这种升华在艺术的审美中，是想象性的；在现实审美中，是实践性的。

由于虚的存在，区分型实体性美学采取了（善恶有别的）压抑方式，关联型虚体性美学采取了（万物一体的）提升境界的方式。

这里，关联型美学形成了一种系列，系列里面排列着功利和非功利的不同成分和轻重的组合。这里有政治美学（仪式美学）、生活美学（居家美学与休闲美学）、艺术美学（博物馆美学）、自然美学（走进大自然），以及自然和社会的方方面面的因素，它们以不同的方式结合，进入四大美学类型①之中。

---

①　四大美学类型，如上所讲，指西方前现代的实体性关联型，西方现代的实体性区分型，西方后现代正在走出实体性的关联型，东方的虚实性关联型。

在这四大美学类型之中，从关联型美学的视野去看，还有一个与区分型美学的重大区别：区分型美学是静（观）美学，关联型美学是动（观）美学。这"动"是视点的移动。也可以说，区分型美学是静而动的美学，在静观中，心理有一系列的运动，并在心理运动中达到超越性的物我同一。关联型美学是虽动而静，在主体的动和心理的动之双重运动中，达到一种超越性的"物我同一"。"物我同一"不是实验室式的孤立于世界的物我同一（由凡入圣），而是人在天地间的活生生的物我同一（非凡非圣，亦凡亦圣）。

由于关联型美学包含了功利欲望，因此，此（审美之中）有功利欲望，彼（非审美之中）有功利欲望，两者的相通性让美向一切方面泛化。这就是中国文化中一切都可以为美的理念。本书绪论引了日本学人笠原仲二《古代中国人的美意识》收集的中国文化"美"字的各种用法，及可以训为"美"的字，共有十三类（参见绪论所引），牵涉到文化的方方面面。它显示了，一方面文化中的一切都可为美的，另一方面物成为美的是有条件的，这就是欲望升华。进食能否升华为品味，饮茶能否升华为品茶，主体因素的重要性凸显了出来。主体有求美之心，视之所见皆着美之色彩；无求美之心，再美之物也视若无睹。

日常生活审美化把关联型美学凸显了出来。如何定义关联型美学，如何在各文化的关联型美学中进行对话，达到一种新的世界美学，这个问题正在时间的前面向西方学人也向世界学人召唤。

第二节　身体美学

舒斯特曼（Pichard Shusterman）的《实用美学》（1992）提出，"身体美学"应当作为一个学科，标志着身体美学在西方生活型美学中正式登台亮相。在书中他认为身体美学应包括三个方面或三种研究进路：一是从理论资源出发，以逻辑的严格性形成分析哲学型理论；二是根据身体审美与现实的互证形成实用主义型理论；三是关注理论话语所无法总结的丰富现实。这三个方面又暴露了身体美学成为"学"的困难。这里，按舒斯特曼的路径，对身体美学进行一种发展性和批判性的论述，以期身体美学能更明晰地展开。

一　身体美学的本体论的三个场极

身体美学在理论上，涉及三个方面：一是要有理论的角度（身体的本质是什么和怎样去认识身体本质）；二是要对理论史进行考察和总结（即在理论史上人们是怎样看这一问题的）；三是由之形成严格的理论话语。我们把这三个方面进行下去，会出现这样的结果：一是身体的理论史显得丰富多样；二是这一理论是从批判以笛卡尔为代表的心身二元论中的身体定义开始的，并由之形成三个理论场极。

从更本质更宏观的角度看身体的理论史，身体美学的身体理论来自对现代性以来以实验科学为基础而产生的身体观的反叛。现代身体观的形成，在于如下几个方面的交互影响。

一是由哥白尼、伽利略、牛顿的科学革命形成了物理宇宙观。在这个宇宙里，任何物体都可以还原为可分的原子，身体亦然，由此形成了生理学、解剖学、医学中的身体。这样的身体可以放到实验室里进行解剖、切割、处置。同样，身体的各部分也可以由科学技术予以医学替换和技术延伸：计算机之于大脑，望远镜和显微镜之于眼，助听器和监听器之于耳，各种操作机器之于手，各种交通工具之于脚等。在这样的观念中，身体是一架机器。

二是在培根和洛克的经验主义认识论中，身体被化约为五官感觉。一方面，五官自身可以还原为原子，是机器型的五官，按机器和逻辑的方法运行；另一方面，五官的作用就是牛顿型的物理—原子世界的开放接收器。可以说这个经验身体的性质和结构已经被科学—物理的世界观所决定了①。

三是身体和心的合力形成了笛卡尔的身心二元论。人的本质是心灵性的"我思"，身体则如一台机器，是我思的思考对象和支配对象。我思则与人和世界的创造者上帝相连，与上帝独授予人的理性相连。理性的我思去思考、认识、掌握着

---

① 参见［加］约翰·奥尼尔：《身体五态：重塑关系形貌》，24 页，北京，北京大学出版社，2010。

身体、经验、世界。

四是基督教新教传承了中世纪的与（高尚）灵魂相对的（粗鄙）肉体的身体观。只是灵魂变成了笛卡尔的理性（我思），而肉体则是被新教伦理所规训的和按我思而行动的身体。正是在现代产生的身心二元论的氛围中，美学产生了出来。伊格尔顿说，美学是从理性管理感性这一观点出发产生出来的。鲍姆加登把美学定义为感性认识的完善，就是要用理性去规训和完善混乱的感性世界。夏夫兹博里把美感定义为"内在感官"，就是要用与德性相连的内在感官去规训容易被外物和欲望支配的外在感官[①]。在笛卡尔以心统身的二元论中，西方美学形成自身的形态，它典型地体现在康德的理论里，美感不是纯思想的概念的快感，也不是纯身体的感官的快感，而是纯形式的快感。这既区别于我思，又与我思的理性（在康德那里是先天形式）对感性的管理相关；既区别于身体的欲望，又与身体的被形式化相连。康德美学把身心二元论做了美学上的延伸。关于身体感性的美在何处，康德做了理论的说明，这一说明又符合现代性中通过区分性所达到的统一的精神。这一美学的基本精神，产生了现代性以来的身体美学话语（怎样的身体形态被认为是美的）和各种身体之美的理论解释（形形色色的身体之美是怎样被建构起来的）。

然而，在现代性的发展中，确切地说，在从现代到后现代的转型中，笛卡尔的以心统身的二元论先遇到理论上的反转，即由以心统身变成以身统心，然后被进行了身心一体的重组。在前一方面，尼采的思想最为典型；在后一方面，梅洛-庞蒂的思想可作为代表。尼采作为后现代的思想先驱，以极端的方式，彻底地把以心统身反转过来。身体理论是尼采全盘否定西方哲学传统观念的组成部分。当西方哲学观念在希腊神话中以日神和酒神体现出来时，尼采高扬了一直被贬低和压制的酒神精神。当西方哲学观念在基督教中以上帝和世界、此岸和彼岸体现出来时，尼采大声地宣告上帝死了，人须独自面对世界；世界只是此岸世界，根本就没有彼岸世界，人的幸福只能也只有在此岸才能寻找。当西方观念在身心问题上以灵魂与肉体、感性与理性的形式体现出来时，尼采把肉体和感性放到了本体的位置上。他说"我整个

---

① 参见［英］特里·伊格尔顿：《审美意识形态》，3、31 页，桂林，广西师范大学出版社，2001。

的是肉体，而不是其他什么；灵魂是肉体的某一部分的名称"①。

　　关于理智，身体本身就是"大理智"，而被传统观念称为"理智""精神""心灵"的东西，仅是身体这一大理智的工具。② 尼采用古希腊的酒神精神和古波斯的索罗亚斯德（查拉斯图拉）的哲人狂言，把身体作为一切事物的起点，从身体到感性，到理性，到精神，到意志，人用身体和身体的巨大冲击力所产生的激情、理智、精神、意志，去开辟世界，征服世界，获得幸福。笛卡尔把身体处置为一个物理的机器，认为身体来自上帝，在尼采否定上帝之后，身体成为精神、意志、力量的来源。这一对笛卡尔理论的翻转在以后引出了巨大回声。如果说，尼采在笛卡尔思想仍占主流时代，提出了身心理论的反题，那么，梅洛-庞蒂在笛卡尔思想遭到不断批判之后提出的身体理论则可以视为合题。梅洛-庞蒂是从现象学的角度提出身体理论的，现象学把人看作在世界之中的人，把世界看作人在其中的世界来展开理论，人与世界相互感知和相互确认。梅洛-庞蒂的基本思想是身心一体和人与世界一体。而身心一体不可能离开人与世界的一体来进行论述，从论题来说，本章主要关注身心一体的问题。因此本章把人与世界一体放在背景而让身心一体进入前景来论述。身心一体这话本身就意味着有一个把身和心分开的思想，而在"身心"之上加上"一体"强调了不能将二者截然分开，而要从"身心不二"来进行言说。

　　从本质上讲，人具有统一的身和心；从现象上讲，人首先呈现出来的是身体，身体在与世界的关联中是一种身体图式。梅洛-庞蒂不得已用"身体图式"这一概念来表达"我在一种共有中拥有我的整个身体"③，其基本内容为，身体的各个部分（包含器官和肢体）不是机械的组合，而是有机的整合："身体的各个部分以一种独特的方式相互联系在一起，它们不是一部分展现在另一部分的旁边，而是一部分包含在另一部分之中。"④这"包含"也是"互含"，还可说是"全息"。因此身体图式特别体现在各个身体器官和感知行为的统一上，比如"看"，人不仅看到形色，而

---

①　［德］尼采：《查拉斯图拉如是说》，43 页，北京，文化艺术出版社，1987。引文有改动，后同。

②　参见同上书，43 页。

③　［法］莫里斯·梅洛-庞蒂：《知觉现象学》，114 页，北京，商务印书馆，2001。

④　同上书，114 页。

且可以"看"到声音和气味。由于感知有统一性，当视觉发生作用时，其他感官会渗入进来。感知不仅是空间中的互动，还是时间上的行进。因此，身体图式强调感知与运动的统一性。当手尖接触物体时，整个身体都在共振。当静听时，视觉、嗅觉、味觉、触觉，也在与听觉一道运行。梅洛-庞蒂在使用"身体图式"时，主要区别于科学所建立起来的五官的分别型感知模式，而从人与世界的最初关联中突出了身体的统一性，这种统一性贯穿到整个身心一体的理论中。比如，当听觉静听时，不但其他感官协同进入，而且想象、回忆、语言、推理也在运行，因此人可以手之舞之，足之蹈之。

同样，言语活动首先是一种身体活动，包括整个身体发声、运思以及身体内外活动，并在这一活动与相涉的人与物间产生一种紧密的关联与互动。[①] 同理，所谓"我思"的思想活动也绝不仅是大脑中纯粹的思维运转，绝不仅是按逻辑规律从概念到概念的运思，还关联到整个身体活动。思考活动是在身体之中在与身体的各部分互动中进行的，而且与所思的意向性对象关联着，我思是与身体及身体置身其中的世界，不断互动而进行的。意向指向对象，身体是在对世界的认知中由世界中的对象显示出来的。因此，身心一体的身体结构又是一个与世界紧密相连的结构。虽然梅洛-庞蒂的身体理论是其整个现象学理论中的一个部分，但从身体理论的历史演进来看，第一，它是对笛卡尔物质性身体和尼采本体性身体的一种综合；第二，它把现代性以来的机器型的身体变成生命型的身体；第三，它把尼采的身体对世界的征服转变成了身体与世界的互证和互显。

从理论逻辑看，以上三种理论，构成了现代性以来身体本体论的三个场极：一是笛卡尔型：身体是机器型的物体，可以而且应该被我思（集上帝、社会理想、个人理想于一体的心灵）予以管理和塑造，这是客观化的身体、被动的身体，身体是由身体之外的东西决定的；二是尼采型：身体本身就是本体，身体从自身生出激情、意志、力量、行动，去创造属于自己的世界，这是主观化的身体、主动的身体，身体是由身体自身决定的；三是梅洛-庞蒂型：身体在世界中，身心是一体的，身动则心动，反之亦然。身心之动是朝向世界的，身心动则世界亦动，反之

---

① ［法］莫里斯·梅洛-庞蒂：《知觉现象学》，237 页，北京，商务印书馆，2001。

亦然，这是主体间（inter-subjective）的身体，身体由主客互动决定。三种身体本体论，可以发展为三套不同的身体理论。以这三种理论为基础构成不同类型的身体美学：笛卡尔型是由身体外的东西决定着身体的美学标准，规范着身体美的建构；尼采型是从身体本身生出身体美学的标准，使身体的建构朝向这种美；梅洛-庞蒂型是从身体与世界的互动中生出身体美学的标准，同时具体的身体在与世界的互动中朝向这种美。

二　身体美学现象论的三个角度

身体理论，无论在本体论上有怎样的不同（外面的东西、自身、内外互动），以及由此而来的关于身体的性质有怎样的不同（机器型、生命型、隐显型），有一点是共同的：身体在现象上都是可塑的。虽然由于本体论的不同导致可塑的本源、行进、方式、朝向会有不同，但其可塑性是相同的。从现象上讲，身体的塑造可以来自外在的压力，或来自自身的主动追求，或来自内外之间的合力。因此身体美学的现象论，就是看身体怎样主动地塑造自身，或怎样被动地由外在的强制所规训，或怎样在内外合力之中塑造自身，以朝向一种理想，并追问不同的理想对身体本身的意义。从理论上讲，这三种理论又可以看成是三个角度：从外在规训的角度来说，福柯理论可为代表；从内在追求的角度来说，布迪厄（P. Bourdieu）理论可作样本；从内外合力的角度来说，拉康理论较为典型。

福柯认为，从传统向现代转变的过程中，身体被外在的权力所规训和重塑。从后现代思想来说，身体没有本质，而只是现象，可以被任意地拆解和重组（可以看到在后现代的碎片理论中有着机器型身体理论的因素）。对不同于传统的现代来说，身体的塑造，不是肉体惩罚，而是对身体的规训，现代身体不是一个肉体型身体，而是一个心智型身体，因此，身体规训包括思想的强制与灌输。福柯理论来自后结构语言论，同时又强调知识与权力的关联。思想与知识在身体之中且按话语的方式运行。因此，现代社会的统治以一整套知识为基础进行身体规训以达到权力控制。身体的塑造在福柯那里主要凸显为身体被身体之外的权力所规训。

从而身体不是个人的身体，而是社会的身体。社会的规训分硬性和软性两种，硬性方式体现为监狱和医院中对身体的规训。身体在监狱中被强行地安置，在医院里被医学话语来确认和安排。软性方式体现为学校、工厂、兵营对身体的规训。从个体形象上讲，这里产生了学生、工人、军人的优秀形象的构成因子，其美学化就构成了文学艺术中关于这三类人的美学形象。从集体形象上讲，学生的团体操，军队仪仗队，游行中的工人队伍，是学生、军队、工人的美学展示。这两个方面的身体美学，都由三个理论点构成：第一，身体美是被社会所规训的结果；第二，身体是现代型的机器或后现代型的碎片，可以进行任何方式的拆解和组装，这是表面光鲜的身体美背后的基础；第三，身体美的组装和拆解以权力控制和话语逻辑的方式运行。

把福柯的理论推而广之，任何一种社会场域，都是权力对身体的规训。但人之为人只能在社会中存在，而现代社会的一个基本特点是，具有自主性的个人出现。不从社会对人的制约，而从人自由地理性地选择和参与社会而言，人面对多样性的社会，主动选择着自己的身体塑形。布迪厄正是从这一角度看待身体的。在后现代思想的氛围中，身体从本体论上是未完成的，需进入社会方可形成，并在社会中得到发展。布迪厄的理论一是强调实践、活动、参与的重要性，二是强调一切向资本的转化，不但文化可以形成文化资本，符号可以形成符号资本，而且身体也可以形成身体资本。所谓身体资本，就是身体可以利用自己的优势去兑换其他方面的利益。从而，布迪厄的理论突出了身体的主动性一面，他认为人总是努力把身体转化为自己所希望的社会实体，而且为之辛勤付出，力图让外在形貌、言谈举止、衣着打扮符合自己的理想。身体在进入社会的主动追求时形成具体的社会身体，这体现为三大特征：社会位置（social location）、习惯（habitus）、品味（taste）。社会位置是人在社会中的日常生活环境（由阶级和物质构成），给身体选择和身体追求提供了阶级、物质、文化的框架，参与了身体的具体形成。具体化了的身体包含以个人追求和社会内容为一体的个人习惯，包括身体蕴含的世界观、认知结构、动机结构和身体外显的方方面面（走路的姿态、吃东西的样子、说话的方式等），把个人与社会结合在一起的身体习惯予以优化，就形成了品味。布迪厄的主动追求与福柯的场域规训结合起来，我们可以得出，各类场域的身体在主动的理想追求中，都要经过社会位置、习惯、品味这三个进程。身体就是在社会所提供的条件下，形成个性身体，进而达到理想身体。把这一理论延伸到美学领域就是，社会位置形成社会身体美学的分类结构，习惯是在社会身体美学的分类结构中个人身体美学的选择与生成。品味是个人身体美学朝向理想的结果，生成社会中具有理想性的身体美学类型。身体美学在这里变成了人如何完成三阶段进程，从而达到一定境界，实现身体理想，拥有身体资本。

福柯和布迪厄的理论，可以看成对身体在不同阶段的观察（福柯观察转型期，布迪厄观察稳定期），也可以看成对同一问题的不同角度的观察（福柯从社会和权利角度，布迪厄从个人和趣味角度）。对于后一点，我们很容易将之做一简单的综合。拉康的镜像理论显示出，问题没有那么简单。拉康的镜像理论讲，婴儿是在看见自己在镜子中的镜像时，达到自我形成的。自我是通过一个身体的整体形象而形成的，因此自我是一种身体形象。婴儿对自己镜像身体的满意度是与抱着婴儿的母亲（或者父亲）的赞许相关联的，这一因素被拉康归结为想象界。如果说，婴儿的本我，是实在界的原样，那么想象界之想象，则不是按实在界的原样，而是通过镜内外互动的一整套想象和幻象的方式形成的，是人与他人、世界协调后的结果，这一协调内化为镜中的形象，从而一种理想我形成了。同时母亲对婴儿镜中形象的赞许和不满，不仅通过面部表情，而且通过言语表达出来，言语内含着整个文化体制（语言、思想、习惯、法律），属于象征界。当婴儿看见并满意于自己镜中的身体时，婴儿对自己的认同已经转化成了对父母和社会的认同。按拉康的理论来说，社会中人的身体形象在现象上只是一种镜像。在镜像中，（作为人的本质和世界本质的）实在界、（作为外在于人的）想象界和象征界合为一体。因此，人的身体形象，无论是如福柯所说的那样被规训为社会所认同和自己满意的形象，还是如布迪厄所说的那样努力成为社会位置和习惯所认可和满意的形象，都是一种镜像。人把身体打扮成最让自己满意的形象，也是通过镜像来完成的。因此，身体是镜像、幻象、理想的统一。身体呈现的既是人的自我，又是有异于自我的社会。而当人最满意的身体形象以镜像的方式呈现出来的时候，实在界、想象界、象征界已经结成了一个相互依存、相互混杂、相互斗争、相互换位、相互纠缠的具有多重张力的统一体。个人存在于身体之中，由个人组成的社会存在于身体与身体的关系之中。在福柯、布迪厄、拉康的身体理论中，身体之美，从头饰到身饰再到脚饰，从言谈到步态身姿再到进食方式，都处在个人理想、社会规范、时尚演进的张力之中。身体美学已经不能为一个静态的结构定论或动态的元素演化所能道尽。但通过福柯、布迪厄、拉康三人的理论，我们又可以推演出三套不同的身体美学出来。

三 身体美学的现实维度

上面讲的本体论和现象论的身体理论，是可以运用于任何时空的，因此，它虽然有助于但却不能完全说明身体美学在当代文化中的现状。舒斯特曼把实用主义看作是身体美学的第二个方面，大概是因为他看到身体美学在当代文化中具有远非理论逻辑所能把握的复杂性。这一复杂性与多方面的理论资源关联起来，除了上面讲的理论外，还有费瑟斯通，恩特维斯特尔（Joanne Entwistle）、特纳（B. S. Turner）、道格拉斯（M. Douglas）等学人的学术理论。这些理论，以谱系学方式和褶皱形态呈现，因此实用主义的方式，呈现的正是当代身体美学在理论组织上的困难。这里仅从几个大的方面看其复杂交织程度。

第一，视觉文化与身体美学的关联。当代社会是一个视觉图像占主导的社会。主流文化中电视、电影、电脑让身体形象在文化中占据了重要的地位，就是抽象的观念都要由外表光鲜的政治家在电视辩论中讲出，由衣冠楚楚的官员在新闻发布会宣布，由衣着时尚的播音员报道，由风度翩翩的学者在谈话类节目中讲解等。在个人生活里，由于摄影机、录像机、手机的普及，人们把自己和周围的一切都转化为图像来观看和欣赏；与消费生活密切相关的广告，把各种商品与人的身体联系起来，整个社会都视觉化、图像化了。在一个处处有视觉图像流动的社会里，活生生的身体一跃而成为文化的主题。在这一视觉图像文化的身体美学中，近代以来的机器型身体用电影蒙太奇方式和电视的节目制作方式进行重组，机器型身体契合于后现代碎片，蒙太奇方式暗同于后结构的符号游戏。因此，当代的身体美学既包含近代以来的思想的本质内容，又包含后现代的思想形式。

第二，政治、管理、职场与身体美学的关联。由视觉图像文化主导的政治文化，不同于由文字文化(报纸)和听觉文化(广播)主导的政治文化。在当下，身体的比重大大提高。各种民主选举中的竞争，在电视和现实中体现为一种身体形象的竞争。思想有用，言语有用，但思想和言语成为身体的组成部分，与身体的其他部分一样，增加了身体形象的魅力。在各种行业中，管理方式由命令型转为协商型，在协商型管理中，身体表现的重要性大大增加。在职场的面试中，身体成为形象的主要部分，读写能力和思想能力都服务于身体形象。不是身体成为思想的载体，而是思想成为身体的魅力之一而作用于身体。福柯说，对政治来说，权力是通过作用于每一个身体来实现的，同样，对个人来说，能力和荣誉也是通过每一个身体来实现的。在当代文化中，人的各个部分进行了一种格式塔的完形转换，人成了身体的人，人的魅力首先是身体的魅力。这构成了费瑟斯通说的身体形象的重要作用，身体美学成为文化中的重要之学。

第三，消费社会与身体美学的关联。费瑟斯通讲的身体形象，主要是从消费社会的角度讲的。由电子科技支持的视觉图像文化存在于富裕的消费社会之中。消费社会，从生产社会转变而来，身体形象也在这一转变中发生了性质上的转变。消费社会，从经济上讲是一个富裕社会，围绕着人的是丰富的商品；从制度上讲是福利社会，大众有能力享受商品；从政治上讲是民主社会，个人可以为自己塑形。在消费社会中，生产社会中的节俭、忍耐、坚定、克制、节欲的清教品德被享受生活的消费观所改变，身体不是为了灵魂的纯洁而压制自身，而是为了社会和个人在现实中的功利性审美需要而进行塑形。现代以来，在性学专家的说教和商业利益驱动下，大众对身体的羞耻感在消费社会里最终消失。消费社会就是一个展示身体和表现身体的社会。不但电视节目、广告片、摄影机、录像机等构筑了一个个呈现身体的环境，购物中心、步行街、旅游团、海滩、现代酒店等，也形成了一个个展示身体的空间。消费社会既如费瑟斯通所说，是一个表现身体的社会，人们时刻要考虑自身的身体展示；又如拉康所说，是一个身体在镜像中的社会，人们时刻感受到自己的身体形象与环境的互动，搜索自己能够吸引别人和给人留下印象的明证，同时竭力找出可能影响自己树立良好形象的缺点。在一个讲究身体形象的社会里，身体是生活中通向一切美好事物的通行证。消费社会不但用各种各样的商品让人们塑造身体，如从头到脚的衣饰，与身体相关的居室装饰和用具等，而且还为维护身体产生出各种各样的服务业：化妆、美容、健身、休闲。身体形象、身体表现、身体维护成了费瑟斯通讨论消费社会中的身体的三个关键词。三个关键词的具体化，构成当代的身体主题。

第四，明星文化和广告文化与身体美学的关联。在消费社会的身体塑造的多种因素中，明星文化和广告文化，在身体美学的标准化上起了重要作用。在明星文化中，影星、歌星、名模、电视明星、体育明星在各种传媒中现身，如果说身体可以分为内在身体和外在身体，那么，明星文化突出的是外在身体，即身体的表演性。这与以前圣人文化和英雄文化不同，圣人和英雄以真身出现，强调内在身体。明星塑造则是身体的塑造，各种新的化妆品、头发护理液、美容术、身体整形术、假发样式等，都为明星的表演而生出，然后发展成为服务大众的行业。费瑟斯通举了两个明星文化及其社会影响的实例：一是道格拉斯·费尔班克斯（Douglas Fairbanks），这位"有史以来第一位国际超级电影明星，他因在场面壮观的古装影片中扮演体态健康、身手矫健的形象而走红影坛。他被认为是男子气概的象征，是崇尚健身运动的典范。就像他的妻子玛丽·皮克福一样，严格的身体维护和作息时间在他的私人生活中是极其重要的一部分；正如他的银幕生涯所表现的一样，他每天都要进行同样强度的摔跤、拳击、奔跑和游泳训练"①。二是普里斯利在《英国之行》时的亲历。② 他"在林肯郡一个农家咖啡馆喝茶时，注意到邻座上的女孩子们打扮得非常入时，都是照着她们喜爱的电影明星的样子精心修饰的。他写道：'甚至二十年前这样的女孩子看上去都会与附近大一点镇子里的姑娘们一样；看上去免不了会有些土气的乡村味儿，可现在她们与别处许多大都会的姑娘们相比也不会有什么区别，因为她们拥有共同的榜样——自然是来自好莱坞的榜样。'"③明星往往又是广告文化的主角，是广告编码中的重要信息，彰显着广告文化中的身体功能。但广告文化最主要的功能，是围绕身体组成了一个商品体系，

---

① ［美］迈克·费瑟斯通：《消费文化中的身体》，见汪民安、陈永国编：《后身体：文化、权力和生命政治学》，287 页，长春，吉林人民出版社，2011。

② 参见同上书，287 页。

③ 同上书，287 页。

并以一种身体美学的标准来宣传商品，身体的某一部分或某一状态，用了这种商品，就会达到美学标准，广告中这一含义往往由明星在一种巧妙的叙事结构中用美妙的语言来展现。广告由自身的逻辑体系推出了一个身体美学的标准，并以这一体系设计出丰富的商品系列，由这一逻辑体系推出的商品让人感到自己身体某个部位或某一状态有缺点。产生在实现商业效果（卖出商品）的同时达到文化效果：精心维护自己的身体。明星文化和广告文化共同铸造的身体美标准，是肉体上的健康、年轻、美貌、性感、强壮、苗条和衣饰上的时尚、得体、个性化。这一身体美学标准，是西方文化自现代性以来身体的各项要素复杂演进的结果，而这一结果的利弊得失，受到方方面面的研究、评估、批判。

身体美学既在当代社会中占据重要地位，又关联到经济、政治、社会、文化的方方面面，因而身体美学既成为重要的主题，又成为复杂的问题。从上面几个角度，我们就可以感受到从理论上把握身体美学的困难。

四 身体美学：学科突破与全球关联

最后介绍一下舒斯特曼身体理论的第三个方面，即身体实践的理论。舒斯特曼看到了身体美学的复杂性和关联性，而且深感身体美学会突破美学作为哲学学科的理论边界，他认为身体美学不但会突破美学的以分析精神为标准的纯理论框架，也会突破实用主义的以实践为指归的理论界域。然而，他在西方理论模式之中，虽然看到和提出了这一美学观点但没有体会到不能被理论所把握的理论意义。如果我们把理论模式从西方转向东方，这一理论的广阔空间就展现开来。东方的美学理论不像西方那样是实体性的，以文本和话语体系的方式呈现出来，而是虚实合一的。"虚"在西方看来不是理论，在东方看来正是理论，庄子的"口不能言，有数存焉于其间"（《庄子·天道》）的"数"就是一种理，只是这"理"是虚实合一的理论形态中的"虚"，而不是乍一看没有理论的"无"。同样，佛教故事中的"拈花微笑"，讲的也是一种东方型的理。佛陀在展示真理时，"拈花"，没有说话，但其手之拈花，呈现的正是一种"以心传心"的心中之理。虽然这心中之理"不立文字"，但其理在心中存在，而且可以传达，因此在佛陀拈花之际，伽叶会心微笑，他感悟到了佛陀所传之理。佛陀说我的真理已经传给伽叶了，请伽叶好好护持。因此，本节只有用东方的理论，才能真正讲清舒斯特曼身体美学第三个方向即身体实践的理论问题。舒斯特曼进行过东方的瑜伽训练，这大概是他提出超越理论和实践的经验原因，但他的归纳显示其并没有从本质上理解东方美学理论。从这一角度看，身体美学的出现，既体现了西方美学的转折，又体现了西方美学与东方美学的会通。

讲了上面几个方面之后，我们回到一个纯理论的问题上来。身体美学话语，究竟应当何以展开和言说。

就其基本要素而言，身体美学话语由四个方面组成：肉体、衣饰、个人（自我）、社会。社会对其他三者（肉体、衣饰、个人）有社会规约，这套社会规约显现出肉体、衣饰的美学标准。具体的个人以自我为主体，对肉体、衣饰、社会的规约进行组合，并在这一组合中显示了作为主体的自我与这三者的关系。这四者的组合在生活和艺术中的具体表现，就构成了身体美学的一个方面。从这一方面看，身体美学要显示出各个时空关于人体美、服饰美的标准在生活（包括公共生活和私人生活）中的体现：身体的形象、风姿、神韵（人在生活中感受到身体的美感），以及它们在时空艺术上的反映（在艺术中，身体美学得到了理想性和公共性的体现）。而这些体现，又是与多方面、多领域、多学科纠缠在一起的，正是这一纠缠，让身体美学作为一个学科，建构起来甚为困难。

身体美学的话语，就其具体的存在来说，可以分为公共性的身体与私人性的身体，前者从原始社会的仪式到文明社会以公共生活对身体的规范，构成公共性身体的内容，这个内容更多时候以规训的方式体现出来，规训是公共生活的要求，是人在公共性实践中积累起来或积淀下来的，往往在人还没有意识到这些规训的时候，公共生活的规训已经在开始发挥作用了。私人性身体活动是个体在公共生活之外私人领域中的身体活动，私人性身体，如在中国社会中，是在朝廷、衙门、市场等公共场所之外的闺房或荒野中的身体。这里的问题是，作为一个整体的人，其身体如何在公共空间与私人空间之间转换，特别是当两个领域的身体具有完全不同的要求并且可能相互冲突的时候，如何使身体圆转、灵活、统一，就成了政治学美学、社会学美学、心理学美学的身体理论应当关注的问题。

与身体的公共领域和私人领域之分有所关联的是工作领域和休闲领域之分，工作领域对身体有由工作性质和环境而来的社会要求，是与规训的突出相关联的，休闲领域是由个人所主导的，自由、选择、趣味相对地有所突出。

身体始终是文化和社会的身体，不同的文化和社会对身体的各个部分的要求是不同的，身体的一些部分需要进行严格的社会管理或规训，而另一些部分可以相当地自由。对身体的社会管理需要对性器官及身体的性感部分进行管理，对口进行管理，对眼进行管理，对身体衣饰进行管理。与管理相对的是自由，身体不需社会管理时就是自由的。因此，身体的各个部分在公共场合和私人场合，在工作与休闲环境之间的不同呈现方式以及转换，成为身体美学的重要方面。

第十四章　形式美话语——全球化美学的宇宙之维

　　形式美是西方美学中一个源远流长的主题，并带有强烈的西方特色。这里的形式（form）概念，其精义不是指具体事物之形（shape），而是指既体现在具体事物中又超越具体事物的形式（form）。西方文化中从古希腊开始，与形式美中的形式（form）一词紧密相连并由之产生出来的，有毕达哥拉斯的作为宇宙本体的数，有柏拉图的哲学本体性的理念世界，有亚里士多德的相对于质料的具有事物本质性的形式（form）。

　　当下，在对西方原义的不断认识和不同文化间美学对话的开展中，我们一般讲到形式美的时候，已经主要从如下几个方面予以界定：一是相对于事物的内容，西方学人只着眼于该事物的形式方面，而且这一形式是完全脱离内容的；二是形式可以超越具体时代的内容，而呈现为一种永恒性的形式；三是这些形式，主要是指：其一，物质本身的基本物性，如中国的五行（金、木、水、火、土），西方的四基质（地、水、火、气），印度的四元素（地、水、火、风）；其二，这些基本物性在感性上的呈现形式，如西方美学讲的形、色、声，中国美学和印度美学讲的色、声、味、嗅、触；其三，由物质的基本物性和基本形式而来的基本元素，如形状中的点、线、面，色中的红、黄、绿，声音中的宫、商、角、徵、羽，口味中的酸、苦、甘、辛、咸，气味中的膻、焦、香、腥、朽；其四，这些基本元素所形成的美的组合方式，如对称、均衡、比例、尺度、主从结构、多样统一，等等。这四个方面所形成的美感，从形式美的角度看，都与具体时代的具体之物无直接关联，而只与具体时代的具体之物"之中"和"之后"的这四个方面相关。所谓"之中"，在于具体事物因有了这四个方面而生成美。所谓"之外"，在于这四个方面不仅存在于某一具体事物中，而且存在于一切事物中，是天地间的共有因素。在这一意义上，形式美具有超越时代的永恒性质。一个具体的事物，拥有了形式美，或用形式美的法则来组织自身，就可以成为美，而这美，完全可以从形式美方面予以解说。因此，形式美的法则被看成：第一，宇宙的根本法则；第二，普遍存在于各种事物之中；第三，或显或隐地决定着事物之美。在西方，形式美与美的本质紧密相连，但这种相连不是联系着现实世界的具体事物，而是联系着理念世界的抽象形式。因此，所谓形式美，只有从理念世界与现实世界的区别，具体事物与抽象形式的区别这一西方美学特性去看，才进入问题的实质。

当然，在全球化时代，这一西方美学特质，不但在西方传统的基础上有了一系列新的变化，而且还面临着在世界美学中不同思想的对话和挑战。由于形式美一方面关联着宇宙学的深邃性，另一方面还与自然科学有纠结，不易深入，因此，它既重要，又不易从纯美学的角度讲清楚，从而，关于形式美的理论，几乎一直没有处于西方美学的中心。20 世纪以来，当西方宇宙论在相对论和量子论的推动下进行着巨大的范式转变时，形式美也改变着自己的理论面貌。但其理论演进仍然在西方当代美学的主流(英美的分析美学和大陆的现象学、结构主义)之外。虽然形式美处在美学主流之外，但它是美学的重要问题，因此，在西方当代美学中，关于形式美主题的论著以及与之相关主题的论著，又不断地产生出来。较为重要的有：

库克(Theodore Andrea Cook)：《生命的曲线》(1914)

吉卡(Matila Ghyka)：《自然和艺术中的比例美学》(1927)

《黄金数字——毕达哥拉斯学派以及对称在西方文明中的发展》(1931)

韦尔(Hermann Weyl)：《对称性》(1952)

威特科夫尔（Rudolf Wittkower）：《变化中的比例观念》(1953)

克来茵（Morris Kline）：《西方文化中的数学》(1953)

卡普拉（Fritjof Capra）：《物理学之道》(1976)、

侯世达（Douglas R. Hofstadter）：《哥德尔，艾舍尔，巴赫》(1979)

贡布里奇（Ernst Hans Josef Gombrich）：《秩序感》(1984)

热（Anthony Zee）：《可怕的对称》(1986)

史莱茵（Leonard Shlain）：《艺术与物理学》(1991)

巴罗（John D. Barrow）：《艺术与宇宙》(1995)

詹姆斯（Jamie James）：《天体的音乐》(1995)

兰姆（Trevor Lamb）、布里奥（Janine Bourriau）编：《色彩》(1995)

帕多万（Richard Padovan）：《比例——科学、哲学、建筑》(1999)

利维奥（Mario Livio）：《Φ 的故事——解读黄金比例》(2002)

这些论著，不但涉及形式美的理论本身，而且也关联到形式美在西方的起源与发展，因此，为了把西方当代美学的形式美更好地呈现出来，本书采用如下方式叙述：形式美在当代西方的美学中是怎样呈现的，有什么样的演进过程，这一呈现和演进过程与西方形式美的历史有什么样的关联，与西方的美学和文化的演进过程有什么关系，以及这一呈现和演进过程与西方美学在全球化的文化沟通和美学对话中有什么关联。

第一节　形式美的历史演进：从比例到数列

形式美的话语，在古希腊就被确立，之后与时俱进地演化，当代西方美学中的形式美话语，一方面可视为这一历史演进的继续，另一方面又与当代思想的演变相关联。因此，要理解当代西方的形式美话语，需要了解这两个方面的内容。一是形式美话语是怎样与时俱进地演化的，二是形式美在当代西方有如是的新貌，是由什么因素决定的。先看形式美在西方美学史上的演进。

一　以"比例"为核心的古代形式美

(一)比例即逻各斯

　　西方美学从古希腊发源时，就与形式美紧密地联系在一起。形式，作为一个词和作为一个美学概念，并不是像现代汉语形成和受苏俄美学模式影响形成中国现代美学概念那样，所形成的含义，在语言上做"外形"(shape)的理解；在学术上做"外在形象法则"的理解，而是一个与宇宙本质相关联的概念。形式不仅是外在之形，更是形中之式。这"式"就是与宇宙的根本相关联的宇宙之道(logos)。从古希腊开始的西方美学的形式美话语，由毕达哥拉斯开始(数为根本)，经柏拉图(本体理念)，亚里士多德(事物形式)，到欧几里得(在理论性质上)，在托勒密(在宇宙图式中)那里得到定型，表现为几个方面的特征：第一，形式美与宇宙的根本规律相连，这里的问题是，宇宙的形式从根本上是美的；第二，人是一个小宇宙，形式美典型地体现在人的形体上，这里的问题是，人的形体从根本上说是美的；第三，几何学构成了形式美的主要支柱和理论结构，从而形式美主要以几何学词汇作为核心，这就是比例。因此，宇宙的根本大美，显示为一种美的比例，人体的本质之美，显示为一种美的比例，推而广之，宇宙间一切事物之所以为美，是因为有一种美的比例。

　　毕达哥拉斯是古希腊第一位伟大的哲学家，也是第一位美学家和数学家。他认为宇宙的本原是数，古希腊的数学是以几何学为主体的，从几何学来看宇宙间的美，就是由点、线、面、体构成的"比例"。西方哲学本体论的根本概念，是逻各斯(λόγος)，这一概念由赫拉克利特提出，其之所以成为哲学的根本概念，在于逻各斯包含了希腊文化中几个主要方面的含义：理由、原理、尊敬、声誉、言说、表述、点数、比例、尺度。[①]　在这一希腊文化核心词的展开和定型中，最主要的观点有三点：第一，逻各斯(λόγος)即是"道"，具有"理性"；第二，这理性的宇宙之道又以

　　[①]　杨适：《古希腊哲学探本》(184页，北京，商务印书馆，2003)说："Guthrie，Kirk 对它(逻各斯)作过研究考证，指出它有多种用法如：说话、言辞、表述、说明、理由、原理、尊敬、声誉；采集、点数、比例、尺度等等。"[美]杰米·詹姆斯：《天体的音乐——音乐、科学和宇宙自然秩序》(33页，长春，吉林人民出版社，2003)说："比例的希腊单词是 λόγος(逻各斯)。"

（语言的）"言说"的方式和（几何的）"比例"的形式体现出来；第三，逻各斯既可以用语言来表达，又可用形象来表达，就是符合比例的形象。最后这一点让人可以理解，从宇宙的整体来说，比例本身就是道（λόγος）；从美学来说，比例是事物为美之道。

在毕达哥拉斯那里，宇宙的本原是数，比例是数之美的本质；在赫拉克利特那里，宇宙的本质是逻各斯，比例是逻各斯之美的体现。在这一演进中，哲学的本体呈现出由数到逻各斯的演进，但比例作为事物为美之道却始终如一。此后从柏拉图到亚里士多德、欧几里得，再到托勒密，比例为事物为美之道一直不变。比例是美的根本。这体现在毕达哥拉斯把比例确立为美之本质。在毕达哥拉斯的数学—哲学体系中，数字 1 由点来表示，是所有元素的始创者（又代表唯一性）；数字 2（由点成线）用线来表示（又代表二极性）；数字 3（三点）形成了三角形，形成二维空间，而且有了开始—中间—结束的稳定结构，代表和谐性；数字 4（不在同一平面上的四个点可以）形成一个四面体，形成三维空间，代表空间和物质属性，而且是一个公正和秩序的数字。这样，1、2、3、4 不但包含了宇宙人生中的方方面面的性质（比如，2 是第一个女性数字，3 是第一个男性数字），而且呈现了从复杂的现实世界抽象出的几何世界，即点、线、面、体。5 对于毕达哥拉斯学派来说，是一个最为重要的数，不仅 5 的象征意义丰富，如 5＝3＋2，是男性数字（3）和女性数字（2）的结合，从而代表爱与婚姻，又如五角星与希腊健康女神的符号相同而代表健康等；而且由 5 而来的五角星启示了比例的核心和丰富内容："把五边形所有的顶点用对角线连接起来就可以得到一个五角星形。这些对角线还在中央形成了一个小的五边形，这个五边形的对角线又可以形成一个五角星形和一个更小的五边形。这个过程可以无限进行下去，形成越来越小的五边形和五角星形。所有这些图形的惊人特性在于：如果你研究一下长度逐渐减少的线段（图中的 a、b、c、d、e），你会很容易地用基础几何证出每一条缩小的线段都比前一条线段短，而且它们之间的比例正好等于黄金比例 Φ。也就是说 a 和 b 的长度比是 Φ，b 和 c 的长度比也是 Φ，等等。"[1]

五角星里流动着形式美的一个根本法则：黄金比例。这里，比例的重要性和

---

[1] ［美］马里奥·利维奥：《φ 的故事——解读黄金比例》，41 页，长春，长春出版社，2003。

根本性被凸显了出来。五角星作为毕达哥拉斯学派的象征，有着丰富的文化内容，而且有深远的影响。苹果的种子是一个五角星形状，苹果是智慧果，希腊神话里金苹果引出特洛伊战争，圣经中夏娃吃了苹果而具有了人的智慧。然而在毕达哥拉斯学派看来，五角星因为内蕴了黄金比例而显示出宇宙的本体与深邃。

(二)比例在古希腊美学中的经典体现

黄金比例以理性的形式运用于各处，成为希腊人的美的标准，这里以几大主要艺术门类为例进行说明。

建筑上，帕特农神庙成了建筑美的典范，何以如此，因为比例。帕特农神庙的众多结构，有黄金比例在其中流动。比如，神庙东西两面8根多立克式柱，宽31米，东西两立面作为庙的门面，山墙顶部与地面距离为19米，立面高与宽的比例为19比31，接近黄金比例。所谓"接近"，内含着一个重要的概念：美不仅在于客观上的表现，还在于主体看起来的样子。对于大型建筑，距离造成视觉感受与实际长度有差异。因此，帕特农神庙非常讲究"视觉矫正"的加工，让本来直线的部分略呈曲线或内倾，使客观上微弱的"不是"达到视觉上完全的"正是"。据研究，这类矫正多达10处之多。比如，四边基石的直线就略作矫正，中央比两端略高，看起来反而更接近直线。檐部亦有微调。柱子的排列，不全都是垂直并列，东西两面各8根柱子里，仅中央两根真正垂直于地面，其余都向中部略微倾斜。边角的柱子与邻近的柱子之间的距离比中部两柱子之间的距离要小，柱身也更加粗壮(底径为1.944米，而不是其他柱子的1.905米)。这些视觉矫正恰恰表明了希腊人对美的比例的精益求精。

雕塑上，坡留克来妥斯(Policlitus)的《持矛者》(Doryhoros)成为雕塑上人体美的典范，此雕塑又被命名为《典范》(Canon)，它确实成为希腊和以后形式美的典范，何以如此，在于它呈现了比例的典型。《持矛者》雕塑呈现的比例很有科学性，如古罗马的理论家维特鲁威(Vitruvius)从各部分之间的比例来进行总结：头部与身长之比应为一比七，从颚部到前额上部和发根，等于整个人体长度的十分之一，从发际到下额的长度应等于全身长度的十分之一，如此等等；或者如现代学者鲍尔斯(T. Powers)从整体与部分的比例来进行总结：以中指的宽度作为一个单位，身体的其他部位的尺度都是由这个单位来规定的。该比例显示了一座雕塑按"对立方式保持躯体平衡"的对应（contrapposto）。这个词的字面意思，指的是雕塑的身体的重量应由一条腿来承担，另一条腿弯曲，靠一个脚趾支在地面保持平衡，同时整个人体的肩、髋、腿形成一种优美的动态平衡。在《持矛者》里，人体——

> 右腿支撑身体的大部分重量，左腿放松，略有弯曲。双肩的连线与两胯的连线组成两条不平行的斜线从纵向看，整个身体呈现出一个倒 S 曲线。这条曲线从头顶开始，通过脖颈、躯干、右腿，最后结束在右脚趾下。再来看看这尊像的双臂，他的左臂弯曲，手中持矛（已失），呈紧张状，右臂松弛，垂在体侧。观者会注意到这种松弛与紧张的对应，从水平方向上也可以看到这种对应关系，雕像的左肩与左臂是紧张的，右肩右臂放松。这种横向对应又引出了两个斜向的对应：弯曲的左臂与伸直的右腿对应，伸直的右臂与弯曲的左腿对应。这两组斜向对应形成一条对角线或不规则的"X"形，又与纵贯全身的倒"S"形成错综对应。雕像髋部的左右两端不在同一水平线上，两膝高低不一。立像的姿势不再是水平稳定状态，而是左倾右斜。向一方倾斜是为了防止向另一方歪倒。对立的倾斜恰恰是为了平衡。雕像的头转向右侧，与向前迈出一小步的右腿形成一个角度。向右前方看的脸与滞后的左腿把全身的倒"S"曲线"拧"成了立体状，使雕像的三维向度更为明显，整座雕像不仅因为这些多种多样的对立而获得了平衡，而且平添出一种生动性。[①]

用于体现这种比例方式的"对应"（contrapposto）概念，要表达的是如何让对立的方面达到和谐的统一。把逻各斯看成宇宙之道，同时又让比例成为逻各斯的赫拉克利特，特别突出了和谐就是对立面之间的斗争。在《持矛者》中，毕达哥拉斯的比例体现在人体的各部分之间，以及整体与部分之间的比例上，赫拉克利特的比例，则体现在对应（contrapposto）这一对立面之间的比例而带来的动态和谐。

文学上，由《持矛者》所体现出来的比例包括两个方面，即身体各部分之比和

---

① 钱岗南：《从对立走向和谐——谈〈持矛者〉与〈俄底浦斯王〉的对应结构》，载《文艺研究》，1998 年第 2 期。引文有改动，后同。

身姿的两个对立性质之比。这在悲剧中有普遍的体现，如《俄底浦斯王》，结构上有着亚里士多德讲的头（开端）、身（中间）、尾（结束）的美的比例；在内容上，则以"知"与"不知"形成了对应（contrapposto）之比。"全剧在开场时要追查忒拜瘟疫的元凶，剧终时，元凶被查到了。这是一个巨大的由'不知'到'知'的对应过程。仅'知道'与'不知道'这两个词就在剧中出现过六十多次……贯穿全剧的明为'知命'实为'不知'与似非而是的转化。这种错综对应使剧情紧凑、神秘、充满悬念，吸引着观众去开掘戏剧主题的深层底蕴……悲剧的基本内容与整体结构上运用了'对应'法则，悲剧诗人对剧中许多细节的处理也同样着意于对比。比如人物命运的对比。主人公俄底浦斯由原先为民除害的英雄一反而成给全城带来瘟疫灾害的祸首，从而由尊贵的一国之王变为流落他乡的乞丐。各种人物的性格也见出对比。俄底浦斯与克瑞翁以及俄底浦斯与伊俄卡斯忒的对比，报信人与牧人回答提问时的态度的对比，紧张的剧情与欢乐的歌队在营造气氛上的对比，都使剧情紧张生动，悬念起伏，扣人心弦，起到加强效果的作用。"①虽然悲剧的内容，远不止结构之比与内容的对应所能概括，但由此却显示了比例的两个方面，毕达哥拉斯的数之比例与赫拉克利特的对立面内容之比例，两者在构成文学之美上有巨大影响。

音乐方面，毕达哥拉斯用不同乐器和铁器的声音做实验的故事被不断传颂，文艺复兴时代的《音乐理论》（1492），还刊登了这一故事的连环画，这些声音来自铁锤、钉子、铃铛、笛子等，毕达哥拉斯在不懈追求下发现了音程、音调和琴弦长度的比例关系。"用连续的整数来划分琴弦会在某种程度上产生和谐悦耳的音程。当两个任意的音符一起发声时，产生的声响通常是刺耳的，只有几种组合才会发出悦耳的声音。毕达哥拉斯发现由相似的琴弦产生的音符能够奏出和音的效果，这些琴弦的长度成比例。当琴弦为相同长度即 1：1 时，可以得到同音的效果；当琴弦长度为 1：2 时，可以得到八度音程；2：3 时为五度音程；3：4 时为四度音程。换句话说，你可以拨一根弦奏出一个音符，而拨一根一半长度相同紧度的弦，你就会听到一个比它高八度的音。同理，C 调音符的 $\frac{6}{5}$ 是 A 调，它的 $\frac{4}{3}$

---

① 钱岗南：《从对立走向和谐——谈〈持矛者〉与〈俄底浦斯王〉的对应结构》，载《文艺研究》，1998 年第 2 期。

是 G 调，$\frac{3}{2}$ 是 F 调，等等。"①

(三)比例：天体音乐与几何之美

在比例上，毕达哥拉斯更为重要的观念，是通过音乐比例的类比，提出了宇宙之美也在于比例这一论点，这就是"天体音乐"理论。在毕达哥拉斯看来，从地球向外数到固定星辰的最外层天体，也是以音程方式进行排列的："从地球到月亮是一个全音程；从月亮到水星是一个半音程；从水星到金星是另一个半音程；从金星到太阳是一个小调三度音阶，等于三个半音程；太阳到火星是一个全音程；火星到木星是一个半音程；木星到土星是一个半音程；而从土星到固定的星体是另一个小调三度音阶。"②在毕达哥拉斯看来，宇宙是一个琴弦的位置上带着水晶的巨大竖琴。后来弗拉德(Bobert Fludd)在自己的《大宇宙历史》第一卷中，以神圣的单弦琴的形象来总结其宇宙学："一个包含两个八度音阶的毕达哥拉斯的和音被分为全部的基本和谐音程，每一音程描述一个宇宙因素。流程从低 G 开始，这是地球，上升到 C，在这一点上上帝在这里露面，又从这上升到高 G，这是上天的最高处。整个和音的两个八度音阶代表了宇宙的和谐：'宇宙的音乐'。"③这一宇宙琴弦图后来被广泛引用。但在古希腊，毕达哥拉斯天体音乐图景的核心是几何型的比例。几何和音乐成为希腊人美学中的基本语汇，以致后来的《格列佛游记》在提及这一思想时说"他们的观点是，将一切都转变为线段和图形。例如，如果他们称赞一位妇女或其他任何动物的美丽，他们就用菱形、圆、平行四边形、椭圆和其他几何术语来描绘，或者利用音乐中的艺术词汇来描绘，在这里没有必要重复。在御膳房，我看到的全是各种各样的数学和音乐器具，他们将大块大块的肉切成各种圆形后，再送到君王的餐桌上"④。在几何与音乐的互通里，是比例在其中流动。在毕达哥拉斯的秘密帮会中，三个最基本的音乐音程 1：2、2：3 和 3：4

---

① ［美］马里奥·利维奥：《φ 的故事——解读黄金比例》，32 页，长春，长春出版社，2003。

② ［美］杰米·詹姆斯：《天体的音乐——音乐、科学和宇宙自然秩序》，36 页，长春，吉林人民出版社，2003。

③ 同上书，122 页。

④ ［美］M. 克莱因：《西方文化中的数学》，37 页，上海，复旦大学出版社，2004。

都以星形图形来表达。这里，我们可以理解柏拉图学院的校门口挂有一个牌子，上面写道："不懂几何，切莫入内。"这一门牌名言所包含的内容，不仅是哲学上的：要懂几何（知晓几何中推理的严格性），才能进行逻辑上的哲学思考；而且是美学上的：要懂几何（洞悉几何中比例之美的精妙），才能进行正确的美学思考。在柏拉图的《蒂迈欧篇》里，造物主（上帝）是一位几何学家，他把形式赋予质料而形成世界。而构成世界的基本元素，土、火、气、水也成为几何图形，具有穿透性的火是带有顶点而相对简单的四面体，土是稳定的六面体，气是运动多变的八面体，水是玲珑剔透的二十面体，第五种形状十二面体，代表宇宙整体，是创物主用来美化整个宇宙的，后来亚里士多德将之命名为以太，认为这是宇宙的第五种元素。对于形式美理论来说，重要的不仅是五种基本的几何图形成为宇宙的基础（在这一基础之上，后来托勒密建构了一个完美的宇宙模式），更在于五种基本图形中内蕴着黄金比例："正四面体体现了 2 和 3 的平方根，前者是棱边与中切圆（即与棱边中点相切的圆）的直径的比率，后者是外接球面的直径与中切圆的直径之比率。六面立方体体现两个相同数值的平方根，前者是中切圆的直径与棱边之比率，后者是外接球面与棱边之比率。正八面体体现了 2 的平方根，即外接球面与棱边之比率。正二十面体体现了黄金分割，即中切圆直径与棱边之比率。最后，正十二面体体现了 Φ 的平方，即中切圆直径与棱边之比率。"[①]可以说，古希腊的宇宙就是一个由比例形成的美的几何宇宙。

（四）比例：遮掩无理数与美的理式

　　然而，在古希腊的以比例为核心的形式美理论中，有一个虽已发现但又掩盖起来的秘密，它存在于作为比例的图形五角星里。在一个五角星内，我们可以嵌套一个又一个五角星形和五边形，这一过程可以无限进行下去，这"有力地证明五边形的对角线和边线的长度比（等于 Φ）不能用两个整数的比例来表示。这意味着五边形的

五角星

图 14-1

　　① ［英］理查德·帕多万：《比例——科学·哲学·建筑》，50—51 页，北京，中国建筑工业出版社，2005。

对角线和边线不具备共同的量度单位，因此对角线是该量度单位的某个整数倍数，而边线则不是同样量度单位的整数倍数。这种不能用两个整数的比例（学名叫分数，或有理数）来表示的数被称为无理数。这一证明也确认了 Φ 是一个无理数"①。毕达哥拉斯在发现了无理数时，万分恐惧，因为无理数与毕达哥拉斯的根本观念（自然万物能够被简化为可以计数的单子）相矛盾，于是毕达哥拉斯将之作为一个秘密遮掩起来，以保证古希腊的比例在完全的理性之中运行。毕达哥拉斯以后的希腊哲人、智者虽然像他一样，在思想史上忽略无理数，但却在实践上勇敢地面对着无理数，不过希腊人不像擅长算术的巴比伦人那样用近似值的方式去解决，而是用几何的方法精确地处理无理数，"选择一段长度代表数1。然后其他的数就依据这段长度来表示。例如，为了$\sqrt{2}$，他们就使用两直角边是一个单位长度的直角三角形的斜边的长度。1与$\sqrt{2}$的和，就是在单位线段上再延长表示$\sqrt{2}$的线段的长度。按照这种几何形式，一个整数与一个无理数的和，并不比想象一加一的和更困难……希腊人不仅用几何方法进行数的运算，而且，尽可能地利用一系列的几何作图法来求解含有未知量的方程。这些作图法的答案就是线段，其长度为未知数的值，他们完全转变到了几何方面"②。这里被掩盖的难题在很久以后才暴露出来并被进行重思，但这一掩盖却让比例在希腊文化中取得了美学的高位。不过，Φ 作为无理数，在数学的精密性上具有重要意义，而对于美学来说，则不必十分精密，用一个整数比（如 8∶5）代表即可。而且黄金比例在具体的艺术运用中，还要按照视觉规律予以调整（正如帕特农神庙实际显示的那样）。因此，比例中的无理数，对希腊思想来说虽然是一个心病，但对于希腊美学来说却了无妨碍。从而以比例为中心的形式美，在希腊以几何精神放出了迷人的光彩。柏拉图美学讲美的本体，这个区别于"外形"的本体，希腊文是 ιδεα，ειδοs，是把动词看（ειδω）名词化，即所看之物。但作为本体的看（ειδοs），不是眼之所看，而是心之所看，因而它不同于具体的外在之形，而看普遍性的本质之式。可以说它既是形式（form），又是理念（idea），合此两词之义，可译为"理式"（idea/form）。西方的哲学史著作，

---

① ［美］马里奥·利维奥：《φ的故事——解读黄金比例》，41—42 页，长春，长春出版社，2003。

② ［美］M. 克莱因：《西方文化中的数学》，36—37 页，上海，复旦大学出版社，2004。

对 ειδος 最初多译为 idea，后来多译为 form，就希腊文原意来讲，这两个词（idea 和 form），说出一个，必然包含着另一个。因此，可以说形式（form）美是根本的美、本质的美、宇宙的美。只要理解了从毕达哥拉斯到欧几里得，再到托勒密的理论中比例的重要性，理解了比例就是逻各斯（logos），就是宇宙的根本之道，就理解柏拉图何以把形式（form）作为美的本质。当代著名科学理论家普赖斯（Derek John de Solla Price）指出，在地中海文化中，希腊人重视几何，巴比伦人重视算术，不同的侧重，形成两种不同的比例理论。汉布里奇（J. Hambidge）在《动态对称原理》（1920）和威特科夫尔在《变化中的比例观念》（1953）中区分了两种比例理论，一种是几何的、静态的比例，一种是算术的、动态的比例。虽然正如帕多万所讲，两种比例理论既是内在统一的，又是可以互通互换的。但古希腊人在统一中突出的是几何比例。整个古希腊的美学思想，从毕达哥拉斯的五角星和天体音乐，到柏拉图五种基本图形，再到欧几里得《几何原本》，比例的几何特性非常突出。在亚历山大东征以后，古希腊的几何和巴比伦的算术在新的时代潮流中结合起来。这一结合所产生的托勒密（C. Ptolemy）《天文学大成》，既显现出了几何的视觉美，又显现出了算术的精密性，为近代的科学革命奠定了基础，也为形式美的主潮转向铺平了道路。

比例是道，是理式，体现为基本的几何形状；是天体音乐，也是地上的音乐；是人体之美，也是建筑、雕塑以及一切艺术之美。以后的形式美理论，近代以数列为核心的形式美，当代以分形为核心的形式美，可以说都是对以比例为核心的形式美的进一步发展。

二 以"数列"为核心的近代形式美

（一）数列与近代精神

比例理论的两个方面，几何和数学，在近代的发展主要体现为斐氏数列。斐波纳契（Leonardo Fibonacci，1170—1240）站在希腊化时期以来几何学与算术结合的基础上，研究阿拉伯和印度数学理论，提出了数列理论。数列的出现，突出了几何学与算术学之间的互通。但这种互通不是以几何精神去理解算术，而是以算术精神去体悟几何。斐波纳契在《计算之书》（1202）中用一个假设故事提出了数列问题：第一个月有一对兔子诞生，第二个月之后它们可以生育，每月每对可生育的兔子会生下一对兔子，如果兔子永不死去，且时间一直无穷向前。从最初开始一月一月地依次数下去，每月（原有的加上新出生的）有多少对兔子？这一答案形成如下数列：

　　1，1，2，3，5，8，13，21，34，55，89，144，233、377、610、987……

这个数列从第三项开始，每一项都等于前两项之和（1＋2＝3、2＋3＝5、3＋5＝8……）无论这一数列怎样向前演进，这一规律始终不变。这里，一种承继着古希腊理性而来的近代理性彰显出来。但这一通项公式表述为：

$$a_n = \frac{1}{\sqrt{5}}\left[\left(\frac{1+\sqrt{5}}{2}\right)^n - \left(\frac{1-\sqrt{5}}{2}\right)^n\right]$$

这一通项公式是用无理数来表达的。在古代几何中可以被遮蔽起来的无理数，在数列中则鲜明地呈现出来，显示了近代精神与古代精神的差异。作为形式美来说，更为重要的是，这一数列中的每两个连续数字之比，在波动中，越来越趋向黄金比例。[①] 因此，斐波纳契数列与欧几里得几何在表现黄金分割这一内容时是相同的，可

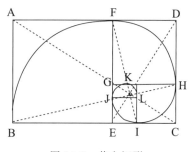

图 14-2　黄金矩形

互换的。然而，黄金分割，当以几何图形显示出来之时，呈现为一眼即可以把握的整体；当以数列呈现出来时，成为永无穷尽的演进。以几何还是以数列的方式呈现黄金比例，突出的重点不同，给人的感受不同，从而呈现的内容和精神也不同。前者是古代的，后者是近代的。古代突出静态，近代强调动态。古代用几何把无理数隐藏起来，

---

　　① 参见［美］马里奥·利维奥：《φ的故事——解读黄金比例》，116 页，长春，长春出版社，2003。

近代用数列把无理数外显出来。古代显出的是一种整体的大全，近代突出的是一种浩渺的无限。不过，几何和数列是可以互换的，在近代精神在数列中得到突出之后，我们再来看几何图形，数列中被彰显的观念（近代的无限性）就可以在几何中得到表现和理解。这里以作为古希腊比例象征的五角星和近代以来流行的矩形为例：

在前一节的五角星图（图 14-1）中，五边形中形成一个五角星，五角星之中又是一个五边形，五边形中又可形成一个五角星……如此循环，一个比一个小，而缩向无限。再看图 14-2，在矩形 ABCD 的长边上的黄金分割点作线段 FE，形成一个正方形和一个矩形，在小矩形长边上的黄金分割点上作线段 GH，形成一个更小的正方形和一个更小的矩形，在这一小矩形上做同样的分割……如此循环，一个比一个小，缩向无限。因此，在近代，古希腊的几何学得到了极大的发扬，但在发扬的同时又改变了几何在古希腊的精神气质，而突出近代特质。文艺复兴以来，对于黄金比例，可以作宗教的读解，可以作科学的读解。关于前一方面，帕西奥里（Luca Pacioli，1445—1517）在《神圣比例》（1509）第五章，讲了黄金比例神圣的五条理由：第一，唯一比例，正如上帝之唯一；第二，黄金比例定义包含三段长度，与圣父圣子圣灵一样；第三，上帝是无法解读的，黄金比例是无理数；第四，上帝的普世和恒定与黄金比例的自我相似；第五，上帝通过第五原素创造世界，十二面体是第五原素的代表，黄金比例形成十二面体的存在，无黄金比例，其他四种形状（代表土、水、火、气）无

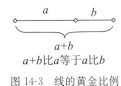

图 14-3　线的黄金比例

法相互比较。关于后一方面，斐氏数列就是例子。在前一方面的宗教解读中，近代精神也得到了突出，如第二条，用几何中最基本的线段来讲黄金比例，如图 14-3。

把一条线段分割为两部分 a 和 b，其中 a 与全长（$a+b$）之比等于 a 与 b 之比，对 a 再进行同样的分割，得到 a' 和 b' 两条线段，对 a' 再进行分割，如此循环，比值是趋向无限的。如第三条，把上帝类比作无理数。渗透在其中的，正是近代的无限宇宙观念的时代精神。让毕达哥拉斯感到恐惧的无理数在彰显出来的同时也得到了科学和理性的理解，这就是数列形式。因此，数列成了理解形式美的核心。以数列为核心的形式美，在文艺复兴以来的发展，体现在美学的主要领域中。在建筑上，阿尔伯蒂（Leon Battista Alberti，1404—1472）的《建筑十书》重复着古罗马维特鲁威《建筑十书》的思想，但将之作了新的发展，主要体现为，让比例既有

611

了数列的形貌，又有数列的精神。在两维平面里，从简单比率 3∶2、4∶3 和 2∶1 来构成所有比较复杂或非常复杂的比率。其程序可描述为：既然 2 倍比例 1∶2 是 2∶3 和 3∶4 这两个比率的组合（因为 $\frac{1}{2}=\frac{2}{3}\times\frac{3}{4}$），那么它产生于 2∶3∶4 或 3∶4∶6。举例来说，比例 1∶4 产生于 2∶3∶4∶8，或 2∶3∶4∶6∶8，或 3∶6∶9∶12，或 3∶4∶6∶9∶12，等等。这些比例以一种几何图样构成了数列形式。[1]

表 14-1[2]

小的区域	中等区域	长的区域
1∶1（正方形）	1∶2（两倍）	1∶3（1∶2∶3）
2∶3（sesquialtera 比例）	4∶9（4∶6∶9）	3∶8（3∶6∶8）
3∶4（sesquitertia）	9∶16（9∶12∶16）	1∶4（1∶2∶4）

将上面的比例数字画成图形，按横向排列成三组，就形成了一个具有数列特征的空间。同样，在组织三维空间上，阿尔伯蒂建议中间的尺度（高）应当要么是最小尺寸和最大尺寸的等差中项，要么是它们的调和中项。或者首先通过一个黑米奥拉比例（sesquialtera）将较小的尺度扩大，以创造这一中项，然后通过一个 sesquitertia 以产生两倍数，或者反之。就较长的房间而言，可以引入第二个居间的尺度，以将各种组合的比率简化为黑米奥拉比例或 sesquitertia。由之产生了下表所示的序列：

表 14-2[3]

适合于小的房间	适合于较长的房间
2∶3∶4	2∶3∶6
3∶4∶6	2∶4∶6
	2∶4∶8
	2∶4∶6∶8
	2∶3∶4∶8

---

① 参见［英］理查德·帕多万：《比例——科学·哲学·建筑》，北京，中国建筑工业出版社，2005。

② 参见同上书。

③ 参见同上书。

把表中的比例画成立体图从上到下又从左到右排列起来，就形成了具有数列性质的空间图列。乔其奥（F. Giorgi）在阿尔伯蒂去世之后写的《论宇宙和谐》（1525）一文来解释阿尔伯蒂的思想，以调和与等差中项所细分的两倍间隔以及一个可供选择的图表，为消除分数，全部数字都乘以 6，这些数字通过诸多弓形所规定的间隔和亚间隔而结合在一个连续的数列中。[①] 在毕达哥拉斯以来的音乐和谐的氛围中，阿尔伯蒂是用音乐和谐为基础来引出建筑的比例的，但建筑的比例却突出了数列的特征。

（二）数列与人体、宇宙、艺术之美

从古希腊以来，宇宙之美主要体现在人体上，维特鲁威的《建筑十书》以人体的比例作为建筑比例的样板。他说："人体中自然的中心点是肚脐。因为如果人把手脚张开，做仰卧姿势，把圆规尖端放在他的肚脐作圆时，两侧的手指、脚趾就会与圆接触。不仅可以在人体中这样地画出圆，而且还可以在人体上画出方形，即如果由脚底量到头顶，并把这一计量移到张开的两手，那么就会高宽相等，恰似地面依靠直尺确定方形一样。"[②]文艺复兴以来，人体的美的比例同样是一个热点，达·芬奇（Leonardo da Vinci，1452—1519）就把维特鲁威的话以画的方式表现出来，这就是著名的《维特鲁威人》（图 14-4），而且他在自己的绘画中不断展示了人体比例发挥的作用。帕西奥里的《神圣比例》也从讨论人体比例开始，因为人体的每一种比例都关联着自然界深处的秘密，都暗通着至高无上的上帝。从人体比例去探求宇宙形式美的秘密成为一股潮流。维萨里（Andreas Vesaliua，1514—1564）编著了《人体构造》（1543），丢勒（Albrecht Dürer，1471—1528）写了《人类比例四书》

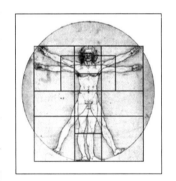

图 14-4　维特鲁威人

---

① 参见［英］理查德·帕多万：《比例——科字·哲学·建筑》，219—226 页，北京，中国建筑工业出版社，2005。

② ［意大利］维特鲁威：《建筑十书》，63 页，北京，中国建筑工业出版社，1986。

（1528年脱稿）。在这一潮流中，达·芬奇和丢勒具有非常重要的典范作用。丢勒致力于一种"理想的美"而研究了200多具人体。近代的人体比例同样渗透着数列的精神。特别体现在蔡辛（Adolf Zeising，1810—1876）和勒·柯布西耶（Le Corbusier，1887—1965）的理论之中。蔡辛将一个人的总高度分成四个主要的区域：头顶到肩膀，肩膀到肚脐，肚脐到膝盖，膝盖到脚底，前三个形成一个递增的黄金分割级数，但是第四个等于第二个。每一个区域又被分成五部分，总共为二十个部分。在每一个区域内，各部分是对称性排列的：要么是ABBBA，要么BABAB，也就是说，总是2A＋3B，比率A：B为1：Φ（图14-5）。于是，各区域的尺寸构成如下：

$$(3X34)＋(2X21)＝144$$
$$(3X55)＋(2X34)＝233$$
$$(3X89)＋(2X55)＝377$$
$$(3X55)＋(2X34)＝233$$

其中，正是以斐波纳契数列21作为最小部分。[①]

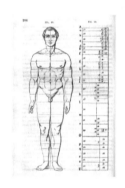

图14-5　蔡辛的人体比例

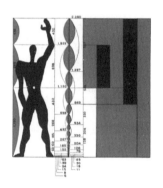

图14-6　勒·柯布西耶的人体模矩

　　勒·柯布西耶以人体比例建立了一种形式美的模具，认为可以将此模具普遍地运用于建筑学和机械学上。他的模具可以表述如下：将一个身高6英尺（约183cm）、手臂上举（达到226cm）的人置于图14-6所示的方框中，人们可以发现，其身高（183cm）与他肚脐到脚的距离（113cm）的比值恰好是黄金分割比率。手臂下垂时到脚的距离又将其总高度（手臂向上伸直时的高度）呈现为黄金分割

---

　　① 　以上从"蔡辛将一人……"到"最小部分"，参见［英］理查德·帕多万：《比例——科学·哲学·建筑》，310页，北京，中国建筑工业出版社，2005。但根据文意作者做了一些调整。

比率(140cm 比 86cm)。根据斐波纳契数列法则(数列中每个数等于前两个数之和),可将这两个比例(113 比 70 和 140 比 86)进一步细分。最终的模矩系统,可引出两个交错递增的以斐波纳契数列划分的序列(分别称为红色序列和蓝色序列)。①

自毕达哥拉斯以来,形式美最根本的讲,来源于宇宙学。人体是一个小宇宙,宇宙是一个大人体。二者的互动极大地影响了形式美的理论建构。如果说,毕达哥拉斯的天体音乐和柏拉图的五大几何图式代表了古希腊宇宙美学的几何倾向,而托勒密的《天文学大成》把希腊的几何与巴比伦的算术结合起来,既具有令人信服的形象概念,又显示了对最复杂现象的完整详尽的数学解释②。哥白尼并没有推翻托勒密的两个基础,只是通过把宇宙的中心从地球转向太阳而

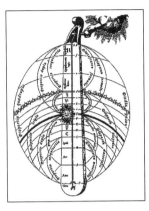

图 14-7　弗拉德的宇宙琴弦

对这两个基础进行了"近代的转变",使这两个基础闪耀出近代的魅力。哥白尼革命使古代的天体和谐具有了新的面貌。正如几何代表静,数列代表动,哥白尼让宇宙以无限的方式展现开来,由弗拉德和开普勒(Johannes Kepler, 1571—1630)代表的近代型"天体音乐"的两大潮流,都是以"动"的方式去描述近代的宇宙模型的。弗拉德在《大宇宙历史》的第一卷中,以一个他称作神圣单弦琴的形象来总结他的宇宙学(图 14-7)。一个包含两个八度音阶的毕达哥拉斯的和音被分在全部的和谐音程里,每一个音程代表一个宇宙因素。流程从低 G 开始,这是地球;上升到 C,上帝露面;又上升到高 G,这是上天的最高处。整个和音的两个八度音阶代表了宇宙的和谐。③ 弗拉德在文艺复兴时期的赫尔墨斯(Hermes)思想和犹太神秘思想的氛围中探索形式美的宇宙根源,开普勒则在哥白尼、

①　参见[美]马里奥·利维奥:《φ 的故事——解读黄金比例》,200 页,长春,长春出版社,2003。

②　参见[美]D. 普赖斯:《巴比伦以来的科学》,21—22 页,石家庄,河北科学技术出版社,2002。

③　参见[美]杰米·詹姆斯:《天体的音乐——音乐、科学和宇宙自然秩序》,122 页,长春,吉林人民出版社,2003。

伽利略的基础上绘出数学与美学合一的宇宙图景。开普勒在星体一日间的运动中去构建天体的比例理论，即对于一个太阳的观察者来说，比例理论将显现为在 24 小时内太阳在近日点和远日点运行的路线的弧。例如，如果从太阳上看，土星在接近太阳的时候每天运行一个 135 秒的弧线；在它离太阳最远的那一天，对于一个太阳观察者来说，土星运行了一个 106 秒的弧线。135 与 106 的比例，从天体的音乐性上讲，只与 5∶4 的大三音程有微小差别（虽然这里有微小差别，它实际上是 5∶3.9259 的比例，但这种差别在大多数的耳朵和大多数智者的头脑中可以忽略）。用这种方法，开普勒发现全部六个行星都产生了几乎符合用完美的多边形表现的和谐的比例：木星的近日点与远日点的比例差不多是 6∶5，小三度音；火星近日点与远日点的比例是 3∶2，五度音；地球近日点与远日点的比例是 16∶15，半音符；金星近日点与远日点的比例是 14∶25，正好等于毕达哥拉斯学派的小音程；而水星近日点与远日点的比例是 12∶5，一个八度音阶和一个小三度音。[1] 这里，天体音乐的形式美比例显现出了两大特征，一是比例具有动态的特点，二是运动的轨迹突出了弧线。区别于托勒密的正圆，这里应和了数列另外一个非常重要的特征：对曲线的突出。开普勒沿着自己的方向前进，发现了行星运动的三大定律。而牛顿则在开普勒天文学的基础上，发现了决定行星运动规律的万有引力。可以说，近代型天体音乐的演进，对于形式美来说，突出了两个东西：一是曲线，二是引力。前者把形式美从形体的静态转变到生长的动态，后者把形式美从外显而可见的"形式"引入内隐而可感、可计算的"力"中。

数列之光在宇宙和人体这形式美的两大基础上辉煌照耀，也在一切从前看来是几何比例的形式中闪烁。比如在乐器方面，钢琴键盘上一个八度音阶包括 13 个键，8 个白色和 5 个黑色的键，这 5 个黑色键又分成 2 组，一组 2 个，另一组 3 个。这几个数字 2，3，5，8，13 正是连贯的斐波纳契数列，而且 C 大调音阶都是在白色键盘上。在音调上，一个纯粹的音调是由固定频率（每秒振动多少次）和固

---

① 参见［美］杰米·詹姆斯：《天体的音乐——音乐、科学和宇宙自然秩序》，143 页，长春，吉林人民出版社，2003。

定振幅(振幅决定即时响度)来决定其特点的。用来定音的标准音调是 A 调，此调每秒振动 440 次。A 调和 C 调的结合，可得到大调六度音，每秒振动 264 次就是 C 调的频率。$\frac{440}{264}$ 这两个频率之比可化简为 $\frac{5}{3}$，是两个斐波纳契数字。高音 C 调(每秒振动 528 次)和一个高音 E 调(每秒振动 330 次)可生成小调六度音。$\frac{528}{330}$ 这个比可化简为 $\frac{8}{5}$，是两个斐波纳契数字之比。[1] 比如绘画，皮耶罗·弗朗西斯卡(Piero della Francesca)的理论著作《绘画透视学》与名画《鞭打基督》，达·芬奇的理论著作《画论》和名画《蒙娜丽莎》，丢勒的理论著作《绘画理论》和名画《忧郁》，开创和完善了古典绘画的焦点透视和比例模式。焦点透视，由皮耶罗·弗朗西斯卡《鞭打基督》开始。对于绘画，一是画家要设定一个最佳的视点，画上之像就是由这一视点去看的；二是画中所有线条汇集在消失点，正是这个消失点，体现了绘画的深度，如斐氏数列，似近代型宇宙，意味着无限。达·芬奇《蒙娜丽莎》引起了无数解读，同调于近代宇宙的无限。而蒙娜丽莎脸的周围有一个矩形黄金比例，前面提到，黄金矩形自近代，就有了斐氏数列的新质，暗含了无限的意蕴。丢勒的《忧郁》中的物象，充满了各式各样的象征，引出后人多种多样的解读。但位于右上方的"魔术正方形"，其中每一行、每一列的数字，处于对角线位置上的数字、位于中间的数字以及四角的数字相加都等于 34，这正是一个斐波纳契数字。在一定意义上，斐氏数列的精神让绘画由二维变成三维，充满了上帝之光，具有了近代型的无限境界。

(三)数列与螺旋曲线

数列在近代，除了与几何的互通而显现出与古代的深浅关联之外，还有三个在近代才凸显出来的特点，而这三个特点又与现代的形式美密切相连。这三个特点中的两个就是前面讲近代型天体音乐时候讲的：曲线之曲和引力之力。另一个是包含的五角星和黄金矩形中的自相似，即一个黄金矩形之内包含着一个又一个更小的黄

---

[1]　参见[美]马里奥·利维奥：《φ 的故事——解读黄金比例》，213—214 页，长春，长春出版社，2003。

金矩形，这些可以无限划分下去的矩形之间是自相似的。在这三个特点中，力在宇宙、事物、形式中的作用，在近代的机械力的潮流中，只是一个过渡，要到 20 世纪和后现代才开始显现出文化的重要意义，自相似在现代的分形理论中才显出其重要的理论意义。因此，对于以数列为核心的形式美来说，曲线的意义得到了极大的凸显。几何学的三大基本图形，三角、正方、圆，本就相通互换，但古代几何学突出的是直线，三角是直线，正方是直线，圆也是从一点引出一条直线，沿此点旋转而得出。因此，圆的曲线也被归于直线。在近代的数列里，曲线不是由圆而来的曲线，而是对数螺线。正如当数列突出了无理数和无限性之后，几何图形中的无理数和无限性就得到了彰显一样，当数列突出了对数螺旋之后，几何图形中对数螺旋也彰显出来。在黄金矩形中，如果将这些"旋转直角"按照黄金比例划分边长的点连接起来，就能得到一条内旋的对数螺旋（如前面图 14-2 所示）。同样，在黄金三角形（即一种等腰三角形，边与底的比是黄金比例）里，我们将其底角平分，就得到了一个小的黄金三角形，不停地把底角平分，就会造出一系列旋转的三角形，这一系列黄金三角形的顶点相连就画出一条对数螺旋。不从数学的角度而从几何的角度看，对数螺旋就成了对角螺旋（笛卡尔就是从几何的角度得出了这一名称）。从一点任意画一条直线到曲线上的一点，它完全按相同的角度分割曲线。对数螺旋形成的曲线不仅仅是在几何图形中，也普遍存在于植物生长、动物行动、天体演化之中。

先看植物。在植物的花中，最常见的花瓣数目是 5 片（如蔷薇科的桃、李、杏、苹果、梨），其他常见的有 3 片（如鸢尾花、百合花，此花看上去 6 枚，实为两轮 3 枚）；有 8 片（如飞燕草）；有 13 片（如瓜叶菊）；一些植物的花瓣有固定的片数，向日葵有 21 片和 34 片两种，雏菊有 34 片、55 片、89 片三种。想一想这些数：3、5、8、13、21、34、55、89，正好是斐氏数列。最重要不是这些数字与斐氏数列相合，而是由这些数目的花瓣形成了对数螺旋的形态，而且往往是两组对数螺线，一组为顺时针方向，另一组为逆时针方向，如花菜、菠萝、松果、向日葵等，植物呈现出对数螺旋，正是要通过静态的形态显现出动态的生成，这从植物的叶序上得到体现。

叶序是指叶子在茎上的排列方式，最常见的是互生叶序，即在每个节上只生 1 叶，交互而生。任意取一片叶子作为起点，向上用线连接各片叶子的着生点，可以发现这是一条螺旋线，盘旋而上，直到上方另一片叶子的着生点恰好与起点叶的着生点重合，作为终点。从起点到终点之间的螺旋线的绕茎周数，称为叶序周。不同种植物的叶序周可能不同，之间的叶数也可能不同，例如榆，叶序周为1(即绕茎1周)，有2叶；桑，叶序周为1，有3叶；桃，叶序周为2，有5叶；梨，叶序周为3，有8叶；杏，叶序周为5，有13叶；松，叶序周为8，有21叶……但以其绕茎的周数为分子，叶数为分母，可表示为：1/2，1/3，2/5，3/8，5/13，8/21……它们全都是由斐波纳契数组成的。这些是最常见的叶序公式，据估计大约有90%植物属于这类叶序。[①]

叶序为什么呈现对数螺旋形态呢？

对于许多植物来说，每片叶子从中轴附近生长出来，为了在生长过程中一直都能最佳地利用空间(要考虑到叶子是一片一片逐渐地生长出来，而不是一下子同时出现的)，每片叶子和前一片叶子之间的角度应该是222.5度，这个角度称为"黄金角度"，因为它和整个圆周360度之比是黄金分割数0.618033989……的倒数，而这种生长方式就决定了斐波纳契螺旋的产生。[②]

"事实证明利用费氏级数角度进行新陈代谢的叶子获得了最小的重叠和最大的暴露。"[③]在动物里，不少贝类，如鹦鹉螺、望远镜螺，显现出对数螺旋，动物的双角、人体的耳蜗，都显现出对数螺旋，更有趣的是，猎鹰扑向猎物和飞蛾扑火，都是按照对数螺旋的轨迹俯冲而下的。当我们用哈勃望远镜对拥有百亿计恒星的宇宙进行观测时，在所能观测到的大约万亿个星系中，许多都是螺旋星系。

为什么如此众多的星系显示出螺旋形状呢？螺旋星系就如同我们的银河系，有一个相对较薄的银盘(就像薄烤饼)，由气体、灰尘(细微颗粒)和星星

[①]　朱永胜：《植物与斐波纳契数》，载《镇江高专学报》，2006年第1期。

[②]　百度百科，"斐波纳契数列"，http://baike.baidu.com/view/1074762.htm，2017-09-12。

[③]　[英]特奥多·安德列·库克：《生命的曲线》，108页，长春，吉林人民出版社，2000。

组成。整个银河系的银盘围绕银河系中心旋转。例如，在太阳周围，绕银河中心旋转的轨道速度是 140 英里/秒，完成一圈需要大约 2.25 亿年。离中心距离不同，速度也不同——近的快，远的慢——也就是说，银河系的银盘并不是整块旋转，而是分别以不同的速度运动。从正面看，螺旋星系在中心近旁生成螺旋臂，外围穿过星云向外扩散。螺旋臂是银河系银盘的一部分，在那里孕育着许多新星。因为新星是最亮的，所以我们能从远处看到其他星系的螺旋结构。天文学家们要回答的基本问题是：螺旋臂的形状如何能长时间保持不变？因为银盘内部比外围的旋转速度要快，任何与银盘物质有关的大规模形体都不能长久存在。同我们的观察相反，一个由相同星体和气体集合产生的螺旋结构会不可避免地产生纠结。螺旋臂能长久存在的原因要归于密度波——穿过银河系银盘的气体压缩波——沿路挤压气体所引发新星的形成。我们看到的螺旋图案仅仅是银盘中密度大于一般的部分和新生星。所以，这个图案重复出现，没有产生纠结……使星体和气云转动偏移形成螺旋密度波的原因，就是银河系里的物质分布不对称所产生的引力。举例来说，在一系列围绕中心的椭圆轨道里，每个轨道和中心的距离有稍微偏转，就形成了一个螺旋图案（事实上，我们应该为现在宇宙里引力的作用方式感到高兴。根据牛顿的重力理论，每个物体都会吸引另一个物体，相互间的引力随距离增加而减少。牛顿运动定律显示，由于距离决定引力，围绕太阳的行星轨迹就呈现椭圆形。如果我们居住的宇宙引力是以 8 倍引力对 2 倍距离的方式减少（引力随距离的立方减少），你可以想象一下，这个世界会发生什么情况，在那样一个宇宙里，牛顿定律预示，可能的一种轨迹会是对数螺旋。①

关于鹰和蛾的飞行动态的解释，与其视角器官与目标物互动相关，关于植物生成的对数螺旋的解释，与植物与环境的互动相连，关于星空中的螺旋星云的解释，则与太空中的力相关。这里万有引力再一次显现出了自己的存在，但对于整个近代

---

① ［美］马里奥·利维奥：《φ 的故事——解读黄金比例》，139—141 页，长春，长春出版社，2003。引文有改动。

的形式美来说，对数螺旋突出的还是曲线主题。古希腊的美学家异口同声地说，圆是最美的，但他们强调圆由直线而来；近代美学家荷迦兹（William Hogartu，1697—1764）却说，蛇形线是最美的。这里让人感到对数螺旋被凸显出来的时代氛围。

数列的展开是奔向无限的，类似于浮士德对无限的追求，但近代理性又要把对无限的追求给予理性来把握。用规律、秩序、理性去把握无限，这就是数列所象征的近代精神。这一精神鲜明地体现在巴赫（Johann Sebastian Bach，1685—1750）的音乐作品《音乐的奉献》中。这首曲子"有三个声部，最高声部是国王主题的一个变奏，下面两个声部则提供了建立在第二主题之上的卡农化的和声。这两个声部中较低的那个声部用 C 小调（这也是整部卡农的调）唱出主题，而较高的那个则在差五度之上唱同一主题。这首卡农与其他卡农不同之处在于，当它结束时——或者不如说似乎要结束时——已经不再是 C 小调而是 D 小调了。巴赫在听众的鼻子底下转了调。而且这一结构使这个结尾很通顺地与开头连接起来。这样我们可以重复这一过程并在 E 调上回到开头。这些连续的变调带着听众不断上升到越来越遥远的调区，因此听了几段之后，听众以为他要无休止地远离开始的调子。然而在整整六次这样的变调之后，原来的 C 小调又魔术般地恢复了！所有的声部都恰好比原来高八度。在这里整部曲子可以以符合音乐规则的方式终止"①。这一曲子明显地暗示了"这一过程可以无休止地进行下去"，正如数列的无限性，但巴赫让它有规则地呈现出来，正如数列以一个公式来呈现自己的规律性。

（四）数列、黄金比例、万物之美

斐氏数列在时间的展开中，可以运用于世间万物，因此，由数列展开的形式美，不但发现了直线之美，而且发现了曲线之美，正如几何与数列可以互换，直线和曲线也可以互转。以直线为基础来看世界，世界呈现的是一个古希腊的静穆世界，以曲线为基础来看世界，世界呈现的是一个近代的动态世界。如果说，以直线为基础的几何之美是一种静态的空间之美和物体之美，那么，以曲线为基础展开的美，则是一种生物生成的动态的时间之美和进化之美。正是在几何与数列

① ［美］侯世达：《哥德尔、艾舍尔、巴赫——集异璧之大成》，14 页，北京，商务印书馆，1996。

的互换中，在直线与曲线的互换中，西方古代哲人不但发现了比例之美，而且发现了自相似之美。正是在这个曲线之美中，牛顿描绘了万有引力的宇宙；正是在自相似原理中，宏观太空、中观事物、微观原子取得了统一性。各个领域的人们，都看到这个统一性，他们不但看到了几何和数列之间的互换，而且看到了从几何到数列，到植物和动物，到人体，再到宇宙的统一性，这里以开普勒的话为例：

> （黄金）比例的特点在于，由较大部分和整体构成的比例总是相似的；原先的较大部分变成较小部分，原先的整体变成较大部分，这两者之和又构成新的整体，就这样一直对比下去以至无穷。而神圣比例也一直继续下去。我相信这个比例正合造物主之意，他从相似中创造出相似。主这是永恒持续着的。在几乎所有花儿结果的方式中我都可以看到数字5。花结果是一种创造，但不是为了创造本身，而是为了下一步的结果。基本上，树上开的花也是这样，柠檬和橘子除外。虽然我没有见过它们的花，但是从它们结的果实或者说浆果来判断，花瓣不只是分成5片，更确切地说是分成了7个、11个或者9个。但从几何的角度上说，数字5也就是五边形的边数，而五边形是通过黄金比例构成的，所以，我认为5应该是创造物的原型。进一步说：太阳（或者我相信是地球）的运动和金星的运动处于产生能量的顶端，它们之间的比是 $\frac{8}{13}$，正如我们所说的那样，这与神圣比例非常接近；最后，根据哥白尼的理论，地球的轨道处于金星与火星之间，我们从十二面体与二十面体中，通过比较得出了这个比例，而在几何中，两者都是神圣比例的产物，而生命的产生是在我们地球上实现的。现在我们看看人类是怎样由神圣比例产生的。我认为，植物的传播和动物的繁殖是以相同的几何和算术或者是用数字表示的比例增长的，或者这种比例也可用线段表示。[1]

总之，在开普勒看来，上帝以黄金比例为工具来创造宇宙。以数列为核心，在几何与数列的互换，直线与曲线的互转，物体的静立和生物的生长，各部分的

---

① ［美］马里奥·利维奥：《φ的故事——解读黄金比例》，176—177页，长春，长春出版社，2003。

比例和不同部分的自相似中，近代美学的丰富性呈现了出来，但这一丰富性又都将以数列为核心的形式美作为基础。

第二节　形式美：当代演进与多元视野

现代以来，从实验心理学到结构主义再到广义相对论，形式美的基础不断变化，视域不断扩大。就美学来说，具体的形式美应该包含三个方面：视觉图像、音响结构、文学叙事。由于这三个方面都与数学相关，都可以在数学中统一起来，因此，虽然视觉之美不能完全穷尽乃至概括具体的音响之美和叙事之美，但它们总体的互通性还是存在的，又由于自古希腊以来西方文化特别重视视觉，而从古代到近代再到现代，以视觉为基础的形式美具有一条发展的主线，从而，形式美在当代又是以视觉为主并由此深入和扩大出来。因此，本节的当代形式美的论述，仍按西方文化演进的顺序，以视觉为基础进行。现代以来的形式美，已经不仅是"形"的主线，而且具有了多元的内容，主要表现在，形式美除了"形"之外，还有"色"的问题，而色的问题在西方是与光紧密相连的，光的理论的最新发展影响了色的理论。在形与色的后面，是宇宙的基本规律在起作用，在近代，形式美体现为牛顿的万有引力，而现代的相对论和量子力学，把这一问题推到了一个崭新的高度，让形式美的内结构呈现了出来。因此，西方当代的形式美理论，主要分为三个方面：形的方面，进入分形理论；色的方面，波粒二象和实验调查相综合，呈现了新型的色彩理论；力的方面，四种力（重力、电磁力、弱力、强力）统一的"超力"，加上两种统一（时间与空间的一体、物质和能量的互转），形成形式美的物理基础。

一　分形：比例和数列的当代演进

如果说，古希腊形式美是一种本质性的静态之美（具有希腊哲学本体 Being 的境界），以几何比例为核心；近代的形式美是一种进化型的动态之美（具有黑格尔绝对理念在辩证逻辑中演进的无限境界），以斐氏数列为核心；那么，当代的形式美则由几何比例和斐氏数列跃到了分形（fractal）理论。分形理论由身具波兰、法国、美国三重国籍的曼德勃罗（Benoît B. Mandelbrot，1924—2010）在 19 世纪后期一系列理论演进的基础上[①]于 1975 年正式提出。[②] 几何比例和斐氏数列虽然都包含无理数，但前者对无理数做了古代理性的整数化处置，后者对无理数做了近代理性的数列化呈现。在分形理论中，无理数的内涵进一步凸显出来，变成了集现代的精致理性和后现代的无规则破碎于一体的理论。分形（Fractal）一词的核心在于"分"，具体来说包含两层含义：分数和破碎。一方面，无规则破碎是一种"分"之后的状况，可称为由分而破碎；另一方面在无规则破碎中把握和呈现规律，这就是由无规则破碎而得到分数，分数是古希腊哲人把握无理数的法宝（无限循环的 0.333…… 成为 $\frac{1}{3}$）和近代数列把握无限的精神，在分（无规则的破碎）中掌握全（有理性的分数）。对于 Fractal，台湾学人中译为"碎形"，强调的是无规则破碎的一面，大陆学人中译为"分形"，强调的是有理性的分数的一面。具体地说，什么是分形呢？这里将理论与实际结合起来讲述。

在测量客观世界中的事物时，事物的特征、长度不同，测量工具也会不同，用尺去测量万里长城，尺相对于长城太短；而用尺去测量大肠杆菌，尺相对于大

---

① 百度百科"分形维数"，http：//baike. baidu. comview1008808. htm，2017-09-12。分析研究可追溯到 1875 年德国数学家魏尔斯特拉斯（K. Weierstrass）构造的处处连续但处处不可微的函数，和德国数学家集合论创始者康托尔（G. Cantor）构造的有许多奇异性质的三分康托集。1890 年意大利数学家皮亚诺（G. Peano）构造了填充空间的曲线。1904 年瑞典数学家科赫（H. von Koch）设计出类似雪花和岛屿边缘的曲线。1915 年波兰数学家谢尔宾斯基（W. Sierpinski）设计出地毯图形，奥地利数学家门杰（K. Menger）设计出海绵几何图形。1910 年德国数学家豪斯道夫（F. Hausdorff）开始了奇异集合性质与量的研究，提出分数维概念。1928 年布利冈（G. Bouligand）将闵可夫斯基容度应用于非整数维，由此能够将螺线作很好的分类。1932 年庞特里亚金（L. S. Pontryagin）等引入盒维数。1934 年，贝塞考维奇（A. S. Besicovitch）更深刻地提示了豪斯道夫测度的性质和奇异集的分数维，产生了豪斯道夫—贝塞考维奇维数概念。

② 曼德勃罗说，这一关键词是他在 1975 年夏天的寂静之夜偶翻拉丁文字典时灵感一闪得到的。曼氏一直在用英文 fractional 一词来表示他的分形思想，这时他看到了拉丁文形容词 fractus（破碎）和动词 frangere（产生无规破碎），而英语的 fraction（"碎片""分数"）及 fragment（"碎片"）都来自同一拉丁词根，于是他取拉丁文之头和英文之尾，形成了这一具有重要意义的 fractal 一词。

肠杆菌太长。由此产生了特征尺度。更为重要的是有的事物没有特征尺度，如天上的白云、河中的湍流、室内的轻烟等，它们是不断变幻着的（用术语讲是"无标度性"的），人们怎么去测定呢？这里采用曼德勃罗提出分形时最为得意的例子来说明：测定英国的海岸线有多长。海岸线的长度事实上取决于所用尺子的刻度。假设在英国的卫星地图上，以尺子测量其边长有约 30 厘米。量出的长度值，乘以已知的地图比例尺，再把它转化成实际长度，就得到海岸线的长度。显然，这种方法会忽略海岸上实际存在在不规则的弯弯角角。因此，我们要得到较为精确的数字，可以带上一码长的棍子，沿着英国的海滩做长途旅行，艰难地一点一点地度量。这次得到的数字比上一次要大得多，因为这一次测量把那些较小的弯角都计算在内了。但是，这样做仍然忽略了长度小于一码的地方。只要每减小一次尺子的刻度，得到的长度就会有更大的值，因为每次都能发现那些更小的分结构。因此，在测量现实中的不规则形状时，作为尺度的长度概念也需要更改。海岸线并不能如同想象的那样变成直线，而是在不同规模大小上都有弯曲，而且长度会无限地增加（至少直到以原子为刻度）。① 这时，为了让测量更精确地符合实际，分形几何就出现了。现实中的事物并不像古典几何那样在线、面、全上都是平平直直的，而是充满了皱褶，因此，分形几何不同于古典几何，在古典几何中，所有物体的维都只能用整数表示，点是零维的，线（直线或曲线）是 1 维的，面（平面或圆面）是 2 维的，体（具有长、宽、高的形体）是 3 维的，而分形几何则是分数维。如平面形的科赫曲线的维度在 0 与 1 之间，是个分数；立体形的门杰海绵②的维度在 1 与 2 之间，是个分数。分数维度正是为精确地测量有皱褶的不规则的事物而产生出来的。它让抽象的理想几何进入不规则的现实之中，并让这不规则显示出规则来，让破碎被法则所把握。在这一意义上，分形几何是古典几何在精确性和复杂性上的深入。古典几何让我们把握规则之形和整体之形，从而领会规则

① 参见［美］马里奥·利维奥：《φ 的故事——解读黄金比例》，252—253 页，长春，长春出版社，2003。
② 奥地利数学家门杰从三维的单位立方体出发，构造了门杰"海绵"：取一立方体，第一步把立方体 27 等分后，舍去体心的一个小立方体和六个面面心的小立方体，保留 20 个小立方体。第二步再对 20 个小立方体做同样处理，此时保留下来的小立方体的数目为 20×20＝400 个。如此操作，直至无穷。于是在极限情况下其体积趋于零，而表面积趋于无穷大，所以实际上他得到一个面集。

美和整体美后面的法则；分形几何让我们理解不规则和破碎之形，从而体悟不规则之美和破碎之美后面的要义。

前面讲的测量海岸线的例子，还有一个变动因素没提，这就是随着海水的涨落而产生的弯弯角角的不规则变化，这种变化虽然复杂但还是可以把握的，这是一个如何把静态形状的皱褶用精确的方式表现出来的问题。如果是蓝天中变幻的白云，黑夜中出现的闪电，不但其出现之形充满破碎般的皱褶，而且其产生过程也充满不规则的变幻。如果说，由海岸线而来的分形理论与几何比例在形的静态方面相通，那么，由动的白云和闪电而来的分形理论与斐氏数列在扩展的动态方面同调。这里用前面提到的科赫曲线看分形理论在斐氏数列上的演进。瑞典数学家科赫用分形来研究雪花，从而形成了以自己的名字命名的科赫曲线。该曲线的生成过程如图14-8：

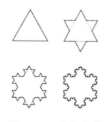

图 14-8　科赫曲线

首先，画一个正三角形，边长为 1 英寸①，然后在每边的中间构建一个更小的三角形，其边长是 $\frac{1}{3}$ 英寸，这样，得到第二个图形（一个以色列的象征符号：六角星形）。三角形的原始边长是 1 英寸，而现在六角星形由 12 个部分组成，每条边长都是 $\frac{1}{3}$ 英寸，所以现在它的总周长是 4 英寸。以后连续地重复此操作，即在三角形的每一边上构建另一个三角形，其边长是前一个三角的 $\frac{1}{3}$。每增画一次，其周长会增加 $\frac{4}{3}$ 倍，直到无穷，尽管事实上它所在的仍是一个有限的区域，但是，我们可以展示，这个有限区域是原始三角形的 $\frac{8}{5}$ 倍。② 科赫曲线与斐氏数列一样，

① 1 英寸＝2.54 厘米

② 参见［美］马里奥·利维奥：《φ 的故事——解读黄金比例》，253—254 页，长春，长春出版社，2003。

是趋向无限的，但是与斐氏数列不同，一方面它的总长度趋向无限大，另一方面它的面积又是有限的。这里呈现的是与近代的一元论和总体性的无限性不同的后现代的多元论和不通约的无限性。这也是分形理论的分数维在与古典几何的整数维对照之后产生的效果。画一根直线，如果用 0 维的点来量它，其结果为无穷大，因为直线中包含无穷多个点；如果用一个平面来量它，其结果为无穷小，因为直线中不包含平面。只是科赫曲线的多元视点和不通约性是在与斐氏数列一样的生成演化的动态中呈现的。科赫曲线在生成演化中与斐氏数列的不同点在于：曲线的任何一处不可导，即任何地点都是不平滑的，走向破碎，在破碎中呈现由古典几何不能把握而分形理论可以把握的规律。

科赫曲线多方面地呈现了分形理论、几何比例、斐氏数列的关联和演变。科赫曲线的第一次变换将 1 英尺[①]长的每条边换成 3 个各长 4 英寸的线段（这里显现出了古典比例意味），总长度变为 $3 \times \frac{4}{3} = 4$ 英尺；每一次变换使总长度变为乘以 $\frac{4}{3}$，如此无限延续下去，曲线本身将是无限长的（这里出现近代数列的意味）。这是一条连续的曲线，永远不会自我相交，曲线所围的面积是有限的，它小于一个外接圆的面积。因此科赫曲线以无限的长度挤在有限的面积之内，确实是占有空间的（这里当代分形的特征凸显出来）。除了这些之外，分形理论的一个更为重要的特点，是它把本就内蕴在古典几何和费氏级数中的一个特点凸显了出来，这就是自相似。

前面讲过，在古典几何中，五角星和黄金矩形内蕴着自相似；在斐氏数列中，对数螺旋内含着自相似。分形理论的自相似，显现出了一种生成的特征。这存在于古典几何中，但由于古典几何的静态特征而未被突出出来，在斐氏数列中有所强调，但被数列中各个数字的不同（1，1，2，3，5，8……）所冲淡。在分形几何中，由于数字变成图形（如在科赫曲线中，三角形数量不断增加，每次增加的全是自相似的三角形），自相似被显示出来。在古典几何如五角星和黄金矩形中，自相似是内缩的，因此它隐而不显，而在分形几何中，自相似是外扩的，其生长性得到了大大的强调。分形几何与斐氏数列都对数强调生成的无限性，但其生存演化

---

① 1 英尺＝0.3048 米

的方式是不同的，数列趋向的无限显示为天涯海角和太空浩瀚的茫茫无尽，分形虽趋向无限但明显地限制在一定范围之内，呈现为既向外扩张又向内深入的时空合一的微妙恍惚。更重要的是，数列中的自相似突出与近代精神相符的有规则的运动，分形中的自相似彰显与后现代相契合的无规则的破碎。因此，分形的自相似包含三种类型：一是精确自相似，即分形在任一尺度下都显得一样（由迭代函数系统定义出的分形几何通常会展现出精确自相似来）；二是半自相似，即分形几何在不同尺度下会显现为非精确的大略相同。半自相似分形几何包含整个分形扭曲及退化形式的缩小尺寸（由递推关系式定义出的分形通常是半自相似）；三是统计自相似，即分形几何在不同尺度下都能保有固定的数值或统计测度，是最弱的自相似。再做一下范式的比较，古典几何和斐氏数列中的自相似主要是精确自相似，而分形理论中的自相似则多为半自相似和统计自相似，正是在这两种自相似里，分形的不规则和破碎凸显了出来。而有了后两种自相似，分形的自相似作为一个理论整体都着上了不规则和破碎的色彩，呈现出五彩缤纷的分形世界：山脉、海岸、雪花、晶体、白云、闪电、向日葵、鹦鹉螺等。

然而，这些分形世界的自相似生成方式又有其自身的规律。这里以树木为例，树木生长，主要特点就是分枝。从分形模型来说，先找出单位长的枝干，成 120 度分成两枝，长度为原长度的 $\frac{1}{2}$，每一枝再按照同样方式继续往下分，如此反复（图 14-9）。

图 14-9　树木分形

如果长度简缩因数不是 $\frac{1}{2}$，选大一些的数，比如，0.6，这样，分枝之间的空间就会减少，直到最后分枝重叠。许多系统都一样，比如，排水系统或血液循环系统，如果我们问究竟在简缩因数为多少时，那些分枝刚好接触到对方，开始重叠，研究的结果是：刚好在简缩因数恰好大于黄金比例 $1/\Phi=0.618\cdots$ 时，会发生这种情况。因此这样的图形被称为黄金树，从分形理论的角度看，其分数维大约是 1.4404。

不规则碎片形不仅可以由线段组成，而且也可以由简单的平面图形，如三角形和正方形组成。例如，从边长为 1 单位长度的等边三角形开始，在每个角处接上一个边长为 $\frac{1}{2}$ 的新三角形，然后在第二代三角形没有与原来三角形接触的两个角处连上一个边长为 $\frac{1}{4}$ 的三角形，以此类推，若问简缩因数为多少时三个大的主枝开始接触，答案同样是：$\frac{1}{\Phi}$。再用正方形来建造相似的不规则碎片形，同样的情形就会发生：当简缩因数是 $\frac{1}{\Phi}=0.618$ 时，重叠开始。[①] 这意味着什么呢？从古典几何到斐氏数列再到分形理论，有一种内在规律在其中，而古典几何、斐氏数列、分形理论，只是这一规律的三种不同的面相。而这三种不同的面相，构成了世界上种种事物之为美的内在基础。

从几何比例到斐氏数列再到分形理论，是西方形式美在当代深入的表现，但分形理论主要是在"分"以及"分"之中数与形生成，突出的是实体的一面，而在这碎而又碎之中内蕴的视角变幻，则没有在形中得到凸显。在形的扩张中由大到小同时又由少到多的"分"呈现的是形的连续性前进和扩张，把分看成碎则意味着在由大到小又由少到多的分显示的是一种前进和扩张中的断裂。自相似作为分形的主要特征，从"分"的视点看，是同一事物自身基础上的不断增加和繁衍；从"碎"的视点看，是新的相似性事物不断地从自身脱离和断裂。分与碎的不同视点要组合起来，还要特别突出"碎"的作用（断裂为它事物），而且在"碎"之后"碎"还要与"分"形成一个关联整体，这就是内蕴着分形理论中的多元视点，这多元视点犹如埃舍尔（M. C. Escher，1898—1972）《解放》中的境界：

在图中，从底部的三角形始，白三角与黑三角是互含的，向上分形成鸟，白色鸟和黑色鸟在中间是互含的，最后，黑鸟与白鸟分断开，各自高飞。整个画中，下面呈现的分明是画，上面显示出的明显是现实。从下向上，是画变成现实；从

_____

① 参见［美］马里奥·利维奥：《φ的故事——解读黄金比例》，256—258 页，长春，长春出版社，2003。

上到下，是现实变成画。从分形的视点观之，可以说，分形的"分"与"碎"成为画中的虚与实。从这一角度来看，分形代表了形式美的一种当代转型，由西方实体理论转到有了一些虚实相生意味的理论。在埃舍尔的画中，黑与白又可以看成是光的作用。埃舍尔的画以及与其画相关的分形，就与光在当代科学中的进展关联起来，光显示了形式美中另一重要方面：色彩。

图 14-10　埃舍尔《解放》

二　光：波粒二象与色彩理论

西方的形式美理论有一个特异的现象，就是对色彩的忽视，以致色彩理论到后来才进入理论的主流之中。从几何比例到斐氏数列再到分形理论，形的内容都是"形"，而没有"色"的地位。希腊人是看重视觉的，但重视的是与视觉相接的"形"，而不是由视觉而来的"色"。

古希腊的人体美讲的是形的比例，而不是人的肤色和气色。柏拉图的"理式"强调的也是由心灵之眼看到的形式（form）。在从几何学中得来的西方科学型思维中，色不好把握，被排斥在本体思考之外。在古希腊形成科学的精确性倾向的思维模式中，毕达哥拉斯、柏拉图、亚里士多德和欧几里得的理论成果，完全与色彩无关。

在近代科学思想的形成中，哥白尼、伽利略、开普勒的发现堪称重要的科学发现，统统与色彩无关。牛顿的扛鼎之作《自然哲学的数学原理》也不涉及色彩。只是牛顿在完成了重力、运动、微积分等重大发现之后，才开始面对色彩理论的核心：光。[①] 希伯来文化是重视光的，《创世记》里说："上帝说要有光，于是就有了

---

① 牛顿在对光和色进行开创时，从一个拉丁词创造了 spectrum（光谱）一词。而这个拉丁词词根的原意是"幽灵"。

光。"但正如古希腊的光是日神阿波罗的阳光一样，光主要体现为眼看，进而在现象与本质的划分中，出现了心灵的看。在这样的看中（同时在地中海明媚的阳光中），光的自然方式未被突出，而光下的理性方式得到了突出，建筑和雕塑在阳光下呈现出色彩，但建筑和雕塑本身用的是本色，而理性体现在几何学的美的形体和抽象的形式上。

在基督教一统天下的中世纪，早期基督教教徒心目中的光也不是来自外部的，而是（按照基督教的教义）圣灵的外向表现，是沟通这个世界同其他世界的桥梁。光发自灵魂，是由此空间进入彼空间、从此时间进入彼时间的载体。中世纪的艺术家也认为，光是某种具有灵性的东西；它或表现为光环，或表现为内气的外溢。在《圣经》的字里行间中，光总带有神圣的气氛，甚至被认为谁的眼睛能够从字里行间看到神圣的灵魂，谁就能得到神佑。英语中的 gloss 一词兼有"光彩"和"注释"两个含义，这正反映出《圣经》的字句会有灵魂之光发出的看法。这个词出自拉丁语，在英文中得到了新的内容，即有了含义便会发光。此光是上帝透过《圣经》文字从字里行间中透出。光由内向外，不单照亮某页字句，而且穿透书册而出。白纸黑字，皆闪耀着灵光。英语中 glossary（词汇）和 glossy（光亮）两词同源，正是这一观念的体现。光不仅沟通灵魂，可从《圣经》的字里行间发出，还能穿透固体物质。哥特式教堂体现的正是光的这一特性，墙壁对光来说仿佛是多孔的，任光线穿越、弥散、变化、融合。①

文艺复兴把神学的内在的光变成科学的外在的光，乔托（Giotto di Bondone，1276—1337）重新恢复了欧几里得的空间观念，阿尔伯蒂给出了透视学的关键：没影点。皮耶罗·弗朗西斯卡从无光处的阴影区域来组织画面而强调了光的作用，卡拉瓦乔（Michelangelo Merisi da Caravaggio，1571—1610）已经得心应手地运用着由光贯穿其中的明暗法。在绘画演进推动下的光观念的演进，又体现为把光体现出来的颜料使用和颜料制作加以改进。在颜料制作方面，表现为颜料的介质由蛋清到油彩再到由化工行业而来的合成颜料的演进；在颜料使用方面，琴尼诺·

---

① 参见［美］伦纳德·史莱因：《艺术与物理学——时空和光的艺术观与物理观》，38—39 页，长春，吉林人民出版社，2001。

琴尼尼（Cennino Cennini）的《艺术的自由》（1039）列出了颜料准备和如何使用。绘画如何在焦点透视中体现光的"单一色差画法"，这一点被提出。阿尔伯蒂的《论绘画》（1435—1436）不但对焦点透视做了系统论述，而且对原色（红、蓝、绿、黄）做了亚里士多德型的定义，还提出色彩和谐（由此形成后来的色彩中的互补色理论）问题。卡拉瓦乔对明暗对照法有所改进，进而到达·芬奇创造了晕涂着色法，最后到提香那里，色彩具有了高于素描的突出地位。[①] 以上三个方面（颜料的物质制作、颜料的使用方式、光的观念）的关联演进，都围绕着焦点透视这一科学型的看的方式进行。牛顿则在焦点透视的精神中用科学实验来研究光而创立了色彩理论。色彩是由光的波长而来的，光谱从红到紫是连续不断的，被牛顿定为七色，因为他相信光的振动与声的振动相似，从而基色的数目应该与全音阶的七个音调对应一致。[②] 在这一意义上，西方七音阶的结构与音乐和谐的思想，决定了牛顿在对光谱进行分段时，把每一谱段的宽度对应于音阶中七个整数的比例：[③]

表 14-3

波长(mn)	800～650	640～590	580～550	540～490	480～460	450～440	430～390
色彩	红	橙	黄	绿	青	蓝	紫

对此的进一步研究，形成了西方文化三原色（红、黄、蓝），继而三间色（橙、绿、紫），进而六复色（黄橙、红橙、红紫、蓝紫、蓝绿、黄绿），形成有规律的12色相的色轮（应和着音乐中严整的12半音），再展开为千色万色。

然而，光的本质是什么呢？一种观点认为是波，别一种观点认为是微粒。牛顿赞成微粒说。即光是由微粒构成的，这些微粒从物体发出传到眼睛而形成颜色。尽管在微粒论中，有的观点认为光的微粒大小一样，不同颜色的微粒速度不同；有的

---

① 参见［英］特列沃·兰姆、贾宁·布里奥编：《色彩》，9—20页，北京，华夏出版社，2011。

② 参见［英］约翰·巴罗：《艺术与宇宙》，247页注，上海，上海科学技术出版社，2001。牛顿在1669年有关颜色的讲座和文章中，只描写了五种基色：红、黄、绿、蓝、紫。1671年才引进了合成色。橙与青似为后加上去的，目的是使颜色的总数达到7。他选择青作为一种独特的光谱色彩，无疑受到当时商业中某些突出事件的影响，印度染料（青色）在16世纪引入欧洲，此后得到了广泛应用。今天大部分科学家只有在色谱一览表中才会碰到"青"这个术语。

③ 参见［英］特列沃·兰姆、贾宁·布里奥编：《色彩》，61—62页，北京，华夏出版社，2011。

观点认为微粒的质量各不相同，因而有不同颜色的光，但在光的本质是微粒这一关键点上众多观点是一致的。

荷兰物理学家惠更斯（Christiaan Huygens，1629—1695）在1678年给巴黎科学院的信和1690年出版的《论光》中，提出了光是波的理论：波从光源传到眼睛。一个波的波前的每一点，都可以认为是新波的波源，而且这些新波均具有相同的振荡频率。如果没有障碍物，与特定的波前相关联的子波，只会在其前进的方向相干叠加。由此开始，一场关于光是微粒还是波的争论上演。最初的160多年的微粒论因牛顿的学术声誉和权威势力取得了压倒性胜利。

然而，经过惠更斯、托马斯·杨（Thomas Young，1773—1829），再到麦克斯韦（James Clerk Maxwell，1831—1879）的连续努力，光波论由弱到强，声势突起。最后爱因斯坦把波与粒子统一了起来：光同时具有波和粒子的双重性质。进而德布罗意（Louis Victor de Broglie，1892—1987）提出，一切物质都同时具有波与粒的特质。波粒二象性（wave-particle duality）的理论把光提到了与形一样的高位。由于光是在一系列艰难的战斗中达到顶峰的，因此，光带出了一种巨大的声势。在以形为主的传统观念的暗中影响下，在传统绘画的程序里，色彩是到最后才加到画面上去的。

要画一幅画，首先确定选题，接着拟定物体和构图，然后选定物体的表现层次、视角、透视。实施步骤是先画出草图，再完成黑白底稿，即用黑铅笔完成全图。底稿完成，然审视确定所有其他环节是否都已完成，在都完成后画家进行最后一步，即拿起调色板给画着色。[①]

而当光在科学上走向荣誉高峰的同时，在绘画里，五大画家为色彩的高位展开了斗争。莫奈，最先使观者从单纯的色彩本身感受到欢愉；修拉（Georges Seurat，1859—1891）创造出以纯粹的色彩小点排布构图的手法；高更（Paul Gauguin，1848—1903）用色彩表现情绪；梵·高赋予色彩以活力；塞尚，用色彩取代了线条、阴影和透视原理等关键成分。至此，好戏已经开场，接下来该是色彩的

---

① 参见［美］伦纳德·史莱因：《艺术与物理学——时空和光的艺术观与物理观》，198页，长春，吉林人民出版社，2001。

高潮了。当野兽派于 1905 年在巴黎"秋天"画廊展示新风格的时候，马蒂斯等人宣称：色彩在绘画的所有成分中是最重要的一项。他们进而认为：物体的色彩完全是任意的，而色彩本身就是绘画的目的，或者更直白地说，色彩乃画。在野兽派看来，画幅中物体的整体性、构图、主题和线条都是可以人为改变的：树木可以是红的，天空可以是紫的，人脸中间可以有宽宽的一道绿条。弗拉曼克（Maurice de Vlaminck，1876—1958）的话代表了色彩论者的激进态度：我们摆弄色彩，就和摆弄火药一样，目的是让它们轰轰烈烈地发出光来。①

波粒二象性作为一个具有普遍性的科学理论，在文化上促进了形式美中对色彩的重视，而且把色与形的关系做了更深的推进。与波粒二象性紧密相关且作为对其进一步说明的是，德国物理学家海森堡（Werner Heisenberg，1901—1976）在 1927 年提出的测不准原理（Uncertainty principle）。"该原理表明：一个微观粒子的某些物理量（如位置和动量，或方位角与动量矩，还有时间和能量等），不可能同时具有确定的数值，其中一个量越确定，另一个量的不确定程度就越大。"②丹麦物理学家玻尔（Niels Henrik David Bohr，1885—1962）支持测不准原理，同时又对之进行补充，在 1928 年提出了互补原理。"其基本思想是，任何事物都有许多不同的侧面，对于同一研究对象，一是承认了它的一些侧面就不得不放弃其另一些侧面，在这种意义上它们是'互斥'的；二是，那些另一些侧面却又不是完全废除的，因为在适当的条件下，人们还必须用到它们，在这种意义上说，二者又是'互补'的。"③波粒二象性、测不准原理、互补原理，在提高光的地位的同时，也改变了对色与形关系的认识，而且可以改变对形和色的认识，对于分形来说，我们不仅应看到实的数和形，而且要看到在突出数和形的时候被遮蔽的东西，这样才能把分形的意味更深地和互补地敞亮出来。

对于色来说，波粒二象、测不准、互补这三大原则，在提高其地位的同时，又把对色的观察从静止转变为动态。静止的定点带来日常的清晰性（如古典油画）

---

① ［美］伦纳德·史莱因：《艺术与物理学——时空和光的艺术观与物理观》，201 页，长春，吉林人民出版社，2001。

② 百度百科"海森堡测不准原理"，http：//baike.baidu.com/view/5109142.htm，2017-09-12。

③ 百度百科"玻尔"，http：//baike.baidu.com/view/19559.htm，2017-09-12。

但不是科学的全面性。若不从转变观点而从多元视角去看，色会成什么样子呢？这就是各式各样的现代画派中呈现出来的五花八门的色彩。若用动的视点去看事物之色，这视点之"动"在接近光速时会产生什么样的效果呢？

当一个人在一辆以接近光的速度行进的火车上看事物时，物体在他看来带有何种色彩取决于光和火车的相对运动。从接近光速的火车尾部看去，远离而去的草会呈现为红色而非绿色，反之，迎面而来的草看上去会带上蓝色，至于从侧面看，草色会呈现位于光谱中段的黄、橙、绿诸色调。所有这些色彩的变化，都是速度的增加造成空间严重收缩所致。当火车达到光速时，前与后之景物变成一体，故所有色彩都将合聚到一起。

我们不妨再信马由缰地让想象驰骋一番，设想一下一个无限薄的扁片以光运动时，该呈现什么色彩。白光带有光谱中的所有色彩，因此有理由设定在光速这一数值上，色调只会呈现为清一色的白。不过，从小我们便知道，如果把所有色彩掺和到一起，得到的是乌突突的灰褐色，因此我们也有理由认为此时的空间会呈现这种色彩，黑色表示没有光，它是唯一不会因速度达到光速而变化的色调。那么，在光速下扁片可能呈现的色彩只有白、黑、灰、褐这几种中性色调，我们看不出与彩虹包含的色彩有任何关联。

立体画家毕加索和布拉克（Georges Braque，1882—1963）虽然不知道这一科学性极强的内容，但他们在绘画创作中，减少了色彩的数量，不像野兽派那样色彩斑斓，而基本上只用"四色"表现自己的新空间；这四种颜色就是白、黑、褐与灰，正是以光速运动的观者可能看到的色调。

立体派把阴影的一致性也消除了。按照牛顿力学的范式，物体的阴影必然位于光源的对面；对这一法则的任何改变，都将带来绝对空间、绝对时间和相对性的光三者是否正确的问题。如今立体派不考虑光源位于何处，径自将阴影或东或西地涂在各个小图块上，这让观者重新考虑"光投下影子"这句话是否真的有什么意义。绘画中有一种光色立体感技法，其表现原理是光色强的物体看上去要比光色暗的物体显得近些。布拉克在自己的不少画作里却反其道而行之，比如，画一个苹果，文艺复兴时期的画家会在苹果的最临近观者的位置上添上一点白色，然后使苹果的光色在移向边缘时逐渐减弱；布拉克则在应当点白的位置上点些黑，然后让光色在移向外缘时不断加强。阴影变得无序，长度变短，纵深感不一致，这些都忠实地表述了物体阴影在观者接近光速时大概会呈现的样子。①

现代科学改变形式美在色彩上的物理前提，是不仅黑、白、灰、褐四色显现出了自己的重要性，而且红蓝的冷暖发生了逆转。牛顿《光学》(1704)认为，在光带诸色照向物体时，最暗而力量最弱且最容易被偏折的是紫色，紧靠紫色的蓝色性质略同。最大而力强且偏折度最轻的是红色，棱镜对它们的偏折程度最轻。自此以后，蓝冷红暖成为知识定论。

19世纪中叶时，本生灯②的出现和普及改变了这一观念，本生灯能产生带有红、橙、黄、蓝等色调的火苗，蓝色火苗最为炽热，从而火苗中能量最高的是蓝而不是红。在此之前，里特尔(Johann Ritter)发现"黑光"，位于光谱的蓝紫一端（因此又称为紫外光），其热能升高水温，灼伤皮肤。在麦克斯韦的电磁波座次表上，一端是高能量的伽马射线，另一端是蜿蜒的无线电波，电磁波的波长越短，能量就越高，恰恰与传统的光色能量座次相左。紫外光邻近蓝而波长更短，因此有邻近红光而比红光波长更长的红外光，它有更强的能量。天文学上呈现了与麦克斯韦公式一样的现象：最炽热的恒星年轻而光色白中透蓝。如黄道十二宫的金牛座的昴星团内就有一大批这样的星星。同时，像参宿四(猎户座 α 星)这类红巨星光色发红，却是老而冷的星体。

多普勒效应③与爱因斯坦相对论结合的结果告诉人们，当物体以接近光的速度冲向观测者时，其光色要带上蓝色调，远去时则带上红色调。从而红色代表膨胀，代表远离；蓝色则代表收缩，代表接近。正如星系的红移确凿地告诉人们，宇宙正处于膨胀之中。这样一来，在新物理学中，蓝色乃火的光色，红色属冰的

---

① 以上段落是对[美]伦纳德·史莱因：《艺术与物理学——时空和光的艺术观与物理观》，长春，吉林人民出版社，2002，第222—223页的内容照抄，中间词汇依文意略作改动。

② 此灯为德国化学家本生(Robert Wilhelm Bunsen)装备海德堡大学化学实验室而发明的用煤气为燃料的加热器。先让煤气和空气在灯内充分混合，从而使煤气燃烧完全，得到无光高温火焰。火焰分三层：内层为水蒸气、一氧化碳、氢、二氧化碳和氮、氧的混合物，温度约300℃，称为焰心；中层煤气开始燃烧，但燃烧不完全，火焰呈淡蓝色，温度约500℃，称还原焰；外层煤气燃烧完全，火焰呈淡紫色，温度可达800~900℃，称为氧化焰，此处的温度最高，故加热时利用氧化焰。该灯以本生命名。

③ 多普勒效应是由奥地利物理学家、数学家多普勒(Christian Johann Doppler)提出(1842)和命名。这一理论的主要内容为：物体辐射的波长因为波源和观测者的相对运动而产生变化。

光色。正好与古典光色理论相反。当欧洲大大小小的化学实验室都装上了本生灯时，法国印象派也发现了蓝色有令人兴奋的力量。在科学与艺术的结合上，新的蓝颜料也在化学实验室里制造出来了。因此，无论在艺术领域还是在科学领域，蓝色一跃而成为艺术的主色。

蓝色在被莫奈、高更和梵·高用来表现高能量状态之后，逐渐占据了一幅又一幅 19 世纪末叶画作的中心地位，蓝色占领画布的趋势虽然开始很艰难，但很快就如德加(E. Degas)画中的轻快旋转的舞女，漂亮而迅速，蓝色以巨大的活力在野兽派作品中迸泻而出，表现在树上、面孔上、草地上，或其他任何物体上。毕加索甚至选了这一具有高能量的蓝色作为自己整整一个艺术时期的色调。[①] 在 20 世纪中期，凯利(Ellswo Kelly)发表了绘画作品《蓝、绿、黄、橙、红》(1966)，以人们熟知的彩虹为主题，但其排序却是蓝色在先而红色在最后，与古典光学和画学中的排序正好相反。[②]

现代色彩学与古典色彩的又一个反转，是从纯然客观型到主客互动型的转变。现代色彩学已经深深地认识到：从光到色不仅是一个纯客观的结果，而必须加上作为主体的人的作用。光呈现什么颜色，除了受固定波长和光的散射效应的影响之外，还在于人的视网膜后面的感光细胞：一是杆状细胞，一是锥状细胞。前者用于夜间微弱星光下的视觉调整，后者用于白天一般日光下的视觉调整。杆状细胞极为敏感，发出信号，对单一的光子进行吸收。锥状细胞有红、绿、蓝三种，因每种细胞含有的一种色素优先吸收光谱中一个区域的光(短波长光、中波长光、长波长光)而得名。感光细胞产生信号，传给双极细胞，再由双极细胞传给视网膜神经节细胞，又通过视神经将视觉信息传送到大脑，传递过程全是通过神经脉冲实现的。人体视觉器官的一整套程序(包括对颜色进行编码等)，使得具体的物体在人眼中呈现出色彩[③]。而仅仅以草为生或以肉为生的动物，由于没有人的这一套器官装置，一般都是色盲，[④] 物体对于它们无所谓色彩。

636

---

① 参见［美］伦纳德·史莱因：《艺术与物理学——时空和光的艺术观与物理观》，210—211 页，长春，吉林人民出版社，2001。

② 参见同上书，213 页。

③ 参见［英］特列沃·兰姆、贾宁·布里奥编：《色彩》，85—104 页，北京，华夏出版社，2011。

④ 参见［英］约翰·巴罗：《艺术与宇宙》，252 页，上海，上海科学技术出版社，2001。

在现代科学进展氛围中的三种色彩现象，与相对论同调的白、黑、褐、灰作为基本色的出现，与本生灯同趣的红冷蓝暖的色序，与人的视觉器官构造紧密相连的主客互动而来的色彩，显现出了与古典理论的对立。但如果从波粒二象、测不准原理、互补理论的角度去看，现代色彩现象与古典色彩现象，既是一种对立，又是一种互补。对立在于两者选取一个固点的视点立论，互补在于两者的视点是移动的。

三　光、场与虚实结构

相对论把时间带进空间，不仅是从时间的移动中去看物体和景色，而且设想在光速下去看物体和景色，这时人们眼中出现的视觉画面就产生了完全不同于焦点透视画中的变化。与科学演进大致同时的艺术演进呈现出同样的境界：杜尚的绘画《下楼梯的裸女》（1912），呈现出了具有时间连续状态的空间，在毕加索《我的漂亮宝贝》（1911）一画中，物体的各个视觉小块，无论是前面的、后面的、顶上的、底下的，还是侧面的，都同时跳将出来，扑向观众的眼睛；在马格利特（G. Magritte）的《比利牛斯山脉的城堡》（1959）中，建有城堡的大山漂浮在半空中，牛顿力学失去了作用；在卢梭《岩石上的男孩》（1895—1897）里，不但人与山岩没有了焦点透视的几何关系，没有了空间的力学关联，而且人与山的背后是一片空白，呈现出一种绘画的虚实结构。形式美，除了要求有形体的比例、色彩的组合结构外，还要有一种虚实的整体结合。这一整体结构的哲学基础，在古代是由原子和虚空而来的宇宙观，在近代是由万有引力而来的宇宙观，在当代则是由相对论和量子论而来的宇宙观。前两种宇宙观都强调实体，而在相对论和量子论里，虚得到了突出。相对论呈现了时间与空间合为一体和物质与能量相互转化的世界图景。量子论呈现出了场与粒子统一的图景。在相对论中，把时间、空间、物质、能量这四大因素统一起来的是光；在量子论中，把宇宙的四种力中的三种力统一起来的是场。在相对论和量子论之后，爱因斯坦、麦克斯韦、海森堡、泡利等把宇宙的四种基本力统一起来的重要概念，也是场，在这一意义上，可以说，光与场，决定着新型的虚实相生的宇宙图景。

光，既可以是粒子，也可以是波，前者为实，后者为虚，但作为虚的光体现为波，可以波长来测量，又体现为色，特别是光与时间、空间、物质、能量关联起来形成一种新的图景，在其相互转换之中，时间和能量都具有虚的性质，而这种虚又从空间之中的物体和物体所在的空间中体现出来，因此，世界是一个虚实相生的世界。空间—物体所体现的光、时间、能量都是一种虚的境界。在这一意义上，"上帝说要有光，于是就有了光"，就有了物理学中、现实中、艺术上五彩缤纷的颜色呈现。

场与粒子，在电子论中构成基本的存在，其结构类似于古希腊哲学讲的原子和虚空，但是在原子和虚空里，原子是重要的，虚空只是原子在其中的活动场所，而在电子论的场与粒子中，场是最重要的，比如，作为粒子的"电子和正电子的出现，是电子场的激发，电子和正电子的湮没是电子场的退激。可见电子和正电子是电子场派生的，它们对于电子场来说是第二性的"[1]。我们再把时空连续体、质能等效体、波粒二象性结合进来看场与粒子的关系，可以说，量子场是存在的基本形态，它既具有微粒性又具有波动性，且有多种运动状态，主要体现为两种：各种激发态和非激发态。"各种激发态的量子场，代表在各种运动状态下的粒子系统，量子场激发态的出现，代表着通常实粒子（相对虚粒子而言）的产生。量子场激发态的消失，代表着实粒子的消失。实粒子的消失，只是表明量子场激发态消失了，而不是量子场这种客体本身消失了，作为物质客体的量子场还存在着，不过这时量子场是处于能量最低的非激发态，也就是说处于基态罢了！"[2]场为虚，粒子为实，但"量子场是基本的，实物粒子是场派生的、从属于场的，实物和场获得了高度的统一"[3]，这形成了以场为主体的虚实相生的结构。

在微观世界的量子论里，场得到巨大突出，在宏观世界中，相对论也把牛顿的万能有引力变成了引力场。万有引力，已经不是牛顿力学中的具有独立性的物体之间的吸引或排斥，而是在时空合一和质能等效的场效应中，由物体质量作用于时空，使时空发生弯曲之后的结果。靠近有质物体的时空，其形状会发生弯曲。

---

① 薛晓舟：《论量子场论的物理世界图景》，载《周口师专学报》，1994 年第 2 期。

② 同上。

③ 同上。

三维世界里的重力，实际上是四维世界里靠近有质物体的弯曲时空相互作用的结果。质量与时空在相互作用中会以一种什么样的形状呈现出来，这可以在广义相对论的场方程中得到正确的呈现。①

在光和场于现代物理世界中占了主导作用的今天，我们再回头望去，从古希腊到近代再到现代的西方思想演进，可以看成是从实体世界到虚实相生世界的演进。在古代的形式美中，形之美体现为比例（logos）和理式（form 或 idea）。虽然前者重几何性的"数"，后者重本体性的式，但数与式都具有实体性。在这一意义上可以说，古代的形式美是实体性的。在近代的形式美中，形之美以两种方式显示出来：一是数列所代表的数的规律，二是万有引力所代表的力的规律。在这两个方面中，数是抽象的又是实体的，并且体现在具体实在的形体之中；力是虚的但被假设为以太，又以物理定律的方式显示出来，尽管这样，力虽然以以太作为实体，但主要体现为功能，具有了虚的性质。在这一意义上，数与力，一实一虚，显示了形式美的质的变化，具有了一种虚实结合的意味。进入当代，光的波粒二象中的波的性质被确定了，被牛顿假设为万有引力（以及作为波）的传播媒介，以太被否定了，量子场的性质突显了出来。整个宇宙在科学掌握的范围内，成了一个以虚为主，虚实相生的宇宙。而且物理学在用已有的知识体系去看世界的时候，还发现了"虚"的新形态：暗物质和暗能量。

瑞士科学家扎维奇（Fritz Zwicky，1898—1974）在 20 世纪 30 年代初发现，星系团中星系的随机运动速度相当快。根据位力定理，随机运动的动能应等于势能的一半，这说明星系团的引力势能相当强，但是根据观测到的星系亮度来推测星系团的质量，其引力势能似乎不应该这么高，这说明星系团中存在着大量未被观测到的物质。60 多年之后，科学家把这种看不见、难以解释且不同于人们所熟知的普通物质形态的物质，称为"暗物质"（dark matter）。在 20 世纪 90 年代末，科学家发现，超新星的变化显示，宇宙膨胀速度非但没有在自身重力下变慢反而更快，很明显，这里存在一种人类还不了解、还未认识到的继目前物质的固态、液

---

① 参见［美］伦纳德·史莱因：《艺术与物理学——时空和光的艺术观与物理观》，392—394 页，长春，吉林人民出版社，2001。

态、气态、场态之后另一种物质状态，这就是上面讲的暗物质，正是在这种暗物质的推动下，宇宙的膨胀变快了，这种暗物质发出的能量，由于不可见而称为暗能量(dark energy)。现代天文学通过引力透镜、宇宙中大尺度结构形成、微波背景辐射等研究以表明：我们目前所认知的部分大概只占宇宙的 4％，暗物质占了宇宙的 23％，还有 73％是一种导致宇宙加速膨胀的暗能量。如果以目前我们所认识的物质为实，以暗物质和暗能量为虚，那么，宇宙是一个虚实相生的结构。

如果说，暗物质和暗能量是一种未知之虚，那么，天文学中的黑洞则是一种已知之虚。一颗恒星在走向衰老的过程中，其热核反应已经耗尽了中心的燃料(氢)，由中心产生的能量已经不多，其核心再没有足够的力量来承担起外壳巨大的重量。在外壳的重压之下，核心开始坍缩，直至形成体积无限小、密度无限大的星体，其质量极大而体积极小，使得光都无法从中逃逸。从而对于外界的观察者来说，该类星体是完全看不见的，只有从其引力中才能辨出它们的存在。对于观察者来说，这些天体黑洞确实存在而又完全看不见，虽实而虚，正如微观世界里的测不准的量子区。在物理世界中，宏观世界的黑洞区和微观世界的量子区，形成了两个虽实而虚的区域。因此，世界构成了三大区域，一是可以定位的由原子、脱氧核糖核酸、细菌、昆虫、植物、人类、树、流星、小行星、恒星、星系等构成的物体区，二是测不准的量子区，三是看不见的黑洞区①。前者为实，后两者为虚。这也是一个虚实结构的宇宙。

物理学从近代向当代的演进，使西方整个世界图式发生了巨大变化，呈现出如下特征：第一，以前实体性的物体，现在演进成了具有波粒二象即虚实合一的质能体；第二，质能体在时空之中并与之互动(赫拉克利特的变化论和巴门尼德的不变论在现代物理学得到了新的统一)；第三，质能体做怎样的呈现，是与存在于时空中的观察者联系在一起的，观察者是在不同的空间点和不同的时间(常速或光速)点去看的；第四，质能体不仅处在一个已知的世界之中，而且存在于一个已知和未知共存的结构之中，包括物质与暗物质，能量与暗能量之间的关系。由于这些特点，作为质能体的物体在天地间时空中，呈现了混乱与秩序同时存在的共生

① ［英］约翰·巴罗：《艺术与宇宙》，79 页，上海，上海科学技术出版社，2001。

关系，显现出了决定论的不变性与混乱的无常变化共在的情景。以上特点，充满了多种多样的虚实相生状态。这种虚实相生，成了形式美的一种结构方式。

当代的形式美，分形呈现"形"方面的形式美原则，光形成"色"方面的形式美原则，而以光和场为代表的虚实相生，则形成了结构上的形式美原则。这三种形式美，决定了事物能够被感知为美的宇宙论基础。

第三节　形式美：全球化美学对话中的走向

西方美学中的形式美在当代的演进，表现在形的原理、色的原理、结构原理三个维度上，一方面它与西方古典形式美形成一种对照，显现出了西方美学在形式美上的丰富性；另一方面它又与其他文化，特别是中国文化和印度文化的形式美形成一种对照，让西方美学与非西方美学在这一题域里形成一种对话关系。不同文化在全球化时代的对话，对于世界美学的重构，具有重要意义，可以说，正是这一对话，构成了西方美学走向全球化的基础。而一旦把西方形式美放在与中国、印度的文化对比中，可以显现出，形式美又显现出了新的面貌：第一，外在的形状和色彩，可用"形"来总称；第二，内在的结构，可用"式"来命名。但当西方形式美的内在结构，由实体性的比例和数列这样完全的实，进入虚实结构时，"式"就包含了两方面的内容：实和虚。这样，形式美实际上包括三个方面：一是由外在的形色构成的"形"；二是由内在结构之实的一面形成的"式"；三是由内在结构虚的一面形成的东西，可以用"能""场""暗"来体现。能、场、暗，是由三而一的东西，正好与印度的空和中国的气相契合，从而在全球化的美学对话中，显现出形式美是一个三层结构。下面我们就从这三层结构，来看中西印文化中形式美的异同，并在中西印的对话里，探索形式美的多样性与统一性。

一　形式美的外在之形：中西印的同与异

关于形式美的外在方面，西方美学突出的是"形"，印度美学看重的是"色"，中国美学彰显的是"象"。

形式美的外在方面，应包含事物的色、声、味等一切方面，但西方的形式美的外在方面，正如其名称形式（form）所标示的那样，其关注点是外在之形，西方的形式，首先看重的是视觉和听觉，在这两个高级感官中，视觉在哲学和理性的进展中显得更为重要，本来是心灵的东西，柏拉图也要用"心灵之看"来表述。而视觉，则重"形"而轻"色"。这与西方自古希腊开始的实体性思维有关，物体之形在视觉的形状（外形）和式（比例和数列）中，都可以实实在在地做理论的把握，而色就比较难以把握，当现代性在西方崛起，必须从理性上对来自上帝之光的色彩进行把握之时，西方文化创造了实体性的焦点，把人固定在一点上，再用取景框划定一个范围，色彩就被油画型的眼睛固定了下来。在这一方式中，色彩理性地呈现了出来，然而是以"形"的方式获得的，因此在理论的层面，关于外在之形的美叫形式美，特别是与非西方文化比较起来，它突出的是形。在当代形式美中，色已经有了自己的固定地位，但由于进入中心较晚，名称已被先占，于是只能把自己的内容添加到原有的名称上去。外在之形，包括形和色两个方面，但在概念上，还是保持了原来只突出形的形式美理论。

印度文化形式美的外在方面，突出的是 rūpa（色）。西方人面对这一梵文，力图从印度哲学的整体出发，并按照与自己哲学结构相对应的方式，来进行译释，因此，《简明梵英哲学辞典》译为"form（形式，重点在式）；aggregate（聚合，印文本义重在缘会）；body（实体）；matter（物质）；sight（视觉）；color（色彩）"①等词。前四词都与形式的内在"式"相连；后两词是从主客两方面讲的，从主体来说更强调视觉，而在视觉中又强调色彩。这正与西方美学在视觉里强调的形状形成鲜明对照。而中文按照印度语原义把 rūpa 译为"色"，色不但指色彩，又用色彩代全体指色、声、臭、味、触等外形的全部，进而代表整个现象界。在印度哲学里，宇宙间的一切，可以用两个概念来表达：色，指现象世界；空，指世界的本质。整个宇宙构成了一个色空结构。为什么印度人的形式美要用"色"而不用形呢？因为

---

① John Crimes，*A Concise Dictionary of Indian Philosophy：Sanscrik Terms in Defined in English*，NY，State University of New York Press，1948，p. 258.

印度人的宇宙是由作为宇宙本质的神（理性化之后为梵）幻化出来的，世界由梵幻化出（称为幻化）又回归到梵（称为幻归）。现象界在本质上为幻，是空性的。要从本质上把握这个空性的和幻性的世界，最好的词是什么呢？当然是在现象上不断变化而难以固定的"色"了。正如"形"最能表达西方实体性的宇宙，"色"最能凸显印度空幻性的宇宙。

中国文化形式美的外在方面，突出的是象。在中国文化中，关于事物的性质，有四个概念对它进行整体的把握，形、象、质、气，前两个是外在的，后两个是内在的。外在的形与象，存在于一切事物中，但宇宙之物，又可分为两种：静态的（如地上的山河动植）和动态的（如天上的风云雷雨），前者"形"很突出，后者"象"很明显，《周易·系辞上》说，"在天成象，在地成形"，就是对这一物性两分的概括。就静态的事物来讲，它包含着形与象；就生命体如人物来说，形是固定的，如人身有多高，眼睛有多大；象是固定中的动态，如身段和眼神里表现出来的神、情、气、韵。就非生命体的器物来说，器物都是由虚和实两个部分结合而成的，《老子》举了三个例子来讲中国事物的这一虚实结构："三十辐，共一毂，当其无，有车之用。埏埴以为器，当其无，有器之用。凿户牖以为室，当其无，有室之用。"车轮正因为有辐条中间的空格，开动起来才方便，才成为车轮；器皿正因为中间是空的，才能用来盛东西，才成为器皿；房子正因为有门和窗的空，才有房屋内外的空气流通，才成为房子。事物都由虚实两部分构成，但虚是本质性的。因为房子中的门窗是空的，屋内之气才与天地之气浑然一体，这些虚实结构才构成屋在天地间的活生生的存在。在器物的两部分中，实的部分是固定的，可以测量定位；虚的部分一方面由实的部分显出，另一方面又是器物中带有本质性的部分，因为中国文化不把某一事物与天地隔绝开来认识，而是相互联系起来认识，比如，老子讲的房屋，如果没有天地之气通过门窗而内外流动，房屋就不成为房屋。因此，在概念的把握上，我们把器物的实的部分称为形，把虚的部分称为象，这就是《周易·系辞上》讲的"见乃谓之象，形乃谓之器"。"见"在这里，包含主体看见之"见"（看见了本质）和客体出现之"见"（现），即客体的本质呈现了出来。在中国文化中，象既是事物的外在之形状，又是形中呈现出本质的部分，即形状中突出"状"的那部分，这正对应于西方形式美所要求的由外形呈现出来的

"式"物之"象"，正是"象"才通向事物内在的本质。中国文化在讲到存在于和显露于外形中的本质时，都用"象"。如《尚书·说命上》中，有"乃审厥象"，要"审"的是事物之"象"。《周易·系辞》中有"仰则观象于天，俯则观法于地"。"象"与"法"互文见义，通过"象"直接达到事物之"法"（规律）。因此，面对自然山川，郭璞《山海经序》说要"触象而构"；面对人工之物，《系辞上》讲要"制器尚象"；面对哲学之卦和文学之作，理论家讲要"由言人象"等。在事物的形象中能从"形"看到"象"，才算进入观物的正途之中，得《系辞上》所说的"立象以尽意"之道。中国文化在物之外在上认为，"形"不重要而"象"才重要。

二　形式美的内在之实：中西印的同与异

在形式美内在的虚实结构中，虚的一面首先要从实的一面体现出来，然后虚的一面与实的一面一起从外在之形上体现出来。暂不从虚的一面，而只从实的一面与外形的关系来看，形式美实现了由内实之质到外在之形的演进，由此可以说，实的一面构成了形式美的基质。如果说形式美的虚是根本的，由虚入实则是很重要的，而入实首先要形成基质，也可以说，事物之为事物，是由于实体性的内质和外形的合一来完成的。而具有怎样的基质，决定了形式美的形成，也决定了事物的文化特性。

中西印在形式美的内在之实即基质上，是怎样的呢？

西方文化对于事物基质的理解，也许与远古的印欧起源有关，也许同古希腊与东方思想的互动有关。关于基质，古希腊形成了土、水、火、气四元素，再加上亚里士多德提出的以太，构成五元素，这一思想在中世纪神学的框架中仍然存在。近代科学出现之后，基质就变为在实验室中可以进行分解组合的原子、分子（它们在数学、力学、化学、生物学诸规律下进行多样演化，进入各学科有秩序的基本范畴之中，成为科学世界观中的基质）。近代科学中的原子和分子都可以归为静态的基质，现代科学的基质由原子进入粒子之后，静态动了起来，实体虚了起来，基质成为在四种力（重力、电磁力、弱力、强力）的作用下的质能体和时空体。

这样，西方文化中的基质可分为粒子、原子、分子。三者又包含两个层面：粒子为一个层面，以虚为主，以动为主；原子和分子为另一个层面，以实为主，以静为主。这就是说，粒子进入原子、分子层面，虚变得实起来，动态又转为静态，这些基质才能进行科学性的把握。因此，西方文化虽然在本质层面已经重视虚实结构中的虚了，但在具体成物的层面，还要强调虚实结构中的实。由于当代形式美已经进入质能体和时空体中，原子和分子之实已经不能完全体现基质了，原子和分子作为质能体和时空体已经包含虚和动。但对于这一虚实结构，基质在讲实时，还要用到原子、分子。基质自古希腊以来的完全为实的内涵会对其理解产生影响，特别是在进入具体事物的内容之实时，比如进入分形之数和色彩的三原色时，实中的虚更不容易在理解中被带进去，而古希腊以来的实体思维和近代以来的实验室思维，在进入实的一面时进行思维，虚也不容易被带进去。因此，西方之实往往与虚形成不同的层级，粒子为虚的层级，原子和分子为实的层级。因此，形式美内在之实的一面，就是指原子、分子，以及由之形成的具体类型之质，如在形上有中观层面的比例、数列和微观层面的分形；在色上有中观层面的三原色、七基色和微观、宏观层面的白黑灰褐基色和红冷蓝暖色序。

印度文化中事物的基质是"四大"：地、水、火、风。世界万物，都是由"四大"构成的。《吠陀经》中的地、水、火、风与神关联有重要的作用，《奥义书》中地、水、火、风与其他元素一道进入哲学化的重要元素之中，"四大"在顺世论哲学、胜义论哲学和佛教哲学中，占有重要地位，同样存在于耆那教哲学和吠檀多哲学中①，形成了印度哲学中关于事物基质的基本结构。宇宙的本原是梵，是神我，是佛性等，总而言之，是空，由本原而来的宇宙，从空幻出实，形成地、水、火、风四大基质，再由四大的各种各样的组合构成宇宙万物之品类，各品类再衍生出次级以及更次级的品类，形成宇宙万物。从实体方面讲，地、水、火、风成为基质，因此称为四大。四大是有结构的，正如"四大"未定型时，《吠陀经》中原人的结构有多种关联，如原人的足、腿、臂、口关联到四个种姓；足、脐、头关

---

① 参见姚卫群：《印度古代哲学文献中的"四大"观念》，载《西南民族大学学报（人文社会科学版）》，2012年第8期。

联到地、空、天三界；胸、眼、口、气关联到日、月、雷、风等。当四大定型以后，事物的结构就为四大的结构所规范，如在佛教中，就人而言，人足是地，双腿是水，身躯是火，头部是风；就佛塔来讲，基台是地，覆体是水，平台是火，顶盖是风。然而，尽管四大可以成物，但由于宇宙的本质为空，因此，理解四大皆空是理解印度文化中宇宙基质的重点。正因为四大皆空，人之在世，才要解人生如梦，色即是空。塔立大地，象征的正是佛教的具有空性的终极理想——涅槃。

在中国文化中，宇宙的基质就是由气而来的阴阳五行。宇宙万物，都是由阴阳五行结合而来，就人而言，刘邵《人物志》讲人的结构是"含元一（即气）以为质，禀阴阳以立性，体五行而著形"。虽然再进一步细分，人的结构可为"九征"：神、精、筋、骨、气、色、仪、容、言。这里，九征之"征"（九征之一的气，不是宇宙本质和人的本质之气，而是表现于外的气色），朝向人体的现象特质，可以归结为三类：神与精一类，属神；筋与骨一类，属骨；气、色、仪、容、言一类，属肉。人体特质有了神、骨、肉的结构，再简括一下，可以为形、神。但从本质来讲，人是一个气、阴阳、五行结构。而从现象上看，人是怎样的人，要从九征中对每一征的考查，如神的平陂、精的明暗、筋的勇怯、骨的强弱、气的静躁、色的惨怿、仪的衰正、容的态度、言的缓急，去总结此人的个性是怎样的。从本质上看，阴阳五行是决定九征的，五行是人体的木、火、土、金、水，对应着生理的骨、气、肌、筋、血，联通着性格的弘毅、文理、贞固、勇敢、通微，还与社会品质的仁、义、礼、信、智相连。因此，阴阳五行成为中国宇宙中万物的基质。从阴阳五行之"行"可以知道，中国文化中作为万物的基质，是动态的，气的流动同时就是阴阳大化。但在大化的动态中，宇宙万物又通过基质关联在一起，正如五行表所示：

表 14-4　五行表

各类 总性	声	色	味	季节	方位	位置	情	内脏	道德	神	帝
木	角	青	酸	春	东	左	怒	肝	仁	句芒	太皋
火	徵	赤	苦	夏	南	上	喜	心	礼	祝融	炎帝
土	宫	黄	甘	长夏	中	中	思	脾	信	后土	黄帝
金	商	白	辛	秋	西	下	忧	肺	义	蓐收	少皋
水	羽	黑	咸	冬	北	右	恐	肾	智	玄冥	颛顼

表中各类事物，都因五行关联在一起，阴阳五行是中国文化中万物的基质。

三 形式美的内在之虚：中西印的同与异

关于形式美的内在之虚的一面，西方美学突出"能""场""暗"，印度美学看重"空"，中国美学彰显"气"。

西方文化内在之虚，由"能""场""暗"表示，体现了三种虚的状态。任何事物都是一个质能体，质是实，能是虚。也可以说，"能"是实的一面产生的功能，是质的动态表现，因此，能主要体现为一个事物内部之虚。任何事物都有一个特定的作用空间，这一特定空间决定了此事物的"场"。在这一作用场的空间里，不仅此事物发生作用，而且此事物与在此场域中的其他事物相互作用。如果说能是从一物自身来讲功能，那么，场则是从一物所在的空间整体（包括与在此空间的他物的相互作用）来讲功能。能是从物体来讲虚，场是以整体（包括物物之间的关系）来讲虚。事物在自己所关联的空间场域内的作用和互动，充满了虚。但这些虚都是可以明晰地定位和清楚地讲解的，这是西方由实体演进到功能这一路径的特点。"暗"，是在场之中可以感觉到但不能确切地定位和明晰地讲解的东西。比如，看不见的暗物质之暗，摸不着的暗能量之暗，这两个暗是虚。如果说场是一个整体以及这一整体中的相互作用，那么，暗则是一个更大的整体，这里的"更大"指在广度和深度上都超出了场的范围。因此，西方形式美内在之虚的三个概念，"能""场""暗"，呈现了虚的三种形态和三种范围。这三个词，正是"暗"之虚，与中印文化有深深的契合，同时又有深深的不同。

印度文化的虚，由空（śūnyatā）来描述。印度之空，不但在本体论上是事物的来源和归宿，即事物由空而生，物亡之后又回归于空，而且在事物产生之后、生成之中，一直有空伴随其间。印度文化与其他文化的重大差异之一，是特别强调事物之为事物的三阶段的循环：产生、持续、毁灭。印度教的三大主神：梵天、毗湿奴、湿婆，正是代表这三个阶段。梵天是创造之神，象征着事物的产生（to live）；毗湿奴是保持之神，象征着事物的保持（remain）和持续存在（abide）；湿婆是毁灭之神，是产生（to live）的反面，是 no live（事物的死亡）。佛教既讲成、住、坏、空四段，也讲成、住、空三段。三段把住、坏合为住，正好与印度教相合：成即生，住即保持，空即毁灭。印度文化以三大主神来象征宇宙中的事物（包含宇宙本身）都具有的三个阶段，这是基于另一个更为基本的观念：宇宙的空幻结构。宇宙中的一切，都是由宇宙本质幻化出来的。在吠陀阶段，宇宙的本质是神，万事万物都是神的幻现（幻化而出），如《梨俱吠陀》中的《婆楼那赞》就讲到："彼以摩耶，揭示宇宙。"婆楼那是印度神话中的天父，摩耶（maya）即幻象。万事万物乃至整个宇宙，都是天神幻化出来的幻象。事物的产生由幻化而出（简称"幻现"），事物的消亡，是幻化而归（简称"幻归"）。在吠陀思想中，幻归是事物死亡之后复归宇宙的本原和终极，即一种最高的境界。正如《婆楼那赞》所说："彼之神足，闪烁异光，驱散摩耶，直上苍穹。"①这也为后世思想所继承，如在佛教中，最高的境界是生命寂灭后的涅槃。更为重要的是，到《奥义书》、佛教、耆那教时代，宇宙的本质由形象性的神转化成哲学性的"空"。宇宙的本质是空，具体的宇宙和其中之事物由空所幻化，因此是幻象（maya）。但世界和事物既已幻出形成，直到事物消逝而幻归到宇宙的空无本体之前，确实存在。因此，从本体（用印度教的术语来讲，是上梵；用佛教的术语来讲，是真谛）来看，世界和事物为空为幻。从已被幻出的现象（用印度教的话来说，是下梵；用佛教的话来说，是俗谛）来看，世界和事物则为实为真。现象上真实的万事万物，就称为"色"。印度教的事物，充满了空性：事物的外在之形有空意在其间，即所谓"色不异空，空不异色；色即是空，空即是色"（《心经》）；内在实的一面也具有空质，即所谓"四大皆空"。宇宙的本质，也是空。而正是宇宙之空，决定了事物的本质之空性和外形之空性。

中国文化的虚，体现为"气"。与西方和印度比较起来，气最具有中国特色。中国的宇宙是一个气的宇宙：万事万物皆由气生，事过物亡，又归于宇宙之气。气可感而又抓不到、摸不着、不固定，是虚，是无。但气虽抓不着，摸不着，不固定，却又可感，确是存在。而且这气不但进入宇宙的内在之质，如阴阳五行中，

---

① 采用巫白慧译文，参见巫白慧：《印度哲学──吠陀经探义和奥义书解析》，3页，北京，东方出版社，2000。

而且也进入具体的事物的内在之质和外在之形里面：无形的风、云、雾、霭中有气在其中，有形的山、河、动、植中也有气在其中，万事万物从产生到消亡的全过程中，都有气在其中。而且气存在于事物的每一方面，不但人体中流动着气，就是由人所创造的文章中，也以气为主。气贯穿在整个文章之中，从字到句，再到段、章、篇。文学作品如此，艺术作品亦然。书法讲"梭梭凛凛，常有生气"（萧衍《答陶隐居论书》）[①]，绘画以"气韵生动"为第一（谢赫《古画品录》）[②]，声乐要求"善歌者必先调其气"（段安节《乐府杂录》）[③]，抚琴时要"满弦皆生气氤氲"（徐上瀛《溪山琴况》）[④]等。

由于西方的形式美在当代进入虚实结构中，西方与印度、中国的形式美结构就具有了共同性：虚实结构。但在具有这一共同性的同时，中西印的虚实结构又是有差异的。前面从外在之形、内在之实、内在之虚三个方面呈现了这一差异，这同中之异，具体说来就是：西方文化突出"场"，体现为场与有的结构；印度文化看重空，形成了色与空的结构；中国文化彰显"气"，呈现出气与形的结构。

西方当代场论在形式美的结构上是对古希腊和近代的一种根本性的颠覆。场是一种虚实结构，但以虚为主，物体存在于场中并为场所决定。这与古希腊和近代在物体之虚空的总结构中，在排斥或忽略虚空之后，只以物体的结构为形式美的结构完全不同。这种不同，正好与印度和中国的虚实结构有了一种本质上的契合。不过，西方的场与由此形成的虚实结构主要在宏观世界和微观世界以及对二者进行研究的实验中占主导地位，而在中观和日常领域，仍然是实体占有主导地位。以实体为主的虚实结构，虚体现为能，仍然与近代实体联系得多，而与当代场结合得少。这样，在当代形式美的结构中，不是以质量为主，而是作为质能体的能，如何体现由个体到群体的转换；宇宙中四种力（重力、电磁力、弱力、强力）如何组成一个整体；宏观、微观的虚实结构如何与中观世界的虚实结构转换，其解决方式还是按照古希腊以来的思路进行的。总之，场的观念，如何进入中观

---

① 《历代书法论文选》，80页，上海，上海书画出版社，1979。
② 俞剑华编著：《中国古代画论类编》（修订本），355页，北京，人民美术出版社，2000。
③ 中国戏曲研究院编：《中国古典戏曲论著集成》，46页，北京，中国戏剧出版社，1960。
④ 蔡仲德注译：《中国音乐美学史资料注译》（增订版），757页，北京，人民音乐出版社，2004。

领域的思维中，并成为思维中的主导，对于西方来说还是一个问题。因此，西方的图像，一是分形的电脑图像，有科学性质而少艺术趣味；二是图像的现代和后现代意义，充满着由拼贴而来的混乱、骚动、死寂等。因此，由科学发展而来的关于宇宙的物体成为质能体—时空体的认识，如何在中观个体与宇宙整体中体现出来，还是一个问题。这一问题还在于，宇宙整体对人来说，还是未知的。宇宙整体既然未知，又如何谈得上中观个体与之合一呢？要合一之"一"只是宇宙的已知部分。正是因为宇宙有未知部分，西方当代美学的两个最主要的范畴是荒诞和恐惧。埃舍尔对西方当代形式美的结构做了最好的体现。他的画多方面地体现了当代西方由时空体和质能体构成的虚实结构在中观个体与宇宙整体之间的矛盾和困境。虽然西方人用上帝解决了这一困境，但面对现实时，人们不能靠上帝而要依赖作为理性的哲学和科学来解决这一困境。正是在这一点上，西方的虚实结构与东方的虚实结构有一种根本性差异。印度文化是一种宗教文化，它的虚实结构既有理性的一面，又有神性的一面。理性的一面体现为色空结构：空一方面逻辑地进入具体的色、相、名之中，各种各样的名、色、相皆以空为本。神性的一面体现为化身形式，显赫的主神都有化身，如毗湿奴的化身有鱼、龟、半人半狮、猪等，湿婆的化身有小矮人、罗摩、黑天、王子、伽尔基。化身与变身不同，变身如孙悟空有七十二变，可变成任何事物，但变只是暂时的，不久需变回本身，而化身在化入之后，永成此身。化成之身是实，化身之原型在化身中则体现为虚，身体是一个虚实结构。中国文化是一种理性文化，神性（包括道教和佛教）都只是一种补充，主流的理性和补充的神性都由气统一起来。因此，中国的虚实结构体现为一种气化万物的结构，整个宇宙是气与万物的关系，具体事物则是形与气的关系，外在之形和内在之质里面都充满气。

余　论　从世界美学的总体图景看西方当代美学演进的意义

应当怎样评价自 1900 年以来西方当代美学演进的意义呢？在对西方当代美学从现代面相到后现代面相和全球化面相的演进做了梳理之后，现在，我们从世界美学范围的三大方面，即西方美学的演进、非西方美学的演进、世界美学的整体演进，来看西方当代美学的演进，特别是在进入全球化面相之后，所具有的意义。由于西方美学的全球化面相，是西方美学自身演进的结果，因此，西方美学全球化面相的出现对西方美学的发展方向，具有重要的意义。由于自整个世界进入现代化进程以来，西方美学一直对非西方美学的现代重建，产生着巨大的影响，因此，西方美学全球化面相的出现，同样会按历史形成的惯性，对非西方美学产生重大影响。由于西方美学的全球化面相与非西方美学原有的形态，有一种性质上的契合，从而其对非西方美学的影响，不但有重新学习西方的意义，而且还有重新反思自身原有美学性质的意义。自世界现代性进程以来，各大文化独自发展的美学，形成了全球一体的美学。这个全球一体的美学，是在西方美学的主导下，在西方和非西方紧密关联和不断互动中演进的。西方美学全球化面相的出现，对于世界美学的整体图景，同样会产生巨大的影响。以上三个方面是密切关联着的。下面我们就从世界美学在历史演进中的宏观角度，来看西方当代美学的全球化面相究竟对世界美学会有怎样的影响。

在此之前，我们还需介绍西方当代美学在 21 世纪兴起的一个新流派：推知美学。当代西方美学的全球化面相，除了体现为正文中讲的后殖民美学、形式美理论、生态型美学、生活美学、身体美学，特别是后三者对当代西方美学的演进的总貌起了巨大影响之外，还体现为推知美学，它也加入美学理论的冲锋之中。由于推知美学尚未展开，因此尚难对其发展有稳妥的评估，做一个基本的介绍还是有必要的。

一　推知美学的兴起及其对西方当代美学的意义

就西方当代美学世界范围的巨大影响来看，由美学上的环境美学，文学上的生态批评，景观学科中的生态美学交汇成生态型美学；由实用主义美学、文化研究、消费社会、设计学科交汇成生活型美学；由哲学、生活、文化、美学等多领域对身体新思交汇成身体美学，此三者形成的合力在 21 世纪掀起了一个美学大潮。21 世纪之后出场的推知实在论哲学，以及由之推衍出的推知美学（speculative aesthetics）形成了另一新浪潮。这一新浪潮与前面的大潮一样，都高调否定西方近代以来同时在 20 世纪仍为理论基础的美学原则。美学大潮的否定主要落实在现象界（生态型美学面对自然，生活型美学面对社会，身体美学面对人体），美学新浪潮的否定则主要针对本体界。从这一粗浅的区分，我们就可知道推知美学的出现对于西方当代美学全球化面相的意义。

推知实在论（Speculative Realism）因 2007 年在伦敦金匠学院（Goldsmiths College）举行的学术会议而形成一种名号响亮的哲学运动。2011 年出版的布伦特（Levi Bryant）、什里塞克（Nick Srnicek）和哈曼（Graham Harman）三人合编的《推知转向：大陆唯物论与实在论》，汇集了这一哲学新潮的主要思想家和基本文章，该书高调宣称，要用推知转向取代今天业已令人生厌的语言转向①。由这一推知实在

---

① Levi Bryant，Nick Srnicek and Graham Harman，ed. *The Speculative Turn：Continent Materilism and Realism*，Melbourne，Australia，2011，p. 1.

论哲学运动向后回溯，四大思想家与此相关：德勒兹、齐泽克（Slavoj Žižek）、巴迪欧（Alain Badiou）、拉图尔（Bruno Latour）。齐泽克被认为是继福柯和德里达之后西方哲学界在 21 世纪升起的最亮的明星。推知实在论哲学运动本就是一个跨学科的组合，从作为这一运动的推手的两大团体可以看出其跨学科性，一是赛博文化研究联合会（Cybernetic Culture Research Unit，简称 CCRU），其成员中有未来主义、技术科学、哲学、神秘主义、数论、复杂性理论、科幻小说等各色人士；二是折叠杂志（Collapse），聚集了一批哲学、科学、文学、美学等不同学科的专家。由此而知，推知实在论从哲学走向美学是必然的。在推知实在论高扬大旗的 2007 年，美国加州大学的德鲁克（Johanna Drucker）就发表了《推知美学与数码媒体》一文①。不过她的推知美学主要是由自己一直在做的信息美学或媒体美学而来，在对新媒体美学性质的思考中，她对之的命名从混杂美学（hybrid aesthetics）到衍生美学（generative aesthetics），进而到推知美学。而 2010 年美国杜克大学的海尔斯（Katherine Hayles）、沃德（Priscilla Wald）等组成了一个推知美学小组，与推知哲学相关，他们自此年秋开始每月定期讨论推知美学问题。② 其讨论所依据的文本，呈现出推知美学的初貌。他们要从里格瑞丁尼（Reza Negarestani）的后恐怖小说，米耶维（China Mieville）的新怪诞（New Weird）小说，福克斯（Dominic Fox）对沮丧（dejection）和躁扰（dysphoria）的理论化，以及夏维诺（Steven Shaviro）对德勒兹、怀特海（A. N. Whitehead）、康德和波格斯特（Ian Bogost）的论述中，读解出一种推知美学。前面三种文本与新的审美现象有关，后一种论及四大哲学家。中国学者不熟悉的是波格斯特，他代表着推知实在论的一个重要派别，他是异化现象学（Alien Phenomenology）的提出者。他的专著《异化现象学，或什么可能成为事物》（1912）中五章的标题就透出了推知实在论的韵味：异化现象学，本体书写（Ontography），隐喻论（Metaphorism），木匠手艺（Carpentry），惊奇（Wonder）。

究竟什么是推知实在论呢？英语维基百科从四大组成上总结其特点。四大组

---

① Johanna Drucker，"Speculative Aesthetics and Digital Media"，*Journal of Philosophy：A Cross-Disciplinary Inquiry*，3（7）：34-41（2007）.

② http：//www.fhi.duke.edu/projects/interdisciplinary-working-groups/speculative-aesthetics，2015-06-07。

成对我们来说都是新词：推知唯物论（Speculative Materialism）、朝向客体哲学（Object-oriented Philosophy）、超越唯物论或新生机论（Transcendental Materialism/Neo-Vitalism），超越虚无论或方法自然论（Transcendental Nihilism/Methodological Naturalism）①。照此讲去，不仅费力，还会偏离本题，这里仅从本文论题切入，兼顾中文理解，简讲要点，显其大旨。

实在（the real）这一西方哲学的专词，指的是与现象不同，在现象之中或之后的本体。近代哲学自康德以来，实在作为世界的本质性存在被认为是不可认识的物自体，从而导致整个哲学的方向，都集中在对现象界的认识上。20世纪的西方哲学，英美的分析哲学诸派，把注意力只集中在语言分析上，大陆的现象学、结构论、精神分析各派，也专注于现象、文本、符号、意识。它们都不管或认为管不了语言、现象、文本、符号、意识后面的实在。正如在拉康的意识结构中，实在界在想象界和象征界的后面，可感而不可知。后现代各派更是理直气壮地认为只存在现象以及诸现象之间的关系，现象的后面没有实在。而推知实在论正是要旗帜鲜明地把被整个20世纪哲学各派所遗弃的实在作为自己的哲学目标。

实在之所以自近代哲学以来不断地被搁置和被否定，在于近代哲学认识世界的方式：一是对实践经验现象进行归纳（inductive），二是由已知的大前提进行演绎（deductive）。两者都由身处经验时空中的人进行，人之在世经验的局限和在世理性的局限决定了两者解决的都只能是现象界的问题，而解决不了本体性的实在问题，这必然导致对实在的搁置和否定。推知哲学不用归纳和演绎而用speculative（推知）。这个词既是推理、思考，同时也是猜测、好奇。一方面它紧贴现象界，运用包括归纳和演绎在内的推理和思考（强调推知中的"知"）；另一方面它又绝不离开对本体实在的探索，在推理的同时关注一切与实在相连的线索，把呈现的现象和对现象的推理本身都看成是实在的一种在场性（present）体现，并把实在的存在看成是现象界所以如此和对现象界的把握所以如此的本体根据（强调推知中的"推"）。

近代哲学运用归纳和演绎的前提是主客二分，人在主客二分之中的关系上成为认识主体。正是人作为认识主体形成以人为中心的认识，这一认识方式必然走

---

① http：//en. wikipedia. orgwikiSpeculative _ realism，2015-06-07。

向客体后面实在的迷失。而推知的前提就是放弃主客对立，进入主客关系的互为主体之中，从这一点看，可以说推知实在论，是从胡塞尔到拉康的交互主体性（in-tersubjectivity，常被中译为"主体间性"）的进一步发展。不过，以前的交互主体性，呈现的是向搁置实在的路线演进，而推知实在论的交互主体性，则让演进的方向转回到实在的路线上来。推知实在论在这一转向中，不仅要像胡塞尔和拉康那样，论述主体与客体互为主体，而且还要讲客体与客体之间互为相互作用的主体。更重要的是，放弃了主体中心的视野，主体也是客体，包括人在内的一切事物，都成为既是主体又是客体的广泛的交互性。在这一广泛的交互性中，归纳或演绎没有了主导性，仅是一种方式，而推知却变成主导性的了，推知是广泛交互性中的主要方式。事物广泛的交互性，正是后现代各派强调的，如现象的延异性和播散性（德里达），诸现象的散落性和谱系性（福柯），以及块茎性和游牧性（德勒兹）。只是推知实在论，不像后现代哲学那样把一切现象看成是各种各样的现象之间的关系，而看成是由实在决定各种各样的现象之间的关系。这就让在后现代哲学中已经活跃灵动起来的世界，重新回到实在论之中。

近代哲学以来的演进之所以走向对实在的搁置和否定，是由于各哲学理论用实验室的方式把世界中动态的活的客体变成一种类似于实验室里的静态的标本性的客体。实验室式的区隔，一方面让事物进入模型和逻辑的秩序之中，变成可以明晰认识的东西；另一方面排除了事物本有的活的丰富关联，事物与实在的关联，在实验室方式中，只能被搁置和否定。各种后现代哲学在否定实验室的区隔，恢复事物本有的生活联系上是有功的，但却沿着近代哲学以来的惯性，进一步否定了实在，让现象只成为现象；推知哲学则一方面肯定现象的鲜活的丰富联系，另一方面反后现代哲学之道而行之，追求丰富现象后面的实在。对于推知哲学来讲，一旦打破了实验室式的区隔，推知就不但是一种研究诸现象关系的方式，也是通过现象寻求本体性的实在的方式。

西方哲学能够走向推知，一个巨大的现实推动力就是以电脑为主导的由多媒体结合成的互联网的运用和普及。互联网有两个显著特征：一是衍生的自由性（这与后现代哲学讲述的东西同调）；二是精密的编程性（透出了西方哲学自古希腊以来的本体、实在、规律之韵）。推知哲学正是把衍生之自由和无序与编程之精密、有序综合起来，它一方面突出互联网的无边界的流动性和瞬息万变的动态性、进出自由的衍生性和离散性、重复相交又循环相悖的缠绕性和戏拟性、无数进入者之间的交互主体性和无数信息之间的交互客体性，另一方面有一套编程方式、规则系统、局域数据、衍生轨道予以规律性的把控：这两个方面的结合与互动，既显现出推知的特点，又透出了实在的特征。

从推知哲学到推知美学顺理成章。推知美学的基本语汇，如德拉克所讲，不同于古典美学所用的美、真、模仿、趣味、形式；也不仅是推知美学领域后现代诸家的延异、散落、游牧、置换、戏拟；而还包括编程诗性（autopoetic）、衍生（generative）、突变（mutation）、迭代（iterative）、系统规则（algorithmic）、推知（speculative）等。

回到美学的整体大势上来，新近登台的推知美学与 21 世纪初业已成势的生态型—生活—身体美学，虽然后者关注现实中的自然、社会、身体，前者追求现象后面的本体性的实在，但两股潮流不但形成了新型的互补性，而且还形成了共同点：第一，两股潮流都采取了反人类中心主义立场，而从宇宙整体和万物平等的观点来思考问题；第二，两股潮流都拒绝主客二分的认识方式，而从交互主体和交互客体的角度思考宇宙、人生、自然、社会、新媒体中的美学问题；第三，两股潮流都否定西方近代以来实验室型的划界思维，让包括人在内的万物处在一个鲜活生动的相互的多重绞缠的关联之中；第四，鲜活生动的世界是时空一体的，特别是引入时间而形成的动静生灭变化而不可用僵死的概念所把握的动态之流；第五，对以上四个特征都从自身的角度运用一套新的语汇进行把握，从而呈现了新的美学景观。

对推知美学[①]有了大致的了解后，我们可以将之与生态型美学（包括环境美学、生态批评、景观学科）、生活型美学（包括生活美学和身体美学）、形式美的当代演进等具有全球化面相的美学结合在一起。从它们共同的坚决地否定着西方古典美学的基本原则这一特征来看，这一西方的美学新潮正与以分析美学和实用美

---

① 关于推知美学，参见张法：《新世纪西方美学新潮对西方美学冲击和对中国美学的影响》，载《文艺争鸣》，2013 年第 3 期。

学为代表的英美美学和以现象学美学、结构美学、精神分析美学为代表的欧陆美学进行着激烈的"战争"。这两大阵营的"对垒"不但使人们重新认识西方美学的当下演进，而且使人们重新思考受其影响的世界美学的演进。新美学与非西方各文化美学又有一种内在的契合，从而西方的两大美学类型也成为世界的两大美学类型：区分型美学和关联型美学。在这一总体格局下，对世界美学做理论和历史的梳理，显得必要起来。从理论上讲，世界美学有两大类型：西方的区分型美学和非西方的关联型美学。从历史上讲，世界美学经历了三大时期：一是从轴心时代以来，两大美学类型有各自的丰富发展；二是自现代性以来，西方的区分型美学成为世界美学的主流，各非西方的关联型美学纷纷学习西方而走向区分型美学；三是20世纪末关联型美学在西方内部兴起，引起了对西方区分型美学的批判和对非西方关联型美学的重思。一旦从理论和历史这两个方面做了如上梳理，我们对世界美学目前的状况和演进大势，就可以有一个框架性的体悟。

二　世界美学的两大类型：区分型美学和关联型美学

世界美学，大体来说有两类：区分型美学和关联型美学。二者的分别基本上是文化上的，西方文化的美学是区分型美学（definitive aesthetics），非西方文化的美学是关联型美学（correlative aesthetics）。关联型美学一词是笔者根据安乐哲（Roger Ames）的关联型思维（correlative thinking）一词而来的。安乐哲考查了中西思想家，如葛兰言（Marcel Granet）、李约瑟（Joseph Needham）、亨德森（John Hendeson）、史华慈（Benjamin Schwartz，又译为史华兹）、葛瑞汉（Angus Graham）、张东荪、卡西尔、列维-斯特劳斯、费耶阿本德（Paul Feyerabend）①等人关

---

① 参见葛兰言《中国人的思维》（1934），李约瑟《中国的科学与文明》（1956），亨德森《中国宇宙论的发展与衰落》（1984），史华慈《古代中国的思想世界》（1985），葛瑞汉《理性与自发性》（1985）、《阴阳与关联思维的性质》（1986），张东荪《中国哲学家的知识理性》，卡西尔《符号形式哲学》（1923—1929），列维-斯特劳斯《野性的思维》（1962），费耶阿本德《再见吧，理性》（1986）等。

于中国思维特性以及非西方思维特性的论述和总结，而后命名为关联型思维①。本文使用此词但对之做了内涵上的推进和改义，并运用到非西方美学类型之解说中；区分型美学一词，则是笔者根据西方哲学和美学的特点，对照中国和其他非西方美学的特点而得出的②。

美大体上与人类同时产生。石器打制与美感的萌生具有一种逻辑关联。5万年前的艺术与晚期智人的同步出现③，应是美感的质的飞跃阶段。文字产生，各文化中"美"字出现，如印度梵文的 sundara，中国甲骨文的"美"，希伯来文的 yapha，古希腊文的 καλός，古罗马的 pulchrum，阿拉伯文的 jamil，印第安瓦纳霍族的 hozho，英语的 Beauty，法语的 beau，德语的 schön，俄语的 красивые④，等等，表明各文化都有了美和美感的文化意识。然而，各文化怎样把美和美感提升到理论形态，西方和非西方用了不同的方式，本分用区分型美学和关联型美学对这两种形态进行归纳。

美是人类文化中最奇特的现象，比如，一个白种人，其身高有 170 厘米，凡说他身高没到 170 厘米的人肯定错了，凡说他不是白种人的人肯定也错了。但如果有人说这个白种人美，有人说这个白种人不美，我们却不能在根本上评判谁对谁错，顶多认为其有不同的审美观。一个事物究竟因什么而成为美？一个事物被称为美，究竟是什么原因成为一个理论上的难题？美的理论化之难，庄子在《齐物》《山木篇》中从现象上进行过描述，柏拉图在《大希庇阿斯篇》从本质上进行过感叹⑤。在人类面对这一难题时，西方文化用区分型理论予以把握，非西方文化用

---

① 参见［美］安乐哲：《自我的圆成：中西互镜下的古典儒学与道家》，172—194 页，石家庄，河北人民出版社，2006。

② 美国学者郝大维(L. Hall David)和安乐哲认为，与中国的关联型思维(correlative thinking)相对应的是西方的因果型思维(causal thinking)。参见二人的《期望中国：中西哲学文化比较》(上海，学林出版社，2005)等著述。

③ 参见［法］埃马努埃尔·阿纳蒂：《艺术的起源》，19 页，北京，中国人民大学出版社，2007。

④ 参见［波］符·塔达基维奇：《西方美学概念史》，163—164 页，北京，学苑出版社，1990，以及 Crispin Sartwell：*Six Names of Beauty*，Routledge，New York，2004，Content.

⑤ 庄子在《齐物》中讲："毛嫱、丽姬，人之所美也，鱼见之深入，鸟见之高飞。"《山木篇》中讲"其美者自美，吾不知其美也"。柏拉图《大希庇阿斯篇》最后说，要给出美的本质是什么的理论"是难的"。

关联型理论加以解决。

区分型美学，是西方文化用理论把握美的一种特有方式，这一方式可以从相互关联的四个视点进行观察：区分、划界、实体确定、名言。四点的命名都可以从西方文化的 definition（区分）一词中体现出来。因此，我们将西方美学称为 definitive aesthetics（区分型美学）。关联型美学是非西方文化用理论把握美的特有方式，这一方式可以从四个相互关联的视点进行体会：关联、互渗、虚体体悟、活言。这四个词都因整体关联而起，因此被称为关联型美学（correlative aesthetics）。下面我们就对两类美学的要点进行具体说明。

先讲西方的区分型美学。

区分型美学的第一视点是区分原则。在主体心理中，知、情、意有截然区分，知的领域有科学和哲学，意的领域有宗教学和伦理学，感性情感的领域有美学（鲍姆加登在这样的区分中，建立了美学）。我们再进一步对感性情感里的快感进行区分，作为快感的美感，正是在既区别于生理欲望得到满足的快感，也区别于获得知识而产生的快感中得到确定（康德美学正是通过这样的区分而在西方美学中具有核心的地位）。在客观世界里，社会、自然、艺术都有美，但社会和自然里的美是与人的功利和知识紧密地混杂在一起的，是不纯粹的。而艺术，由于是不同于现实的虚构和想象，就一方面与现实中的欲望区分开来，另一方面与知识中的概念区分开来。艺术是为了美而创造出来的，使人们通过美的形式而体会到美，从而美学就是为美的目的而产生出来的艺术哲学（黑格尔美学，正是通过把艺术与自然、宗教、哲学区分开来，而在西方美学史上具有了核心的地位）。在知识形态里，学者对真善美的区分，让美凸显出来。事物在知识的体系和命名上是什么，体现的就是真，通过真，人获得了知识。事物对于人有什么用，这就是善，通过善，人们获得了利益和价值。事物让人不去想概念知识也不去想功利价值，人就感到愉快，这就是美。正是对真善美的严格区分，让美学作为一门学科在知识体系中建立了起来。正是在这样的区分性原则的指导下，英国的夏夫兹博里区分了内在感官和外在感官，法国的巴托区分了作为日常技术的一般艺术和以雕刻、建筑、绘画、音乐、戏剧、文学为体系的美的艺术，德国的鲍姆加登区分了真、善、美的本质不同，三人共同建立起了西方的美学学科。

　　区分型美学的第二视点是划界原则。前面讲的三种区分，其实也是三种划界，即划一界线把"这"和"那"明晰地区分开来。然而，西方划界思维的特点，建立在哲学的三大原理上。一是巴门尼德用 on（Being，有）排斥了 nothing（无）而建立了西方的实体世界，美也被作为实体。二是柏拉图用理式（ιδεα）对事物进行了类型划界，美的理式以及各类美的事物，构成专门的分类。三是亚里士多德对具体事物中本质属性（ουσία）和非本质属性的划界，把事物中的美与非美区别开来。这三大划界原则进而体现为具有西方特点的两个东西：一是从古希腊开始的现象本质原则；二是从近代开始的科学实验室原则。美学能够在古希腊产生，在于希腊哲学把现象和本体做了一个截然的划界，美在现象上分为各种具体的事物，美的女人、美的母马、美的竖琴、美的汤罐……这些现象界的事物之为美，在于后面的美的理式。对本质性的美的理式与现象性的美的事物进行严格的划界，其界线明晰而彻底，让理式完全可以独立于具体的事物。这样对宇宙之美的理论化就很清楚了，找出美的理式，就理解了一切现象界的美的事物。划界原则在科学产生的近代，就成为科学实验室原则。我们要科学地认识一个事物，必须将之放到实验室里去，把此事物与其他事物乃至整个世界隔离开来，进行专门研究，才能得出这一事物的性质。美从现实功利、概念知识的区分而得出，这是一种科学实验室式的划界；把艺术、生活、概念知识区分开来，也是一种科学实验室式的划界；美术馆、音乐厅、剧院影院、博物馆的设立，更体现了在现实中进行划界；风景画家选取一个取景框去看自然，也是一种划界；美学家教人们看风景时用画家的取景框一般的眼光去看，这正体现了划界方式……通过划界，美从生活、社会、自然中产生了出来，艺术之为美也从这种划界原则中得到理论的解释和说明。审美心理学的距离、静观、直觉、形式等名震一时的美学理论，无不充满了科学实验室思维的划界原则。

　　区分型美学的第三视点是实体确定原则。西方美学之区分之所以能够进行，划界之所以能够划出，是因为在西方文化中，世界是实体的，事物也是实体的。世界虽然有虚，但世界之虚是不重要的，世界之实才重要。毕达哥拉斯看天空，看到星辰的实体，星辰的实体表现为由点到线再到面；基督教的上帝创世说，是由作为实体的上帝到宇宙中作为实体的万物的论述；柏拉图区分理式世界和现象世界，表现为由实体型的理式到实体型的事物。事物虽然也有虚，但事物的虚是不重要的，事物之实才重要。而事物与世界的关联，也着重表现为实体关联。事物的实体以及实体与世界的关联，被亚里士多德归纳为十个范畴：本体或实体（ουσία）、数量、性质、关系、位置、时间、姿势、所有、动作、承受。① 其中，ουσία（substance）可译为本体，它是一事物之为此事物的根本，此词在阿拉伯世界旅游一圈再被送回西方，成了本质（essence）。其也可译为实体，因为这本体的本质是实体。在德谟克利特那里，世界和事物的基本构成是原子。原子是最基本的物质实体。正因为西方的世界和事物是实体的，在美的问题上，两者必然要得出本体论上的美的理式，或现象上的美（事物）的形式这样的实体问题。正因为美的理式和美的事物是实体的，才可以区分和划界。经过区分和划界，美才可以确定定义。定义是实体在理论上被确定，确定一物的内涵和外延。可以说西方文化面对美进行的区分和划界，正体现在美的实体确定上。正是实体确定这一项，使西方美学的核心围绕着对美的本质（实体）的追求和定义来进行。

区分型美学的第四视点是名言原则。名是给出定义，言是由定义形成理论体系或话语体系。西方文化的基本信念是：语言是与世界和事物对应的。这一信念之所以成立，在于西方的语言与西方的事物一样，是实体的。这一对应的严格性和明晰性，是通过定义体现出来的。事物可以区分和划界，与之对应的语言也可以区分和划界，这就是定义。定义和推理形成的名言就是严格和明晰的语言表述。对美的理论化首先就是用严格的语言来明晰地定义美的本质，然后由此推出整个美学体系。名言原则体现了西方美学的话语表述方式，是一套与区分原则、划界原则、实体确定原则一致的语言法则。西方的区分型美学以一套体系性的定义、求证、推理、结论的言说方式（logos）体现出来。

下面再看非西方的关联型美学。各大非西方文化，如中国文化、印度文化、伊斯兰文化、东正教的文化，虽然区别很大，但与西方文化相比，都显出了关联型美学的共同特征。当然在关联型美学这一大类下，各文化又有很大的不同。为

---

① 关于亚里士多德十范畴的具体解释，参见张法：《西方哲学中 thing（事物）概念：起源、内蕴、演变》，载《社会科学战线》，2013 年第 3 期。

了不让各关联型美学的差异影响到对关联型与区别型的认知，我们在这里以中国美学作为关联型美学的代表进行解说，这一解说在关联型的关键节点上，适用于整个非西方文化。

关联型美学的第一视点是关联原则。在主体中，心理诸要素如性、心、情、意、志、知、欲，不能区分开来讲，它们是相互关联的。程颢《河南程氏遗书卷二十五》说："性之本谓之命，性之自然者谓之天，自性之有形者谓之心，自性之有动者谓之情。凡此数者皆一也。"陈淳《北溪字义》曰："意者，心之所发也，有思量运用之义"，"志者，心之所之，之犹向也，谓心之正面全向那里去"。《庄子·外物》曰："心彻为知。"《礼记·乐记》讲："感于物而动，性之欲也。"《荀子·正名》讲："欲者，情之应也。"由此可见，一方面，知、意、志、情、欲，都是性心之表现和作用，二者是体用关系；另一方面，性、心之间，意、志、知、情、欲之间，又是紧密关联的，这种体用的整体性，就是程颢讲的"数者皆一也"。这种关联的整体性，正如孔颖达在《毛诗正义》中讲的"情志一也"。"一"不是二者无区别，而是指整体关联比区别更重要。因此，中国人从主体讲美，绝不会把知、情、意区分开来，只从情来讲美，而是要关联起来，从主体心理的整体性来讲美。在客观世界里，中国文化不是把社会、自然、艺术区分开来，而只从艺术讲美，而是将之关联起来，无处不美。日月星，天之美；山河动植，地之美。刘勰《文心雕龙·原道》讲了自然与艺术一样美："日月叠璧，以垂丽天之象，山川焕绮，以铺理地之形……云霞雕色，有逾画工之妙；草木贲华，无待锦匠之奇。"《荀子·大略》讲社会之美的丰富多彩："言语之美，穆穆皇皇。朝廷之美，济济翔翔。祭祀之美，齐齐皇皇。车马之美，匪匪翼翼。鸾和之美，肃肃雍雍。"而且，自然美与艺术美相互关联："会心山水真如画，妙手丹青画似真。"（杨慎《总纂升庵合集》卷二百零六）；社会美与艺术美精神相通："世事洞明皆学问，人情练达即文章"（《红楼梦》第五回）。正是把社会、自然、艺术不可分割地关联起来，中国文化没有形成西方式的艺术哲学型的美学，而是从宇宙之美的整体，从社会、自然、艺术的关联中把美理论化。在知识形态上，中国人不是把美与真、善区分开来讲美，而是把美与真、善关联起来讲美。《说文解字》释"美"曰："善也。"释"善"曰："与美同意。"①许慎并不是说美即善或两词的词意完全相同，而是说二者关联着，不能用区分的方式去认识。《孟子·尽心下》曰："可欲之谓善，有诸己之谓信，充实之谓美，充实而有光辉之谓大，大而化之之谓圣，圣而不可知之之谓神。"这正是把真、善、美结合起来讲的。"大"相似于西方的崇高，中国之至善是"圣"，而宇宙之真和事物之真的本质就是"神"②。正因为中国文化在知识形态上把真善美关联起来讲，没有像西方那样推出与其他学科严格区别开来的美学，而呈现为把美理论化在各类学科中的关联型美学。

关联型美学的第二视点是互渗原则。真、善、美之间，自然美、社会美、艺术美之间，不仅相互关联，而且相互渗透。真中有善美，善中有真美，美中有真善，自然、社会、艺术之间也是这样。上一点中对于关联原则列举的事例，已经包含有互渗的内容。这里要讲何以呈现互渗，以及互渗的基本方面。真善美的互渗和自然美、社会美、艺术美的互渗，在于中国文化的宇宙原则本就注重关联与互渗。中国文化的互渗原则体现为三种方式。第一，阴阳互渗。太极图中的白为阳，黑为阴，阴阳各半，但白中有一个小黑圆点，这是阳中有阴，黑中有一个小白圆点，这是阴中有阳。四季循环，春夏为阳，秋冬为阴，春夏以阳为主，但包含阴在其中，秋冬以阴为主，也内蕴阳在其中，冬至为阴之极，冬至之后，阳天天增长，到夏至为阳之极，夏至之后，阴天天增长。宇宙间的阴阳互渗，决定了真、善、美互渗和自然、社会、艺术互渗的基本图式。因此中国美学不能把美与其他区分开来：美渗透到一切领域，其他性质也存在于美的事物中。第二，五行互渗。五行的木、火、土、金、水体现为万事万物，是四季之春夏秋冬、方位之东南中西北、声音之角徵宫商羽、颜色之青赤黄白黑、味道之酸苦甘辛咸、体内之肝心脾肺肾、情感之怒喜思忧恐、道德之仁礼信义智等。五行把宇宙万物内在地关联了起来，而且相互渗透和相互作用，使一事物与另一事物之间，不能进行清楚的划界。第三，同构互渗。阴阳五行，作为宇宙之根本，存在于任一事物中。一事物内部因素的关联与宇宙整体的本质关

---

① 许慎《说文解字》中原文是"与義美同意"。義字与本文无关，略去。

② 《荀子·天论》说："列星随旋，日月递炤，四时代御，阴阳大化，风雨博施，万物各得其和以生，各得其养以成。不见其事而见其功，夫是之谓神。"

联有一种全息型或自相似型的互渗。因此，这样对美的事物进行还原认识时，它们是不能截然区分和绝对划界的。不同类事物也有一种同构，如各门艺术、自然、人体，都有神骨肉的同构。自相似的同构中存在灵活的转换，如夫妇、君臣、天人是同构的，因此，以夫妇喻君臣，比作天人是基本的套路。但一个男人在夫妇关系中为阳，在君臣关系中则为阴，君主在君臣关系中为阳，在天人关系中为阴。若把中国文化这三种互渗运用到美的现象上来，阴阳互渗决定了美是不能与真善区分开来的，而是互含互渗的。五行互渗决定了自然、社会、艺术是不能区分开来的，而是关联着且互含互渗的。同构互渗决定了美在宇宙的大网络中，是不能与其他事物区分开来的，其性质要根据具体关联而因宜变化。关于互渗，除了上面三条之外，还有一条即本质与现象的互渗，本质不能与现象截然区分开来：天，不但与风云雷雨、四季运行相关，也与地上的山河动植、人的社会兴衰互渗。道不离器，理就在日常生活中，道理不能抽象地讲，总要与天地人结合起来讲。如果说从关联一项，还不能理解中国缘何没有出现西方型的美学，那么从互渗一项则可以理解，在中国文化里现象与本质是不能进行区分和划界的。因此，中国文化对美进行的理论化必然是以关联型的形态出现的。

关联型美学的第三视点是虚体体悟原则。在中国文化中宇宙是一个气的宇宙，气化生万物，物亡又复归于宇宙之气，气化万物的宇宙是一个虚实结构，气为虚而物为实。同样以气为根本的事物，也是一个虚实结构，气是事物的根本，为虚，形质是事物的外与内，为实。《老子》十一章讲："三十辐共一毂，当其无，有车之用。埏埴以为器，当其无，有器之用。凿户牖以为室，当其无，有室之用"。器皿四周底部之实与中间之虚构成虚实结构的器皿。车轮辐轴之实与中间之空形成了轮的虚实结构。房屋墙顶之实与门窗之空构成了房屋的虚实结构。在人体上，骨肉之实与精气神之虚，构成了人体的虚实结构。无论宇宙整体还是具体事物，其虚实结构中虚是本质性的。西方的区分原则是建立在实体宇宙和实体事物之上的，西方的物与人，都可还原为基本的物质，都可以在实验室中进行解剖、分析，从而得出本质性的认识。但是在中国的虚实宇宙和虚实事物中，实的一面可区分，虚的一面则无法区分。人的本质是神气，人死之后神气已无，对骨肉进行再细的解剖分析，得出的也是非本质的认识。同样，中国的审美对象是一个神骨肉的对象，其本质是神情气韵这些虚的东西。中国美学为了认识本质性的虚体，于是采用体悟的方式。中国的美的事物，由虚实两部分构成，虚的部分是本质性的，包括两个层面。一是事物本质之虚（气），二是事物之虚与宇宙之虚的浑然一体的关联。在房屋中，门窗之虚正是为让室内之气（房屋的本质部分）与宇宙之气有正常的交流。在人体中，人体之气与天地之气有一种正常的交汇。审美的体悟正是要对人与物的自身本质之气有一种体悟，同时要对人与物的本质之气与天地之气的一体性有一种体悟。正如西方区分型实体的审美对象需要确定的理论，中国关联型的虚实结构的审美对象需要的是体悟的理论。正如严羽讲的"禅道惟在妙悟，诗道亦在妙悟"（《沧浪诗话》）。

　　关联型美学的第四视点是活言原则。活是灵活，言是理论化语言。中国美学的理论语言不是定义型的，而是充满了张力和虚灵的。它由两点来决定。第一，由语言的性质来决定美学语言。中国的语言与中国的事物一样，是一个虚实结构。但一般的语言往往只用实的一面，这样一来，实语言和虚实结构对象就不对应了。语言一方面小于事物和世界，所谓"言不尽物"（《庄子·秋水》，"可以言论者，物之粗也，可以意致者，物之精也，言之所不能论，意之所不能察致者，不期精粗焉"）。另一方面小于心灵，所谓，"言不尽意"（程颢《答横渠先生定性书》"心之精微，口不能宣"）。而要克服这两个方面的"不尽"，就要关注语言的虚的一面，把虚的一面加进来，形成中国理论语言的"活言"。第二，由对象的性质来决定美学语言。中国的审美对象是一个形气或神骨肉组成的虚实结构。实的方面之形、貌、肉、骨、体、质，对应于语言之实，虚的方面之神、情、气、意、韵，则必须开启语言之虚。由语言之实进入语言之虚，首先要有对事物之虚和宇宙之虚的体悟。面对宇宙本质之虚，孔子是"子欲无言"（《论语·阳货》），老子讲"道可道，非常道"（《老子》一章），都是从避免语言之实遮蔽宇宙之虚讲的。掌握了语言之虚，并在语言的运用中感受到虚，这就是，皎然。《诗式》要求"但见性情，不睹文字"。司空图《诗品》提倡"不着一字，尽得风流"。这里的"不睹文字"和"不着一字"，并不是没有语言，而是在使用语言的同时，让语言之虚体现出来，让语言跳出语言之实而朝向对象之虚。要达到这一目标，中国美学的理论语言需要一种应有的性质，这体现为两种主要方式：一是精练性词组，如阳刚之美、阴柔之美，如豪放飘逸、沉郁顿挫，如雄浑、冲淡、纤秾，如高、远、古、深；二是类似性感受，比如，谢（灵运）诗如"出水芙蓉"，颜（延之）诗如"错彩镂金"（钟嵘《诗品》），"王实甫之词如花间美人"，"关汉卿之词如琼筵醉客"（朱权《太和正音谱》）。[①] 前一种方式，点出内涵，但不涉及外延，让概念性的语言充满张力，让语言之间呈现关联，让语言与对象之间产生互动，使语言通过类似性感受而成为一种活的语言。后一种方式，用比喻让人体悟审美对象中作为虚体的神、情、气、韵，让人感觉说了又好像没有说，没有说又实在说到点上了，让虚灵的语言与虚灵的对象有一个极好的对应。中国美学的理论话语，正是以这两种方式为核心组织起来的。由这两种方式构成的活言型理论话语，不但在司空图《诗品》中有典型的体现，就是在一些人看来与西方美学体系似有相同的《文心雕龙》中，也有体现。

通过对西方文化区分型美学的区分、划界、实体确定、名言等四大要项和对以中国文化为实例的关联型美学的关联、互渗、虚体体悟、活言四大要项的简论，我们可知区分型美学和关联型美学，是两种不同的美学基型。

三　世界性美学：从世界美学在近代以来的发展看西方美学的现代化

世界美学，如果说从轴心时代算起，地中海文化、印度文化、中国文化，产生了三种相对独立的区域性美学。在此基础上，地中海美学进一步演进为区分型的西方美学，以及关联型的伊斯兰美学和东正教美学，印度美学进一步扩展到南亚，中国美学进一步扩展到朝鲜、日本、越南。三个地区虽然也通过陆上丝绸之路和海上丝绸之路有不间断的接触和交流，但直到现代性来临之前，基本上是相对独立地发展的。然而，当现代性在西方兴起并向全球扩张，西方文化成为世界主要文化时，西方的区分型美学同西方文化的教育体系、哲学体系、文艺体系一道进入世界，成为世界的主要美学，而各非西方文化在进入世界文化体系的过程中，纷纷开始或快

[①]　关于中国美学理论话语的（精练性词组和类似性感受）两种基本方式的详论，参见张法：《中国美学史》，86—87页，成都，四川人民出版社，2006。

或慢地接受西方的区分型美学，以建立本土的区分型美学。

西方型美学和关联型美学，就其都是对审美现象的理论化来讲，各有特点，互有长短。但在一点上，区分型美学具有优势，即它有明确的美学学科形态。而关联型美学因其互渗、虚体体悟、活言这三个特点，而将美学理论寓在各相关学科之中，没有一个明确的学科形态。当各非西方文化与西方文化在世界现代化进程的互动中走向现代化时，美学需要一个明确的学科形态，就这一要求来讲，移置西方的区分型美学是一个最为方便又最为顺利的路径，因此，接受西方的区分型美学，作为普遍性的美学原理，成为非西方美学的一个普遍现象。例如，东正教地区的俄罗斯，在走向现代化的进程中，从别林斯基、车尔尼雪夫斯基、杜勃罗留波夫的民主主义美学，到苏联时代的自普列汉诺夫、列宁到鲍列夫、卡冈、斯托诺维奇等马克思主义美学，基本上是移置西方美学的产物。再看印度文化，印度美学由于与西方美学的区别较大，于是在现代化的进程中，受西方区分型美学的影响程度，从两方面体现出来：一是移置西方区分型美学模式而写出自己的美学原理，如萨克纳（Sushil Kumar Saxena）的《美学：方法、概念与问题》（2010）；二是以西方美学的参照框架来看印度美学，如潘狄（Kanti Pandey）的《印度美学》（1959），苏蒂（Pudma Sudhi）的《印度美学理论》（1988），巴林格（S. S. Barlingay）的《印度美学的现代导论》（2007）。在后一种类型中，一方面该类型要体现出印度美学的特质，另一方面这一特质又是通过西方美学呈现出来的，而西方对印度美学史的写作起了很大作用，从而使印度古典美学成为与西方美学具有同质性的美学。美学在印度的发展历程，与美学在中国的发展历程大致相同。中国在现代化进程中建立现代美学，经过三个步骤。一是为西方美学（aesthetics）学科确立中文的对应词，通过一系列竞争（佳美之理、审美之理、审美学、论美形、佳趣论、美妙学等），最后于 20 世纪初确定了"美学"的定译①。二是完全按照西方的美学原

---

① "佳美之理""审美之理"由传教士罗存德（Wilhelm Lobscheid）于 1886 年的《华英词典》所用。"审美学"由日本小幡甚三郎撰译、吉田贤辅 1870 年校正的全二册《西洋学校轨范》所用。"论美形"或"如何入妙之法"由德国传教士花之安（Ernst Faber）1873 年的《德国学校论略》所用。"佳趣论"由日本西周 1870 年的《百学连环》讲义所用。"美妙学"为同一个西周 1872 年的《美妙学说》（进讲草案）所用。"艳丽之学"为华人颜永京 1889 年翻译出版美国心理学家海文（J. Haven）《心灵学》时所用。"美学"由日本中江兆民 1883 年译《维氏美学》（上下册）所用，该书翌年 3 月由日本文部省编辑局先后刊行。

理，写出中文的美学原理著作，这里分两步：首先，20 世纪前期，中国在完全受西方影响时，是按照西方的美学原理写出自己的美学原理的，于是萧公弼《美学概论》(1917)①、吕澂《美学概论》(1923)、陈望道《美学概论》(1927)、范寿康《美学概论》(1927)、徐庆誉《美的哲学》(1928)，纷纷依样画瓢，最后朱光潜《谈美》(1932)和《文艺心理学》(1931)，建立了中国美学；其次，在西方区分型美学基础上建立起来的苏俄美学，开始影响中国，从汪钧初《辩证法的美学十讲》(1933)和蔡仪《新美学》(1947)始，到 20 世纪后期朱光潜《谈美书简》(1981)，蔡仪《新美学》(三卷改写本，1985—1999)，李泽厚《美学四讲》(1999)，区分型美学在中国已经蔚然大观。三是，如何使中国美学的固有特色在西方区分型美学的框架中得到自己的地位，成为一个十分艰难的历史任务。在晚清末年，有王国维、刘师培、梁启超②的努力；在民国时代，有宗白华、邓以蛰、方东美的努力耕耘，他们力图凸现中国美学的固有特点，却未能写出一本中国美学史。20 世纪 80 年代以后，在李泽厚、刘纲纪、叶朗、敏泽③等学人的努力下，在西方区分型美学框架与中国美学固有内容之间做了相当的调适之后，中国美学的通史专著才产生出来。虽然，中国美学史在演进中，固有特色逐渐增多，但是，西方区分型的框架仍然是中国美学史写作的大潮。

有千年悠久文化的印度和中国，在现代性知识体系的建构中，都以西方的区分型美学为基调建立自己的本土美学，世界上的其他文化在现代性过程中的美学建构，无不是在照搬西方与中国模式—印度模式之间摆动而已。如里曼（Oliver Leaman）的《伊斯美学导论》(2004)，马雷（Michele Marra）的《现代日本美学读本》(1999)，维希-安生特（Kariamu Welsh-Asante）的《非洲美学》(1999)等美学著作，透出的正是一种世界性的普遍现象：在以西方为主导的现代化进程中，世界性美学实质是一种西方区分型美学的发展。各非西方文化都力图向西方的区分型美学

---

① 萧公弼：《美学概论》，连载于《寸心》杂志 1917 第 1、第 2、第 3、第 4、第 6 期，未完。

② 刘师培《中国美术学变迁论》(1907，美术学即美学，当时二词通用)、《论美术援地区而论》(1907)，梁启超的《中国之美文及其历史》(1924)和《中国韵文里头表现的情感》(1922)皆为代表之作。

③ 李泽厚、刘纲纪主编：《中国美学史》（第一、二卷），北京，中国社会科学出版社，1984、1987。叶朗：《中国美学史大纲》，上海，上海人民出版社，1985。敏泽：《中国美学思想史》（第一卷、第二卷），济南，齐鲁书社，1987。

靠拢，当明确意识到自己的本土美学有与西方的区分型美学不同的特点时，也主要是思考如何让自身的特点适应西方区分型美学，并使这些特征能在西方区分型美学中体现出来。

四　全球化阶段的美学：全球化阶段美学基本框架的重新对话

正值各非西方文化的关联型美学在与西方文化的区分型美学百年对话中，努力走向西方的区分型美学，并取得相当的成就之时，西方区分型美学却于20世纪末以来，蜕变升华出了以生态型美学、生活美学、身体美学、形式美学（以及推知美学）为代表的关联型美学。西方当代的关联型美学，全面地讲，来自两个方面。一是来自西方美学自身的逻辑。西方美学，在从近代美学、现代美学到后现代美学、全球化阶段的美学的次第演进中，发生巨大变化。西方美学，从近代美学到现代美学，以分析美学为代表，摧毁了近代区分型美学的核心，即美的本质定义。从现代美学到后现代美学，解构了区分型美学的本质性的深层结构和连续型的逻辑结构。从后现代美学到全球化阶段的美学，在批判以艺术美学为核心的美学传统中，从根本上由区分型美学转变到了关联型美学。二是来自西方区分型美学与非西方关联型美学的数百年对话。西方美学自世界的一体化进程以来，一直面临着非西方关联型美学的挑战，后者的影响在西方美学的演进中越来越大。从维特根斯坦对禅宗思想的兴趣到实用主义美学把生活美和自然美看成美的源泉，从荣格把印度曼陀罗图案作为人类集体无意识的象征，到拉康从中国的无和印度的空去思考实在界的性质，从列维-斯特劳斯从原始文化中去找结构主义的本质到德里达从庄子语言里体悟解构主义的真谛，这方方面面的关联型思想的涓涓细流，经过百年演进，终于总汇成生态型美学、生活美学、身体美学、当代形式美诸思想中的关联型美学。当西方美学自身走向关联型美学之后，各非西方的关联型美学在世界美学地图中的位置和意义，就产生了质的变化。如果说，在西方区分型美学主导世界美学演进的时代，区分型美学是正宗和高级形态，关联型美学是旁门和低级形态，世界的美学大同，就是各非西方文化把自己的关联型美学升级到区分型美学的位置，那么，当西方美学自身也从区分型美学的一统天下的格局里产生出关联型美学时，区分型美学和关联型美学就没有高低等级之分了。各非西方美学这时就要重新思考自身美学的演进方向，就要重新反省自己传统中的关联型美学在世界美学总体中应有的意义。这时，更为重要的是，各非西方文化在认识到自身的关联型美学固有意义的同时，会进一步认识到每一种文化自身的美学在关联型美学这一总体共性之中的特殊性。这样的思考一旦深入下去，又会超越区分和关联的二分视角，从而让各文化的关联型美学的不同特色以前所未有的方式显示出来。当区分型美学和关联型美学没有了高低等级之分时，区分型美学的各种类型，如英语文化型、法语文化型、德语文化型、意语文化型、北欧文化型，以及近代型、现代型、后现代型，都会展现出各自的特点。同样，关联型美学的各种类型，如西方型、中国型、印度型、斯拉夫型、伊斯兰型、拉美型、非洲型，等等，亦会展现出各自的特点。当区分型美学的美学霸权被破除之后，各类美学的独特性才会自由地展现开来。这时，世界性美学，就是由各大文化美学互动和对话而来的全球化阶段的美学，就是一种超越西方区分型美学的把全球各种不同文化的美学优点都吸收进来的，并在此基础上进行新的升华的全球化阶段的美学。

从这一意义上讲，西方在不同的美学互动和对话中产生出来的关联型美学，是世界美学演进的新契机，它将开启一种由不同文化的美学所共同建构的具有多元意义的全球对话的当下和未来。

参考文献

王鲁湘等编译：《西方学者眼中的西方现代美学》，北京大学出版社 1987 年版。

朱立元、张德兴：《现代西方美学流派评述》，上海人民出版社 1988 年版。

曾繁仁主编：《现代西方美学思潮》，山东文艺出版社 1990 年版。

朱立元主编：《现代西方美学史》，上海文艺出版社 1993 年版。

刘纲纪主编：《现代西方美学》，湖北人民出版社 1993 年版。

司有仑主编：《当代西方美学新范畴辞典》，中国人民大学出版社 1996 年版。

程孟辉主编：《现代西方美学》（上编、下编），人民美术出版社 2001、2008 年版。

牛宏宝：《西方现代美学》，上海人民出版社 2002 年版。

朱立元：《现代西方美学二十讲》，武汉出版社 2006 年版。

朱狄：《当代西方美学》，人民出版社 1984 年版，武汉大学出版社 2007 年版。

李兴武：《当代西方美学思潮评述》，辽宁人民出版社 1989

年版。

张法：《20 世纪西方美学史》，中国人民大学出版社 1990 年版，四川人民出版社 2003 年版。

牛宏宝：《二十世纪西方美学主潮》，湖北人民出版社 1996 年版。

周宪：《20 世纪西方美学》，南京大学出版社 1997 年版，高等教育出版社 2004 年版。

蒋孔阳、朱立元主编：《西方美学通史》（第六、七卷为《二十世纪美学》上、下卷），上海文艺出版社 1999 年版。

朱立元总主编：《二十世纪西方美学经典文本》（四卷），复旦大学出版社 2000 年版。

金惠敏等：《西方美学史》（第四卷《二十世纪美学》），中国社会科学出版社 2008 年版。

张贤根：《20 世纪的西方美学》，武汉大学出版社 2009 年版。

［法］菲尼普·尼摩：《什么是西方：西方文明的五大来源》，广西师范大学出版社 2009 年版。

刘悦笛：《分析美学史》，北京大学出版社 2009 年版。

洪谦主编：《逻辑经验主义》（上下册），商务印书馆 1989 年版。

［英］摩尔：《伦理学原理》，商务印书馆 1983 年版。

［英］A. J. 艾耶尔：《语言、真理与逻辑》，上海译文出版社 1981 年版。

涂纪亮主编：《维特根斯坦全集》第 1、8、12 卷，河北教育出版社 2003 年版。

［美］鲁道夫·卡尔纳普：《逻辑实证主义》，见［美］M. 怀特编著：《分析的时代：二十世纪的哲学家》，商务印书馆 1987 年版。

［美］H. G. 布洛克：《美学新解：现代艺术哲学》，辽宁人民出版社 1987 年版。

朱光潜：《文艺心理学》，见《朱光潜全集》第一卷，安徽教育出版社 1987 年版。

［英］理查德·沃尔海姆：《艺术及其对象》，北京大学出版社 2012 年版。

［美］C. W. 瓦伦丁：《美的实验心理学》，北京大学出版社 1991 年版。

［民主德国］W. 沃林格：《抽象与移情——对艺术风格的心理学研究》，辽宁人民出版社1987年版。

［英］克莱夫·贝尔：《艺术》，中国文艺联合出版公司1984年版。

［英］罗杰·弗莱：《视觉与设计》，江苏教育出版社2005年版。

［英］罗杰·弗莱：《塞尚及其画风的发展》，广西师范大学出版社2009年版。

［法］福西永：《形式的生命》，北京大学出版社2011年版。

［俄］瓦·康定斯基：《论艺术的精神》，中国社会科学出版社1987年版。

［法］勒·柯布西耶：《走向新建筑》，陕西师范大学出版社2004年版。

［俄］维克托·什克洛夫斯基等：《俄国形式主义文论选》，生活·读书·新知三联书店1989年版。

赵毅衡（编选）：《"新批评"文集》，中国社会科学出版社1988年版。

方珊：《形式主义文论》，山东教育出版社1999年版。

［美］约翰·克罗·兰色姆：《新批评》，江苏教育出版社2006年版。

［英］威廉·燕卜荪：《朦胧的七种类型》，中国美术学院出版社1996年版。

［意］克罗齐：《美学原理　美学纲要》，外国文学出版社1983年版。

［英］罗宾·乔治·科林伍德：《艺术原理》，中国社会科学出版社1985年版。

［英］埃德加·卡里特：《走向表现主义的美学》，光明日报出版社1990年版。

［奥］弗洛伊德：《精神分析引论》，商务印书馆1984年版。

《弗洛伊德后期著作选》，上海译文出版社1986年版。

［奥］弗洛伊德：《梦的解析》，作家出版社1986年版。

《弗洛伊德论美文选》，知识出版社1987年版。

［奥］西格蒙德·弗洛伊德：《诙谐及其与无意识的关系》，国际文化出版公司2001年版。

［瑞士］荣格：《心理类型》，上海三联书店2009年版。

《荣格文集》，改革出版社1997年版。

［德］卫礼贤、［瑞士］荣格：《金花的秘密：中国生命之书》，黄山书社2011年版。

［瑞士］卡尔·古斯塔夫·荣格：《象征生活》，国际文化出版公司2011年版。

[美]C.S. 霍尔、V.J. 诺德贝：《荣格心理学入门》，生活·读书·新知三联书店 1987 年版。

[德]马丁·海德格尔：《存在与时间》，生活·读书·新知三联书店 1987 年版。

[法]萨特：《存在与虚无》，生活·读书·新知三联书店 1987 年版。

[法]阿尔贝·加缪：《西西弗的神话：论荒谬》，生活·读书·新知三联书店 1987 年版。

[德]莫里茨·盖格尔：《艺术的意味》，华夏出版社 1999 年版。

[波]罗曼·英加登：《对文学的艺术作品的认识》，中国文艺联合出版公司 1988 年版。

[波兰]罗曼·英加登：《论文学作品：介于本体论、语言理论和文学哲学之间的研究》，河南大学出版社 2008 年版。

[法]米·杜夫海纳：《审美经验现象学》（上下册），文化艺术出版社 1996 年版。

[德]恩斯特·卡西尔：《人论》，上海译文出版社 1985 年版。

[美]苏珊·朗格：《情感与形式》，中国社会科学出版社 1986 年版。

[美]苏珊·朗格：《艺术问题》，中国社会科学出版社 1983 年版。

[美]乔治·桑塔耶纳：《美感》，中国社会科学出版社 1982 年版。

[美]杜威：《艺术即经验》，商务印书馆 2005 年版。

[美]托马斯·门罗：《走向科学的美学》，中国文艺联合出版公司 1984 年版。

[美]鲁道夫·阿恩海姆：《艺术与视知觉：视觉艺术心理学》，中国社会科学出版社 1984 年版。

[美]鲁道夫·阿恩海姆：《视觉思维——审美直觉心理学》，四川人民出版社 1998 年版。

[美]鲁道夫·阿恩海姆：《建筑形式的视觉动力》，中国建筑工业出版社 2006 年版。

[加]诺思罗普·弗莱：《批评的解剖》，百花文艺出版社 2006 年版。

[加]诺思洛普·弗莱：《世俗的经典：传奇故事结构研究》，上海人民出版社

2010 年版。

［瑞士］费尔迪南·德·索绪尔：《普通语言学教程》，商务印书馆 1999 年版。

［法］克劳德·列维-斯特劳斯：《结构人类学——巫术·宗教·艺术·神话》，文化艺术出版社 1989 年版。

［法］茨维坦·托多罗夫：《象征理论》，商务印书馆 2004 年版。

［法］茨维坦·托多罗夫：《散文诗学——叙事研究论文选》，百花文艺出版社 2011 年版。

张寅德编选：《叙述学研究》，中国社会科学出版社 1989 年版。

罗钢：《叙事学导论》，云南人民出版社 1994 年版。

申丹、王丽亚：《西方叙事学：经典与后经典》，北京大学出版社 2010 年版。

［法］罗兰·巴尔特：《符号学原理》，中国人民大学出版社 2008 年版。

［法］热拉尔·热奈特：《叙事话语·新叙事话语》，中国社会科学出版社 1990 年版。

［法］A. J. 格雷马斯：《结构语义学：方法研究》，生活·读书·新知三联书店 1999 年版。

［法］雅克·德里达：《论文字学》，上海译文出版社 1999 年版。

［法］雅克·德里达：《声音与现象：胡塞尔现象学中的符号问题导论》，商务印书馆 1999 年版。

［法］雅克·德里达：《书写与差异》（上册、下册），生活·读书·新知三联书店 2001 年版。

［法］雅克·德里达：《马克思的幽灵：债务国家、哀悼活动和新国际》，中国人民大学出版社 1999 年版。

［法］雅克·德里达：《多重立场：与亨利·隆塞、朱莉·克里斯特娃、让-路易·乌德宾、居伊·斯卡培塔的会谈》，上海译文出版社 2004 年版。

［美］乔纳森·卡勒：《论解构：结构主义之后的理论和批评》，中国社会科学出版社 1998 年版。

陆扬：《后现代性的文本阐释：福柯与德里达》，上海三联书店 2000 年版。

杜小真编选：《福柯集》，上海远东出版社 1998 年版。

［法］米歇尔·福柯：《知识考学》，生活·读书·新知三联书店 1998 年版。

《拉康选集》，上海三联书店 2001 年版。

［法］吉尔·德勒兹：《哲学的客体：德勒兹读本》，北京大学出版社 2010 年版。

［法］德勒兹、加塔利：《资本主义与精神分裂：千高原》第 2 卷，上海书店出版社 2010 年版。

陈永国编：《游牧思想——吉尔·德勒兹、费利克斯·瓜塔里读本》，吉林人民出版社 2003 年版。

［法］吉尔·德勒兹：《哲学与权力的谈判——德勒兹访谈录》，商务印书馆 2000 年版。

［法］吉尔·德勒兹：《时间-影像》，湖南美术出版社 2004 年版。

［英］史蒂文·康纳：《后现代主义文化——当代理论导引》，商务印书馆 2002 年版。

汪民安、陈永国、马海良主编：《后现代性的哲学话语——从福柯到赛义德》，浙江人民出版社 2000 年版。

［美］道格拉斯·凯尔纳、斯蒂文·贝斯特：《后现代理论：批判性的质疑》，中央编译出版社 2006 年版。

［美］大卫·雷·格里芬：《后现代精神》，中央编译出版社 1998 年版。

［法］让-弗朗索瓦·利奥塔尔：《后现代状态：关于知识的报告》，生活·读书·新知三联书店 1997 年版。

［法］让-弗朗索瓦·利奥塔：《非人——时间漫谈》，商务印书馆 2000 年版。

［法］让·波德里亚：《消费社会》，南京大学出版社 2000 年版。

［法］让·博德里亚尔：《完美的罪行》，商务印书馆 2000 年版。

［美］詹明信：《晚期资本主义的文化逻辑：詹明信批评理论文选》，生活·读书·新知三联书店 1997 年版。

［美］弗雷德里克·詹姆逊：《语言的牢笼——马克思主义与形式》，百花洲文艺出版社 1995 年版。

［加］马歇尔·麦克卢汉：《理解媒介——论人的延伸》，商务印书馆 2000

年版。

[加]埃里克·麦克卢汉、[加]弗兰克·秦格龙编：《麦克卢汉精粹》，南京大学出版社 2000 年版。

陆梅林选编：《西方马克思主义美学文选》，漓江出版社 1988 年版。

[美]马丁·杰伊：《法兰克福学派史》，广东人民出版社 1996 年版。

[匈]卢卡奇：《历史与阶级意识——关于马克思主义辩证法的研究》，商务印书馆 1996 年版。

《本雅明文选》，中国社会科学出版社 1999 年版。

[德]本雅明：《发达资本主义时代的抒情诗人：论波德莱尔》，生活·读书·新知三联书店 1989 年版。

[德]阿多尔诺：《否定的辩证法》，重庆出版社 1993 年版。

[联邦德国]马克斯·霍克海默、特奥多·阿多尔诺：《启蒙辩证法（哲学片断）》，重庆出版社 1990 年版。

[德]阿多诺：《美学理论》，四川人民出版社 1998 年版。

[美]赫伯特·马尔库塞：《单向度的人——发达工业社会意识形态研究》，上海译文出版社 1989 年版。

[美]赫伯特·马尔库塞：《爱欲与文明——对弗洛伊德思想的哲学探讨》，上海译文出版社 1987 年版。

[美]赫·马尔库塞等：《现代美学析疑》，文化艺术出版社 1987 年版。

[德]汉斯-格奥尔格·加达默尔：《真理与方法哲学诠释学的基本特征》（上下卷），上海译文出版社 1999 年版。

[法]保罗·利科尔：《解释学与人文科学》，河北人民出版社 1987 年版。

[联邦德国]H. R. 姚斯、[美]R. C. 霍拉勃：《接受美学与接受理论》，辽宁人民出版社 1987 年版。

[德]汉斯·罗伯特·耀斯：《审美经验与文学解释学》，上海译文出版社 1997 年版。

[联邦德国]W. 伊泽尔：《审美过程研究——阅读活动：审美响应理论》，中国人民大学出版社 1988 年版。

［美］斯坦利·费什：《读者反应批评：理论与实践》，中国社会科学出版社1998年版。

金元浦：《接受反应文论》，山东教育出版社1998年版。

赵稀方：《后殖民理论》，北京大学出版社2009年版。

罗钢、刘象愚主编：《后殖民主义文化理论》，中国社会科学出版社1999年版。

［英］Robert J. C. Young：《后殖民主义与世界格局》，译林出版社2008年版。

［美］爱德华·W. 萨义德：《东方学》，生活·读书·新知三联书店1999年版。

［美］爱德华·W. 萨义德：《文化与帝国主义》，生活·读书·新知三联书店2003年版。

《赛义德自选集》，中国社会科学出版社1999年版。

陈永国、赖立里、郭英剑主编：《从解构到全球化批判：斯皮瓦克读本》，北京大学出版社2007年版。

生安锋：《霍米·巴巴的后殖民理论研究》，北京大学出版社2011年版。

［法］弗朗兹·法农：《黑皮肤，白面具》，译林出版社2005年版。

［法］雅克·马利坦：《艺术与诗中的创造性直觉》，生活·读书·新知三联书店1991年版。

［瑞士］巴尔塔萨：《神学美学导论》，生活·读书·新知三联书店（香港）有限公司1998年版。

宋旭红：《巴尔塔萨神学美学思想研究》，宗教文化出版社2007年版。

孙周兴选编：《海德格尔选集》（上下卷），上海三联书店1996年版。

［美］阿诺德·伯林特：《环境美学》，湖南科学技术出版社2006年版。

［美］阿诺德·伯林特：《生活在景观中——走向一种环境美学》，湖南科学技术出版社2006年版。

［美］阿诺德·伯林特主编：《环境与艺术：环境美学的多维视角》，重庆出版社2007年版。

［加］卡尔松：《环境美学——自然、艺术与建筑的鉴赏》，四川人民出版社2006年版。

［加］艾伦·卡尔松：《自然与景观》，湖南科学技术出版社 2006 年版。

［美］霍尔姆斯·罗尔斯顿Ⅲ：《哲学走向荒野》，吉林人民出版社 2000 年版。

李庆本主编：《国外生态美学读本》，长春出版社 2010 年版。

王诺：《欧美生态批评：生态学研究概论》，学林出版社 2008 年版。

邬建国：《景观生态学——格局、过程、尺度与等级》(第二版)，高等教育出版社 2007 年版。

［英］迈克·费瑟斯通：《消费文化与后现代主义》，译林出版社 2000 年版。

［美］迈克·费瑟斯通：《消解文化——全球论、后现代主义与认同》，北京大学出版社 2009 年版。

［英］戴维·英格利斯：《文化与日常生活》，中央编译出版社 2010 年版。

［德］沃尔夫冈·韦尔施：《重构美学》，上海译文出版社 2002 年版。

［美］理查德·舒斯特曼：《实用主义美学——生活之美，艺术之思》，商务印书馆 2002 年版。

［美］理查德·舒斯特曼：《身体意识与身体美学》，商务印书馆 2011 年版。

［加］约翰·奥尼尔：《身体五态：重塑关系形貌》，北京大学出版社 2010 年版。

［英］乔安妮·恩特维斯特尔：《时髦的身体——时尚、衣着和现代社会理论》，广西师范大学出版社 2005 年版。

［英］特里·伊格尔顿：《审美意识形态》，广西师范大学出版社 2001 年版。

［德］尼采：《查拉斯图拉如是说》，文化艺术出版社 1987 年版。

［法］莫里斯·梅洛-庞蒂：《知觉现象学》，商务印书馆 2001 年版。

汪民安、陈永国编：《后身体：文化、权力和生命政治学》，吉林人民出版社 2011 年版。

［美］F. 卡普拉：《物理学之"道"：近代物理学与东方神秘主义》，北京出版社 1999 年版。

［美］M. 克莱因：《西方文化中的数学》，复旦大学出版社 2004 年版。

［美］侯世达：《哥德尔、艾舍尔、巴赫——集异璧之大成》，商务印书馆 1996 年版。

［英］约翰·巴罗：《艺术与宇宙》，上海科学技术出版社 2001 年版。

［美］马里奥·利维奥：《φ 的故事——解读黄金比例》，长春出版社 2003 年版。

［英］理查德·帕多万：《比例——科学 ·哲学·建筑》，中国建筑工业出版社 2005 年版。

［美］杰米·詹姆斯：《天体的音乐——音乐、科学和宇宙自然秩序》，吉林人民出版社 2003 年版。

［英］特奥多·安德列·库克：《生命的曲线》，吉林人民出版社 2000 年版。

［美］伦纳德·史莱因：《艺术与物理学——时空和光的艺术观与物理观》，吉林人民出版社 2001 年版。

Raminder Kaur, Parul Dave Mukherji(ed)：*Art and Aesthetics in a Globalizing World*，Bloomsbury Academic，New York，2014.

Jos de Mul & Renee van de Vall(ed)：*Global Discourses in Aesthetics*，Amsterdam，Amsterdam University Press，2013.

Jale Erzen & Raffaele Milani(ed)：*Nature and the City Beauty is Taking on a new Form*，Allegato alla reivista paroln，22，Luglio，2012.

Wang Keping(ed)：*Diversity and Universality in Aesthetics*，International Association for aesthetics International Yearbook of aesthetics，2010.

Michael Kelly(ed)：*Encyclopedia of Aesthetics*，Oxford，Oxford University Press 1998.

David Cooper(ed)：*A Companion to Aeasthetics*，Malden，Blackwell Publishers，Ltd，1992.

Berys Gaut & Dominic McIver Lopes(ed)：*The Routledge Companion to Aesthetics*，Routledge Group，London，New York，2001.

Jerrold Levinson(ed)：*The Oxford handbook of aesthetics*，Oxford，Oxford University Press，2003.

Matei Calinescu：*Five Faces of Modernity*，Duke University Press，1987.

Ken Gelder(ed)：*The Horror Reader*，London，Routledge，2000.

Emory Elliott, Louis F. Caton, Jeffrey Rhyne(ed): *Aesthetics in a multi-cultural Age*, Oxford, Oxford University Press, 2002.

Earl of Listowell: *critical history of modern aestehtics*, Haskell House Pub Ltd; New edition, 1974.

Richard Schsterman(ed): *Analytic Aesthetics*, New York, Basil Blackwell Ltd, 1989.

Morris Weita(ed): *Problem in Aesthetics*, 2ed, New York, Macmollan, 1970.

Joseph Margolis(ed): *Philosophy Looks at the Art: Contemparary Readings in Aesthetics*, New York, Charles Scribener's Sons, 1962.

Monroe C. Beardsley and Herbert M. Schueller(ed): *Aesthetic Inquiry: Essays on Art Criticism & the Philosophy of Art*, Belmont, California, Dickenson Publishing Company, 1967.

Williom. E. Kennick: *Does Traditional Aesthetics Rest on a Mistake*, Mind, Vol. 67, 1958.

George Dickie: *Introduction to Aesthetics: An Analytic Approach*, Oxford, Oxford University Press, 1997.

Gregory Currie: *An Ontology of Art*, London, Macmillan, 1989.

Stephen Davies: *Definitions of Art*, Ithaca, NY, Cornell University Press. 1991.

Peter Lamarque and Stein Haugom Olsen(ed): *Aesthetics and the Philosophy of Art: The Analytic Tradition: An Anthology*, Oxford, Blackwell, 2003.

Arthur C. Danto: *The Transfiguration of the Commonplace*, Cambridge, MA, Harvard University Press, 1981.

Herbert Sidney Langfeld: *The Aesthetic Attitude*, New York, Harcourt, Brace and Howe, 1920.

Gustav Theodor Fechner: *Vorschule der Aesthetik*, Leipzig, Breitkopf & Härtel, 1876.

Hugo Munsterberg: *The Principles Of Art Education: A Philosophical*,

682

Aesthetical And Psychological Discussion Of Art Education，Paperback，Nabu Press，2010.

Karl Groos：*The Play of Animals*，translated by Elizabeth L. Baldwin，New York，Appleton，1898.

Karl Groos：*The Play of Man*，translated by Elizabeth L. Baldwin，New York，Appleton，1901.

Vernon Lee：T*he Beautiful*：*An Introduction to Psychological aesthetics*，*Cambridge manuals of science and literature*，CUP Archive，1970.

Theodor Lipps：*Raumästhetik und geometrisch-optische Täuschungen*，Leipzig，JA Barth，1897.

Theodor Lipps：*Komik und Humor*：*Eine psychologisch-ästhetische Untersuchung*，Hamburg，Germany，L Voss，1898.

Theodor Lipps：*Ästhetik*：*Psychologie des Schönen und der Kunst*：*Grundlegung der Ästhetik*，Erster Teil. Hamburg，Germany，L Voss，1903.

Edward Bullough：*Psychical Distance' as a Factor in Art and as an Aesthetic Principle*，British Journal of Psychology，Vol. 5 (1912).

Roman Jakobson："Closing Statement：Linguistics and Poetics," in *Style in Language*(ed. Thomas Sebeok)，Cambridge，Mass. ，M. I. T. Press，1964.

Cleanth Brooks and Robert Penn Warren(ed)：*Understanding Poetry*，Hold，Rinehart and Winston，Inc.，1938.

Donald E. Gordon：*Expressionism*：*Art and Ideas*，New Haven，Yale University Press，1987.

Bram Dijkstra：*American expressionism*：*art and social change*，1920-1950，New York，H. N. Abrams，in association with the Columbus Museum of Art，2003.

Judith Bookbinder：*Boston Modern*：*Figurative Expressionism as Alternative Modernism*，Durham，N. H. ，University of New Hampshire Press；Hanover，University Press of New England，2005.

Gian Orsini: *Benedetto Croce*: *Philosophy of Art and Literary Critic*, Carbondale, Southern Illinois University Press, 1961.

Eugene Kaelin, *An Existential Aesthetic*: *The Theories of Sartre and Merleau-Ponty*, Madison, University of Wisconsin Press, 1962.

William McBride: *Existentialist Literature and Aesthetics*, New York, Garland, 1997.

Charles Paudouin: Psychoanalysis and Aesthetics, Lightning Source Incorporated, 2007.

Nicky Glover: *Psychoanalytic Aesthetics*: *An Introduction to the British School*, Shoplin HK, Karnac Books, 2009.

Joseph McBride: *Albert Camus*, *Philosopher and Littérateur*, New York, St. Martin's Press, 1992.

Mikel Dufrenne: *The Phenomenology of Aesthetic Experience*, Evanston, Northwestern University Press, 1973.

Hans Rainer Sepp & Lester Embree: *Handbook of Phenomenological Aesthetics*, Springer Dordrecht Heidelberg, London, New York, 2010.

Ernst Cassirer: *Philosophy of Symbolic Forms* (Vol. 1 ~ 3, 1923-1929), trans. by Ralph Manheim, Yale University Press, 1965.

Susanne K. Langer: *Philosophy in a New Key*: *A Study in the Symbolism of Reason*, *Rite*, *and Art*, Harvard University Press, 3rd edition, 1996.

Willard E. Arnett: *Santayana and the Sense of Beauty*, Bloomington, Indiana University Press, 1955.

George Santayana (ed): *The Essential Santayana*, *Selected Writings*, Bloomington, Indiana University Press, 2009.

Thomas Alexander: *John Dewey's Theory of Art*, *Experience*, *and Nature*, State University of New York Press, 1987.

Nathan Crick: *Democracy & Rhetoric*: *John Dewey on the Arts of Becoming*, University of South Carolina Press, 2010.

Thomas Munro: "Aesthetics as Science: Its Development in America", *Journal of Aesthetics and Art Criticism*, 1951, March: 161-207.

Rudolf Arnhiem: *The Power of the Center: A Study of Composition in the Visual Arts*, Berkeley, University of California Press, 1982.

Rudolf Arnhiem: *New Essays on the Psychology of Art*, Berkeley, University of California Press, 1986.

Rudolf Arnhiem: *Film Essays and Criticism*, University of Wisconsin Press, 1997.

Northrop Frye: *Anatomy of Criticism*, Princeton University Press, 1957.

Northrop Frye: *The Great Code: The Bible and Literature*, Mariner Books, 2002.

François Dosse: *History of Structuralism: Volume 1: The Rising Sign*, 1945-1966, University of Minnesota Press, 1997.

Petter Barry: *Beginning Theory: An introduction to Literary and Cultural Theory*, Manchester University Press, Manchester, 2002.

Marcel Hénaff (Trans by Mary Baker): *Claude Lévi-Strauss and the Making of Structural Anthropology*, Minneapolis, University of Minnesota Press, 1991.

Tzvetan Todorov: *An Introduction to Poetics*, University of Minnesota Press, 1981.

Roland Barthes: *Elements of Semiology*, New York, Hill and Wang, 1968.

Roland Barthes: *S/Z: An Essay*, New York, Hill and Wang, 1975.

Gerard Genette, Dorrit Cohn: *Essays in Aesthetics*, University of Nebraska Press, 2005.

Marvin Katilus-Boydstun: *The Semiotics of A. J. Greimas: An Introduction*, Lituanus, 1990 (Fall).

Catherine Belsey: *Poststructuralism: A Very Short Introduction*, Oxford University Press, 2002.

Nicholas Royle: *Jacques Derrida*, New York, Routledge, 2003.

Geoffrey Bennington: *Interrupting Derrida*, London, Routledge, 2000.

Jacques Derrida: *Acts of Literature*, ed. Attridge, New York, Routledge, 1992.

H. Dreyfus & P. Rabinow: *Michel Foucault: Beyond Structuralism and Hermeneutics*, 2d, Chicago, University of Chicago Press, 1985.

Gary Gutting: *Michel Foucault's Archaeology of Scientific Reason*, Cambridge, Cambridge University Press, 1989.

Jacques Lacan: The Seminar of Jacques Lacan, Book XI: *The Four Fundamental Concepts of Psycho-analysis*, ed. Jacques-Alain Miller, trans. Alan Sheridan, London, W. W. Norton & Company Ltd, 1977.

Slavoj Zizek: *Looking Awry: An Introduction to Lacan Through Popular Culture*, Cambridge, MIT Press, 1991.

Constantin V. Boundas & Dorothea Olkowski (ed): *Gilles Deleuze and the Theatre of Philosophy*, New York, Routledge, 1994.

Michael Hardt: *Gilles Deleuze: An Apprenticeship in Philosophy*, Minneapolis, University of Minnesota Press, 1993.

Simon Malpas: *Jean Francois Lyotard*, Routledge, 2002.

Michael Hardt and Kathi Weeks(ed): *The Jameson Reader*, Oxford: Blackwell, 2000.

Fredric Jameson: *The Geopolitical Aesthetic: Cinema and Space in the World System*, Bloomington, Indiana University Press. 1992.

Sean Homer: *Fredric Jameson: Marxism, Hermeneutics, Postmodernism*, New York, Routledge. 1998.

Rolf Wiggershaus: *The Frankfurt School, Its History, Theories and Political Significance*, Cambridge, MA: MIT Press, 1995.

Arato, Andrew(ed): *The Essential Frankfurt School Reader*, New York, Continuum, 1982.

Susan Buck-Morss: *The Dialectics of Seeing: Walter Benjamin and the Arcades Project*, Cambridge, The MIT Press, 1991.

David S. Ferris（ed）：*Walter Benjamin：Theoretical Questions*，Stanford，Stanford University Press，1996.

Brian O'Connor(ed)：*The Adorno Reader*，Malden，Blackwell Publishing，2000.

John Abromeit and W. Mark Cobb(ed)：*Herbert Marcuse：A Critical Reader*，New York，London，Routledge，2004.

Paul Breines：*Critical Interruptions：New Left Perspectives on Herbert Marcuse*，New York，Herder and Herder，1970.

Hans-Georg Gadamer：*Truth and Method*，Trans. J. Weinsheimer & D. G. Marshall，New York，Crossroad，2004，2nd rev. edition.

David Linge(Trans. and ed)：*Philosophical Hermeneutics*，Berkeley，University of California Press，1976.

Jauss，Hans Robert：*Question and Answer：Forms of Dialogic Understanding*，Trans by Michael Hays，Minneapolis，University of Minnesota Press，1989.

Jauss，Hans Robert：*Toward an Aesthetic of Reception*，Trans by Timothy Bahti，Minneapolis，University of Minnesota Press，1982.

Wolfgang Iser：*Implied reader*，Baltimore，Johns Hopkins University Press，1978.

Stanley Fish：*Doing What Comes Naturally：Change，Rhetoric，and the Practice of Theory in Literary and Legal Studies*，Durham，NC，Duke UP，1989.

Kennedy，Valerie：*Edward Said：A Critical Introduction*，Malden，MA，Wiley-Blackwell，2000.

Edward Said：*A Legacy of Emancipation and Representation*，University of California Press，2010.

Spivak，Gayatri Chakravorty：*In Other Worlds：Essays in Cultural Politics*，Routledge Kegan & Paul，1987.

Home Bhabha：*The Location of Culture*，New York，Routledge，1994.

Robert Young：*White Mythologies：Writing History and the West*，New

York & London，Routledge，1990．

Jacques Maritain：*Art and Scholasticism with Other Essays*，Sheed and Ward，London，1947．

Hans Urs Von Balthasar：*The Glory of Lord：A Theological Aesthetics*，Vol. 1~7，San Francisco，Ignatius Press，1982—1989．

Heidegger，Martin：*Basic Writings*：Second Edition，Revised and Expanded David Farrell Krell ed. ，New York，Harper Collins，1993．

Zeev Naveh & Arthur. S. Lieberman：*Landscape Ecology：Theory and Application*，Springer-Verlag，1984．

Richard T. T. Forman & Michel，Godron：*Landscape Ecology*，New York，John Wiley & Sons，1986．

Lawrence Buell：*The Future of Environmental Criticism*，*Environmental Crisis and Literary Imagination*，Malden，Blackwell Publishing，2005．

Cheryll Glotfelty & Harold Fromm（ed）：*The Ecocricism Reader：Landmarks in Literary Ecology*，Athens，The University of Georgia Press，1996．

Emily Brady：*Aesthetics of the Natural Environment*，Edinburgh，Edinburgh University Press，2003．

Malcolm Budd：*The Aesthetic Appreciation of Nature*，Oxford，Oxford University Press，2002．

Jack L. Nasar（ed）：*Environmental Aesthetics：Theory，Research，and Applications*，Cambridge，Cambridge University Press，1988．

Malcolm Andrews：*The Search for the Picturesque*，Stanford，Stanford University Press，1989．

Holmes Rolston：*Environmental Ethics：Duties to and Values in the Natural World*，Philadelphia，Temple University Press，1988．

Katya Mandoki：*Everyday Aesthetics：Prosaics，the Play of Culture and Social Identities*，Burlington，Ashgate Publishing Company，2007．

Wolfgang Welsch：*Unsere postmoderne Moderne*，Weinheim，VCH Acta humaniora，1987，7th edition Berlin，Akademie Verlag，2008.

Mike Featherstone：*Consumer Culture and Postmodernism*，Sage Publications Ltd，2nd edition，2007.

Pichard Shusterman：*Performing Live*，Ithaca，Cornell University Press，2000.

Pichard Shusterman：*Surface and Depth*：*Dialectics of Criticism and Culture*，Ithaca，Cornell University Press，2002.

StephenV. Hawking：*A Brief History of Time From the Big Bang to Black Holes*，Toronto，Bantam，1988.

Lawrence Lashan：*The Medium，the Mystic and the Physicist*，New York，Viking，1966.

Heinz R. Pagels：*The Comic Code*，Toronto，Bantam，1982.

John Adkins Rechardson：*Modern Art and Scientific Thought*，Urbana，University of Illinois Press，1971.

Alexander Wood：*The Physics of Music*，Methuen. London，1944，reprint，Dover Publications，New York，1962.

Joscelyn Dowin：*Harmonies of Heaven and Earth*，Rochester，Vt.，1987.

Wilfrid Mellers：*Bach and the Dance of God*，Oxford，Oxford University Press，1981.

Keith Critchlow：*Order in Space*，Thames &-Hudson，London，1969.

Tobias Dantzig：Number，London，George Allen & Unwin，1930，4th 1962.

Jay Hambidge：*Dynamic Symmetry*：*The Greek Vase*，New Haven，Yale University Press，1920.

Gyorgy Kepes(ed)：*Module*，*Symmetry*，*Proportion*，London，Studio Vista，1966.

后　记

　　这本《西方当代美学史》中的"当代"一词，有一种全新的意义。

　　随着思想解放的不断深入，曾经被判定为腐朽的西方现代思想（包括哲学、文艺、美学等），现在被予以重新认识。20世纪80年代以后，包括美学思想在内的西方思想，如潮水般涌入中国。在美学领域，国人出版的第一本系统地讲西方现代美学的专著为《西方当代美学》（朱狄，1984），"当代"一词是中性的，与一直以来的西方这一类型的名称不符，尔后30多年里，只有一本专著即《当代西方美学思潮评述》（李兴武，1989）和一本辞典即《当代西方美学新范畴辞典》（司有仑，1996），延用"当代"名称。而一般的著述，都按照西方、苏联和以前中文译词的用法，用"现代"名称。自1987年第一本以"西方美学"为名的译著《西方学者眼中的西方现代美学》（王鲁湘等编译）和1988年第一本以"西方美学"为名的专著《现代西方美学流派评述》（朱立元、张德兴，1988）出版以来，国内学人关于西方现代美学的著述共有8种（朱立元合著1种，1988，独著2种，1993，2006；曾繁仁主编1种，1990；刘纲纪主编1种，1993；司有仑、程孟辉主编1种，1993；程孟辉主编1种，2001；牛宏宝独著1种，2003）。然而，20世纪80年代后期，自詹明信到北京大学讲后现代之后，现代美学一词，与后现代美学有龃龉。这一时期，我在中国人民大学美学学科讲授西方美学课程，怎么处理这一问题呢？我在 1990 年出版讲稿时，取名为《20 世纪西方美学史》，用"20 世纪"这一时间概念把现代美学和后现代美学都包括在其中。这一使用方式得到认可和延续，体现为 5 种著述（牛宏宝 1 种，1996；周宪 1 种，1997，1999，2004；张贤根 1 种，2009；蒋孔阳主编 7 卷本《西方美学通史》的第 6、7 卷为"20 世纪美学"；汝信主编 4 卷本的《西方美学史》第 4 卷为"20 世纪美学"）。

以上就是中国学人自 20 世纪 80 年代以来，关于西方自 1900 年以来的美学的取名情况，中国学人所论内容皆同，在其著作的取名中，最初出现的"当代"等于西方的"现代"，而名称中的"现代"的瑕疵是不恰当地处理西方的"后现代"，"20世纪"就可以把中国美学在 20 世纪 90 年代才显现分明的现代与后现代区分开来。我在 1990 年出版《20 世纪西方美学史》时，深感后现代美学论述不够，于是申请了教育部社科项目"1960 年以来的西方美学"，对后现代各流派进行了较为深入的研究，并将研究成果放进《20 世纪西方美学史》的修改中，于 2003 年出版了第 2 版。"20 世纪"这一名称虽然可以把现代与后现代都包括进来，但却把美学内容限定在20 世纪。而今，20 世纪已经过去近 20 年了，最为重要的是，于 20 世纪末和 21世纪初西方出现的生态型美学、生活型美学、身体美学，以及形式美的新演进，完全颠覆了西方自近代美学经现代美学到后现代美学的基本原则，而与以中国美学和印度美学为主体的东方美学，有新的契合，如何把这个新的趋势放进自 1900年以来西方美学的进展中，对于进行这一段的美学研究来说，是一个重要课题。本书把西方美学的这一新趋向命名为"西方美学的全球化面相"。这样，1900 年以来的西方美学，显现为三大面相：现代美学、后现代美学、全球化阶段的美学。本书把这三大面相综合起来称为"西方当代美学"。这就是"当代"一词用于本书的新意。

在有了"当代"这一总体概念之后，以前的现代美学和后现代美学都要予以重新审视和重新结构。因此，本书一方面可以说是在《20 世纪西方美学史》的 1990 年和 2003 年两版基础上的增写，①另一方面又可以说是一部新著。首先，在总体立意上，本书要增加新内容，本书三编的三篇引言和最后关于生态型美学、生活型美学、形式美三章，精神分析中的荣格一节，体系建构上的迪基美学体系一节，后结构美学中的拉康一节，是新写的。其次，我对以前的篇章进行了较大增改，包含分析美学、精神分析美学、审美心理美学、形式主义美学、自然主义美学、后结构美学、后殖民美学等内容。再次，由于总体主题的改变，我对全书布局进行了大改，对各章在新的关联上的话语进行修改。上面说的都是就本书的新增和修改本身讲增和改，而最为重要的是，最后，由于整个主题变了，全书在内容和意义取向上也发生了根本性的变化。而且我相信，西方当代美学这一总体概念对1900 年以来的西方美学在现代美学、后现代美学、全球化美学这三个方面的美学意义以及相互关联，有一个新的提升。

在 1990 年出版《20 世纪西方美学史》时，很多西方美学名著尚没有中译本，因此，引文多是根据自己看的英文本译出的，其译文在词和句上与后来出版的中文译本有所不同，又不便更改。因此，本书一些章节的引文和注释仍呈现原貌，只是为了修改过程的方便而已。个别章中的引文参见了新出的译本，而又因上下文的文气等原因而未改原来译句，在注释中呈现为"参见"新的中译本某某页，也只是为了修改过程的方便而已。

在写作《西方当代美学史》的过程中，我把其中的一些内容改写成文章的格式寄出发表，承蒙各刊物的编辑和主管的厚爱，如今已经发表的文章有：《20 世纪以来西方美学的三大特征》，载《探索与争鸣》2011 年第 4 期；《为什么美的本质是一个伪命题——从分析哲学的观点看美学基本问题》，载《东吴学术》2012 年第 4 期；《拉康美学的三个主题》，载《中州学刊》2011 年第 2 期；《从理论的多源上理解拉康的镜像理论和主体结构理论》，载《社会科学》2011 年第 4 期；《西方生态型美学：领域构成、美学基点、理论难题》，载《河南师范大学学报（哲学社会科学版）》2011 年第 3 期；《生态型美学的三个问题》，载《吉林大学社会科学学报》2012 年第

①　张法：《20 世纪西方美学史》，北京，中国人民大学出版社，1990；成都，四川人民出版社，2003。

1 期;《西方生态型美学:解构传统、内在差异、全球会通》,载《天津社会科学》
2012 年第 1 期;《环境-景观-生态美学的当代意义——从比较美学的角度看美学理
论前景》,载《郑州大学学报(哲学社会科学版)》2012 年第 5 期;《西方理论对日常
生活美学的三种态度》,载《中州学刊》2012 年第 1 期;《西方日常生活型美学:产
生、要点、争论》,载《江苏社会科学》2012 年第 2 期;《身体美学的四个问题》,载
《文艺理论研究》2011 年第 4 期;《身体美学:话语缘起、中西异同、行进难点》,
载《社会科学辑刊》2012 年第 3 期;《以数列为核心的近代形式美》,载《社会科学战
线》2012 年第 4 期;《当代形式美的三个方面》,载《中山大学学报(社会科学版)》
2012 年第 5 期。在此,谨向这些刊物的编辑和主管表示感谢!

在本书的出版过程中,我与编辑进行了三个问题的沟通。关于现代汉语语法
问题,吕叔湘、王力、陈望道、钱基博、张世禄,还有启功、郭绍虞、郑敏、余
光中,都特别反对近代以来现代汉语学界用西语方式来裁剪汉语,若按这种西语
方式对待汉语,古代白话名著《水浒传》《红楼梦》都充满"逻辑不通畅的,需要补充
句子成分,或者语句不完整的,需要补充语意内容"的句子了,我希望保留我的语
言风格。关于外文原名问题,主要人物第一次出现时有备注,在每一个重要人物
的专章也有备注,其他次级重要人物以及不常见的人物有的附原名和生卒年,但
不强求。关于引文问题,这是一个好的汉语还是坏的汉语的问题,按照余光中等
的说法,在翻译西语时,"是……的"去掉后句子意义毫无改变,就应去掉,在中
译里,凡是去掉被动词而意义不变的,被动词都要去掉。因此,本书中某些直接
引文有改动。

感谢北京师范大学出版集团副总编辑饶涛编审,他建议我出版此书,感谢出
版社编辑王则灵、张爽在出版此书过程中的辛勤付出!

张法

2019 年 5 月

图书在版编目（CIP）数据

西方当代美学史——现代、后现代、全球化的交响演进（1900至今）/
张法著. —北京：北京师范大学出版社，2020.1（2021.4 重印）
ISBN 978-7-303-25304-3

Ⅰ.①西… Ⅱ.①张… Ⅲ.①美学史－西方国家－现
代 Ⅳ.①B83-095

中国版本图书馆 CIP 数据核字（2019）第 257947 号

营 销 中 心 电 话 010-57654738 57654736
北师大出版社高等教育与学术著作分社 http://xueda.bnup.com

XIFANG DANGDAI MEIXUESHI
出版发行：北京师范大学出版社 www.bnup.com
北京市西城区新街口外大街 12-3 号
邮政编码：100088
印　　刷：鸿博昊天科技有限公司
经　　销：全国新华书店
开　　本：730 mm×980 mm 1/16
印　　张：46
字　　数：748 千字
版　　次：2020 年 1 月第 1 版
印　　次：2021 年 4 月第 2 次印刷
定　　价：198.00 元

策划编辑：王则灵 责任编辑：张　爽
美术编辑：王齐云 装帧设计：王齐云
责任校对：段立超 责任印制：马　洁

版权所有 侵权必究

反盗版、侵权举报电话：010-57655880
北京读者服务部电话：010-58805880
外埠邮购电话：010-57655880
本书如有印装质量问题，请与印制管理部联系调换。
印制管理部电话：010-57655880